西方哲学研究
—— 陈启伟三十年哲学文存

商务印书馆
2015年·北京

图书在版编目(CIP)数据

西方哲学研究:陈启伟三十年哲学文存/陈启伟
著.—北京:商务印书馆,2015
ISBN 978-7-100-11460-8

Ⅰ.①西… Ⅱ.①陈… Ⅲ.①西方哲学—文集
Ⅳ.①B5-53

中国版本图书馆 CIP 数据核字(2015)第 160428 号

所有权利保留。
未经许可,不得以任何方式使用。

西方哲学研究
——陈启伟三十年哲学文存
陈启伟 著

商 务 印 书 馆 出 版
(北京王府井大街36号 邮政编码 100710)
商 务 印 书 馆 发 行
北京中科印刷有限公司印刷
ISBN 978-7-100-11460-8

2015年10月第1版   开本 880×1230 1/32
2015年10月北京第1次印刷   印张 30 $\frac{1}{8}$
定价:96.00元

目录

序 \ I

关于西方哲学研究问题

百年来的西方哲学研究 \ 3
谈谈西方哲学的学习和研究 \ 17
关于现代西方哲学研究的若干问题 \ 31
如何看待马克思、恩格斯对同时代西方哲学的评价
——致刘放桐教授的一封信 \ 64

论古今西方哲学

希腊人原初的哲学概念及之后的理智主义化 \ 79
狄德罗与《百科全书》 \ 91
略述狄德罗早期的有神论思想 \ 121

《给塞伦娜的信》述评 \ 144

《泛神论要义》述评 \ 158

康德关于认识对象的学说 \ 175

黑格尔《法哲学》中的国家学说 \ 191

霍恩·图克与西方哲学"语言转向"的先兆 \ 237

诗人柯勒律治的哲学思想 \ 246

青年黑格尔派 \ 273

毕希纳的唯物主义 \ 276

为毕希纳辩 \ 298

论马赫的经验论 \ 314

马赫论假说和归纳 \ 336

布伦塔诺的意向性学说浅析 \ 351

实用主义评介 \ 363

杜威关于语言和意义的理论 \ 386

罗森塔尔《从现代背景看美国古典实用主义》一书读后的话 \ 398

略论皮尔士的认识论 \ 404

关于1982年外哲所一则分析哲学试题的说明 \ 420

罗素《数学诸原理》中的实在论思想 \ 425

摹状词理论的本体论意蕴 \ 446

重议罗素对布莱德雷否定关系的批评 \ 452

论 G. E. 穆尔的实在论思想 \ 463

《逻辑哲学论》中的形而上学 \ 478

《逻辑哲学论》一书的酝酿和写作 \ 508

维特根斯坦论宗教 \ 531

有关《逻辑哲学论》翻译的一些回忆
——兼忆洪谦先生对我的教诲 \ 539

维特根斯坦与詹姆士 \ 546

《维特根斯坦〈逻辑哲学论〉中的命题学说》序 \ 558

维特根斯坦早期哲学中的形而上学 \ 562

逻辑实证主义关于意义的证实原则及其演变 \ 581

《世界的逻辑构造》述评 \ 602

蒯因《从逻辑的观点看》述评 \ 616

奥斯汀论言语行为 \ 648

塞尔 \ 656

简论奥斯汀的语言现象学与哲学 \ 691

迎接科技新发展的哲学挑战 \ 695

西方哲学东渐史述

关于西学东渐的一封信 \ 703

哲学译名考 \ 705

谁是我国近代介绍西方哲学的第一人 \ 726

再谈王韬和格致书院对西方哲学的介绍 \ 734

西学东渐话自由 \ 746

清末法国哲学东渐述略 \ 782

康德、黑格尔哲学初渐中国述略 \ 810

德国哲学输入我国究竟始于何时? \ 833

实用主义在中国 \ 841

讨论与论说

唯物主义一词是何时出现的?——读书札记 \ 855

唯心主义者是这样反对唯物主义的吗？ \ 863

经验论 \ 868

中文词"人学"的由来和演变 \ 883

"事实"何时始被用为哲学的范畴？ \ 890

法国革命口号"博爱"的涵义 \ 893

儒家、民主和人道主义 \ 898

关于儒家思想与商品经济的一封信 \ 912

"普世价值"并非源于宗教 \ 914

中国人的卫生观念及其人文内涵 \ 918

"存在的就是合理的"不是黑格尔的命题 \ 930

也谈毛泽东推荐给刘少奇的两本外国书 \ 934

"学至乎没而后止"
  ——陈启伟教授访谈录 \ 938

序

选收在这个集子里的是上世纪和本世纪之交约三十年间所写的文章,有三分之一是参加国内外学术会议的论文,三分之一强是应邀为学术刊物撰写的文字,又三分之一弱是已刊出或未刊出的学术讲演、学术通信和学术笔记。文中内容绝大部分是关乎西方哲学的,所以也可以称之为一本西方哲学文集。

我自上世纪50年代末至60年代中"文革"开始,一直在北京大学哲学系从事西方哲学史的教学和研究工作,编写和讲授有关教材,翻译有关资料,撰写有关论文。1976年初,我由哲学系转入北京大学外国哲学研究所,主要从事现代西方哲学的研究和教学。是年秋,"四人帮"倒台,持续十年之久的祸国殃民的"文化大革命"终于结束。当时我们外哲所的同志面临着思想和学术战线上的两大任务。首先是对"文革"中尤其是"四人帮"在思想文化领域所制造、鼓吹、传播的种种谬论邪说进行清算和批判,而批判的锋芒主要是针对江青"四人帮"御用理论班子的北大、清华两校大批判组,即"文革"期间曾名噪一时的"梁效"。"梁效"为文洋洋洒洒,动辄万言,尖刻、苛酷,一派肃杀之气,而且因其文字具有一种理论的姿态和学术的外观,在思想文化界广为流传,作恶极大,贻害甚深。我和其他同志合写了"评梁效某顾问"和"再评梁效某顾问"(载于《历史研究》1977年第四期和《哲学研究》1978年第二期,因系合作,故未收入本集)。当然我们远未能对梁效制造的思想混乱和歪理谬说做全面、彻底、干净的清算和扫除,事实上这也不是我们个人所能毕其功的。我们期待来日或有对于梁效这个"文革"极"左"思潮的文化孽障的全批判书。

我们外哲所的同志当时面临的另一任务是重新审视、批判和纠正长期以来从苏联哲学界接纳来的西方哲学研究的若干"原则"或"律令":对于西方哲学史,要按照"唯物唯心两条路线斗争"和"进步与反动的阶级分析"的框架或模式,将异常丰富的思想内容加以切割、剪裁和弃取,作为马克思主义的正面或反面的注脚;对于现当代的西方哲学则一律斥之为"帝国主义的垄断资产阶级的反动哲学",甚至说是受帝国主义统治集团耳提面命的"直接指示创立"的,没有任何进步的、有价值的、合理的东西,必须一概打倒,彻底抛弃。尤其对于现代西方哲学研究中的这种极"左"的全盘否定的倾向,我们和学界同道一起,或会议研讨,或著文论说,对其根源由来反复深入地加以探究辩明。大家的共识是:这种"左"的最终的理论依据就是列宁的帝国主义论和斯大林的资本主义总危机学说。现代西方哲学是帝国主义时代即资本主义的最后的垂死的阶段的产物和反映,是在政治、经济、文化上已经完全腐朽、趋于全面反动、陷入总危机的垄断资产阶级的意识形态,在这里没有也不可能找到任何可以肯定的积极的思想因素。学界有些同志(包括我)则更进而将这种彻底否定现代西方哲学的"左"的倾向的出现追溯到十九世纪下半叶马克思、恩格斯在世的时代。马克思主义的这两位伟大的经典作家在思想上实亦未能免于此弊。他们认为,自从无产阶级登上了政治斗争的舞台,特别是1848年革命之后,资产阶级的历史进步性已经完结,开始走向反动和没落,政治上是这样,意识形态上也是这样。资产阶级的思想家们在理论上、在哲学上已不能有任何新的创造,而只能拾取、"杂凑"那些"已经过时的哲学残渣",不能进行"公正无私的科学探讨",而只能充当资本主义制度和现存国家的"辩护士"。马克思、恩格斯对其同时代的资产阶级哲学社会科学的这种否定一切的评价在国际共产主义运动史上有深远的影响，无疑是此后在思想文化领域中长期延续的那条"左"的线索之滥觞。

我们过去以"左"的否定的观点看待现当代西方哲学，对于近几十年来西方哲学的状况闭目塞听，对于西方哲学各种思潮流派的兴衰演变茫然无知，对若干哲学分支（如语言哲学、逻辑哲学、科学哲学、心智哲学等等）几从未涉足，对西方哲学家曾争论热议过的许多重大的哲学问题、观点、理论或了无所知，或不屑一顾。

只是在上世纪80年代以后，我国实行改革开放，我们学术界才真正张开眼睛看世界，在哲学方面也相继开始与西方的交流与沟通。近三十年来，我们在现当代西方哲学研究方面已经突破昔日"左"的禁锢，取得巨大的进展和丰硕的成果，无论是在评介（注释、解说），翻译（名著、选辑），还是在论著（专著、论集）方面都有大量的显著的成绩。这是极为可喜和应当嘉许的。

根据个人的观察，我认为，国内学者研究现代西方哲学大概可以说有两个路子：一个路子是偏好对欧陆人本主义思潮的研究，这派学者欣赏人本主义思潮哲学家那里有对人类命运的关注，对人性秘密和人生真谛的探索，对人的独立人格和自主精神的赞颂和激扬，乃至欣赏他们的非理性主义的和浪漫主义的精神，而且发现其思想中颇有与中国传统哲学（例如道家老庄）相契相通之处而欲糅而合之；另一个路子是侧重对英美分析哲学思潮的研究。这派学者欣赏分析思潮哲学家致力于对科学语言和日常语言的逻辑分析或概念分析，注重思想的清晰、意义的确定、论证的严密、语言的畅述和对科学精神的追求。他们认为，中国传统哲学中虽不无分析的思维，但未形成强有力的分析的传统，对西方分析哲学之研究，正所以补中国传统哲学之不足而为其借鉴。

不过，有一点应该指出（事实上我曾不止一次地指出过），就是我们学术界在现代西方哲学的研究上,对英美分析哲学思潮和欧陆人本主义思潮有畸轻畸重的现象。多年来欧陆哲学已登热门,"显学",分析哲学则入冷门旁落。我说过,这是我们学术领域中有点"生态失衡"的现象,应该引起人们的重视,否则对我们的西方哲学研究乃至整个哲学研究都会有不利的影响。

2015 年 2 月 15 日

于北京大学畅春园

关于西方哲学研究问题

关于西方哲学中文学问题

百年来的西方哲学研究*

中西文化交流,可远溯到明朝末叶,其时许多欧洲传教士漂洋过海,来到中国,除传播基督教、译介有关神学书籍之外,也向中国人介绍西方数学、天算和若干近代早期的科学技术知识。但是除了对亚里士多德的逻辑学(《名理探》)、物理学(《寰有诠》)和灵魂学说(《灵言蠡勺》)以及中世纪托马斯·阿奎那的神学、哲学思想和著作(《超性学要》)有所译介外,近代以来的西方哲学在他们提供给中国人的知识库中则尽付阙如。

清初康熙帝对外尚较开放,接纳和任用了一些西方传教士司职天象、历法及对西方国家外交事务的翻译等等。康熙本人曾聘用一些传教士为其教席,例如,曾担任《尼布楚条约》翻译工作的法国传教士张诚就是康熙的洋侍读之一。据其日记所载,他不但为康熙讲授几何、数学,而且讲过哲学,惜未说明是何种哲学,而且这种讲授是在宫禁之内,仅以皇帝一人为对象,实同秘学,并不外传,在中西文化交流史上不曾留下任何可见的痕迹和影响。

西方哲学之传入中国,或者说西方哲学之东渐,主要是近代的事情,是从鸦片战争开始,清帝国的森严壁垒被西方资本主义列强的坚船利炮轰然打破之后的事情,迄今已有百余年的历史。我们可以按照中

---

* 原载《20世纪中国学术大典》(哲学卷),福建教育出版社,2002年。

国近现代史的一般分期,将西方哲学在中国的传播(包括介绍、翻译和研究)为三大阶段:(1)近代阶段,清末民初(19世纪末20世纪初),以戊戌变法前后为第一个高潮;(2)现代阶段,"五四"运动到1949年全国解放,以"五四"新文化运动时期为第二个高潮;(3)当代阶段,新中国成立以至今日,以"文化大革命"结束后的20年为第三个高潮。

近代阶段

根据目前掌握的材料来看,西方哲学的输入约始于19世纪70年代。那些自己学习了西方哲学并向国人介绍、翻译、传播西方哲学的人物,大都不是书海里的学者,而是积极从事社会政治活动的改良派或革命派的政论家和政治家,他们之所以介绍西方哲学是具有非常现实的目的,即唤醒国人,挽救民族危亡,使中国富强起来,重新屹立于世界文明民族之林。他们的介绍工作是中国近代启蒙运动的核心内容。

这一时期西方哲学被介绍到中国,主要有两条途径:一是由曾经在西方国家留学或游历考察、精通西方语言且曾亲炙西方哲学的中国人直接从原文原著(或同一著作的其他西方译本)介绍和翻译西方哲学,最著名的如曾留英多年的严复和曾久居香港并曾赴英从事学术访问研究的王韬。另一条途径则是,一些留学或长住日本的中国人通过日本哲学界对西方哲学的翻译和论著而间接地了解并转而向国人介绍西方哲学,或以日译本转译西方哲学原著,最著名如梁启超、章太炎、王国维等。日本哲学界在明治初期(19世纪70年代)的启蒙运动中曾大力引进英国哲学(穆勒、斯宾塞、边沁等人的思想和著作),明治末年(19世纪末20世纪初)则专注于德国唯心论,尤热衷于叔本华和尼采哲学,这不能不给中国人以激励和引导,而直接影响其对西方哲学思潮的选择和接受。至于大量西方哲学术语,如主观、客观、理性、悟性、现象、实在、归纳、演绎等等,乃至"哲学"一词,都是取自日本学界的译名,而且一直沿袭使用,已成为我国哲学词汇的重要组成部分。

这一时期西方哲学的传人,就时间顺序言,大致是英国最先,法国次之,德国居后。关于希腊哲学时有概论或综述一类的文章见于报刊,均极简略,从未作为重点加以介绍。

我们见到的最早介绍英国哲学的文字是早期改良派人物王韬在19世纪70年代初所写"英人培根"一文。王韬在19世纪80年代曾主持上海格致学院,从该院学员历年课试论文汇编《格致书院课艺》一书的内容可见,书院教席们曾向学员讲授了柏拉图、亚里士多德的思想,尤其是近代培根和当代达尔文、斯宾塞的思想。被称为"天道自然之理"的达尔文进化论,可能就是在这里最早被介绍给中国人的。在介绍英国哲学乃至整个西方哲学的工作上用力最勤、成绩最大、影响最深且广者,是清末著名的改良主义者和启蒙思想家严复。他的最大贡献是其译西方哲学社会科学著作多种,其中绝大多数是英国人的著作,如赫胥黎的《天演论》,约翰·穆勒的《名学》,斯宾塞的《群学肄言》等。严复通过这些译著,一是向人们大力宣传达尔文进化论("天演论"),"物竞天择"、"适者生存"、"优胜劣败"等词语很快风行全国,成了激励国人奋发自强、救亡图存的警世箴言,产生了巨大的影响;二是介绍从培根到穆勒和斯宾塞的经验主义的认识论和方法论,为人们提供一种新的思维方式,新的思想方法。除翻译外,严复不曾写过关于西方哲学的专门著作,但是他对其所译书都做过非常认真深入的思考,写下了大量的按语(据统计有19万字之多),对书中的许多问题,包括一些深邃的哲学问题,纵横议论,反复评说,有词语概念的考释注解,有个人见解的借题发挥或阐述,有中西哲学之比较,总之,我们实际可以把这些按语看作一种研究的论著。另一位在介绍西方哲学上做了大量工作的是改良主义运动和戊戌变法的领袖之一梁启超。他撰写了一系列西儒学案,包括近代欧洲各国哲学,而以英国哲学家为主,如培根、霍布斯、边沁、达尔文等。梁氏文笔流畅优美,"笔锋常带感情",所以他的文章较之"其文太务渊雅"的严氏所译书拥有更加广大的读者群。另一位虽然"酷嗜"德国哲学但对英国哲学也做了不少介绍工作的是王国维。他不仅为培根、霍布斯、洛克、休谟、斯宾塞写了小传,简述其思想,而且翻译了19世纪英国著名哲学家、伦理学家西额维克(通译西季威克)的《西洋伦理学史要》。不过,与严、梁二氏不同,他对英国哲学家的经验论和功利论持批评态度,认为他们都"太偏于实用",其学说都不是"伟大深邃之思想"。

法国哲学这一时期介绍进来的主要是笛卡儿和18世纪启蒙思想家孟德斯鸠、卢梭、拉美特利和狄德罗,也有文章提及或简述孔德(或译康德、刚德)的实证论哲学。严复在其政治论文和译著按语中多次论及笛卡儿,梁启超著有长文并论培根和笛卡儿,推崇他们是"近世文明初祖"。严、梁二氏都着重介绍了笛卡儿的"普遍怀疑"和"我思故我在"的学说。18世纪法国启蒙思想家的介绍侧重于孟德斯鸠和卢梭的社会政治学说,最早有梁启超的两篇专文分别加以评述。孟氏和卢氏的著作都有翻译出版,孟氏的《法的精神》先有根据日文本转译的名为《万法精理》的中译本,嗣后严复根据英文重译此书,名曰《法意》。卢梭著作的中译有《民约论》和《爱美耳钞》(《爱弥儿》一书的节译)。对法国唯物论的介绍则仅见于马君武"唯物论二巨子学说",此文以极鲜明的态度赞扬了拉美特利和狄德罗的唯物论学说,认为他们是法国革命的思想先驱,法国革命的"共和事业无一不自唯物论来也"。

德国哲学的输入不仅较英法哲学为迟,而且其影响在当时似亦不若英法哲学之大。德国哲学之吸引了中国人的注意力,一方面是日本明治末年学术界"德国热"的风气之感染;另一方面也反映了中国人对西方哲学的接受和认识逐渐深化的过程。无论是英国的经验论、实证论和功利论,还是法国的启蒙哲学,都不能满足人们更高远、更深沉的理论追求。例如，章太炎批评"宾丹（即边沁）、斯宾塞尔那一流人崇拜功利"，而认为德国唯心大师"康德、索宾霍尔（即叔本华）诸公"才是"哲学之圣"。王国维认为，严复介绍"英吉利之功利论及进化论之哲学"诚然有"一新世人之耳目"的功效，但"其兴味之所存，不存于纯粹哲学，而存于经济、社会等学"，所以在他看来，"严氏之学风，非哲学的，而宁科学的也，此其所以不能感动吾国之思想界也"。对18世纪法国启蒙哲学和自然主义思想的介绍，王国维也批评那不过是"聊借其枝叶之语以遂其政治上之目的耳"。而王氏自己所"酷嗜"者则是拥有"伟大之形而上学，高严之伦理学与纯粹之美学"的康德、叔本华、尼采的哲学。这一时期中国人对德国哲学的了解还是很初步的，虽有若干绍述文字，但无一本原著的中译，除了王国维所译"叔本华氏之遗传说"一篇短文外，我们迄今不曾发现任何有关的译作。在这一点上是大为落后于英法哲学的介绍工作的。德国哲学家中介绍较多的是康德、黑格尔、叔本华、尼采，但费希特、谢林、洛采、冯·哈特曼在一些文章中也有述及。梁启超最早撰写专文"近世第一大哲康德之学说"介绍了康德哲学的一些重要概念和学说，但疏漏和不当之处甚多，王国维甚至批评"其纰缪十且八九也"。王国维本人对康德做过艰苦的研究，发表了论康德哲学的文章多篇，比较确切地介绍了康德的知识论（《纯粹理性批判》）和伦理学（《实践理性批判》）。他认为，康德的批判哲学提出了"哲学之新问题及新方法"，可谓"超绝于众"，但是他"尽褫纯粹理性之形而上学的能力"，故其学说是"仅破坏的，而非建设的"，只是一种"哲学之批评"，还不能说是"真正之哲学"。关于黑格尔哲学，这一时期所见者只有马君武和严复的两篇文章。马氏的"唯心派巨子黑智儿学说"主要介绍黑格尔的逻辑学和历史哲学，着重讲述其主客同一的绝对唯心论并注意到黑格尔的"相反者相同"（对立统一）和"反面的反面"（否定之否定）的辩证法思想。严文题为"述黑格尔唯心论"，实则只是介绍其精神哲学，而且只讲了主观精神和客观精神的两个部分,至于绝对精神部分"则未暇及也"。关于叔本华和尼采的哲学,介绍最力者有王国维、章太炎、鲁迅诸人。王国维有专文多篇论叔本华和尼采,将二氏并列为19世纪德国哲学的"二大伟人",而更推崇叔本华,认为他纠正了康德批判哲学之失,重建形而上学,他的"主意论"(唯意志论)打败了从柏拉图以来的"主知论"(理智主义)传统,遂使西方哲学"渐有趋于主意论之势"。王国维根据叔本华的生活意志说分析《红楼梦》这部"彻头彻尾的悲剧"的伦理意义和美学价值,写了"《红楼梦》评论"一文,为红学研究开辟了一条新路,也是中国人将西方哲学理论运用于真正意义的学术研究的最早的尝试和成果。章太炎是当时革命派的著名思想家,也是一位杰出的学者,对西方哲学有广博的知识,对德国哲学尤有浓厚的兴趣。他认为康德的先验唯心论和叔本华的唯意志论都是激发人的心志、使人勇于有为的,"要有这种信仰才得勇猛无畏,众志成城,方干得事来"。他很欣赏尼采的"超人",认为这符合他奉为"臬极"的"依自不依他"的信念,揭示了一种"排除生死"、"径行独往"的大无畏精神,这是"于中国前途有益"的。作为章太炎的弟子,鲁迅或许首先是受了章太炎的影响,也赞赏德国"神思宗"(唯心论),认为叔本华和尼采的唯意志论纠正"19世纪文明之通弊",开启了"20世纪之新精神",他也特别欣赏尼采"超人之说"高扬个性解放("张大个性之尊")和敢于"抗俗"的对传统的反叛精神。后来在"五四"时期,尼采的"重新估定一切价值"则成了新文化运动的代表者们用以批判封建文化的一个响亮的口号。

现代阶段

1919年的"五四"运动标志着中国现代史的开端,"五四"前后兴起的新文化运动构成了中国思想文化战线的一个新的历史时期,也带来了西方哲学东渐的又一个高潮。"五四"运动以彻底反帝反封建的姿态高举起"科学与民主"的大旗,对传统的旧文化、旧思想、旧道德展开勇猛的批判。在新文化运动的代表者们看来,科学与民主是西方文化的特征,只有吸取西方文明才能创建出与中国传统的文化不同的新文化。因而在"五四"时期,当时流行的很多西方哲学思潮像潮水一样涌入中国。杜威的实用主义、罗素的新实在论、马赫的实证主义,柏格森哲学、尼采哲学等等,在中国学术界都有其传播者和信奉者,在《新青年》、《民铎》、《东方杂志》、《晨报·副刊》等报刊上发表了大量的评介文章,而且在一些杂志上为一些大哲学家出了专号,如《杜威专号》、《罗素专号》、《尼采号》、《柏格森号》等等,集中介绍他们的思想。而且有些驰名国际的哲学家,如杜威、罗素、杜里舒等人,相继被邀来华讲学,亲自讲授和宣传他们自己的哲学。20年代若干现代哲学的名著被译成中文出版,如詹姆士的《实用主义》、杜威的《哲学的改造》、马赫的《感觉的分析》、罗素的《哲学中的科学方法》(《我们关于外间世界的知识》)、柏格森的《创化论》等等,同时也出了一些翻译的或编写的概略介绍现代西方各派哲学的书,马克思主义也是这一时期作为西方的一个思潮传入中国的。但是它很快就显示出了伟大的真理的力量,成为中国共产党人重新观察国家命运的工具和指导革命斗争的武器。它在中国的传播、发展过程中虽然始终不断地与其他西方哲学派别发生碰撞和争斗(早在"五四"时期就有马克思主义者李大钊和实用主义者胡适关于"问题与主义"之争),但是它已不复仅仅是一个学术的派别了。

就"五四"时期而言,在各派西方哲学中,由新文化运动领袖人物胡适大力介绍、宣扬的杜威的实用主义或实验主义传播最广。胡适主要讲杜威所谓实验的方法和真理论,高唱"拿证据来"的口号,被很多人认作代表了典型的科学精神,在历史、文学、教育领域有很深的影响。同样被认为特别崇尚科学的罗素哲学和马赫主义则在数学自然科学领域有较大的影响。这些派别都被它们的中国信徒看作是"反形而上学"或"反玄学"的。因而在20年代初,实用主义派、罗素派、马赫派曾联合起来与由柏格森直觉主义和倭伊铿、杜里舒生机论的信徒组成的"玄学"派,展开了一场"科玄论战"。新文化运动之初,柏格森也是作为主张进步而非保守的"当代大哲"介绍给中国人的,他的创造进化论被认为揭示了世界"无日不在演进之途,万无保守现状之理"的"宇宙根本大法"(陈独秀语)。但是,后来柏格森的直觉主义的非理性主义哲学却成为某些人(张君劢、张东荪、梁漱溟等)用以否定科学和理性、宣布西洋物质文明和科学"破产",鼓吹恢复东方的"精神文明"的武器。他们首先以科学不足以说明人生观问题为由攻击科学万能,从而挑起了"科玄之战"。这也可以说是20世纪西方人本主义和科学主义两大思潮在中国哲学舞台上的一个表演。

"五四"时期,人们主要致力于西方当代思潮的引进,对哲学史则较少注意。古典哲学家中只有康德哲学有一些著译的文章予以论述,几家杂志上出过康德专刊;但论及其他哲学家的文章为数极少,而且20年代不曾有一本古典哲学名著中译本出版。

30～40年代,西方哲学的传播虽然不再有"五四"时期如大潮涌入那样热烈的景象,但是无论在介绍、翻译和研究上都有长足的进展和切实的成绩,在现代哲学方面,一些新的哲学流派,如逻辑实证主义、存在主义等,继续被介绍进来;有些较早的流派,如新康德主义、新黑格尔主义的介绍则与康德、黑格尔哲学的研究相随而俱来,有译述、评述数种,有的流派如英美新实在论哲学被某些哲学家所融会吸收,与中国哲学传统熔为一炉而形成独特的哲学体系,如金岳霖的"论道",冯友兰的"新理学"。

在哲学史方面,只是到了这一时期才开始有了比较全面和稍许深入的研究工作。30～40年代系统介绍、讲述西方哲学史的著作(包括通史和断代史,包括翻译的和中国学者编写的)不下30、40种之多。对各个时代大哲学家的研究及其著作的翻译,较前是大大增加了。古希腊一些自然哲学家(赫拉克利特、德谟克里特、伊壁鸠鲁)的著作残篇、柏拉图的某些对话、亚里士多德的《伦理学》等有了中译本,有的译著,例如陈康从希腊文翻译并做大量注释的柏拉图《巴门尼得斯篇》,实际是对柏拉图思想颇具卓见的研究著作。近代哲学中以17世纪经验派和唯理派哲学家思想的评述和著作的翻译占比例最大。两派主要人物的代表作几乎都有中译,如培根的《新工具》、霍布斯的《利维坦》、洛克的《人类理解论》、贝克莱的《人类知识原理》、休谟的《人类理解研究》、笛卡儿的《方法论》、《哲学原理》、《沉思录》、斯宾诺莎的《伦理学》、莱布尼茨的《形而上学论》等。关于他们的思想不仅有很多的论文,而且有分别论述经验派和唯理派诸大家的思想及其承袭发展过程的专著。18世纪法国启蒙哲学,特别是百科全书派的思想也有若干介绍文章,而且拉美特利、狄德罗、霍尔巴赫、爱尔维修等人的唯物主义和无神论著作第一次从法文原著翻译过来,可谓难能可贵,可惜其译文大都粗陋低劣,反映了那时我国学术界法国哲学研究的水平还是不高的。德国古典哲学的翻译和研究这一时期有相当大的进展。若干主要著作(康德的《纯粹理性批判》、《实践理性批判》,黑格尔的《论理学》、《历史哲学》,费尔巴哈的《将来哲学原理》、《宗教本质讲演录》等)有了最早的中译本;在研究方面,有为数众多的论文和一些较系统深入的论著,其中郑昕的《康德学述》和贺麟关于黑格尔哲学的许多著述都是造诣很深的德国哲学专家的精心之作,代表了当时德国哲学研究的很高水平。

  从"五四"时期,西方哲学(首先和主要是现代哲学)就进入了大学的讲坛,开始主要是举办学术讲演或讲座,后来一些大学陆续成立了哲学系,西方哲学(包括古典哲学和现代哲学)则成了一门常设的课程。不过,那时即使在最著名大学的哲学系里,通常都是按照教师个人所长和兴趣开课,很少给学生以完全而系统的西方哲学的知识。

当代阶段

　　1949年新中国的成立,开辟了中国的新纪元,从政治到经济到文化都发生了空前的革命的变革。在文化、教育、学术方面,最重要的具有根本意义的变化是马克思主义在其各个领域迅速而全面地确立了它的领导地位和发挥其指导的作用,从而开拓出一个崭新的局面。对西方哲学这个学术部门来说,也是如此。从解放初开始,人们努力学习和运用马克思主义的观点和方法去重新认识和理解西方哲学,在研究、教学和翻译方面取得了巨大的成绩。

　　与以往不同,现在人们学习和研究西方哲学,不是为了向西方寻求救国救民的真理,也不是为个人寻求安身立命的依据,而是作为整个马克思主义的思想教育和学术研究的一个组成部分或辅助而进行的。50年代在中国的大学哲学系里流传着一个很有趣的形象的说法,即把马克思主义哲学比喻为鸟的主体,而以中国哲学史和西方哲学史两门学科为其两翼。西方哲学史是各大学哲学系必修的课程之一,课程内容包括从古代希腊哲学到19世纪德国古典哲学的讲授和若干古典名著的选读。像这样系统完整地介绍、讲解西方哲学史,是解放前不曾有过的。与教学相并而行,在西方哲学史的学术研究方面,包括古典著作的翻译和关于重要哲学家的论著有了大量的富有成果的工作。首先,在西方哲学名著的翻译方面,成绩是突出的。50年代末至60年代初,陆续出版了由洪谦主编,北大哲学系外国哲学史教研室编译的多卷本《西方古典哲学原著选辑》(包括古希腊罗马哲学、16~18世纪西欧各国哲学、18世纪法国哲学、18世纪末至19世纪初德国哲学),这套书是国内各大学哲学系自50年代以来师生学习和研究西方哲学史必读的教材。

哲学家的名著大都是第一次从原著、原文译出,有些译本是远胜旧译的重译。其中德国古典哲学(主要是黑格尔和费尔巴哈的著作)数量最大,而尤以贺麟、王太庆、王玖兴、杨一之所译黑格尔的著作为最多。这些译著无论在对原著思想的把握上还是在文字表达上都大大地超过了解放前的翻译。在研究论著方面,《哲学研究》、《光明日报·哲学副刊》等报刊上曾发表了很多有关西方古典哲学的论文,而且曾就某些问题展开学术讨论(如关于唯心主义评价问题,关于洛克两种性质学说、斯宾诺莎的唯理论、赫拉克利特的思想等),但是有关的学术专著却是屈指可数,即以当时人们最为注重的德国古典哲学来说,也只有齐良骥的《康德唯心主义和形而上学批判》、张世英的《论黑格尔的〈逻辑学〉》、姜丕之、汝信的《黑格尔范畴论批判》、姜丕之的《〈小逻辑〉注释》等几本书。

解放后我国学者对西方哲学的研究深受斯大林时代苏联哲学界的影响,许多源自苏联的一些"左"的、教条主义的观点在相当长的时间里广为流行。例如,把全部丰富多彩的哲学史简化为唯物主义和唯心主义两条路线的斗争,根据被歪曲了的所谓阶级分析将唯物唯心的对立等同于进步与反动的斗争,轻视或无视唯心主义学说在人类认识发展史上的作用,而将其作为谬误的同义语加以批判;如此等等。

学术研究上的"左"的倾向在对待现代西方哲学的态度上表现得尤为突出。苏联哲学界一直将现代西方的各种哲学流派都判定为帝国主义时代反映垄断资产阶级利益的反动思想,没有也不可能有任何合理的可取的成分,必须全盘否定,彻底扫荡。50年代初批判胡适、梁漱溟而兼及其西方思想来源(杜威的实用主义和柏格森的直觉主义),就是上面这种思路(且不谈这场批判的政治背景和动因)的生动体现。1958年继1957年反右运动的余威,又在全国教育界和学术界掀起一场批判"资产阶级学术思想"的运动,更是对所有曾传入中国的现代西方哲学流派及其在中国的代表人物的一次全面无遗的总清算。于是,在很长时间里,现代西方哲学简直成了人们望而却步的禁区,诚然也有一些现代流派的作品被翻译过来,但那只是供批判用的靶子,在大学哲学系的讲堂上间或开有"现代资产阶级哲学批判"的课程,但通常是以对其荒谬与反动的斥骂代替了对其学说的如实介绍和实事求是的分析,而且被斥骂者也大多还是解放前即已传入而在西方也已成明日黄花的一些流派,对于晚近的西方哲学思潮实际上已完全隔绝,中国人几无所知了。

从1966年开始,持续十年之久的所谓无产阶级文化大革命是中国人民的一次政治浩劫,也是学术的浩劫。西方哲学,像其他学术领域一样,在"文革"中研究工作一度完全中断,只是在毛泽东于1972年为了批判所谓"天才论"而号召人们"读几本哲学史,包括中国哲学史和欧洲哲学史"的时候,西方哲学史才被允许重新讲授和写作。那时在最高领导的号召下遵命编写出版的几本欧洲哲学史都不能不带有文革极"左"思潮的深刻印记。例如,有的书从《伊索寓言》中挖掘出所谓"奴隶哲学",有的书按照当时流行的说法硬把包括贝克莱唯心主义经验论在内的一切唯心主义认识论都名之曰"先验论"……

1976年"文革"结束,中国历史翻开了新的一页。20多年来,我们在政治、经济方面进行了深刻的改革,取得了巨大的进展,我们的文化、教育、学术,在各个领域都呈现出一种勃然复兴、日益繁荣之势。就西方哲学方面来说,其学术活动之频繁、气氛之活跃、研究之深广、成果之丰硕,是建国以来所仅见的。"文革"结束后不久,国内从事西方哲学研究和教学的学者曾多次举行大小会议,重新审视和检讨过去西方哲学研究中存在的"左"的影响(包括苏联的影响)及其造成的种种问题(如日丹诺夫的哲学史定义问题,哲学史上唯心主义的评价问题,关于西方哲学史的分期问题,对整个现代西方哲学的评价问题等等),尤其是1978年在芜湖举行的第一次全国外国哲学史会议和1979年在太原举行的第一次现代外国哲学会议,为日后西方哲学研究能打破旧框框,冲开禁区,比较顺利和迅速地推进和发展,做出了重大的贡献,值得我们纪念。两会之后分别成立了全国性的外国哲学史学会和现代外国哲学学会,各省分会也相继纷纷成立,不断举行各种内容、各种形式的学术讨论会,从古希腊哲学到后现代思潮以及中西文化之比较,议题之广泛,争论之热烈,与会者之众,提供论文之多,也是昔日从未有过的。而且中国的学术界已与国际学术界建立了日益密切的联系和经常的往来,西方哲学研究不再是闭居世界一隅的自言自语,而是与西方哲学家的直接交流与对话。

20多年来,中国对西方哲学史的研究工作取得的成绩是巨大的,无论在翻译还是论著方面。许多古典哲学家(如亚里士多德、奥古斯丁、库萨的尼古拉、布鲁诺、斯宾诺莎、帕斯卡尔、莱布尼兹、孔狄亚克、康德、费希特、谢林、黑格尔等)的某些著作被首次译成中文:苗力田主持翻译的《亚里士多德全集》十卷是我国第一部主要由原文(希腊文)译出的全集中文本。有关古典哲学的论著亦收获良多,西方哲学通史的教本已有多种问世,断代史以希腊哲学与中世纪哲学的研究著作为多,汪子嵩主持编写的《希腊哲学史》,是一部资料翔实、内容丰富、颇多新见解的巨著。已出版的几本中世纪哲学史填补了这个领域的空白。专人专题的论著涉及的范围很广、人头众多,如前苏格拉底哲学、柏拉图、亚里士多德、托马斯·阿奎那、培根、斯宾诺莎、洛克、贝克莱、休谟、18世纪法国启蒙哲学、康德、费希特、黑格尔等等,有的哲学家的思想得到多方面的研究,例如黑格尔的《历史哲学》、《精神哲学》、《精神现象学》、《宗教哲学》等,均有专著论述。中国社会科学院哲学所组织编写的多卷本《西方著名哲学家评传》可以说是分别评述各个哲学家的一部总集。

80年代以后,人们对西方现当代哲学思潮的关注和研究兴趣越来越浓,这个方面的翻译、评介、论著,在数量上远超过古典哲学,成绩斐然可观。80年代初、中期,中国的学者对现代西方哲学主要是做了大量的介绍评述的工作,出版了很多概论、综述、泛讲现代各派哲学的作品和很多摘译现代各派著作的选辑,其中如最早由刘放桐等人编写的比较全面介绍现代西方各个流派的一本书曾被广泛用为教材。这一段时间虽然有若干关于现代哲学家(如尼采、维特根斯坦、萨特等)的专著,但大多还是述评一类的较初浅的作品。80年代末到90年代以来,中国现代西方哲学研究展开了更广泛而深入的工作。研究的内容和课题不仅有较早的中国人较熟悉的一些流派(如实用主义、马赫主义、维也纳学派等),而且有中国人一直并不熟悉的较早的流派(如胡塞尔现象学,狄尔泰的生命哲学),而更多的是晚近几十年在欧陆哲学和英美分析哲学中有影响的重要的思潮(存在哲学、诠释学、结构主义、解构主义、社会批判理论、后现代主义、语言分析哲学、逻辑实用主义等等),以及西方哲学中我们过去知之甚少甚至无知的一些领域,如科学哲学、语言哲学、逻辑哲学、心智哲学等等。研究成果丰硕喜人,有关的论文不胜枚举,专门的论著日益增多,而且出现了一些高水平、有深度的作品,如叶秀山的《思·史·诗》、涂纪亮的《现代西方语言哲学比较研究》,特别值得指出的是有一批有才能的中青年学者在这方面已做出了很好的成绩,无论对个别哲学家(如胡塞尔、海德格尔、萨特、弗雷格、维特根斯坦、蒯因等)还是对某一哲学分支(如科学哲学、语言哲学等)的研究,都有一些很有见地、颇具功力的著作。至于翻译工作,80年代以来现代西方哲学各重要流派的著作差不多都有了译本,有的还不止一种译本,其数量之大,无疑超过了以往所译现代西方哲学作品的总和。这样兴旺的景象当然值得高兴,但是就目前学术界的情况来看,现代西方哲学的译著和论著大多是欧陆哲学方面的,人们对非理性主义思潮的兴趣似乎过热,海德格尔哲学成了"显学"。相比之下分析哲学则显得非常冷落。这恐怕是我们的学术领域中有点"生态失衡"的现象,应该引起人们的重视。

谈谈西方哲学的学习和研究[*]

西方哲学这门学科目前在我国大学里通常是分为两门课程讲授的,即西方哲学史和现代西方哲学。其实,现代是历史的一部分,现代西方哲学是西方哲学史的继续和发展,是西方哲学史的现代部分,二者本是一体,统名之曰西方哲学史,也无不可。欧美许多哲学史著作都是上古下今一直写到现在;国内近年出版的西方哲学史有的也把现代部分包括进去。我本人是倾向于这种上下贯通、熔古今于一炉的恢弘的历史写法的。所以这里所要谈的西方哲学这门学科也可以说就是广义的西方哲学史。

一、西方哲学始于古代希腊,迄今二千余年。在这漫长的历程中,正如西方社会曾经过了从奴隶制到封建制到资本主义各种社会形态的最充分最完全的发展,西方哲学也展现了世界哲学史上最为丰富多彩的一幅历史画图。

西方哲学的发展,就大的段落来说,与西方社会的历史分期大致是一致的,基本上可以分为:古代奴隶制时期希腊罗马的哲学,中世纪封建制时期欧洲的哲学,近代资本主义时期欧美各国的哲学,现代资本主义时期欧美各国的哲学。这是大而化之的分法,至于各个时期的起讫以及每个时期更进一步细分为若干小的段落,哲学史家们的看法和写

---

[*] 原载《学者论大学生的知识结构与智能》,北京大学出版社,1992年。

法则大有不同。譬如,文艺复兴哲学,有的哲学史把它归入中世纪末期的哲学,有的则把它作为近代哲学的开端。又如,现代哲学究竟从何时算起?有人认为可以上溯到19世纪三、四十年代,有的则坚持起始于19世纪末和20世纪初。这些问题自然不是我们在这里所能细论,也不必细论的。

西方哲学内容异常丰富,各个时期都有各种不同的思潮、流派、倾向,各家各派都有自己的代表人物和代表作品,许多人物是震烁古今的大哲学家,其所著述已成为不朽的经典之作。

学习西方哲学,可以先读一读中外学者写的关于西方哲学的通史、断代史,对于西方古今各种哲学学说、理论、观点及其历史发展有一个纵向的、概括的了解,但是要进一步去研究西方哲学,则必须有计划地研读各个重要哲学派别的代表人物的代表作,亲炙哲学家本人的思想,而不假道于二手或三手的材料。西方哲学的许多名著已陆续译成中文,有些重要著作虽无全译本,但在一些西方哲学论著选辑中可以读到节译的文字。中外学者关于西方哲学的研究著作,不论是长写历史,还是专论某家某派的哲学,都是作者心得的结晶,对我们学习西方哲学无疑会有助益,可以参阅。不过读这类作品,终究是通过了某种折光来了解哲学家的思想,欲窥哲学家思想的原本或全貌,必须直入虎穴,在研读哲学家本人的原著上下切实的功夫。

二、西方哲学不仅在我国各大学哲学系是一门主课,而且在其他文科系以及理工院校也设有课程或开办讲座;近年来西方哲学方面的著作在一般知识青年中也拥有相当广大的读者群,许多人都饶有兴趣地阅读西方哲学的书,讨论这样那样的哲学问题。

但是,为什么要学习和研究西方哲学,这种学习和研究的意义何在呢?

首先,学习西方哲学可以帮助我们更好地理解和掌握马克思主义的哲学，树立辩证唯物主义和历史唯物主义的世界观。马克思主义不是凭空产生的，而是马克思主义的创始人马克思和恩格斯在无产阶级革命实践的基础上对以往人类文化的优秀成果加以批判地继承和改造而建立起来的。就哲学方面说，其思想来源主要是19世纪的德国古典哲学，特别是黑格尔的辩证法和费尔巴哈的唯物主义。因此要了解马克思主义哲学的产生，它对以往种种哲学问题的回答，它所提出的新的哲学观念，它之有别于以往一切哲学的根本特异之处及其在哲学史上引起的巨大变革，我们就必须了解西方哲学从古代希腊直至19世纪的全部发展，从而认识到马克思主义的出现正是这一过程的合乎规律的结果。人们或许会问：西方古典哲学的知识固然为理解马克思主义哲学所必需，但是研究马克思主义以后的西方哲学，特别是现代西方的许多哲学流派，对于理解马克思主义哲学又有什么意义呢？这里涉及对马克思主义产生以后即19世纪下半叶以来的西方各种哲学流派的评价问题。这是一个颇有争论的问题，非本文所能详述。不过，如果我们真正相信辩证法，我们就必须承认马克思主义总是在同其他哲学流派相对比而存在、相斗争而发展的。一百多年来，随着西方资本主义社会的发展和科学技术的进步，在各个时期西方各派哲学家提出了许多重大的哲学问题并给以各自的回答，对马克思主义形成了直接或间接的挑战，而每当马克思主义者以严正的科学的态度对待这些挑战并做出自己的回答时，马克思主义的世界观就得到极大的丰富和发展。例如本世纪初以马赫为代表的经验批判主义在物理学关于物质结构的知识取得重大突破（电子的发现证明原子是可分的）的条件下利用新的科学成果做出"物质消灭了"的唯心主义结论，列宁对当时物理学革命的哲学意义做了认真细密的考察，以科学的新成果为依据有力地驳斥了马赫主义，捍卫并发展了马克思主义的唯物主义。如果我们不了解马赫主义的哲学观点，我们也就不能深刻理解列宁关于辩证唯物主义原理的一些新的论断。当然,我们学习和研究马克思主义产生以后的西方各派哲学,并不仅仅是把它们作为从反面对马克思主义发展的一种刺激,所谓"反者道之动",而且也是为了从这些哲学流派的思想中批判地汲取、吸收可能有的任何有益的东西。那种认为马克思主义出现之后其他一切哲学流派只有谬论,没有一句可信的话,显然是不符合事实的。恩格斯对19世纪下半叶流行的实证论的批判是很尖锐的,但是对斯宾塞把进化论观念引入认识论,用人类无数世代的遗传来说明数学公理的自明性,他却非常明确地加以肯定,认为斯宾塞说得对(《自然辩证法》),而且在其论述数学公理的经验来源时正是利用了这种进化论的认识论观点(《反杜林论》的准备材料)。

其次,学习和研究西方哲学可以锻炼和提高我们的理论思维能力。恩格斯说:"理论思维仅仅作为一种能力才具有天生就有的性质。这种能力必须加以发展和训练,而为了给以这种训练,除了学习以往的哲学,直到现在还没有别的手段"(《自然辩证法》)。这里说的理论思维能力不是指科学家乃至普通人都具有的一般理性的逻辑的思维能力,而是指哲学的思维能力。我们不承认哲学是超乎科学和日常生活的玄而又玄的学问,但是我们应当承认哲学是与各门具体科学不同的一种理论思维的领域,它所讨论的问题(本体论问题,认识论问题,方法论问题,人生、伦理价值问题,社会历史规律问题等等)是宇宙、社会、人生的根本问题,这些问题虽与各门科学有关,但不是科学所能回答的,对这些问题的探究需要更高一层或更深一层的理论思维能力。这种哲学的理论思维能力对科学研究和生活实践都很重要,恩格斯说:"一个民族想要站上科学的各个高峰,就一刻也不能没有理论思维"(《自然辩证法》),否则,即使拥有大量的科学知识和丰富的实践经验,我们也不可能具有深邃的思想和卓越的识见,往往只能随着经验一步一颠地盲目而行。并非人人都是哲学家,也不可能要求人人都是哲学家,但是哲学的理论思维却是我们大家都可以通过训练而掌握的。训练的最好方法就是学习和研究古今各种哲学。各个时代的哲学都是当时人类理论思维的成果、智慧的结晶。我们读各个哲学家的著作,不但要知道他们说了什么,而且要注意他们如何说及何以如是说,对他们探讨的问题做"深湛之思",对他们提出的答案精析明辨,这样的学习和研究就是在磨砺、锻炼我们自己的理论思维能力,也就是在进行哲学的理论思维活动,而且也只有这样去学习研究,才能真正了解各个哲学家的思想。罗素说得很好:"要理解一个时代或民族,我们必须理解它的哲学,而要理解它的哲学,我们自己在某种程度上也必须是哲学家"(《西方哲学史》导言)。

最后,对于我们中国人来说,学习和研究西方哲学还有其特殊的意义。中国有自己的哲学传统,我们的先哲们在理论思维上曾经达到很高的水平,留下了许多富有智慧的珍贵的精神遗产。但是,由于封建社会的长期停滞,中国的传统哲学始终处于朴素的阶段。我们应当批判地继承这份珍贵的哲学遗产,那种完全否定传统文化的民族虚无主义是不能接受的。但是,我们不能否认,中国传统哲学的发展没有超出近代前的形态,不可能为我们创造现代形态的中国哲学提供丰富的资料。这一点是19世纪末以来所有先进的中国人都看到了的。因此从那时起,资产阶级的先进分子(包括资产阶级改良派和革命派)在接受西方近代资产阶级的社会政治理论的同时,也开始接触和介绍西方的哲学思想,如赫胥黎、穆勒、斯宾塞、孔德、黑格尔、叔本华、尼采、海克尔等,或翻译他们的著作,或评介他们的思想。"五四"运动前后,现代西方的各种思潮更以迅猛之势涌入中国,杜威哲学、罗素哲学、柏格森哲学、马赫哲学、杜里舒哲学等等,无不在中国的思想舞台上比短论长,争相竞放。马克思主义也是在这个时期作为一个思想派别传入中国的,但是在同其他派别的较量和斗争中很快就显示了它的强大的真理的力量,成为中国共产党人重新考虑中国问题、观察国家命运并用以指导中国革命实践的世界观和方法论。马克思主义在中国的传播和应用在中国思想文化领域注入了新的生气,开创了新的局面。哲学方面也是这样。但是在民主革命取得胜利之前的几十年间,中国的马克思主义学者在哲学理论方面做的比较多的是介绍和宣传的工作,而且这种介绍和宣传相当多地是通过翻译、编译或转述苏联哲学家的作品进行的。有些学者试图用马克思主义的观点对中国哲学史做了一些初步的整理和阐释的工作,取得一定的成绩;有些马克思主义者同非马克思主义或反马克思主义的哲学派别包括某些西方哲学流派在中国的分蘖或变种有过几个回合的交锋,做过一些零星散见的批判,但是即使对那些在中国有过相当影响的几种西方哲学思潮(如实用主义、新实在论、生命哲学等)他们也没有做过系统的研究,更没有在分析批判的基础上对马克思主义哲学做出创造性的阐发。值得指出的是,某些非马克思主义的哲学家通过中西哲学之比较,用现代西方哲学的观点和方法清理、阐释中国传统哲学的思想、范畴,贯通古今,融汇中西,建立了自己的宏大严整的哲学体系。解放以后,马克思主义在我国思想文化领域取得了统治的地位,这是中国共产党领导中国革命取得伟大胜利的自然结果。广大的哲学工作者无论对马克思主义哲学理论的探讨,还是对中国哲学和西方哲学的研究,都做了远远超过解放前的极其大量的工作。为了丰富和发展马克思主义哲学,对新鲜的生活实践经验之总结和对现代科学技术成果之概括,诚然是我们哲学研究的主要课题,但是批判地继承中国哲学的遗产和批判地吸收西方哲学的财富,也是必不可少的工作,而后者也许比前者更为重要。我们中国人学习和研究西方哲学,其特殊的意义就在这里。

三、至于如何学习和研究西方哲学,具体的方法可以各有不同,无需强求一致。不过根据个人的体会,我愿提出如下几点供大家参考。

(一) 学习和研究西方哲学要有一点西方社会历史的知识。

黑格尔说:"哲学是时代的产儿"(《哲学史讲演录》)。一种哲学决不是某个哲学家个人头脑的天才的创造,而是他所处的那个时代的产物,是那个时代的精神、民族的特质和阶级的意向的反映。因此要了解一种哲学,就要了解哲学家生活于其间的那个时代,那个国家的社会的、经济的、政治的、文化的历史背景。例如,我们不了解17世纪初早期资本主义的发展、新兴资产阶级以其挟有的空前巨大的生产力和科学技术向自然进军的要求和力量以及从中世纪以来所形成的重视实际、"完全听从经验"的"英国人的民族性所固有的特点"(恩格斯语),我们就不能理解培根的"知识就是力量"这个口号及其整个唯物主义经验论哲学的深刻意义。

有些研究哲学史的人对哲学家个人的身世遭遇、趣闻逸事、心理性格津津乐道,大肆渲染。例如有人说,叔本华的体系是一个"心怀愤懑、性格孤僻、对人生失意的人的创作"。这是一种浅薄的不值一文的庸俗心理分析。要真正了解叔本华,就必须了解法国大革命和英国工业革命以后欧洲资本主义社会的全面确立及其各种矛盾的暴露和深化,18世纪启蒙运动理性主义理想的幻灭,叔本华的非理性主义的唯意志论和悲观主义哲学正是这一社会历史过程所引起的深沉的反响。

与此相反,有些自号马克思主义的人则企图直接从社会阶级关系引申出哲学思想,认为"所有一切的哲学术语、公式都是用来标明社会上各个阶级、集团、基层单位以及它们之间的相互关系的",从一种哲学体系就会看到"一幅利用符号所画出来的社会阶级结构的图画"。有的人甚至说,例如现代实证主义提出的那种逻辑分析方法是"根据美英统治集团的直接指示创立"的。这种所谓阶级分析是一种粗鄙不堪的庸俗社会学,是对马克思主义的嘲弄和践踏。但是,这种分析方法过去在苏联和我国的哲学著作中却是屡见不鲜的。

庸俗的心理分析和庸俗的阶级分析是两个极端,但都是我们学习和研究西方哲学的大忌。

(二)学习和研究西方哲学要读一点西方宗教和科学史的书。

西方哲学同宗教和科学都有密切的关系。不了解各个时代的宗教和科学的状况,就难以理解各种哲学的产生和特点。

整个西方文化受宗教影响之大、之深,是大家都知道的。就哲学来说,更是与宗教有不解之缘。古代希腊罗马哲学与古代希腊罗马的宗教(包括神话)观念有关系,而且受到东方宗教观念的影响,但古代哲学本身还是一种世俗的非宗教的文化形态。到了中世纪,政教一体的基督教成为欧洲各国封建社会的最大的政治统治力量和唯我独尊的精神支柱。哲学成为宗教神学的附庸,只能以正统的或异端的神学的形式出现。以文艺复兴人文主义运动为起点,西方哲学开始了从宗教神学中分化出来而重新世俗化的过程。但是,近代西方哲学,无论哪家哪派,都回避不了宗教神学的问题。上帝的观念同时就是一个哲学的概念,关于上帝存在,上帝和世界、和人的关系等等问题是哲学论争的极其重要的内容,对这些问题的回答直接影响着对其他哲学问题的解决。哲学上的各种派别、倾向,无论唯物论者还是唯心论者,无论是一元论者还是二元论者,无论唯理论者还是经验论者,无不有自己的某种形式的神论:一神论、泛神论、自然神论、无神论、疑神论(认为上帝存在是个疑问,不可知)。现代西方哲学的各种派别对宗教神学的关系和态度各有不同,有的公开宣称神学高于哲学,哲学的首要任务就是为上帝存在作论证(如新托马斯主义),有的认为上帝存在之类的宗教神学问题是没有意义的问题,在哲学上应置而不论(如维也纳学派),有的宣布"上帝死了",从而对整个传统的基督教文明提出批判,要求重新估定一切价值(如尼采),有的认为"上帝死了"乃指我们迷失了通往上帝之路,对我们来说,上帝只是"缺席",我们要期待和重新寻求上帝(如海德格尔),等等。但各派哲学对宗教神学问题无论是肯定、是否定、是怀疑,都表明即在今日宗教仍然是西方哲学不能不面对而受其这样或那样影响或制约的力量。因此,我们在学习和研究西方古今哲学时,很有必要学习一点西方宗教史的知识。

西方哲学和科学(包括数学和自然科学)的关系之密切似乎是无须多说的。各个时代的哲学,无论在形式上还是在内容上,都和当时科学发展的水平有不可分的联系。恩格斯说:"随着自然科学领域中每一个划时代的发现,唯物主义也必然要改变自己的形式"(《费尔巴哈和德国古典哲学的终结》)。古代朴素唯物主义之为近代机械唯物主义所代替,是由于自然科学已从古代的笼统的知识总体中分化出来,对物质世界的各个方面开始做分门别类的研究,而当时已达到某种完备程度的最发达的科学部门只有研究物体机械运动的力学;辩证唯物主义的产生则是以19世纪中叶自然科学上的三大发现(细胞、能量转化和进化论)为前提的。唯心主义的发展也是随着科学上的重大发现而不断改变自己的形态的。远的不说,19世纪下半叶到20世纪初出现的物理学的唯心主义、生理学的唯心主义等等就是从这些科学领域的新发现(电子和放射性现象、感觉器官对刺激的反应不必与外间事物的性质相符合)引起的。20世纪以来,相对论、量子力学都曾被某些哲学家和科学家据以否定物质、时间、空间、因果性之客观存在,导致唯心主义的结论。现代数学逻辑的分析方法也被现代实证主义从数学导入哲学,成为他们用以剃除客观实在的新式的奥康剃刀。因此,我们要了解这些哲学,了解它们的根据、它们的论证,没有一点必要的现代科学的知识,是不可能的。有些哲学家的著作中常常引用大量的科学材料、科学术语、数学符号和表达式,对于缺乏现代科学知识的人来说,简直是难以问津。我这样说并不是要使人望而生畏,而是强调学习和研究西方哲学应当而且必须具备一定的科学素养,其实这也是每一个要成为有高度文化教养的人所必备的。

（三）学习和研究西方哲学要注意把握其发展的规律和系统。

哲学史不是古今各种哲学的堆积，而是各种哲学由古至今有规律有系统的发展过程。前面提到，我们可以先读一读哲学通史之类的书，对西方哲学发展的基本历史线索有一个大略的概貌的了解，然后进而分别研读各派哲学代表人物的著作。我们还要强调，通过这种研读所获得的对各个哲学体系的深入细致的知识，应该再联系起来，使得我们对西方哲学发展的规律和系统的理解真正成为生动具体的有血有肉的东西，而不是几条筋似的干巴巴的一些公式、套语。

西方古今各种哲学，就其理论的内容和形式而言，其发展有哪些规律性的东西？构成怎样的一个系统？这仍然是有待我们深入探讨的问题。以往人们提出的种种见解，似乎都遭到了挑战和驳难。

例如，我们过去讲哲学史是唯物主义和唯心主义两个基本派别斗争的历史，这是一条最基本的规律。近年来许多人做文章批评这个说法。他们认为，古今哲学派别纷繁多样，五花八门，除了唯物主义和唯心主义，还有各种各样中间的、折衷的、亦此亦彼或非此非彼的哲学形态，不可能把它们都安排在唯物唯心两大门派之下。这个批评有道理。不过，人们又可以反问：唯物唯心之间固然有一些中间派别，但是这并无碍于唯物唯心之为哲学的两大基本派别，并不足以否定哲学史主要是唯物主义和唯心主义相互矛盾斗争又相互渗透转化的历史。那么我们到底承认不承认这样一条规律？大家学习和研究西方哲学时都可以自己做一番独立的探索。

又如，欧美哲学界有些人把西方哲学的发展分成三大阶段：古代——本体论，近代——认识论，现代——语言哲学。这个分法也不是没有任何道理。但是，人们也可以提出疑问：如果说古代哲学到近代哲学，哲学的重心可以说从本体论问题转到了认识论问题，那么能否说西方哲学在现代发生了一个"语言的转向",全部哲学的重心已转到语言哲学的问题了呢?不错,语言哲学问题只是到了现代才受到哲学家们的特别重视和研究,而且在分析哲学的发展中确实愈来愈占有中心的地位,其他的哲学流派(现象学、存在主义、论释学、结构主义等)也对语言问题给予相当的重视,但是,除分析哲学而外,其他哲学流派都并不宣称语言问题是哲学的中心。事实上许多哲学流派所着重探讨的倒是本体论的问题,有的哲学家讲"本体论的复归",这也是20世纪哲学的一个极重要的现象,对近代哲学的认识论重心来说也是一个转向。可见西方哲学在现代的转向问题大有讨论的余地。我们能弄清哲学重心的几度转向,也为西方哲学的发展理出了某种规律性的东西。

又如,黑格尔以历史和逻辑统一的原则,对哲学史发展的规律做了极有价值的探索,建立了一个哲学史的系统。他把各种哲学体系看作各个逻辑范畴的体现或代表,把历史上各种哲学体系的盛衰兴替看作是各个逻辑范畴从低到高、从简入繁、从贫乏到丰富、从抽象到具体的辩证推移、转化、展开的过程,这个过程好像螺旋式的一个圆圈又一个圆圈地上升。黑格尔关于圆圈式发展的思想可以给我们以宝贵的启发,但是黑格尔实际上是把它当作一个先验的格架,常常把历史削足适履、任意颠倒取舍,硬塞进去。对哲学史做这样圆圈式的描述,自然并不能真正揭示哲学史发展的规律,而且黑格尔的圆圈就画到他自己为止,后来列宁又往前延伸,画了"黑格尔-费尔巴哈-马克思"(《哲学笔记》)这个圆圈,至于马克思以后到现在西方哲学发展的圆圈是什么,好像还没有人画出来。只有待诸来日。

人们对于西方哲学发展规律和系统所做的种种探索,我们都应该认真考虑,同时在学习和研究中形成自己的见解。

(四)学习和研究西方哲学要有一种批判的态度。

我们对西方古今各种哲学都要批判地加以研究。一提起批判,人们难免要想起"文革"期间的那种吓人的"大批判",那是四人帮及其帮凶文人们搞的否定一切、打倒一切、软刀子杀人的勾当。我这里所说的批判,是指学术研究上的一种态度,其实,哲学史上每一后起的哲学都是在批判先前的哲学的过程中产生的。没有对柏拉图的批判,就不会有亚里士多德的哲学;没有对经院哲学的批判,就不会有培根的经验论,也不会有笛卡儿的唯理论;没有对各执一偏的经验论和唯理论的批判,就不会有康德的先天综合判断的理论;没有对康德、费希特、谢林的批判,就不会有黑格尔的辩证唯心主义体系;没有对黑格尔唯心辩证法和费尔巴哈形而上学唯物主义的批判,就不会有马克思的辩证唯物主义;没有对新黑格尔派绝对唯心主义和穆勒经验论的批判,就不会有罗素的逻辑分析哲学;没有对罗素和前期维特根斯坦的逻辑原子论的批判,就不会有后期维特根斯坦的语言分析哲学;如此等等,举不胜举。批判是哲学发展的契机、要素,在这个意义上说,西方哲学史就是一部批判的历史。因而,我们对西方哲学,无论古典哲学还是现代哲学,也应当批判地去进行研究,唯其如此,我们才能不为前人所囿,不被他人所蔽,才能在哲学上有所开拓和创造。

我们研究西方哲学,各家各派的书都可以读,知识务求其广,但是无论对哪家哪派的思想都不能一概肯定,全盘接受,而必须有所取舍,唯有所不取方有所取。譬如吃饭,鸡鸭鱼肉、五谷杂粮都可以吃,但是要经过咀嚼、消化,将营养的成分吸收之化为自身的血肉,而将无益甚至有害的东西排泄出去。研究西方哲学,我们也要取其精华,弃其糟粕,决不能生吞活剥地毫无批判地吸收。我们不能读了黑格尔,就变成黑格尔派;读了詹姆士,就追随实用主义;读了萨特,就甘当存在主义的信徒。我们不能把自己降低成西方哲学流派的传声筒或推销员。随波逐流,踩着别人的脚印亦步亦趋,在学术上是没有出息的。

批判当然包含否定,但不是简单的否定,而是否定的否定,或者说,是扬弃,而不是简单的抛弃。恩格斯在谈到费尔巴哈对黑格尔的否定时说:"费尔巴哈打破了黑格尔的体系,干脆把它抛弃了。但是宣布这个哲学是错误的,还不等于制服了这一哲学。像这样对民族的精神发展有过巨大影响的黑格尔哲学是决不能靠简单的置之不理的办法就可以排除的。应该从黑格尔哲学的本来意义上'扬弃'它,就是说,要用批判方法消灭它的形式,而救出它所获得的新的内容"(《费尔巴哈和德国古典哲学的终结》)。

恩格斯的这段话对我们研究西方哲学,包括现代西方哲学在内,具有一般的指导意义。过去长时间里我们对现代西方哲学各种流派的思想就是"简单地置之不理"或"干脆抛弃"。事实证明,这种办法是决然不能"排除"和"制服"人家的。现代西方哲学的许多流派,特别是那些对各国的精神文化有过巨大影响的国际性的思潮(如存在主义、实用主义、分析哲学等等),即使就总体来说是谬误的,其中也必包含有这样或那样的合理的内容、正确的成分,至少其所提出的某些问题是极有意义、值得认真思考的。因而,像对待历史上的任何一种哲学一样,对现代西方各派哲学也应当做一番透彻的探究、分析、鉴别的工作,辨其真伪正误,而给予如实的科学的评定。这就是我所说的批判的态度。

我们过去判断一种哲学观点,惯于用一种粗浅的比照的方法,并不对这种哲学本身的根据和论证加以分析,而动辄斥之曰:"这是反马克思主义的","违背辩证唯物主义的","因而是荒谬的",云云,就是一种"外在的批判",而不是如恩格斯所说的从一种哲学体系的"本来意义上"去批判它。对这种论战方法,黑格尔有一段精彩的批评。他说,当一个哲学系统反驳另一个系统时常常是这样的情形:"人们每每是以前一个系统为根据,从这个系统出发,去向另一个系统作斗争。这样,事情似乎就容易办了。别的系统没有真理。因为它同我的不相符合;而别的系统也有同样的权利这样说。我不可通过别的东西去指出它的不真，而须即从它自身去指出它的不真。如果我只是证明我自己的系统或我自己的命题是真的，便从而推论说：所以那相反的命题是错的，——这种办法是无济于事的；前一命题对于这另一命题总是表现为一种生疏的外在的东西。错误的思想之所以错误，决不能说是因为与它相反的思想是真的，而乃是由于它自身即是错误的"（《哲学史讲演录》）。从一种哲学体系本身的分析指明其为谬误，这是一种"内在的批判"，是一件需要付出艰苦的精神劳动的科学的工作，而那种单纯比照的"外在的批判"不过是学术上的一种懒汉行为，无须费些许气力就能做到的。

我在上面对学习和研究西方哲学所说的这些意见，未必妥当，有些地方或许就是不妥当的。我并不要求别人接受这些意见，我只希望这些意见能够激发别人对学习和研究西方哲学中的一些问题做独立的思考。独立思考是学术研究上最可宝贵的精神。

关于现代西方哲学研究的若干问题[*]

一、现代西方哲学的阶级分析

马克思主义的阶级分析方法是研究和理解社会意识形态现象的一种科学的方法。对现代西方各派哲学,我们也应当而且必须用这个方法去进行分析和研究,揭示它们产生的社会历史根源,它们的阶级基础,它们所起的客观的社会的阶级的作用,等等。这是需要下很大的力气和艰苦的功夫去做的一项工作。这个工作我们实际上还从来没有认真地做过。

过去苏联哲学界把现代西方各个哲学流派一律斥之为"帝国主义反动派的哲学","科学和进步的坏透了的敌人",所有的资产阶级思想家都是垄断资本家所"豢养"的"卖身投靠的'有学问的奴仆和走狗'"。在他们看来,现代唯心主义哲学同帝国主义的反动政治的联系是直接而又直接,仿佛都是帝国主义统治集团耳提面命造出来的,例如,据说现代实证主义提出的逻辑分析方法就是"根据美英统治集团的直接指示创立"的。[①]

---

[*] 原载《外国哲学》第 1 辑(1981 年)。
[①] 阿历山大罗夫:"反对帝国主义反动派的哲学",载康福斯:《保卫哲学》一书(朱南铣等译),三联书店,1955 年。

把阶级分析简单化到如此粗鄙可笑的地步,实在是对马克思主义的一种讽刺和嘲弄,既不能服人,也不能服己。列宁早就告诫我们,不要以为"把不同作家的理论归结为不同阶级的利益和观点,指出其阶级性质的目的就只是说些特别恶毒的话,不要以为阶级分析是一种简单的论战手法"。①

现代西方的各个哲学流派无疑的都是帝国主义时代即垄断资本主义时代的产物,都是从帝国主义时代的经济与政治的过程中产生出来的。但是,这是不是说,所有这些流派的哲学清一色的都是垄断资本利益的反映,都是帝国主义反动政治的思想表现,甚至都是按照帝国主义统治集团的"指示"创造出来的呢?

诚然,马克思早就说过,资本主义时代有一个特点,就是"它使阶级对立简单化了。整个社会日益分裂为两大敌对的阵营,分裂为两大相互直接对立的阶级:资产阶级和无产阶级"。② 这种情形到了帝国主义时代显然是有增无减的。但是,这绝不是说现代资本主义的全部社会结构就是由垄断资产阶级和无产阶级这样的两极构成的一幅十分简单的画面。事实上,在任何国家,包括最发达的资本主义国家中,社会的阶级构成也不是如此简单,而是在两极之间存在着大大小小,互有区别的各个阶级、阶层和社会集团。垄断资本是靠着牺牲、吞并中小资产者而使资本集中起来的,这个过程现在还在进行,而且将与垄断资本的存在相终始。与垄断资产阶级不同的中等资产阶级和广大小资产阶级的存在,在政治上不会不表现为各种不同色彩的政治派别和政治倾向,在思想上则有各种不同的主义、学说、理论为之反映,哲学也不例外。

列宁说:"政治上的全面反动是帝国主义的特性。"③帝国主义的特

---

① 《列宁全集》,第 2 卷,第 185 页。
② 《马克思恩格斯选集》,第 1 卷,第 251 页。
③ 《列宁全集》,第 2 卷,第 884 页。

性就是占统治地位的垄断资产阶级的特性。全面反动的根子是垄断资本。全面反动的最突出的一个特征就是日益限制、缩小乃至完全否定本来就是残缺不全的资产阶级民主，而趋向集中和极权统治。如列宁所说："垄断资本主义（帝国主义就是垄断资本主义）的政治上层建筑，就是从民主制转向政治反动。自由竞争要求民主制。垄断则要求政治反动。"[①]在经济上受垄断资本排挤，压制、打击以至摧毁的中小资产阶级，在政治上同帝国主义的这种全面反动也必然发生矛盾，他们可能对资产阶级的民主和个人自由有所依恋和幻想而表现出自由主义的倾向。这种自由主义当然同无产阶级又有矛盾，是同社会主义和共产主义相敌对的。但是，我们总不能把中小资产阶级同垄断资产阶级等量齐观，不分青红皂白一概打入"反动的一帮"。

当然，从世界观上说，无论是资产阶级还是小资产阶级，都属于资产阶级的思想体系（小资产阶级不能形成一种独立的思想体系），我们把现代西方各派哲学统称之为"现代资产阶级哲学"也是可以的，但是不能因而抹杀它们之间的差别。事实上，各个流派的社会政治倾向从而其阶级归属是各不相同的。有的流派内部还有不同的分支，各个分支所反映的阶级基础也可能有所不同。由于哲学是离开经济基础最远的一种意识形态，是以最抽象的概括的理论形式反映基础的，因此，各派哲学而特别是同一流派内部各个分支在阶级基础上的差异往往被抽象的迷雾所掩盖而不易被人们所察觉和识别。但是，只要把各派哲学放在一定的社会历史背景中同其社会政治倾向和社会实践联系起来统一地加以考察，是完全可以把它们作为不同阶级利益和阶级观点的反映而区别开来的。

基于上面这种认识，我们认为，对现代西方各派哲学必须做细致的

---

① 《列宁全集》，第23卷，第34页。

分析,而不能囫囵吞枣,戴上一顶"现代资产阶级哲学"的帽子了事,尤不可像苏联过去那样,把现代西方的一切哲学一言以蔽之曰:都是"帝国主义反动派的哲学"。

遗憾的是,我们自己还没有对现代西方的各派哲学,特别是近二、三十年来出现的一些流派做过深入的研究和剖析,因此在这里也只能以几个流派而且是较早的流派为例做一点粗浅的说明。

一、有些流派同资本主义之发展到垄断阶段,同帝国主义在政治上的全面反动有比较明显的联系。

例如,实用主义。有人(如英国的康福斯)认为实用主义最初(从皮尔士到詹姆士)是作为"新兴的资本主义的哲学"而产生的,到了杜威时期则演变为"帝国主义的哲学"。有人(如美国的哈利·威尔斯)则认为,实用主义从头至尾都是帝国主义的哲学,实用主义的出现和发展是同美国资本主义之形成和发展为帝国主义的过程相一致的。这个问题还可以进一步讨论。不过,我们觉得,实用主义的"有用便是真理"这个信条应当说相当典型地反映了垄断资产阶级要求无限制地追求最大利润,为达目的不择手段的极端腐朽反动的意向。无论实用主义哲学家本人是否自觉,他们的这种哲学确实为帝国主义的反动政策提供了一个最方便有效的理论根据。意大利法西斯头子墨索里尼十分欣赏实用主义,把实用主义奉为圭臬,绝非偶然。墨索里尼说,他从詹姆士获益不少。詹姆士使他采取了在实践中工作的最好政策。真正的政策是便利的政策,而这就是政治的实用主义。

又如,尼采哲学。尼采的反理性主义,鼓吹"权力意志"和统治欲,表现了德国这个"容克资产阶级帝国主义"(列宁语)的军事暴力统治的野蛮性和富于侵略扩张的疯狂性,因而成为希特勒法西斯主义的直接思想来源。

又如,19世纪末出现而在20世纪头20年中活跃一时的新黑格尔主义突出地反映了帝国主义在政治上反民主的极权的倾向。新黑格尔主义的特点是强调普遍，认为普遍高于个别，用普遍抹杀、否定个别。这种观点被运用到国家观上就是认为国家是普遍的体现者，是高于和凌驾于个人之上的独立的力量。因此主张权力集中而限制以至否定个人的自由和权利。新黑格尔主义者认为：离开了国家所代表的普遍的权利，就没有任何个人的权利，国家对于个人是一种"至上命令"，个人应当服从国家，做国家的牺牲品。这种反民主的反动倾向在德、意新黑格尔主义者那里表现得最为极端而直接同法西斯消灭一切民主自由的极权政治联系起来。

又如，20世纪的某些哲学流派有一个共同的特点，就是鼓吹反理性的盲目行动。如实用主义者鼓吹"应付环境"的盲目行动是人的本能；有的新黑格尔主义者（如金梯莱）把自己的哲学就叫作"行动主义"，宣扬行动本身就是目的，不受任何原则的限制；柏格森的直觉主义也鼓吹为行动而行动，在行动上我们是本能的盲目奴隶，等等。这种反理性的盲目行动主义反映了帝国主义作为腐朽没落的资本主义的冒险性和垂死挣扎的情绪。

诸如此类，帝国主义的反动特征在某些流派哲学理论上的反映，还可以举出许多例子，这里就不去多讲了。

二、有些流派，从其社会政治倾向来看，很难说是反映垄断资产阶级的利益，很难说是帝国主义反动政治的辩护士，而勿宁说是帝国主义条件下的自由主义的反对派。他们的哲学代表了非垄断的中等资产阶级及其知识分子的自由主义倾向。

例如，维也纳学派的自由主义倾向是很明显的。维也纳学派在1929年发表的一篇纲领性的宣言中就明确宣布他们是19世纪自由主义思潮的继承者。宣言说："19世纪下半叶，自由主义在长时间里是主导的政治潮流。其思想来源于启蒙运动，来源于英国的经验主义、功利主义和自由贸易运动。"①作为经验主义者,维也纳学派与新黑格尔派之强调普遍、否定个别恰好相反。他们是强调个别,否定普遍的,正如在认识论上他们把一切认识分析为原子感觉一样,在社会学上则把社会归结为原子个人的结合,"选择某类个人的集合作为我们的对象"。②这种哲学和社会学的观念就是维也纳学派的自由主义的思想基础。正是从自由主义的立场出发,维也纳学派的许多成员对德国法西斯消灭一切民主自由的残暴统治和疯狂的侵略扩张政策持反对态度。例如,石里克的《自然与文化》一书是他1936年死前在维也纳大学的一部讲稿,其中讨论了历史、文化、自由、国家、战争等问题,许多地方无疑是针对希特勒法西斯政权而发的。例如,石里克说:"整个历史就是从不自觉的自由向自觉的自由的发展","真正的文化使人愈来愈自由。强权国家(Machtstaat)则恰好反其道而行之,它通过诱导(宣传)和不断的威胁把某些观念灌输到臣民的意识中,使别人从一开始就被吓住了。'统一的民族意志'就是这样创造出来的"。③谁都知道,"统一的民族意志"是纳粹的口头禅,他们就是在民族至上、国家至上的口号下来剥夺本国人民的一切民主权利并对外发动侵略战争的。

又如,罗素也是现代资产阶级自由主义的一个代表人物。他在帝国主义条件下仍然坚持资产阶级的自由民主的信念,反对帝国主义国家的权力集中即极权化倾向,他说:"政治和经济愈来愈被庞大的组织所支配,面对着这些庞大的组织,个人有变得毫无权力的危险。国家是这些组织中最大的组织,是对自由的最大的威胁","如果所有这些权力

---

① "科学的世界观:维也纳学派",载诺依拉特:《经验主义和社会学》,1957年,第301页。
② 同上书,第315页。
③ 石里克:《自然与文化》,维也纳,1952年,第48页。

都让国家占有,又怎能把个人自由从国家的暴政下解救出来呢?"① 罗素也反对帝国主义的侵略战争,对第一次世界大战,对德、意法西斯侵略战争,以及前些年美国侵略越南的战争,他都是反对的。他曾强烈地谴责帝国主义的种族主义政策,揭露"所有白色人种""以不可想象的野蛮对待黑人"。② 对希特勒法西斯把人类分为高等的统治的民族和卑下的被统治的民族,罗素更是做了尖锐的批判。过去苏联哲学界曾经把罗素说成是"新的世界大战的鼓动者,英国劳动人民和全世界先进人士最凶恶的敌人",③这显然是完全不顾事实的咒骂。当然,罗素作为资产阶级的自由主义者,对于无产阶级革命和无产阶级专政又是怀有恐惧和坚决反对的,他认为共产主义和法西斯主义一样都是剥夺个人自由的极权主义,因此既要反对法西斯主义,又要反对共产主义。这是现代资产阶级自由主义者的一个共同的特征。

三、有的流派,有不同的分支,其各自的社会政治倾向很不一样,如果仅仅根据其一般哲学基础上的共同性而归属于同一阶级根源就未必恰当。而且事实上他们在社会政治倾向上的差异也反映在各自的哲学理论内容本身的差异中。

例如,存在主义这一派中,其荦荦大者有海德格尔、雅斯贝尔斯和萨特尔三家或三个分支。他们在社会政治倾向上大不相同,在理论上也不无区别。

所有存在主义者都讲"存在",即个人的、自我的存在,都认为个人是被抛到这个世界上来同不可知亦不可抗拒的命运相碰的,个人是孤立无依的,它的存在就表现为忧虑、苦闷、烦恼、恐惧乃至趋向死亡,而死亡则是存在的尽头。但是细细分析一下,就可看到各家的说法并不

---

① 《罗素哲学》,P. A. 希尔普主编,1944年,第590页。
② 罗素:《我为什么不是基督徒?》,保尔·爱德华兹编,1965年,纽约,第78页。
③ 阿历山大罗夫:《帝国主义反动派的哲学》。

一致。

例如,海德格尔是怎样描写人被抛入其中的那个世界的呢?他说这个世界是一个把一切的人和物都卷入其中的大市场,"这个市场不仅作为世界市场遍布全球,而且作为存在的本质中的意志进行买卖并即把一切在者都带入一种计算行为中"①,这实际上是用晦涩的语言反映出来的帝国主义时代垄断资本囊括世界经济的图景。海德格尔认为,在这个世界中,人的存在就是一种"冒险"而人"比动植物冒险更甚"。②人是冒险者,因为他要把自己的意志贯彻一切之上,这种意志就是尼采所讲的"权力意志"或统治一切的意志。海德格尔认为,尼采哲学完成的时候,正是"一个在其中作为要有意志的意志开始占统治地位"③的时候。这种意志不仅把"地球及其大气都变成原料",而且把"人变成被用于高级目的的材料"。④ 在海德格尔那里,人的忧虑、孤独、恐惧等等同这种要求统治一切。敢于冒险的意志联系在一起,这显然是极端虚弱而又富于侵略性冒险性的德国帝国主义的反动本质的一种反映。海德格尔哲学具有深沉的悲观主义情调,死的思想在他的哲学中占有首要的地位,认为存在就是趋向死亡,等等,则是相当真实地表现了德国法西斯腐朽没落、垂死挣扎的情绪。海德格尔在纳粹统治时期曾经追随希特勒政权,也证明了他的哲学同纳粹主义的联系。当希特勒登台之际,海德格尔曾大为感奋而为之欢呼,说那是一次"庄严伟大"的"破晓",并公开颂扬希特勒,说"元首本人而且只有元首本人是全天的与未来的德国现实及其法则"。⑤ 海德格尔在1966年9月23日同《明镜》杂

---

① 洪谦主编:《西方现代资产阶级哲学论著选辑》,商务印书馆,1964年,第380页。
② 同上。
③ 同上书,第378页。
④ 《西方现代资产阶级哲学论著选辑》,第377页。
⑤ 1966年9月23日《明镜》记者与海德格尔的谈话,载德《明镜》杂志,1976年,第23期。

志记者谈话时虽竭力为自己做了辩解,但是他毕竟不能不承认。除了跟希特勒走,"我当时看不出有其他出路"。①

雅斯贝尔斯的情况就有所不同。他说:"哲学给政治阐明人的生存意志的本原的意义",②但是,他不赞成尼采的"权力意志",反对"要求无限制地使用暴力的权力意志"。③ 他希望保留个人自由,说"谁爱好自由,谁就盼望有一种社会空气,让每一个人的自由都有最大的实现机会"。④ 他认为,法西斯主义和共产主义都是剥夺"个人自由抉择"权利的"暴力统治",可见,他所说的自由实即资产阶级的自由主义。雅斯贝尔斯对未来也抱着悲观的情绪,他说:"我们正在走向将来,而这个将来是一个不可知的,整个说来没有确定的将来",⑤而且认为"今天西方的共同意识"的一个特征就是,"对不确定的茫茫的将来的彷徨苦闷。"⑥ 但是,雅斯贝尔斯对未来并不表示完全绝望,他说:"既然我们还能在人的至大无外的可能性领域里对人的存在有所明了,那么我们就决不能对人完全灰心绝望",⑦又说:"虽然摆在面前的是充满了灾难的可能性,我们却必须反对任何对人类前途暗淡的夸大预测"。⑧ 从雅斯贝尔斯上面这些思想来看,应当说他的哲学主要是反映了非垄断的资产阶级及其知识分子在现实社会中寻求出路,对未来还有所希冀而又找不到前途,惶惑彷徨的情绪。

萨特尔的思想最初来源于海德格尔,但是形成了一种特殊形式的

---

① 1966年9月23日《明镜》记者与海德格尔的谈话,载德《明镜》杂志,1976年,第23期。
② 《存在主义哲学》,商务印书馆,1963年,第217页。
③ 同上书,第261页。
④ 同上书,第213页。
⑤ 同上书,第236页。
⑥ 《存在主义哲学》,商务印书馆,1963年,第240页。
⑦ 同上书,第234页。
⑧ 同上书,第211页。

存在主义哲学。他的哲学是在法国社会的现实土壤上生长出来的。大家知道,在欧洲各国中法国是小农经济和中小企业占有较大比例的国家,小资产阶级广泛存在。萨特尔曾自称是"小资产阶级民主派",[①]我们觉得这个说法合乎事实。在政治上,萨特尔反对法西斯,二次大战中参加抵抗运动。战后,他支持阿尔及利亚民族解放运动,反对戴高乐政权,也反对美国侵略越南的战争。他对资本主义颇多批评,但又拒绝并反对马克思主义和无产阶级专政。萨特尔哲学的出发点和中心是个人的存在,对于这种存在他有一段生动的描写:"所有这些东奔西跑的生存者……既不是来自任何地方,又不是前往任何地方。无论在什么地方,生存永远多得茫无边际,无论在什么地方,生存只被生存所限制。我坐在长凳上,被这无源头的无边无际的景象弄得不知所措,呆若木鸡……"[②]这段话非常典型地表现了现代资本主义社会中小资产者群的感觉和情绪。他们是个人主义者,他们在动荡不安矛盾重重的世界上感到到处受到限制,孤独无力,茫然无措而又不得不为生存挣扎。用存在主义者的话来说,在他们看来,生活本身或生存本身就是荒谬的。这是对现实社会的一种不满和抗议。小资产者,作为个人主义者,由于孤独无力也往往倾向于冒险和盲动。所以萨特尔也讲冒险,即他所鼓吹的"冒失行动","直接行动"。正因此故,萨特尔的哲学在法国和其他资本主义国家广大的小资产阶级知识分子和青年学生中间十分流行,而萨特尔本人也积极支持了例如1968年法国学生的"五月风暴"运动。某些极"左"思潮同萨特尔的思想也有联系。小资产阶级的冒险和盲动对于有高度组织的无产阶级的革命活动具有很大的破坏性,因而我们认为萨特尔的思想也有其反动性。不过,我们这里所说的"反动",像列

---

① 《存在主义哲学》,商务印书馆,1963年,第322页。
② 《厌恶》。

宁批评西斯蒙第和普鲁东的小资产阶级性质的经济理论之为反动一样,是"就历史哲学的意义而言",即指他们的理论是违背历史发展的,因而"犯了错误",这与这些理论家的"个人品质""完全无关"。列宁说:"任何人都知道,西斯蒙第和普鲁东不是通常所说的反动者。"①对于萨特尔,我们也应当这样说,他不是通常所说的反动者。这也说明,对一个哲学家的理论、观点进行社会阶级的分析不能简单地等同于给这个哲学家做一个政治结论。

我们在上面对某些流派而且是较早的一些流派所做的一点分析,还是很粗浅的,也可能是不妥当的。至于晚近出现的一些流派的阶级归属究竟应如何分析,我们缺乏研究,未敢妄议,须要进一步研究讨论。

二、现代西方哲学和自然科学

从19世纪末和20世纪初开始,自然科学就进入了一个伟大的革命的时代,大半个世纪以来,科学技术的发展日新月异,现在这种发展的势头更是迅猛异常,如人们普遍认为的,在本世纪末,自然科学将有更大的空前的突破和跃进。

恩格斯说:"随着自然科学领域中每一个划时代的发现,唯物主义也必然要改变自己的形式。"②唯物主义是这样,唯心主义也是这样。列宁说:"必须记住,正因为现代自然科学经历着急剧的变革,所以往往会产生一些大大小小的反动的哲学学派和流派。"③例如,马赫主义同19世纪末20世纪初物理学的新发现和新成就有着密切的联系。列宁曾经批评普列汉诺夫忽视了现代唯心主义同自然科学最新发展的这种

---

① 《列宁全集》,第2卷,第181页,注①。
② 《马克思恩格斯选集》,第4卷,第224页。
③ 《列宁选集》,第4卷,第608页。

联系,他认为:"像普列汉诺夫那样,忽视这种联系来研究马赫主义就是嘲弄辩证唯物主义的精神。"①因此,我们研究现代西方的唯心主义哲学决不能撇开或忽视它们同现代自然科学的联系。

当然,现代西方各派哲学与自然科学联系的深浅并不相同,但是,无论哪个流派都不能不看到自然科学的强大发展,不能不考虑自然科学革命向哲学提出的种种问题,不能不竭力利用自然科学的成果,使之纳入自己的唯心主义的框框。在这一点上,各个流派并无二致。

例如,新托马斯主义这种现代的天主教哲学对自然科学的态度同中世纪的经院哲学就很不一样了。在今天的条件下,天主教会已经不能像中世纪那样把一切科学成果斥为异端邪说予以扑灭(个别的情形也不是没有,例如,若干年前,梵蒂冈曾勒令意大利一科学家停止进行体外受精的实验研究),不得不转而歪曲利用现代科学的材料来为宗教信条做论证。新托马斯主义就是这样做的。例如,他们歪曲广义相对论并由之得出宇宙在空间上有限,在时间上有开端的结论,从而证明世界是上帝创造的。在他们看来,科学归根结底是为神学服务的。

又如,存在主义是一种公开敌视科学的反理性主义的哲学。海德格尔曾经说过:"一定要有科学,这句话从来不是一定不易的",②又说:"就人用技术所掌握的那个方面来看自然,则自然恰恰是隐蔽了它的本质。"③就是说,科学技术不仅不能揭示自然的本质,反而是人认识自然的一道障碍。这些话很有一点蒙昧主义的味道。但是,存在主义者也不是绝口不谈科学。例如萨特尔就谈了许多科学的问题,其目的则是为了否定自然辩证法。例如,他在谈到自然界的无限性问题时说:"大部分现代物理学家有充分的理由认为自然界是一种无限性,而且我们

---

① 《唯物主义和经验批判主义》,第251页。
② 海德格尔:"新职演说"。
③ 海德格尔:《论人道主义》,1947年,法兰克福,第14页。

甚至可以说它是无限地无限的东西。"①但是,萨特尔认为由物理学家们所肯定的自然界的无限性恰恰证明了自然界不是一个整体或总体,恰恰否定了自然界的统一性,因而也就否定了辩证法是自然的普遍规律。他说,自然界的无限性"既然排斥一切总体,能够是辩证的吗?"②

如果说新托马斯主义、存在主义等流派虽然也涉及自然科学问题,但是他们的哲学的主要对象是神学问题、人的存在的问题,他们对自然科学可以说只是一种外在的利用的关系,他们的哲学并不是从自然科学的土壤中生长出来的,那么,现代实证主义的许多变种(如罗素哲学、维也纳学派哲学等)倒有所不同,他们对自然科学有特殊的兴趣,宣称他们的哲学就是关于科学的哲学,实际上他们的哲学的确也主要是从自然科学发展的矛盾中产生出来的,是直接靠科学的乳汁喂养起来的,是自然科学所提出的种种问题所引起的。他们中间有些人本人同时就是科学家,或者具有很高的科学修养,因而他们的唯心主义思想在自然科学领域中具有较深较广的影响。我们讲现代西方哲学同自然科学的关系主要的注意力就应当放在这些流派身上。这些流派从自然科学作出的认识论的结论都是唯心的、错误的,因此从根本上说他们的哲学也是对自然科学成果的一种歪曲,但是值得注意的是他们在哲学上做出的唯心主义结论又往往是同科学上的有价值的成果(包括他们本人做出的成果)连结在一起的。例如,现代实证主义者所使用的"逻辑分析"是他们建立其唯心主义哲学的一个重要的杠杆。逻辑分析作为一种哲学方法是由罗素肇始的,而这种方法又是从数理逻辑导入哲学的。罗素是数理逻辑的奠基人之一,对数理逻辑的发展作出了重大的贡献。我们应当审慎地细致地分析他如何把数理逻辑的科学方法加以歪曲而

---

① 萨特尔:"科学和辩证法",载《人和世界(国标哲学评论)》,第9卷,第1期(1976年2月)。

② 萨特尔:"科学和辩证法"。

提升为一种唯心主义的哲学方法。但是,过去苏联哲学界在批判现代的主观唯心主义哲学时连数理逻辑或符号逻辑也否定了,例如米丁在三十年代写的《辩证唯物论》一书就认为符号逻辑是现代主观唯心主义者"为了完成自己的体系"而"发明"的,认为"直到现在,哲学从来还没有达到比'关系逻辑'更空的、更无内容和更无果实的思想体系。假如说这种'逻辑'真有一点意义的话,那么它的意义只有一点,就是再创造一种遁辞来否认客观实在。"这种轻率地用否定科学成果本身的办法来批判寄生在科学成果之上的唯心主义,显然是一种愚蠢的做法,是对辩证唯物主义的嘲弄。这样的蠢事,苏联某些哲学家们过去干过不少。这说明他们根本没有正确领会列宁关于现代唯心主义同自然科学有密切联系的指示。

米丁在《辩证唯物论》中还提出一个说法,即认为"唯心论寄生在科学身上,是因为科学本身尚有弱点,因为它发展得不充分的缘故"。这个说法也是错误的。第一,什么叫"充分发展",谁也提不出一个标准来。科学发展是过程,是长河,永远不会走到绝对充分、完满具足的地步。第二,现代唯心主义的产生并不是因为学发展的不充分,而恰恰是因为科学发生了巨大的飞速的进步,或者说发生了空前未有的革命,使得所有以前关于物质结构、空间与时间、物质与运动、因果性原理、主体与客体的关系等等的传统的机械论的观念都发生了变化和动摇,就是说,是科学的进步带来的旧的机械论自然图景的崩溃给现代唯心主义造成了得以滋生的条件。用列宁的话说:"反动的意向是科学进步本身所引起的。"[①]列宁在谈到20世纪初某些物理学家和哲学家因物理学的新发现而陷入唯心主义的时候,深刻地分析了它的认识论根源,列宁说:"新物理学陷入唯心主义,主要就是因为物理学家不懂得辩证法。

---

① 《唯物主义和经验批判主义》,第308页。

他们反对形而上学的唯物主义,反对它的片面的'机械性',可是同时把小孩和水一起从浴盆里泼出去了。他们在否定迄今已知的元素的物质特性的不变性时,竟否定了物质,即否定了物理世界的客观实在性。他们在否定一些最重要的和基本的规律的绝对性质时,竟否定了自然界中的一切客观规律性,竟宣称自然规律是单纯的约定,'对期待的限制','逻辑的必然性'等等。他们在坚持我们知识的近似的、相对的性质时,竟否定了不依赖于认识并为这个认识所近似真实地,相对正确地反映的客体。诸如此类,不一而足。"[1]

这种情况伴随着现代自然科学的每一重大发现都出现过。

例如,爱因斯坦的相对论打破了传统的机械论的绝对时空观念,于是某些唯心主义者就利用相对论来否定时空和物质的客观存在。罗素在1921年《心的分析》序言中就说:"一般物理学者,特别是爱因斯坦和其他相对论的解释者,已经使'物质'越来越不是物质的。他们的世界是由'事件'组成,而'物质'是由一种逻辑的构造从事件推导出来的。"[2]维也纳学派也利用这一理论否定客观世界的实在性。根据相对论的原理,每个物体的长度是以其存在的"相关体系"为标准,所以我们不仅不能指定某个物体的"真正的长度",而且同一的物体在不同的"相关体系"之下还能具有不同的长度。维也纳学派认为,这就表明并无所谓独立于人的认识的客观的实在。

又如,现代物理学所研究的对象不是宏观世界中那样显然可见、巍然立于人外的物体,而是必须通过实验过程中人的活动和观测仪器的干预、作用才能触及和观察到的微观现象,在这里主体和客体的关系离开了主体的活动就不能发生。正是微观领域中认识过程的这一特征使

---

[1] 《唯物主义和经验批判主义》,第262页。
[2] 罗素:《心的分析》,伦敦,1921年,第5页。

得某些物理学家和哲学家引出了唯心主义的结论。例如哥本哈根学派的玻尔就认为:"由于作用的量子性,对微观现象的任何观测,必然导致观测仪器和客体之间的不可忽略的相互作用,因此对于客体和观测,都不能赋予通常物理意义下的独立实在的意义。"现代实证主义的一个变种——操作主义就是利用微观认识的特征提出的一种唯心主义理论,即认为概念无非是一套操作,物理的实验、度量、思维、讨论,都可以归结为操作,而不具有反映客观实在的意义。

又如,量子力学中,海森堡提出的测不准原理和薛定谔提出的波动方程式都表明微观物理现象不遵循机械的因果性,而是受一种不同于宏观现象因果性的统计学规律制约的,这种统计性所表示的是因果性的一种新形式。但是某些唯心主义者,例如维也纳学派就由此得出否定客观因果性的结论,宣称"因果性失效"了。

如果说,本世纪40年代以前自然科学的革命主要是在物理学方面,现代物理学的重大发现,主要是被唯心主义者利用向唯物主义的物质、时空、因果性等所谓本体论的问题发出攻击的话,那么,近二、三十年来,控制论、信息论等学科的飞速发展,则被唯心主义者所利用而特别从认识论上向唯物主义的反映论提出挑战。

例如,信息论中关于信息传递过程在感受者和大脑中产生的作用问题就牵涉到感觉对外界事物的反映过程问题。这里主要的探讨对象不是主客之间的关系,而是介于主客体之间的信息传递过程所起的作用,只有根据这种作用才能说明感受者和大脑的反映过程。一些唯心主义者则由此否认意识是主体对客体的反映,反对唯物主义的反映论。

总之,自然科学在不断发展,自然科学提出的问题层出不穷,在自然科学发展的每一个重大步骤和环节上都有可能被唯心主义者所利用来同唯物主义进行斗争。列宁说:"自然科学进步得那样快,正处于各个领域都发生那样深刻的革命变革的时期,以致自然科学无论如何离不了哲学结论。"问题是什么样的哲学结论。从近几十年来的情况看，自然科学中提出的问题，往往是一些唯心主义者捷足先登从哲学上加以研究，做出唯心主义的哲学结论，而马克思主义者则常常显得迟钝，瞠乎其后。这是一个很重要的教训。

我们应当看到，不仅自然科学的成果是辩证唯物主义的光辉证明，而且自然科学家中间也有不少人在自发地从唯物主义观点同唯心主义斗争，而有的甚至自觉地走到辩证唯物主义。我们在研究西方哲学同自然科学的关系，研究现代唯物主义和唯心主义斗争时，必须注意把具有唯物主义倾向的自然科学家作为反对唯心主义的重要的同盟者包括进来，应当把他们的哲学思想作为现代哲学的一个重要组成部分加以研究和批判地吸取。这个工作我们过去几乎没有做。但列宁是很重视的，他在《唯物主义和经验批判主义》一书中曾指出，在自然科学家中间也分成两个派别即唯心主义派别和具有唯物主义倾向的派别。列宁在批判马赫主义的时候一再地引用那些具有唯物主义倾向的自然科学家的言论，同时又善意地指出他们的缺陷和错误。列宁提到的有：海克尔、劳·摩尔根、李凯尔、波尔兹曼、普朗克、埃·贝歇尔、阿·高尔纽等人，认为他们是自发的唯物主义者，他们的思想是"自然科学的唯物主义"。20世纪以来杰出的科学家中间具有唯物主义倾向的人也颇有一些。不过唯心主义哲学家们总是极力把他们往唯心主义方面拉，而自命为马克思主义的人过去又常常因为这些科学家思想中的某些谬误而把他们拒之于唯物主义大门之外。这方面突出的例子就是爱因斯坦。现代唯心主义哲学家总是把爱因斯坦解释为马赫主义者、新实证主义者等等，而苏联哲学界过去也把爱因斯坦说成是实证主义者。诚然，爱因斯坦的哲学观点包含有各种矛盾的因素，他对马赫很崇拜，也没有摆脱实证主义的影响。但是，观其思想主流，我们却应当肯定爱因斯坦是具有唯物主义倾向的科学家。他并不赞成马赫的唯心主义认识论，认为那是"根本站不住脚的";对于实证主义,他的批评也很尖锐,他说:"我所不喜欢的,是那种基本的实证主义观点,这种观点在我看来是站不住脚的。"他明确表示:"没有一个物理学家会相信外部世界是由意识派生的,否则他就不是一位物理学家了。"量子力学的创立者之一马克斯·波恩的思想同哥本哈根学派的唯心主义是对立的,他认为:"谁设想思想、精神是唯一重要的实在,谁就不应当从事自然科学。科学家必须是实在主义者。他应当在他的感觉印象中找到比幻觉更多的东西,即找到关于实在的外间世界的报道。"另一量子力学的大科学家薛定谔也公开反对现代实证主义的观点,他认为科学的任务并不是像实证主义者所说的只是描述"直接给予的东西"而不能越出感觉一步,科学理论也不仅仅是这一群信息同另一群信息之间的函数关系,我们与之打交道的乃是"真正的,实在的,活生生的材料和事实"。

当然,许多科学家对唯心主义的批判一般都还停留在自发唯物主义的水平,他们的思想大都是夹杂着种种唯心主义谬误的"羞羞答答的"、不彻底的唯物主义,因此我们必须以审慎的态度对他们加以分析。

三、现代西方哲学与宗教

在西方,哲学与宗教有极密切的关系,这是熟悉哲学史的人都知道的。

至少从欧洲中世纪以来,关于上帝存在的问题,上帝与世界的关系问题,是任何哲学都回避不了,都必须回答的:或者是肯定的回答,或者是否定的回答,或者是这样那样调和折衷的回答。

资产阶级在反封建时期曾经批判过宗教,提出过唯物主义和无神论。但是,随着资产阶级之攫得政权,唯物主义就被抛弃了,宗教则成了维持其统治的不可缺少的一个精神工具。如恩格斯在上一世纪所说的,在工人阶级作为独立的政治力量登上历史舞台之后,资产阶级"现在比以往任何时候都更需要用精神手段去控制人民,而一切能影响群众的精神手段中第一个和最重要的手段依然是宗教"。[1]

到了帝国主义时代,情形更是如比。列宁在本世纪初指出:"现代信仰主义全副武装着,它拥有广大的组织,它继续不断地影响群众。"[2]

那么,现在各派唯心主义哲学同宗教、信仰主义的关系如何呢?

列宁说过:"唯心主义不过是信仰主义的一种精巧圆滑的形态",[3]甚至说过"僧侣主义=哲学唯心主义"。[4] 这是不是说,可以把各派唯心主义哲学都简单地等同于宗教和神学,把任何唯心主义都看作是直接为宗教、为信仰主义做论证的呢?

显然不是。人们往往忽视了列宁讲的另一句话。列宁说:"唯心主义就是僧侣主义。这是对的。但('更确切些'和'除此而外')哲学唯心主义是经过人的无限复杂的(辩证的)认识的一个成分而通向僧侣主义的道路。"[5]在列宁看来,唯心主义和宗教具有共同的认识论根源,因此,唯心主义可能通过这样或那样的途径、以这样或那样的方式同宗教联系起来。但是,这种联系并不都是那么直接,而往往是通过曲折复杂的过程才达到的,这种联系也不意味着任何唯心主义在其哲学理论范围之内都一定会做出宗教的、有神论的结论,任何唯心主义者都一定是公开拥护宗教的信徒,而只是说任何唯心主义,即使是拒绝谈论神的存在的唯心主义(这种唯心主义在过去和现在都是有的),都不可能从根本上同宗教、信仰主义断绝关系,而任何唯心主义,就其为唯心主义而

---

[1] 《反杜林论》,第344页。
[2] 《唯物主义和经验批判主义》,第360页。
[3] 同上。
[4] 《列宁全集》,第38卷,第412页。
[5] 同上书,第411页。

言,其"客观的、阶级的作用"归根结底都"完全是在于替信仰主义者服役"。①

从现代各派唯心主义哲学来看,它们对待宗教的态度,以及与宗教的关系,是很不一样的,有的公开申明自己的有神论的立场,或径直采取神学唯心主义的形式,有的则拒绝对有神无神的问题做出回答而使其哲学带有非宗教的形式;有的甚至宣称自己是"无神论",等等。对此都需要做具体的分析,按其各自的特点来揭示它们(包括所谓"无神论"的唯心主义)是如何"通向僧侣主义的道路"。

例如,新托马斯主义是一种公开的神学唯心主义,是中世纪经院哲学的复活,是现代天主教的官方哲学。新托马斯主义全部体系的出发点,它的第一原理,就是"必须承认上帝的存在"。这是"启示的"真理,哲学不能"提出任何根据来否认启示的可能性",而必须把它作为毋庸置疑的前提。神学高于哲学和科学。哲学和科学要无条件地为信仰主义服役。

又如,实用主义者虽然没有给上帝存在提供积极的理论的证明,但是从"有用即是真理"这个原则出发对上帝的假设做了肯定。詹姆士说:"根据实用主义的原则,如果上帝的假设在最广泛的意义上圆满地有效验,它就是真实的。"②实用主义者从对我有用即资产阶级的需要引出上帝存在,这同新托马斯主义之诉诸超理性的"启示"一样,都是一种比较直接、方便的"通向僧侣主义的道路"。

现代实证主义者(例如维也纳学派和罗素等人)的情形则颇不相同。他们基本上是继承了休谟的传统。如恩格斯所说:"休谟的怀疑论……是英国一切非宗教的哲学思想的形式。"③现代实证主义者们也把

---

① 《唯物主义和经验批判主义》,第360页。
② 《实用主义》。
③ 《马克思恩格斯全集》,第一卷,第660页。

怀疑论贯彻到宗教问题上,因而他们的哲学也带有非宗教的色彩,同宗教信仰没有直接的联系。

例如,维也纳学派在他们的哲学范围内是不谈宗教问题的,在他们看来,有神无神问题像其他"形而上学"问题一样都是超乎经验的没有意义的似是而非(pseudo)的问题。维也纳学派 1929 年的宣言就说:"形而上学者和神学家们以为他们的论断说出了什么东西,或者指出了某件事情。然而,分析表明,这些论断并没有说出什么东西,只不过是表达了某种心情和某种精神状态而已。"又说维也纳学派是"倾向于科学的世界观而厌恶形而上学和神学的"。①

有人认为,"新实证主义无疑具有强烈的无神论倾向";②有人则认为,实证主义者"说上帝的观念没有意义……甚至比无神论者都更加彻底地反对了事物的宗教观"。③ 这种看法是极其片面的。实证主义者把人的认识囿于感觉经验的范围之内,而把一切超乎感觉经验、非感觉经验所能直接把握的东西推到不可知的领域。但是,感觉决不是存在的尺度。感觉所不能确证的东西,未必就不存在。所以,实证主义者对于宗教问题最多只能持一种怀疑的态度,而决不能提供一个彻底否定神之存在的证明。而这种怀疑论或不可知论的观点,都是随时可以被信仰主义者所利用而将其引向"僧侣主义的道路"。新托马斯主义者马里坦在评论维也纳学派哲学时说过一段话,很有意思,他说,维也纳学派认为"科学(即现象科学)只认识可以观察的东西的时空联系,并不认识存在。而且人们还常常补充说,除了这种科学以外没有别的科学,没有别的理性知识。很好,这一点给护教论带来很大的安慰。对任何一

---

① 载诺依拉特:《经验主义和社会学》,1973 年。
② 《现代资产阶级哲学与宗教》,1977 年,莫斯科,第 34 页。
③ 阿克顿:"时代的幻觉",《资产阶级哲学资料选集》,第十九辑,上海人民出版社,1965 年,第 15 页。

个关于事物的存在的问题,如灵魂、上帝、自由和定数、自然和奇迹方面的问题,人类的理性都只能以经验论科学的方式,亦即它寸步不能离的那种方式回答说:我不理解这种问题,它对我没有意义,然后把嘴闭住。这种问题对于信仰才有意义;必须回答这种问题的是信仰。这样一个出乎意料的扭转,使亚里士多德归之于形而上学的那种对象过渡到了信仰。科学并不认识存在,然而信仰——至少对于接受了这种赐予的人来说——却能够认识存在。让我们给新实证论加上新信仰主义的美名吧,随着理智力量的重大节约,将会万事亨通。"① 列宁说,信仰主义总是"利用哲学思想上的最微小的动摇来为自己服务"。② 马里坦的这番话就是一个极好的例证。

　　这里我们还要专门谈一下罗素。罗素在宗教问题上也持一种怀疑论的观点,但是不像维也纳学派那样对宗教避而不谈,而是对宗教公开进行了批判。罗素对历史上各种关于上帝存在的论证和灵魂不死的信条都做了驳斥,认为"上帝和灵魂不死这两个基督教的中心教条在科学上是找不到任何支持的"。③ 罗素也反对实用主义者对宗教的态度,他说:"在我们这个讲求实用的时代,有一种倾向,认为宗教的教义是真是假都无关紧要,重要的问题是它是否有用。但是,离开了真假问题,我们也就不可能判定宗教是否有用。"④ 罗素甚至公开表示,"我自己对宗教的观点就是卢克莱修的观点。我认为宗教是由恐惧所产生的一种病害,是人类所遭受的无数痛苦的一个根源。"⑤ 大家知道,30 年代罗素在美国时就曾因为他对宗教的批判而触怒了许多神学家和善男信女,被

---

① 《西方现代资产阶级哲学论著选辑》,商务印书馆,1964 年,第 432 页。重点号是原有的。
② 《唯物主义和经验批判主义》,第 360 页。
③ 罗素:《我为什么不是基督教徒?》,纽约,1957 年,第 50 页。
④ 同上书,第 30 页。
⑤ 同上书,第 24 页。

纽约的一所学院解除已发的聘约,拒绝他到该校讲学。然而,我们也必须指出,罗素虽然对若干宗教信条做过相当尖锐有力的批判,但是由于他的唯心主义和不可知论的观点,他在宗教问题上充其量只能达到一种比较坚决的怀疑论,而不可能建立一个彻底否定宗教的无神论的世界观。罗素本人就说过,"我并不妄称能够证明没有一个上帝。我同样不能证明撒旦是一个虚构。基督教的上帝也许是存在的,奥林匹斯诸神、古埃及的神或巴比伦的神同样也许是存在的。但是这些假设中没有哪一个比另一个的可能性更大。它们是在可能的知识范围之外的,因而没有任何理由承认它们之中的任何一个。"[①]如我们在前面已经谈到的,这种怀疑论的观点显然不仅不会堵死通往宗教的道路,反而恰恰是(不论罗素本人是否愿意)为信仰主义敞开了大门。

最后,我们要谈一下存在主义同宗教的关系。一般把存在主义分为两类:有神论的存在主义(如雅斯贝尔斯、马塞尔等)和"无神论"的存在主义(如海德格尔、萨特尔等)。有神论的存在主义我们可以置而不论,这里以海德格尔为例来分析一下所谓无神论的存在主义同宗教的联系的特点,从而揭露其"无神论"的虚假性。

像一切存在主义者一样,海德格尔哲学的核心是讲人的存在,而人的存在的最本质的特征就是他们所说的烦恼、忧虑、痛苦、恐惧乃至死亡。不难看出,这些说法本身就带有浓厚的宗教意味,从根柢上来说同基督教观念有深切的关联。一个叫麦夸里的神学家把海德格尔关于人的这些说法同基督教的说法作了一个对比,认为海德格尔的思想同《圣经·新约》中所包含的关于人的观念有密切的亲属关系。麦夸里说,存在主义者讲忧虑和恐惧,这正是"认识上帝的一个条件",尽管"它本身并没有明白提供这种认识",但是"它为宗教打开了大门,甚至催促人们

[①] 罗素:《我为什么不是基督教徒?》,纽约,1957年,第50-51页。

去通过这个大门"。① 这个神学家说得很对。存在主义者宣扬人类不能把握自己的命运,永远生活在一种忧心忡忡、惶恐不安的状态中,这实际上就是在把人们引向对一种不可知不可解的神秘力量的信仰,从这种观念到承认上帝存在只有一步之差。所谓无神论的存在主义同有神论的存在主义的区别仅仅在于前者没有从他们的哲学前提中直接引出它所包含的必然的结论。

诚然,海德格尔接受了尼采的一句名言,"上帝死了!"这是不是说海德格尔真的认为上帝根本不存在呢?不是。海德格尔曾经向别人表示,关于上帝存在的问题,他的立场"不是否定上帝的存在,而是肯定上帝的缺席"。② 为什么说"缺席"呢?麦夸里认为,这个说法表现了海德格尔"对习俗和传统的反叛",就是说,在海德格尔看来,按照传统对于上帝的那种理解和认识是不能把握上帝的,"达到最初源泉的途径已经丧失了"。③ 所谓"上帝死了"实即此意。麦夸里说:"海德格尔之肯定上帝的缺席就是要进而去重新寻找他。"④新托马斯主义者考波斯顿也说:"海德格尔的哲学,在某种意义上是一种对上帝的寻求。"⑤

海德格尔始终在寻求那个"缺席"的上帝,这是千真万确的。1966年海德格尔在同《明镜》记者谈话中就明白地讲,他认为人没有力量控制世界,没有力量改变世界,只有期待上帝来拯救。他说:"如果我可以简短而且也许是说一点老实话,但却是从长期的沉思来回答,我就要说,哲学将不能引起世界现状的任何直接变化。不仅哲学不能,而且所

---

① 麦夸里:《一个存在主义者的神学,海德格尔和布尔特曼之比较》,1965年,纽约,第76、71页。

② 转引自麦夸里:《一个存在主义者的神学,海德格尔和布尔特曼之比较》,1965年,纽约,第71页。

③ 同上书,第72页。

④ 同上书,第72页。

⑤ 转引自上书,第73页。

有一切只要是人的思索和图谋都不能做到。只还有一个上帝能救渡我们。"[1]这是一段很有价值的自白。经过长久的"沉思",海德格尔终于不得不自己来揭破他的所谓无神论的假象了。

四、现代西方哲学的评价

研究现代西方哲学,不可避免地要碰到的一个问题是:在现代西方各种流派的哲学中有没有什么值得注意的、有价值的、合理的、积极的因素呢?这是一个非常棘手的不好回答的问题。用一个"是"或"否"来作答,都只能把问题简单化。

苏联哲学界过去对现代西方哲学是采取简单否定的办法,现在已经改变了这种态度。例如,米丁1972年为第八次泛美国际哲学会议准备的发言稿中说:"我们也认为,许多唯心主义哲学体系,由于反映了客观规律的某些方面,尽管经常是以非科学的形式反映的,却能够包含,而且的确包含着'合理的内核'。这一点关系到我们对待某些现代哲学学说(如新实证主义和结构主义)的态度。"不过,米丁对"合理的内核"的说法加了一点限制,说现代唯心主义哲学中的"合理的内核"同作为马克思主义思想来源的黑格尔哲学中的"合理的内核"即辩证法不能等量齐观。波兰的沙夫则讲得更干脆、直截了当,他的《语义学引论》(1960)和《语言哲学论文集》(1968)在反对"虚无主义"的口号下提出要吸收现代唯心主义的"合理的内核"。美国《激进派杂志》1974年发表的一篇文章则把维特根斯坦与黑格尔相比,认为"现代马克思主义哲学家必须考虑他们的哲学和维特根斯坦的关系,正如马克思必须考虑他的哲学和黑格尔的关系那样"。

---

[1] 西德《明镜》杂志,1976年,第23期。

我们不赞成这些说法。我们说黑格尔哲学中包含着"合理的内核",意思很明确,就是说黑格尔哲学中有辩证法,而且辩证法(尽管是唯心的,不彻底的)是贯穿黑格尔哲学体系的基本的东西。在现代西方各派哲学中有没有像黑格尔的辩证法那样贯穿整个体系而可以称之为"合理的内核"的东西呢?我们可以断然地回答:没有。

现代西方哲学作为帝国主义时代资本主义危机的产物和反映,正在经历着一个衰落、没落、堕落的过程。这是一个事实。诚然,唯心主义并没有停止发展,而且总在不断地花样翻新,但是,像资产阶级上升时期某些唯心主义哲学(例如笛卡儿、莱布尼茨、康德、黑格尔)那样包含丰富内容,饶有生气,富于创造精神的东西已经没有了也不可能产生了。

我们这样讲,自然也不是说现代各派唯心主义哲学空洞无聊,毫无意义,全是胡说,一无是处。这样来看唯心主义,可以说是理论上的一种"左"倾幼稚病,是列宁一贯反对的。列宁说:"从粗陋的,简单的,形而上学的唯物主义观点看来,哲学唯心主义不过是胡说。相反地,从辩证唯物主义的观点看来,哲学唯心主义是把认识的某一个特征、方面、部分片面地、夸大地,发展(膨胀,扩大)为脱离了物质,脱离了自然的、神化了的绝对。"就是说哲学唯心主义"当然有认识论的根源,它不是没有根基的,它无疑地是一朵不结果实的花,然而却是生长在活生生的、结果实的、真实的、强大的、全能的、客观的、绝对的人类认识这棵活生生的树上的一朵不结果实的花"。[①] 根据列宁的这个指示,我们就应当从人类认识史的角度,把现代唯心主义作为人类认识发展过程中发生的一种现象来考察,分析它们的认识论的根源,这样我们就可以发现,它们在认识论上所做出的结论纵然是错误的以至荒谬的,但是,由于它

---

① 《列宁全集》,第35卷,第411、412页。

们总是从认识过程的某个"特征、方面,部分"(这是唯心主义据以立足的根基)出发的,因此也有可能在认识的个别环节上提出有意义的问题,提供有价值的研究资料,甚至也可以在个别问题上提出可资我们借鉴的含有合理因素的论点。唯物主义总是在同唯心主义的斗争中发展的。"反者道之动",唯心主义者提出的问题往往刺激和启发了唯物主义,在哲学史上这种情况屡见不鲜,在现代也不能说没有。

例如,结构主义者特别注意和提出的结构的问题,就是一个有价值的值得探讨的问题。把结构的概念提到哲学上来研究是各门科学发展的自然结果。这个概念早已在自然科学的许多领域中起着重要的作用,如化学讲分子结构,生物学讲有机体结构,现代物理学讲基本粒子结构,天文学讲行星系的结构,等等。另外,在逻辑形式,语言结构,控制论等学科中,结构这个概念都有重要的意义。这样,结构就成了具有广泛内容和一般意义的范畴,从哲学上对各门科学中结构的概念加以理论的概括,对科学研究具有方法论的意义。结构主义者试图做出这种概括,但是,他们对结构做了唯心主义的解释,认为结构是人的先天能力的产物。这是错误的,但是我们不能因此否定他们提出和研究结构的问题有其合理之处。

又如,关于因果性的问题,我们前面已经谈到,海森堡的测不准原理对传统的机械的因果观造成了很大的冲击,它表明在量子力学的领域即微观物理现象中机械的因果性是不起作用的。这里遵循的是一种统计学的规律性。许多唯心主义者由此得出"因果律失效"的结论,否认有客观的因果性存在,这是错误的。但是,例如维也纳学派尽管不承认客观的因果必然性,他们对统计学规律,或然性或概率原则的问题却做了深入的探讨,他们认为统计学规律是与通常的因果律不同的另一种自然律的形式,后者是关于自然事件的个别的因果关系,前者是关于自然事件的集体的因果作用,也可以称之为"不完全的因果律"。这些研究在科学上和哲学上都是有价值的,它实际上肯定了自然界因果作用具有多样的形式。可是,苏联的哲学家们在海森堡测不准原理出来以后很长时间都没有注意和理解它的哲学意义,没有从辩证唯物主义的观点正确地说明它,从而丰富马克思主义关于因果性的学说。例如,米丁在 30 年代写的那部名著《辩证唯物论》中曾提到"近年来资产阶级科学界神秘思想很猖獗","关于物质结构的一些发现,往往被资产阶级学者利用作为否认因果性的根据。物理学家海森堡、薛定谔、普朗克等人的作品就是这样的"。米丁丝毫也没有提到海森堡测不准原理所揭示的自然界因果作用的特殊形式,反而在批判唯心主义的同时连海森堡的理论本身也给否定了。从上面这一对比中可以看到,对自然科学所提出的问题及其在哲学上的意义,某些唯心主义者有时倒是比讲马克思主义的人感觉更为敏锐,他们对这些问题的研究,尽管是以唯心的歪曲的形式表达的,却可能包含着极有意义、极有价值的科学的内容和论点,我们在批判其唯心主义的时候应该把这些合理的内容区别和剥取出来。

又如,随着科学技术革命的发展,近年来许多唯心主义者对科学方法论、科学发展的规律性问题特别注意。例如,波普尔提出了一个关于科学发展的公式:P_1—TT—EE—P_2。即从问题(P_1)开始,然后提出试验性(尝试性)的理论(TT),这种理论可能是部分错误,也可能是全部错误,然后通过批判的讨论和实验的证实等程序而消除其包含的谬误(EE),这样原来提出的理论既被否定又被肯定了,于是又产生了新的问题(P_2)。当然,波普尔不承认科学发展的根源是实践,不了解科学问题最初之提出是来于实践,这是唯心主义的观点,但是他的公式承认科学理论具有相对真理性,承认批判的因素在科学知识发展中的作用,承认科学理论的发展不是封闭的,一个理论的证实和完成,并不是它的终结,而是新的问题的产生。就此而言,他的公式是不是也应该说有其合理的因素呢？

我们不打算也不可能在这里开一个清单，说现代西方哲学提出了哪些有价值的问题，有意义的论点。这个工作应该而且只能在深入具体地研究现代西方哲学的过程中去做，上面略举几例，只是为了说明从认识发展的角度来看，我们应当很好地研究现代唯心主义，而不能把它们简单地看作毫无根据的胡说。

如果把现代唯心主义放到人类认识的发展过程，放到唯物主义和唯心主义的斗争中来考察，我们觉得，还有两个方面的现象值得注意，这就是现代各派哲学间的互相批评和某些哲学家思想中的唯物主义因素问题。

现代西方哲学流派繁多，各派之间经常有来有往，彼此批评，相互争辩。我们过去往往把他们的争论说成是狗咬狗之争，无聊的互相攻讦，这种看法显然是轻率的。事实上，唯心主义不同派别之间的相互批评和争论，每每能揭露唯心主义自身的矛盾，某些批评很可能触到一个唯心主义体系的要害处，对我们唯物主义者不无参考价值。列宁说："当一个唯心主义者批判另一个唯心主义者的唯心主义基础时，常常是有利于唯物主义的。"[1]这个论断对于现代唯心主义也适用。例如，罗素曾在许多地方批评过实用主义的真理观，他认为，按照实用主义的说法，实际上就取消了真理。"理论就成了工具，不再是对疑难事物的解答"[2]，而且人们可以利用实用主义的原则随意颠倒是非。罗素说："如果按照詹姆士下的定义，难保不发生这种事：虽然事实上 A 不存在，而'A 存在'却是真的。我一向总感到有圣诞老人这一假说'在最广的意义上起满意的作用'，所以，尽管圣诞老人并不存在，而'圣诞老人存在'

---

[1] 《列宁全集》，第38卷，第313页。
[2] 罗素：《西方哲学史》，下卷，何兆武、李约瑟译，商务印书馆，第375页。

却是真的。"①这里虽然没有复杂的论证,但是一下子揭穿了实用主义真理观的荒谬本质。又如,一个叫威克麦斯特的美国哲学家曾这样批评维也纳学派的唯心主义经验论,他说,维也纳学派"说自然科学法则是'经验命题'是绝对不正确的。它们不能归结为'经验命题',因为那些法则是普遍的,而且这种普遍性并不在于个别事物的连结"。"'经验',就这个词的严格的意义说,意味着对此时此地的个别的观察或意识,但是科学法则则由于具有普遍性而'超越了经验',如果超越'经验'的'一切知识'都被'作为无意义的而受到责备',那么'经验科学'必然同'思辨的形而上学'一起遭到摈弃了"。在这位哲学家看来,维也纳学派的这个观点已经"破坏"了他们自称"唯有逻辑实证主义给自然科学提供了一个坚实基础"的根据。②应当说这个批评是打中了逻辑实证主义的要害的。

除了某些唯心主义哲学家之间的批评,我们还看到,有的哲学家的思想发展有先后的变化,后期的思想往往对前期的思想进行某种自我批判,虽然这种批判仍然是在唯心主义的基础上做出的,但是它有力地暴露了唯心主义自身的矛盾和弱点,我们不应当把这简单地看作一种变换手法的把戏,而应当看作一种深刻地反映着唯心主义思想危机的现象。维特根斯坦就是一个突出的例子。维特根斯坦在后期著作《哲学研究》和《蓝皮书》中对前期《逻辑哲学论》中的唯我论和神秘主义做了相当尖锐的自我批判。

关于现代西方哲学中的唯物主义因素问题,我们觉得有三种情况值得注意。

一种情况是某些唯心主义者的哲学体系中包含有唯物主义的个别

---

① 罗素:《西方哲学史》,下卷,何兆武、李约瑟译,商务印书馆,第376页。
② 威克麦斯特:"逻辑实证主义的七个论题之批判的考察",《哲学评论》,纽约,1937年。

因素、个别结论。列宁在批判马赫主义的时候曾一再指出这种情况,例如马赫在有的地方说一定的感觉和有机体中所发生的一定过程有联系,阿芬那留斯在《纯粹经验批判》中把物理的东西说成是独立系列,而心理的东西则是依存系列,等等。列宁认为,"马赫和阿芬那留斯在他们的哲学中把唯心主义的基本前提与唯物主义的个别结论混在一起",[1]这是"悄悄地偷运唯物主义",[2]"剽窃唯物主义",[3]是把唯心主义同唯物主义"调和"起来,[4]是"对唯物主义做了不彻底的让步",[5]列宁甚至认为"后来经验批判主义力图转向唯物主义"。[6] 列宁认为,这些具有唯物主义成分的许多"片断的议论"的来源是马赫"不自觉地自发地从自然科学家那里接受过来的唯物主义的认识论"。[7] 列宁指出这种情况,其意义何在呢?那就是列宁反复说明的,这种情况暴露了唯心主义的"不彻底性",[8]表明唯心主义总是不能自圆其说,"如果他们不陷入惊人的逻辑谬误,他们就不可能摆脱唯我论",[9]表明他们的哲学是一种"折衷主义的残羹剩汁",[10]因为在保留其唯心主义基本前提的条件下偷运唯物主义,是"非法的,折衷的"。[11] 揭露唯心主义的这种折衷性质,这种矛盾,无疑有利于唯物主义对唯心主义的斗争。类似上面这种情况,在其他现代唯心主义者的哲学中也是有的。例如,罗素在谈

---

[1] 《唯物主义和经验批判主义》,第50页。
[2] 同上书,第42页。
[3] 同上书,第50页。
[4] 同上书,第47页。
[5] 同上书,第54页。
[6] 同上书,第47页。
[7] 同上书,第50页。
[8] 同上书,第30页。
[9] 同上书,第28页。
[10] 同上书,第51页。
[11] 同上书,第47页。

到心物关系时说:"人是这个本身无趣的物理世界的一个部分。人的肉体像其他物质一样是由电子和细胞构成的","我们称为'思想'的东西似乎依赖于大脑中线路的组织,犹如路程是依赖于公路和铁路一样,思维所使用的能似乎有化学的来源。……精神现象似乎是同物质结构联系着的。……我们也不能设想,一个人在肉体死亡之后还能继续思想,因为肉体死亡就毁灭了大脑组织,使利用大脑线路的那种能消散了。"总之,"一切证据都表明我们认为是精神生活的东西是同大脑的构造和组织起来的肉体的能联系着的。因此,假设精神生活随肉体生命的消失而消失是合理的"。① 这是明显的唯物主义的观点,罗素用这个观点来反对灵魂不死的说法,有其积极的意义。但是,罗素在偷运了唯物主义的个别结论之后,赶紧就声明他不是唯物主义者,并重申他的唯心主义的基本前提,他说:"这并不是唯物主义。这只是承认一切有趣的东西都是一种有组织的东西,但不是原初实体的东西。"因为"心和物质同样是为了某种目的而使用的方便的词,而不是究极的实在。电子和细胞如同灵魂一样,都是逻辑的虚构"。②

再一种情况是自然科学家中间的自发的唯物主义倾向。列宁也称之为"自然科学的唯物主义",他把他们看作是辩证唯物主义同唯心主义斗争中的盟友,十分强调辩证唯物主义要同自然科学家的唯物主义结成联盟。

第三种情况是个别的唯心主义哲学家在哲学基本立场上转向唯物主义。在历史上,特别是在社会急剧变动的时代,个别的思想家从原来的唯心主义立场转变到唯物主义,是常见的事(如费尔巴哈就经历过这样的转变过程),在当今的时代也不乏此例。例如,日本的柳田谦十郎

---

① 罗素:《我为什么不是基督徒?》,纽约,1957年,第50—51页。
② 同上书,第52页。

关于现代西方哲学研究的若干问题

在二次大战后抛弃了原来的新康德主义思想而接受和转向辩证唯物主义,这是大家熟知的。在西方,一个突出的例子就是自然主义的代表人物劳·塞拉斯。塞拉斯原来是一个批判实在论者,30年代以后转向唯物主义,成了所谓"物理学的实在论者"。塞拉斯对逻辑实证主义、存在主义、实用主义及其他唯心主义哲学都做过批判,在认识论上他明确采取唯物主义的立场,肯定唯物主义的反映论是正确的,他说:"我们所感知的是对所有人说来都是可以接近的外界客体,而不是感觉本身","我确定了客体的意义,认为我的感觉确切地感知了它们"。"恩格斯和列宁认为感觉在某种意义上是外界事物的反映,这种看法是完全正确的,而现象论和唯心主义由于把感觉变成(认识的)最终客体,所以误入迷途"。[①]可见,塞拉斯不是在个别问题、个别结论上而是在认识论的基本问题上转向唯物主义方面了。当然,塞拉斯并没有完全接受辩证唯物主义,他对马克思主义也做了许多批评,特别是在社会历史观上他还完全是一个唯心主义者。但是,在20世纪帝国主义时代资本主义世界中唯心主义占绝对统治地位的条件下,一个资产阶级哲学家能够冲破唯心主义的迷雾,跳出唯心主义的牢笼,自觉地转向唯物主义,这是需要很大的勇气才能做到的,而且在资本主义社会中这样的思想家只是而且只能是极个别的人物。因此,对像塞拉斯这样的人,我们固然也要批评其观点中的错误,特别是他对马克思主义的曲解之处。但是,我们更应该很好地研究他向唯物主义转变的社会阶级根源,研究他的唯物主义的思想来源。研究他的唯物主义(主要是认识论方面)的内容和一切有价值的思想成果。我们应该把个别哲学家的唯心主义向唯物主义的转变,看作是唯心主义思想危机的一种表现和结果,看作是马克思主义的一个胜利。

[①] 塞拉斯:《唯物主义的三个阶段》。

如何看待马克思、恩格斯对同时代西方哲学的评价
——致刘放桐教授的一封信[*]

放桐：

我很高兴有机会参加在上海召开的"马克思主义哲学和现代西方哲学教学改革"研讨会。会开得很好，应当特别感谢承办此次会议并对会议作出最大贡献的复旦的同志们。

关于马克思主义哲学和现代西方哲学的"对话"，乃至马克思主义与整个西方哲学的关系问题，在会上许多同志的发言很有启发、很有见地，都是值得我学习的。其实这是个老问题了，至少从上世纪70年代末以来，大家就一直在不断地讨论；我们过去也都写过文章，说过许多话，但是总觉得问题似乎还没有穷究到底，话似乎还没有说透。下面将一些想法写给你，算是学术"聊天"或学术"谈心"吧。This is a dialogue between you and me，我可以随意议论，你也可以放手批评。

---

[*] 原载《学术月刊》2002年第8期。刘放桐是复旦大学哲学系教授。

如何看待马克思、恩格斯对同时代西方哲学的评价——致刘放桐教授的一封信

一

我国哲学界和苏联哲学界过去对现代西方哲学持全盘否定的态度（在这一点上我们是师法苏联的），正如很多同志曾经指出过的，其基本的理论依据是列宁的帝国主义论和斯大林的资本主义总危机学说。据此，现代西方哲学是帝国主义时代即资本主义的最后的垂死的阶段的产物和反映，是在政治、经济、文化上已经完全腐朽、趋于全面反动、陷入总危机的垄断资产阶级的意识形态，因此已不可能提出任何有进步性的、有价值的、合理的东西了，如：说实用主义是美国"金融帝国主义"的"市侩哲学"；说维也纳学派的逻辑分析方法是秉承英美反动统治集团的意旨制造出来的；说尼采哲学否定一切传统价值，使人道德沦丧，并从而为颂扬帝国主义的野蛮行径开辟了道路；如此等等。

但是，彻底否定现代西方哲学的观念，事实上在更早的时候，即在19世纪下半叶马克思、恩格斯在世之际就已经形成了。马克思和恩格斯对他们所知道的同时代的非马克思主义的哲学家（有些哲学家如马赫和阿芬那留斯的主要著作在19世纪70-80年代已经问世，马克思、恩格斯虽从未提及其名，但似已注意到其哲学倾向[①]），大概除了一个费尔巴哈（不过他们已将费氏唯物主义列入德国古典哲学的范畴），几乎无不施以严厉的批判或予以轻蔑的嘲讽。对青年黑格尔派和杜林的批判是大家熟知的例子。对其他一些哲学家和哲学流派虽无专著或专文批驳评说，但亦皆贬斥无遗，往往一言以"毙"之。例如，恩格斯在谈

[①] 弗·阿德勒认为："恩格斯还不知道马赫"，列宁批评这个说法没有根据，说不能因为恩格斯"没有提到"他的名字就断言恩格斯不知道，又说"至于从1876年起就编辑一份《科学》哲学季刊的阿芬那留斯，恩格斯是不可能不知道的"。参见列宁：《唯物主义和经验批判主义》，人民出版社，1971年，第51页。

到 19 世纪下半叶德国哲学状况时说:"1848 年这一年在德国什么都没有完成,只是在哲学领域中发生了一个全面的倒退。……从此以后,在公众当中流行的一方面是叔本华的,后来甚至是哈特曼的适合于庸人的浅薄思想;另一方面是福格特和毕希纳之流的庸俗的巡回传教士的唯物主义。大学里有各式各样的折衷主义进行着竞争,它们只在一点上是一致的,即它们都只是由已经过时的哲学的残渣杂凑而成。"① 例如新康德主义就是丢弃了康德哲学中任何积极的东西,而把"康德哲学中最不值得保存的那一部分"即"永远不可知的自在之物"的学说保存下来,造成了"现在盛行的理论思维的纷扰和混乱"。② 在另一个地方他又说,"现在流行在德国各大学中的"是"那些最鄙陋的庸俗哲学"。③ 在英国也是这样,哲学家们除了重新拾取已然过时的哲学残渣,再也提不出任何新的东西了,如果说"德国的新康德主义者企图复活康德的观点",那么"英国的不可知论者"则"企图复活休谟的观点",由于"两种观点在理论上和实践上早已被推翻",要复活它们的"这种企图在科学上就是开倒车"。④ 对当时在法国和其他国家流行的孔德的实证主义,马克思和恩格斯都十分鄙视,马克思斥之为"腐朽的实证主义",⑤ 而且明白表示:"我作为一个有党派的人,是同孔德主义势不两立的,而作为一个学者,我对它的评价也很低。"⑥ 恩格斯称孔德的实证主义哲学体系为"狭隘的庸人世界观",其中纵然"有许多天才思想",⑦ 那也是从他的

---

① 列宁认为,恩格斯说的"各式各样的折衷主义"就包括了马赫和阿芬那留斯的经验批判主义哲学。参见列宁:《唯物主义和经验批判主义》,第 50-51 页。
② 恩格斯:《自然辩证法》,人民出版社,1984 年,第 47 页。
③ 同上书,第 154 页。
④ 《马克思恩格斯选集》,第 4 卷,人民出版社,1972 年,第 222 页。
⑤ 《马克思恩格斯全集》,第 31 卷,人民出版社,1972 年,第 236 页。
⑥ 《马克思恩格斯全集》,第 33 卷,人民出版社,1973 年,第 227-228 页。
⑦ 《马克思恩格斯全集》,第 39 卷,人民出版社,1974 年,第 374 页。

如何看待马克思、恩格斯对同时代西方哲学的评价——致刘放桐教授的一封信

老师圣西门那里抄来的。

马克思主义作为一种崭新形态的哲学,作为辩证的和历史的唯物主义哲学,它的出现和发展,不可能不与其他各种形式、各种派别的非马克思主义的哲学发生对立和冲突,马克思主义要与之论辩并加以批判,是当然而且必要的。但是,如果把马克思主义所批判的各种哲学看作一堆充塞谬误、毫无价值而只待清扫的思想渣滓,那么这种批判就只能是一种并不符合马克思主义辩证法的简单的形而上学的否定。马克思和恩格斯对同时代的各种非马克思主义哲学亦即他们那个时代的现当代哲学之所以持一种简单的全盘否定的态度,也是基于对19世纪下半叶欧洲社会历史进程和阶级斗争形势的一种分析。在他们看来,自从无产阶级登上政治斗争的历史舞台,特别是1848年革命之后,资产阶级的历史进步性已经完结,开始走向反动和没落,政治上是这样,意识形态上也是这样。资产阶级在理论上已不可能有任何富有生气的创造了。恩格斯说:

> 随着1848年革命的爆发,"有教养的"德国抛弃了理论,转入了实践的领域。……但是随着思辨离开哲学家的书房而在证券交易所里筑起自己的殿堂,有教养的德国也就失去了在德国的最深沉的政治屈辱时代曾经是德国的光荣的伟大的理论兴趣,失去了那种不管所得成果在实践上是否能实现,不管它是否违警都同样地热衷于纯粹科学研究的兴趣。[1]

马克思也完全赞同这个说法,认为"被认为是德国世袭财产的卓越的理论能力,已在德国的所谓有教养的阶级中完全消失了"。[2] 在马克思、恩格斯看来,1848年革命使"有教养的德国"即德国资产阶级在意

---

[1] 《马克思恩格斯选集》,第4卷,人民出版社,第253-254页。
[2] 《马克思恩格斯选集》,第2卷,人民出版社,1972年,第211页。

识形态上遭到的打击是如此之沉重,以至再也不可能在哲学理论上拿出任何像样儿的货色来了。恩格斯有一句话说得很干脆:唯心主义"在1848年革命中受到了致命的打击","唯心主义当时已经智穷才竭"。①这样,资产阶级的学者们除了抛弃学术良心去充当官方意志的应声虫和资本主义制度的辩护士之外又能做什么呢?这就是恩格斯说的:

> 在包括哲学在内的历史科学的领域内,那种旧有的在理论上毫无顾忌的精神已随着古典哲学完全消失了;起而代之的是不动脑筋的折衷主义,是对职位和收入的担忧,直到极其卑劣的向上爬的思想。这种科学的官方代表都变成资产阶级和现存国家的毫无掩饰的思想家,但这已经是在资产阶级和现存国家同工人阶级处于公开敌对地位的时代。②

恩格斯的这段话不过是将马克思早在《资本论》中对资产阶级经济学所作的评价推及于哲学和其他各门社会科学。马克思说:

> 法国和英国的资产阶级夺得了政权(指19世纪40年代英法工业资本在经济和政治上都战胜了土地贵族——引者注)。从那时起,阶级斗争在实践方面和理论方面采取了日益鲜明的和带有威胁性的形式。它敲响了科学的资产阶级经济学的丧钟。现在问题不再是这个或那个原理是否正确,而是它对资本有利还是有害,方便还是不方便,违背警章还是不违背警章。不偏不倚的研究让位于豢养的文丐的争斗,公正无私的科学探讨让位于辩护士的坏心恶意。③

关于19世纪下半叶西方资产阶级的哲学、经济学及其他各门社会

---

① 《马克思恩格斯选集》,第4卷,人民出版社,第225页。
② 《马克思恩格斯全集》,第10卷,人民出版社,第254页。
③ 《马克思恩格斯选集》,第2卷,人民出版社,1972年,第213页。

如何看待马克思、恩格斯对同时代西方哲学的评价——致刘放桐教授的一封信

科学的状况如何,对其各种哲学理论、经济学说等等应如何评价,我们不可能在这里作具体的研究和讨论。对马克思、恩格斯上面这种说法我只是提出一点疑问,因为我觉得这种说法同他们一贯坚持的对意识形态的历史唯物主义的分析似有相悖之处。例如,恩格斯说:

> 任何意识形态一经产生,就同现有的观念材料相结合而发展起来,并对这些材料作进一步的加工;不然,它就不是意识形态了,就是说,它就不是把思想当做独立地发展的、仅仅服从自身规律的独立本质来处理了。头脑中发生这一思想过程的人们的物质生活条件,归根到底决定着这一思想过程的进行,这一事实,对这些人来说必然是没有意识到的,否则,全部意识形态就完结了(着重号为引者所加)。①

恩格斯并且指出,哲学是"更高的即更远离物质经济基础的意识形态"的一种形式,"在这里,观念同自己的物质存在条件的联系,愈来愈混乱,愈来愈被一些中间环节弄模糊了"。② 既然如此,那么,又怎能设想到了19世纪下半叶资产阶级的哲学竟然失掉了一般意识形态的特性,不再以十分迂曲而间接的方式反映经济基础,而是变成了十分自觉、非常直接地为资产阶级的政治经济利益进行论证的辩护论了呢?马克思也曾谈到,判定一种思想或理论的阶级性质,并非指这个思想家、理论家原则上只是力求实现其自私的阶级利益,而是说他的思想"不能越出"某个阶级的"生活所越不出的界限",因此他"在理论上得出的任务和作出的决定",也就是这个阶级的"物质利益和社会地位在实际生活上引导他们得出的任务和作出的决定"。一般说来,一个阶级的政治代表和著作方面的代表人物同他们所代表的阶级间的关系,都是

---

① 《马克思恩格斯全集》,第10卷,人民出版社,第250页。
② 同上书,第249页。

这样"。① 这就是说,我们判定一种思想、理论的阶级归属,是就其客观上反映了、表现了某个阶级的利益和要求而言的,并不是说这个思想家本身就心知肚明、自觉自愿地为这个阶级的利益辩护。所以,列宁在阐述马克思关于阶级分析原则时,特别指出阶级分析不是"一种简单的论战手法",揭露某种思想,理论的阶级性质,其目的决不"只是说些特别恶毒的话"。②

二

对与马克思主义同时代的非马克思主义的哲学和其他社会科学学说,作如此简单的阶级分析和如此简单的全盘否定,就意味着对马克思主义来说,其他一切学说都是错误的、荒谬的。这不免使人想起了曾被马克思痛斥过的拉萨尔的一句名言:"对它(工人阶级——引者注)说来,其他一切阶级只是反动的一帮。"③如果说拉萨尔主义是共产主义运动中在阶级组织路线上的一种"左"的宗派主义倾向的话,那么我们是不是可以说,无论在苏联还是在中国,过去将所谓现代西方资产阶级哲学和社会科学学说一概视为反动谬论而彻底否定的做法,则是在思想文化问题上的一种"左"的宗派主义倾向?这种"左"的倾向在国际共产主义运动史上长期存在,可以说时轻时重,时温时热,但始终没有根绝。苏联十月革命初期"无产阶级文化派"(所谓"拉普")的活动是这种"左"的倾向的第一次大表演,中国的"无产阶级文化大革命"则是其登峰造极。

必须指出,马克思主义本质上是反对任何一种宗派主义的,包括思

---

① 《马克思恩格斯选集》,第1卷,人民出版社,1972年,第632页。
② 列宁:《评经济浪漫主义》,人民出版社,1957年,第89页。
③ 《马克思恩格斯选集》,第3卷,人民出版社,1972年,第13页。

如何看待马克思、恩格斯对同时代西方哲学的评价——致刘放桐教授的一封信

想文化问题上的"左"的宗派主义倾向。资产阶级学者有过这样一种论调,即"把马克思主义看作某种'有害的宗派'"。对此列宁坚决予以驳斥。他说:"哲学史和社会科学史都十分清楚地表明,马克思主义同宗派主义毫无相似之处,它绝不是离开世界文明发展大道而产生的一种故步自封、僵死不变的学说。"① 这里我们要特别注意,列宁是从"世界文明发展"的角度,或者说是从人类思想史、人类认识史的角度来考察问题的。在这样博大恢宏的历史视野中,马克思主义同古今出现的其他各家各派的学说一样,都是世界文明发展的结果,都是人类思想史、认识史的产物,套用一句黑格尔讲哲学史的话来说,每一种哲学都是"精神发展的全部锁链里面的一环"。② 黑格尔认为,整个哲学史、人类思想史的发展不是"直线"的,而是"圆圈"式的,而这个大圆圈又是由许多小圆圈构成的,从而形成一个螺旋式的发展。列宁非常赞赏黑格尔的这个思想,说这是"一个非常深刻而确切的比喻!每一种思想=整个人类思想发展的大圆圈(螺旋)上的一个圆圈"。③ 人类认识史的这种圆圈式或螺旋式的发展"包含着无数的各式各样观察现实、接近现实的成分(包含着从每个成分发展成的整个哲学体系)",即使是唯心主义的学说,也并不是离开人类认识发展的历史道路的一种简单的谬误或"胡说",而是有其深刻的"认识论的根源",即"片面地、夸大地"表现了"认识的某一个特征、方面、部分",或者说"人的无限复杂的(辩证的)认识的一个成分",但是唯心主义毕竟也是生长在"人类认识这棵活生生的树上"的一朵花,尽管它是"一朵不结果实的花"。④ 这样我们看到,列宁从人类认识发展过程的辩证法指明和肯定了各种哲学学说(包括唯

---

① 《列宁全集》,第23卷,人民出版社,1990年,第41页。
② 黑格尔:《哲学史讲演录》,第1卷,三联书店,1956年,第48页。
③ 列宁:《哲学笔记》,人民出版社,1960年,第271页。
④ 列宁:《哲学笔记》,第411-412页。

心主义)应有的历史地位和历史价值(它们都是人类认识史的一个环节,都包含着这样那样认识现实的某种成分),从而使马克思主义与宗派主义完全区别开来。

宗派总是自我封闭、绝对排他的,总是唯我独尊、唯我独是的,凡不同于我者,有违于我者,皆属异端,悉为谬论,必须大加挞伐,熄之灭之。这种狂妄的宗派主义的要求是绝对违背人类思想史、认识史的发展规律的,无论过去和现在都是绝对不可能实现的。纵观两千余年的中外哲学史,无时不有各家各派哲学的论争,而每家每派都在论争中提出自己的哲学思想,作出自己独特的贡献,在人类思想史上为自己赢得一席之地。任何一种哲学体系,无论其思想如何博大精深,其影响如何震古烁今,都不可能包揽一切真理,都不可能把其他一切哲学学说排斥净尽,扫荡无余,独霸哲学"武林",成为"世界文明发展大道"上孤身无侣的独行客。

马克思主义不是宗派,不是宗派主义,就是因为它正如列宁所说的并不"故步自封",不把自己封闭在绝对自满自足的狭隘圈子里。马克思主义诚然要以革命的批判的精神对待一切传统的观念,但是它不否认自己与以往人类思想文化成果的联系,"它并没有抛弃资产阶级时代最宝贵的成就,相反地却吸收和改造了两千多年来人类思想和文化发展中一切有价值的东西"。① 列宁说马克思主义不是"离开世界文明发展大道"的一个"宗派",就是这个意思。在世界文明发展大道上,永远会有各种其他的学说,会有与马克思主义互为论争的对手或曰论敌;马克思主义与之论辩,与之争衡,既有相互驳难和批判,亦必有相互渗透和补充。马克思主义永远是而且只能是在与各种非马克思主义的学说既对立又统一的关系中不断丰富和发展的。这是人类思想史、认识史

---

① 《列宁选集》,第4卷,人民出版社,1960年,第362页。

的辩证法,也是马克思主义发展的辩证法。

国际共产主义运动史上对思想文化问题的"左"的宗派主义倾向,就是无视、否认、反对这个辩证法的。苏联建国初期"无产阶级文化派"的极左思潮甚嚣尘上,他们高唱只靠无产阶级自己的力量去建设无产阶级自己的阶级文化,对"过去全部文化"即"资产阶级世界的文化和封建主世界的文化",[①]必须"坚持住自己的无产阶级的阶级观点"去防范,去批判。因为据说"当资产阶级变成反革命阶级的时候,其全部科学就有变成对科学方法的全盘否定的危险",[②]就是说,资产阶级不仅在政治上是反动的,而且其"科学"也会成为反科学的(这里说的是"全部科学",既包括社会科学,也包括自然科学)。"无产阶级文化派"的主要理论家波格丹诺夫(就是列宁早在《唯物主义和经验批判主义》中批判过的那个波格丹诺夫)说:"科学具有阶级性。……这种性质不单是社会科学,而且是一切科学都具有的,甚至像数学或逻辑学也都是这样。"[③]资产阶级的社会科学、资产阶级的自然科学都是有害的,有毒的,都是要不得的,就连当时身为教育人民委员但在思想上与"无产阶级文化派"划不清界限的卢那察尔斯基也说:"几乎全部资产阶级文化,直至自然科学,都有包含毒素的嫌疑,单单是这一点,就迫使我们有必要为了批判而用一种自己的标准与之对抗。"[④]在"无产阶级文化派"那里,所谓批判,实即抛弃、破坏、摧毁。一个名叫基里洛夫的"拉普"诗人的一首题为《我们》的诗最为生动、典型地表现了"无产阶级文化派"要悍然毁掉一切文化成果的疯狂心理。诗中写道:"我们狂热,我们好斗,

---

① 波格丹诺夫:"论艺术遗产",载《苏联"无产阶级文化派"论争资料》,人民出版社,1980年,第113页。
② 斯切潘诺夫:"再论胜利地进行争取文化的斗争的条件",载同上书,第217页。
③ 波格丹诺夫:"科学和无产阶级",载《苏联"无产阶级文化派"论争资料》,人民出版社,1980年,第91页。
④ 《苏联"无产阶级文化派"论争资料》,第289页。

我们如狂似醉。让人们对我们高喊:'你们是刽子手,你们扼杀美'!以我们明天的名义——我们要把拉斐尔烧成灰,把博物馆统统捣毁,把那艺术之花踩得粉碎。"①问题的严重性在于,这并不是个别诗人或整个"拉普派"的狂热,而是在当时传播得很广泛,其影响甚至侵入俄共中央最高领导层的一股极左思潮,例如布哈林就明确主张:"'夺取'全部资产阶级文化,正如'夺取'资产阶级国家一样,不摧毁它是不行的。"②

列宁对"无产阶级文化派"的思想和活动一直非常注意,在他为俄共中央起草的一些决议、发表的一些演说,以及若干批示或书信中,对"无产阶级文化派"的错误提出了尖锐批评,指出他们企图"臆造自己的特殊的文化,把自己关在与世隔绝的组织中"的做法"在理论上是错误的,在实践上是有害的",并反复强调只有"吸收和改造"以往人类思想和文化的成果,"去发扬现有文化的优秀典范、传统和成果",才能创造和发展"真正无产阶级的文化"。③列宁夫人克鲁普斯卡娅根据列宁的思想也多次撰文批判"无产阶级文化派"的错误言行;痛斥他们"鼓吹自我孤立,故步自封","使自己同所有其他阶级对立","同一切非无产阶级的东西隔离开来",指出:"这一切都是宗派主义的,非无产阶级的,因此要同它们作斗争"。④

在列宁和俄共中央的批判和干预下,"无产阶级文化派"在组织上逐渐解体,他们在思想文化问题上掀起的这股极左宗派主义思潮也终于消散了,但是这股思潮的影响始终没有彻底清除。如果说,在关于以往人类文化遗产的批判继承的问题上,人们可以从列宁那里找到明确

---

① 《苏联"无产阶级文化派"论争资料》,第53页。
② 同上书,第388页。
③ 《列宁选集》,第4卷,第362页;"关于无产阶级文化的决议的草稿",载《苏联"无产阶级文化派"论争资料》,第11页。
④ 克鲁普斯卡娅:"无产阶级意识形态和无产阶级文化协会",载《苏联"无产阶级文化派"论争资料》,第204-205页。

如何看待马克思、恩格斯对同时代西方哲学的评价——致刘放桐教授的一封信

而肯定的回答,那么在如何对待现当代西方资产阶级文化(哲学、社会科学、文学、艺术等等)的问题上,人们从列宁、斯大林关于帝国主义时代资本主义走向全面反动和腐朽的论断,只能得出彻底否定的结论。苏联哲学界就一直是根据这个结论来评价和对待现代西方哲学的。其实,列宁早在《唯物主义和经验批判主义》中就说过,资产阶级哲学教授虽然在物理、化学等具体科学的"专门领域内能够写出极有价值的作品",但是"一旦谈到哲学问题的时候,他们中间任何一个人所说的任何一句话都不可相信"[1](着重号是列宁本人加的——引者注)。照此说法,我们只能把全部现代西方资产阶级哲学看作纯粹的谬误、简单的胡说,而不能承认它们是人类思想史、认识史的一些环节,不能承认它们也包含着(即使是片面地、夸大地、歪曲地)"观察现实、接近现实的成分",不能承认它们也是生长在"人类认识这棵活生生的树"上的(哪怕是"不结果实的")花朵。这显然并不符合列宁本人所深刻揭示的人类认识史的辩证法。

作为国际共产主义运动史上在思想文化领域的一股极左的宗派主义思潮,"无产阶级文化派"的影响远及苏联之外。当时的"无产阶级文化派"组织"无产阶级文化协会"设有"国际局"以进行国际方面的联络和宣传。"无产阶级文化派"在中国虽然没有建立组织上的联系,但是思想上的影响是有的。在上世纪20~30年代中国左翼文艺运动中,有些左翼作家自诩为"普罗"(无产阶级)文学家,唯我独革,唯我独左,连鲁迅和茅盾都在他们讨伐之列,他们说鲁迅"对于普罗列塔利亚是一个罪恶的煽动家",是"封建余孽",是"二重的反革命";说茅盾的思想"是资产阶级的,对于无产阶级是根本反对的"。我觉得,在这种"左"得可爱亦复可怕的面孔中就可看出"拉普"的影子。不过20世纪20年代的

---

[1] 列宁:《唯物主义和经验批判主义》,第343页。

"无产阶级文化派"这股极"左"思潮只是在半个世纪之后、在中国的"无产阶级文化大革命"中,才完全得到共鸣而大行其道。我们记忆犹新的那些口号:"灭资兴无"、"破四旧"、"批封、资、修"等等以及"文革"期间"横扫一切"的种种暴举恶行,不就是昔日"无产阶级文化派"要否定和摧毁古今一切文化成果的那种极"左"思想和理论的重演并付诸实践吗?当然,中国的"无产阶级文化大革命"是由"四人帮"所驱使、所推动的一场政治运动,绝不仅仅是如苏联"无产阶级文化派"那样一股极"左"的思潮,其影响至大至深、至惨至烈,也绝非"无产阶级文化派"所能望其项背。中国的"文化大革命"有其特殊的社会历史政治背景,有其特殊的理论依据("无产阶级专政条件下的继续革命"、"在一切领域实行全面的无产阶级专政"等等),但是就思想文化问题来说,"四人帮"并没有什么新的理论"创造",其思想渊源就是苏联"无产阶级文化派"那股极"左"思潮。追溯和探讨这两者的深刻的内在联系,对于我们如何正确对待以往和现代的文化成果(包括古今西方哲学)也会有所教益。

拉拉杂杂,竟写了几千字,信笔所之,未遑细作推究,错误之处,望直言指教。

陈启伟

2001 年 6 月 25 日

论古今西方哲学

希腊人原初的哲学概念及之后的
理智主义化[*]

  许多学者认为,中国人之所谓哲学或者说中国人的哲学观与西方人的概念大有不同。他们说,中国哲学研究的目的是"闻道"、"得道"、"为道"。道是宇宙的至理奥秘,也是人生的至善真谛。"为道"既是求真也是求善,中国哲学不是仅以求真或求知为目的。西方哲学则有异于此。西方哲学的本旨是"爱智",以求真为目的,西方哲学史的主导思想传统就是重求知,重"为学",而且这个传统是从希腊哲学的诞生就出现而一直延续下来的。

  诚然,西方人关于哲学的概念与中国人关于哲学的概念是有区别的,西方人在长久的历史过程中形成了一种以求真、求知为目的的主知论的或理智主义的哲学观(an intellectualistic view of philosophy)。哲学旨在求得对真理的知识,哲学本身就是一种知识或一种科学,不过它是最高的知识、最高的科学,是"科学的科学",或者说,哲学是囊括万有、包罗一切的知识的总汇、科学的大全。西方这种传统的哲学概念,其由来久矣,但是它并不是西方人最初的概念,并不是作为西方哲学开创者的希腊人的最初的哲学概念。事实上,在主知论的或理智主义的哲学传统形成之前,在希腊人那里原本还有一个非主知论的、非理智主

---

[*] 原载《学习与探索》,2010年第6期。

义的哲学概念,那就是 φιλοσοφια 一词所表示的原初的含义:爱智(慧)。爱智(慧),其原初的意义并不是爱知(识)、求知。智不即是知,智慧不等于知识,有知识并不就是有智慧,智慧乃在于对宇宙人生的究竟至极的本原和根本大法之把握,希腊人的"爱智"与中国哲学之"为道",可以说是言殊而旨同。将智慧混同于知识、将"爱智"理智主义化为"求知",是早期希腊哲学之后才有的一种倾向,而在中世纪和近代以迄现代则形成了西方人关于哲学的主流观念。

一、希腊人对哲学的原初概念:爱智

在西方哲学史上有一个流传很久的传说:"哲学"(φιλοσοφια)一词是生活在公元前五世纪的希腊哲学家和数学家毕达哥拉斯开始使用的,当时一些希腊人自诩博学多识而美其名曰"智慧者"(σοφος),毕达哥拉斯厌恶这种以博学自炫的作风,自谦为"爱智慧者"(φιλοσοφος,philosopher),即仅仅是爱好或追求知识的人。这个传说还有另一个版本,传说中的那位自谦为"爱智者"的人物不是毕达哥拉斯,而是苏格拉底,苏格拉底针对当时那些以"智慧的教师"自命的"智者派"(σοφιστης,sophist),而谦称自己仅仅是一个"爱智者"(φιλοσοφος,philosopher),而且常常说:"我知我为无知",所谓爱智者就是致力于求知,但不敢自称博学多识。这个传说是在希腊罗马时代就有了的,但不论其真实性如何,这种说法表明远在古代人们对哲学(爱智)的解释就已经背离了它的原初的意义,把智慧理解为博学多知,把爱智慧理解为好学求知了。

但是,无论如何,我们应当承认,至少在早期希腊哲学中,也许可以说甚至到亚里士多德之前,希腊人是一直保持着那个爱智慧的原初哲学概念的。

例如,赫拉克利特。

希腊人原初的哲学概念及之后的理智主义化

赫拉克利特是把智慧和知识严格区别开来的。诚然,智慧需要知识,他说:"爱智慧的人应当熟悉很多的事物"(赫拉克利特残篇35),即应当具有多方面的广博的知识,但是,他认为具有广博的知识并不等于具有智慧,不可将智慧混同于知识,他说:"博学并不能使人智慧。"[1]如果博学即是智慧,那么那些博学多识的人物如赫西阿德、毕达哥拉斯、塞诺芬尼、赫卡太诸人就会是"智慧"的了(赫拉克利特残篇40)。

赫拉克利特认为,真正的智慧在于把握那支配一切的"逻各斯"。逻各斯是唯一的智慧的东西(赫拉克利特残篇32),而对于人们来说,"智慧只在于一件事,就是掌握那通过一切以支配一切的思想"(赫拉克利特残篇41),即逻各斯。又说:"如果你不听从我本人而听从逻各斯,承认一切是一,那就是智慧的"(赫拉克利特残篇51)。赫拉克利特的"逻各斯"一般理解为宇宙万有的"规律",但"规律"一词似不足以表达其广大、玄远、深邃、精微的意蕴。"逻各斯"作为宇宙人生的天理至道,作为赫拉克利特哲学的要言妙道,若译以汉字,恐唯中国哲学的一个"道"字差可用之。赫拉克利特的哲学是爱智,爱智是把握逻各斯,即是"为道"、"闻道"、"得道"。

又如德谟克里特。

德谟克里特强调哲学家"应该多思($\pi o\lambda\upsilon\nu o\iota\eta\nu$)而非多知($\pi o\lambda\upsilon\mu\alpha\theta\iota\eta\nu$)"

---

[1] 这句话的希腊文原文为:$\pi o\lambda\upsilon\mu\alpha\theta\iota\eta\nu$ νοον εχειν ου διδασκει. 此处中译采用《古希腊罗马哲学》(原著选辑)商务印书馆1957年版的译文,而这个中译是根据Bakewell所编Source Book的英译文翻译的,译文为Much learning does not teach wisdom。要指出的是,这里中英译文中的"智慧"、"wisdom",与之对应的希腊词是νοον(νους的宾格)而不是σοφια。νους有心灵、理性、理智、智力、智慧、思维等词义。νους 与 $\pi o\lambda\upsilon\mu\alpha\theta\iota\eta\nu\upsilon$(博学多知)相对使用,显然具有高于、超越于一般知识的含义,当指一种在理智之上的精神境界,Bakewell译为wisdom是适当的。有的学者,如Diels译为Verctand(见其所编 *Die Fragmente der Vorsokratiker*),Copleston在所著 *A History of Philosophy* 中译为understanding,皆取理智、知性的含义,如果这样,则原句当译为"博学多知并不能使人具有理智或知性",这等于说多知并不能使人有知,岂非自相龃龉?

(Diels 编 *Die Fragmente der Vorsokratiker*，德谟克里特残篇 65)。多知或博学并不能使人具有智慧，他也说过与赫拉克利特类似的话："很多博学的人并不具有智慧"(同上书，德谟克里特残篇 64)。① 总之，哲学不是仅在求知、致知，哪怕是博学多识之知，而是在于一种智慧之思，用中国哲学家喜欢说的话，是做"深湛之思"。

有的学者认为，希腊早期的自然哲学家(包括赫拉克利特和德谟克里特)"虽然以研究万物之本原或始基为己任，但他们实际上是用认识具体事物的方法去把握始基，即通过因果联系，追根寻源，以求万物之本。这似不能算作是'为道'，只能算作是'为学'，即只能算作求知"。这个说法还可商榷。我认为，希腊早期的所谓自然哲学家并不是运用科学的实验的方法，通过归纳和演绎的推理论证，而是通过思辨(恩格斯说是"天才的猜测")得出他们关于万物本原的结论的。把早期希腊哲学家提出的对万物本原的追索和探寻看作如同自然科学那样的(纵使是朴素的)因果性的研究恐怕是一种极大的误解。其源盖出于对被译作"自然"的希腊文 φυσις 一词的误解或曲解。Φυσις 在希腊文中其原初的意义，照海德格尔的解释，并不限于狭义的物质的自然，而是指一切存在者或存在者整体。② 后来，主要是中世纪以后对 φυσις 的拉丁文翻译 natura 及由此衍生出来的西方各种文字中的翻译(nature, Natur, Harrypa…)则将其局限于物质自然，从而"减损了 φυσις 这个希腊词的原初内容，破坏了它本来的哲学的命名力量"。③ 因而，人们就以为希腊自然哲学家们所探求的就是对物质自然界的知识。海德格尔说，其实"希腊人并不是通过自然过程而获知什么是 φυσις 的，而是相反。他

---

① 这句话的希腊文原文为：πολλοι πολυμαθεες νουν ουκ εχουσιν. 此处"智慧"一词亦用 νους(νουν 即 νοον 的异体字，为 νους 的宾格)。
② 《形而上学导论》，商务印书馆，1996 年，第 15 页。
③ 同上书，第 15 页。

们必得称之为 φυσιs 的东西是基于一种对在的诗-思的基本经验才向他们展示出来的。只有在这种展示的基础上,希腊人才能看一眼狭义的自然。因此,φυσιs 原初的意指既是天又是地,既是岩石又是植物,既是动物又是人类与作为人和神的作品的人类历史……"[1]我们看到,早期希腊哲学家很多人的作品都名之曰《论自然》(Περι Φυσεωs),例如赫拉克利特、阿那克萨戈拉、阿波洛尼亚的第欧根尼的著作是如此,就连那些绝不会被认作自然哲学家的人物如巴门尼德的著作也题为 Περι Φυσεωs,高尔吉亚的著作则题为 Περι Τον Μη Οντοs Η Περι Φυσεωs(论非存在或论自然)。他们之论自然的内容极广,宇宙万物,社会人生,伦理政治,无不涉及,但是,他们是把这一切作为存在者的整体来探索其本原或始基的,巴门尼德和高尔吉亚之论自然已纯然是关于存在本身的探讨了。正是这种对本原、对存在者整体的追问造成了西方哲学的真正开端。海德格尔说:"西方哲学最先的和决定性的发展是希腊时代。对存在者整体本身的发问真正肇端于希腊人,在那个时代,人们称存在者为 φυσιs。"[2]对存在者整体本身及其本原的追索,这就不是对周围世界和人世间任何具体的存在者做经验的科学的研究而是"对超乎寻常的东西作超乎寻常的发问",在海德格尔看来,只有这种超乎一般科学知识活动的探索才算得上"哲学活动"(我们也可以说,这正是哲学之为"爱智"而有别于科学求知之所在),也正因此而造成了西方哲学的真正开端。

二、柏拉图和亚里士多德:从爱智到求知的转变

早期希腊哲学家的爱智的原初哲学概念在柏拉图哲学中仍然明显

---

[1] 《形而上学导论》,商务印书馆,1996年,第16页。
[2] 同上书,第15页。

地保留着。例如,他说:"哲学家终生不渝地渴望的对象就是智慧"(《费多篇》67e),"智慧是一切事物中最美的东西",智慧与无知是对立的,"无知是一切事物中最可耻的东西"(《大希庇阿斯篇》296a),因此智慧必然包含对真理的知识,对真的理念的知识,但是智慧并不止于此,智慧还包含着较之真理更高的东西,即真正的善或善的理念。他说,"正是智慧造成……真正的善"(《费多篇》69b)。善的理念是"知识和真理的源泉",而且"比二者还要高贵",善虽然也可以被看成"知识的对象",但是它是"某种超乎真理与知识的东西"(《国家篇》508d-509b)。可见柏拉图哲学兼赅真善,求真与求善是统一的,而求善又高于求真。这就是他所说的智慧,就是他的爱智的哲学观。不过,我们也看到,在柏拉图那里,已经显露出向主知论的或理智主义的哲学概念转变的某种端倪。例如,他在一些对话中讨论智慧和真理、知识的关系时曾说:"智慧就在于真理的思维"(《泰阿泰德篇》170b),"没有什么东西比真理与智慧的关系更为密切的了"(《国家篇》485c),有的地方甚至说:智慧和知识没有什么区别,"知识和智慧就是同一个东西"(《泰阿泰德篇》145e)。因此,伽达默尔说:"爱智,爱真的知识,爱真理的知识。这样一种哲学知识是从柏拉图才开始有的。"

亚里士多德则继续和推进了柏拉图哲学观中包含的理智主义倾向。亚里士多德认为:"求知是人的本性"(《形而上学》980a22)。哲学的产生是由于人们的好奇心,"不论现在,还是最初,人都是由于好奇而开始哲学思考"(《形而上学》982b12-27),哲学思考就是为好奇心所驱使,为寻找对种种疑难的解答或解决,以摆脱无知。求知是求得事物的本原和原因的知识,所谓智慧就是这样的知识。谁具有关于事物的更高的本原和原因的知识,谁就更加智慧。"一个有智慧的人要尽可能地通晓一切",更多地知道各种事物的原因并善于把这些知识传授他人的人,就有"更大的智慧"(《形而上学》981b25-982a20)。在亚里士多德那里,智慧与知识的差异已消失,二者是按正比例同步增长的。哲学和其他各种科学一样都是知识,也都是智慧。其区别只在其他各门科学是关于存在的某一方面、某一部分的本原和原因的知识,哲学是最普遍、最高的本原和原因的知识,是关于作为存在的存在或存在本身的知识。我们可以说,亚里士多德哲学已为以求知为目的的理智主义的哲学概念开了先河。

三、在中世纪作为神学侍女的哲学成为世俗科学知识的总汇

在欧洲中世纪神学绝对统治的条件下,西方人关于哲学的概念比以往任何时候都更理智主义化了。基督教最初对希腊罗马哲学抱有敌视的态度,有些基督教的人物,包括某些著名的教父如德尔图良是反哲学的,不仅反亚里士多德,而且完全否定哲学,认为希腊哲学就是反基督教的异教文化。后来这种敌对排斥的态度转变为对哲学的利用和役使,即所谓哲学是"神学的侍女"。哲学是通过人的理智、人的理性的"自然光亮"而获得的关于世界的知识,还不能给人以崇高的智慧。智慧在《圣经》中具有极重要的位置,是基督教神学《圣经》教义中最重要的概念之一。其所谓智慧是一个极其神圣的概念,其本原即是上帝,在《圣经》的某些篇章中甚至被人格化为上帝本身或圣子耶稣基督。对于人来说,智慧是上帝的恩赐、圣宠,是使人虔信、敬畏上帝、谨遵上帝意旨和诫命,修德向善的大道;智慧不是一种理智的能力或知识,而是一种宗教的、伦理的、人生处世为人的修养和行为。这种神圣的智慧是哲学所达不到的,是来自上帝启示、"超越一切人类智慧的智慧"(托马斯·阿奎那:《神学大全》第一部第一论题第 6 章)。得自自然理性的哲学是"人的知识"(scientia humana,清初耶稣会士译为"人学"),在中世纪

实际上包括了那时可能有的各门知识,成为各门科学的共名。形而上学、逻辑学属于哲学,自不待言,数学也是哲学的一支,各种自然科学的知识都归入"自然哲学"(或"物理学"),作为哲学的一支的伦理学则包括伦理、政治、经济等今日称为社会科学的各门知识。所有这些研究各个领域的对象的理论知识或科学都是哲学这个知识总汇的一个部分。将哲学作为知识总汇的这种哲学观在欧洲近代直至19世纪上半叶都还是很流行的。直至今日在西方大学中数学、物理、化学、经济学、社会学及其他众多文理学科的博士学位仍称为 PH.D,其来源就是将哲学理智主义化为知识总汇或科学总汇或科学大全的欧洲中世纪的传统。

四、近代认识论的转向与哲学理智主义化的完成

近代西方哲学是作为中世纪宗教神学的对立物产生的,是伴随着近代科学的发展而发展起来的。近代哲学的任务是打倒宗教信仰、神学的权威,为新兴的科学寻找理论的根据,因而自然将目光萦注于知识,萦注于认识论问题。近代哲学要支持科学、高扬科学,而且希望哲学也成为一种科学的知识体系。一个典型的例子是17世纪英国哲学家霍布斯关于哲学的定义。他虽然讲哲学是"爱智慧","哲学就是对智慧的研究(studium sapientiae)",但是他所谓智慧只是指人的推理能力(ratiocinatio),而哲学其实就是由因致果和由果溯因的推理知识。他说:"哲学是我们通过正确的推理,从我们关于原因和产生的知识而获得的关于结果或现象的知识,以及反过来又通过推理从关于结果的知识而获得的关于可能的产生原因的知识。"[①]又如18世纪法国哲学家

[①] 《哲学原理》,第一部,《论物体》,"致读者"和《逻辑学》,第一卷,第一章,"论哲学",第2页。载《霍布斯哲学全集》,第一集,Thoemmes 出版社,1999年。

狄德罗主编的《百科全书》中有达朗贝提出的一个人类知识的系谱表,将全部知识分为三大类:属于记忆的知识,属于理性的知识,属于想象的知识。属于理性的知识就是哲学,包括一般形而上学(本体论)或关于存在的科学(Science de L'Etre);关于神的科学(Science de Dieu)有自然神学、启示神学等;关于人的科学(Science de L'Homme)有灵魂学、逻辑学、道德学(法学、经济学、政治学)等;关于自然的科学(Science de La Nature)有数学(算术、几何等纯数学和力学、光学、声学、几何、天文学等混合数学)和各门物理科学,如动物学(解剖学、生理学、医学)、物理天文学、气象学、宇宙生成论、地质学、植物学、矿物学、化学。可见哲学实际相当于一切科学知识的总名。正如达朗贝在解释这个知识系统表时所说的:"哲学或与理性相关的这部分人类知识,其范围是非常广大的",哲学和科学同其广袤,"这两个词乃是同义词(synonymes)"。① 19世纪德国哲学家黑格尔虽然批评了17、18世纪英、法哲学家(包括经验派和唯理派)的"知性"观点,但是他要通过"玄思"和"理性"去建立的也是一个绝对真理的体系。他认为哲学是高于宗教和艺术的"绝对知识",他自己的哲学就是关于绝对理念的科学的真理的体系。

近代西方哲学的认识论转向意味着求真、求知成为哲学的唯一目的和最高宗旨,意味着西方人关于哲学的概念已经完全理智主义化了。而这种理智主义化发展到极致则又导致对哲学的否定或哲学取消论,这就是19世纪中叶以后直到20世纪为时颇久、传播极广、影响甚大的新老实证主义思想。它们以科学的名义反所谓形而上学,实际上是按照科学的尺度对哲学进行衡量、取舍,不能不将哲学中许多极深邃、极精微、极具智慧光芒的问题和洞见一笔勾销了。20世纪以来,西方

---

① 《人类知识体系详解》,载狄德罗主编:《百科全书》,第一卷(1751年),第XLVIII页。

一些哲学家对这种极度理智主义化的哲学观提出了许多很尖锐的批评。

例如,海德格尔说:

人们"早已把原初哲学(就是那爱智慧的早期希腊哲学——引者)忘记了"。

"要是哲学变成了一种时尚,那就或者它不是真正的哲学,或者哲学被误解了,被按照与之无关的某种目的误用于日常需要。"

"从这个意义上说,哲学也不是一种人们可以像对待工艺性和技术性的知识那样直接学到的知识,不是那种人们可以像对待科学的和职业性的知识那样直接运用并可以指望其实用性的知识。"

"哲学活动就是对超乎寻常的东西作超乎寻常的发问。"①

又如,美国哲学家斯科利莫夫斯基点名批评从维也纳学派到蒯因的分析哲学说:"几乎所有的分析哲学家都被科学的风气(the ethos of science)所支配","科学的风气一直是推动分析哲学的主要灵感和指引力量"。在分析哲学家看来,"在哲学范围内,是没有道德洞见、美学洞见和形而上学洞见的余地的",分析哲学的教育是"使最优秀的学生离开智慧之路(the path of wisdom)而转向技术主义之路(the path of technicism)"。②

---

① 《形而上学导论》,第 12,10,15 页。
② "蒯因和 20 世纪哲学的困境",载《蒯因哲学》,《在世哲学家丛书》,哈恩和希尔普主编,1988 年,第 466,469,475 页。

五、西方人关于哲学的概念在中国的流传和影响

最早将西方哲学和西方人关于哲学的概念传入中国的是明末来华传教的耶稣会士。关于哲学的概念,艾儒略著《西学凡》(1623年)、毕方济口述、徐光启笔录的《灵言蠡勺》(1624年)、傅汎济译文、李之藻达辞的《名理探》(1631年)均有论及,其译名或取音译为"斐录所费亚"(费录苏非亚、斐录琐费亚),或取义译为"理学"、"格物穷理之学",或就西文词义直译为"爱知学"。例如《名理探》开宗明义首论"爱知学原始"说:"爱知学者,西云斐录琐费亚,乃穷理诸学之总名。译名,则知之嗜;译义,则言知也",又说:"译名,则言知之爱;译义,则言探取凡物之所以然,开人洞明物理之识也。"[①]这里完全是按照欧洲中世纪将哲学作为各门知识之总汇的观点来翻译和解释"斐录琐费亚"一词,所以不译为"爱智学"而径译为"爱知学"。

近代以后,无论西人还是国人,无不沿着西方理智主义的思路译介西方哲学,有些人将哲学译为清末通用的"科学"的译名"格致学"或"格学",哲学与科学皆名"格致",实即取消了哲学与科学的区别,将哲学置于科学之中,成为与其他各门科学同等并列的一门学问。"哲学"这个译名是从日本输入的,最早是黄遵宪在《日本国志》(1895年初刻本)中提到的。蔡元培在1901年写的《哲学总论》论述哲学的性质及其与各门自然科学的关系,说"哲学为统合之学",意即哲学探究整个宇宙的普遍规律,"以宇宙全体为目的,举其间万有万物之真理原则而考究之以为学",而"诸理学"即各门自然科学则"皆不过实究宇内事物之一部分,而考定一部分之规则"。哲学与理学是"统合与部分之别",其关系有如

[①] 《名理探》,三联书店,1959年,第7,17页。

"中央政府与地方政府之别"。但哲学与理学都属于"学界"即科学或知识的领域。① 这显然是一种理智主义的哲学观。这种哲学观在我国近现代哲学史上有着重大的影响,流传极广。即至今日,我们许多哲学教本中关于哲学的定义大概也都跳不出它的窠臼。②

---

① 《蔡元培全集》,第一卷,浙江教育出版社,1997年,第359-360页。
② 我们的哲学教本有一个传统的说法:"哲学是关于自然知识和社会知识的概括和总结",就是这种哲学观的一个典型的表达。

狄德罗与《百科全书》*

在人们的心目中,狄德罗的名字同他主编的《百科全书》总是联系在一起的。狄德罗在18世纪法国启蒙运动中和人类思想史上的贡献和功绩,也是同《百科全书》的编撰、出版及其发生的进步作用和巨大影响分不开的。

《百科全书》的编撰和出版在当时是很不容易的,在二十多年漫长的岁月中,狄德罗惨淡经营,历尽艰辛,把《百科全书》办成了宣传科学真理、反对宗教迷信、反对封建专制的重要思想阵地,而狄德罗本人正是在这个斗争中成了以"百科全书派"为核心的法国进步思想界的精神领袖。

一、《百科全书》的缘起

狄德罗是在1745年接受编撰《百科全书》的工作的。

在此之前,狄德罗在巴黎过了几年很不安定的穷困的日子。他做过家庭教师,也给书商翻译点东西,甚至给传教士写过布道的训文。1742年他翻译了斯丹尼安的《希腊史》,后又与人合译罗·詹姆士的六卷本《医学辞典》。当时他住在巴黎双桥路的一间小阁楼里,生活虽仅

---

* 原载《外国哲学史研究集刊》,第3辑,上海人民出版社,1980年。

能糊口,但仍贪婪地阅读和研究各门科学。他熟悉希腊文、拉丁文、英文和意大利文,对荷马和维吉尔的作品爱不释手,他从拉丁文阅读了霍布斯和斯宾诺莎的哲学著作。他对自然科学也有浓厚的兴趣,对数学有特殊的爱好。但是,狄德罗并没有把自己完全关在书斋里。他在巴黎对法国社会有了广泛的接触和了解,特别是熟识了当代法国的知识界和文化生活。他经常跑剧院,上咖啡馆,进"沙龙"(贵族或资产阶级私人宅邸的客厅)。在革命前的法国,咖啡馆和"沙龙"是文人雅士聚会的地方,在这里他们对文学、艺术、哲学、道德以至政治问题高谈阔论,批评现实,自由地发泄他们的不满情绪,实际上这里成了法国资产阶级知识分子进行反封建宣传的舆论场所。据说,狄德罗是一个好发议论的活跃分子,"谈话正如写作一样对于他是一种需要",要让他把自己的思想、印象、感觉藏在心里不说是不可能的。[①] 他在这一时期表现出来的自由独立的精神给人们留下了深刻的印象,他的诗人朋友巴·德·阿尔诺在1741年就把狄德罗描写为"按其风度来说"是一位"哲学家",并赞扬他是"自己智慧的主人,更是自己心灵的主人"。[②] 虽然狄德罗这时实际上还没有完全形成自己的哲学思想,但是,他的这种自由独立的精神,他对各门科学的广博的知识和兴趣以及他同进步文化界的广泛的联系,都为他后来组织、编撰《百科全书》做了准备。

《百科全书》的编撰使狄德罗的生活进入了一个新的时期。他在晚年曾以自豪的心情说:"我不得不放弃了我喜爱的数学,不得不放弃了我经常随身携带着的荷马和维吉尔,不得不放弃了我所欣赏的剧院,极其幸运地投入了百科全书的工作,我为它牺牲了生命的25个年头。"[③]

《百科全书》的筹划和准备是在1745-1748年。事情是这样提起

---

① 莱因巴哈:《狄德罗》,巴黎,1894年,第16-17页。
② 让·瓦卢编:《狄德罗选集》,巴黎,1952年,第1卷,第11页。
③ 莱因巴哈:《狄德罗》,第13页。

的:1742年有两个外国人(英国人米尔斯和德国人塞利乌斯)与巴黎的书商勒布雷东(《皇家年鉴》的承印者)联系,要把英国钱伯斯的《百科辞典》(1728年伦敦出版)译为法文出版。勒布雷东向政府取得了出版的专利权而欲一人独占,遂与两位译者发生矛盾而使译书的工作告吹。但是已经译出的书稿仍落在勒布雷东手中,勒布雷东于是又在巴黎聘请居阿·德·马尔维神父担任编译工作,最初的计划亦只限于翻译钱伯斯的辞典而由马尔维负责做一些注释和补充,以弥补原书的一些重要的缺遗。但此事也未能实现。最后,勒布雷东找到了狄德罗。当时狄德罗正在为巴黎另一书商勃里亚苏工作。勒布雷东与勃里亚苏一起又向政府取得翻译出版百科辞典的专利权,并正式聘请狄德罗担任编辑。狄德罗接受了。但是,在着手工作以后,他就改变了原来的计划。他认为单纯翻译钱伯斯的书是不必要的。因为钱伯斯的书不仅很不完善(比如缺少有关工艺技术方面的许多重要辞条),而且其中有大量的东西原是从法国的著作中不加选择地吸取过去的,狄德罗说:"那么我们法国人为什么还要想把它单纯翻译过来呢?如果我们只是用一个堂而皇之的新书名把我们早就拥有的财富以飨读者,那是要引起学者们的愤慨和公众的怒斥的。"[①]因此,他提出了一个宏大的计划,要独立编撰一部百科全书,把各个科学部门中"一切时代人类理智的努力的总图景"[②]表现出来。

为了进行这一宏伟的创作,狄德罗邀请了他的朋友,当时已颇负盛名的科学院院士达朗贝同他一起负责主编《百科全书》。1750年狄德罗写了一篇"发刊辞"预告该书的出版,并向读者声明:"钱伯斯的著作决不是我们这部百科全书的基础,我们把他的大量的辞条都重写一过,

---

① 《狄德罗全集》,阿塞扎编,巴黎,加尔尼耶兄弟出版社,1875-1877年版(下同),第13卷,第131页。

② 同上书,第130页。

我们没有不经增补、改削和修正而利用过别人的任何东西。"[①]1751年10月,第1卷问世,它的全名是《百科全书,或科学、艺术、技艺详解辞典》。由狄德罗亲自主编出版的共28卷,其中辞典17卷,图片11卷,于1772年出完。后来又有别人续编的补遗5卷(1777年)和索引2卷(1780年)。

二、《百科全书》的宗旨、方法和价值

狄德罗执笔的《百科全书》的"发刊辞"和达朗贝执笔的《百科全书》的"序言",都曾详细说明他们编撰《百科全书》的原则、方法和目的。

狄德罗在"发刊辞"中说,《百科全书》"要建立一切科学和一切技术的谱系之树,这个谱系之树表明我们知识的每一分支的起源和它们彼此之间以及它们与共同的主干之间的联系。"[②]达朗贝在"序言"中也说:"作为百科全书,它要尽可能地阐明人类知识的顺序和联系"。[③]关于各门科学相互联系并形成为统一的知识体系的思想是当时许多哲学家和科学家共同具有的观念,这个观念又是以自然界的统一性为出发点的。毕丰说过,自然界是统一的。狄德罗在"发刊辞"中也说:"自然界只是提供给我们无数的没有任何固定的确定的区别的特殊事物。在其中一切事物都以不被觉察的差异而彼此连续着。"[④]因此作为自然界的反映的科学也应当是统一的,相互联系的,"抛开自然界这个整体的各个部分的上下关联就不可能很好地认识它们",[⑤]而《百科全书》就是

[①] 《狄德罗全集》,阿塞扎编,巴黎,加尔尼耶兄弟出版社,1875-1877年版(下同),第13卷,第132页。

[②] 同上书,第133页。

[③] 《百科全书派》(文摘),巴黎,复兴书社版,第11页。

[④] 《狄德罗全集》,第13卷,第133页。

[⑤] 同上书,第130页。

要"指出组成自然界的那些事物的或远或近的联系"。①

关于科学之为统一的知识体系的观念以及作为这种统一体系之体现的百科全书的出现,是和18世纪科学发展的状况和水平分不开的。狄德罗说,在上一世纪之前就曾有过一些所谓百科辞典之类的书,但是像他所要创作的这样宏伟的巨著至今还没有,至少还没有人着手做过。就连"一切学者中最有才能的学者"莱布尼茨也感到创作这样一部百科全书是困难的,虽然他曾希望人们克服这种困难。狄德罗认为,其所以有如此困难,主要就是因为那时科学技术还不够发展,许多极重要的科学成就还没有出现,而到了18世纪科学技术则有了巨大的进展,他说:"从那时以来,科学和技术有了什么进步呢?有多少在今天已被揭示的真理是那时人们还不知道的呢?那时,真正的哲学还在摇篮之中,关于无限性的几何学还不存在,实验物理学才刚刚出现,辩证法根本没有,人们对于理性批判的法则毫无所知。笛卡儿、波义耳、惠更斯、牛顿、莱布尼茨、贝尔努利、洛克、巴斯噶、高乃依、拉辛、布尔达卢埃、波胥埃,等等,或者还未出世,或者还未从事写作。……大大推动了科学技术进步的科学院还不曾建立起来。"②狄德罗对18世纪和前一世纪科学状况的这一对比,同恩格斯的估计大致是符合的。恩格斯曾经指出:"18世纪以前根本没有科学;对自然的认识只是在18世纪(某些部门或者早几年)才取得了科学的形式","18世纪综合了过去历史上一直是零散地、偶然地出现的成果,并且揭示了它们的必然性和它们的内部联系。无数杂乱的认识资料得到清理,它们有了头绪,有了分类,彼此间有了因果联系;知识变成了科学,各门科学都接近于完成,即一方面和哲学,另一方面和实践结合了起来"。③ 正是在这种条件下,使科学在其各个

---

① 《狄德罗全集》,第13卷,第130页。
② 《狄德罗全集》,第13卷,第130-131页。
③ 恩格斯,《英国状况》,《马克思恩格斯全集》,第1卷,第656-657页。

部门独立发展的基础上达到某种综合和统一,就有了可能。因而,如恩格斯所说:"百科全书思想是18世纪的特征;这种思想的根据是认为以上所有这些科学部门(恩格斯列举了牛顿创立的力学、光学和关于二项式定理和无限理论的数学、物理学、化学、地理学、自然历史、地质学等——引者)都是互相联系着的。"①狄德罗站在当时科学发展的水平上,最早企图以百科全书的形式把以往科学的成果作为联系的统一的整体表现出来,这无疑是一个可贵的尝试和巨大的功绩,是代表了18世纪的时代精神的。

狄德罗强调,《百科全书》不仅仅是以往科学成果的伟大记录和总汇,而且应当成为科学继续前进的向导。他说,在科学和技术的领域中,人们经常有所发现,但是也有很多谬误。"重要的是,要使人们确实认识真理,防止谬误,确定出发点,从而使人们便于去探索尚待发现的事物。我们之所以征引事实,对照经验,创造许多方法,只是为了激励有才能的人,把那些伟大人物止步的地方作为开步的始点,去打开未知的道路,进而取得新的发现。我们把科学、艺术的起源和不断前进的历史同科学和艺术的原则联系起来,目的也就在于此。"②

应当说,狄德罗为《百科全书》提出的上述的原则和目的是符合于当时科学发展的趋势和要求的,特别是关于各门科学相互联系和统一的观念反映了人类对自然界由分门别类的分析的认识向互相联系的综合的认识的发展,因而是一个值得珍视的卓越的思想。但是,谈到《百科全书》中关于各门科学分类和联系的具体方法,那么我们不能不看到,那是同上面提出的指导思想很不相称的,是不足以体现这一思想的。

---

① 恩格斯,《英国状况》,《马克思恩格斯全集》,第1卷,第652页。
② 《狄德罗全集》第13卷,第137页。

关于《百科全书》中对各门科学如何分类以建立统一的知识体系问题,狄德罗认为:"这个人类知识之树可以许多方式来建立,或者把我们的各种不同的知识与我们心灵的不同能力联系起来,或者把它们与作为其对象的事物联系起来。"①这里所说的其实是两种对立的方法,一种是按照人的认识能力来分类的主观主义的方法,一种是按照客观对象本身的特性来分类的唯物主义的方法。在唯物主义看来,科学认识的对象是运动着的物质,我们就是根据对各种不同形式的运动的认识而认识了各个种类的物质,"每一门科学都是分析某一个别的运动形式或一系列互相关联和互相转化的运动形式的,因此,科学分类就是这些运动形式本身依据其内部所固有的次序的分类和排列。"②狄德罗既已表明《百科全书》关于各门科学之为统一的知识系统的思想是以自然界的统一性为前提的,那么他理应按照唯物主义的方法即根据客观对象的性质来进行科学分类。可惜,狄德罗没有这样做,而是采取了按照主观能力进行分类的主观主义的方法。

在知识、科学的来源问题上,狄德罗是从唯物主义经验论出发的。他在"发刊辞"中明确地说:"物体刺激人的感官。对物体的感官印象在人的理智中产生知觉。"③但是,他不了解人的理智的活动是一个从感性到理性的统一的辩证过程,而按照培根的意见把人类的认识能力机械地分为三种:记忆、理性、想象。他说:"理智只以三种方式,按照记忆、理性、想象三种主要的能力来运用它的知觉",④从而又认为:"我们是从我们的能力推出我们的知识的"。⑤于是他按照这三种能力把全

---

① 《狄德罗全集》第13卷,第133页。
② 恩格斯:《自然辩证法》,《马克思恩格斯全集》,第20卷,第593页。
③ 《狄德罗全集》,第13卷,第145页。
④ 同上书,第145页。
⑤ 同上书,第134页。

部知识首先分为三大类：一、历史，是从记忆来的；二、哲学，是从理性来的；三、诗，是从想象来的。然后又把各门科学都编排在这三大知识总类之下。这种分类方法显然是不科学的，是对感性认识和理性认识、理论思维和艺术思维的一种形而上学的割裂。不过，狄德罗和达朗贝都认为，按照人的主观能力所做的这种科学分类可以体现出人类认识历史发展的顺序。例如，达朗贝曾经这样解释他们为什么与培根略有不同而把理性放在想象之前："如果我们把理性放在想象之前，在我们看来这个顺序是很有根据的，而且是符合精神活动的自然进展的。想象是一种创造性的能力，精神在梦想进行创造以前，就已经对其所见所知的事物进行推理而开始了自己的活动。"[①]按照这种看法，狄德罗和达朗贝认为哲学（在《百科全书》中数学、自然科学和人文科学全都属于哲学这个知识总类）是先于诗（各种文学、艺术都属于诗这个知识总类）而出现的，这显然不符合历史事实。人类认识史告诉我们，哲学、自然科学、社会科学等等，作为具有高度抽象性的理论思维的形式，较之以具体的感性形象反映现实的文学艺术等意识形式要晚出得多。

可见，狄德罗在《百科全书》中所做的，实际上只是把当时的各门科学按照人的主观能力加以分类和排列出来，并没有真正揭示出它们的内在联系和历史发展，正如恩格斯指出的："它还不能够使各门科学彼此沟通，而只能把它们简单地并列起来。"[②]这是当时的历史条件和资产阶级的形而上学思维方法所造成的必然的结果。在18世纪，各门科学之间的联系虽已略见端倪，但是自然界各种运动形态的相互依赖和相互转化的关系还远远没有被发现，在这种科学状况下，要勾画出一幅真实具体的普遍联系的自然图景是不可能的。

---

① 《百科全书派》（文摘），第12页。
② 恩格斯：《英国状况》，《马克思恩格斯全集》，第1卷，第657页。

《百科全书》尽管有这样的缺点,但是我们不能因而贬低它的历史的科学的价值。首先,它确实是当时各门科学知识的总汇,是由一批杰出的学者、专家写出来的当时各门科学知识的伟大记录,对于我们今天研究科学史、技术史仍然是必要的参考书。这里特别值得指出的是,《百科全书》中对于各种实用的工艺、技术及其工具、机械的制造、操作等等都有翔实的叙述和附图,对于我们了解18世纪欧洲生产力发展的状况和水平是极可贵的资料。这个方面的辞条和附图都是狄德罗亲自到现场去做调查而后写出或绘制出来的,因为当时没有多少现成的书可资利用。狄德罗说:"因此,我们决定全部向工人们去求援","我们向巴黎和法国的能工巧匠请教。我们尽力到他们的作坊去,向他们作调查,听他们讲解进行写作,把他们的思想展示出来,找出适于表达他们职业的术语,绘制图表,加以明确的规定,把我们得到的有关的资料记录保存起来,并且通过同他们多次长时间的交谈,对别人过去讲得不完全、模糊不清而且有时是不确切的东西谨慎地加以纠正。"狄德罗满怀敬意地说:"这些技工艺匠同时就是作家。"[①]

其次,《百科全书》对于18世纪法国封建社会的政治、经济、文化、宗教,各种典章制度、风俗习惯乃至人们的穿戴服饰等等无不有专门的辞条加以叙述和记载,对于我们了解当时的社会制度、各个阶层的生活状况和人们的思想面貌是一部难得的历史文献。例如,从"徭役"和"人头税"两个辞条中我们可以看到当时封建统治者对劳动人民的超经济压榨有多么沉重。"徭役"条中说,农民出徭役修路,这种负担每年要毁掉几百人,仅为了填掉洛兰的一个溪谷,农民变成乞丐者就不下300人。"人头税"条则告诉我们,"凡已转移住址但其移居的教区仍属同县者须在原住址所在地继续交纳一定时期的税,农夫和劳动者为一年,其

[①] 《狄德罗全集》,第13卷,第140页。

他纳税者为两年;如移居地址不在原县内,则农夫须付两年的税,其他纳税人须付三年的税。"也就是说,一个人可能要双倍付出三年的税,作为移居的罚款。① 这是多么珍贵的真实的历史记录啊!

《百科全书》的价值还不止于此。它不仅是那个时代的各门科学知识的总汇和社会生活各个侧面的缩影,更重要的,它是"百科全书派"手中的一种战斗的武器,或者像人们所说的,它是一部"战争机器",一门"可怕的大炮"。狄德罗及其战友们在前后二十几年的时间里卓有成效地使用它向封建制度展开了连续不断的进攻,从政治到经济,从哲学到宗教,从意识形态到社会物质生活,一切旧制度、旧传统、旧观念,无不在扫荡之列,无不予以猛烈的轰击。正如恩格斯所说:"法国的唯物主义者没有把他们的批评局限于宗教信仰问题;他们把批评扩大到他们所遇到的每一个科学传统或政治设施;而为了证明他们的学说可以普遍应用,他们选择了最简便的道路:在他们因以得名的巨著《百科全书》中,他们大胆地把这一学说应用于所有的知识对象。"②《百科全书》是为18世纪末的法国革命做思想的舆论的准备的,它的历史意义也就在这里。

三、百科全书派的阵容

《百科全书》的出版历时二十余年之久,参加编辑和撰稿的人前后变化很大。负责各部分编辑者开始时有二十九人,后来曾增至三十余人。撰稿人则达160人以上。狄德罗在谈到《百科全书》的编撰工作时曾说,没有哪一个人能够独力完成这样一部囊括各个知识领域的宏编

---

① 参阅莫利:《狄德罗与百科全书派》,纽约,1879年,第123,125页。
② 恩格斯:《社会主义从空想到科学的发展》,《马克思恩格斯选集》,第3卷,第394—395页。

巨著,"谁要自诩能洞悉一切,那只不过表明他不知道人的精神是有限的"。① 因此要负起编撰《百科全书》这样的重担,就必须有一大批通晓专门知识的学者和技术专家共同协作。狄德罗说:"我们把适合于各人的部分分给他们去写。数学部分分给数学家,城堡建筑分给工程师,化学分给化学家,古代史和近代史分给精通这两部分历史的人,文法分给一位以其著作饶有哲学精神而知名的作家,音乐、航海、建筑、绘画、医学、自然历史、外科医学、园艺、文艺、机械原理等等都分给在这些方面确有专长的人。"②其中很多人都是并不知名的作者,但是他们的参加编撰工作扩大和增强了《百科全书》的力量和社会影响。其实,狄德罗本人在开始编辑《百科全书》时在社会上的名气也还不是很大。但是,由于《百科全书》的编撰适应了法国资产阶级反封建斗争的需要,它的旗帜一经揭起,就能够迅速地把法国进步思想界的一切优秀人物都吸引到自己的周围,形成了一个强有力的反封建的联盟。人们称他们为"百科全书派"。"百科全书派"(Encyclopédistes)这个词,狄德罗自己在"百科全书"这个辞条中已使用了,就是指参加《百科全书》编撰工作的那些同事。因此我们把与《百科全书》先后有过合作关系的较重要的人物都放到这里面去,尽管他们之间存在着这样那样的分歧。我们现在就来大略地巡视一下所谓"百科全书派"的阵容吧。

　　同《百科全书》合作的有老一辈的启蒙思想家。例如,伏尔泰曾热情颂扬说,《百科全书》汇集了一群"博学多识"的人才,并称赞"他们是人类的精华"。③ 他积极支持《百科全书》的出版,并为它写了一些辞条(如"历史"、"理智"、"想象"、"优美"等)。孟德斯鸠也曾答应撰写文艺方面的若干辞条,可惜死时只留下了"趣味"一条的未竟稿。

---

① 《狄德罗全集》,第13卷,第134页。
② 同上书,第135页。
③ 莱因巴哈:《狄德罗》,第15页。

杰出的社会思想家卢梭与狄德罗有过很好的友谊，《百科全书》前6卷中有关音乐方面的辞条是由他撰写的。但是，后来因为与狄德罗、达朗贝有思想分歧而与《百科全书》决裂。

著名的自然科学家毕丰也是《百科全书》的支持者，他曾应邀撰写"自然"一条，后因慑于反动势力的压迫，没有交给《百科全书》发表。协助毕丰写作《自然史》的多邦冬则曾参加《百科全书》的编撰，负责自然历史部分。

著名的数学家达朗贝是《百科全书》的副主编，是"百科全书派"的中心人物之一。他与狄德罗一起筹备、出版《百科全书》，并负责数学部分的编撰工作，他写了数学、物理学、矿物学及其他方面内容的大量的辞条。达朗贝在哲学观点上与狄德罗有分歧，他虽然接受了培根、洛克的唯物主义经验论的影响，具有一定的唯物主义倾向，但是他仍然承认上帝和灵魂实体，反对无神论。后来在反动势力的重压下他离开了《百科全书》编辑部，不过还保持着友谊关系。

唯物主义者霍尔巴赫与狄德罗是始终不渝的战友，狄德罗十分推崇他，赞扬他在世界观上坚定一贯的立场，说"自然体系的作者不是在这方面是无神论者，在另一方面又是自然神论者，他的哲学是一元论的"。霍尔巴赫主要负责《百科全书》化学、矿物学部分的编撰工作。霍尔巴赫与法国文学界、艺术界、科学界的名流有广泛的联系，他的宅邸是"百科全书派"经常聚会的地方，被称为"霍尔巴赫俱乐部"。

唯物主义者爱尔维修与《百科全书》的关系比较特殊。他与狄德罗等人有密切往来，是"霍尔巴赫俱乐部"的常客，他自己家的"沙龙"也是"百科全书派"的一个有名的据点。可是，他并没有参与《百科全书》的编撰工作。尽管如此，无论在同志还是在敌人的眼中，爱尔维修却是"百科全书派"的重要的一员。例如，1759年总检察长向朝廷控告《百科全书》一案就是由于爱尔维修的《论精神》一书的出版引起的风波。

狄德罗与《百科全书》

孔狄亚克是狄德罗的密友之一,也是"百科全书派"圈内的人。他是在法国宣传洛克经验论哲学最力的一个,他的感觉论的著作在"百科全书派"中有很大的影响。

重农学派的首领魁奈和杜尔哥都和《百科全书》有合作的关系。他们都写过一些经济学和其他方面的辞条。重农学派在表面上虽然拥护君主政体,但是他们的经济学却是为资本主义的发展做辩护和论证的。因此,正如马克思所说:"重农学派虽然有它的假封建主义外貌,但他们同百科全书派齐心协力地工作。"①

《百科全书》的编撰者中有一些名气虽然不大,但是出力不小、坚持到底的人物,如文学家马孟戴尔,写了很多关于文艺方面的辞条,后来5卷补遗的编写工作他也参加了。又如柔古从头到尾担任《百科全书》的校对、编排工作,同时也写了不少关于科学、政治和历史方面的辞条。在达朗贝离开《百科全书》编辑部以后,柔古成了狄德罗的主要助手。

在"百科全书派"的队伍中还有一些后起之秀,他们是在狄德罗、达朗贝等人的直接影响和培育下成长起来的年轻一代,其中值得称道的人物有奈戎和孔多塞。奈戎是狄德罗的学生,是狄德罗的唯物主义和无神论思想的继承者和捍卫者,当时即有人称他为"狄德罗的仿造者"。孔多塞最初是因数学上的卓异才能得到达朗贝的赏识,并被吸收参加《百科全书》的工作。他是"百科全书派"中生活到1789年以后并积极参加了法国革命的一人。可以说,他是"百科全书派"与法国革命的联系的体现者和见证人。《百科全书》的5卷补遗主要就是孔多塞和著名生理学家哈勒等人编撰的。

至于狄德罗本人,他是《百科全书》的主编,而且是它的主要撰写者,他写的辞条有1139条之多,内容包括哲学、文艺、道德、语言、科技

---

① 马克思:《剩余价值理论》,《马克思恩格斯全集》,第26卷,第42页。

等各个方面。达朗贝曾自谦地说他自己所写的辞条"比起狄德罗来要少得多",并赞扬狄德罗以"忘我精神"和"热忱"献身于《百科全书》的工作。达朗贝特别指出,《百科全书》中有关工艺、技术方面的辞条都出于狄德罗之手,他说:"他是《百科全书》中最庞大、最重要、最为群众所需要,而且我敢说是最困难的部分的作者,这就是关于各种技术的描述。"①

当然,狄德罗的贡献最重要的并不在于他自己撰写了多少辞条,而在于他是《百科全书》的真正组织者,是"百科全书派"的灵魂和领袖。如上所见,所谓"百科全书派"并不是一个在思想上完全统一的学派,其中各色人物在世界观和政治倾向上都不尽一致,但是,狄德罗以《百科全书》的编撰为枢纽,在反封建的总目标上把他们联合到一条战线中来,这正是他的伟大历史功绩之所在。

四、《百科全书》与启蒙运动

法国的启蒙运动,从 18 世纪初开始,经过半个世纪的发展,到"百科全书派"登上历史舞台而达到高潮。《百科全书》的出现标志着法国启蒙运动进入了一个新阶段。启蒙运动的基本武器是所谓理性的批判精神,而其批判的主要对象则是宗教迷信和封建专制。"百科全书派"把这种批判贯彻得比他们的前辈更加彻底,他们把对宗教迷信的批判提到了唯物主义和无神论的高度,把对封建专制的批判提到了民主主义的高度。这种批判主要表现在狄德罗、霍尔巴赫、爱尔维修等人自己的著作中,也表现在他们编撰的《百科全书》中。他们的同时代人卡巴尼斯说的很对:《百科全书》是"反对宗教狂热和专制暴政的神圣同盟"。

---

① 《狄德罗全集》,第 13 卷,第 126 页。

(一) 把一切都放到理性的法庭面前裁判

18世纪的启蒙思想家喜欢说他们所生活的时代是"理性的时代"或"哲学的世纪"。在他们的笔下,哲学与理性几乎就是同义语。因为他们认为哲学来自理性,如狄德罗所说:哲学"是必然与理性联系着的那一部分人类知识,其范围是很广泛的"。[①] 达朗贝也说:"哲学不是别的,就是理性之应用于它能够对之发挥作用的对象。"[②]

所谓理性,在这里不是仅指认识过程中与感性相对待的另一个认识阶段或认识方式,而是指与宗教信仰相对立的人的全部理智能力。狄德罗在《百科全书》的"理性"一条中指出理性除了其他含义外,有两种含义是与宗教信仰相对而言的,即一是指,"人类认识真理的自然能力",一是指"人的精神不靠信仰的光亮的帮助而能够自然达到的一系列真理"。[③] 启蒙思想家们所谓的理性就是这两种含义上的。在他们看来,这种理性是一种"自然的光亮"。在中世纪,这种自然的光亮被宗教的黑暗统治淹没了,愚昧、迷信、偏见支配了人类精神一千年。现在,启蒙思想家们就是要用人类固有的自然的光亮——理性去启迪人类,使之从中世纪的宗教、蒙昧的迷梦中醒觉过来。狄德罗说:"哲学正以巨人的步伐向前迈进,光明即随之而来。"[④] 光明就是理性之光、知识之光,也就是"启蒙"。在法文中,启蒙时代(siècle de lumière)就是光明(lumière)的意思。

启蒙思想家们都坚信这是人类精神的一场伟大革命,伏尔泰在给

---

① 《狄德罗全集》,第13卷,第148页。
② 转引自弗兰克尔:《对理性的信念》,纽约,1948年,第17页。
③ 《百科全书》"理性"条,《狄德罗全集》,第17卷,第3、4页。
④ 《百科全书》"婆罗门"条,《狄德罗全集》,第13卷,第511页。

狄德罗的一封信中说:"我们正处于人类精神革命的前夜",①狄德罗自己也说:"最重要的,这是在人的精神上和民族性中进行的一场革命。"②

其所以是一场革命,就在于人们是以哲学即理性的名义去反对长期以来盘踞着人们头脑的一切旧传统和一直被视为神圣的权威。狄德罗说:"今天,哲学正在阔步前进,它把受其裁判的一切对象都置于它的统治之下,它的声音是最强音,人们在开始挣脱权威和陈规旧例的羁绊,以坚持理性的法则,几乎没有一本原理和教条的书使他们完全满意。"③达朗贝也尖锐地批判在科学上因循守旧之风,他说:"我们的国家只是在风雅趣味方面热衷于标新立异,而在科学方面则极端屈从于陈旧的观念。"④狄德罗和达朗贝都以饱满的战斗的热情大喊大叫要以理性的尺度去重新审查一切,衡量一切,批判一切。狄德罗说:"应当毫无例外地大胆地检查一切,动摇一切","应当把所有这些空洞无益的幼稚的东西踏在脚下,把不是理性设置的障碍物统统推倒,给科学和艺术以对它们十分珍贵的自由"。⑤ 达朗贝也指出理性批判的锋芒要触及一切领域:"从世俗科学的原理到启示的基础,从形而上学到趣味问题,从音乐到道德,从神学家们的烦琐的争论到商业事务,从君主的权力到人民的权利,从对我们影响最大的问题到我们极少关切的问题,一切都被人们讨论、分析、争辩。"⑥而这也就是《百科全书》所要做的。狄德罗说,只有在他所处的这样的时代,哲学家的时代,才有可能写出这样的

---

① 转引自莫利:《狄德罗与百科全书派》,第110页。
② 《百科全书》"百科全书"条,《狄德罗全集》,第14卷,第424页。
③ 同上书,第424页。
④ 转引自莫利:《狄德罗与百科全书派》,第135页。
⑤ 《百科全书》"百科全书"条,《狄德罗全集》,第14卷,第474页。
⑥ 《百科全书派》(文摘),第27页。

百科全书,因为这"需要人们具有比只讲求风雅的怯懦的时代更大的勇气"。①

正如恩格斯所说:"在法国为行将到来的革命启发过人们头脑的那些伟大人物,本身都是非常革命的。他们不承认任何外界的权威,不管这种权威是什么样的。宗教、自然观、社会、国家制度,一切都受到了最无情的批判;一切都必须在理性的法庭面前为自己的存在作辩护或者放弃存在的权利。"②

这种理性的批判精神表现了法国资产阶级进步思想家们要冲决一切网罗的反封建的勇气,是18世纪启蒙运动的基本精神,在当时起了极大的思想解放的作用。但是,18世纪的启蒙运动毕竟是资产阶级的运动,它所鼓吹的理性乃是资产阶级的理性,或者如恩格斯所说:"这个永恒的理性实际上不过是正好在那时发展成为资产者的中等市民的理想化的悟性而已。"③这种理性的资产阶级性质极明显地表现在启蒙思想家对待人民群众的态度上。所有的启蒙思想家,尽管他们总是以人民代表的名义讲话,尽管他们对被压迫的人民抱有人道主义的同情,并且真诚希望使人民成为有知识有文化教养的人,但是,他们总是把自己看作先知先觉者,而把人民群众看作需要由他们来予以启蒙的愚昧无知的群氓。例如,狄德罗虽然在许多地方对劳动者说过一些怀有敬意的话,但是,归根结底,他还是认为:"不被长期的贫困弄得堕落沉沦下去的坚强灵魂是少有的,贫苦的人民都是非常愚蠢的!"④鄙视人民群众是资产阶级世界观的一个根本的特征,即使像狄德罗这样杰出的启蒙思想家也不可能超越这种阶级的局限性。

---

① 《百科全书》"百科全书"条。《狄德罗全集》,第14卷,第474页。
② 恩格斯:《反杜林论》,《马克思恩格斯选集》,第3卷,第56页。
③ 同上书,第297页。
④ 《百科全书》"贫困"条,《狄德罗全集》,第16卷,第119页。

(二) 对教权统治和宗教迷信的批判

法国是旧教国家。天主教会与封建专制统治紧密结合在一起。在18世纪革命前,僧侣在法国社会中与贵族并列为社会的特权等级。教会和教士在政治上思想上都是最顽固最反动的力量。因此,《百科全书》在大量的辞条中对教会和教士们的黑暗反动的本质和罪恶作了充分有力的揭露和抨击。

天主教会宣扬教权来于上帝和基督,神圣不可侵犯。狄德罗在"等级制"一条中对天主教会的封建教阶制做了历史的追溯,指出所谓教会和教皇的权力来自上帝,是耶稣基督规定的等等鬼话是毫无根据的,"他们的权力和职能的起源不能直接追溯到耶稣基督",狄德罗认为教权不是永恒的,"创造了它们的权力也可以消灭它们。"[①]

狄德罗对于中世纪以来的宗教迫害的暴行做了无情的揭露和痛斥。所谓宗教迫害就是"统治者本人或者让人们以他的名义对那些在宗教问题上与他持有不同意见的人实行暴虐的压迫。"[②]狄德罗愤怒地说:"如果迫害是同福音书的甜言蜜语和人道的法则相违背的,那么它同样也是与理性和合理的政治相对立的。只有国家福祉的最凶恶的敌人才会怂恿君主使那些与他抱有不同思想的臣民成为被置于死地而不配享有社会利益的牺牲。"[③]狄德罗说,其实迫害只能使人成为不敢说真话的"伪君子",而"决不能使人改变信仰"。[④] 不仅如此,迫害的结果还可能导致迫害者自己的垮台,狄德罗嘲讽地说:"如果一个君主说不信神的臣民不配活着,难道他就不怕他的臣民会回答说背信弃义的君

---

① 《百科全书》"等级制"条,《狄德罗全集》,第15卷,第92页。
② 《百科全书》"迫害"条,《狄德罗全集》,第16卷,第253-254页。
③ 同上书,第255页。
④ 同上书,第255页。

主不配统治吗?"①

　　狄德罗对教士们敌视科学、敌视理性的宗教狂热和反对社会进步的顽固反动的嘴脸也做了淋漓尽致的揭露。他说,教士就是专门"以搞宗教迷信为业"的人②,这种人是"很难服从良好的社会秩序的。"③狄德罗对耶稣会这个极端反动的教派团体尤其憎恨,他说:"没有一种邪恶的学说是耶稣会士们没有宣扬过的。"④他们极端仇视科学和理性,所谓"哲学有罪"的谬说就是他们制造出来的。⑤ 狄德罗历数他们的罪状说:"他们公开侮辱最神圣的原则,力图消灭自然法,摧毁人的信心,践踏法律以破坏市民社会,压抑人道的感情"⑥等等。狄德罗强调必须消除教士的特权地位,使之服从社会和国家的法律,他说:"被理性和哲学的光亮照明的地方,情形就不同了,在那里教士决不会忘记他是人、臣民和公民。"⑦

　　《百科全书》中对基督教的许多教条、教规、仪式、奇迹迷信、教会生活以及其他宗教的迷信观念都有所揭露和批判。狄德罗在有的地方甚至用毫不含糊的语言大胆地向一切宗教宣战,他说:"真正的哲学家""敢于推倒宗教设置的神圣的界限,打碎信仰所加于理性的羁绊。"⑧但是,应该指出,《百科全书》的作者们在世界观上有各种不同的倾向,他们在反对教权统治和宗教迷信上虽然是一致的,但是并不都赞成唯物主义和无神论。为了团结大家一致对敌,为了使一般群众易于接受,更

---

① 《百科全书》"不宽容"条,《狄德罗全集》,第15卷,第239页。
② 《百科全书》"教士"条,《狄德罗全集》,第16卷,第406页。
③ 同上书,第408页。
④ 《百科全书》"耶稣会士"条,《狄德罗全集》,第15卷,第281页。
⑤ 同上书,第281页。
⑥ 同上书,第282页。
⑦ 《百科全书》"教士"条,《狄德罗全集》,第16卷,第409页。
⑧ 《百科全书》"哲学家"条,《狄德罗全集》,第16卷,第274页。

为了减少反动势力对出版的阻力,狄德罗在自己的有关宗教神学的辞条中一般也没有公开宣传无神论,在许多地方反而谈到上帝存在、上帝是世界的创造者等等。因此,有的研究者就认为:"不论狄德罗此时是否已达到无神论,但可以肯定,百科全书只表现出一种理性主义的怀疑论。""这里没有唯物主义和无神论。"①这个说法恐怕过于武断。只要仔细地读一读狄德罗写的许多辞条,就不难发现,他的无神论思想还是以各种各样的方式或明或暗地表露出来了。

例如,狄德罗在"模仿"条中说:"盲目的自然不做模仿,人工技艺才做模仿。"②这就是说,自然界是没有意志的,不是按照什么上帝的意志创造出来的。

又如,狄德罗在"天意"条中以转述别人观点的方式宣传了无神论思想,他说:"贝尔先生曾极好地证明,否认天意的伊壁鸠鲁主义者讲授他们的教义比承认天意的人更顺理成章。事实上,一旦确立了物质不是被创造的这个原则,那么,同那种认为上帝创造、保持和支配世界的观点比起来,像伊壁鸠鲁主义者那样主张上帝不是世界的创造者、世界不受上帝的支配,就没有什么荒谬了。"③

又如,狄德罗在"饥馑"条中说:"当人民死于饥馑的时候,这决不是上帝的过失,而永远是国家治理上的错误。"④这不是明白否认人间的祸福受什么上帝天意的支配吗?

类似的例子还可以举出许多。

达朗贝曾经提醒人们注意,他们在《百科全书》中所说的同他们真正的想法并不完全一致,这是为了避免敌人的攻击不得不这样的,但人

---

① 莫利:《狄德罗与百科全书派》,第131页。
② 《狄德罗全集》,第15卷,第168页。
③ 同上书,第16卷,第445页。
④ 《狄德罗全集》,第15卷,第3页。

们终究会看出他们真正想的是什么。我们应当尊重达朗贝的这个提示,从《百科全书》有关宗教、神学问题的扑朔迷离的叙述中把无神论和唯物主义的思想寻觅出来。

(三) 对封建专制的批判

18世纪革命前的法国是欧洲最典型的封建专制主义的国家。法国封建君主的权力之大几乎到了没有任何限制的地步。《百科全书》中对专制暴君的批判虽然并未处处指名道破,但其对象即法国的专制制度则是不言自明的。

专制君主路易十四有一句名言:"朕即国家。"狄德罗的许多话就是针锋相对地批判他的。例如,他说:"在专制独裁的国家中,国家元首就是一切,而国家则算不了什么;一个独夫的意旨就是法律,而社会却没有自己的代表。"[1]又说,在君主专制的国家中,君主"拥有作为国家的唯一代表的权利"。[2] 狄德罗以最尖锐最激烈的语言痛骂封建暴君说:"在所有使人类遭受折磨的可怕的人中没有比暴君更残酷的了……他把臣民看作不过是一些一钱不值的奴隶,一些低下卑贱的东西。"[3]狄德罗特别斥责专制君主独裁一切,一言而为天下法,为所欲为的暴行。他说,暴君"滥用权力,破坏法律,压迫人民,使他的臣民成为他的不义的感情和意旨的牺牲,他用这种不义的感情和意旨代替了法律。"[4]狄德罗认为这是决不能容许的,君主也应该服从法,应该依法行使权力,他的权威应该以法为基础,"权威与法相联系","没有法就没有权威,任

---

[1] 《百科全书》"代表"条,《狄德罗全集》,第17卷,第11页。
[2] 同上书,第12页。
[3] 《百科全书》"暴君"条,《狄德罗全集》,第17卷,第302页。
[4] 同上。

何法都不给人以无限制的权威。一切权力都有其限度"。①

前期的启蒙思想家伏尔泰、孟德斯鸠虽然对封建专制做过批判,但是他们的政治思想带有浓厚的贵族的气息,而缺乏民主主义的倾向。例如,孟德斯鸠曾拒绝为《百科全书》撰写"民主"这个辞条。狄德罗则大大前进了一步,他在《百科全书》中对封建专制批判的同时已经明确地把民主主义的政治要求大书特书在他们的旗帜上了。狄德罗说,国家不是君主的私有物,而应为人民所有,"政权尽管为一个家族所继承,掌握在一个单独的人手中,却并不是一件个人的财产,而是一件公共的财产,因此它决不能离开人民,它在本质上只属于人民,仅仅为人民所固有。"②

狄德罗指出,在封建统治下,人民是无权的,"长时期中贵族和僧侣拥有以全民族名义说话的独占的权利",而"占国家绝大多数,对社会最有用的部分"即广大人民却"没有说话的权利"。③法国从中世纪以来有所谓"三级会议",人民(其实只是富有的市民资产者)在那里面并没有多少权利,而且如狄德罗指出的,就连这种徒具形式的会议"从1628年以来就没有召开过了"。④

狄德罗说:"公正的统治者应当倾听全体臣民的声音",⑤应当让广大人民有自己的代表参与国家政权,"不取得国民同意","君主是不能行使权力,任意处置他的臣民的"。⑥国家应当为人民谋利益,"如果一个君主不为人民造福就不能行使真正的权力,为此必须保障人民财产,保护人民不受压迫,不为少数人牺牲人民的利益,关心国家各个等级的

---
① 《百科全书》"权威"条,《狄德罗全集》,第13卷,第392页。
② 同上书,第394—395页。
③ 《百科全书》"代表"条,《狄德罗全集》,第17卷,第14页。
④ 同上书,第13页。
⑤ 同上书,第14页。
⑥ 同上书,第14页。

要求"。①

狄德罗认为,民主的权利是人民天赋的不可剥夺的权利。他从当时流行的自然法学说出发,坚决指出:"没有一个人从自然得到了支配别人的权利。自由是天赐的东西,每一个同类的个体,只要享有理性,就有享受自由的权利。"②

同样,人人应当有平等的权利,身居高位并非血统高贵,人人都有权担任国家官职。狄德罗说:"公民们,作为公民,就是说在他们的社会中,是同样地高贵的,高贵并非得自祖先,而是来自人人都有的那种担任最高官职的权利。"③一切封建特权都应当取消,"公民们愈接近权利上和财产上的平等,国家就愈太平",狄德罗认为"这种好处似乎属于纯粹的民主制度,其他的一切政府都不能得到这种好处"。④

当然,狄德罗和"百科全书派"是资产阶级思想家,他们所说的自由、平等的自然权利实质上只能是资产阶级的民主,而决不是全体人民的民主。这一点,从狄德罗自己的话里也暴露得十分清楚。例如,他明确地说,人人平等实际上是不可能的,"在民主制度下,即使这种民主制度是最完善的,成员之间绝对平等也仍然是一种幻想。"⑤而且,在他看来,各个不同阶层的人民也不应当享有完全平等的权利。他在"代表"这一条中就不承认包括贫苦的下层人民在内的所有的人都享有普遍参政权。他说,国民代表大会应当由这样一些人组成,"他们的财产使他们成为公民,他们的地位和知识使他们有能力认识国家的利益和人民的需要;总之,是财产使人成为公民;在国家中凡是拥有财产的人都关

---

① 《百科全书》"权威"条,《狄德罗全集》,第13卷,第394页。
② 同上书,第392页。
③ 《百科全书》"公民"条,《狄德罗全集》,第14卷,第192-193页。
④ 同上书,第193页。
⑤ 同上。

心国家的利益,不论他属于什么特殊的等级,他总是一个所有者,就因为他有财产,所以他应该说话,有权得到自己的代表。"①这已经是在公开地为资产阶级的权利辩护了。由此可见,作为资产阶级思想家的狄德罗,他的全部政治要求和政治理想都是为了适应资产阶级的阶级利益或"市民社会"(这是他们喜欢用的词)的利益而提出来的。狄德罗有一句话说得很典型,他说,对于他们这些哲学家来说,"市民社会可以说是地上的神!"②

18世纪末,法国资产阶级就是打着启蒙思想家们揭起的自由、平等的旗帜进行革命并建立了自己的资产阶级国家的。正如恩格斯指出的,历史证明了,启蒙思想家们所追求的"理性的王国不过是资产阶级的理想化的王国;永恒的正义在资产阶级的司法中得到实现;平等归结为法律面前的资产阶级的平等;被宣布为最主要的人权之一的是资产阶级的所有权;而理性的国家、卢梭的社会契约在实践中表现为而且也只能表现为资产阶级的民主共和国。18世纪的伟大思想家们,也和他们的一切先驱者一样,没有能够超出他们自己的时代所给予他们的限制。"③

五、《百科全书》的命运

恩格斯在谈到18世纪法国的哲学革命时说,法国的进步思想家们"同一切官方科学,同教会,常常也同国家进行公开的斗争;他们的著作要拿到国外,拿到荷兰或英国去印刷,而他们本人则随时准备着进巴士

---

① 《百科全书》"代表"条,《狄德罗全集》,第17卷,第18页。
② 《百科全书》"哲学家"条,《狄德罗全集》,第16卷,第276页。
③ 恩格斯:《反杜林论》,《马克思恩格斯选集》,第3卷,第57页。

底狱。"①

如前所述,《百科全书》是"百科全书派"反封建、反宗教的公开论坛,因而它必然成为从国家到教会的一切反动势力集中打击的对象。《百科全书》的出版过程是一部灾难重重的历史,同时也是一部英勇斗争的历史。在这个斗争过程中,狄德罗始终如一,不屈不挠,不愧为历史上为真理而献身的伟大思想战士的一个典范。恩格斯曾这样赞扬说:"如果说,有谁为了'对真理和正义的热诚'……而献出了整个生命,那么,例如狄德罗就是这样的人。"②

《百科全书》所遭遇的灾难甚至在它出版之前就开始了。1747年,狄德罗由于发表了《哲学思想录》已经引起反动派的注意,有人向巴黎警察局告密说:"狄德罗是若干攻击宗教的哲学著作的作者","是一个非常危险的人物,他以轻蔑的态度谈论我们宗教的神圣的秘密仪式",并且说他"正忙于创作一部非常危险的作品。"③1749年,狄德罗果然又发表了具有无神论倾向的作品《论盲人的信》,另有一篇秘密流传的攻击宗教的文章也被怀疑出于狄德罗之手,于是在这年的7月,狄德罗突然被捕,被囚于温森监狱三个月。当时《百科全书》第1卷的编辑工作正在紧张进行,出版在即。狄德罗的入狱使《百科全书》在问世前几致流产。

1750年狄德罗执笔的"发刊辞"发表,1751年《百科全书》第1卷出版,立即遭到耶稣会的攻击。耶稣会是天主教的一个最反动的宗派组织,始终是《百科全书》的最激烈的敌人。耶稣会士对启蒙运动极端仇视,公开宣扬"哲学有罪"的谬论,而且经常充当向反动当局告密以迫害

---

① 恩格斯:《路德维希·费尔巴哈和德国古典哲学的终结》,《马克思恩格斯选集》,第4卷,第210页。
② 同上书,第228页。
③ 《狄德罗全集》,第20卷,第121,122页。

进步人士的鹰犬。狄德罗非常蔑视他们,没有约他们为《百科全书》撰稿,连神学部分的辞条也没有他们的份儿,这自然也使他们大为恼火。于是他们就抓住了一个所谓普拉德神父的事件对《百科全书》大张挞伐。普拉德神父是狄德罗的朋友,曾为《百科全书》撰写了一些辞条。他具有自然神论倾向,并且赞成洛克的经验论,反对天赋观念说。他在索尔邦与耶稣会士争论时提出的一个论点被他们斥为异端思想,1752年被迫逃亡国外。但是,耶稣会却利用普拉德问题要求反动当局禁止《百科全书》。《百科全书》第2卷出版不久,1752年2月国民议会即决定予以查禁了。

在反对《百科全书》方面,新教的冉森派也不甘落后,他们不仅大肆攻击《百科全书》,而且对从蒙田以来的一切进步思想家都竭力加以诋毁。

法国反动势力对《百科全书》的迫害,引起了全欧洲进步思想界的愤怒。格里姆在1753年的一封信中说:"人们对这部重要著作所煽起的喧嚣,全欧洲都是见证人,所有正直的人们都感到愤慨。事实上,在伪善者在宗教外衣掩盖下所阴谋挑起的怨恨、嫉妒和罪恶的企图面前怎么可能做一个平静的旁观者呢?"①

当时伏尔泰曾给达朗贝写信建议把《百科全书》迁往普鲁士去出版,达朗贝和狄德罗感谢他的好意,但没有接受他的建议。达朗贝在回信中说,《百科全书》的被禁是他们所遭遇的"一场猛烈的风暴"。他说:"我很怀疑在我们已经遭到伤害之后,他们还会再要我们继续工作。"但是,他表示要坚持干下去:"我可以说我只有报答公众的异常的关切。"②

---

① 《狄德罗全集》,第13卷,第116页。
② 同上书,第13卷,第117页。

对《百科全书》的禁令直至 1753 年才被取消。同年秋,第 3 卷出版。此后的几年间(1753-1757 年),《百科全书》每年出一卷,没有中断过。最初订户仅二千人,第 4 卷后增至三千人,第 7 卷则已达到四千人。正如《百科全书》第 6 卷编者在前言中所说:"我们愈是进行下去,就愈是感到满怀好意支持我们工作的人无论在所属方面还是在数量上都在增加。"[①]

《百科全书》所取得的如此巨大的胜利,更引起了反动教会和政府的仇视和恐惧。反动分子们又在为筹划新的迫害而制造舆论了。他们恶意诽谤"百科全书派",公然造谣、侮蔑狄德罗、达朗贝、伏尔泰、卢梭、毕丰等人组织了一个旨在危害国家安全和推翻社会的作家集团,说他们是秘密阴谋集团的首领。[②]

达朗贝在 1758 年初就已经预感到一场新的风暴就要来临了。他在给伏尔泰的信中说:"《百科全书》无疑地已成为一部人们需要的著作,并且愈出而愈臻完善。但是在我们这个恶毒的国度里要出完这部著作已经是不可能的了。"[③]他在《百科全书》第 7 卷上写的"日内瓦"一条由于赞美了不相信基督、地狱、永恒的惩罚的异端思想而触怒了教会。与此同时"百科全书派"内部也发生了分裂。卢梭与狄德罗、达朗贝本有思想分歧,他对"日内瓦"一条也颇为不满,乃借此写信给达朗贝,与《百科全书》决裂。在这种情况下,达朗贝自己也动摇了。他主张把《百科全书》的工作先放下,"等待更有利的时机再继续出版",不过他又觉得"这个时机也许永远不会再来了"。[④] 就在这一年达朗贝终于离开了《百科全书》编辑部,这是《百科全书》所遭受的一个远比敌人的攻

[①] 《狄德罗全集》,第 13 卷,第 120 页。
[②] 参阅莫利:《狄德罗与百科全书派》,第 102-103 页。
[③] 《狄德罗全集》,第 13 卷,第 120 页。
[④] 同上书,第 120-121 页。

击还要沉重的打击。

　　好心的伏尔泰对达朗贝的出走表示惋惜,他写信给狄德罗,认为《百科全书》不应继续在国内出版,他再次建议狄德罗暂时把《百科全书》放下,转移到国外去完成这部著作。但是,狄德罗却坚定地回答说:"放弃这个工作就是在风浪冲击面前转身退却,就正是做了迫害我们的那些恶棍们所希望的事情。"他说:"如果达朗贝回来重新工作,完成我们的工作,那不就是对他们做了充分的报复吗?……一个人必须工作,必须做一个有用的人,必须把他的才能贡献出来,等等,等等。做一个对人们有用的人吧!"①

　　到了1759年初,新的更大的迫害终于到来了。1月在议会上有一系列进步作品遭到谴责,其中包括爱尔维修的《精神论》和《百科全书》。反动派使用文字狱的办法,从这些著作中穷搜遍寻,罗织罪状,摘录片言只语"证明""有一个预谋的计划,有一个为了支持唯物主义,毁灭宗教,鼓吹独立,促使人心堕落而组成的集团。"②结果,《精神论》很快就被判决焚毁。但是,他们认为《精神论》不过是《百科全书》的缩写本,总检察长在控告书中说,《百科全书》由于它的渎神的言论,对宗教和道德的敌视而成为"民族的耻辱"。③ 因此反动当局指定专人组成审查委员会,对已经出版的7卷《百科全书》进行审查,同时停止其继续发售。审查犹未结束,反动当局就迫不及待地于1759年3月判决撤销《百科全书》出版的专利权并禁止其继续出售、散发或重印。理由是:"已经出版的7卷(《百科全书》)充满了危险的原理!"④

　　这一场大灾难使《百科全书》的出版中断了若干年。但是,狄德罗

---

① 《狄德罗全集》,第19卷,第452页。
② 同上书,第13卷,第117-118页。
③ 参阅莫利:《狄德罗与百科全书派》,第105页。
④ 《狄德罗全集》,第13卷,第119页。

并没有中断自己的工作。他失去了自己的副手达朗贝,在内外交困,极端不利的条件下,独力支撑,继续编撰《百科全书》的后10卷和几卷附图,从1765年直至1772年陆续出版。《百科全书》重新出版开始时不能公开发售,人们只能秘密地购买和传阅。据说,有人告诉路易十五,《百科全书》是"世界上对法兰西王国最危险的东西"。① 但是,反动派愈是禁止,人们愈是要看,购不到、看不到者引为遗憾。最初反动当局曾下令迫使购得《百科全书》的人向其报告购买的册数等等,但是这并不能压制人们渴欲一读《百科全书》的热情,因而后来禁令也就在无形中不得不被取消了。

《百科全书》从最初筹备起,中间几经波折,几经险阻,而未流产,而未夭折,而未中道殂谢,主要就是因为有狄德罗这个中流砥柱在险风恶浪中始终不渝地坚持工作,坚持战斗。狄德罗在《百科全书》的"英雄主义"这个辞条中说:"英雄就是在困难时坚定不移,在危险中无所畏惧,在战斗中英勇顽强的人。"②他正是这种英雄主义精神的实践者和体现者,他就是这样的伟大的英雄人物。

历史上一切反动的腐朽的势力总是把代表时代方向的新思潮和进步人物视为洪水猛兽,必欲堵绝、消灭之而后甘心。但是他们压制的结果却总是事与愿违,恰恰更加刺激和促进了新思潮的高涨和进步力量的发展。《百科全书》的历史就是证明。从狄德罗主编的《百科全书》最后一卷出版即1772年算起,仅仅过了十七年,就发生了法国革命。而这就是"百科全书派"所传播的启蒙思想结出的果实。正如恩格斯在谈到《百科全书》的影响时所说的,《百科全书》为法国培养了整整一代新人,"唯物主义就以其两种形式中的这种或那种形式——公开的唯物主

---

① 《狄德罗全集》,第13卷,第122页。
② 同上书,第15卷,第86页。

义或自然神论,成了法国一切有教养的青年的信条。它的影响是如此巨大,以致在大革命爆发时,这个……学说,竟给了法国共和党人和恐怖主义者一面理论旗帜,并且为《人权宣言》提供了底本"。[①]

经过苦难的历程,取得最后的胜利。这就是《百科全书》的命运,也是历史上一切进步思潮的共同的命运。

[①] 恩格斯:《反杜林论》,《马克思恩格斯选集》,第3卷,第395页。

略述狄德罗早期的有神论思想*

历史上具有独创性的伟大思想家,其思想在臻于成熟之前,大都有一个酝酿、形成的时期。那是他吸取和消化前人的思想成果,而且往往是在徘徊异路、上下求索中不断探求和开拓自己的思想道路的过程。18世纪法国唯物主义的卓越代表狄德罗的思想发展就经历了这样一个过程,大致说来,他是从有神论开始,继而转为自然神论,最后达到无神论。关于狄德罗思想发展的这个全过程非一篇短文所能尽述,容后再论,本文主要就狄德罗哲学思想的开端做一简介,间亦论及其与之后思想发展的关系。

据说,1732年狄德罗在巴黎耶稣会办的大路易学院毕业时写过一篇关于哲学的学位论文。但此文早就湮没无闻,其内容已不可考。1745年,狄德罗翻译出版了英国哲学家莎夫茨伯利的《论功德》一书(1699年初版于英国)。狄德罗在译文前面写了《致兄弟的信》和一篇译者序,并为正文加了许多脚注(有的注写得相当长)。这封信、这篇序和这些脚注可以说是我们所能看到的表露了狄德罗哲学思想的最早的材料,是狄德罗哲学思想的最初表现。

狄德罗在译者序中说:"我把《论功德》一书读了又读,我为它的精

---

* 原载《世界宗教研究》,1985年,第4期。

神所充实,也可以说,当我拿起笔来的时候,我才把书合上。"① 显然,狄德罗完全被莎夫茨伯利的思想所吸引了,《论功德》一书所阐述的一些哲学观点已化为他自己的精神血肉,并成为他的思想发展的基础和起点。但这也不是说,狄德罗此时只是简单地接受他人的思想。从上述的信、译者序和脚注中,我们可以看到狄德罗独立思考的踪迹,可以看到他和莎夫茨伯利的某种差异,也可以看到他从其他哲学家(如蒙田、贝尔等)所吸取的思想营养。

从信、序和脚注来看,狄德罗这一时期所特别关切和思考的主要是四个方面的问题:一、有神论还是自然神论,及其与无神论的对立;二、信仰与知识或理性的关系;三、宗教与道德的关系;四、关于宇宙的统一性。下面即就这四个方面的问题略加论述。

一、有神论还是自然神论?

《狄德罗全集》的编者在狄德罗译《论功德》一书前所加按语中说:"狄德罗在翻译莎夫茨伯利《论功德》一书时肯定是一个自然神论者或有神论者,这二者的差别是微不足道的。"② 任何一个认真的读者都不会满足于这种含含糊糊的说法,而必定要继续追问:狄德罗这时究竟是有神论者还是自然神论者? 有神论和自然神论的差别究竟是什么? 这种差别真的是"微不足道"的吗?

我们先看一看狄德罗本人的意见。狄德罗在一个小注里说:"请注意不要把有神论者和自然神论者混淆。"③ 他认为,莎夫茨伯利对有神论和自然神论的差别已做了明确的说明,使人们不致把二者混为一谈。

---

① 《狄德罗全集》,阿塞扎编,巴黎,1875年,第1卷,第16页。
② 同上书,第16页。
③ 同上书,第21页。

他说:"莎夫茨伯利很细心地防备人们在使用有神论者和自然神论者这两个词时会混淆它们。他说,自然神论者是相信上帝但否认一切启示的人。与此相反,有神论者则是既承认上帝存在而且也要承认启示的人。"①

莎夫茨伯利不仅为有神论和自然神论划了一道明确的界限,而且公开宣布赞成有神论而反对自然神论。他承认上帝是全能的、智慧的、慈善的,是一个创造一切、支配一切的有意志的人格神。他说:"人们普遍同意把自然界中全能的存在叫作上帝,并认为他是具有智慧和善良的统治者。认为万物是被创造、被注定的,是由一个唯一的本质、善良的理性最好地支配着,这是完全的有神论者。"②关于启示的信念则是以承认这样的人格神为前提的,莎夫茨伯利虽未明白论证启示的存在,但是决不怀疑它的可能性。因而,莎夫茨伯利是有神论者,而不是自然神论者。

狄德罗对莎夫茨伯利的有神论立场是完全赞同的。他说:"我们将以真正几何学式的精确性来证明在所有关于上帝的体系中只有有神论是对上帝有利的。"③他还明白承认有所谓"超自然的真理",即启示的真理。④ 因此,他极力反对把莎夫茨伯利与那些著名的自然神论者如丁铎尔、托兰德等人相提并论,甚至说这些自然神论者"作为基督徒,在他们的教会中已经是名誉扫地的人",是"邪恶的新教徒和卑劣的作家。"⑤可见,狄德罗这一时期也是有神论者,而不是自然神论者。

诚然,即使在狄德罗生活的时代,人们在使用有神论和自然神论这

---

① 《狄德罗全集》,阿塞扎编,巴黎,1875年,第1卷,第13页。
② 同上书,第21页。
③ 同上书,第13页。
④ 同上书,第19页。
⑤ 同上书,第15页。

两个词时也每有混淆的情况。例如,伏尔泰就曾把自己称为"有神论者",然而他所说的神实是牛顿的"第一推动力"或设计安排并开动世界这架庞大机器的"钟表匠",世界被推动或开动以后就按照自然规律运行而无须上帝的干预了,因而伏尔泰根本否认有超自然的启示和奇迹之类的东西。显然,他的所谓"有神论"不过是自然神论的别名而已。

尽管如此,我们仍然应该承认,在18世纪上半叶,自然神论作为流行于英、法、德等国的一个宗教和哲学的思潮,已经具有了区别于有神论的具体内容,获得了确定的含义。例如,英国文学家约翰逊在他编著的著名《词典》(1955)中给"自然神论者"下的定义是:"不信从任何特殊的宗教,只承认上帝存在而不承认任何其他信条的人",在另外的地方又说,自然神论是"那些只承认有一个上帝而不接受任何启示宗教的人"。① 否定启示是自然神论的一个基本特征,这个定义同莎夫茨伯利关于自然神论的论断是完全一致的。

当然,自然神论之获得有别于有神论的这样确定的含义是有一个发展过程的。我们知道,自然神论(Deism)一词是从拉丁文的神(Deas)这个词衍生出来的,有神论(Theism)一词是从希腊文的神(Theos)这个词衍生出来的。就词源来说,二者都可以译为有神论,而就其与否定神的无神论相对立而言,二者也都可以说是有神论。但是,自然神论一词自从16世纪出现以后实际上就被赋予了一种与传统的基督教的有神论观念不同的含义。据说,最早使用"自然神论者"一词的是加尔文的信徒彼埃尔·维莱,他在《基督教训育》(1564年出版)一书中指出这是一个新词,自然神论者相信上帝是天地的创造者,但是否认耶稣基督及其教义。维莱认为,这些反正统基督教义的人们虽然企图以"自然神

---

① 参阅《哲学百科全书》,爱德华兹主编,1967年,"自然神论"条。

论者"一词来表示他们反对无神论者,但其本身就是一些恶人和无神论者。① 在很长时间里,"自然神论"都曾被正统的神学家作为一种伪装的无神论来加以攻击。加此罪名虽然可以加强攻击的力量,但显然是名不符实的,自然神论不是无神论。真正为自然神论奠定思想基础的是被称为"自然神论之父"的 17 世纪英国哲学家彻伯里的赫伯特,他认为有几条宗教的基本真理是天赋的原则,例如,上帝存在;应当崇拜上帝;德行和虔信是崇拜上帝的主要方式;等等。这些原则仅凭上帝赋予人的理性的"自然光亮"就可以直接认识,无赖于经验,也无需乎神圣的启示。赫伯特虽未公开否定启示,但实际上用理性代替了、夺取了启示的功能,因而也就剥夺了以传达神圣启示自命的教会的特权。与传统的"启示宗教"相对立,赫伯特及以后的自然神论者要建立一种"自然宗教",这种宗教的根据在于人的自然理性,为人类所普遍具有,而且与人类同其永久。因此,在中国人们一般把 Deism 译为自然神论,此所谓"自然",非指自然界,乃指人类固有的"自然光亮"即理性,有人把 Deism 译作"理神论",其意相同,而且表达得更为显豁,不易引起误解。②

由上可见,自然神论是作为传统的启示宗教的对立物而产生的,是资产阶级理性主义精神在宗教观上的贯彻,当然也是理性与宗教的一种调和。这种理性主义精神在 17 和 18 世纪随着自然神论的发展和广泛传播而愈益突出,愈趋激进。自然神论者们实际上把理性作为确证一切的标准,把一切都放到理性的法庭面前加以裁判,他们不仅用理性否定启示,否定奇迹迷信,反对盲目信仰和教权统治,而且用理性反对专制政权,要求思想自由、出版自由和政治自由。因此他们在当时又被称为"自由思想家",而常常遭到政治上和宗教上的打击和迫害。

---

① 参阅《哲学百科全书》,爱德华兹主编,1967 年,"自然神论"条。
② 笔者见过有些文章误认为自然神论即是将神与自然视为同一的观点,这显然是望文生义,把自然神论与泛神论混为一谈了。

上面简短的历史追述足以说明，反对启示乃是自然神论的理性主义精神的一个集中表现，是其区别于传统宗教的有神论观念的一个本质特征。这个差别具有极其重要的意义，决不是"微不足道"的。

如前所说，莎夫茨伯利和翻译《论功德》时的狄德罗既然明白表示反对以否定启示为根本要义的自然神论，那么我们就理应像他们自己所申明的那样称他们为有神论者，而不要又含糊其词地说他们"或是"自然神论者。

但是，有一点必须指出：我们说莎夫茨伯利和这一时期的狄德罗是有神论者，这并不是说他们的有神论就是传统基督教的那种有神论。传统基督教的有神论宣扬对神圣启示的信仰，这是与压制理性，提倡盲从，鼓动宗教狂热，维持教权统治和肆行宗教迫害联系在一起的。莎夫茨伯利和狄德罗与此截然不同，他们虽然是有神论者，虽然不怀疑启示的存在，但是，他们却坚持反对盲目信仰，反对宗教狂热，反对教权统治，反对宗教迫害。他们的思想也具有理性主义的精神，在这一点上他们与自然神论者是相近的，不过他们尚未达到用理性否定启示的地步。例如，莎夫茨伯利主张宗教应当与理性相结合，主张思想自由，研究自由，主张宗教宽容，甚至认为无神论者的观点也容许提出来进行讨论，因而他所主张的宗教宽容比洛克还要开明些，大家知道，在洛克那里，无神论是必须被排斥而不在宽容之列的。狄德罗对中世纪教会的黑暗统治和宗教迫害的罪行更是深恶痛绝的，例如，他从人道主义立场揭露和痛斥封建统治者以上帝的名义进行宗教战争的暴行时说："回忆一下我们的内战史，你就会看到，民族的这一半人由于笃信宗教而浸浴在另一半人的血泊中，为了保卫上帝的事业而毁灭了最起码的人道的感情，好像要表明自己是信仰宗教的就不能是人似的！"① 对宗教裁判所这一

---

① 《狄德罗全集》，第1卷，第10页。

残酷迫害异端、消灭一切思想自由的恐怖工具,狄德罗认为:"并不需要是一个大推理家就可以看到,不信神并没有宗教裁判所可怕。不信神是反对宗教的那些证明,而宗教裁判所则要消灭这些证明。"①当然,作为有神论者,这一时期的狄德罗是明确反对无神论的,因为"无神论是排斥一切宗教的",②而狄德罗则还要维护宗教,不过这不再是被他大力抨击的从中世纪以来一直占绝对统治地位的那种传统的基督教,而是一种与道德和理性相结合的宗教。他说:"被正确理解并与光芒闪耀的热情相联系的宗教不可能不提高人的美德。这样的宗教甚至与自然知识也结合在一起。"③狄德罗认为,如果宗教本身是坚固的,那么,"自然知识的进步就不会使宗教为自己的权利感到担忧了"。④

至于宗教与道德、信仰与知识或理性究竟是怎样的关系,这正是狄德罗这一时期集中思考和着力探讨的问题,我们再分别加以说明。

二、信仰与理性

在西方哲学史上,从中世纪到近代,信仰与理性,或宗教与知识的关系,是哲学家们反复争论的一个重要的尖锐的问题。正统的经院哲学家和神学家们为了维护教会的精神独裁,压制和扑灭一切背离正统教条的思想倾向,极力宣扬信仰高于理性,高于知识,理性和知识应当屈从信仰,为信仰服务。他们的口号是:"信仰了才理解"(安瑟伦语),"正因为是荒谬的,所以我才相信"(德尔图良语)。反正统的异端思想家和其他具有进步倾向的思想家则力图摆脱教会的精神枷锁,以这样

---

① 《狄德罗全集》,第 1 卷,第 10 页。
② 同上书,第 22 页。
③ 同上书,第 10 页。
④ 同上书,第 10 页。

或那样的方式为理性、为知识争取某种独立的自由权利,直至最后用理性和知识彻底否定任何信仰和宗教。这是一个经历了漫长岁月的思想解放的斗争。由于宗教压迫之沉重,这个斗争只能是逐步地从部分的解放到完全的解放。(1)中世纪一些反正统的经院哲学家提出"理解了才信仰"(阿伯拉尔语)和两重真理说(拉丁阿维洛依主义者),他们并不否定信仰,只是反对盲目信仰,或者把信仰和理性分成两个各自独立的领域,信仰的真理与理性的真理可以各守疆域,并行不悖,互不侵犯。这是以一种调和的方式为理性知识争取地盘,在中世纪近代之初起过很大的作用,例如17世纪的培根仍然以两重真理说作为限制信仰、维护科学独立发展的武器。(2)17世纪下半叶和18世纪初,自然神论者们则以理性为真理的唯一标准,进而攻陷了传统宗教信仰的绝大部分领域,否定了启示、奇迹之类的一切迷信,但是,对于上帝存在这一根本的信条,他们未敢触动,而只是要为其提供一个理性的根据,因而他们仍然没有跳出神学的樊篱。(3)到了18世纪中叶,法国的唯物主义者们才以战斗的唯物主义和彻底的无神论否定了神和一切宗教,把理性和知识从宗教信仰中完全解放出来。

狄德罗一生思想的发展,即从有神论到自然神论到无神论,可以说就是上述这一斗争过程在个别思想家身上的一个集中的缩略的重演。

翻译《论功德》时的狄德罗对信仰和理性的关系的看法基本上是两重真理说的观点。狄德罗承认信仰和理性是两个不同的领域,具有不同的对象,前者是"超自然"的真理,后者是"自然的知识",二者不可混淆。他说:"尽管很难在信仰的领域和理性的领域之间划一清楚的界限,但是哲学家并不把二者的对象加以混淆,不想为了虚荣而去调和它们。作为一个好公民,他对二者都怀着爱慕和尊重之情。"[①]就是说,信

[①] 《狄德罗全集》,第1卷,第10页。

仰的领域和理性的领域如双峰对峙,二水分流,应当同时并重,而不互相排斥。我们当然可以说这实质上正是一种调和。但是,狄德罗之强调不要"混淆"和"调和"这两个领域,其真实的用意乃在于反对和排除宗教信仰对理性和知识的干预和压制。在他看来,压制理性的宗教信仰不是真正的宗教信仰,而是宗教狂热,是野蛮的蒙昧主义。狄德罗道:"哲学与不信神的距离正如宗教与狂热的距离同样遥远。但是从狂热到野蛮行为却只有一步之隔。"[1]他所说的"野蛮行为"就是指那种扼杀理性,摧残知识和文化的宗教蒙昧主义,他说:"所谓野蛮行为,我是指这样一种阴暗的倾向,它使一个人对自然的艺术的魅力以及社会的温暖都漠然无动于衷。那些践踏古代罗马废墟中的雕像的人,除了把他们叫作野蛮人又能叫作什么呢?"狄德罗还援引蒙田的话来批判教权统治和宗教狂热对知识文化的破坏:"蒙田说,在很早的时候,我们的宗教就赢得了法定的权威,它的狂热大都是反对各种典籍的,有文化的人们因而遭受了惊人的损失。我认为,这种混乱给文化带来的损失超过了野蛮人的焚毁(指日耳曼人攻陷西罗马帝国后对文化的破坏——引者)。"[2]

狄德罗对宗教狂热的反理性、反文化的蒙昧主义本质的这些批判是很有战斗力的,表现了启蒙主义的理性主义精神。但是,他在这一时期拘于两重真理的观点,没有也不可能用理性作为唯一的尺度去评判和否定信仰领域的东西,如启示、奇迹之类的所谓"超自然真理"。到了下一个时期,即转向自然神论之后,首先是在《哲学思想录》(1746)中,狄德罗的思想前进了一大步,他已无保留地否定对启示、奇迹和教会权威的信仰了,他说:"榜样、奇迹和权威可以造成一些受骗者或伪善者,

---

[1] 《狄德罗全集》,第1卷,第10页。
[2] 同上书,第9-10页。

只有理性才能造成信仰者"①,并公开宣布:"那种天启、奇迹、非常使命之类的时代是过去了。基督教已不再需要这种胡诌了。"②狄德罗提出"怀疑论是走向真理的第一步",③他所说的怀疑论实际上就是要人们用理性的标准去重新考查、评判一切而只相信理性所确证的东西。他说:"什么是怀疑论者?这就是一个哲学家,他曾怀疑过他所相信的一切东西,而相信他的理性和感觉的合法应用给他指明为真的东西。"④狄德罗相信,理性是人人固有的,一个人在幼时接受的迷信和偏见,在他成年后就会被放到他的"理性的裁判所"面前来加以审判和贬抑。⑤在1749年以《谈盲人的信》为标志完全转向无神论以后,狄德罗在一系列作品,特别是在其主编的《百科全书》中,则更坚决地提出:"理性能够或应当成为至上的最高的裁判者",⑥彻底否定了包括上帝存在这一最高信条在内的一切宗教信仰,认为信仰就是"迷信盲从",⑦号召人们要"敢于推倒宗教设置的神圣的界限,打碎信仰所加于理性的羁绊";⑧不仅如此,他把理性批判的锋芒也指向了人类精神和社会生活的一切领域,大声疾呼:"应当毫无例外地大胆地检查一切,动摇一切","把不是理性设置的障碍物统统推倒"。⑨诚如恩格斯所说,在以狄德罗为首的百科全书派那里,"宗教,自然观,社会,国家制度,一切都受到了最无情的批判;一切都必须在理性的法庭面前为自己的存在作辩护或者放弃

---

① 《狄德罗选集》,三联书店,1956年,第31页。
② 同上书,第19页。
③ 同上书,第17页。
④ 同上书,第16页。
⑤ 同上书,第14页。
⑥ 《狄德罗全集》,第2卷,第79页。
⑦ 同上书,第78页。
⑧ 同上书,第16卷,第274页。
⑨ 同上书,第14卷,第474页。

存在的权利"。①

三、宗教与道德

宗教与道德的关系问题可以说是这一时期狄德罗注意的中心。这不是偶然的。

从文艺复兴以来,这个问题一直是思想家们十分瞩目的。天主教会和它的辩护士们总是极力鼓吹对上帝及其赏善罚恶的无上威力的神圣信仰乃是一切道德的基础,没有宗教信仰就没有道德,而且他们一向以至善的化身自居,用正人君子的面孔向人们进行道德说教,并把一切异端和不信神者斥为不要道德的首恶之徒而大加谴责和残害。但是,历史的讽刺在于,那些满口仁义道德大谈克己禁欲的僧侣们,上至教皇、主教、下至教士、神甫、修士们,却往往正是道德败坏的无耻之尤者,教会神圣之地竟成了藏污纳垢之所。他们的种种丑行早已成为人们嘲讽议论的话题,怒斥抨击的对象。薄伽丘的名著《十日谈》对僧侣的虚伪、贪婪、淫乱等等所做的淋漓尽致的揭露和讽刺,是大家熟知的例子。教会道德的沦丧,不仅直接否定了他们所侈谈的那些神圣的诫律,而且不能不引起人们的深思:宗教信仰是否足以成为道德的基础？传统基督教所宣扬的那些道德诫律是不是真正符合人性的要求？

关于道德与宗教的关系,莎夫茨伯利在《论功德》中讨论得很详细。作为有神论者,他认为宗教与道德确有重大的关系,对上帝的信仰或敬畏可以增强人们的道德感情。但是,他并不断言道德与宗教有不可分的联系,而是认为道德可以独立于宗教。他说:"宗教和美德有着如此密切的联系,以致人们通常认为它们是两个不可分的伴侣。他们认为

---

① 《马克思恩格斯选集》,第3卷,第56页。

这种联系是如此之有益,因而几乎不容许在谈论中甚至也不容许在思想上把它撇开。但是我怀疑这种观点是否确当或是否被人类的知识证实。"①莎夫茨伯利提出的论据主要是两点。第一,道德的根源在于人的天赋的道德感情,这是人生而具有的,无待于上帝的启示或宗教的谕令。人性本善,这种善性即社会的感情,由于有天赋的社会感情,人们才能互相立约,组成社会。所以天赋的道德感情又是社会产生和存在的基础。第二,有许多事实(正反两面的事实)表明,道德和宗教并没有什么必然的联系。他说:"与这种所谓联系相抵牾的情形是不乏其例的。难道我们没有见过有些人对他们的宗教虽然满怀可以想象的热忱,但生活却极端腐化堕落,没有一点人道的影子;而另外一些人,虽然不能以宗教徒自夸而且被人们视为真正的无神论者,却能遵守崇高的道德原则,而且由于他们对人类怀有的慈爱和高贵的感情而从我们赢得了有德之士的美誉。"②

18世纪法国启蒙运动的先驱彼埃尔·贝尔也持有类似的观点。他认为,"决定人的行为的不是头脑中的一般观念,而是心灵中当前的热情,对宗教的信仰并不能约制和决定人的品行……但是,如果信仰或宗教不能约制我们的情感,那么我们所做的善行也就不是来之于信仰了。"③贝尔说,例如怜悯、节制、宽厚等等意向"不是由于知道有一个上帝而得到的,而是来于人的某种禀性,这种禀性由于教育、个人利益、虚荣心、理性本能以及其他类似的动机而被巩固下来。"④所谓"禀性"实即天赋的道德倾向,亦即他所说的来自于"自然必然性"的"意志规律"。贝尔认为,正如存在着理性固有的思维(逻辑)规律一样,也存在着理性

---

① 《论功德》,引自狄德罗的译文,《狄德罗全集》,第1卷,第17页。
② 同上。
③ 引自费尔巴哈:《彼埃尔·贝尔》,载《费尔巴哈全集》,约德尔编,第5卷,第167页。
④ 同上书,第168页。

固有的意志(行为)规律。由此出发,贝尔论证说:"无神论者不否认逻辑规律,也不否认意志行为的规律,因而不能断言无神论者没有能力认识人应当按照理性即按照道德规则去调整行为",他甚至大胆地说:"即使没有上帝,我们还是有义务服从自然法的规律。"①当然,贝尔是怀疑论者,并没有真正否定上帝存在,但是,他确曾毫不迟疑地说:"只有世俗的原则管理尘世,即要畏惧人间的正义、人间的耻辱",因此,他认为:"只要严格地惩治罪行,把荣誉和羞耻的观念同某些事物联系起来,那么,一个由无神论者组成的社会可以像其他的社会一样实现公民的和道义的美德。"②在这里,贝尔显然以较之莎夫茨伯利更为尖锐的语言否定了道德与宗教的联系。同时,贝尔对教会中道德败坏的丑恶现象也做了更为激烈的揭露和批判。他说:"不要以为不信教的人就比信教的基督徒坏",③事实上,"有些人可能是最缺德无行的,而同时又完全相信一种宗教的真理,甚至是基督教的真理。"④贝尔还断然宣称:"被各种不同的宗教所分裂的国家是不义的最大根源",⑤这简直把宗教判为道德的仇敌,罪恶的渊薮了。

狄德罗这一时期对道德与宗教关系的看法无疑是既受了莎夫茨伯利的也受了贝尔的深刻影响,但是,他同这两位先辈又有一些不宜忽略的分歧。

像莎夫茨伯利和贝尔一样,狄德罗也非常注意宗教信仰和道德并不总是一致的这个事实。他说:"人总是矛盾的,有些人承认上帝存在却不敬上帝,有些人否认上帝存在却很值得上帝嘉奖。如果说这里有

---

① 引自费尔巴哈:《彼埃尔·贝尔》,载《费尔巴哈全集》,约德尔编,第5卷,第171页。
② 同上书,第169页。
③ 同上书,第168页。
④ 同上书,第167页。
⑤ 同上书,第175页。

什么令人感到惊讶的话,那么这决不是无神论者过着正直高尚的生活,而是基督徒竟过着邪恶不正的生活。"[1]他以著名的无神论者霍布斯为例说:"霍布斯是一个很好的公民,很好的亲属,很好的朋友,而他却是不信神的。"[2]

正如莎夫茨伯利之强调天赋的道德感情和贝尔之强调理性固有的意志自然规律一样,狄德罗也强调道德须与自然相符合而不应追从宗教的说教,他认为:"凡是严重破坏自然法的教条都不能得到人们心安理得的尊重。当自然和道德都反对传道者的说教时,服从就是一种罪过了。"[3]如果有人说上帝命令我们去盗窃、抢劫、杀人,在狄德罗看来,这些勾当既然是违反自然法从而也是违反道德的,那么我们无须考察就可以回答说这是犯罪,"因此上帝决不会命令我去做这种事"。[4] 狄德罗由此进而提出,不是道德以宗教为准绳,相反而是宗教应以道德为标准,"道德的纯洁性可以使我们推断一种宗教是否合乎真理。如果道德被败坏了,那么鼓吹这种腐化堕落的宗教就证明是错误的。"[5]

从上面这些议论来看,狄德罗似乎也应该像莎夫茨伯利和贝尔一样,得出道德与宗教并无自然联系的结论。有的研究者也确曾断言:"狄德罗赞同莎夫茨伯利把道德与宗教分开。"[6]然而,这却是一个误会,是把应该当成事实了。事实是狄德罗并没有从上述的前提做出这样的结论。而这正是狄德罗之有别于和略逊于莎夫茨伯利和贝尔的地方。作为有神论者,这时的狄德罗还不能相信道德可以独立于宗教,他

---

[1] 《狄德罗全集》,第1卷,第59页。
[2] 同上。
[3] 同上书,第39页。
[4] 同上。
[5] 同上。
[6] J. H. 梅林:《无敌的狄德罗》,伦敦,1982年,第282页。

反复地讲:"不信仰上帝,就没有美德,没有美德就没有幸福",①"没有宗教就没有美德,而没有美德就没有幸福"。② 而且,也许是出于有意的误会吧,狄德罗认为这也就是莎夫茨伯利《论功德》一书提出的"两个命题"或"两个真理",③这部著作的目的即在于"指出美德几乎是不可分离地与对上帝的认识联系在一起的;人的尘世的幸福是与美德不可分的"。④ 因此,他虽然承认无神论者也可以是有道德的这个事实,但是在原则上则认为无神论不能为道德提供一个坚实的基础,甚至批评无神论"使诚实正直失掉了支柱,更糟的是它还间接地把人引向堕落"。⑤

道德与宗教的关系问题是狄德罗思想发展的一个重要的契机,他在转向自然神论之后也长久未能解决这个问题,而仍然认为承认上帝乃道德之必需,无神论者否认上帝存在,因而他们的"正直将缺乏基础";怀疑论者怀疑上帝存在,他们的"正直则将是基于一个'或许'之上的";只有自然神论者"肯定上帝存在,肯定灵魂不死和它的后果",才有充足的根据成为"有道德的人"。⑥ 只是到了无神论时期,狄德罗才完全彻底地否定了道德与宗教的任何联系,例如,他在回答伏尔泰批评《谈盲人的信》的来信时不仅坚决肯定无神论者是"热爱美和善的人";赞美他们"既不会容忍一本坏书,也不会耐心地聆听一场低劣的音乐会,也不会允许一张不好的画挂在自己的房间里,也不会做出任何的恶行",而且以此证明道德与信仰上帝全然无关,他在回信的末尾明确地做出结论说:"因此,最重要的是不要把毒草看成香花,信不信上帝则是

---

① J. H. 梅林:《无敌的狄德罗》,伦敦,1982年,第12页。
② 同上书,第12页。
③ 同上书,第10页。
④ 同上书,第12页。
⑤ 同上书,第58-59页。
⑥ 《狄德罗选集》,第12页。

丝毫无关紧要的。"①

狄德罗在翻译《论功德》时虽然坚持道德与宗教不可分,但是,如前所说,他所要求的宗教并不是传统的基督教,而是一种与理性和道德相结合的宗教。他认为,传统宗教(包括基督教在内)的一些道德诫律是不符合道德原则,不符合人的自然本性或自然法的,他说:"如果我们相信历史的话,那么,这些宗教的清规戒律是经常抹杀了道德原则的。"②从狄德罗写的一些脚注来看,他所反对的主要是基督教宣扬的来世幸福和禁欲主义这两个教条。关于来世幸福,狄德罗并未公开否定,但是他认为上帝的赏罚可能就在今生,不必待诸死后,他说:"如果在这个世界上德行能得到报偿,恶行能得到惩罚,那么,有神论者有什么理由去期待来世呢?相信那个在现世中主持正义赏善罚恶的最高存在不会把使人得到安慰的这条道路推到彼世去,这个想法难道是没有道理的吗?"③与此相联系,狄德罗则公开反对禁欲主义的说教。他认为,道德应当与现世的利益联系起来,二者并不矛盾,"如果德行具有实际的利益,则永远会促使人为善"。④ 对现世利益的追求乃是发自人的自然本性的要求,狄德罗说:"我们全都同意,人能够自爱,能够趋向自己的利益,追求尘世的幸福,而并不失为有道德的人。因此,问题不在于承认我们的行为是否出于自爱或利益,而在于确定在什么时候这两种情感是符合于一切人所欲求的目的即一切人的幸福的。人类智慧归根结底就是致力于自爱,就是要懂得自己的利益,就是要认识自己应有的幸福。"⑤在这一点上,狄德罗与莎夫茨伯利也是有所不同的。后者认为

---

① 《狄德罗全集》,第19卷,第422页。
② 同上书,第1卷,第18页。
③ 同上书,第60页。
④ 《狄德罗全集》,第1卷,第60页。
⑤ 同上书,第29页。

只有天赋的社会感情是道德的基础,而狄德罗虽然也主张个人利益应与一切人的利益和幸福结合起来,但是他认为个人利益是更根本的东西,因为在他看来,"无论怎样貌似慷慨无私,也无论我们在表面上乔装打扮成如何宽宏大量,利益和自爱却是我们行为的唯一本原"。① 狄德罗对禁欲主义之压抑和斫丧人的情欲也做了批判。他认为,情欲是自然的东西,应当保持,当然也应当有所控制,不可纵欲,他说:"宗教说要克制情欲;自然说要保持情欲。我们总是可能使这两个方面都感到满意。"但是他坚决反对绝情灭欲的做法,认为这不啻是一种自杀。他说:"为了要成为有道德的人就必须扼杀自己,这种情形是绝无仅有的。即使那些极端的虔信派教徒们只要敢于请教一下理性,也不会不明白这一点。"②狄德罗在后来的许多哲学和文学作品中对禁欲主义继续做了批判,例如在《哲学思想录》中他痛斥基督教要人们"为了宗教而剥夺了自己的自然感情,不再做人而装成塑像,以便做真正的基督徒,"③说"有意摧残情感,是绝顶的蠢事",④同时,他又反对纵容情感,提倡使各种情感建立一种"允当的和谐"。⑤ 对禁欲主义的批判是18世纪资产阶级思想家的人道主义思想的一个重要内容,在启蒙运动反宗教的斗争中起了积极的作用。

四、宇宙的统一性

莎夫茨伯利在《论功德》中讨论道德善恶问题,从善恶的相对性出

---

① 《狄德罗全集》,第1卷,第29页。
② 同上。
③ 《狄德罗选集》,第3页。
④ 同上。
⑤ 同上书,第2页。

发进而提出了一种目的论的宇宙观。他认为,善恶是真实存在的,但是相对的,人的行为的善恶总是相对于一定的条件,在一定的系统中才能判定。不仅人是如此,一切事物也是这样。一切事物相对于一定的条件,在一定的系统中存在,一事物在这个条件下,对这个系统是善的、好的、有益的,在另一条件下,对另一系统说则可能是恶的、坏的、有害的。但是,各自处于一定的条件、一定的系统中的万物却彼此形成一种合目的的互相适应的关系或普遍联系。例如,就每一动物、植物自身的结构来说,各个器官、肢体之间是合目的地相互适应的,如手臂之于其他器官,叶之于茎和根,等等。各种生物之间也是合目的地相互适应的,例如苍蝇生来就适于做蜘蛛的猎获物。这种相互适应也就是一种相对的善与恶,苍蝇为蜘蛛所食,苍蝇对于蜘蛛就是善,而蜘蛛对于苍蝇则是恶。莎夫茨伯利说,所有的动物构成一个系统,一个"动物的序列或组织",动物的一切活动都是"按照这种序列或组织来调节和安排的"。从更大的范围说,动物、植物和其他低级的东西包含在一个地球或别的星球的系统中,而这一星球又依赖于其他的天体(如太阳)而成为另一更大的系统的部分。这样,一切事物都在整个宇宙的总系统的普遍联系中而具有相对善恶的意义。他说:"如果我们承认同样有一个万物的系统和普遍的自然,那么,就不可能有任何个别的东西或个别的系统在宇宙的这个总系统中不是善的或者恶的。"[①]莎夫茨伯利认为,宇宙的这种合目的的秩序是上帝安排的,而且是上帝这个全知全能的创造主存在的证明。他反对无神论,就是因为无神论否认有一个安排宇宙秩序的上帝。他说:"不承认在自然界中除了偶然性之外还有别的原因,别的本原;否认有一个至高无上的智慧根据某种普遍的或局部的利益来

[①] 上引均见莎夫茨伯利:《论功德》,载《论人的特性》,伦敦,1900年,第1卷,第246页。

创造、注定、安排了一切,这就是完全的无神论者。"①顺便说明一下,这里所说以偶然性作为世界的原因是指古代原子论的观点,原子论者认为世界万物都是由于原子在虚空中任意的、急剧的、凌乱的运动即旋涡运动中而产生的。亚里士多德认为这就是"把偶然性看成是天空和一切世界的原因。因为产生分离并建立世界上秩序的这种旋涡和运动,似乎是出于偶然的"。②但是,原子论者又把旋涡运动称为必然性,认为"一切都由必然性而产生,旋涡运动既然是一切事物形成的原因,这在他(指德谟克里特)就被称为必然性"。③所以,亚里士多德又说德谟克里特"把自然界一切作用都归之于必然性",并批评他"忽略了目的因"。④又是偶然,又是必然,这似乎是一个矛盾。但是,实际上并不矛盾。因为对于原子论者来说,生成万物的原子旋涡运动恰恰就是必然和偶然的统一,应当说这里也表现了古代唯物主义的朴素辩证法。17世纪以后,古代原子论哲学在一些唯物主义者中得到恢复和传播,用原子运动说明世界万物的产生和秩序的唯物主义观点直接否定了目的论的宇宙观,因而遭到有神论者和自然神论者的共同攻击。他们像亚里士多德那样或者批评唯物主义者用必然性否定目的因,或者又指责唯物主义者用偶然性否定世界秩序的合目的性。莎夫茨伯利和有神论时期直至自然神论时期的狄德罗就都是把无神论看作以偶然性为世界万物原因的观点来反对的。

有神论时期的狄德罗接受了莎夫茨伯利的目的论的宇宙观,也认为世界万物具有相对的善恶,并在相互适应中联系成一个普遍的合目的的宇宙秩序或宇宙系统。狄德罗把这种宇宙观概括为这样一个哲学

---

① 《论功德》,狄德罗译文,《狄德罗全集》,第1卷,第21页。
② 《古希腊罗马哲学》,商务印书馆,1981年,第99页。
③ 同上书,第97页。
④ 同上书,第99页。

的命题:"在宇宙中,一切都是统一的",并说:"这个真理是哲学的第一步,而且是极其伟大的一步。"①他认为,这种统一或合目的的普遍联系的存在是断无可疑的,是得到了自然科学的支持的,"现代哲学家的一切发现一齐证明了这一真理","人们愈深入自然,就愈发现这种统一"。② 不过,由于全体是无限巨大的,各个部分的数目是无限之多的,而我们又缺乏一种可与全体之宏伟和部分之众多相称的智力和经验,所以这种联系常常不为我们所见,也不足为奇,但是不能由此得出结论说这种统一或联系是不存在的。狄德罗认为,谁否认这种联系,谁就是无视自然,反对自然的真理。他说:"'我看不出对这类事物不吉的现象怎么会通过事物普遍秩序的联系而有益于另一类事物,因此普遍秩序是一种空想。'这就是那些攻击自然的人的论证。捍卫自然的人的回答和论证则是这样的:我能够证明,在许许多多情况下对一个系统有害的东西,由于普遍秩序的奇妙的联系而转化为对其他系统有益的东西。"③

狄德罗在谈论宇宙的合目的的普遍秩序或统一性的一段很长的注文中并没有引用具体的自然科学材料来详细阐述这一观点,但是,他曾提到:一切哲学体系的作者"当他们把世界看作一架机器,一架有待他们去说明其构成、打开其秘密之类的机器时,都假定了这一真理"。④由此可知,狄德罗的这种目的论的宇宙观是同当时流行的一种机械论的自然观密切联系着的。这种自然观认为,世界是万古如斯、永恒不变的,整个自然界仿佛一架构造得无比奇妙、精巧、完美的机器,一切都是这样合目的地互相适应,因而只有全知全能的上帝才能把它创造出来。

---

① 《狄德罗全集》,第1卷,第26页。
② 同上。
③ 同上书,第27页。
④ 同上书,第26页。

略述狄德罗早期的有神论思想

正如恩格斯所说:"这一时期的自然科学所达到的最高的总的思想,是自然界安排的合目的性,是浅薄的伏尔夫式的目的论,照这种目的论,猫被创造出来是为了吃老鼠,老鼠被创造出来是为了给猫吃,而整个自然界被创造出来是为了证明造物主的智慧。"① 例如,这一时期最伟大的科学家牛顿就自觉地以自己的科学成就来为这种目的论的宇宙观作论证,他认为,"盲目的形而上学的必然性……并不能产生出多种多样的事物来",②"宇宙系统的和谐""与其说发生于偶然,不如说是选择的结果"。③ 所谓"选择",就是上帝"对万物的最聪明和最巧妙的安排",这种"安排"亦即世界万物的"最终的原因(或译目的因)"。④ 牛顿的这种观点,由于他在科学上的权威地位,在当时产生了巨大的影响。许多有神论者和自然神论者都把牛顿力学及其目的论的思想作为论证上帝存在和反对无神论的最有力的武器。英国科学家科茨在其为牛顿《自然哲学的数学原理》一书写的序中说:"牛顿的这部杰出著作最安全地防止了来自无神论者的攻击,我们不能从别的地方而只能从这个箭囊里拔出无比锋利的武器来对付这些不信神的人们。"⑤

从狄德罗自然神论时期的著作可以更清楚地看到他的目的论的宇宙观同牛顿机械论思想的联系。他在《哲学思想录》中说,多亏牛顿这样一些伟大科学家的工作,人们才不再把世界看作神,而看作"一架机器,有它的齿轮、缆索、滑车、弹簧和悬摆",机器自然要有它的设计者和发动者,因而牛顿等科学家的著作就为一个"具有最高智慧的实体的存在"提供了"充足证据"。⑥ 狄德罗认为,无神论者企图用"原子的偶然

---

① 《自然辩证法》,人民出版社,1955年,第8页。
② 《牛顿自然哲学著作选》,上海人民出版社,1974年,第52页。
③ 同上书,第58页。
④ 同上书,第51页。
⑤ 同上书,第160页。
⑥ 《狄德罗选集》,第8页。

投掷"来说明世界的形成是站不住脚的,因为这就像掷骰子一样,也许在无数次的投掷中竟没有一次能碰巧产生出世界的这样令人惊讶赞叹的秩序来。[1] 在1747年写的《怀疑论者漫步》中狄德罗仍然坚持以世界秩序的存在来论证上帝的存在。他的这个观点曾遭到拉美特利的批评,拉美特利在《人是机器》(1748年)中说,狄德罗的《哲学思想录》"是一部说服不了一个无神论者的杰作"。他认为,狄德罗否认用偶然性说明世界,这并不能驳倒无神论,"消灭偶然,并不等于证明有一个最高的实体,因为此外还可以有另一种东西,它既不是偶然,也不是上帝,我愿称之为自然"。[2]

狄德罗本人在1749年《论盲人的信》中也批判了以自然秩序、人体和各种动物的"奇妙"结构来证明上帝存在的论点,否定了他在有神论和自然神论时期一直坚持的目的论的宇宙观,这是他向无神论转变的决定性的关键。狄德罗在信中公开批评了他曾如此崇拜的牛顿。他通过盲人桑德逊之口说,牛顿、莱布尼茨这些第一流的天才"是为自然界的各种奇观所打动的,都承认一个智慧实体作为自己的创造者",但是,"牛顿的佐证对于他,并不像整个自然界的佐证对于牛顿一样有力;牛顿相信神说的话,而他,是要打一个折扣相信牛顿的话的。"[3]

应当指出,狄德罗在转向无神论以后,虽然否定了目的论的宇宙观,但是并没有放弃宇宙万物是统一的、普遍联系的这一观点,而是对这一观点做了唯物主义的改造,并充实以具有辩证法因素的内容。狄德罗承认,自然界存在着某种"秩序",但是他认为这种秩序并不是一成不变的,也不是绝对完善的。整个世界"是一个经常变革的组合体,这些变革都标志着一种继续不断地趋于毁灭的倾向;是一些彼此相随、互

---

[1] 《狄德罗选集》,第11-12页。
[2] 《人是机器》,三联书店,1956年,第50页。
[3] 《十八世纪法国哲学》,商务印书馆,1963年,第309-310页。

相推进而又消失不见的东西的一个迅速递进的过程,一个变灭的对称体系;是一个瞬息万变的秩序"。① 狄德罗认为,要了解自然现存秩序的形成,就必须追溯最初物质是怎样"在发酵状态中化生宇宙"的,要了解现有各种动物的完善的机体组织,就必须追溯各种动物形成的最初时刻和后来不断的消灭和组合的过程。狄德罗的这些思想包含着宇宙形成论和生物进化论观点的萌芽,具有明显的辩证法的倾向,唯其如此,他才有可能突破牛顿机械论的束缚,用物质自身的运动变化去说明宇宙的统一性和万物的形成,从而彻底摆脱了目的论的宇宙观,达到了无神论。

总之,从狄德罗由有神论到自然神论到无神论的发展,我们看到了一个伟大的思想家如何在不断的探索,不断的自我批判中永不停歇地前进,这正是狄德罗的可贵之处,也是他在今天仍然受到人们特别推崇的一个原因。

---

① 《十八世纪法国哲学》,商务印书馆,1963年,第311页。

《给塞伦娜的信》述评[*]

约翰·托兰德(1670-1722)是18世纪英国著名的自由思想家和唯物主义哲学家,一生著作颇丰,最主要的作品有《基督教并不神秘》(1696)、《给塞伦娜的信》(1704)和《泛神论要义》(1720),而《给塞伦娜的信》则是其唯物主义思想臻于成熟的代表作,在18世纪上半叶英国思想界和法国启蒙运动中传播甚广,有重大的影响。

《给塞伦娜的信》是托兰德在18世纪初年在欧陆国家旅游和寓居(主要在当时的普鲁士)期间写作的,1704年在伦敦出版。书名中的"塞伦娜"是假托的名字,但实有其人,即普鲁士国王菲特烈一世的妻子苏菲·夏洛蒂王后。夏洛蒂是一位有很高文化教养的贵族妇女,对哲学、历史、文学饶有兴趣,而且喜与当代杰出的名流学者会晤,谈文论道。传说莱布尼茨的"没有两片树叶是完全一样的"那句名言就是在王家花园里陪夏洛蒂王后散步时讲的。时在柏林的托兰德,作为已享誉欧洲的著名学者,自然也成为这位王后的座上宾。托兰德后以书信的形式将其与夏洛蒂讨论过的几个宗教神学和哲学的问题写成三篇文章,并与写给他人的两篇哲学通信结集出版,而总题其书曰:《给塞伦娜的信》。

《给塞伦娜的信》有一长篇序言,也是以书信的形式写的(写给一位

---

[*] 原载约翰·托兰德《给塞伦娜的信》中译本,商务印书馆,2010年。

伦敦的朋友)。托兰德在序中说明了他写这些书信的原由并概述了每封信的主题和内容。托兰德说,前三封信都是应塞伦娜(即夏洛蒂王后)的要求而写的,主要是探讨和论述偏见的根源、灵魂不朽观念的历史和偶像或神灵崇拜的原因。据托兰德说,本来还有几封写给塞伦娜的信,但因尚未整理抄好,所以未收入这个书信集,而代之以另外两篇分别写给两位斯宾诺莎哲学信奉者的书信,一是评论斯宾诺莎哲学体系,一是专论物质能动性问题,而两信都是批评古今哲学家割裂物质和运动,否定物质具有能动性的观点。我们在下面就对这五篇书信略做简要的评介。

一、第一篇书信题为"偏见的起源和力量"。人们或以为此信只是泛论偏见问题,似非全书重点的篇章。但是,托兰德却告诉我们"给塞伦娜的第一封信是写给她的所有其他书信的一种序言(une espèce de préface)",甚至说"阅读此信可作为理解我的全部其他作品的一把钥匙(clef à tous mes autres ouvrages)"。[①] 所谓"偏见"(prejudice,或译成见),在托兰德那里,是指一切长久相传、广泛流行、影响深远的传统谬误观念和迷信思想。《给塞伦娜的信》中所论灵魂不朽、偶像崇拜、否定物质能动性等等,是"偏见",托氏其他著作,如《基督教并不神秘》、《泛神论要义》诸书所批评的种种谬见和迷信(无论是宗教的、哲学的,还是道德的、政治的),也都是"偏见"。纵观托兰德的全部学术活动和著作,我们可以说,揭露和批判"偏见"乃是其一以贯之的一条基线和主旨,而这正是他作为自由思想家的特质,而且代表了 18 世纪启蒙时代的基本精神。

托兰德在第一封信中探讨偏见的根源,指出偏见并非人先天具有

[①] 托兰德 1709 年 12 月 28 日写给一位德国贵族朋友的信,转引自 Fromann 出版社 1964 年影印本《给塞伦娜的信》的编者序言。

的,而是由社会环境造成的。事实上,我们从出生之日起就生活在由无数因袭的偏见织成的包围圈中,从家庭到学校到社会无处无时不在向我们灌输这些偏见,"因此世界上一切地方的人都贪婪地吞食着他们从孩提时期就被教导要效法或尊重的东西"即这些偏见,"而且毫无根据地准备在年长时为这种东西的真理而死。"托兰德慨叹:"老实说,这不过是成为习惯的牺牲品。"偏见作为传统的观念是一种巨大的习惯的力量,具有至上的权威,用托兰德的话说,习惯是"最有力的主宰",具有"不可抗拒的暴君的权威",所有的人"无不受其统治"。在这种统治下,人不可能有任何独立思考的权利,不可能以"应有的悬置存疑精神"研究问题,在宗教信仰上,谁若对视若"神谕"和绝对真理的信条、教义有所"置疑或否定","这个人的日子就会很不好过,他即使不被处死,也会被流放,被剥夺工作,被罚款,或被开除教籍。"但是,压迫和迫害并不能阻止和消灭人们为摆脱偏见、为了从传统的谬误观念和迷信思想中解放出来而进行的斗争,托兰德大力赞扬那些"摆脱了偏见的人"敢于以"磨练发展自己的理性"作为"毕生致力的主要目标"。"他们不是像牛马牲畜那样被权威或情欲牵着走,而是作为一个自由而有理性的人为自己的行为立法自律。"这种坚持思想自由和理性批判的精神对18世纪英国的自由思想运动和欧洲,特别是法国的启蒙运动都有过极大的影响和推动作用。《给塞伦娜的信》在1786年法国启蒙运动高潮之际由百科全书派主将之一的霍尔巴赫亲自译为法文出版,畅行一时,就是证明。

二、第二篇书信题为"异教徒灵魂不朽观念的历史"。灵魂不朽是一个非常古老的、宗教的,也是哲学的观念。就其发生的历史而言,西方(希腊、罗马)晚于东方(埃及、波斯、印度),而且是从东方传入西方的。托兰德说,希腊最早的那些自然哲学家都是用物质及其运动"解释一切自然现象",还不曾有关于一种独立于物质的"精神本质"即灵魂和灵魂不朽的观念,第一个将灵魂不朽说带给希腊人的是毕达哥拉斯,而毕达哥拉斯之接受这个观念是其在东方国家游历、学习期间由埃及祭司和波斯巫师传授的。

　　灵魂不朽观念是耶稣纪元之前的远古时期在东方异教国家、首先是埃及起源的。托兰德说,埃及异教徒们之有此信念,既非来自天启,更不可能得之于犹太先知(犹太人的宗教观念大大晚于其他东方民族)。那么,埃及人是怎样产生灵魂不朽观念的呢?托兰德的回答是:埃及人丧葬活动的方式和礼仪是引起灵魂不朽观念的原因。隆重举办葬礼是埃及社会的一个极重要的遍及民间的习俗,对人们的精神生活有巨大的影响。葬礼不仅是寄托人们对死者的哀思和缅怀,而且是为死者送别,送死者离别他曾生活过的这个尘世,远行到另一个世界(按照埃及人迷信的传说,是由冥河摆渡到彼岸的冥界)去过死后的生活,当然那不可能是已死的肉体的生命,而是一种被幻想为完全脱离了肉体的纯粹精神的灵魂的生命。从这里我们可以看到灵魂不朽观念的产生有其深刻的心理根源,即人们对生的欲望,对长生乃至永生的欲望,正如托兰德所说:"这个学说被人们普遍地欣然接受是毫不奇怪的,因为它使人们感到慰藉,觉得有希望得到他们所最想要的东西,即在死后继续生存下去,因为很少有人能忍受永远不再在某处活着这种想法……在那些不曾受过神圣启示的教化的民族那里,灵魂不朽说之被人们信奉,就是这种情形。"对灵魂不朽观念的这种心理根源的分析彻底否定了它是什么神授天赐的神圣信条,所以在18世纪启蒙学者中间得到广泛的认同,例如,霍尔巴赫在其名著《自然体系》(1777)的"论灵魂不死"一章中说:"灵魂不朽是一种纯粹的幻想",是从人们永保其生命的欲求中产生出来的,"因为自然使所有的人都知道要热爱生存,而热爱生存的必然结果则是希望永远保持生存;这种欲望很快就变成一种信念,而且由自然启发给人的这种对永远生存的欲望就成为人永远不会停止生存的证明。"①

三、第三篇书信题为"偶像崇拜的起源和异教产生的原因"。托兰德这里所说的"异教"是指基督教产生之前在古代东方国家和希腊、罗马时代民间流行的许多宗教观念。那些宗教还没有形成像基督教的"上帝"那样的一神教的信仰，而是相信多神的存在（有各种形态、各种特性、各种职能、各种威力的神，而且神各有其疆域，他们都是某个部落、某个地区、某个民族的神），这种多神教的信仰被基督徒们贬斥为一种"偶像崇拜"，而"偶像崇拜"则常常被用做"异教"的同义语或代名词。② 因此要探讨异教产生的原因就要追溯偶像崇拜的起源。

托兰德认为，"一切迷信最初都与对死者的崇拜有关，主要源自丧葬仪式"。前信所述灵魂不朽观念是如此，偶像崇拜的迷信也是如此。一般丧葬仪式都既是为了纪念死者，也是对死者的尊崇和赞颂。然而对帝王将相、英雄伟人的丧葬仪式则把这种纪念、尊崇和赞颂推到极致，变成一种"特殊的宗教礼拜"，而将这些被视为对民族、对民众有巨大贡献和不朽功绩的杰出的死者变成人们顶礼膜拜的偶像，化为超凡入圣的神。正如托兰德引用的古罗马作家普林尼所说："人们对自己的恩人表示感谢的最古老的方式是在其死后将他们神化（deifying）。"托兰德认为，人们对于死者的这种谬误的观念就是异教徒偶像崇拜的"首要的、最自然、最普通而且也是引起所有其他迷信的原因"。

托兰德援引大量的历史资料和古代作家的著作论述异教徒通过对死者的丧葬仪式，而将人偶像化（idolization）和神化（deification）的过程，从而深刻地指出，不是神创造了人，而是人创造了神，是人"造神"

---

① 《自然体系》，俄译本，莫斯科国家出版社，1924年，第196、195页。（参阅该书中译本，商务印书馆，1964年，上卷，第225、223-224页。）

② 托兰德说，异教徒"这个名称乃专指那些相信多神的偶像崇拜者"（《给塞伦娜的信》第三封信第18节）。

(god-making)。神不是什么超人、超自然的存在,而是被神化了的人,被幻化、超升为神的人。事实上,所有的神都是按照人的形象塑造的,"神有尘世的原型",神在天上的生活情景有些虽属"诗意的和神话式的"虚构,但多是从人在"尘世生活的真实历史中假借来的",例如,神不仅具有人形,具有人的思想、意志、情欲,并且像人一样做出种种的行为;神也像人一样有高低不同的等级,有君臣、官民、主奴之分;如是等等,足以证明神的世界、天上的王国不过是人的世界、地上的王国的翻版或移植,正如西塞罗所说:"难道天堂里不满都是人类吗?如果我要费力研究一下古人,就会发现那些所谓主要的神都是从地上移到天上去的。"在托兰德那里,对异教的研究,从历史发生学的角度看,是从人到神,是人的"神化"的过程,反过来说,从对异教作为宗教的本质的分析来看,则是从神到人,是神的"人化"的过程。用罗马作家普卢塔克的话说,这种研究是"把神人化"(humanize),托兰德解释说,这"不是把神变成人,而是把神还原为人,如其本来的样子。"有的学者认为,托兰德的这个观点接近于或者说"预示"了后来费尔巴哈关于神的本质、宗教的本质即是人的本质的人本学思想。① 不过,我们必须指出,托兰德把神还原为人的这种人本学(如果可以这样说的话)的宗教分析和批判仅限于异教,而未扩及于基督教。在《给塞伦娜的信》中他仍然保持着《基督教并不神秘》一书的自然神论立场,仍然相信基督教是要"改善我们的道德"、"破除一切迷信的想法和做法"的,而且能"给我们以关于神的正确观念",也就是说他仍然相信基督教的上帝之为超人超自然的神圣存在的观念,因此在这部著作中他没有也不可能对基督教的神的观念做人本学的分析,不可能把上帝还原为人而加以否定。

---

① 参阅德波林:《约翰·托兰德》,载《17—18世纪唯物主义史纲》,苏联国家出版社,1929年。

托兰德对于异教起源的探讨和分析还深入到对其社会政治作用的揭示和批判。他说,古代东方国家和古希腊罗马的异教崇拜的诸神其实就是被神化了的尘世的统治者群体。例如,罗马帝国时代,从专制暴君罗马皇帝到"王后嫔妃、皇亲国戚、宠嬖侍臣,都被神化了"。这种神化,这种宗教崇拜,乃是维持和巩固其反动统治的一种"手段","这些帝王们就是靠这种手段使其臣民永世受其奴役,而不敢对这些神们或者说被选定成神的人们造反","永葆其万世一系的统治"。托兰德还指出,近代基督教国家的君主也学习异教帝王的榜样,极力将其统治权力神化,"自诩有神授之权",而教士僧侣们则宣扬君主对人民有绝对权力,"妄称臣民对国王应无条件地绝对服从"。托兰德在这里无情地揭露了宗教迷信和谬见与反动政治统治的密切联系,把宗教批判提升为现实的政治批判。这也是托兰德高于同时代的英国其他自由思想家的地方。

四、第四篇书信是写给荷兰的一位斯宾诺莎主义者,批评斯宾诺莎哲学的,托兰德自称此信为"驳斯宾诺莎"。托兰德认为,斯宾诺莎的哲学体系"缺乏任何原理或根据",主要是指斯宾诺莎哲学缺乏正确的运动理论,没有正确说明物质和运动的关系,没有正确说明运动的本质和根源。在他看来,这个问题是如此重要,斯宾诺莎既然"没有解释运动究为何物",他的体系就是"完全站不住脚",甚至"不成其为哲学的"。

关于物质和运动的问题是一个非常古老的问题,尤其是运动的根源问题:运动是物质自身固有的,还是某种非物质、超物质的力量(精神、心灵、上帝)外加于物质的?是远自古希腊直至近代哲学家们在不断讨论、争论而始终不曾得到正确解决的一个焦点问题。托兰德说,最早的希腊哲学家对运动的看法,我们已不确切知道。但是自从阿那克萨戈拉提出世界万物都是由 Nous(理性、心灵)所推动、支配、安排的以后,"大多数的哲学家"都"认为物质本身是没有能动性的,是一堆滞钝浊重的东西,是被认为与物质截然有别的神以一种人类无法理解的方式将运动传递给了它"。中世纪的神学家们是这样,近代作为托兰德的直接哲学先辈的许多大哲学家和大科学家亦莫不如是(在此信和后面第五封信中他提到和批评的有笛卡儿、牛顿、洛克等人)。

对于斯宾诺莎,托兰德虽然批评甚烈,但是他又不失公允地指出,斯宾诺莎在整体宇宙观上大不同于上面这种将世界的存在和运动皆归源于外因、诉之于上帝的传统的流行的观点,"与此相反,斯宾诺莎不承认有任何离开宇宙实体或有别于宇宙实体的存在,即使宇宙自身没有运动,他也不承认有任何存在赋予它以运动,有任何存在使它继续或保持运动","他不愿承认有一个统驭万有的上帝作为宇宙的推动力,""他是不承认有任何外因的"。斯宾诺莎否定了笛卡儿的二元论,认为只有一个实体,这个唯一的实体就是上帝,但上帝不是超越宇宙的神,而是内在于宇宙的泛神论的神,作为唯一实体的上帝即是宇宙,即是自然,上帝或宇宙是"凭借自身的原因",这就是他著名的"实体自因"(causa sui)说。实体自因说对 18 世纪英、法唯物主义的发展有过重大的影响,如恩格斯所说,斯宾诺莎"坚持从世界本身说明世界",这是"当时哲学的最高光荣"。① 事实上托兰德自己在后期著作《泛神论要义》中讲上帝和宇宙同一、将上帝或宇宙看作宇宙万物自身的原因,固然主要是承袭了文艺复兴时期布鲁诺的泛神论思想,但也不无斯宾诺莎的影响。②

尽管如此,托兰德仍然尖锐地指出了斯宾诺莎哲学有其严重的缺陷或谬误。斯宾诺莎宣称实体是自身原因,但是并不承认运动是实体的本质属性,并未指出宇宙万物运动的根源究竟何在。他认为实体作

---

① 恩格斯:《自然辩证法》,人民出版社,1955 年,第 8 页。
② 参阅拙文"《泛神论要义》中译本序",载《泛神论要义》,商务印书馆,1997 年。

为物质性的存在,其本质的属性是广延,运动则是广延属性的"样态",是宇宙万物可有可无、或有或无的"偶性"。如托兰德所说,斯宾诺莎断言"运动不可能是实体的属性","在他的全部著作中没有一处是支持运动为实体属性这个意见的"。

托兰德认为,斯宾诺莎以及其他许多哲学家之所以割裂了物质和运动,就是因为他们把广延看作物质的最主要最基本的规定,而"仅仅广延这个观念并不包含任何殊异变化也不包含任何变化的原因"。所以当他们从广延的角度去看运动时,他们只能将运动理解为一种空间上位置的移动,他们会定义说:"运动就是一个物体从相邻的其他物体移开",而按照十七、十八世纪力学的机械论的观点,一切空间的位移都是而且只能是由外力推动的。要打破这种机械论的外因论,必须否定把一切运动都归结为位置移动的流行观念。托兰德认为,空间的位移不过是物质运动的一种特定的形式,其真正的动因在于物质普遍具有的内在的"能动性"。他说:"我们必须把位置的移动同推动力或能动性区别开来",位置移动作为一种地点的改变,"正如自然中所有其他的变化一样",都是物质固有的内在的能动性的一个"结果"。都是"能动性的一些变化不同的规定",而能动性则"永恒存在于物质全体及其每一部分之中,没有能动性则整个物质就不可能有任何样态的变化。"总之,"不承认物质的能动性,就不可能说明自然界发生的任何变化"。能动性是物质本质固有的,抛开能动性,不可能正确认识物质,也不可能正确定义物质,不可能有一个真实的完满的物质概念。

在第四封信中,托兰德对斯宾诺莎哲学的另一重要批评是关于物质和思维或精神的关系问题(在后面第五封信中也有论及)。斯宾诺莎认为,思维像广延一样是实体的最基本的属性。在托兰德看来,这无异于承认"物质的每一部分、每一分子都时时在思维",这种观点与托氏在第五封信中批判的那种"妄称万物皆有生命"的古今各派物活论或万物有灵论者的说法是一致的,都是"谬误""荒诞"的,"因为认为物质永在思维是违反理性和经验的"。事实上,思维或精神绝非物质普遍具有的属性,而仅仅是某种特定的物质体——大脑才具有的机能。托兰德说:"在动物身上,不论思维的基源究为何物,除了凭借大脑它是不能思维的。……我们发现我们自己是在大脑中思维,而且仅仅在大脑中思维的,凡是缺乏大脑之物我们就看不到有任何思维的迹象,而凡是长有大脑的生物,其活动则似乎都显示有某种程度的思维。"托兰德后来在《泛神论要义》一书中继续发挥了这个观点,认为"大脑是思维这种能力的专门器官","思维是大脑的一种特殊的运动"。但是,很遗憾,托兰德在该书中并没有将这个唯物主义的观点贯彻到底,却不顾自相矛盾,转而接受了他早已批判和否定了的物活论的观点,主张"地球上的一切东西都是有机物",都赋有"灵魂"和"生命"。① 这不能不说是其思想的一个倒退。

五、第五封信是全书中篇幅最长的一封信,继第四封信之后更深入更详细地讨论了物质的能动性问题,并以此为中心比较全面地阐述了托兰德的物质概念和整个唯物主义宇宙观(物质的运动、空间、坚固性、多样性、无限性等等)。

托兰德认为,迄今为止,哲学家们都只是给出了片面的物质定义,例如笛卡儿、斯宾诺莎仅用广延性定义物质,洛克仅用坚固性定义物质,"那只是给物质下了一半的定义,甚至只下了三分之一的定义",但是,要获得一个完全的确切的物质定义,就必须将能动性与广延性、坚固性一起纳入物质定义,托兰德说:"我并不想说除了广延性、坚固性和能动性三者之外,物质没有任何其他的本质属性,但是我相信把这三种属性联系起来做适当的考察可比过去更好地说明无数的物质现象。"这

---

① 参阅拙文"《泛神论要义》中译本序",载《泛神论要义》,商务印书馆,1997年。

三种属性密不可分,而能动性则居于核心地位。广延性即空间是万物的位置、距离的"基质和尺度";坚固性是"每个物体抗拒任何其他物体进入其所占位置的阻力",从而使其成为互相有别的各个特定的物体。然而,能动性则是物质中发生的这一切的力、位置变化和事物多样性的"直接原因"。

托兰德说,能动性是"物质的自然的、本质的、内在的和必然的"属性,因此,"自然界的全部物质、物质的每个部分从来都是在运动着的,也不可能不是在运动着的",不过各类物质事物由于"互相作用的方式不同"而使其"各自的运动极其殊异多样"。从事物的简单的位移、量的增减到事物的生灭、质变、转化、过渡等等,都是物质运动的各种形式、形态,即使通常所见的静止的力学现象也是运动的一种特殊状态,"也只是物体运动的一定规定性","是一种相对的休止","决不是物体间的一种绝对的无能动性"。

从物质具有内在的、本质的能动性这个基本命题出发,托兰德为我们描绘了一幅宇宙万物相互依存、普遍联系、永恒运动、生灭变化的辩证图景。"宇宙的物质虽然是到处相同的,但是人们认为物质按其不同的样态而分为无数特殊的系统,这些系统复又分为其他一些或大或小的系统,这些其他系统在其中心、结构、组织和联系上是相互依赖的,正如它们每一个又都依赖于整体一样。"例如,太阳是一个大的系统的中心,这个系统又包含很多较小的系统即围绕太阳运动的一切行星,这些较小的系统又分为更小的系统,如绕地球旋转的月球,绕木星旋转的卫星,地球又分为大气层、陆地、水和其他部分,这些又分为人、鸟、兽、树、草、鱼、虫、石头、金属以及其他千百种事物。"由于所有这一切事物都是在一个连锁中互相依赖的,所以它们的物质是彼此相互转化的","物质的任何部分都不拘于任何一种形式,它们不断地丧失和改变自己的形式",此事物的产生就是另一事物的消灭,就是另一事物之转化为此一事物，"宇宙的一切部分都处于这种毁灭与产生、产生与毁灭的经常不断的运动之中。较大的系统正如最小的微粒一样，有其不停的运动"。例如，"地球的表面每时每刻都展现出这些变化，没有任何东西会持续一个小时同一不变"，又如，人的身体"今日与昨日不完全相同，明日也不会继续相同，就如一条河，其生命就在不断之流中，就在我们的身体系统在死亡时完全分解而立地变成成千种其他事物的部分"。

托兰德关于宇宙物质永恒运动、万物皆变皆流的观点无疑是对恩格斯所说的作为十七、十八世纪时代特征的"形而上学"自然观即"关于自然界的绝对的不变性的见解"的一个否定，而且也可以说（用恩格斯的话）是复归于古希腊哲学家的那种素朴的辩证的自然观："整个自然界，从最小的东西到最大的东西，从沙粒到太阳，从原生生物到人，都处于永久的产生和消灭中，处于不间断的流动中，处于不休止的运动和变化中。"①

与物质运动问题密切相联系，托兰德在第五封信中也着力阐述了物质与空间的问题。托兰德反复强调物质与空间是不可分离的，物质的宇宙是"广大无边的"，我们说"空间无所不包"，就是"指无限的物质"，因为"无限的物质既是其自身各个部分和特殊形态的真正的基质，也是真正的空间和场所"。托兰德坚决反对把物质和空间割裂开来，坚决反对某些"功高德重，大名鼎鼎的人物"如牛顿、洛克等人"承认有一个无限的、广延的，然而非物质性的空间的观点"，即所谓"绝对空间"或"虚空空间"的学说。

托兰德认为，牛顿等人之所以承认有绝对虚空的空间，根本原因在

---

① 恩格斯：《自然辩证法》，人民出版社，1955年，第7、13页。恩格斯认为，在形而上学自然观上打开"第一个缺口"的是十八世纪下半叶德国哲学家康德关于天体（地球和整个太阳系）形成的"星云假说"（《自然辩证法》，第9页）。但是如上所见，早在十八世纪之初，托兰德提出的辩证的宇宙概念已经给了形而上学自然观有力的一击。

于否认物质具有内在能动性和无限性。"根据哲学家的理由主张物质有限的那些人,把物质想象为没有能动性的","这就必然使他们一方面设想物质的有限的广延,同时又承认有另外一种(非物质的)无限的广延"亦即"一种虚空的空间",他们认为唯其如此才能为只有"通过一种外在的作用力迫使它运动"(空间的位置移动)的"惰性的物质提供一个活动的地盘"。托兰德说,既然物质"不是无能动性的",无需外力的推动,那么这种虚空的空间"就是无用的和虚构的东西"。

托兰德还从认识根源上深刻地揭示了绝对空间概念的形成是一种谬误的抽象的结果。人们把物质的广延性这个特性从物质中抽象出来,把这种特性与物质本身及其他一切物质特性完全割裂开来,"当作实在的东西","赋予它以独立于其所由之抽象的那个基质的存在",这个独立自在的广延性就是所谓的"绝对空间"。托兰德说,抽象是人们经常进行的认识活动,事实上事物的"每一特性都可能而且确实被单独抽取出来而完全不考虑其他特性",这种抽象活动在数学上有特别重要的作用,例如数学上的点、线、面的抽象概念是不可或缺的,但是,这些抽象概念往往被人们"非常谬误地加以应用","被当作实在的东西",例如"数学的线、面、点曾被认为是(可以脱离物体的)实在的存在"。这就把科学的抽象引向谬误了。"绝对空间"的概念也是对抽象的这种谬误应用的一个最突出的例子,用托兰德的话说,"没有一个词比空间这个词被更多地滥用了"。

最后,我们要略谈一下托兰德在《给塞伦娜的信》中关于上帝的观念:他是否已超越了早年《基督教并不神秘》中的自然神论立场而完全转向无神论?经过反复阅读《给塞伦娜的信》,我们得出的结论是否定的。诚然,托兰德关于物质有无限性和能动性的宇宙观按其逻辑的推论似可导致无神论的结果。但是,托兰德在该书中并没有"逻辑地"阐发他的思想,而是把承认上帝存在、上帝创造世界这个宗教信条与宇宙无限、物质能动的哲学真理奇特地结合在一起了。他批评那种认为"承认了物质的能动性,似乎就无须有一种最高的智慧"的观点,说"上帝有能力把物质创造成既是广延的又是能动的,他能赋予物质这一种属性必能赋予它另一种属性,……而且难道上帝不必然永远或总是指挥着物质的运动吗?"他又说:"至于物质的无限性,它所排斥的只是一切明白事理、思想健全的人都一定要加以排斥的东西,即一个有广延有形体的上帝,但它并不否定有一个纯粹的精神或非物质的存在。"由此可见,托兰德此时并没有完全达到无神论的高度,尽管他的唯物主义学说对无神论思想的发展起过巨大的推动作用。

《泛神论要义》述评*

Pantheisticon 是 17 世纪末至 18 世纪初英国最著名的自由思想家约翰·托兰德(John Toland,1670-1722)晚年写的最后一部哲学著作。1720 年以拉丁文出版,署名扬奴斯·尤尼乌斯·尧甘内修斯(Janus Junius Eoganesius)。扬奴斯·尤尼乌斯是托兰德受洗时的名字,尧甘内修斯则是取其出生地爱尔兰北部伊斯特穆斯半岛的原名伊尼斯-尧甘(Inis-Eogan)一词造作的拉丁化的姓氏。托兰德死后近 30 年,*Pantheisticon* 始被译为英文于 1751 年在伦敦出版。译者未具名,不详其姓字。我们的中译所根据的就是这个英译本。

书名的 Pantheisticon 一词,国内学术界过去一般都译作"泛神论者",是不正确的。托兰德在此书中描写了一个由泛神论者组成的团体或协会。"泛神论者"一词,他在此书中用的是 Pantheist,而且 Pantheist 这个词在他更早的一部著作《忠实陈述的索齐尼主义》(*Socinianism truly stated*)中就已出现。托兰德在任何地方都不曾将泛神论者又名之曰 Pantheisticon。事实上,Pantheisticon 一词只是作为书名被使用过一次,其真正的含义可从其副标题得到解释。副标题的拉丁文原文为:sive formula celebrandae sodalitatis,可译为:"或一个著名协会的诵文"。按照当时书籍出版的习惯,在书名之下往往附有几行

---

* 原载约翰·托兰德《泛神论要义》中译本,商务印书馆,1997 年。

提挈全书内容的文字，Pantheisticon一书也不例外，在其正副标题之下附有一段文字，说明 Pantheisticon 或这个著名协会的 Formula"分为三个部分，即 1. 泛神论者(Pantheists)或其兄弟会的道德和公理。2. 他们的上帝和哲学。3. 他们的自由和既不欺人亦不被欺的法。……"这里已再明白不过地告诉我们，Pantheisticon 不是 Pantheists(泛神论者)，而是泛神论者的团体的诵文。这套诵文的三个部分所述皆泛神论者的要言妙道，实即托兰德的哲学、政治、道德、宗教等各方面的观点和主张，因此，我想不妨将 Pantheisticon(泛神论者的诵文)这个书名译作《泛神论要义》。

《泛神论要义》，作为托兰德的搁笔之作，在其思想发展中占有很重要的地位。无论是他自发表《基督教并不神秘》以来一直坚持的启蒙主义、理性主义的自由思想，还是他后来在《给塞伦娜的信》(1704)中提出的一系列唯物主义观点，在这部著作中可以说都有进一步的阐发或发展。

一、自由思想的跃进：宗教批判和政治批判

像 18 世纪其他的英国自由思想家一样，托兰德首先是以对宗教迷信和宗教狂热的理性主义批判、倡导宗教宽容和信仰自由而走上思想舞台的。但是他的自由思想在而后的发展中却超过了(在某些方面甚至大大超过了)与他同时代的那些早期的自由思想家。这突出地表现在如下两个方面：

(一) 从宗教迷信的批判到基督教的否定

大家知道，托兰德在其早期作品《基督教并不神秘》中还是站在基督教的立场力图证明福音书中没有任何反理性或超理性的东西，从而

把奇迹迷信之类的东西从所谓"真正的"基督教中铲除出去的,实际上是要赋予基督教一个新的理性化的形态,或者也可以说是要恢复在他看来本无迷信色彩的原始基督教的理性本质;在《给塞伦娜的信》中托兰德虽然对宗教迷信产生的根源和社会作用有许多深刻的论述,但是仍试图把基督教本身与宗教迷信区别开来,认为真正的基督教是符合理性的,是"旨在改善我们的道德、教导我们以正确的神性观念,因而根除一切迷信思想和迷信活动的组织",那些"对耶稣基督所要消灭的东西"即各种迷信"加以袒护的人是没有权利称为基督徒的",他们的迷信思想和迷信活动毋宁说是一种"反基督教主义",而且"没有什么比它更与基督的学说正相悖逆的了"。[①] 因此直至《给塞伦娜的信》,托兰德批判的锋芒主要是针对各种宗教迷信的观念和学说,不曾进而触及基督教信仰本身。在《泛神论要义》中托兰德则不仅以更为高昂的启蒙主义的理性主义的精神对任何一种宗教迷信都予以无情的揭露和唾弃,即"在理性的光照下","抛弃一切假冒的启示,推翻伪造的奇迹、悖理的秘密、含糊的神谕,揭穿一切欺诈、诡计、谬误、骗局和老婆婆的故事",[②] 而且将古往今来一切传统的宗教即"从先辈得来或由法律强迫信奉的宗教"都痛斥为"完全是或在某些方面是不道德的、邪恶的、卑污的、残暴的或剥夺人的自由的"。[③] 此处虽未明指基督教,但作为西方历史上统治最久、势力最大、影响最深的宗教,它必属这里实际指斥的对象是断无可疑的。正是由于批判已直抵基督教本身,在《泛神论要义》中遂不复发现将基督教与迷信分开而为之做理性辩护的任何言论了。诚然,托兰德在这部著作中也还表示过无意否定宗教本身,他引用西塞罗

[①] 《给塞伦娜的信》,斯图加特,弗罗曼出版社,1964年影印本,第128页。
[②] 约翰·托兰德:《泛神论要义》,陈启伟译,商务印书馆,1997年,第28页。
[③] 同上书,第25页。

的话说:"人们不要误解,由于消灭迷信,宗教也要消灭。"①他甚至设想泛神论者团体有一个"更宽厚、更纯正、更自由的宗教",②但是,可以肯定此所谓宗教绝不是任何一种历史上实有的宗教(包括基督教)之理性化或理想化,而是一种失掉了通常宗教信仰意味的、对于泛神论者所谓上帝实即自然的理性崇拜。

(二) 从宗教批判到社会政治批判

据说,托兰德14岁时就参加过反对国王雅各布二世的起义,而且宣称在40岁以前要像克伦威尔在英国那样在爱尔兰造成一个伟大的国家变革。③ 但是,直至《泛神论要义》发表之前,托兰德不曾在任何一部著作中明确地表达自己的政治观念和社会理想。这不是说在此前的著作中托兰德不曾有谈及政治之处,例如,在《给塞伦娜的信》中他就指出古代埃及、希腊和其他民族的帝王总是出于其君主统治的利益把自己的家系神化,揭露了中世纪以来君权和神权的联系,说"有些基督教国王要求的君权神授(the divine right)和奴颜奉承的僧侣为他们要求的无条件的消极服从,如果不是比异教徒的办法更好的一种维持专制暴政的手段,那么其目的和意图则无疑是一样的。"④但是,只是在《泛神论要义》中托兰德才不再主要从与宗教的关联上看政治,而是把目光从宗教批判转注于社会政治问题,直接展开政治批判,从而将其自由思想提到了一个新的高度。例如,他把他所假托而实为其自由思想之化身的那个泛神论者团体描写为一批"不盲从任何人的意见,不为教育或

---

① 约翰·托兰德:《泛神论要义》,陈启伟译,商务印书馆,1997年,第43页。
② 同上书,第25页。
③ 参阅德波林:《17-18世纪唯物主义史纲》,苏联国家出版社,1929年,第87页。
④ 《给塞伦娜的信》,第99,100页。

习俗所误引,亦不屈从本国的宗教和法律"①的特立独行的人物。他们尊崇理性,"理性是真正的第一法律",②而理性法则的第一要义就是自由,因此,"他们不仅坚决肯定和坚持思想自由,而且坚决肯定和坚持行动自由"。③ 自由和奴役是不相容的,他们"宁可不统治任何人,也不做任何人的奴隶……有主人支配的生活绝算不上生活";④自由和特权是势不两立的,所以"他们憎恶一切无法无天的特权,是一切暴君(不论是专制君主、跋扈贵族,还是暴民领袖)的不共戴天的仇敌"。⑤ 不难看出,托兰德在这里表达的这种自由观念的真正意蕴乃是对封建等级制下的人格依附关系和封建专制统治的批判和否定。托兰德虽未详细论述他的社会政治理想,但是他以浓笔重墨鲜明挑出了他的"社会哲学"的最高原则,即以"正确的理性"为"唯一真正的法",建立一个以这种"既不欺人亦不被欺的法"为基石的法治的社会,而这个法治社会的三大要素就是:财产、安全、自由。正如托兰德所说的:"没有法律就没有财产,没有安全","有了法律我们才有自由"。⑥ 这种以维护财产、安全和自由为目的的法治精神正是18世纪资产阶级启蒙运动的社会政治理念的核心所在。托兰德在这里发出了时代的最强音,成为18世纪初英国自由思想家中最具政治意识,因而也高于他人的杰出人物。

二、从自然神论到泛神论

托兰德思想的起点是自然神论(Deism)。自然神论是17、18世纪

---

① 约翰·托兰德:《泛神论要义》,陈启伟译,商务印书馆,1997年,第6页。
② 同上书,第35页。
③ 同上书,第25-26页。
④ 同上书,第41页。
⑤ 同上书,第26页。
⑥ 同上书,第40-42页。

流行于英、法、德诸国的一个宗教和哲学思潮,也是这一时期英国自由思想家们的共同的宗教和哲学倾向。"自然神论"是我国学术界对 Deism 的通译,此所谓"自然"非指自然界,而是指人类固有的"自然光亮",即理性,有人把 Deism 译为"理神论"似更切合本义。就神和自然界的关系而言,自然神论或理神论承认神或上帝是超自然的存在、超自然的创造者,但是它反对启示和奇迹迷信之类的东西,而主张对上帝的理性崇拜,相信上帝是按照自然理性的法则创造世界、推动世界的,有些自然神论者把上帝解释为如牛顿所说的超自然的"第一推动力",在创造和推动了世界之后就置身事外不复过问世事而让世界万物按自然规律自己运行了,犹如君主立宪制下的虚君,徒有至高无上的尊号,而无干预国政的实权。托兰德在《基督教并不神秘》中承认"上帝是万物的智慧的创造者",[1]但是他否认上帝可以随意创造不可能的、自相矛盾的事物(例如,一个既是圆的同时又是方的东西,或者如传统基督教教士所宣传的在圣餐仪式中普通的面包和酒发生所谓"实体转化"而变成主的血和肉,等等),他说:"一切的矛盾实即不可能的同义词,乃是纯粹的虚无","认为纯粹的虚无会是上帝能力的对象,是我们不容设想的"。[2] 托兰德在这里描绘的显然是一个自然神论的理性化的上帝。有的学者认为,"没有证据表明托兰德曾接受通常所谓自然神论的主要观点,即把上帝看作一个外在的创造者,它创造了世界。使之遵循某些规律,然后就丢下不管了",因此可以说托兰德"是一个自由思想家而不是一个自然神论者"。[3] 这个说法是不能成立的。如上所见,托兰德丝毫也不怀疑上帝是世界的"外在的创造者",尽管他不像有些自然神论

---

[1] 《基督教并不神秘》,斯图加特,弗罗曼出版社,1964年影印本,第20页。

[2] 同上书,第39页。

[3] W. R. Sorley:《1900年以前的英国哲学史》,剑桥大学出版社,1965年重印本,第149页。

者那样视上帝如有名无实的"虚君",但是我们不能因此而否认他为自然神论者,正如自然神论的奠基者柴伯利的赫伯特(Herbert of Cherbury)本人也没有这种"虚君"上帝的观念,我们不能因而否认他为自然神论者一样。

现在的问题是:托兰德的自然神论观点究竟持续了多久?过去苏联和我国的学者一般认为托兰德在《给塞伦娜的信》中已超出了自然神论,不承认有超自然的造物主上帝。但是仔细地重读此书,我们发现这个论断未必完全符合实际。托兰德在这部著作中提出了物质具有内在能动性的观点,由此出发似可逻辑地推出对作为世界的外在创造者和推动者的上帝的否定。然而哲学家并不总是处处都按照自己思想的逻辑做出应有的结论。例如,托兰德在一个地方说,承认物质能动的人固然可以是主张物质永恒的人,但也可以是主张物质被创造的人,他们"可以认为上帝最初赋予了物质以广延性也赋予了它以能动性",也就是说,在托兰德看来,物质具有能动性和物质为上帝所创造这两个逻辑上不相容的观点可以并行不悖,而他本人则力图逃避对物质是被创造的还是永恒的问题做出明确的回答,宣称:"我所要做的只是证明物质必然是广延的亦必然是能动的……至于别人可能提出的关于物质是有起源的还是持久长存的争论,我就不去参予了。"[①]但在另一个地方托兰德却比较明确地回答了这个问题。他说:"上帝有能力把物质创造成既是广延的又是能动的,他能赋予物质这一种属性也能赋予它另一种属性,没有任何理由说他应当赋予物质以前一种属性而不赋予它后一种属性。"[②]有人担心承认物质能动性与承认作为最高智慧或最高精神的上帝之存在难以两全,因为"承认了物质的能动性,似乎就不必要有

---

① 《给塞伦娜的信》,第161页。
② 《给塞伦娜的信》,第234-235页。

一个最高的智慧了"。① 托兰德认为这种担心是多余的,在他看来,物质的能动性乃至物质的无限性与上帝存在并不矛盾,如他所说:"至于物质的无限性,它所排斥的只是一切明白事理、思想健全的人都一定要加以排斥的东西,即一个有广延的有形体的上帝,但它并不否定有一个纯粹的精神或非物质的存在。"②由上可见,托兰德在这一时期仍然承认有一个超自然的上帝,一个作为物质世界之创造者的上帝,一个作为纯粹精神或最高智慧的上帝。就此而言,他还远未跳出自然神论的圈子。

托兰德的上帝观念发生变化似在1709年左右初露迹象。是年4月莱布尼茨在给托兰德的一封信中指出他"常常谈到一些人的意见,这些人相信,除了世界即物质及其联系之外没有别的上帝或别的永恒存在",莱布尼茨认为这种看法是"危险的和没有根据的",因为它否定了超自然的神,而按照他的看法,也"按照真理","上帝是超乎有形的宇宙之上的,是宇宙的创造者和主宰(最高的智慧)"。据莱布尼茨说,托兰德"自己曾表示拒绝上面那种意见",而且人们也期待他在谈到那种意见时能给以"适当的反驳",然而托兰德并没有这样做。③ 1710年2月托兰德在给莱布尼茨的回信中也曾表示将在下一封信谈谈"那些相信除宇宙外别无永恒存在的人的泛神论观点",然而他在随后不久写给莱布尼茨的另一封信中仍未谈及这个问题,④显然是以沉默回避对泛神论的批评,这实际上已暗示了他在思想上的一个重大的转向——从自然神论到泛神论的转向。至于造成这个转向的各种因素仍有待深入研

---

① 《给塞伦娜的信》,第234页。
② 同上书,第236页。
③ 莱布尼茨给托兰德的信(1709年4月30日),载A.M.帕特逊:《布鲁诺的无穷的诸世界》,附录A,美国,1970年版,第173—177页。
④ 托兰德给莱布尼茨的两封信(1710年2月14日,2月?日),载A.M.帕特逊:《布鲁诺的无穷的诸世界》,附录A,美国,1970年版,第178—190页。

究,但是从托兰德这一时期曾翻译布鲁诺的两部著作《论无穷的宇宙与诸世界》和《赶走趾高气扬的野兽》,可以推断布鲁诺的泛神论思想曾给他以极深刻的影响,这种影响在其转向泛神论后写的唯一的一部代表作《泛神论要义》中可以说随处可见,尽管他在那里甚至连布鲁诺的名字都没有提到。

自然神论把神或上帝理性化了,但仍然承认上帝的超自然的存在,上帝是超越的(transcendent)。泛神论则否定了神或上帝的超越的存在,把上帝自然化了,上帝即寓于自然之中而与自然相同一,上帝是内在的(immanent),托兰德在《泛神论要义》中说,泛神论者们"对于上帝和宇宙持一种独特的观点",①就是指上帝和宇宙或自然相同一的这种观点。不过我们要指出,在托兰德那里,这种同一并不是在上帝和宇宙之间简单地划一个等号,宣称上帝即宇宙,宇宙即上帝,而是通过对宇宙自身的分析,将宇宙二重化来建立的。所谓二重化也不是说把宇宙分裂为二,而是指从不同的方面来看同一个宇宙:就其作为全体或总体来看的宇宙和就其涵盖万有、分为无数的部分来看的宇宙。托兰德说,宇宙是无限的,在宇宙中有无限多的世界(我们生活于其间的这个世界只是宇宙的一个微小的部分)和万象纷纭、迁流变化的事物,但是,宇宙并不因为分为无数的部分而失掉其"完善性",即其统一性和总体性,因为"在全体的连续和各个部分的连接上它又是统一的"。② 托兰德认为,宇宙就其为万物之统一和总体而言,就是上帝。他说:"世界上万物是一,一是万物中的一切。万物中的一切者即是上帝。"③宇宙总体之有别于宇宙万物在于它"永恒无限,不生不灭"。④ 万物皆"受生灭规律

---

① 约翰·托兰德:《泛神论要义》,陈启伟译,商务印书馆,1997年,第6页。
② 同上书,第7页。
③ 同上书,第33页。
④ 同上。

支配",变动不居,但是作为总体的世界"却安然无恙,保存了它的一切,它既不随时间而增长,也不为岁月所毁损"。① 宇宙在空间("广延")上是无限的,"就全体说,它是不动的";在时间("绵延")上"它是不可毁灭的、必然的,亦即永恒的"。② 因此托兰德认为,我们也可以说,从其永恒不灭性来看的宇宙即是上帝:"那永恒不变者就是上帝。"③

通过宇宙二重化的观念,将与宇宙万物相对的宇宙总体神圣化为上帝(反过来说就是将上帝自然化为宇宙总体),是近代具有理论形态的泛神论的一个特征,例如,布鲁诺和斯宾诺莎所讲的实体即上帝都是指作为总体的自然或宇宙。他们把上帝或实体即作为总体的自然或宇宙看作自因,从而排除了超自然的外在原因——超越的神,同时他们又把作为总体的自然或宇宙看作自然界万物的原因和产生者,并且都沿用中世纪经院哲学的术语,把作为万物产生者的宇宙总体称为"能生的自然"(Natura naturan),而把宇宙中产生的万物称为"派生的自然"(Natura naturata)。在这一点上,托兰德是完全承袭了布鲁诺等人的泛神论思想传统的。他在一个地方明确地提到:"古代哲学家为了讨论自然是什么,把自然分成两个东西:一为作用者,一为被作用者。"④作为"作用者"的自然就是作为总体的宇宙,它是万物产生的原因和源泉:"宇宙是万物之父,万物由之而获得存在,并重新化解于宇宙之中。"对于托兰德来说,这个作为万物的产生者的宇宙总体也就是上帝,因此他同时又以几乎相同的语言来描述作为万物创造者的上帝说:"万物皆由上帝而来,且将与上帝重新合而为一,上帝是万物的开端和终结。"⑤

---

① 约翰·托兰德:《泛神论要义》,陈启伟译,商务印书馆,1997年,第34页。
② 同上书,第7页。
③ 同上书,第35页。
④ 同上书,第36页。
⑤ 同上书,第34页。

如上所见,在托兰德的泛神论中,上帝和宇宙的同一就在于上帝即是就其作为总体、作为永恒的存在、作为万物的产生者来看的宇宙,就此而言,他确实把上帝自然化了。但是,从另一方面说,他把宇宙总体当作上帝,这又是把自然神化了,这样神化的结果必然给自然或宇宙带来某种非自然神秘的因素,这就是他提出的所谓"宇宙理性"或"宇宙精神和灵魂"。这个说法大概主要也来源于布鲁诺。布鲁诺的"宇宙灵魂"是从宇宙内部赋予万物以形式,使万物具有条理和秩序并使之运动变化的动力源泉,也是给万物以生机、使万物皆有灵性与生命的本原。托兰德的"宇宙理性"、"宇宙精神和灵魂"也是指赋予万物以秩序的宇宙"全体的力与和谐"、"全部的力和能","宇宙万物都是受这个最高的理性和最完善的秩序的规制的"。尽管托兰德强调"这种力同宇宙是分不开的",并且申明"不能以人的理智能力"来类比宇宙的这种"崇高的理性",但是"宇宙灵魂"之类的说法毕竟是托兰德们泛神论者加诸宇宙的一种神秘的赘物。①

三、论物质、运动和思维

托兰德的泛神论虽然免不了神秘的因素,但是其关于上帝和宇宙相同一的观点确乎给对自然的独立的研究提供了可能。托兰德在《泛神论要义》这本篇幅不大的著作中探讨了一系列重大的自然哲学的问题:关于宇宙及其物质构成的问题,关于物质的内在能动性和万物相互联系、运动变化的问题,关于思维和生命及其与物质的关系问题,等等,包含着许多卓越的唯物主义和辩证法的思想。

---

① 约翰·托兰德:《泛神论要义》,陈启伟译,商务印书馆,1997年,第7-8页。

(一) 宇宙的无限性

前已提及,托兰德主张宇宙的无限性,认为宇宙无论在空间上、时间上和力量上都是无限的;在无限的宇宙中存在着无数的世界。[①] 在这方面他显然也受到布鲁诺的直接的影响。像布鲁诺一样,他支持哥白尼的日心说,但是反对哥白尼把太阳看作整个宇宙的固定中心,认为"在无限的空间中,最高、最低、中间、最后,都是不可想象的",因此"不能承认有一个不动的宇宙中心,不能承认任何意义上的宇宙中心";[②] 在我们这个世界中"太阳是各个行星围绕旋转的中心",但是在无数其他的世界中"还有无数类似的地球……围绕它们自己的太阳或者如泛神论者所谓的恒星转动"。[③]

(二) 万物的物质构成

关于宇宙万物的物质构成及其最终单元问题,托兰德不赞成原子论的观点。原子论者认为,万物皆由原子构成,原子是不可分的而且同质的,只有数量(大小、形状)和排列的不同。托兰德则认为"用相同成分混合而成的物体是没有的",各种物体都是"由不同的成分构成的"。[④] 他把物体构成的这种基本成分称为"原初物体"或"元素"。"元素"都是非同质的,因而不同于原子,不仅在数目上而且在种类上都是无限的。[⑤] 托兰德在一个地方曾引述古代哲学家的意见说:"事物的各个部分都可以无限的分割和划分,因为在自然中最微小的东西也是可

[①] 约翰·托兰德:《泛神论要义》,陈启伟译,商务印书馆,1997年,第7页。
[②] 同上书,第9页。
[③] 同上书,第15页。
[④] 同上书,第13页。
[⑤] 同上书,第8页。

分的",[1]但是他认为元素"实际上不可分",因而是"最简单的","万物都是由这些元素组合、分解以及以各种方式混合而成的"。[2] 托兰德也反对原子论者把虚空与原子并列为物体构成的本原,认为"物体分割为自己的元素,但无任何虚空。各个规定之间没有间断,因为没有虚空的空间"。[3]

不过,应当指出,托兰德对原子论的批判最终导向了一个谬误的极端,原子论者企图用同质的原子在量上不同的组合来说明事物的质的多样性,诚然带有机械论的倾向。但是,托兰德为纠此偏,却提出了一个带有预成论性质的种子说。他认为,万物皆有自己的种子,皆由种子发育生长而来。各种事物的种子性质不同,因而"种子的有机结构不可能由原子的任何集合或任何种类的运动所形成",而是由彼此异质的诸元素即"原初物体或最简单的本原组合而成的"。但是,种子一旦形成就不复有任何发展了,因为一种事物的种子已包含了该事物的一切要素或成分,种子就是事物之具体而微,种子之生长为事物,只是一种量的增长而已。托兰德以树为例说:"一棵树的种子并不像亚里士多德所认为的那样仅仅是一棵潜能的树,而是一棵现实的树,在种子中已经有了树的一切必要的部分,虽然还如此之微小,以致如无显微镜就不可能为感官所感知,而且即使有了显微镜也只有在极少的事物中才能看到它们。"他认为,不仅动植物如此,而且宇宙间其他物种,如石头、金属等矿物质也是如此,它们也有自己的种子,也是由种子从小到大生长起来的。[4] 这种预成论的观点在17、18世纪相当流行,一些著名的学者,如法国的玻内(Charles Bonnet),乃至大哲学家莱布尼茨,都持有这种

---

[1] 约翰·托兰德:《泛神论要义》,陈启伟译,商务印书馆,1997年,第37页。
[2] 同上书,第8页。
[3] 同上书,第9页。
[4] 同上书,第12页。

看法。难怪康德和黑格尔在其著作①中都对这种观点做过评论。例如,黑格尔说,这种预成论(或译"原形先蕴"说)的"错误在于将最初只是在理想方式内的东西",即仅仅是一种可能性的东西"认作业已真实存在",一个植物是从它的种子发展出来的,"但我们却不可因此便认为植物不同的部分,如根干枝叶等好像业已在极细微的形式下真实地存在于种子中"。② 这个批评仿佛是直接针对托兰德而发的而且是批评得很对的。

(三) 运动、转化和"两极相合"

托兰德在《给塞伦娜的信》中提出的物质具有内在能动性的学说是他的全部哲学中最具卓见、最可宝贵的思想之一。那么他在《泛神论要义》中的运动观如何呢？有的学者,例如苏联的德波林认为,在运动问题上托兰德在后一著作中较之前一著作似乎倒退了。他说:"托兰德在《给塞伦娜的信》中更充分地发挥了自己关于运动的观点,使他有可能克服对世界的纯机械论的概念。但是很奇怪,托兰德在《泛神论要义》中却没有利用在《给塞伦娜的信》中所发挥的极富有成果的运动学说。"③这个说法不符合事实。托兰德在《泛神论要义》中没有再详细地专门论述运动问题,但是,像在《给塞伦娜的信》中一样,他坚决肯定物质的内在能动性,认为"内在的、普遍的能动性是一切运动中最主要的运动,是不为任何界限限制的,宇宙本身是无限的,所以承认有一种无限的能动性是决不荒谬的";宇宙万物处于普遍运动中,运动是绝对的,静止是相对的,"在自然中没有任何一点是绝对静止的,而仅仅相对于其他事物而言才是静止的。静止本身在实际上和本质上乃是一种阻力

---

① 康德:《判断力批判》,第 81 节,黑格尔:《小逻辑》,第 161 节。
② 黑格尔:《小逻辑》,贺麟译,商务印书馆,1957 年,第 335 页。
③ 德波林:《17-18 世纪唯物主义史纲》,第 103 页。

的运动"。①

托兰德不仅重申了物质内在能动性的学说,而且"利用"这一基本观念进一步发挥了宇宙万物皆流皆变、对立面统一和相互转化的辩证法思想。例如,他说:"万物的运动造成了一个无限的前进和倒退的过程。尽管运动的系列和万物的系列是永恒的,然而没有一种运动、没有一种事物是永恒的,一切事物都被更新。"②就地球来说,由于赤道的运动,"地球上的每一微粒(对其他行星也可以这样说),在漫长的岁月中必然遍历各种各样的迁流变易"。③万物在流变中互相转化:"今日之沧海乃昔日之桑田,而今日之桑田异日亦将沦为沧海";④"现在寒带的居民会被带回和转向赤道线","北极角的位置移到南极角,东部移到西部";太阳曾经无数次"在它现在升起的地方落下,而在它现在落下的地方升起";⑤凡此种种现象,托兰德用一句极富辩证智慧的语言概括为:"两极相合"。⑥他在一个地方引述的一位古代作家的下面一段话可以说是对这一箴言的极好的注释:"无论神的还是人的一切事物都在浮沉转化;昼夜消长,月有盈亏;火与水有相通之路;太阳对我们有各种各样的外观,既是此物又不是此物;对于木星是光明,对冥王星则是黑暗,对冥王星是光明,对木星则是黑暗。彼物来到这里,转换到这里,此物则去到那里,转换到那里,永远如此。彼物过渡为属于此物之物,此物亦过渡为属于彼物之物……"⑦

当然,托兰德在《泛神论要义》中阐述的运动变化的学说也有其重

---

① 约翰·托兰德:《泛神论要义》,陈启伟译,商务印书馆,1997年,第9-10页。
② 同上书,第25页。
③ 同上书,第17页。
④ 同上书,第19页。
⑤ 同上书,第18页。
⑥ 同上书,第16页。
⑦ 同上书,第22页。

大的缺陷,即他终究未能完全挣脱机械论的樊笼,把运动归根结底仍还原为位置的移动,甚至说:"在世界上并没有真正的革新,而只有位置的交换,由此而有万物的生灭,亦即生成,增长,改变以及诸如此类的运动。"①18世纪是机械论统治的时代,卓越人物如托兰德也逃不脱时代的局限,是很自然的。

(四) 思维与生命

关于人的思维问题,托兰德在《泛神论要义》中继续发挥了他在《给塞伦娜的信》中提出的基本观点,即认为思维的器官是大脑,思维是大脑的活动。他反对某些人把膈膜或心脏或肝脏或其他部分想象为思维之所在,坚持认为"大脑是思维这种能力的专门器官",而"思维是大脑的一种特殊的运动"。但是,关于思维活动及其观念的性质是什么,托兰德却提出了一个错误的说明。他认为,"大脑是一种物质的非常复杂的器官,只能产生物质的东西",从而得出了"一切观念都是物质的"这个荒谬的结论。②

有趣的是,托兰德一方面把人的思维物质化了;另一方面却赋予万物以生命和灵性,走向了物活论或万物有灵论。在这一点上托兰德背离了他在《给塞伦娜的信》中的观点,在那里他对各种各样的物活论都做了批判。③ 但是现在他却极力主张:"地球上的一切东西都是有机物",④"散布在地球上的事物各有不同种类的生命",⑤前后观点的这种变化也不是偶然的,而是托兰德转向泛神论的必然结果。实际上,物活

---

① 约翰·托兰德:《泛神论要义》,陈启伟译,商务印书馆,1997年,第10页。
② 同上书,第10,11页。
③ 《给塞伦娜的信》第五封信,第23节。
④ 同上书,第15页。
⑤ 同上书,第14页。

论或万物有灵论乃是泛神论的一个不可或缺的附随的要素。正如托兰德所说:"因为弥漫整个物质的上帝遍在于大地、海洋和太空深处,因此,人和牲畜,牧人和野兽在出生时全都承受了有灵气的生命",又说:"世界上一切事物都是世界的部分,都包含在一个赋有充满理性和永恒的理智的自然中",这种宇宙理性即世界灵魂,亦即上帝,就是那"渗透极大与极小之物的灵魂的神圣来源"。①

---

① 《给塞伦娜的信》第五封信,第37-38页。

康德关于认识对象的学说*

一、两种对象:思维对象和认识对象

对象,是康德在《纯粹理性批判》中使用得很不严格,含混而多歧义的一个词,它时而指物自体,时而指现象,时而指感性直观时空形式及其感觉内容,时而指杂多的感性材料经过知性范畴的规定而构成的统一体。有时在同一段话甚至同一个句子里,对象一词的含义也前后参差,全然不同。"先验感性论"开头的一段话就是个很好的例子。康德说:"一种知识不论以何种方式、借何种方法同对象发生关系,它所由以直接与对象相关而一切思维从之获得其材料的,是直观。但是直观只有在对象被给予我们时才发生。"[1]此处所谓对象当指感性直观材料,而按照康德的看法,它是纯然主观的;但是,康德接着说,对象之被给予我们而发生直观,"只有在心灵以一定方式被刺激时才是可能的。通过我们被对象刺激的方式来接受表象的能力,叫做感性"。[2]此处所谓对象则是指感觉发生的外部来源,是指独立于人心的外界事物即物自体了。

---

* 原载《外国哲学史研究集刊》第 1 辑,上海人民出版社,1978 年。
[1] 康德:《纯粹理性批判》,三联书店,1957 年,第 47 页。
[2] 同上。

康德讲对象时,用词虽多歧义,但并不是说康德的思想乱无条理,混然莫辨。关于对象的问题,康德在《纯粹理性批判》中原是有极明确的说明和规定的。他在"第二版序文"中说,我们可以从两种不同的观点来看对象,"即一方面是属于经验的感官和知性的对象;另一方面是属于力图超越经验界限的孤离的理性而只为人们所思维的对象"。① 前者即现象,是知的对象,认识可及的对象,后者即物自体,是思的对象,非认识所能及者。"我们不能对作为物自体的对象有任何知识,而只能有关于感性直观的对象即现象的知识"。②

二、物自体为何不是认识的对象

为什么物自体只是思维的对象,而不是认识的对象呢?

康德认为:"思维-对象和认识-对象,并不是一回事。"③他说:"认识-对象,我必须能够证明它的可能性(从其为经验所证实的现实性来证明,或者先天地由理性来证明)。"④对于物自体,这是办不到的。因为康德认为,物自体处于经验的界限之外,无论人的感性直观能力还是先天的知性能力都达不到,都用不上,故而不能成为认识的对象。但是,物自体虽不可知,却可以思,因为这个概念并不包含逻辑矛盾。康德说:"只要我不自相矛盾,即是说,只要我的概念是一可能的思想,我就可以思维我所欲思维的任何东西,即使我并不能确断在一切可能性中是否有一与此概念相应的对象。"⑤

---

① 康德:《纯粹理性批判》,三联书店,1957年,第13页。
② 同上书,第17页。
③ 同上书,第108页。
④ 同上书,第17页。
⑤ 同上。

上面的说法自然容易引起一个问题,即康德是真的承认有一个物自体的存在(尽管它是不可知的)呢,还是实际上认为物自体不过是思想上的一种可能的假设。康德自己还有许多说法,更加深了人们的这种疑问。例如,他在"先验分析论"中用本体概念讲物自体时说:"本体概念"是一个"可疑的(problesmatisch)概念","我们不能以此概念规定任何对象"、"本体概念只是一个用以禁止感性的僭越的限界概念,因而只作消极的使用"。所以把对象区分为现象和本体,"就积极的意义而言,是绝对不能容许的"。① 这些话确实带有休谟主义的味道,新康德派即抓住"限界概念"之类的说法,而否认物自体的存在,把康德哲学休谟化了。

但是,我们如果不是偏执和夸大上述这些说法,而是统观康德哲学的全体,则必须承认康德对物自体的存在是肯定无疑的。这一点,《纯粹理性批判》中有许多话说得十分清楚。康德反复声明,不承认物自体,就无法谈现象;离开物自体而谈现象,必陷于自相矛盾。他说,我们必须切记,"我们虽然不能认识这个作为物自体的对象,但是我们必至少能思维它;否则我们就会得出一个荒谬的结论,即认为可以有现象而无显现者"。② 在另一个地方又说:"如果我们要不陷入不断的循环论证,就必须承认现象一词已经指出同某物有一种关系,此某物的直接表象虽为感性的,但是即使没有我们的感官结构……它亦必是某种自在之物本身,即必是一独立于感性的对象。"③康德之所以为康德,康德之有别于休谟者,正在此处。如列宁所说:"休谟根本不愿意承认'自在之物',他认为关于'自在之物'的思想本身在哲学上就是不可容许的,是'形而上学'(像休谟主义者和康德主义者所说的那样)。而康德则承认

---

① 康德:《纯粹理性批判》,三联书店,1957年,第217页。
② 同上书,第17页。
③ 同上书,第222-223页。

'自在之物'的存在,不过宣称它是'不可认识的',它和现象有原则区别,它属于另一个根本不同的领域,即属于知识不能达到而信仰却能发现的'彼岸'(Jenseits)领域。"①

这里又有一个问题接踵而来,即康德所说的这个"不可认识的"物自体究为何物?有人说:"康德把自在之物理解为上帝、灵魂和自由。"②诚然,康德在《纯粹理性批判》中曾明白表示:"为了给信仰保留地盘,就必须限制知识。"③他对纯粹理性的批判,对知识来说,其效果固然是"消极的",但是对于"实践"即道德信仰来说,却具有"积极的价值","积极的利益",因为,既把知识限制在现象的此岸,则"纯粹理性的绝对的必然的实践的(道德的)运用"就一定能"超越感性的界限",而达到物自体的彼岸,即上帝、自由、灵魂。④ 康德后来在《实践理性批判》中对此做了详尽的发挥,那里所讲的物自体,无疑只是指上帝、自由、灵魂。但是,我们能否说康德在《纯粹理性批判》中讲物自体时就只是指此而言,并无他义呢?若果如此,则康德哲学中还有什么唯物主义成分可言呢?

列宁说:"康德哲学的基本特征是调和唯物主义和唯心主义,使二者妥协,使各种相互对立的哲学派别结合在一个体系中。"⑤应当说,这个特征在康德关于物自体的概念中就有极明显的表现。当康德说"对象刺激我们的感官",⑥"只有在心灵以一定方式被刺激","对象才能被给予我们",⑦等等,此处对象即物自体是感觉之所以发生的外部原因,

---

① 《唯物主义和经验批判主义》,《列宁选集》,第2卷,第99—100页。
② 卡拉毕契扬:《康德哲学的批判分析》,1958年,埃里温,第11页。
③ 康德:《纯粹理性批判》,三联书店,1957年,第19页。
④ 康德:《纯粹理性批判》,三联书店,1957年,第16—19页。
⑤ 《唯物主义和经验批判主义》,《列宁选集》,第2卷,第200页。
⑥ 康德:《纯粹理性批判》,三联书店,1957年,第27页。
⑦ 同上书,第47页。

康德虽未明言这个外间刺激物是什么性质的东西,但是,我们可以断言,康德此时心中所想者决不是上帝或任何精神实体。哲学史上没有一个哲学家会认为精神的东西能够直接地实际地去刺激任何事物。所以,不论康德自己是否自觉,是否愿意,他既然用了"刺激"这个词,就无异于承认了作为感觉原因的外界对象即物自体是某种物质性的客观实在。正因此故,列宁才说:"当康德承认在我们之外有某种东西、某种自在之物同我们表象相符合的时候,他是唯物主义者。"①

康德认为,"我们的一切知识都始于经验",认为"如果不是对象刺激我们的感官,一方面由感官产生表象,一方面促使我们的知性活动起来……我们的认识能力又何以能被唤醒而活动起来呢?"② 这里,物自体作为刺激感官的外在对象,在康德认识论的出发点上是起着积极作用的,而且确如列宁所说:"他是在把自己的哲学引向感觉论,并且在一定的条件下通过感觉论而引向唯物主义。"③ 所谓"一定的条件",就是不仅承认感觉是外界对象刺激的结果,而且要承认感觉是外界对象的映象。但是,康德并没有真正沿着唯物主义的道路走下去,因为他虽然承认物自体引起感觉,却不承认物自体为感觉所反映,而认为物自体刺激所引起的感觉如颜色、滋味等等"都不能真正被视为事物的性质,而只是主体中的一些变化,而这些变化又的确是因人而异的"。所以,"与感性相应的真实事物,即物自体,没有通过这些表象而被认识,也是不可能认识的"。④ 当康德进而把时空、因果必然性等等都归之于先天的形式,完全否定了他所由出发的感觉论时,"他就把自己的哲学引向唯

---

① 《唯物主义和经验批判主义》,《列宁选集》,第 2 卷,第 200 页。
② 康德:《纯粹理性批判》,三联书店,1957 年,第 27 页。
③ 《唯物主义和经验批判主义》,《列宁选集》,第 2 卷,第 200 页。
④ 同上书,第 54 页。

心主义"了。①他把一切感觉所表现的质和知性所把握的规律从物自体身上统统剥夺以去,于是物自体就成了一个只可思而不可知的空洞的抽象,这当然是一个唯心主义的臆造。

但是,我们还要再问:在康德看来,感觉既然是物自体刺激引起的,为什么又是认识所达不到,所不能反映的呢?为什么康德从物自体引起感觉这个唯物主义的前提出发却引向了唯心主义和不可知论呢?

从认识论的根源来说,全部问题的关键就在于康德不能解决因而也不能容许物质向意识的转化。

物质向意识转化的问题是哲学史上最困难的问题之一。17、18世纪的唯物主义者虽然肯定了物质向意识的转化,肯定了意识是外物的反映,但是,由于他们都是机械论者,又由于他们都是脱离了人的社会实践和历史发展来考察意识的,他们就都没有也不可能说明这种转化是怎样发生的,外间事物的运动(在他们看来只是机械运动)作用于人体,怎样会在人心中产生作为外物映象的观念。

唯心主义者正是利用了唯物主义者在这个问题上的困难来攻击唯物主义的。在康德之前,贝克莱曾向唯物主义者挑衅说:"如果你能够证明,有任何一个哲学家曾经借助于物质说明过我们心中任何观念的产生,那么我就永远屈服于你,并且把我过去说过的一切反对物质的话都算作废话。"②他断言,观念只能来于精神,不能来于物质,人的一切观念都是人心主观自生或由上帝这种最高精神所赋予的。在康德之后,费希特也攻击唯物主义者承认物质向精神、存在向表象的过渡是"做了一个可怕的跳跃,跳到一个和他们的原则完全不相干的世界里去了"。③他认为,唯物主义者所讲的物体间的机械作用永远只能产生一

---

① 《唯物主义和经验批判主义》,《列宁选集》,第 2 卷,第 200 页。
② 费雷塞编:《贝克莱全集》,第 1 卷,牛津,第 461 页。
③ 《十八世纪末——十九世纪初德国哲学》,商务印书馆,1975 年,第 196 页。

种机械运动的结果,并将此作用递相传导,这个作用的系列可以无限的长,"但是你们绝不能在这同一系列中碰到一个起着自身回复的作用的环节",①即不能产生作为外物反映的意识。

康德从早年起就曾思考和讨论过物质向意识的转化问题。他在研究物质能力的一篇最早著作中就深刻地感到了机械论的缺陷,指出从当时的力学和自然科学很难解释"物质如何能以一种实际的作用方式(即通过物理的作用)在人的心灵中产生表象",因为"物质的全部能力被归结为最多不过是改变心灵的位置。然而,只能产生运动的能力如何能产生表象和观念呢?表象和观念同运动是完全不同种类的事物,因此不能想象运动会成为表象和观念的来源"。②

康德认为,要解决这个问题,必须抛弃对物质和运动的机械的了解,即不把物质的能力仅仅看作空间上的机械运动,而是看作物质实体的各种相互作用的能力,据说这样"就很容易理解物质何以能够使心灵具有某些表象"。③ 康德说:"既然处于运动中的物质作用于在空间上与之相关的一切事物,因而它也作用于心灵,就是说,就心灵的内在状态与外界事物发生联系而言,物质的作用也改变心灵的内在状态。心灵的内在状态不是别的,就是它的全部表象和概念的总和。就这种内在状态与外界事物发生联系而言,它可以称之为世界的表象,这样,物质通过其在运动中所具有的能力改变心灵的状态,而心灵即因此而产生对世界的表象。于此我们就可以理解物质何以能够给心灵印上表象。"④

康德在这里企图克服机械论的缺陷,应当说是一个可贵的尝试,而

---

① 《十八世纪末—十九世纪初德国哲学》,商务印书馆,1975年,第195页。
② 《康德全集》第1卷,1912年,柏林,第18页。
③ 同上书,第19页。
④ 同上书,第19页。

且带有唯物主义的倾向。但是,康德上面的这种说法也远没有解决物质向意识转化的问题,而且仍然给人们留下了很大的疑案。问题不仅在于康德并没有深入说明不同于机械运动的物质能力究竟是什么,也不仅在于他没有(也不可能)说明这种能力引起心灵内在状态改变的具体过程是怎样的,更重要的是他始终没有明确地回答:由于物质能力的作用而产生的表象是外界事物的某种反映,还是仅仅表现着心灵内在状态在物质作用下所引起的某种变化? 如果是前者,那就是真正肯定了物质向意识的转化,如果是后者,那实际上就仍然是否认了这种转化。从康德思想后来的发展来看,他走的路子恰恰是后者,而非前者,即虽然承认表象是由外界事物(亦即他后来所说的物自体)的作用引起的,但是认为表象只是表现"主体中的变化",而决不反映外界事物。所以人的认识对象只是主体自身的表象或"现象",而不是独立于人之外的物自体。这就是康德在《纯粹理性批判》中所建立的全部认识论的出发点和归宿。

三、现象之为认识对象是如何可能的

康德认为,物自体不可知,我们所能认识的唯一对象是现象。但现象"只是表象",①"不能独立自在,只能存在我们身上"。②

这样,问题就来了。如康德所说:"知识是由被给予的表象同对象的一定关系所构成的。"③现象既然亦只是表象,因而是依存于主体的主观的东西,但是它要成为认识的对象,却必须具有"客观"的意义,成为与主体相对待的"客观的实在"。也就是说,在本来只是主观的范围

---

① 康德:《纯粹理性批判》,三联书店,1957年,第127页。
② 同上书,第62页。
③ 同上书,第103页。

内却必须区别出主观和客观、意识和对象的关系来。

这是可能的吗？唯物主义者的回答是否定的。但是，康德认为，这是可能的，而且是必需的，否则就谈不上知识了，因为在他看来，知识只能是在现象范围内的表象同对象的关系构成的。在现象范围之外的那个物自体，对人的认识来说，是一个实际上"等于无"的 x。①

从《纯粹理性批判》来看，康德对这个问题的"解决"，大致可以概括为如下两点：(1)人利用其先天的直观和知性能力把最初的感觉材料整理加工，使之逐步从仅仅个人的主观感受变成对于一切人具有普遍性和必然性的东西，亦即现象，康德认为普遍性和必然性就是其具有"客观实在性的"的标志；(2)人通过其先天的意识的综合统一性将现象统摄于意识之内，变成被意识着的对象。

康德认为，从时间上说，一切认识活动都发端于感觉。感觉只表现主体本身状态的变化，并且因人而异，所以纯为主观的；而且感觉杂乱无章，支离破碎，可以说是一团混沌。它们还不是现象，而只是构成现象的质料、材料。它们既不成其为知识，也不成其为认识对象。

康德认为，纷然杂陈的感觉材料首先要用人先天具有的所谓时空直观形式加以整理，安排在一定的时空关系中，才能使之表现为在我之外和绵续存在的东西。所谓在我之外并不是说独立于人的意识之外，而只是说对于人的感性直观来说显现为在外之物。康德说，真正独立于意识之外的物自体是不可知的，"我们所谓外在的对象不过是我们的感性表象，而空间就是这种感性表象的方式"。②

康德认为，感觉材料经过时空形式的整理即是经验直观，他在许多地方就把这种经验直观叫作对象，不过，他说这还是一种"未被规定的

---

① 参见康德：《纯粹理性批判》，三联书店，1957年，第125，127页。
② 康德：《纯粹理性批判》，三联书店，1957年，第54页。

对象",即尚未被知性的范畴所规定,他称之为"现相"(Erscheinung),①以区别于为范畴所规定了的对象——"现象"(Phenomenon),"现相在按照范畴的统一而被思想为对象时就叫作现象"。② 当然康德对现相和现象这两个词的使用并不总是有严格的区分,事实上在《纯粹理性批判》中讲现象的地方大都是用的现相这个词。但在此处,为了表明对象构成的不同阶段,把现相和现象加以区别是必要的也是重要的。

康德认为时空形式是人人先天普遍具有的,所以经过时空形式整理的现相已非纯属个人的偶然的感觉。但是,康德认为现相这种经验直观的内容毕竟还是彼此并列和彼此相续的杂多,其间缺乏必然的联系,因而还不能对于意识成为一个统一的普遍必然的认识对象,而这就有待于知性思维的规定了。

感性直观所提供的现相如何为知性思维所规定而成为认识的对象,这是认识对象得以成立的最重要最关键的环节。

康德说,知性思维如无感性直观所提供的内容,它就是空的,本身并不能产生对象。但是,感性直观的内容离开了知性思维,它就是盲的,也不能成为被意识着的对象。所以,康德认为,本身虽不产生对象的知性思维却是对象之成为对象的决定性条件。

康德认为,感性直观是被动的,其内容是被给予的。知性思维是能动的,其概念是自发产生的,就是说,知性思维的范畴不是由感性概括得来,而是先天固有的。但是,知性对于感性直观所提供的杂多内容具有能动的作用,可以用范畴使之联结,使之成为综合的统一。知识是这样成立的,对象也是这样成立的。康德说:"只有当我们在直观杂多中产生了综合的统一,才能说我们认识对象",③而"对象就是被给予的直

① 康德:《纯粹理性批判》,三联书店,1957年,第47页。
② 同上书,第221页。
③ 同上书,第125页。

观杂多在其概念中被联结起来的东西。"[1]

那么,这种综合的统一究竟从何而来呢？康德说来于一种所谓"先验的纯粹的统觉"。

统觉(或译摄觉)是康德哲学中一个极重要的概念。康德说:"这种统觉实即知性能力本身。"[2]不过,这个概念也许更能表现知性的能动性,所以康德在《纯粹理性批判》中用了大量的篇幅大谈其统觉。我们要了解康德如何解决认识对象的问题,就必须在统觉中去寻找解答。

康德说:"纯粹统觉提供一切可能的直观杂多之综合统一的原理。"[3]知性用来联结直观杂多以规定现象的全部范畴都来源于统觉而以之为最后的"根据"。[4] 正是统觉把范畴加于感性直观所提供的"现相",而使之成为具有普遍性和必然性的"现象"。"现象"作为一切可能经验的对象的总和也就是自然。自然是从知性范畴取得规律的,所以知性是"自然的立法者"。[5] 也就是说:"自然应当按照我们统觉的主观根据来指导自己。"[6]康德认为,统觉、范畴虽为主观的根据,但是既然能规定对象,"指导"自然,因而就具有"客观有效性",而被范畴所规定了的现象(自然)也就完全摆脱了个人的偶然的主观感受的性质而获得了"客观实在性"。正如黑格尔指出的:"康德把普遍的、必然的东西叫作客观的东西。"其实这种"所谓客观的东西,其本身亦同样是主观的,虽然不属于我的感觉,但总仍然封闭在主体的范围内,在自我意识的纯自我内,在能思的知性范围内"。因此"在这个意义下康德哲学叫作唯

---

[1] 康德:《纯粹理性批判》,三联书店,1957年,第103页。
[2] 同上书,第101页。
[3] 同上书,第131页。
[4] 同上书,第100页。
[5] 同上书,第136页。
[6] 同上书,第130页。

心主义"。① 然而,在康德看来,唯其如此,他才能在哲学上实行其"哥白尼式的革命",宣布不是"知识必须符合对象",而是"对象必须符合知识"。② 因为知识的对象不是别的,正是由知性概念自己所规定、赋以"客观性"的现象。

但统觉的功用还不止此。康德说统觉用范畴将直观杂多联系起来而赋以普遍性、必然性,同时也就把它们变成被意识着的对象,或者说对自我的意识成为对象了。所以,统觉的综合统一性"不仅是我自己认识对象所必须的条件,而且是任何直观对于我成为对象所必须从属的条件。"③也就是只有靠了统觉,才能区别出主观与客观、意识和对象的关系来。如前所说,康德是否认意识从物质转化而来的,他认为意识的根源就在先天的统觉之中。统觉亦可叫作"我思"或"自我意识"。"我思"是伴随着直观所提供给我的所有一切表象的,并将它们综合统一之,从而统摄到我的意识中来,使之成为我的表象,亦即成为被我意识着的对象。康德说,如果没有自我意识的综合统一作用,那么,直观提供的种种感觉材料繁杂纷纭,支离破碎,"与主体的同一性没有关系",④就不能成为主体所意识着的对象。所以,康德说:"所有直观的杂多和其所在的同一主体的'我思'有必然的关系。"⑤这种必然的关系也就是主与客、意识与对象的关系。当然这种关系只是在意识范围内或者说在表象范围内的区分。康德告诉我们,不仅直观杂多是表象,而且"我思也是表象"。所谓"我思这种表象必能伴随其他一切表象"(即直观杂多),⑥也就是康德在另一个地方说的:"表象自身(此处指现

---

① 《康德哲学论述》,商务印书馆,1962年,第35-36页。
② 康德:《纯粹理性批判》,三联书店,1957年,第12页。
③ 同上书,第103页。
④ 同上书,第101页。
⑤ 同上书,第100页。
⑥ 同上书,第101页。

象——引者)可以转而为其他表象(此处当指'我思'——引者)的对象"。①为什么作为现象的表象能够转而为"我思"表象的对象呢?就是因为"我思"具有一种能动的统摄作用即综合统一作用。这就是现象之成为认识对象的秘密所在。

这里须得指出的是,康德所谓"我思"或自我意识,与笛卡儿所说的"我思"是不同的。康德认为,笛卡儿的"我思"是一个"分析的统一性",即可以离开对一切他物的意识而有"我是我"或"我在"的意识。康德则认为,"我思"虽然是先验的,但是它并不能离开对他物(即直观杂多)的意识而独立,而是"只有在我能够把被给予的杂多表象联结在一个意识中,我才能把贯串于这些表象的意识的同一性表现于我自己。"所以,康德说,统觉或自我意识的统一是一种"综合的统一性"。②也就是说,它不是一种单纯的同一,而是一种包含着差异的统一,是自我意识和意识(对他物的意识)的综合的统一。郑昕先生在《康德学述》中说:"后来费希特以此自意识或'我'为他的'知学'的出发点,做他的'知行合一'的哲学系统。"③我们还可补充说,不仅费希特,而且谢林、黑格尔都曾围绕着康德提出的关于意识的综合统一的概念进行过紧张的研究,都是从自我意识和意识的统一去解决主观与客观、意识和对象的统一这个重大哲学课题的。当然,他们都是既继承了康德,又批判了康德。例如,黑格尔认为康德只是在现象的范围内谈意识和对象的统一,而把物自体抛置在外,所以他所讲的意识和对象、主观与客观的统一是以思维与存在的彻底割裂为前提的。黑格尔则把物自体也变成思想,认为主观和客观、意识和对象是思想(亦即他所说的绝对观念)自身之分裂为二,从而展开其既对立又统一的辩证过程。

---

① 康德:《纯粹理性批判》,三联书店,1957年,第127页。
② 同上书,第101页。
③ 郑昕:《康德学述》,商务印书馆,1946年,第136页。

作为唯物主义者的费尔巴哈,对于包括康德在内的德国唯心主义者关于意识和对象的学说表示强烈的不满,是很有道理的。因为对这些唯心主义者来说,"只有意识才是存在",而"一切存在的事物,只是作为对意识存在而存在,只是作为被意识到的事物存在"。① 这当然是彻头彻尾的唯心主义。而在费尔巴哈看来,存在就是存在,作为意识对象的存在就是独立于意识而本然自在的那个存在,也就是我们直接感觉着的那个存在,它"就是感性的存在,直观的存在,感觉的存在"。② 所以,费尔巴哈决不会也不能容许像康德那样提出感性直观的内容何以能对于意识成为对象的问题。

费尔巴哈的观点是唯物主义的,但这是一种直观的唯物主义。如马克思所批评的,它的"主要缺点是:对事物、现实、感性,只是从客体的或者直观的形式去理解,而不是把它们当作人的感性活动,当作实践去理解,不是从主观方面去理解"。③ 实际上,作为人的认识对象的并"不是直接显露出的自然对象",④而是由人的实践活动所改造了的自然。因此,这里确实有一个客观存在的自然界如何对人成为认识对象的问题,而这个问题归根结底就是关于人的主观能动性的问题。旧唯物主义者根本不理解因而也提不出这个问题。"所以,结果竟是这样,和唯物主义相反,唯心主义却发展了能动的方面"。⑤ 应当指出,马克思在这里也不是说任何唯心主义者都发展了能动性的原则。例如,贝克莱认为,人心的对象就是感觉或感觉的集合,而感觉是由上帝印在人心上的,人心之于感觉完全是被动的接受,并不存在能动地将感觉变成意识

---

① 费尔巴哈:《未来哲学原理》,三联书店,1955年,第29页。
② 同上书,第57页。
③ 《关于费尔巴哈的提纲》,《马克思恩格斯选集》,第1卷,第16页。
④ 马克思:《经济学-哲学手稿》,第134页。
⑤ 《关于费尔巴哈的提纲》,《马克思恩格斯选集》,第1卷,第16页。

对象的问题。在近代哲学史上,只有德国唯心主义者才真正提出能动性的原则,从主体的能动作用来考察认识对象之所以成立的问题,而康德则是第一人。

当然,康德是唯心主义者,他只能是"抽象地发展了"[①]能动性的原则,把能动性归之于人先天具有的所谓"统觉"或"我思"或"自我意识"的综合统一作用。马克思曾批评黑格尔说:"人的本质,人,黑格尔认为等于自己意识。"[②]对于康德也是如此。康德认为,人之异于禽兽者就在于他有统觉或自我意识。他说:"动物有感知,但无统觉,所以不能把它们的表象变为共相。"[③]即不能用思想、概念把个别的感觉综合统一起来成为意识,也就不能把感觉的东西变成被意识着的对象。黑格尔接受和发挥了这个观点。他说:"动物就不能说出一个'我'字",即没有自我意识,"只有人才能说'我',因为只有人才有思想"。[④] 也就因为人具有自我意识,外在的"无穷杂多的质料"才能"从它和主体的直接统一中被抽出来成为主体面前的对象"。[⑤] 总之,在康德和黑格尔看来,主观与客观,意识与对象的关系之所以成立的全部秘密,就尽在于这个自我意识之中。所以康德宣称,他所说的统觉或先验的自我意识的原理是"人类知识的全部领域的最高原理",[⑥]是他的先验哲学的"顶点"。[⑦]

但是,被唯心主义者视为究竟至极的这个自我意识本身却正是需要说明的东西。唯物主义者要真正制服唯心主义,就必须科学地说明它,而这也就是马克思、恩格斯最初在批判德国古典哲学的过程中建立

[①] 《关于费尔巴哈的提纲》,《马克思恩格斯选集》,第1卷,第16页。
[②] 马克思:《经济学-哲学手稿》,第129页。
[③] 转引自诺·肯·史密斯:《〈纯粹理性批判〉注释》,xlix,1918年,伦敦。
[④] 黑格尔:《小逻辑》,三联书店,1954年,第72页。
[⑤] 黑格尔:《逻辑学》上卷,商务印书馆,1974年,第15页。
[⑥] 康德:《纯粹理性批判》,三联书店,1957年,第102页。
[⑦] 同上书,第101页。

新的辩证唯物主义时所做的一项工作。为什么人具有意识和自我意识，为什么人能作为有意识的主体而把外间世界作为被意识着的对象？马克思、恩格斯告诉我们，是由于人的实践，首先是生产劳动。动物没有自我意识，因为它只是本能地适应自然，直接依赖自然，就没有必要也不可能把它对外界环境的关系形成为意识，"对于动物说来，它对他物的关系不是作为关系存在的。"①即是说，动物不是具有自我意识的主体，外间世界对于它也不成其为对象。人则不同。人能进行劳动，不是本能地适应自然，而是把自然改造得适应于自己的需要。因而人和外界环境的关系"都是为我而存在的"，②而人作为"自为的"存在就必须把他对环境的关系形成为意识和自我意识，从而一方面把自己作为主体；另一方面把外间世界作为对象区别开来。马克思说得好："生产不仅为主体生产对象，而且也为对象生产主体"③。总之，主体和客体，意识和对象都是在人类实践的基础上产生的，实践才是真正的最后的根据。就此而言，我们也可以说，实践论乃是全部认识论的最高原理，也是我们批判康德先验哲学的最有力的武器。

---

① 《德意志意识形态》，《马克思恩格斯全集》，第 3 卷，第 34 页。
② 同上书，第 34 页。
③ 《〈政治经济学批判〉导言》，《马克思恩格斯选集》，第 2 卷，第 95 页。

黑格尔《法哲学》中的国家学说[*]

国家问题是一切政治学说的核心,也是黑格尔政治学说的中心问题。

黑格尔关于国家的观点,正如他的全部哲学思想一样,有一个演变、发展的过程。本文不打算对这一过程做全面的考察,而拟仅就黑格尔在其最完整最成熟的政治著作《法哲学》中对国家问题的论述做一点分析和批判,必要的地方也联系一下其他有关的著作。

一、国家的本质及其与市民社会的关系

黑格尔说,关于国家问题可以有两种研究方法。一种是纯历史的研究,即从国家在历史上的起源和各种具体的国家形式的更替变化来研究;另一种是概念式的研究,即撇开各种具体的国家形式,而研究国家之所以为国家的本质,或者如黑格尔所说,研究国家的理念、概念。黑格尔说,他在《法哲学》中所做的就是后面这种概念式的研究。

但是,国家的理念是什么,国家的本质规定是什么?在《法哲学》中并没有一个使人一见自明的定义。黑格尔是不喜欢下这种定义的。在他看来,任何一个范畴的实质、内涵,都不是一个简单的断语所能充分

---

[*] 原载《西方哲学史讨论集》,三联书店,1979年。

揭示的。因为任何范畴都是从在先的较低的范畴发展而来的,而其本质、内容即包含在这个发展的过程之中。国家这个范畴也是如此。

黑格尔的全部哲学所讲的都是理念的发展。逻辑学、自然哲学、精神哲学分别描述理念发展的三大阶段。各个大阶段又分为一些小阶段。一切范畴都出现在理念发展的不同阶段上。国家这个范畴是在精神哲学中讲的,属于客观精神的阶段。《法哲学》就是讲客观精神的发展的。客观精神又分为抽象法、道德、伦理三个小阶段。国家是伦理的范畴,用黑格尔的话说:"国家是伦理理念的现实。"①这个话乍一看不免使人觉得有点怪:国家是政治领域的东西,和伦理有什么关系呢?然而,要了解黑格尔的国家观念,关键却正在于此。

通常人们是把伦理与道德几乎等同看待的。但是,黑格尔对二者作了严格的区别。黑格尔认为,道德和伦理都属于客观精神,但道德只涉及个人之间的关系,只涉及个人行为的良心、动机、责任、善恶等等,而伦理则涉及人们在某种生活的共同体中彼此之间的相互关系和人们与这种共同体的关系。伦理的东西对于个人来说具有客观的独立的意义,它是"作为对象"而与个人、主体发生关系的,"而且是独立地……存在着"。② 也就是说,伦理的东西是作为"具体的实体",作为"自在自为地存在的规章制度"而存在的。③ 所谓伦理性的实体,黑格尔认为就是家庭、市民社会和国家。

家庭、市民社会、国家也是伦理理念或伦理精神发展的三个阶段,像一切发展一样,这也是一个正、反、合的过程。在黑格尔看来,伦理理念或伦理精神的真谛在于自我与他人,个人与社会,特殊利益或"特殊性"与"普遍利益"或"普遍性"的统一。黑格尔认为,家庭是"直接的或自

---

① 《法哲学原理》,中译本,商务印书馆,1961年,第 257 节。
② 同上书,第 146 节。
③ 同上书,第 144 节。

然的伦理精神"。① 在这里,个人与社会的关系尚未展开,而以父母子女自然亲属之间的爱表现着自我与他人的直接的统一;在市民社会中,这种直接的统一被否定了,一切个人都追求各自的目的和利益,个人与社会的矛盾突出了,伦理的理念似乎丧失了;但是,正是通过这个间接的、否定的过程,在国家中,伦理的理念才"返回于自身",个人与社会,普遍性与特殊性才"在其中统一起来"。② 国家之所以为国家就在于它与家庭和市民社会的这种区别。黑格尔对国家本质的规定就建立在国家与家庭和市民社会的这种区别上,而特别是国家与市民社会的区别上。这是黑格尔国家学说的一个特点。因此我们对黑格尔国家观念的分析,就从国家与市民社会的区别谈起(家庭的问题在这里可以略而不谈)。

(一) 市民社会是"特殊性的领域"

17、18世纪以来的资产阶级思想家,特别是社会契约论者,都把国家与社会混为一谈,同时又把市民社会与一般社会等同看待。例如霍布斯、洛克、卢梭,都认为人们通过契约而结成的社会即是国家,而社会与市民社会乃是同义语。

黑格尔在许多地方批评了这种混淆。他说,社会契约论者所讲的国家实际上是市民社会,"许多现代的国家法学者都不能对国家提出除此之外任何其他看法"。③ 同时,黑格尔指出,他所说的市民社会也不是指历史上的任何社会,而是指现代的社会,"市民社会是在现代世界中形成的",④我们在下面将会看到,这实际上是指欧洲封建社会解体

---

① 《法哲学原理》,中译本,商务印书馆,1961年,第157节。
② 同上。
③ 同上书,第182节补充。
④ 同上。

以后形成的近代资本主义社会。

黑格尔有的地方把市民社会叫作"外部的国家,即需要和理智的国家",①以区别于他所说的真正意义上的国家或"政治国家"。所谓"需要"是指人们的物质生活需要,就是说,在黑格尔看来,市民社会是物质生活的领域,所以马克思在《黑格尔法哲学批判》中曾把它称为"物质国家"。②作为唯心主义者的黑格尔并不否认人的物质需要,他说,作为"生物","人有权把他的需要作为他的目的。生活不是什么可鄙的事情",③而市民社会就是这样的"需要的体系"。④所谓"理智"(或译"知性"),在黑格尔那里,是相对于作为辩证思维的"理性"而言的,是指片面地、形而上学的观点。为什么市民社会是属于知性的范畴呢?因为它是"作为特殊性的领域的社会",⑤"最初,特殊性一般地被规定为跟意志的普遍物相对抗的东西",⑥就是说,在市民社会中,普遍性和特殊性、普遍利益和特殊利益是互相对立的,片面的割裂着的。

黑格尔说:"市民社会,这是各个成员作为独立的单个人的联合。"⑦市民社会的人是"作为独立的单个人",这是市民社会与以往一切社会最重要的区别。市民社会是近代的产物,这种独立的个人则是市民社会的产物,是市民社会把个人从家庭的宗法的联系中"揪出","并承认他们都是独立自主的人","这样,个人就成为市民社会的子女"。⑧黑格尔在这一点上,也是不同于18世纪的许多资产阶级思想

---

① 《法哲学原理》,中译本,商务印书馆,1961年,第183节。
② 《马克思恩格斯全集》,第1卷,第282页。
③ 《法哲学原理》,第123节补充。
④ 同上书,第188节。
⑤ 同上书,第181节补充。
⑥ 同上书,第189节。
⑦ 同上书,第157节。
⑧ 同上书,第238节。

黑格尔《法哲学》中的国家学说

家的。后者把本来是"封建社会形式解体的产物"的独立的个人看作"天生独立的主体",认为这种个人"不是从历史中产生的,而是由自然造成的"。① 黑格尔则比较多地站在历史的基础上,把这种独立的个人看作是从近代市民社会即资本主义社会中产生出来的。

黑格尔所描写的这种独立的个人其实就是利己主义的资产者的形象。他说:"个别的人作为市民,就是私人。他们都把本身利益作为自己的目的。"②又说:"具体的人作为特殊的人本身就是目的",这是"市民社会的一个原则。"③但这并不是说,在市民社会中,个人是绝对孤独自存而不相联系的。黑格尔说:"特殊的人在本质上是同另一些这种特殊性相关的",因为"如果他不同别人发生关系,他就不能达到他的全部目的,因此其他人便成为特殊的人达到目的的手段。但是特殊目的通过同他人的关系就取得了普遍性的形式,并且在满足他人福利的同时,满足自己"。④ 黑格尔认为,"这一普遍性的形式是市民社会的另一原则"。⑤

这里所谓的"普遍性的形式",也就是黑格尔所说的,在市民社会中,"利己的目的,就在它的受普遍性制约的实现中建立起在一切方面相互依赖的制度"。⑥ 这种"一切方面相互依赖的制度"实际上就是资本主义社会的普遍的商品生产关系。黑格尔说,在市民社会中,"需要并不是直接从具有需要的人那里产生出来,它倒是那些企图从中获得利润的人所制造出来的。"⑦又说:"我既从别人那里取得满足的手段,

---

① 《马克思恩格斯选集》,第 2 卷,第 87 页。
② 《法哲学原理》,第 187 节。
③ 同上书,第 182 节。
④ 同上书,第 183 节及附释。
⑤ 同上书,第 183 节及附释。
⑥ 同上书,第 183 节。
⑦ 同上书,第 191 节补充。

我就得接受别人的意见,而同时我也不得不生产满足别人的手段。"①这正是资本主义制度下商品生产的情况。资产者是作为商品所有者而发生关系的。他们生产商品不是为了满足直接的需要,而是为了追求利润,为此他们彼此都必须把对方当作达到个人利益的手段而互相对待和互相利用。就此来说,市民社会确实是以利己的个人为轴心而形成的"在一切方面相互依赖的制度"。正如马克思所说:"只有到十八世纪,在'市民社会'中,社会结合的各种形式,对个人说来,才只是达到他私人目的的手段。"②

黑格尔把市民社会中的这种"在一切方面相互依赖的制度",即资本主义的普遍的商品关系,美化为既保持了个人的自由独立又能达到互利的关系,认为在这种关系中"主观的利己心转化为对其他一切人的需要得到满足是有帮助的东西……每个人在自己取得生产和享受的同时,也正是为了其他一切人的享受而生产和取得。在一切人相互依赖全面交织中所含有的必然性,现时对每个人说来,就是普遍而持久的财富。"③黑格尔承认,在市民社会中,个人分享普遍财富的可能性是要受到许多限制的,例如资本、技能以及自然禀赋、体质发展的差异等等,这就必然产生了各个人的财富的不平等,所以,"在市民社会中不但不扬弃人的自然不平等(自然就是不平等的始基),它反而从精神上产生它,并把它提高到在技能和财富上,甚至在理智教养和道德教养上的不平等"。④黑格尔认为这种不平等是合理的,这种不平等恰好使市民社会这个"需要的体系""组成为具有各种差别的有机体",而这又"正是由于

---

① 《法哲学原理》,第192节补充。
② 《马克思恩格斯选集》,第2卷,第87页。
③ 《法哲学原理》,第199节。
④ 同上书,第200节附释。

内在人的需要体系和需要运动中的理性！"①

不过,黑格尔毕竟是生活到了19世纪的人。这时,在英、法等国长足发展已达百年之久的资本主义社会所固有的种种矛盾和冲突已经越来越充分地暴露出来,还像18世纪的那些启蒙思想家那样把这个社会幻想为和谐博爱的乐园是不可能的了。黑格尔不能不看到,他所说的市民社会中"一切相互依赖全面交织",正是在无数不可调和的矛盾和冲突中实现的,"市民社会是个人私利的战场,是一切人反对一切人的战场"。② 黑格尔也不能不看到,他所说的人们对普遍财富的分享,不仅表现为财富的不平等,而且变成了财富和贫困的对立,一方面"财富的积累增长了";另一方面劳动阶级的"依赖性和匮乏,也愈益增长"③严重的是,贫困跟"对富人,对社会,对政府等等的内心反抗"的"情绪"相结合就会产生"贱民",④这对市民社会是何等的威胁啊！黑格尔说："怎样解决贫困,是推动现代社会并使它感到苦恼的一个重要问题。"⑤德国资产阶级还没有摆脱封建主义压迫的苦恼,却已开始为资本主义社会的矛盾而苦恼了。

如何解决这些矛盾呢？黑格尔认为,最根本的是要有一种能够使特殊利益和普遍利益、个人与社会的矛盾调解和统一起来的力量。但是市民社会本身是没有这种力量的。市民社会是"特殊性的领域",虽然各个个人的特殊利益相互依赖、相互交织,因而也具有某种"普遍性的形式",例如,商品交换的契约关系中就有"共同意志"或"不同意志的统一",⑥但是,由于这种普遍性也不过是各个人为了达到利己目的的

---

① 《法哲学原理》,第200节附释。
② 同上书,第289节附释。
③ 同上书,第243节。
④ 同上书,第244节补充。
⑤ 同上书,第244节补充。
⑥ 《法哲学原理》,第73节。

一种"中介",一种"手段",①支配一切的还是个人特殊的利益,普遍性实际上就被特殊性所消解,吞噬了。除了商品交换的契约关系这种"普遍性形式"之外,黑格尔认为市民社会中还出现了其他的"普遍性形式",如司法、警察和同业公会。为什么黑格尔把司法和警察(与通常所说警察的含义不同,英译者诺克斯把它译为"公共权力"public authourity,系指内务、民政而言)这些显然属于国家机构的东西也放到市民社会的范围之内呢?因为黑格尔所说的司法只涉及私法,"它仅与所有权的保护有关",②它是以法律这种"普遍性形式"来"保护特殊性"的"外部必要的东西",③就是说它仍然是以特殊性即市民个人的利益为目的。警察或公共权力所采取的"外部秩序和设施"也是"保护和保全大量的特殊目的和特殊利益"的,④是为了保障"人身和所有权的安全而不受妨害",使"单个人生活和福利得到保证"。⑤马克思说:"安全是市民社会的最高社会概念,是警察的概念;按照这个概念,整个社会的存在都只为了保证它的每个成员的人身、权利和财产不受侵犯。黑格尔正是从这个意义上才把市民社会叫作'需要和理智的国家'。""市民社会并没有借助安全这一概念而超越自己的利己主义。相反地,安全却是这种利己主义的保障。"⑥至于所谓同业公会,黑格尔主要是指工商业领域各种行业本身的联合、协会等等,这种组织起着调节行业内部个人之间的矛盾,保护行业利益的作用,因而其范围是狭窄的,"同业公会的普遍目的是完全具体的,其所具有的范围不超过产业和它独

---

① 《法哲学原理》,第 187 节。
② 同上书,第 188 节。
③ 同上书,第 209 节补充。
④ 同上书,第 249 节。
⑤ 同上书,第 230 节。
⑥ 《马克思恩格斯全集》,第 1 卷,第 439 页。

特的业务和利益所含有的目的。"[1]也就是说,它不能达到全社会的普遍利益,不能达到特殊利益和普遍利益的统一。

在黑格尔看来,既然市民社会本身不能达到这种统一,那么就只能到处于市民社会之外而又高于市民社会的领域中去寻求这种统一,他认为这就是国家或政治国家。

(二) 国家是"普遍性与特殊性的统一"

如果说市民社会是特殊性的领域,那么国家就可以说是普遍性的领域。市民社会的特点是普遍与特殊的分裂,是特殊排斥了普遍,因而是在知性范围之内的;国家则不同,国家之为普遍性,其目的虽然是"普遍的利益本身",但是,"这种普遍利益又包含着特殊的利益",[2]就是说,这种普遍性并不是排斥特殊的,而是包含着特殊的普遍性,是普遍与特殊的统一,"在国家中一切系于普遍性和特殊性的统一"。[3] 按照黑格尔的观点,"合理性一般是普遍性和单一性相互渗透的统一",[4]因此国家作为普遍与特殊的统一,就不是知性的东西,而是理性的东西,是"绝对自在自为的理性的东西"。[5] 所谓"国家是伦理理念的现实",[6]其真实含义也就是指国家之为普遍与特殊的统一。

如前所说,这种统一不是市民社会本身所有的,从这方面说,国家对市民社会是外加于它的东西,是一种"外在必然性"。但是,从特殊性提高到普遍性,又是理性的要求,是理性发展的必然性:"特殊性的原则,正是随着它自为地发展为整体而推移到普遍性","特殊的东西必然

---

[1] 《法哲学原理》,第251节。
[2] 同上书,第270节。
[3] 同上书,第261节补充。
[4] 《法哲学原理》,第258节附释。
[5] 同上书,第258节。
[6] 同上书,第257节。

要把自己提高到普遍性的形式,并在这种形式中寻找而获得它的生存"。① 从这一方面说,国家又是市民社会的"内在目的"。②

因此,黑格尔认为,国家这种普遍性虽然包含着特殊性,但是又高于特殊性,凌驾于特殊性即市民社会之上。唯其如此,国家这种普遍性才"既是特殊性的基础和必要形式,又是特殊性的控制力量和最后目的",③国家才能"作为社会正当防卫调节器"④来调和市民社会中个人利益的冲突乃至贫困与匮乏的种种矛盾。黑格尔说:"特殊性本身是没有节制的,没有尺度的,而这种无节制所采取的诸形式本身也是没有尺度的。人通过表象和反思而扩张他的情欲——这些情欲并不是一个封闭的圈子,像动物的本能那样,——并把情欲导入恶的无限。但是,另一方面,匮乏和贫困也是没有尺度的。这种混乱状态只有通过有权控制它的国家才能达到调和。"⑤而调和归根结底是为了维持市民社会的存在,为了维持市民社会的秩序。所以黑格尔说:"其实,需要秩序的基本感情是唯一维护国家的东西。"⑥

这里,黑格尔首先把国家和市民社会的真实关系颠倒了。如马克思所说,本来是"家庭和市民社会本身把自己变成国家。它们才是原动力",⑦"政治国家没有家庭的天然基础和市民社会的人为基础就不可能存在。它们是国家的 conditio sinqua non〔必要条件〕"。⑧ 但是黑格尔却认为,国家是家庭和市民社会的基础,认为"在现实中国家本身倒

---

① 《法哲学原理》,第 186 节。
② 同上书,第 261 节。
③ 同上书,第 184 节。
④ 同上书,第 185 节补充。
⑤ 同上。
⑥ 同上书,第 268 节补充。
⑦ 《马克思恩格斯全集》,第 1 卷,第 251 页。
⑧ 同上书,第 252 页。

是最初的东西,在国家内部家庭才发展为市民社会"。① 因而"在黑格尔那里条件变成了被制约的东西,规定其他东西的东西变成了被规定的东西,产生其他东西的东西变成了它的产品的产品"。② 诚然,国家作为社会的上层建筑,对于社会具有巨大的反作用或强制力,或者如黑格尔所说,仿佛是一种"外在的必然性",但实际上"国家决不是从外部强加于社会的一种力量",而是一种"从社会中产生但又自居于社会之上并且日益同社会脱节的力量"。③

其次,黑格尔在这里完全抹杀了国家的阶级性。如恩格斯所说,国家决不是调和社会矛盾而恰恰是阶级矛盾不可调和的产物,"国家是表示:这个社会陷入了不可解决的自我矛盾,分裂为不可调和的对立面而又无力摆脱这些对立面。而为了使这些对立面,这些经济利益互相冲突的阶级,不致在无谓的斗争中把自己和社会消灭,就需要有一种表面上驾于社会之上的力量,这种力量应当缓和冲突,把冲突保持在'秩序'的范围以内"。④ 黑格尔说:"需要秩序的基本感情是唯一维护国家的东西",这句话说得并不错。但是,国家之维持秩序决不是调和,这种秩序也决不体现社会的普遍利益而恰恰是一个阶级对其他阶级的统治。只要有阶级存在,就不可能有全社会的普遍利益,而国家总是统治阶级用以压迫被统治阶级的工具。否认国家的阶级性,把国家说成是全民利益的代表,是一切资产阶级思想家的共同特点,黑格尔在这一点上并没有超出一般资产阶级的国家观念一步。

但是,黑格尔的国家观念毕竟有其自己的特点,这个特点主要地就表现在他对国家之为普遍性与特殊性的统一的规定上面。黑格尔认

---

① 《法哲学原理》,第 256 节附释。
② 《马克思恩格斯全集》,第 252 页。
③ 《马克思恩格斯全集》,第 21 卷,第 194 页。
④ 同上。

为,这个统一是国家理念、国家本质之所在。但这并不是说,历史上任何时代的任何国家都实现了这个本质,达到了这个统一。黑格尔说,普遍性与特殊性的统一乃是:"现代国家的原则",①更确切地说,是黑格尔希望在他这个时代应当实现的理想国家的原则。在此之前的一切国家,无论是古代国家,还是近代国家,事实上都是割裂了普遍性与特殊性,或者用普遍性排斥了特殊性,或者用特殊性排斥普遍性。前者是古代国家的特征,为之论证的有柏拉图的理想国,后者是近代国家的特征,为之论证的有卢梭的社会契约论。我们现在就结合着黑格尔对柏拉图和卢梭的批评,进一步说明他所谓普遍性与特殊性的统一这个国家概念的实际内容和意义。

黑格尔在《法哲学》中对柏拉图做过许多批评,最主要的是批评他用普遍性否定了特殊性,用国家否定了个人的财产、自由和权利。黑格尔说:"在柏拉图的理想国中,主观自由还没有被承认",②"柏拉图理想国的理念侵犯人格的权利,它以人格没有能力取得私有财产作为普遍原则",③"柏拉图的理想国要把特殊性排除出去,但这是徒然的,因为这种办法与解放特殊性的这种理念的无限权利相矛盾的"。④柏拉图的理想国实际上代表了古代国家的原则,黑格尔说:"在古典的古代国家中,普遍性已经出现,但是特殊性还没有解除束缚而获得自由",⑤例如,"在亚洲君主专制的统治下,个人在自身中没有内心生活也没有权能"。⑥总之,现代人所要求的"自己的观点,自己的意志和良心","古

---

① 《法哲学原理》,第 260 节。
② 同上书,第 262 节。
③ 同上书,第 46 节附释。
④ 同上书,第 185 节补充。
⑤ 同上书,第 260 节补充。
⑥ 同上书,第 261 节补充。

人没有这些东西……对他们说来,最终的东西是国家的意志"。① 黑格尔反对用普遍性吞没特殊性,用国家的意志压抑个人的自由和权利。他强调指出:"特殊性的环节同样是本质的,从而它的满足是无条件地必要的",②国家的普遍利益如果不和个人的特殊利益相结合,"国家就等于空中楼阁",人们的个人利益如果不能得到满足,"国家就会站不住脚的"。③ 黑格尔的这些观点突出反映了德国资产阶级反封建的进步要求。

黑格尔认为,"独立特殊性的原则","单个人独立的本身无限的人格这一原则,即主观自由的原则",或者说"主体的特殊性求获自我满足的这种法,主观自由的法",是到了近代才出现的,是"划分古代和近代的转折点和中心点",是"新世界形式的普遍而现实的原则",④它实际上就是前面讲过的市民社会及其独立的个人的原则。在近代,卢梭的社会契约论提出的自由意志就是这个原则的典型的表达。卢梭从自由意志的原则出发研究国家问题,把国家看作人们按照自己的意志结成的契约。黑格尔认为,卢梭这样"提出意志作为国家的原则",在国家问题的探讨上"作出了他的贡献"。⑤ 在德国,进步的资产阶级思想家,从康德、费希特到黑格尔,可以说无不直接受卢梭的影响,而把自由意志作为他们研究道德、政治的基本原则和出发点。不过,如马克思在讲到康德时所指出的,他们作为软弱的德国资产阶级的思想代表和唯心主义者,把以资产阶级的物质利益为基础,由资产阶级的生产关系所决定的意志变成了"人类意志的**纯粹**自我规定","纯粹思想上的概念规

---

① 《法哲学原理》,第 261 节补充。
② 同上书,第 261 节。
③ 同上书,第 265 节补充。
④ 同上书,第 124 节附释。
⑤ 同上书,第 258 节附释。

定"。① 黑格尔在《法哲学》中就把自由意志说成是"在自身上现存着的理念","通过思维把自己作为本质来把握"的"自我意识",并且认为它"构成法、道德和一切伦理的原则",②即全部法哲学体系的原则。

但是,黑格尔是既肯定了卢梭又批判了卢梭的。他在《法哲学》中尖锐地批评了卢梭的社会契约论的国家观。他的批评主要有两点。一点是认为社会契约论坚持市民社会的知性观点,把普遍与特殊割裂,用特殊性排斥了普遍性,它虽然把握了个人意志或自由的主观性这个"包含着理性意志的理念的一个环节",③但是把这个"片面的环节"绝对化了。黑格尔说,社会契约论是所谓"原子式地进行探讨",是"以单个的人为基础"的。④ 卢梭"所理解的意志,仅仅是特定形式的单个人意志,他所理解的普遍意志也不是意志中绝对合乎理性的东西,而只是共同的东西,即从作为自觉意志的这种单个人意志中产生出来的。这样一来,这些单个人的结合成为国家就变成了契约,而契约乃是以单个人的任性、意见和随心表达的同意为其基础的"。⑤ 就是说,社会契约论只是把许多单个人的意志加以"集合并列",⑥这至多是一种"共同意志",而不能达到作为普遍与特殊之统一的"普遍意志"。黑格尔的另一点批评,是认为卢梭的思想在实践上导致法国革命后期罗伯斯庇尔时代的"恐怖政治"。黑格尔说,社会契约论这种抽象的知性的观点"破坏了绝对的神物及其绝对的权威和尊严",即破坏了作为高于一切单个人的普遍意志、普遍利益体现的国家的理念,"因此之故,这些抽象议论一旦得势,就发生了人类有史以来第一次不可思议的惊人场面:在一个现实的

---

① 《马克思恩格斯全集》,第 3 卷,第 213—214 页。
② 《法哲学原理》,第 21 节。
③ 同上书,第 258 节附释。
④ 同上书,第 156 节补充。
⑤ 同上书,第 258 节附释。
⑥ 同上书,第 156 节补充。

大国中(指法国),随着一切存在着的现成的东西被推翻之后,人们根据抽象思想,从头开始建立国家制度,并希求仅仅给它以想象的理性东西为其基础。又因为这都是缺乏理念的一些抽象的东西,所以他们把这一场尝试终于搞成最可怕和最残酷的事变"。① 黑格尔还在其他许多地方谈到卢梭把个人意志或意志自由的原则绝对化、抽象化在政治上带来的后果。他说:"自由的这种形式(抽象的自由)在政治生活和宗教生活的积极狂热中,有更具体的表现。例如,法国革命的恐怖时期就属于此。"②又说,法国人把意志自由的原则"应用于现实世界时"是"带着抽象性的","自由落在人民群众手里所表现出来的狂诞情形实在可怕"。③ 黑格尔所批评的卢梭的所谓"抽象"的自由原则实际上是一种激进的资产阶级民主主义,而罗伯斯庇尔专政作为具有较宽广的群众基础的资产阶级激进民主主义政权,就其思想基础来说,确实可以说是卢梭思想在政治上的具体实践。黑格尔把二者联系起来是有道理的,但是,问题在于黑格尔既反对卢梭的思想,也反对罗伯斯庇尔专政,他认为这个政权是"人民的意志"的"无法无天"的"专制",其可怕较之暴君的专制有过之而无不及,黑格尔每当提起它时都不禁浑身战栗。早在《精神现象学》中他就曾诅咒罗伯斯庇尔的"恐怖统治"是"毁灭的狂热",它所能做的"唯一的工作和活动就是死",让人们遭受"最冷酷最无意义的死"。④ 这正如马克思所说的,当法国"强有力的资产阶级自由主义的实践以恐怖统治和无耻的资产阶级钻营的形态出现的时候,德国小资产者就在这种资产阶级自由主义的实践面前畏缩倒退了"。⑤

---

① 《法哲学原理》,第 258 节附释。
② 同上书,第 5 节补充。
③ 《康德哲学论述》,商务印书馆,1960 年,第 18 页。
④ 《精神现象学》,荷夫迈斯特本,汉堡,1952 年,第 418-419 页。
⑤ 《马克思恩格斯全集》,第 3 卷,第 213-214 页。

所谓"倒退",并不是说回到封建专制主义去,而是说退到一种反对自由主义、反对民主的立场上去。

如前所说,黑格尔对市民社会的种种矛盾和冲突,尤其是群众的贫困和匮乏及其可能产生反政府、反社会的贱民等等问题深感忧惧,而法国革命后期群众的广泛发动更是把他吓破了胆,因此,在封建主义的重压面前,他虽然反对用普遍性排斥特殊性,为个人的利益、权利和自由要求应有的地位,但是当他面对着群众为自身的利益、权利和自由提出激烈的要求时,他就又感到需要抬高普遍性,用普遍性来抑制群众的"自由意志",使之纳入国家秩序的轨道。

黑格尔提出国家是普遍与特殊的统一,就是由这两个方面的矛盾也就是德国资产阶级的二重性所决定的。由于德国资产阶级害怕群众和革命更甚于害怕封建主义的统治,所以黑格尔在他所说的统一中总是强调普遍性,把普遍性即国家放在特殊性即个人之上,认为"国家是比个人更高的东西",[1]是凌驾于个人和社会之上的"独立的力量","在这种独立的力量中,个别的人只是些环节罢了"。[2] 在国家这个普遍物中,作为环节的个人并不是没有自由,但是这种自由不是"从单一性,单一的自我意识出发"[3]的"抽象的"自由,而是"理性的规律和特殊自由的规律""相互渗透",达到"个人目的与普遍目的这双方面的同一"[4]的自由,也就是服从国家法律这种"外在必然性"的自由,这种自由是"自由和必然性的结合",[5]是"具体的自由",国家就是"具体自由的现实"。[6] 在国家这个普遍物中,作为环节的个人并不是没有权利,但是

---

[1] 《法哲学原理》,第100节附释。
[2] 同上书,第258节补充。
[3] 《法哲学原理》,第258节补充。
[4] 同上书,第265节补充。
[5] 同上书,第265节。
[6] 同上书,第260节。

这种权利是同对国家的义务结合着的,"个人从他的义务说是受人制服的,但在履行义务中他作为公民,其人身和财产得到了保护,他的特殊福利得到了照顾","就在这样地完成义务以作为对国家的效劳和职务时,他保持了他的生命和生活"。①

总之,据黑格尔说,在国家中,"个人的单一性及其特殊利益"可以"获得完全发展","它们的权利"可以"获得明白承认(如在家庭和市民社会的领域中那样)"。② 就此而言,黑格尔承认:"人们常说,国家的目的在谋公民的幸福。这当然是真确的。"③这些话未始不可以看作宣布"一切政治结合的目的都是为了维护自然的和不可剥夺的人权"④的1789年法国"人权宣言"的一种德国的翻版。但是,另一方面,黑格尔又坚持认为,国家不能以保护个人的利益、自由、权利为限,不能说"国家的使命"就是"保证和保护所有权和个人自由",不能把个人利益看作人们结成国家的"最后目的",⑤否则国家就不能成其为一种普遍物以区别于作为"特殊性的领域"的市民社会。黑格尔说,国家这种普遍物即是一种"绝对的不受推动的自身目的","这个最高目的对单个人具有最高权利",而"成为国家成员是单个人的最高义务"。⑥ 个人应当"通过自身过渡到普遍物的利益","认识和希求普遍物,甚至承认普遍物作为它们为自己的实体性的精神,并把普遍物作为它们的最终目的而进行活动"。⑦ 不仅如此。黑格尔甚至要人们把国家作为"地上的神物"来加以崇拜。诚如马克思所说:"黑格尔对国家精神、伦理、精神、国家

---

① 《法哲学原理》,第261节附释。
② 同上书,第260节。
③ 同上书,第265节补充。
④ 转引自《马克思恩格斯全集》,第1卷,第440页。
⑤ 《法哲学原理》,第258节附释。
⑥ 《马克思恩格斯全集》,第1卷,第320页。
⑦ 同上书,第258节。

意识崇拜得五体投地。"①

有些人认为,黑格尔的这种国家崇拜表明他是一个极权主义者,或者认为他是现代法西斯主义的先驱。这种看法并不符合实际,甚至是一种歪曲。也有些人(例如《开放的社会及其敌人》的著者波普尔的观点就颇具代表性)把黑格尔的所谓极权主义作为马克思主义国家学说的来源而加以攻击,更是别有用意了。

那么,应该怎样来看黑格尔的这种国家崇拜呢?它和现代法西斯主义的区别何在呢?

第一,黑格尔虽然把国家神化了,但是他所说的神即是理性、理念,所谓国家是地上的神物,其含义也只是说国家是理性或理念的具体体现,是所谓"自在自为的理性的东西",所以黑格尔常常把他所说的国家叫作"理性的国家"。相反地,现代法西斯主义则鼓吹反理性主义,把国家说成是一种反理性的权力意志的体现,他们的国家崇拜可以说是一种权力崇拜,一种反革命的暴力论。而这恰恰是黑格尔所反对的。黑格尔曾明白表示反对"以为国家由于权力才能维持"的看法②,而且尖锐地批判过反动思想家哈勒的强权政治论。哈勒公开鼓吹"大欺小,强凌弱"是人类和动物的"共同规律","有更大权力的人进行统治,必须统治,而且将永远统治","这就是上帝永恒不变的原则"。黑格尔斥责说,哈勒的所谓权力不是"正义的和伦理性的东西的权力",而是"偶然的,自然的暴力"。③

第二,黑格尔的国家崇拜,是为了找到一种能够调和市民社会的矛盾和冲突,特别是能够防止群众反抗和革命的超社会的力量。但是,黑格尔并不否认和取消个人的利益、权利和自由。这一点,连对黑格尔政

---

① 《马克思恩格斯全集》,第1卷,第260节。
② 《法哲学原理》,第268节补充。
③ 同上书,第258节附释的小注。

治思想决不抱有好感的罗素也不能不承认,他说:黑格尔所讲的"全体是这样的全体,其中的个人并不消失,而是通过他与更大的有机体的和谐关系获得更充分的实在性。个人被忽视的国家不是黑格尔的'绝对'的雏型。"① 当然,黑格尔认为,个人的利益和权利对于国家来说是次要的环节,从属的环节,它们应当被保持,但是应当保持在一种非民主的国家形式中。现代法西斯主义则干脆取缔个人的一切权利和自由,对群众实行公开的血腥的专制统治。如果用黑格尔的术语,我们可以说,现代法西斯主义的国家至上是把普遍性绝对化了,法西斯国家是绝对排斥特殊性的普遍性。而黑格尔所坚持的国家原则则是普遍与特殊的统一。

第三,从历史的和阶级的根源来说,现代法西斯主义是帝国主义时代垄断资产阶级在政治上走向全面反动的产物。黑格尔的国家崇拜的历史根源和阶级根源则是德国资本主义发展不足和德国资产阶级的软弱性。马克思说,德国资本主义发展缓慢,资本主义经济分散而不集中,德国资产阶级具有小市民或小资产者的特点,"由此产生的必然结果是,在德国以最畸形的、半家长制的形式表现出来的君主专制的时代里,由于分工而取得了对公共利益的管理权的特殊领域,获得了异乎寻常的、在现代官僚政治中更为加强的独立性。这样一来,国家就构成一种貌似独立的力量,而这种在其他国家曾是暂时现象(过渡阶段)的情况,在德国一直保持到现在。由于国家的这种情况,也就产生了在其他国家从来没有过的循规蹈矩的官僚意识以及在德国很流行的关于国家的一切幻想"。② 这自然不是说黑格尔所崇拜的是普鲁士专制国家,而是说在德国国家具有独立性的这种假象不能不深深影响黑格尔,使得

---

① 《西方哲学史》,下卷,商务印书馆,1976年,第290页。
② 《马克思恩格斯全集》,第3卷,第213页。

黑格尔在构想他的国家理念或理性国家时也必然把它看作凌驾于社会之上的神圣的力量。这种幻想就连后来的青年黑格尔派也未能摆脱。例如施蒂纳也认为"国家是凌驾于"一切人之上的,马克思说"他是真正的'国家狂信者,对国家着迷的人'",①说他的这种"关于国家万能"的"想法"是一种"小资产阶级的想法",而且是"过去的德国法学家(当然包括黑格尔——引者)们已经有过的"想法。②

最后,我们还要指出,黑格尔的国家崇拜并不是国家绝对至上主义。在黑格尔的体系中,国家属于客观精神,还不是最高的最后的东西。因此黑格尔也不认为国家真的可以解决一切矛盾。黑格尔说,即使在"一个真正按照理性来划分生活各部门的国家里",人们所得到的"自由和满足仍然是受到局限的,所以这种自由和满足仍是有限的。哪里还有有限性,哪里就会不断地重新发生对立和矛盾,满足就还不能超出有限的范围"。③ 就是说,人们在这个领域中所获得的"权利和义务以及它们的尘世的,因而是有限的存在方式还是不能令人完全满足的,无论是它们的客观存在上,还是在它们对主体的关系上,它们都还需要一种更高的证实和批准"。④ 这种更高的"证实和批准"就是宗教和哲学,即绝对精神的领域。只有在宗教和哲学中人们才能找到"和谐与统一","自由和满足的境界"。⑤ 这实际上就是要人们从现实的政治这个"荆棘丛生的领域"⑥逃遁到宗教和哲学的思想领域中去。

---

① 《马克思恩格斯全集》,第 3 卷,第 402 页。
② 同上书,第 414 页。
③ 《美学》第 1 卷,人民文学出版社,1958 年,第 122 页。
④ 同上书,第 123 页。
⑤ 同上书,第 124 页。
⑥ 《马克思恩格斯选集》,第 4 卷,第 217 页。

二、最高最完善的国家形式——君主立宪制

黑格尔说:"国家的理念是普遍理念,是作为类和作为对抗个别国家的绝对权力——这是精神,它在世界历史过程中给自己以它的现实性。"①在他看来,国家理念是一种在历史上自行运动、自行发展的独立的创造性的力量,它在发展过程中不断地扬弃、否定一种国家形式又取得另一种国家形式,各种具体的国家形式都不过是国家理念在一定阶段上一定程度的体现,通过这种不断扬弃的过程(这个过程不是无限的),国家理念最后终于要在某种国家形式中获得自己的完满的体现。

那么,什么样的国家形式,或者如黑格尔所说的"内部国家制度"、"政治制度"才是符合国家理念的呢?

黑格尔认为,历史上存在过的国家形式,如君主专制、贵族制、民主制,都有缺陷,都是片面的,"它们每一种对合乎理性地发展的理念都不符合,而理念也不能在它们任何一种中获得它的权利和现实性"。②

黑格尔在《法哲学》中对这三种政体都做了批判。他认为君主专制政体是不好的,不符合理性的,因为"在这种国家制度中,国家生活建立在特殊人格上",一切都系于君主的"偏好"③;贵族制也是不好的,不符合理性的,因为贵族之间的分裂和纷争会"使这种国家制度自身时刻有可能直接堕入暴政或无政府这种最残酷的状态,而毁灭自己";④民主制也是不好的,不符合理性的,它像君主专制一样也是一种"专制"、"无法无天",只是以"人民的意志"这种"特殊的意志"代替了君主个人的

---

① 《法哲学原理》,第 259 节。
② 同上书,第 273 附释。
③ 同上书,第 273 附释。
④ 《法哲学原理》,第 273 附释。

"特殊的意志",而这种"特殊的意志本身就具有法律的效力或者它本身就代替了法律"。①

既然所有这些国家形式都不完善,都不合乎理性,因此黑格尔要寻找一种既不同于君主专制,又不同于贵族暴政,也不同于民主政治的国家制度,黑格尔认为,这就是君主立宪制度。

黑格尔说,君主立宪制是近代的产物,"国家成长为君主立宪制乃是现代的成就。"②君主立宪制高于上面所说的那些国家形式,是它们的否定,但不是简单的否定,而是把它们扬弃,复又包含于自身之中,即把那三种国家形式"降格为各个环节",③成为君主立宪制自身的三个不可缺少的要素:君主、贵族、人民。君主立宪制就是这三个要素相互制约、折衷均衡的制度。正如恩格斯指出的:"君主立宪政体的第一个原则是权力均等。"④当然这并不是说,在君主立宪制下君主、贵族、人民三分天下,各有其一,毫无轩轾,不论高低。事实上,这三个要素在国家中各占何等地位,各具多大权力,正是使各种君主立宪政体带有不同色彩的原因所在。例如,1688年以后在英国建立的君主立宪,1789年法国革命初期一度存在过的君主立宪,1815-1830年法国波旁王朝复辟时期的君主立宪,19世纪上半叶在德国一些小邦中实行过的君主立宪,就各有特色,很不相同。主张君主立宪的人政治倾向也是各种各样的,有的具有自由主义的倾向,有的则站在反对自由主义、反对民主的立场上。

黑格尔主张的是怎样的一种君主立宪呢?在其君主立宪的理想制度中,君主、贵族、人民这三个要素各自的地位和权力如何呢?我们可

---

① 《法哲学原理》,第278节附释。
② 同上书,附释。
③ 同上。
④ 《马克思恩格斯全集》,第1卷,第681页。

以从黑格尔关于国家权力划分的具体论述中得到回答。

权力划分的原则,最初是由洛克提出,而后由孟德斯鸠大力发挥的,是近代资产阶级政治学的一个基本原则。所谓权力划分,从阶级实质来说,就是资本主义社会中居于统治地位的各阶级、各阶层、各派政治力量对于国家权力的分配。黑格尔则认为,这种划分是从国家概念本身产生出来的,是合乎理性的,是"公共自由的保障",各种权力相互控制"会促成(国家的)统一"。① 不过黑格尔反对一般资产阶级政治学把各种权力看作"彼此绝对独立的规定",把它们的关系看作"否定的,彼此限制的",而认为它们应当是互相"包含"而构成一个"整体"。②

一般资产阶级政治学把权力划分为立法权、行政权和司法权这三个环节,黑格尔也不赞成。据说是因为司法权不成其为国家概念的一个环节。其实,黑格尔之所以反对这种划分主要是因为这里没有出现君主这个要素。作为君主立宪主义者,黑格尔要求明确地把这个要素规定为权力划分的一个环节,即王权。他说:"政治国家"把自己分为这样三种"实体性的差别",即不同的权力:王权、行政权、立法权。③

下面我们就来看看君主、贵族和人民这三个要素的地位和权力在这种权力划分中是怎样体现的。

(一) 王权

黑格尔认为,没有君主是不行的,君主代表国家的人格,④代表国家的统一。⑤ 没有君主,人民不过是一群无定形的东西,不能构成国

---

① 《法哲学原理》,第272节附释。
② 同上书,第272节及附释。
③ 《法哲学原理》,第273节。
④ 同上书,第279节。
⑤ 同上书,第281节。

家,就是说,没有君主,就没有主权,没有政府,没有法庭,没有官府,没有等级,什么都没有。① 所以王权极重要,是"君主立宪制的顶峰和起点"。②

具体地说,君主的权力和作用是什么呢? 在黑格尔看来,这主要是:1."作为意志最后决断的主观性的权力";③2. 任命国家官员、委派官职的权力;④3. 对外代表国家,统帅武装,宣战媾和,"以处理对外关系为职责"。⑤

黑格尔认为,君主是世袭的,君主"天生就注定是君主尊严的化身,而这个人被注定为君主,是通过直接的自然的方式,是由于肉体的出生"。⑥ 又说:"君主现在是有机发展了的国家中的绝对顶峰",⑦王权"把被区分出来的各种权力集中于统一的个人",⑧无论是行政事务还是制定法令等等都须"一并呈请君主裁决",⑨"它作为至上者扬弃了简单自我的一切特殊性,制止了各执己见相持不下的争论,而以'我要这样'来做结束,使一切行动和现实都从此开始"。⑩ 从这些话来看,黑格尔似乎赋予君主以莫大的权力,如马克思所说,这个人格化了的主权把所有其他的人都排斥于主权之外,它"所具有的唯一的内容就只是一个抽象的'我要这样'。'L'état c'est moi〔朕即国家〕'"。⑪ 这不是很容易

---

① 《法哲学原理》,第 279 节附释。
② 同上书,第 273 节。
③ 同上书,第 273 节。
④ 同上书,第 292 节。
⑤ 同上书,第 329 节。
⑥ 同上书,第 280 节。
⑦ 同上书,第 286 节。
⑧ 同上书,第 273 节。
⑨ 同上书,第 283 节。
⑩ 同上书,第 279 节附释。
⑪ 《马克思恩格斯全集》,第 1 卷,第 277 页。

使人联想起法国路易十四那样的专制君主吗？因此有些人认为黑格尔在《法哲学》中是为普鲁士的专制制度做论证的。

但是，马克思没有做出这样的结论。马克思指出，黑格尔虽然主张君主世袭制，但是"黑格尔却没有把它虚构为宗法的（即封建的——引者）国王，而是虚构为现代的立宪的国王"。① 黑格尔虽然说王权包含着立法权和行政权的环节，但是，在他那里，"王权被了解为君主（立宪君主）的权力，那么王权就不会超出国家制度和法律的普遍性"，②就是说君主并不能妄自为法，相反地却须受法律的制约和束缚。黑格尔说："因为主权是一切特殊权能的理想性，所以人们容易而且很惯常地发生误会，把主权当作赤裸裸的权力和空虚的任性，从而把它同专制相混淆"，但是"主权却正是在立宪的情况下，即在法制的统治下，构成特殊的领域和职能的理想性环节"。③ 国王违法也要受法律的制裁，"在近代，国王必须承认法院就私人事件对他自身有管辖权，而且在自由的国家里，国王往往败诉，事属常见"。④ 黑格尔说："在一个有良好组织的君主制国家中，唯有法律才是客观的方面，而君主只是把主观的东西'我要这样'加到法律上去。"⑤因此君主的个人意志（"我要这样"）仅仅是一种"形式上决断"，"至于君主除了这个最后决断权之外，所能有的其他东西都是一些属于特殊性的东西而不应该有什么意义的"。⑥ 黑格尔还曾以更明白的语言强调指出，所谓君主的决断"这并不等于君主可以为所欲为，毋宁说他是受谘议（包括议会和政府——引者）的具体内容束缚的。当国家制度巩固的时候，他除了签署之外，更没有什么别

---

① 《马克思恩格斯全集》，第 1 卷，第 363 页。
② 同上书，第 268 页。
③ 《法哲学原理》，第 278 节附释。
④ 同上书，第 221 节补充。
⑤ 同上书，第 280 节补充。
⑥ 同上书，第 279 节补充。

的事可做。可是这个签署是重要的,这是不可逾越的顶峰"。① 所以黑格尔认为,实际对国家负责的是那些"谘议机关及其成员"即政府的大臣们,而君主"对政府的行动不负责任"。② 这就是说,国家的真正权力重心是政府大臣,而不是君主,用马克思的话说,君主在黑格尔那里"所分得的只是自己'伟大'的特殊空想"。③

由上可见,黑格尔所说的君主确实是一个立宪君主的形象,而不是一个专制君主的形象,尽管他把君主吹捧为"顶峰"、"绝对的顶峰",说什么君主的权力是"绝对地起源于自身的",乃至说是"以神的权威为基础的",④等等。但是,所有这些都不过是些虚而不实之辞,而对君主作虚夸的赞颂则恰恰是一切君主立宪国家的特征。恩格斯在谈到英国这个君主立宪国家时说:"每个人都知道英国的最高元首(不论是男的还是女的)处于什么样的地位。王权实际上已经等于零。"但是"君主这一要素在实际上变得愈不重要,它在英国人的眼光中的意义就愈重大。大家知道,没有一个地方比英国更崇拜统而不治的人物了。英国报纸在奴颜婢膝和阿谀奉承方面远远超过了德国报纸。而这样令人作呕地崇拜国王,向一个空空洞洞毫无内容的概念,甚至不是概念,而是'国王'这个名词拜倒,——这是君主政体登峰造极的表现"。⑤ 我们可以肯定地说,黑格尔所描写的立宪君主的现实的原型就是英国的国王。根据格里斯海姆 1824-1825 年听《法哲学》的笔记,黑格尔在讲君主这一节时很明确的就是以英国为例的。格氏笔记这一节被加了一个小标题:"君主在政治上无足轻重(Bedeutungslosigkeit)",下面的原话是:

---

① 《法哲学原理》,第 279 节补充。
② 同上书,第 284 节补充。
③ 《马克思恩格斯全集》,第 1 卷,第 289 页。
④ 《法哲学原理》,第 279 节附释。
⑤ 《马克思恩格斯全集》,第 1 卷,第 682 页。

"人们常常想,他们也可以和国王一样。这并不难。例如,在英国,君主除了做最后决断就没有什么更多的事要做了,他所要做的也就仅限于此"。① 黑格尔在他的最后一篇著作《论英国国会改革案》中也谈到,在英国"国王参予政府的权力是虚幻的而非实在的"。② 不过,黑格尔同时指出,英国的"王权太弱"③也是一个缺点,因为这样就不足以在各党各派的权力争斗中充分发挥其折衷平衡的作用。所以,看来黑格尔是希望有一个较之英国的王权稍强有力些的王权,因为黑格尔认为"国家的真正的统一只有靠着'君主'才不至降入特殊性的领域,降入特殊性的任性、目的、观点的领域,才能避免御座周围的派系倾轧和国家权力的削弱与破坏"。④ 但是王权究竟应该加强到什么程度,黑格尔似乎并没有明确的想法,大概也很不容易想出来。因为事实上立宪君主的存在正是以各个阶级、各个党派的矛盾和冲突为前提的,企图通过君主来调和、避免这种矛盾,只能是一种幻想。

(二) 行政权

在黑格尔的权力划分中,行政权是真正的国家权力中枢。黑格尔认为,"行政权的全权代表"、"担任执行的国家官吏"是真正的"国家代理人"。君主授予各个国家部门以"特殊的国家职能",如马克思所说,实际上就是"**把国家瓜分给官僚**"。⑤

黑格尔认为,担任国家公职的官吏构成社会的特殊等级,他称之为"普遍等级",他说:"普遍等级(或者更确切地说,在政府中供职的等级)

---

① 黑格尔:《法哲学》,伊尔汀编,第 4 卷,第 677 页。
② 《黑格尔政治著作集》,诺克斯译,牛津,1964 年,第 323 页。
③ 同上书,第 309 页。
④ 《法哲学原理》,第 281 节。
⑤ 《马克思恩格斯全集》,第 1 卷,第 308 页,参阅黑格尔:《法哲学原理》,第 287-289 节。

直接由于它自己的规定,以普遍物为其本质活动的目的",①"是以社会状态的普遍利益为其职业的"。② 黑格尔又把他们称为"中间等级",说他们是超阶级,超党派的,由国家官吏组成的政府"并不是与其他党派对立的党派"。③ 国家就是通过行政官吏进入市民社会,维护"国家的普遍利益和法制"④。黑格尔极力推崇这个"等级"是国家"在法制和知识方面"的"主要支柱","全体民众的高度智慧和法律意识就集中在这一等级中"。⑤ 正如马克思所说:"黑格尔把官僚政治变成一种理想的东西"。⑥ 在这里明显地表现出普鲁士官僚国家对黑格尔的影响。所以马克思甚至说:"黑格尔关于'行政权'所讲的一切都是不配称为哲学的分析。这几节(指《法哲学原理》讲行政权的几节——引者)大部分都可以原封不动地载入普鲁士法"。⑦

马克思说"大部分",就是说还有小部分是不能载入"普鲁士法"的,即不同于普鲁士国家现状的东西,最主要的是黑格尔反对封建世袭官职。黑格尔认为:"个人之担任公职,并不由本身的自然人格和出身来决定。决定他们担任公职的是客观因素,即知识和本身才能的证明。"⑧黑格尔是希望由一批有教养有才能的行政官僚来担任政府大员和各级官吏,而不是由腐败的贵族来执掌政权。例如他明白反对由"游荡骑士"担任国家职务(如行使审判权等)。⑨ 所谓"游荡骑士"就是那些已失掉自己领地的没落的封建贵族。黑格尔说,"普遍等级"不能"占

---

① 《法哲学原理》,第303节。
② 同上书,第205节。
③ 同上书,第301节补充。
④ 同上书,第289节。
⑤ 同上书,第297节及补充。
⑥ 《马克思恩格斯全集》,第1卷,第320页。
⑦ 同上书,第298页。
⑧ 《法哲学原理》,第291节。
⑨ 同上书,第294节附释。

居贵族的独特地位",国家官职不能由贵族世袭垄断,具有知识和才能则是"使每个市民都有可能献身于这个等级的唯一条件"。① 这就是说,国家官职应该向每一个市民开放,只要你有"知识和才能"。马克思也指出,在黑格尔那里,"每个市民都有可能成为国家官吏,这是市民社会和国家之间的……肯定关系"。② 黑格尔在这里的确表达了资产阶级对政权的要求。当然,这种要求还是很怯懦的、软弱的。在黑格尔看来,普遍等级的成员即国家官吏的主要来源还是贵族,他认为贵族"以地产为基础",③"具有比较独立的意志","能毫无阻碍地出来为国家做事"。④ 因此,黑格尔在讲行政权时虽然也隐约地透露了资产阶级对政权的要求,但是这个权力领域他主要还是让贵族来占据的。

(三) 立法权

关于立法权的问题,黑格尔的观点也充满了矛盾。

一方面,他很重视法,认为"法与自由有关,是对人最神圣可贵的东西"。⑤ 他所希求的现代国家应当是法治的国家。他对法的历史学派反对立法和法制的反动观点进行过激烈的批评。例如,他批判了哈勒,说他"万分仇恨一切法律和立法以及一切依正式手续和法律程序制定的法",并痛斥他"疯狂、低能和伪善"。⑥ 黑格尔也批判了萨维尼认为在德国制定法典还不成熟的说法,他说:"否认一个文明民族和它的法学界具有制定法典的能力是对这个民族和它的法学界的莫大侮辱。"⑦

---

① 《法哲学原理》,第291节。
② 《马克思恩格斯全集》,第1卷,第306页。
③ 《法哲学原理》,第305节。
④ 同上书,第306节补充。
⑤ 同上书,第215节补充。
⑥ 同上书,第258节附释的小注。
⑦ 同上书,第211节附释。

黑格尔认为,立法"正是我们时代无限迫切的要求"。① 显而易见,这些观点具有反封建的性质,而且是受了法国革命的影响的。

但是,另一方面,黑格尔却没有或不敢承认立法权是最高的权力,"是确立国家制度的权力。它高于国家制度"。② 因为承认这一点,就必须承认要按照现代立法的要求对国家制度进行根本的变革,如像法国革命所做过的那样。马克思说:"立法权完成了法国的革命。凡是立法权真正成为统治基础的地方,它就完成了伟大的根本的普遍的革命"。③ 黑格尔在《历史哲学》中也曾以赞美的口吻谈到法国革命是"依照思想建筑现实",即依据一个"同公理概念相调和的宪法",依据"法律"的"理性"建立了新的国家制度。④ 但是,作为怯懦的德国资产阶级的思想代表,黑格尔不主张在德国也进行法国革命那样的激烈的彻底的革命,即按照资产阶级的立法要求而进行的根本改变国家制度的革命,而希望走一条缓和的改良的道路。他说,在法国"改革必然是剧烈的",是"因为政府没有出来担任除旧布新的工作"。⑤ 换言之,如果政府能够从上而下地实行改良,就不会酿成强烈的革命了。因此,黑格尔在《法哲学》中把立法权贬低为"国家制度的一部分",而宣称"国家制度是立法权的前提,因此它本身是不由立法权直接规定的"。⑥ 也就是使立法权从属于国家制度,立法权只能在国家制度的范围内起作用,即"通过法律的不断完善,通过普遍行政事务所固有的前进运动",使国家制度"得到进一步的发展"。⑦ 黑格尔说,"这种前进运动是一种不可觉

---

① 《法哲学原理》,第 211 节补充。
② 《马克思恩格斯全集》,第 1 卷,第 312 页。
③ 同上书,第 315 页。
④ 《历史哲学》,商务印书馆,第 493 页。
⑤ 同上。
⑥ 《法哲学原理》,第 298 节。
⑦ 同上。

察的无形的变化"。① 马克思在批评黑格尔的这一改良主义观点时说:"这就是说:国家制度不直接属于立法权的领域,但是立法权却间接地改变国家制度。立法权通过迂回的途径来达到它以直接的方法所不可能达到而且没有权利达到的目的。它既然不能整个地改变国家制度,所以就一片一片地撕碎国家制度。"②

黑格尔贬低立法权又是同他反对民主政治的立场联系着的。这具体地表现在他竭力贬抑立法机关、议会的权力和作用,而使之成为政府(行政权)的附庸。他强调行政权必须参与到立法权中去,因而他反对18世纪法国制宪议会"把政府成员从立法机关中排除出去"的做法,而认为"英国的内阁大臣必须是国会议员,这是正确的"。③ 但是,黑格尔是否赞成按照英国的方式把行政权和立法权结合起来呢? 不是的。因为在英国,由议员担任内阁大臣,即国会中的多数党组阁,实际上就是由国会控制政府,使政府从属于国会,如黑格尔在《论英国国会改革案》中所说:"一届内阁只有符合国会的观点和意志,才能执掌政府,才能存在","国会是政府权力的实体"。④ 而这种情况则恰恰是黑格尔所反对的。黑格尔虽然主张政府大臣参加议会,但是他认为政府不能由议会组阁而应由国王任命,因而不是政府受议会的约束,正好相反,倒是议会须受政府的约束。所以黑格尔所谓行政权之参与立法权,实际上就是使政府的官僚势力踏入立法权的领域,左右支配立法机关,把立法机关变成政府的附属品。专门的立法部门,黑格尔叫作"等级要素",是指由市民社会的两个等级(农业等级即土地贵族和产业等级即工商业市民)组成的等级会议和上下两院,其权力和作用是微乎其微的。据

---

① 《法哲学原理》,第 298 节补充。
② 《马克思恩格斯全集》,第 1 卷,第 313 页。
③ 《法哲学原理》,第 300 节补充。
④ 《黑格尔政治著作集》,诺克斯译,牛津,1964 年,第 322 页。

黑格尔说:"因为国家的高级官吏必然对国家的各种设施和需要的性质具有比较深刻和比较广泛的了解,而且对处理国家事务也比较精明干练,所以他们有等级会议,固然要经常把事情办得很好,就是不要各等级,他们同样能把事情办得很好",等级代表即议员们的意见不过是"补充了高级官吏的见解"而已。[1] 照此说来,黑格尔讲的等级代表、等级会议等等,诚如马克思所说:"只是一种纯粹的奢侈品","究其实不过是一种形式"。[2]

但是,这是不是说,黑格尔真的认为等级代表和等级会议是可有可无的呢?那也不然。黑格尔承认等级会议和上、下两院组成的立法机关有其存在的根据,那就是:"普遍自由的主观环节,即市民社会这一领域本身的见解和意志,通过各等级实存于对国家的关系中",[3] 就是说等级代表和等级会议是把国家和人民联系起来的环节:"国家通过它们进入了人民的主观意识,而人民也就开始参与国事"。[4] 黑格尔认为,等级会议可以起两个方面的作用:一方面,它和行政权一道都起一种"中介作用","使王权不致成为孤立的极端,因而不致成为独断独行的赤裸裸的暴政",[5] 就是说它应当成为防止封建专制独裁的工具,马克思说:"这一点很重要。"[6] 另一方面,它又"使个人也不致结合起来成为群众和群氓,成为反对有机国家的赤裸裸的群众力量"。[7] 黑格尔认为,通过代议制,"当群氓进入国家而成为有机部分时,他们就采取合法而有秩序的方法来贯彻他们的利益,相反地,如果不存在这种手段的

---

[1] 《法哲学原理》,第 301 节附释。
[2] 《马克思恩格斯全集》,第 1 卷,第 323 页。
[3] 《法哲学原理》,第 301 节附释。
[4] 同上书,第 301 节补充。
[5] 同上书,第 302 节。
[6] 《马克思恩格斯全集》,第 1 卷,第 330 页。
[7] 《法哲学原理》,第 302 节。

话,那么群众的呼声总将是粗暴的"。① 黑格尔同18世纪为法国革命作了准备的那些资产阶级思想家的区别就在这里。后者总是以人民的代言人的名义提出人民参与政治的要求,为人民的利益和权利(实质上是资产阶级的利益和权利)大喊大叫,而黑格尔对人民群众则怀着既蔑视又畏惧的情绪。他之允许人民在某种程度上参与政治,乃是为了使人民走上合法秩序的轨道,为了防范群众举行革命。

也正是从这种反民主的立场出发,黑格尔力图在所谓"等级要素"这个环节中赋予贵族等级以较大的作用。黑格尔在所有权问题上,经济问题上,对封建贵族颇多批评,说他们"保持着一种不大需要以反思和自己意志为中介的生活方式",说他们"消耗一切现有的东西","本身的勤劳是次要的"②等等,而对旧贵族之向资本主义经营的转化即资产阶级化则曾予以赞扬,说这一等级的性格到了近代也发生了变化,"在我们时代,农业也像工厂一样根据反思的方式而经营,因此它具有第二等级(即工商业市民)的性格而违反了它原来的自然性"。③ 但是,一涉及政治,黑格尔对贵族就不大敢触动了,反而极力吹捧他们"负有政治使命","为政治目的所进行的活动"是他们的"主要使命",而其负有这种使命则"只是由于他们的出生,并非取决于选举的偶然性"。④ 在这里,黑格尔明确承认了贵族的世袭制,承认了贵族的世袭的政治特权,就是说他们具有天生的政治权利,是天生搞政治的材料,他们不须经过选举,仅凭贵族的出身就有做等级会议代表即议员的资格。我们知道,法国资产阶级在革命后是根本废除了贵族的世袭制的,虽然他们在宪法中保留了贵族的终身地位。但是在政治上法国宪法的进步之处就在

---

① 《法哲学原理》,第302节补充。
② 同上书,第203节及补充。
③ 同上书,第203节补充。
④ 同上书,第307节。

于它"使贵族院的作用等于零"。① 英国革命不如法国革命彻底,它保留了贵族的世袭制,但是,英国的上院即贵族院是"没有力量"的,"大家都把立法权的这一部门当作退休的政界人物的养老院","实际上,上院议员的活动已变成空空洞洞毫无意义的形式了"。② 但是,在黑格尔那里,贵族和贵族院(上院)在立法权领域所起的作用则是具有实质性的作用,贵族这个等级具有"实体性的巩固的地位",是"王位和社会的支柱"。③ 因此,马克思说,黑格尔赋予贵族院的意义同"摆在黑格尔眼前的经验的政治组织(英国)所具有的意义"是"完全不同"的。④ 但这不是说,黑格尔完全退回到中世纪封建时代去了。在中世纪,贵族在一切领域中是享有全部政治特权的,而在黑格尔这里,和中世纪比较起来毕竟有其进步之处,就是他把贵族等级的政治权利和作用"降低"到了同市民的政治权利和作用"并存的一个特殊的政治领域",⑤就是说贵族等级不是独占而是与市民等级"具有同样的需要,分享同样的权利"。⑥

至于"等级要素"中的另一个等级即产业等级和由它构成的下院或众议院的情况又是怎样的呢?黑格尔所说的产业等级分为手工业、工业、商业三方面,即包括工商业的全部范围。黑格尔并不进一步区分资本家和工人,但是他所说的产业等级显然主要是指工商业资产者。在经济上黑格尔对这个等级是极为赞扬的,说它"从别人的需要和劳动的中介中"即通过商品生产和交换来获得生活资料,它是"以对自然产物的加工制造为其职业"的,是"从反思和知性中"即依靠知识和科学技术来进行生产的。在政治上,黑格尔也曾赞扬这个等级是建立法治国家

---

① 《马克思恩格斯全集》,第1卷,第386页。
② 同上书,第683页。
③ 同上书,第386页。
④ 同上。
⑤ 同上。
⑥ 《法哲学原理》,第307节。

的基础,说"在产业等级中,个人都靠自己,这种自尊感跟建立法治状态这一要求有着密切的联系。因此,自由和秩序的感觉主要是在城市中发生的"。① 可是,作为怯懦的德国资产阶级的代表,黑格尔没有也不敢提出让产业等级即资产者在立法权领域乃至整个国家中占居最重要的地位。他对产业等级做了上面那些赞扬之后,赶快又加以贬抑,说什么这个等级是"市民社会的不稳定的一面",②是"市民社会的变动的不稳定的成分",③因而不能如土地贵族那样具有所谓"实体性的巩固地位"。但是,黑格尔终究是资产阶级的思想家,对资产阶级参加政权的权利,他是肯定无疑的。他说,正如贵族等级"有权不依靠选举而出面一样,这一等级也有权派出受君主召唤的议员",④并由这些议员组成众议院以参予国家事务的"商讨和决定"。⑤ 如马克思所说:"在这里,众议院是市民社会的现代政治组织",是市民社会的"政治代表机关。"⑥我们知道,实行代议制曾经是德国资产阶级在19世纪上半叶为之斗争的主要目标,德皇威廉三世在1813年当他需要人民帮助反对拿破仑时也曾许下过实行代议制的诺言,1820年的法令又曾规定如不得到"将来人民代议机关"的许可,任何新的公债和增税都是非法的。但是这个诺言始终没有实现。黑格尔在《法哲学》中提出市民议员参加国事的讨论和决定,这反映了德国资产阶级不论它多么怯懦但仍不懈地坚持实行代议制这一反封建的基本政治要求。

由于德国资产阶级缺乏彻底反封建的勇气,黑格尔提出的代议机关,只能是在君主立宪政体下面,并且是与贵族分享权利(当然不是平

---

① 《法哲学原理》,第204节。
② 同上书,第308节。
③ 同上书,第310节。
④ 同上书,第308节。
⑤ 同上书,第309节。
⑥ 《马克思恩格斯全集》,第1卷,第385-386页。

分秋色)的机关;又由于德国资产阶级对人民的恐惧,黑格尔提出的代议制是完全没有民主气息的。他反对人民全体参予国事的要求,他认为,谁主张"一切人都应当单独参予一般国家事务的讨论和决定",就是"想给国家机体灌输没有任何合理形式的民主因素"。① 黑格尔认为市民等级参与国事只能通过议员,而议员只能由产业等级中各个同业公会、自治团体即工商业资产者的各个部门、各个方面、各个集团来选派,而不须由全民来选举,在他看来,"选举不是完全多余的,就是拿意见和任性当儿戏"。② 如马克思指出的:"这里的问题并不在于市民社会应该通过自己的议员参与立法权,还是全体成员都应该单独地直接参加立法权。这里的问题在于扩大选举权,即扩大选举权和被选举权,以便使选举权尽可能普遍化。无论在法国或在英国,围绕着政治改革进行的争论的焦点就在这里。"③对于19世纪上半叶在英法等国进行的议会改革的争论,黑格尔一直是很注意,很熟悉的。他在《历史哲学》中曾经提道:"现在正在热烈讨论中的英国议会改革,假如彻底实行以后,政府会不会受到影响,真是一个问题。"④在《论英国国会改革案》中,他专门讨论了国会选举权的扩大问题,他忧心忡忡地指出,英国实行国会改革会加强人民在国会中的权力,它所带来的将"不是改革而是革命"。⑤当然,黑格尔反对选举还有另一个原因,就是他确实看到了英法等国资产阶级议会政治中各党派争权夺利、营私舞弊的丑恶现象,例如他曾谈到法国议会席位可以出卖,⑥"在英国也可以看到,……议员席次的选

---

① 《法哲学原理》,第308节附释。
② 同上书,第311节。
③ 《马克思恩格斯全集》,第1卷,第396页。
④ 《历史哲学》,第502页。
⑤ 《黑格尔政治著作集》,诺克斯译,第330页。
⑥ 《法哲学原理》,第279节补充,331节附释。

举可以由贿买而得到",黑格尔认为这是"完全矛盾和腐败的局面"。①他还指出,议会选举会"被少数人,被某一党派所操纵",②等等。这种种现象造成的结果是:"这样一来,骚动和不安便成了家常。这种冲突,这种症结,这种问题,便是历史现在正在从事,而须在将来设法解决的。"③将来如何解决呢?黑格尔没有留下暗示。但肯定不能通过议会的民主改革来求得解决,因为黑格尔认为这只能进一步加剧议会内部的党派斗争以致酿成革命。黑格尔的这些思想更加证实了马克思的论断,即黑格尔之离开自由主义而站到反民主的立场上去,一是他对群众革命心怀恐惧,一是他看到了"无耻的资产阶级钻营",如议会政治所暴露出来的那种情形。

正因此故,黑格尔所要求的君主立宪制不是带有自由主义的民主色彩的君主立宪制,而是一种带有中世纪残余(如世袭制、等级制等等)的非民主形式的君主立宪制。但是,尽管如此,我们只要联系当时德国的具体历史条件来考察,就不能不承认,黑格尔提出的君主立宪制的要求是德国资产阶级的政治要求的集中反映。事实上,君主立宪制是德国资产阶级一直到1848年革命之前的唯一的政治理想。恩格斯说,到1844年时,德国也还"没有独立的共和党。德国人不是君主立宪派,就是或多或少地比较明确的社会主义者和共产主义者","大部分有产阶级(大封建地主除外)团结在立宪反对派的旗帜周围"。④ 就连激进的青年黑格尔派的许多人也不是共和主义者而是君主立宪主义者,如施蒂纳就认为:"比起共和政体来,立宪制度是前进了一步。"⑤可见,黑格

---

① 《历史哲学》,第501页。
② 《法哲学原理》,第279节补充,331节附释。
③ 《历史哲学》,第499页。
④ 《马克思恩格斯选集》,第1卷,第517页。
⑤ 参阅《马克思恩格斯全集》,第3卷,第401页。

尔提出的君主立宪制决不仅仅是他个人的政治见解,而是代表了1848年革命前一整个历史时期德国资产阶级的基本的政治方向,正是在这个意义上,恩格斯断言:"当黑格尔在他的《法哲学》一书中宣称君主立宪是最高的、最完善的政体时,德国哲学这个表明德国思想发展的最复杂但也最准确的指标,也站到了资产阶级方面去了。换句话说,黑格尔宣布了德国资产阶级取得政权的时刻即将到来。"①

三、君主立宪制与世界历史的终点

恩格斯在《费尔巴哈和德国古典哲学的终结》中说,黑格尔要建立一个绝对真理的体系,并宣布对绝对真理的认识正是在他黑格尔的哲学中完成了,因而达到了终点。"哲学的认识是这样,历史的实践也是这样。人类既然通过黑格尔想出了绝对观念,那么在实践中也一定达到了能够把这个绝对观念变成现实的地步。因此,绝对观念就不必向自己的同时代人提出太高的实践的政治要求。因此,我们在《法哲学》的结尾发现,绝对观念应当在弗里德里希·威廉三世这么顽强而毫无结果地向他的臣民约许的那种等级制君主政体中得到实现,就是说,应当在有产阶级那种适应于当时德国小资产阶级关系的、有限的和温和的间接统治中得到实现。"②恩格斯这里说的就是黑格尔在《法哲学》中提出的君主立宪制国家。

许多西方资产阶级学者很不赞成这种说法。他们说,认为黑格尔似乎主张世界的历史接近终结是一个"严重的错误"③;又说,黑格尔注

---

① 《马克思恩格斯选集》,第1卷,第510页。
② 《马克思恩格斯选集》,第4卷,第214页。
③ 《英国百科全书》,1910年,"黑格尔"条。

意给未来留下发展的余地,他并不认为历史到了他那个时代就完结了。①

其实,问题就在于这些批评者并没有真正弄清楚黑格尔的思想,也没有真正弄清楚恩格斯话的原意。应该说,恩格斯的论断是严格地依据了黑格尔本人的思想的,是完全符合实际的。

黑格尔在《哲学史讲演录》里说:"哲学史的阶段与世界历史的阶段是并行的","哲学史就是在其最内在意义上的世界历史。人类精神在思想的深奥中所进行的工作同现实的一切阶段是平行的,因此任何哲学都不超越自己的时代。"②接着黑格尔就宣布,在他生活的时代,"一个新的时代已在世界中出现"。这是怎样一个时代呢? 黑格尔说:"现在,有限的自我意识与前此似乎处于它之外的绝对的自我意识之间的斗争终结了。有限的自我意识已不复是有限的,而绝对的自我意识则获得了它先前缺乏的现实性。这就是迄今为止的全部世界历史和哲学的历史,后者的工作就是描写这个斗争。现在,它看来的确已经达到了自己的目的地……"③

这不是明白宣布全部世界历史和与之相应的哲学的历史都达到了终点吗?

所谓世界历史,按照黑格尔的看法,其实主要就是国家的历史,所以他把世界历史放在《法哲学》中国家这一部分的末尾,并且按照国家发展的阶段把世界历史分为四个阶段:东方王国,希腊王国,罗马王国,日耳曼王国。他认为在日耳曼王国中国家最后展示为"理性的形象和现实",④具体地说,这种现实就表现在他所说的君主立宪制国家中。

---

① 《英国百科全书》,1964 年,"黑格尔"条。
② 《哲学史讲演录》,霍尔丹和西姆森合译,英文本,第 3 卷,第 547 页。
③ 同上书,第 551—552 页。
④ 《法哲学原理》,第 360 节。

黑格尔说,世界精神在国家中"找到它的实体性的知识和意志的那种现实性""而在哲学科学(就是他的哲学——引者)找到对这种真理的那种自由的而被理解的认识"。①

这不是说作为世界精神的现实体现的国家和作为世界精神的自我认识的哲学是在历史的终点上同时达到的吗?

但是,在黑格尔那里,所谓历史的终结究竟是什么意思呢?这里可以有两种理解。一种理解是,黑格尔所谓终结,是从原则上来说的,即认为世界历史和哲学史已经达到发展的最后最高阶段,在原则上已经不能有超过这个最后最高阶段的新的发展了,但这不是说历史到此就戛然而止,不再进行了,而只是说历史在此后的继续永远不会出现一个更高的阶段,一切都不过是这个最后最高阶段范围内的扩展和延伸而已。另一种理解是,黑格尔所谓终结是认为世界史和哲学史不仅在原则上而且在一切具体的细节和内容上都已达到绝对完满,止矣尽矣,无以复加的地步,照此说法,则人类历史从今而后除了简单重复已有的一切就没有别的事可做了。

从黑格尔自己的许多论述来看,他显然并没有后面这种意思。恩格斯说黑格尔认为哲学的认识和历史的实践都达到了终点,也只能是指前面的意思,而不是指后面的意思。某些论者之反对恩格斯的论断正是因为把这两种意思混淆了,认为恩格斯所说的终点是就后面这种意思讲的。这至少是一种误解。

就哲学的认识来说,黑格尔宣称他的哲学是"最后的哲学",是思维与存在达到了完全统一的绝对真理的体系。但是黑格尔在任何地方都没有说过他的哲学是尽善尽美的,他说的话句句都对,他写的书一字不可更易。黑格尔确乎没有这样的狂妄和虚骄。他在《法哲学》中谈到制

---

① 《法哲学原理》,第 360 节。

定法典的时候有一段话说得很精彩,他说:"完备的意思就是搜罗属于某一领域的东西的一切细节使无遗漏,从这一含义说,没有一种科学知识能说得上完备的。"例如,"看来已经完整的几何学""还在产生新的规定"。哲学也是一样,"它所研究的诚然是普遍理念,但仍然可以使它不断地细致化"。① 这就是承认哲学在细节上还有"改进的可能性",人们在哲学方面还有事可做。但是,黑格尔不承认这种"细致化"和"改进"会产生一种比他的哲学更高的哲学。黑格尔曾经打过一个有趣的比喻来说明法典的改进和完善化问题,他说:"一棵高大的古树不因为它长出了越来越多的枝叶而就成为一棵新树;如果因为可能长出新的枝叶,于是就根本不愿意种树,岂不愚蠢。"②这个比喻也可以用来说明他的哲学。黑格尔的哲学也仿佛是一棵大树,这棵大树还是会生发出新的枝叶来的,但是无论长出多少新的枝叶,这棵大树依然是他黑格尔的哲学,就是说,一切的"细致化"和"改进"都只能包含在而不能越出黑格尔哲学这个终极的界限。

就历史的实践来说,黑格尔宣称在他那个时代,在他所说的君主立宪的政体中历史达到了顶点,理念化为了现实,从原则上来说不会再有新的发展了,不会有比君主立宪更高的国家形态了。但是,黑格尔并不否认,在"经验方面"即具体的实际的情形方面,人类仍然有"要做的工作"。③ 事实上黑格尔确曾提出了一些留待后人去解决的课题。如在前面提到的,他曾提出在君主立宪制下党派斗争的问题"须在将来设法解决",还提出市民社会中的贫困和匮乏问题是使现代社会"感到苦恼的一个重要问题",等等。但是黑格尔认为所有这些问题都只能在他所谓最高最好的理性国家即君主立宪国家中去寻求解决。它们的解决决

---

① 《法哲学原理》,第 216 节补充。
② 同上。
③ 《历史中的理性》,荷夫迈斯特编,汉堡,1955 年,第 257 页。

不会超出这个历史发展的终极的界限。

有些人为了证明黑格尔并不承认历史发展有个终点,常常把黑格尔在《历史哲学》中所说"亚美利加洲乃是明日的国土"①这句话拿来作为论据。其实,黑格尔的这个话同他承认历史已达终点的观点并不矛盾。因为黑格尔并没有说美洲这个明日的国土会给人类历史开辟一个原则上崭新的阶段。诚然,他说过"那里(美洲),在未来的时代中,世界历史将启示它的使命",②但是这究竟是什么意思呢?这个未来的使命是什么呢?黑格尔在《历史哲学》中说:"到现在为止,新世界(指美洲)里发生的种种,只是旧世界(指欧洲)的一种回声",③就是说,美洲正在走欧洲已经走过的路,但是还没有达到欧洲已经达到的阶段,欧洲已经完成了的东西对于美洲来说还是未来。黑格尔说,在美洲还有广阔的可以开垦的土地,农民还没有像在欧洲那样受到限制而到城市去找职业,去发展本国的贸易,也就还没有形成贫富两个阶级极端悬殊的情况,因而,在美洲还没有形成"市民社会的一种严密的系统"。④ 在政治上,黑格尔说:"北美洲实在是一种共和政体永久的楷模"。⑤ 但是,在黑格尔看来,共和政体或民主政体还是一种较低级的国家形式,这种国家形式正是同北美的不成熟的社会状况相适应的。根据1822-1823年霍托听黑格尔讲授法哲学的笔记,黑格尔在讲到美国的民主制时说:"一个农牧民族和一个政治关系、市民关系充分发展了的民族具有完全不同的政治制度。"北美之采取民主制,就是因为"北美是一个形成中的国家,商业在沿海一带,农业刚刚开始,还谈不上真正的贸易,有教养的

---

① 《历史哲学》,中译本,第130页。
② 同上。
③ 同上书,第131页。
④ 《历史哲学》,中译本,第130页。
⑤ 同上书,第129页。

农业等级的基础刚刚在内部形成着,在它形成之前,整个国家就还没有开始运转起来"。① 总之,在黑格尔看来,北美还是一个在形成中的不成熟的市民社会。北美有它的未来,这个未来恐怕不是别的,而只能是发展为成熟的市民社会以及与之相应的更高的国家形式即君主立宪制。

四、对黑格尔国家学说的评价

这是一个老问题了。自从黑格尔《法哲学》问世以来,人们就曾不断地争论过。一直到今天,人们的看法还是像过去一样分歧。

我们不想去追溯这个争论的历史。我们在这里只是简单地提一下在西方学者中最有影响的两种观点,在我们看来,这两种观点都是不正确的;同时根据个人的理解,也谈一谈马克思主义奠基人对黑格尔政治学说的评价,在我们看来,这是唯一正确的科学的评价。

西方资产阶级学者中间,对黑格尔的政治学说、国家学说的看法,撮其要者,不外有两派意见:一派是把黑格尔看作普鲁士专制制度的辩护士而一笔骂倒的,最早的如德国的自由派弗里斯说黑格尔的国家理论"不是在科学的花园中而是在奴性的粪堆中长出来的",稍后的海姆在《黑格尔及其时代》中说黑格尔的哲学"把现存事物理想化"了,现在美国的实用主义者胡克说黑格尔所讲的"理性国家"是"掩盖德意志专制政权的形而上学抽象",等等。这一派的观点最为流行,一直占居上峰。另一派则把黑格尔看作反对普鲁士专制制度的战士而极力抬高和美化黑格尔。最近二、三十年来,在西方一些人中出现了一种新的"黑格尔热",他们为黑格尔大鸣不平,要重新塑造黑格尔的形象;他们在黑格尔的著作中竭力寻章摘句,曲为辩解,以证明黑格尔具有自由主义的

---

① 《法哲学》,伊尔汀编,第 3 卷,第 751 页。

乃至民主的倾向(如佩尔森斯基、考夫曼等人)。

我们说这两派的观点都不正确,是因为他们在评价黑格尔时都偏执一端,片面夸大。前者抓住黑格尔对普鲁士国家现状的妥协性而根本否认其国家学说的反封建的意义,后者则抓住黑格尔反封建的倾向而完全抹杀其反民主的立场。他们都不能理解黑格尔作为德国资产阶级的思想代表,正是一个把反封建与反民主两种倾向兼具一身的矛盾人物。

他们不能理解这种矛盾的统一,是因为他们不懂得也不可能对黑格尔的国家学说作具体的历史的阶级的分析。而这样的分析则是对黑格尔的国家学说做出科学的评价的唯一根据。马克思主义奠基人马克思和恩格斯就是根据这种分析来批判和评价黑格尔的国家学说的。

马克思在《黑格尔法哲学批判导言》中说:"德国的国家哲学和法哲学在黑格尔的著作中得到了最系统、最丰富和最完整的阐述。"[①]黑格尔的国家学说,"这种关于现代国家……的抽象的、脱离生活的思维只在德国才有可能产生"。[②] 德国是怎样的状况呢?马克思说:"现代德国制度是一个时代上的错误",[③]"在法国和英国行将完结的事物,在德国才刚刚开始"。[④] 在法国和英国早已消灭了封建制度,确立了资本主义制度,在德国封建制度还有待消灭,资本主义才开始发展。在先进的法国和英国,资产阶级已经消灭了"高于自己的阶级"——封建阶级,正在同"低于自己的阶级"——无产阶级进行斗争;在落后的德国,资产阶级则"刚刚开始同高于自己的阶级进行斗争,就卷入了同低于自己的阶级的斗争"。[⑤] 资本主义发展不足和无产阶级的威胁,就造成了德国资

---

① 《马克思恩格斯全集》,第1卷,第459页。
② 同上书,第460页。
③ 同上书,第456页。
④ 同上书,第457页。
⑤ 同上书,第465页。

产阶级的特有的怯懦性,它"缺乏鼓舞物质力量实行政治暴力的感悟,缺乏革命的大无畏精神,敢于向敌人傲然挑战"。① 在实践上不敢做的东西只有在思维中去追求,所以"德国只是用抽象的思维活动伴随了现代各国的发展,而没有积极参加这种发展的实际斗争"。② 黑格尔的国家学说就是这种抽象思维的产物,黑格尔在《法哲学》中所描述的"现代国家",其模拟的原型其实就在"莱茵河彼岸",即英法等已成功地建立起来的资本主义国家,不过在那里已经是"现实"的东西,对德国说来还是"彼世"。③ 因此,马克思说:"如果德国国家制度的 status quo〔现状〕表现了 ancien régime〔旧制度〕的完成,……那么德国的国家学说(指黑格尔的国家学说——引者)的 *status quo*〔现状〕就表现了现代国家的未完成。"④既曰"未完成",那就是对现代国家的向往和追求。马克思在这里极明确地指出了黑格尔国家学说与德国现存的国家制度的矛盾、对立,肯定了黑格尔国家学说反封建的本质,黑格尔法哲学所描写的"理想制度就包含了对现实制度的直接否定"。⑤(这里顺便指出,马克思在《导言》中有一句话可能引起误解,马克思在那里把德国的政治现状叫作"原本",而把黑格尔的法哲学、国家哲学叫作"副本"。⑥ 表面看来,马克思似乎又认为黑格尔的国家学说是为德国政治现状做理论辩护的。有人就指责马克思这个说法与《导言》的基本思想自相矛盾。其实"副本"的原字是 copie,亦可译为摹写,也就是反映的意思。摹写或反映是马克思主义的反映论的概念。任何社会政治理论都是它所由产生的社会政治现实的反映,无论它对这个现实抱着什么态度,肯定和辩

---

① 《马克思恩格斯全集》,第1卷,第464页。
② 同上书,第462页。
③ 同上书,第460页。
④ 同上书,第460页。
⑤ 同上书,第459页。
⑥ 同上书,第453页。

护也好,否定和批判也好,总之都是这个现实的反映,而在马克思看来,黑格尔的国家学说作为德国政治现状的"副本"或反映乃是对这个现状的"直接否定"。)

但是,这只是问题的一个方面。黑格尔固然是在英法等先进资本主义国家的现实原型的昭示下描写自己的国家理想的,他的理想国家却并不就是这种原型的忠实翻版,而是一个大为走样的德国式的改写本。其间的一个重要区别就是在黑格尔的理想国家中保留了很多中世纪的残余而完全失掉了英法等资本主义国家的那种自由主义的民主的色彩。恩格斯在一篇早期著作《谢林和启示》中说:黑格尔的"政治观点,他的国家学说是在英国政治制度的影响下形成的,带有明显的复辟时代的痕迹"。[1] 其最深刻的痕迹就表现在黑格尔的反民主的倾向上。黑格尔早年目睹过罗伯斯庇尔时代的"平民"革命专政,如马克思所说,这已经把他从自由主义的立场上吓得倒退了,而晚年又经历了法国的七月革命,如恩格斯所说,黑格尔也"不理解"这个革命的"世界历史性的必然性",[2] 这次革命中群众的发动无疑地会把他吓得倒退到距离自由主义和民主更加遥远的地方去。这一切决不是黑格尔个人的过错,而是由德国资产阶级的阶级性格所决定的,因为正如马克思所指出的,在德国,"当诸侯同帝王斗争,官僚同贵族斗争,资产者同所有这些人斗争的时候,无产者就开始了反对资产者的斗争"。[3] 在这种情况下,德国资产阶级必然"缺乏和人民心胸相同——即使是瞬间的相同——的开阔的胸怀",[4] 必然缺乏如法国资产阶级在革命时期所具有的那种民主主义的信念和要求。

---

[1] 《马克思恩格斯早期著作集》,莫斯科,1956年,第397页。
[2] 同上。
[3] 《马克思恩格斯全集》,第1卷,第465页。
[4] 同上书,第464页。

霍恩·图克与西方哲学"语言转向"的先兆

图克这个名字,对于中国读者来说,是很陌生的,即使在学术界了解图克其人及其思想、著作者,恐亦寥寥。其实,不独在中国如此,就是在今日之欧美乃至他的本土——英国,图克也不是一个广为人知的人物,尽管在18世纪末和19世纪初,他在英国的政治舞台和学术舞台上曾经活跃于一时而名闻遐迩。

约翰·霍恩·图克(John Horne Tooke,1736-1812)是18世纪下半叶英国辉格党人中具有较激进倾向的政治活动家。他支持反对英国殖民统治的美国独立战争,同情法国革命,他对当时由金融豪富和土地贵族垄断政权的寡头统治非常不满,对政府的滥用权力和种种腐败现象屡有抨击;他主张扩大民主,进行国会改革。图克的这些激进的政治言行终为政府所不容,因而曾两度被捕,身陷囹圄。

图克不仅是一位政治活动家,而且是一位著名的学者。他在学术方面的工作主要是语言学的研究,其代表作为《珀尔利的消遣》(Diversions of Purley)。这是一部长逾千页的宏篇巨制,共分两卷,先后于1786年和1805年出版。此书一经问世,就在学术界引起巨大的反响和极高的赞誉。在差不多半个世纪的时间里,图克的语言理论,特别是他的语源学研究方法,成了英国语言学界的主流学说。只是在19世纪三、四十年代语言学历史学派崛起之后,图克的语言理论才遭到激烈的批判和否定,其影响日益衰微,而图克的名字在而后的漫长岁月中则渐渐地几乎被人们遗忘了。

本文无意为这位久已没入历史烟尘的人物细述生平行状,也不欲对其专门的语言学研究多所论说,而仅就其著作中包含的若干极其重要的语言哲学思想做一点评介。读者将会看到,图克的语言哲学实已预示了西方哲学在一个多世纪之后发生的所谓"语言转向"。我们今天之所以要把尘封已久的图克的著作重新爬罗出来加以研究,其意义也就在这里。

图克的语言哲学主要是就洛克《人类理智论》中关于语言问题的论述展开讨论的,对洛克的观点既有继承和进一步的发挥,又有批评和重大的修正。

图克认为,洛克是真正注意到语言的特殊重要性的一位卓具识见的哲学家。从《人类理智论》一书中我们"可以看到,他愈是仔细思考和深入探究人类的理智,他就愈是确信必须注意语言,愈是确信语词和知识有不可分的联系"。[①] 因此洛克在写了其他几卷之后才专门增写了第三卷"语词或语言概论"。关于语言研究的重要性,洛克认为,从消极方面说,它可以揭示出由于语词的误用而给知识造成的困难和混乱,"人们通常所犯的这类错误,是真知识的最大障碍",[②]从积极方面说,语词和观念是"知识的伟大工具",要考察整个人类知识,不可不予以研究,"而且如果对它们做了明确的比较考察和充分的研究,也许会提供我们不同于我们迄今所熟悉的另一种逻辑和批评学"。[③]

图克谈到研究语言的重要性时也指出:"没有什么比符号的发明更值得赞美,更有用的了,同时也没有什么比我们忽视了它们的复杂性时

[①] *Diversions of Purley*, The Scolar Press, England, 1968 年影印本,第 1 卷,第 33 页。
[②]《人类理智论》,第 3 卷,第 5 章,第 16 节。
[③]《人类理智论》,第 4 卷,第 21 章,第 4 节。

更能产生错误的了",①又说:"对语言的本性没有适当的仔细考察,就不可能在寻求真理和人类理智、善恶、正当不正当的本性上做出很大的进步,在我看来,它们同语言有不可分的联系。"②如果说洛克关心的主要是语言的不完善,语言的误用造成的错误及其补救方法,那么图克则强调要"透彻地"认识语言的"完善性",通过语言的研究有所积极的建树。他认为洛克说语言研究可能提供另一种前所未有的"逻辑和批评学"已对此有所提示,③但未着手去做。图克明确提出要建立一种"哲学的语法"(philosophical grammar),他说:"我认为哲学语法是达到智慧和真理的最必要的一步",不过,由于以往哲学家们对语言的无数根深蒂固的谬见,"我想它是最困难的理论思辨之一。"④

图克没有详细说明他所说的"哲学语法",从他的著作来看,"哲学语法"实际上就是他的全部语言理论或语言哲学,包括关于语言的本性和目的或功能、语词的生成和意义等问题的探讨,以及通过语言的分析为解决哲学问题提供的一种方法论。

洛克虽然重视对语言的研究,但是他毕竟认为这只是"知识论的一个必要的部分",⑤是附属于他的人类理智论或认识论的。在图克看来,这不仅表明洛克对语言的重要性的估计犹有不足,而且是他的一个错误。他说,洛克把自己的著作名为"人类理智论"就是"一个错误",不过对他来说倒是"一个幸运的错误",因为在人们心目中,"人类心灵或人类理智似乎是一个崇高宏伟的主题,所有的人都认为这是他们深思熟虑的真正对象",所以洛克的著作才能吸引广大的读者而风行一时。

---

① *Diversions of Purley*,第1卷,第25页。
② 同上书,第12页。
③ 同上书,第37页。
④ 同上书,第10页。
⑤ 《人类理智论》,第4卷,第6章,第1节。

但是,图克认为,真正说来,所谓人类理智论应当是一部"语法论"或"语词论"或"语言论"。① 因为,照图克的看法,"所谓心灵的活动"或"人类理智""只是语言的活动",②事实上,"洛克《人类理智论》的绝大部分,即所有涉及他所谓观念的组成、抽象、复合、概括、关系等等的东西的确仅仅同语言有关"。③ 图克承认,洛克关于观念起源于感官印象的经验主义原则是正确的,也是研究语言的"适当的出发点"。④ 但是,洛克除了讨论观念的起源和观念的组合之外,"没有再前进一步"⑤,而他企图以"观念的组合"达到的每个目的都可以"通过语词的组合更容易更自然地达到",因此,图克提出,"凡是洛克假定观念的组合等等的地方,就代之以语词的组合等等",这样就可以"消除所谓观念的组合使我们必然陷入的许多困难"。⑥

图克是如何实现这种从观念到语词、从观念的组合到语词的组合、从心灵的活动到语言的活动的转折的?要说明这一点,我们不能不略述一下图克关于语言的本性和目的或功能的学说。

图克指出,以往的哲学家对语言有两种基本的看法。有些哲学家认为"语词是事物的符号","有多少类事物,就必有多少类语词或语言成分",或者反过来说,"有多少不同的符号,就必有多少不同的事物",于是他们从不同种类的语词推想出许多种"幻想的"事物。⑦ 图克这里大概是指柏拉图主义的实在论者,柏拉图就说过:"无论何时许多个别

---

① *Diversions of Purley*,第 1 卷,第 31 页。
② 同上书,第 51 页。
③ 同上书,第 39 页。
④ 同上书,第 34 页。
⑤ 同上书,第 32 页。
⑥ 同上书,第 38 页。
⑦ 同上书,第 18,22 页。

事物具有一个共同的名字,我们就设想它们也有一个相应的理念或形式。"①另一些哲学家则认为语词是"观念的符号",这显然是指洛克及其追随者们的观点。图克认为,这个观点虽然比前者更接近真理,但是"并没有使情况有多大改善","远没有更好地理解语言的本性",正如前者从不同种类的语词推想出不同种类的事物,包括许多幻想的事物一样,后者则假定了许多不同的"幻想的"心灵活动及其观念作为各类语词的对应物,②如洛克所说的各种复杂观念、抽象观念等等。

图克认为,对语言符号或语词的这两种看法都没有正确理解语言的本性。它们有一个共同的错误,即"假定一切语词都直接地或是事物的符号或是观念的符号,而事实上许多语词只是为了快速传达而使用的缩略词(abbreviations),是其他语词的符号",③或者说它们是符号的符号,并不直接指称任何事物或观念。

图克关于许多语词(在他看来实际上是大部分的词类)是缩略词的理论是他的语言哲学的一个支点,具有极重要的意义,而这个理论的提出又涉及他对语言的目的或功能的看法。

图克说:"语言的第一个目的是传达我们的思想,第二个目的是快速传达思想。"④语言的这两个目的或功用是洛克早已提出了的,⑤不过图克对这两点都赋予了不同于洛克的新的含义。洛克所谓传达思想就是传达观念,语言只是把观念加以组合的各种心灵活动的外现;图克则倾向于把语言和思想相等同,语言不是仅仅传达思想的外在工具,而毋宁说语言就是思想。他认为,"心灵的工作""不外乎接受印象,即获得

---

① 《理想国》,卷十,596A-B。
② *Diversions of Purley*,第1卷,第23页。
③ 同上书,第26-27页。
④ 同上书,第27页。
⑤ 《人类理智论》,第3卷,第10章,第23节。

感觉或感触",①或如洛克所说的"简单观念"。语言的最初的最基本的语词可以说是这些感官印象的直接的符号或名字。这些最基本的语词构成了人类知识的全部原始材料,所谓思想、理智能力、心灵活动只是把最初作为感官印象的名字的语词加以这样或那样组合的语言的活动。洛克所说的观念的组合或复杂观念是根本没有的,"唯一的组合是语词的组合",这"纯粹是语言的机巧发明",因此"谈论复杂观念正如把一个星座称为一个复杂的星一样不恰当"。② 一切语词的组合都可以追溯到作为感觉印象的直接符号的基本语词,它们都是为了快速传达而使用的缩略词,是那些基本语词的符号,而不是如洛克所说的复杂观念的符号。

缩略词理论在图克那里具有明确的哲学的用途。它是图克用以否定一切"形而上学"概念的一把"奥康剃刀",例如,他正是根据缩略词理论来批评洛克关于抽象和抽象观念的学说的。洛克是温和唯名论者或概念论者,他否认有客观存在的一般,但是承认在人类心灵中有一般的抽象的观念,一般语词(通名)就是抽象观念的符号。图克是极端唯名论者,他既否认客观上有一般,也否认有一般的抽象观念。他说,没有一般的抽象的观念,"只有一般的和抽象的语词",③他相信他的理论已足以"否定被称为抽象的那种想象的心灵活动,并证明我们所谓抽象纯粹是一种语言的机巧,旨在更迅速的传达"。④

图克认为,他的语言理论也为语词的意义问题提出了彻底的解决。洛克把语词看作观念的"感性符号",认为"它们所代表的观念就是它们

---

① *Diversions of Purley*,第1卷,第54页。
② 同上书,第1卷,第37页。
③ 同上书,第37页。
④ 同上书,第2卷,第396页。

的固有的和直接的意义"。① 但是,他发现有很多语词,例如各种虚词(介词、连词等),在语言中有其"恒定而不可缺少的用途",然而"它们本身真正说来并不是任何观念的名字",②因此用观念说明它们的意义是困难的。在图克看来,这个困难的根源还在于把任何语词都看作观念的直接的符号。如前所说,图克认为,一切语言中都有一些传达思想所必需的基本的语词,它们是心灵接受的感觉印象的直接符号。它们的意义就在于它们所标志的这种感觉印象。这类基本语词只包括名词和动词。所有其他的词类(各种虚词,也包括抽象名词)都是这些基本语词的缩略语,都可以还原为名词或动词,从而追溯其最初的感觉印象的来源,由此就可以确定它们的意义。图克是运用语源学的方法来做这种还原工作的。例如,他认为,介词"from"(从、由)源自盎格鲁-撒克逊语和哥特语的名词 Frum,意即开端、起源、来源、源泉、创造等。介词"through"(通过、经由)来自哥特语的名词 Dauro 或条顿语的名词 Thuruh,意即门、大门、通道。连词"since"(既然,因为)源自动词 see,是由 see 的分词 seeing 加 ðe(盎格鲁-撒克逊语的 that)构成的,意即 seeing that(鉴于、既然)。通过这种语源学的分析,图克认为他已证明了各种虚词乃是由名词或动词"退化"而产生的,它们的意义就是作为其语源的这些名词或动词原来所指示的感觉印象。

对语词意义的这种语源学的分析方法在 18 世纪末和 19 世纪初是很流行的。语源学是语言研究的一个重要分支,对语词来源的探讨不能说无助于对语词意义的理解。但是,语源学不等于语义学。一个语词的最初的来源并不就是它的意义或者说并不足以说明它的意义。恩格斯在批评费尔巴哈时曾指出,"宗教一词(Religion)是从 religare 一词

---

① 《人类理智论》,第 3 卷,第 2 章,第 1 节。
② 同上书,第 3 卷,第 7 章,第 2 节。

来的,本来是联系的意思。"费尔巴哈由此断言:"两个人之间的任何联系都是宗教。"恩格斯说这是一种"语源学的把戏",费尔巴哈"加在这个词上的意义,并不是通过它的实际使用的历史发展得到的,而是按照语源所应该具有的"。① 显然把宗教这样一个具有深刻历史内容的词的意义归结为它的语源 religare(联系)的意义,是荒谬的。况且,现代的许多语词与它们的语源的联系是非常遥远的,经过了不知道多少的曲折转移,因而在意义上已经没有什么直接可见的关联了。

图克对语词意义做语源学的还原分析,是把语词作为语言的基本单位,认为每个语词都是一个独立的意义载体。这种原子式的语义概念曾经长时间地支配了西方语言哲学思想。

图克曾颇为自信地说:"所有未来的语源学家,也许还有一些哲学家,都会承认他们受惠于我。"②图克此语诚非妄言。从哲学方面来说,图克对英国功利主义的主要代表人物边沁和詹姆士·穆勒的影响是直接而深刻。边沁十分推重图克开创哲学语法或"普遍语法"的功绩,认为没有图克的发现,"不可能形成这样的普遍语法",③而他自己的语言哲学和语言分析方法无疑是从图克的思想发展而来的。詹·穆勒赞扬图克的 *Diversions of Purley* 一书是"对语言的深刻的圆满的研究","可与使思想家们享有盛名的那些最重要的发现相媲美",④而且在自己的著作中大量地利用了图克对语词的语源学分析作为其经验主义哲学的重要论据。

如前所说,19 世纪中叶以后,图克的名字似乎渐渐被人们淡忘了,

---

① 《马克思恩格斯选集》,第 4 卷,第 215 页。
② *Diversions of Purley*,第 1 卷,第 146 页。
③ *Chrestomathia*(《实用知识指南》),牛津,1983 年,第 400 页。
④ 引自 Aarsleff:《1780-1860 英国的语言研究》,普林斯顿大学出版社,1967 年,第 93 页。

直到现在也很少有人提起他。但是,如果我们要追溯现代语言哲学的历史渊源,就不能不对图克在西方哲学史上的地位给以应有的评价。蒯因认为,图克的哲学是 18 世纪末以后经验主义发展的一个重要阶段,它标志着经验主义的"第一个转折点",即"从观念中心转向语词中心"。[①] 这个论断是符合实际的,而且我们还可以说这个转折确已预示了一个多世纪之后西方哲学的一大转折,即现代西方哲学的所谓"语言的转向",图克是这个转向的历史先行者。

[①] "实用主义在经验主义中的地位",载《实用主义》,南卡罗来纳大学出版社,1981年,第24页。

诗人柯勒律治的哲学思想

柯勒律治（Samuel Taylor Coleridge）是19世纪初英国著名的湖畔三诗人之一，也是英国浪漫主义文学运动的一个首倡者。他的诗译为中文者虽不多，他的名字在中国却不陌生。但是，许多读者或许并不晓得，柯勒律治不但是一个大诗人，而且是一个博学深思的哲学家，是19世纪英国唯心主义哲学思潮的一个先驱者。

柯勒律治曾说："一个大诗人必然是一个深刻的形而上学家"，[1]对柯氏本人，我们的确可以这样说。他的形而上学，他的哲学思想不仅在他的某些诗篇中有所流露，而且在他的许多论著、笔记和书信中有更充分而明确的表达。我们看到，他对于从古希腊以迄当代的哲学史和各派学说涉猎甚广，而且对哲学上许多重大的问题，从形而上学、认识论、逻辑、伦理学、美学到社会政治理论，都曾做过深入的严肃的思考。他的哲学思想诚然驳杂支离，未成系统，但其中确有不少启人心思的洞见卓识。

柯勒律治早年曾接受英国经验论的思想，颇受洛克和哈特利的影响。1801年以后他转而对经验论的基本原则而特别是以哈特利为代

---

[1] 柯勒律治给W. Southeby的信(1802年7月13日)，载J. S. Hill编：*Imagination in Coleridge*（《柯勒律治论创造性想象》），The Macmillan Press, 1978年，第42页。下引此书均简作IC。

表的联想说展开批判,向经验论传统提出了严重的挑战。如果说苏格兰常识学派对洛克和休谟的经验论主要是就某些方面提出了批评,而在许多地方又是与经验论相调解、相融汇的,那么柯氏则是从根本精神上彻底否定经验论的。他认为,经验论重实际而轻思辨,缺乏深沉的理论的探讨和兴趣。他说:"商业精神压倒一切,尤其是对严肃的研究逐渐漠视,其结果就使得哲学长期以来黯然失色,把哲学这个名称变成了物理的和心理的经验论,学识高深的哲学阶层已不存在,大多数很有教养的英国人对神学的争论感到厌恶。"①

柯勒律治之转向反经验论的立场,其最重要的契机是德国古典唯心主义哲学的影响。柯氏是最早把德国唯心主义介绍到英国并把它引进英国哲学的人。他最初接触德国文学和哲学是在1798-1799年访问德国期间。此后他对德国文学和哲学进行了深入的研究,而对他的哲学思想的形成影响最深最大的则是康德和谢林。他说:"哥尼斯堡的著名哲人、批判哲学的创立者的著作比其他任何著作都更激发和锻炼了我的理解力。他的《纯粹理性批判》等作品中思想的独创性、深刻性和概括性,其新颖、细密、坚实、明晰,有如一只巨掌攫住了我。"②柯勒律治从康德那里着重吸收了他的先验主体能动性、知性和理性之分的认识论和自由意志的道德哲学,作为其反对经验论和功利论的武器。但就其整个宇宙观而言,柯氏受谢林的影响似更深更重。他的形而上学思想可以说是谢林的先验唯心主义和自然哲学的一个英国的翻版,因而甚至遭致剽窃谢林哲学的指责。关于他和谢林的思想亲缘关系,柯

---

① A. D. Snyder:*Coleridge on logic and learning*(《柯勒律治论逻辑和学术》),Yale University Press,1929年,第121页。下引此书均简作 CLL。

② Coleridge's Works:Biographia Literaria · Lay Sermons(《柯勒律治著作集:文学自传·非宗教家之宗教谈》)Bohn's Library,London,1905,第70页。下引此书均简作 CW:BL. LS。

勒律治曾解释说:"在谢林的自然哲学和先验唯心主义体系中,我第一次发现与我所辛苦从事的工作有一种亲切的一致,对我在做的工作是一个有力的帮助",不过,"思想的相同乃至遣词用语的相似并不表明它们是从谢林那里抄袭来的,也不表示这些观点最初是从他那里学习来的。……许多极其相似的思想,实际上所有主要的和基本的观念是在我尚未读过这位德国哲学家的一页书时就已在我心中产生和成熟了"。[1] 从柯氏的著作中我们可以看到,他的自然哲学和整个宇宙观的确有其更为深广的思想渊源,远如赫拉克利特、柏拉图、柏罗丁等,近如布鲁诺、波墨、斯宾诺莎等,都是柯氏曾经提及或屡屡称道者;柯氏正是博采远绍诸家学说而建立自己的所谓"动力学"的、"有机论"的宇宙观而与17、18世纪以来在科学和哲学史居于统治地位的机械论相对抗。柯氏的这种宇宙观带有若干辩证法的因素,然而其最后归趋则是一种产神学的唯心主义。

一、论知识和人的理智能力,对经验论的批判

柯勒律治说,有一个时期他是相信经验论的:"我承认人类心灵的唯一的实际用途是观察、搜集和分类。"但是经过不断的研究,他发现在经验论哲学中找不到自己理性的"居停之所"。他说:"我很快就感到人性本身反对理智的这种任意的退却。"[2] 所谓"退却"就是指经验论把人的理智能力贬低为仅仅是消极地接受感觉经验,把感觉经验作为知识的唯一来源,因而完全否定了人类理智能力的积极能动作用。柯勒律治认为,作为主体的心灵不是消极的接受者和旁观者,"任何建立在心

---

[1] CW:BL·LS,第72页。
[2] CW:BL·LS,第66页。

灵被动性之上的体系必然是错误的"。① 在柯勒律治看来,康德的学说先验论正是匡正了经验论的错误,为认识论问题提供了正确的回答。

(一) 关于知识的来源

柯勒律治认为,经验论主张知识来于经验,如果是就知识的内容和材料来说的,那是无可厚非的,经验论者例如洛克在《人类理智论》中当作其认识论基础的那句亚里士多德派的古老箴言:"凡是在理智中的,没有不是先已在感觉中的",是"无可辩驳的"。但是,柯勒律治认为,这只是部分的真理,而不是真理的全部,"洛克的错误在于把真理的一半当成了全部真理"。② 诚然,感觉材料是构成知识所必需的,我们不可能架空构虚,"我们怎么可能做不可能做的事情呢？或者说我们怎么可能没有水泥就建筑房屋呢?"但是,柯勒律治说,感觉材料本身还不是知识,还不足以构成知识。知识之得以成立还必须有某种并非来自感觉经验而是人的理智能力本身固有的因素,即"从内部强加给我们的一些先决条件,这些先决条件是为了使经验成为可能的必然前提"。③ 因此,关于知识来源的问题,应当如莱布尼茨那样,在"凡是在理智中的,没有不是先已在感觉中的"这句箴言之后补上一句:"除了理智本身之外。"④根据康德的学说,柯勒律治认为,人的理智本身具有一些先天的形式,包括时空的感性直观形式和各种范畴的知性思维形式。他用一种通俗的说法(当然未必准确地表达了康德的观点)把人的理智能力比喻为万花筒,正如万花筒中万象纷纭的事物所显现的匀称性是万花筒

---

① 给 T. Poole 的信(1801 年 3 月 23 日),IC,第 35 页。
② *Coleridge's Essays · Aids to Reflection*(《柯勒律治短论集·助思录》),T. Fenby 编,爱丁堡 1905 年版,第 60-61 页。下引此书均简作 Aids。
③ CW:BL·LS,第 66 页。
④ CW:BL·LS,第 66 页,Aids,第 199 页注。

本身的结构所产生的,各种事物和现象所具有的感性形式(如时空)和知性形式(如因果性)也是理智能力本身所赋予的。他说:"万花筒中五花八门的东西显现出一种匀称性。这些事物排列上的差异不可能是这些事物本身所产生的,而完全来自我们借以去看这些事物的工具或媒介,在这种工具或媒介中我们感觉到这种排列。显然,这种匀称性完全存在于这种工具本身之中。这种匀称性是在万花筒本身的结构和规律(或作用方式)中产生的。这种匀称性的形式是这种工具本身的产物。我们可以把感性能力本身看作自己的一种工具或心灵的一种工具。不仅匀称性这种特殊的空间形式,而且空间本身都是心灵的工具——感性本身所具有的。"①因果性等范畴则是知性能力本身的产物:"因果形式(或规律)只是一种思维形式或方式;它是知性本身固有的规律(正如用万花筒看到的五花八门的对象的匀称性是万花筒这种器械本身固有的或由它产生的一样)。"②知性能力对感觉材料进行反思、比较、判断等等,必须运用其自身固有的形式即先天的概念、范畴,例如我们进行比较的活动,"就必然预先假定了在比较能力中有某些固有的形式,即反思的形式,这些形式不能归之于被反思的对象,而是由知性本身的结构和机制所预先规定了的。相似和差异要成为可设想的因而是可比较的,就必须被包摄在这个或那个形式下面。感觉不能进行比较,而只能为比较提供材料"。③

在柯勒律治看来,经验论者,无论贝克莱、休谟那样的唯心经验论者,还是洛克、牛顿、哈特利那样的唯物经验论者,都犯了一个大错误,即把人的理智或心灵看作纯粹消极被动的接受者和旁观者,因而认为知识完全来源于感觉经验并可归结为感觉经验。例如,"牛顿是一个纯

---

① CLL,第122-123页。
② Aids,第232页注。
③ Aids,第198-202页。

粹的唯物主义者,在他的体系中心灵永远是被动的,是对外间世界的懒惰的旁观者"。① 康德关于知性先天范畴的学说提出"知性自身包含所有原始的纯粹概念或综合形式",就是肯定了知性能力"不仅仅是一种接受性或受其他力量作用的被动结果"。② 柯勒律治说,知性"理解一个事物,就是把这个事物作为一个对象来思维",③而事物之成为我们的认识对象正是知性的能动作用的结果。认识的对象并不是外面世界直接给予我们的事物,而是由我们的知性能力及其形式构造起来的东西。柯勒律治说:"自然是否并不在我们方面激起任何活动就把对象呈现给我们,是否在一切情况下自然都把对象完全地现成地呈现给我们?""最缺乏思想的人"可能有这种想法,但这种想法是错误的。因为"即使仅仅要具有认识对象的能力,或者说在对象被感知时使它成为我们的认识,我们就不仅必须具有关于这个对象的某种型式或一般原则,而且我们用以进行感知的每个感受本身也需要有一种先前的科学识见的辅助"。④ 因此,决不可把认识对象和感官印象或影象等同,经验论者"认为如果能够设想观察活动完全离开判断的限制和先前经验的类比,那么感官对象和在感官上造成的印象就是同一的,或者说我们似乎看到的东西与视网膜上形成的影像就是同一个东西",柯勒律治说,这个断言是"错误的"。⑤ 事实上,经验论者所说的那种纯粹的感觉经验是没有的,科学的观察活动和经验事实总是包含着若干"必要的知识条件",即使一个单个的现象,"在其能够可靠地被宣布为具有客观实在性之前,在其能够可靠地作为一个经验事实被接受之前",就可能需要有

---

① 给 T. Poole 的信(1801年3月23日),IC,第35页。
② CLL,第102页。
③ 同上。
④ 同上书,第116页。
⑤ 同上书,第117页。

若干部门的科学知识作为前提。① 用现代哲学的语言来说,就是任何观察经验都有其"理论负荷",或者说总是"被理论污染"了的。这样,经验论者以纯粹的未经理论解释的感觉材料作为全部知识基础的认识论体系就不能不轰然倒塌了。

(二) 驳联想说

联想说或观念联合论是休谟和哈特利以后英国经验论的主要理论基石之一,在19世纪有巨大的影响,因而自然成为经验派和反经验派激烈争论的一个课题。柯勒律治在批判经验论时也着力批判了联想说。

柯勒律治认为,关于观念联合的思想虽然是休谟和哈特利详尽发挥了的,但是其来源却非常久远,不仅可以在霍布斯那里找到(如詹姆士·穆勒等人所说),而且可以上溯到中世纪乃至古希腊哲学。亚里士多德在 Parva Naturalia(《小自然》或《自然短论》,实为讨论记忆、梦等等心理现象的著作)中就提出观念有一种彼此唤起的能力,或者说每个部分的表象都能唤起包含它在内的全部表象。柯勒律治说:"这就是观念联合律或联想律。"亚氏认为产生这种联想的激因有:时间的联系(同时的、在先的或接续的),空间的联系或邻近,相互依赖或必然联系,如因果联系、相似性、对比。"总之,在亚里士多德心理学中,印象再生的全部机制在于联想"。中世纪托马斯·阿奎那在诠释亚里士多德的 Parva Naturalia 的著作中继承和论述了这个思想。而休谟论观念联合的文字与阿奎那的著作极为相似,"二者的主要思想是一样的,思路也是一样的"。这不可能出于偶然的符合。据柯勒律治说,托马斯·潘恩保存了曾属于休谟所有的几卷阿奎那的著作,其中就包括对 Parva

---

① CLL,第117页。

Naturalia 的注释,而且在这几卷书上有休谟亲自做的记录和评注。由此可见休谟的联想说实乃直接渊源于阿奎那和亚里士多德。[1]

当然,这种思想的渊源关系并不意味着休谟的联想说与亚里士多德、阿奎那的思想全然一致。后二者讲联想主要是就记忆和想象的活动(这属于所谓"被动的理智")来说的,他们并没有把联想作为全部心灵活动、精神活动的基本规律,而是承认在人的认识活动中还有更重要的"能动的理智"的作用。休谟以及哈特利的联想说则完全否定了人的理智的能动性,把全部心理活动都归结为联想或观念的联合,视联想律为心理学的普遍规律,正如牛顿的万有引力定律之为物理学的普遍规律一样。柯勒律治坚决反对把联想律抬高为精神活动的究极至上的原则,他说:我"力图使休谟和哈特利的盲目崇拜者们相信,严格说来,这只是关于记忆和想象的规律,关于我们用以构造概念和知觉的材料的规律,而不是关于我们借以构成概念的思维能力的规律"。[2] 按照休谟和哈特利的联想律,"意志、理性、判断和理智必须被看作联想的产物、联想的机械结果,而不能看作联想的决定原因。……如果情形真如此,则结果就会是:我们的全部生命分别由外部印象和浑然无觉的被动记忆所统治"。[3] 休谟把因果性归结为两个感觉观念经常在时间上先后相续出现造成的习惯性的联想,实即否定了因果性;根据联想律,"休谟关于因果所推得的结论将会以同样毁灭性的力量加之于(康德所列举的知性的)其他十一个范畴及其逻辑功能"。[4] 不特此也。柯勒律治认为,联想说还会带来更为严重的后果,它不仅消解了"绝对的自我"、能动的理智,而且排斥了"无限的精神"、"智慧的神圣的意志",即上帝的

---

[1] CW:BL·LS,第 50—51 页。
[2] 柯勒律治笔记(1810 年 3 月 10 日),IC,第 115 页注 1。
[3] CW:BL·LS,第 53 页。
[4] CW:BL·LS,第 66 页,参阅第 58 页。

存在。因为既然"人类知性的作用只不过是把联想的现象加以结合和应用,联想的现象的全部实在性都来自最初的感觉,而感觉的全部实在性又来自外部印象",那么"看不见、听不到、摸不着的上帝就只能存在于构成他的名字和属性的声音和字母中"。①

柯勒律治对联想说的批判,更多是批驳哈特利的观点。哈特利是唯物主义者,他试着从人体的神经生理过程和机制来说明感觉和观念的产生和观念联合的心理过程。外间对象作用于感官,在神经系统和大脑中引起一种振动而产生感觉和观念;如果有两个外部刺激分别在大脑的不同部位引起两个相应的不同的振动而产生两个不同的感觉和观念,那么当一个刺激重复发生而引起其中的一种振动及其相应的感觉观念时,即使另一个刺激未再发生,它也可以引发出原来由该刺激引起的另一种振动及其相应的感觉观念,这就是观念的联合或联想。柯勒律治认为这是根本不可能的。他说:"根据哈特利的联想说,来自对象 A 的观念 a 或振动 a 之所以能与来自对象 M 的观念 m 或振动 m 发生联合,是因为振动 a 传播开来产生了振动 m。但是来自 M 的原始印象根本不同于来自 A 的印象,因此除非不同的原因能产生相同的结果,振动 a 是决不可能产生振动 m 的。因此这决不可能是使 a 和 m 发生联合的方法。"这无异于"设想能构成圆形观念的同一个力也能构成三角形观念",但"这是不可能的"。②

哈特利对心理和生理过程相互联系的这种机械唯物主义的解释诚然没有也不可能揭示物质刺激之转化为意识事实(观念的产生、观念的联合等等)的精微复杂的过程,后来的心理学家和生理学家对他的联想说也多有批评和异议。但是,柯勒律治之批判哈特利联想说,其主要目

---

① CW:BL·LS,第58页。
② CW:BL·LS,第52页。

的则是要驳倒唯物主义。他说:"来自外部的刺激为何能使自身变成知觉或意志,唯物主义者迄今不仅把这个问题作为不可理解的问题抛置一边,而且更糟糕的是把它弄成了一个难以理解的荒谬。因为假定一个外部的对象能够作用于一个有意识的自我犹如作用于一个同类性质的对象,这样一种作用也只能产生某种与外部对象自身同质的东西,运动只能传导运动,物质没有内心,我们剥掉一层表面,遇到的只是另一层表面。我们只能把一个微粒分割为许多微粒,而每个原子自身都含有物质宇宙的属性。"①就是说,物质的作用只能产生物质的结果,物质的运动只能引起物质的运动,物质无论分析到什么地步都只是物质,从物质中永远不可能产生精神、意识、观念,物质向精神的转化是绝对不可思议的;唯物主义企图用物质及其运动和作用去说明一切现象(包括精神现象),是徒劳的。

(三) 论知性和理性

关于知性和理性之分,是从康德到黑格尔的德国唯心主义最重要的理论贡献之一。柯勒律治非常赞赏这个观点而且坚持把知性和理性区别开来。他认为这是"一个重大的区别",②并且说,"二十年来我一直为区别知性和理性而进行争论。"③

把人的理智能力复分为知性和理性,并非始于德国唯心主义,古代如柏拉图、新柏拉图派,近代如布鲁诺、斯宾诺莎,都曾提出区分这两种能力的学说,尽管他们对知性和理性及其区别的理解未必一致。但是,柯勒律治说:"古往今来虽不乏权威人物区分理性与知性能力,一些最优秀的作者仍十分经常地混淆二者,甚至培根……也在许多意指知性

---

① CW:BL·LS,第 63 页。
② Aids,作者序,xiv 页。
③ 同上书,第 211 页。

的地方使用理性一词,有时则用知性代替理性。"[1]因此,柯勒律治才在他的著作以及书信中不惮其烦地反反复复地讨论知性和理性的区别。

柯勒律治对知性和理性的区分,无疑地首先是接受了康德的影响,但对康德的观点又不尽同意,在某些方面似更接近于谢林和黑格尔,而有些观点则显然得自新柏拉图派和近代的泛神论者。下面我们试就柯氏论及知性和理性区别的大量言论中撮其大要做一简述。

柯勒律治一再强调知性和理性是"种类的区别",是"种类上的而非程序上的区别",无论理性还是知性都不能把一个归入另一个的定义。它们在种类上是不同的。[2]

首先,知性是认识经验现象的能力,如康德所说,是"根据感觉进行判断的能力"。[3] 知性的概念、范畴固然是先天的,但是"知性的判断仅限于感官对象,我们在知性的形式下来思考这些对象",[4]因此,"知性是把握和保存纯粹经验认识的精神能力……全部自然界的单纯现象我们都可以称为知性",[5]"知性是探讨时空中的特殊事物的量、质和关系。因此,知性是关于现象及其归属于不同种类(种和属)的科学,其作用是提供规律和构成经验的可能性,但是除非在感官给予材料时,它们就仍然是纯粹的逻辑形式"。[6] 理性不同于知性,知性涉及的是关于经验现象的真理,理性涉及的是更高的一类真理,高于经验的真理。理性是"超乎感官的真理的原象和实质",[7]它"肯定感官所不能感知、实验

---

[1] Aids,第189页。
[2] 同上书,第189,371,197页。
[3] 同上书,第189,203页。
[4] 同上书,第191页。
[5] IC,第156-157页注①。
[6] CW:BL·LS,第339页。
[7] Aids,第189页。

所不能证实、经验所不能确证的真理"。① 理性所把握的是具有"实在的独立的存在而又不包含在任何时空形式之下的一切真理",②理性的对象是"实体",是"精神的实在",是那个"既非时间亦非变化的主体"而"必须被思考为永恒和不变"的"太一"。③ 理性通过理念而不是通过知性的概念把握真理,柯勒律治不赞成康德把理性看作一种仅仅具有规整作用即限制知性概念之误用于超验对象的消极能力,把理念看作一种没有实在性的"幻相"。他说:"理念仅仅是规整性的,如亚里士多德和康德所说,还是构成性的并且与自然的能力和生命同为一物,如柏拉图和柏罗丁所说?这是哲学的最高问题,而不是哲学名词表的一部分。"④他赞成柏拉图的观点,"认为理念本身是构成性的"。⑤ "构成性的"一词是康德的用语,康德认为知性概念是构成经验对象的先天条件,理性的理念却不是构成超验对象的条件,因而不能给予我们对物自体的认识。柯勒律治则认为,理性的理念不仅能把握超验的真理,而且其本身就构成超验的实在。因此,在他看来,如果说知性是"人的"知性,那么我们就应该说"没有任何人的理性",理性乃是高于人、超乎人的"逻各斯"(Logos)或"神圣的道"(Divine Word)。⑥

其次,知性"只是在现象的限度内思考事物的统一性",它"为自己形成一些分类的概念和语词用以比较和安排现象,这种知识的特点是清楚明白而不深刻",是"一种未触及实体的表面的知识",而且"它在力

---

① Aids,第 204 页注。
② Aids,第 152 页。
③ CW:BL·LS,第 343 页,Aids,第 222,145-146 页。
④ CW:BL·LS,第 367 页。
⑤ *Table Talk*(《桌边谈话》),载 *Table Talk and Omnia*,London,George Bell and Sons,1884 年,第 99 页。
⑥ Aids,第 191 页。

图把握实体的理念时就陷入了矛盾"。① 理性则是"关于作为太一的整体的知识",它"具有统一性和一切性的观念作为其两个成分或基本要素"。只有理性才能把握万有的统一性,"在人那里,理性首先通过把一切理解为一的倾向而表现出来",从而总体地把握实在:"统一性+一切性=总体性",②在理性的这种总体性中,知性所陷入的矛盾才能得到真正的统一,理性不是如康德所说的那样仅仅消极地展示知性概念的二律背反和背谬推理,而是把互相矛盾的概念作为片面的真理加以结合和统一起来。柯勒律治说:"知性的两个相互矛盾的概念,每个都是部分地真的,两者的结合则代表或表达了一个超越概念为概念所不能表达的真理。"③

最后,知性是"反思的能力"④是"推论的逻辑的能力",⑤知性的反思、推论能力"产生原理、规则,这些原理、规则可愈来愈概括,但决不可能提高到普遍的真理或产生绝对确实性的意识",⑥即使无限制推论下去,也不可能在知性自身中找到最后的根据,因此"知性在一切判断中皆涉及某种其他的能力作为其最后的权威"。⑦ 这个最后的根据或权威就是理性,理性"照亮每个人的知性,使其成为合理的知性的光"。⑧理性不复诉诸其他的根据,而是"在其自身中有其根据",⑨"理性在其一切决定中都诉诸其自身,其自身即是其真理的根据和实质"。因此,理性不是反思的而是"沉思的能力",不是推论的而是直观的能力,柯勒

---

① CW:BL·LS,第 343 页。
② CW:BL·LS,第 339 页。
③ Aids,第 204 页注。
④ 同上书,第 197 页。
⑤ 同上书,第 226-227 页。
⑥ 同上书,第 205 页注。
⑦ 同上书,第 197 页。
⑧ 同上书,第 191 页。
⑨ 同上书,第 190 页。

律治说:"理性远更接近于感觉而不是接近于知性,因为理性是真理的一个直接的方面,一种内在的观照,它与可被理性把握的东西或精神的东西的关系类似于感觉与物质的或现象的东西的关系",①又说:理性中"有一种直观或直接的观照,这种直观伴随着对被直观到而非来自感觉的真理之必然性和普遍性的信念,……当应用于超感性的或精神的对象时就是神学和哲学的工具"。②

在西方哲学史上,有很多哲学家承认有所谓超感性的直观,把直观推崇为最高的精神能力。但是他们对直观的理解却大有区别:一种是唯理论者讲的直观,这种直观是对于作为一切事物的最高本质、最后根据、究极原因的直接知识,这种知识是不经过分析和推论而一见自明、一蹴而就的真理。这是一种理性的直观,虽然高于一般的逻辑思维过程,但并不与之矛盾,它不是非逻辑的,而恰恰是全部逻辑思维的出发点或前提。另一种是神秘主义者和浪漫主义者讲的直观,是非理性的直观,前者讲启示,讲顿悟,讲出神状态中人的灵魂与上帝相交通、相合一,后者讲诗的灵感,讲艺术的想象,讲天才的创造,所有这类的直观都是与逻辑思维相对立的非逻辑的或超逻辑的一种精神境界或能力,作为浪漫主义的诗人哲学家,柯勒律治所讲的直观虽名曰理性的,但显然带有非理性的神秘的倾向,例如他说:"我的看法是:深刻的思想只有具有深刻情感的人才能达到,一切真理都是一种启示",③又说:"理性乃是再生的人的精神,凭着这种精神,人就能够同神圣的精神活泼泼地相互交通。"④柯勒律治曾明白谈到神秘主义对他的影响,说波墨和其他神秘主义者的著作"在不小的程度上使我的心灵免于被囚禁在任何独

---

① Aids,第 197 页。
② 同上书,第 205 页注。
③ 给 T. Poole 的信(1801 年 3 月 23 日),IC,第 35 页。
④ Aids,第 190 页。

断体系的圈子里。它们帮助我在头脑中保持住活泼的心灵,给予我一种虽不清楚然而能激动人的有力预感,即感到所有单纯反思能力的产物都带有僵死的特征",因此他对波墨和其他神秘主义者怀有"热烈的尊敬",甚至"有一种感恩之情"。① 但是,柯勒律治与其他神秘主义者又有区别,他认为神秘的直观同知性或科学的理性思维都是上帝赐予人的能力,"上帝的任何赐予都不是也不可能是互相矛盾的,除了被误用或误指。因此我毫不犹豫地承认在启示和知性之间不可能有任何对立","神秘的东西不在知性或思辨理性的方向上。它们同知性或思辨理性不在同一路线或层面上活动,因而不可能与之相矛盾"。② 同时,柯勒律治所谓理性直观与其他浪漫主义者讲的艺术直观也颇有不同。例如谢林所讲的"理智直观"就是指一种艺术的直观、审美的直观,这是整体地把握事物、于多中见一、异中见同、殊相中见共相的能力,是最高的人类能力,是绝对的知识。柯勒律治也非常推崇艺术的想象和创造力,认为这种能力高于科学思维能力,他甚至说:"五百个牛顿的灵魂才能造成一个莎士比亚或一个弥尔顿"。③ 他也认为审美能力或美感是一种直观,是"对各个部分的相互关系和所有部分同整体的关系的直观",④美的"最一般的定义"就是"统一的多样性(multeity in unity)"或多样性的统一。⑤ 美感或美的直观是一种创造性的想象,它不同于记忆性的想象,后者是"复合的和联想的能力",前者是"塑造的和改变的能力",是"使多成为一的能力(the power of co-adunation)"⑥。但是,柯勒律治并不认为这种创造性的想象或美的直观是人的最高的精神能

---

① CW:BL·LS,第69、73页。
② Aids,第179-180页。
③ 给 T. Poole 的信(1801年3月22日),IC,第35页。
④ IC,第95-96页。
⑤ IC,第93-94页。
⑥ 同上书,第88页,第90页注4。

力,例如他明确地说:"美的东西既不同于适意的东西,也不同于善的东西,前者低于美的东西,后者高于美的东西。"①审美能力或美感低于道德或实践理性,在这一点上,柯勒德治接近于康德和费希特,而有别于谢林。他所说的美的直观或创造性的想象显然来源于康德关于天才的艺术能力的思想。康德认为天才的精神能力是想象力和知性的结合。知性限制于感性经验的领域,审美能力或想象力的活动则是自由的,它创造性地把感性的多样性与概念的普遍性联系起来,以感性的表象向往着超感性的东西,而企图接近理性的概念,从而成为从自然概念的领域到超感性的自由领域的过渡环节,成为知性和理性之间的中介。这种天才的艺术想象力或美的直观高于科学的知性,后者可学而致之,前者却是受之于天,神而明之,存乎其人,不能言传身授的,②浪漫主义者特别欣赏康德的这些说法而把美的直观提升为最高的精神能力,然而这并不符合康德本人的思想,康德的美的直观无论如何不是高于理性的能力,而作为浪漫主义者的柯勒律治对美的直观和创造性想象的观点看来仍然是忠于康德而非追随谢林的,也就是说,美的直观不是他所说的作为最高精神能力的理性直观。

柯勒律治之强调理性和知性的区别,是同他对18世纪启蒙运动的批判密切联系着的。他认为启蒙运动的理性主义实即用知性否定了宗教,否定了崇高的精神的东西。他说:"大约上世纪中叶,在伏尔泰、达朗贝、狄德罗以及一般所谓百科全书派及其头戴王冠的改宗者和门徒菲特烈、约瑟夫和卡杰琳娜的影响下,人类知性而且是最狭隘形式的知性试图把精神的东西乃至灵魂的道德力量和动机的一切尊崇之情都抛弃净尽,而盗用理性之名公开地投在反基督徒同时是追求感性享乐的

---

① IC,第95-96页。
② 参阅康德:《判断力批判》,上卷,中译本,商务印书馆,1964年,第16,154-155、160-161页。

皮条客与娼妓的旗帜下。"[①]柯勒律治认为:"不是由理性和精神发出的知性或经验的能力,除了与我们世俗的利益有关的物质世界之外,没有其特有的对象",[②]因此,尽管知性给我们带来了近代物质文明的昌盛,带来了自然科学知识的巨大成果,但是这一切都是为了追求世俗的利益而使人们愈益背离理性的精神的事物。他说:"现在凡是为了世俗利益(私人的或公共的)的目的可借知性达到的东西,都已经以超越以往一切经验的活动和成就而且以值得赞美和惊叹的程度进行了探求。但是,长期以来我又确信,自从科学和哲学最初在我们这个岛国出现以来,没有任何一个时代像上个世纪那样,专属于理性(思辨的和实践的)的那些真理、兴趣和研究遭到了如此彻底的忽视。"[③]在柯勒律治看来,哲学的真正任务和目的就是追求这些理性的真理,而理性归根结底与宗教的神圣精神实为"同义语";"理性显然就是精神的东西,就是在我们有幸借以向天父祷告的那同一神恩的感应下所获得的一种精神"。[④]因此,柯勒律治对"反基督徒"的启蒙运动的知性及其科学主义的全部批判归结到一点,就是如何使思维回到神。

二、论自然、精神、上帝,对机械论和原子论的批判

上面我们介绍了柯勒律治的认识论的基本观点。他对经验论的批判,对知性和理性的区分等等,其目的都是为了探求一种高超玄远、富于思辨的形而上学。他的全部哲学的真正旨趣就是要建立一个与基督教神学观念相和谐的形而上学体系。尽管他并没有成功地构造出这样

---

① CW:BL·LS,第346页。
② 同上书:BL·LS,第312页。
③ Aids,第XV页。
④ 同上书,第191页。

一个体系,但是他的这种形而上学思想在他的许多著作、书信和笔记中却随处可见。柯勒律治把他的哲学称为"动力学的哲学"(dynamic philosophy),这种哲学既反对18世纪的机械唯物主义,也反对各种形式的(笛卡儿的、贝克莱的、费希特的)主观唯心主义,而倾向于谢林同一哲学的先验唯心主义或客观唯心主义,但是他又小心翼翼地把谢林哲学中与基督教神学相左的泛神论的观念剔除出去。

(一) 机械论的自然观和动力学的自然观

像同时代的其他浪漫主义诗人和哲学家一样,柯勒律治对近代哲学和科学中日益盛行而在18世纪达于顶峰的机械论思想极感厌恶而不断给以激烈的批判。他认为,机械论不仅支配了自然科学和自然哲学,而且渗透了一切知识领域,"纯粹的机械论体系(无论以何种形式出现)成为现代道德和政治哲学、政治经济学和教育的各种体系的基础"。[①]

机械论自然观企图用物质的空间特性(体积、形状、位置等等)来说明一切自然现象和事物的性质,柯勒律治认为这是不可能的。他说:机械论的"出发点"是"把一切形式都还原为形状,又把一切形状都还原为来自外界的印象。这种机械论导致它自身的否定。如果按照严格的逻辑引出它的全部结论,它必然导致自我毁灭"。[②] 机械论企图把自然界的一切事物都归结为仅仅具有空间特性的简单的物质实体的结合,在柯勒律治看来,这是一种极其荒唐的想法。他认为,一切物体都是复合的,绝对单纯不可分解的物体是没有的,"单纯的物体乃是一个荒谬悖

[①] CLL,第130页。
[②] 同上书,第130页。

理的东西"。① 柯勒律治批评的"单纯的物体"包括原子论者的"原子"和牛顿、洛克、波依耳等人主张的"微粒"。他批评"原子"是一种"虚构",他说:"伊壁鸠鲁体系认为,由原子组成的有限世界在概念上是真实的。但是它表达的乃是人的想象和知性的局限性和必然性,而不是自然的真理。原子和有限的世界,都是心灵的虚构,entia logica(推论出来的东西)。"②因此原子论根本不配称为哲学,他说:"我承认,我看不出从原子假设开始的一种体系凭什么特有的权利可以为自己要求实验科学的称号,我也看不出这样一种体系有什么权利可以正当地被称为哲学。"③微粒说与原子论有所不同,它没有断言任何微粒都是不可分的,但是它认为很难设想组成一切物体的那些"原始粒子"会被任何力量所分割。例如,牛顿说所有物质的东西都是由上帝最初造物时创造的坚硬、不可入的固体粒子按不同组合而成的,"由于这些原始粒子是些固体,所以它比任何由它们合成的多孔的物体都要坚硬得无可比拟;它们甚至坚硬得永远不会磨损或碎裂;没有任何普通的力量能把上帝在他第一次创世时自己造出来的那种物体分裂"。④ 由此看来,牛顿的"原始粒子"或微粒子异于原子论的原子者是微乎其微的。而且牛顿和其他主张微粒说的人都认为自然界各种物体的不同"只在于这些持久的粒子间的分离、组合和运动的不同而已",⑤都把事物的质的多样性归结为微粒结合的机械的量的差异,在这一点上与原子论更是异曲

---

① 转引自 R. Modiano:*Coleridge and the Conception of Nature*(《柯勒律治和自然概念》),The Macmillan Press,1985 年版,第 184 页。下引此书均简作 CCN。

② 引自 Muirhead:*Coleridge as Philosopher*(《作为哲学家的柯勒律治》),The Macmillan Company,1930 年,第 122 页,下引均简作 CP。

③ CLL,第 128 页。

④ 《牛顿自然哲学著作选》,H. S. 塞耶编,中译本,上海人民出版社,1974 年版,第 209 页。

⑤ 同上书,第 209 页。

同工。

柯勒律治认为,17、18世纪以来的这种机械论的微粒哲学虽然对人们的观念仍然颇有影响,但是"由于现在在公众中极受尊敬的自然科学的动力学精神不断增长,它已遭到致命的打击",[1]而他自己的哲学则被宣称为真正体现了这种"动力学精神"的"动力学哲学"。

柯勒律治没有系统地阐述过他的动力学自然观,从他的许多零星散见的议论中我们可以看到其主要内容是关于对立统一为自然的普遍规律和世界为一有机整体的学说。

1. 柯勒律治说:"动力学体系始于布鲁诺",并说自己"曾受惠于布鲁诺的两极逻辑(polar logic)和动力学哲学"。[2] 所谓"两极逻辑"显然是指布鲁诺关于对立面一致的辩证法思想,是用18世纪末和19世纪初自然科学关于两极性现象(如磁有正负两极,电有正电负电)的发现来概括表达对立统一的规律。[3] 谢林和黑格尔都非常重视两极性(polarity)的概念,认为两极性概念取代了机械论的力的概念标志着辩证思维已渗透进了科学的领域,例如黑格尔说:"在物理学里,假如说'力'这一思维规定曾居统治地位,那么,'两极性'这一范畴在晚近却起了最重要的作用,而且它已……侵入一切领域",如果说"力"是一种抽象的同一性形式,那么"两极性"就是包含着区别的同一性形式,即对立的统一,这种观念的出现和流行"有无限的重要性"。[4] 柯勒律治把两极性或对立统一看作动力学自然观的最重要的规律,认为两极性是"自然界本质具有的二元论",磁学、电学、化学等各门科学都受两极律这一普遍规律的支配。正是这种两极性才构成了自然界的运动,自然界的

---

[1] Aids,第355页。
[2] CW;BL·LS,第73页。
[3] 柯勒律治还曾用"两极相逢"一语表达这一规律,见 Aids,第1页。
[4] 《逻辑学》上卷,中译本,商务印书馆,1966年,第9页。译文略有改动。

生命。他说生命就存在于两种对立力量的同一性中,"生命就在于它们的斗争,在它们的调解中生命就死亡了"。①

柯勒律治认为,在布鲁诺之后,重新提出动力学观念的是康德。他很重视康德的《自然科学的形而上学基础》一书。在这部著作中康德批评了牛顿的微粒说,认为任何理论用物质的最微小部分的构造和组合来解释物质的种类繁多的差异性,都要导致"机械的自然哲学",与此相反,"动力学的自然哲学"并不把各种物体看作一些"机器",即仅仅是外在动力的一些"工具",而是借助于物质原本具有的吸引和排斥的动力来说明物质的多样性。但是,柯勒律治认为,动力学观念在康德那里还只是一些"萌芽",而且"康德的追随者把他的动力学观念仅仅当作一种更精致的机械论"。②事实上,康德本人的确也没有完全摆脱机械论的樊篱,例如,他虽然力图证明不能从物质微粒的形状等空间特性推出物体的不同性质,但是他又认为物质就是"被占据的空间本身",这样就难以同机械论者之以空间性(广延性)规定物质本质划清界限了。柯勒律治认为,康德哲学中的动力学观念的萌芽在谢林哲学中才得到了"充分发展",而谢林也是得益于布鲁诺的两极逻辑和动力学哲学的。③谢林把自然看作一个能动的生成变化的过程,自然界的一切总是按两极律而发生作用的,没有对立力量的冲突就不可能产生任何活动,对立的冲突和"综合"或统一造成了自然界一切形式的多样性。不过,谢林又把自然界生成变化的动力归之于如亚里士多德和经院哲学家所说的那种奥妙而难以捉摸的"隐得来希"(entelechy),则是柯勒律治所反对的。谢林认为"隐得来希"虽不实存,却必须被思想为解释事物性质的根据,柯勒律治则认为"隐得来希"是只可想象,不可思想的,是"不可能有的

---

① CP:第129-130页。
② CW:BL·LS第73页。
③ CW:BL·LS,第73页。

实在"。我们不能把对象的一切属性都归源于这种力量;所谓"隐得来希"是无法解释自然界的"多样性的观念"的。柯勒律治坚持用对立力量的相互作用来说明自然界一切事物和现象的产生,认为一切物体,包括化学元素,都是对立力量的综合的产物,而这本来是谢林曾经阐明的观点。①

2. 动力学的自然观反对机械论把世界看作各自孤立的事物的集合,而主张世界是一个有机的统一的整体。柯勒律治认为,宇宙既是一又是一切,既是一又是多,作为一与多的统一,宇宙并非无分别的一团混沌。而是包含着无数各自有别的特殊的事物。他说:"由于一切(allness)和一(oneness)的永恒同一,整个宇宙成为一个无限的同心圆,即每个事物除与宇宙的关系之外,又各自成一系统。"②宇宙是一整体,每个事物亦是一整体。整体与部分是有机地联系在一起的,每个部分都是有机的统一体的成分,每一个都支持和限制另一个,而所有的部分又都受有机的整体的限定并从属于这个整体,因此在这个整体中不可能有任何一个绝对居于支配地位、独立自在和孤立的部分,"把一个部分同整体分离开来,就不再成其为它自己,正如被抉出来的眼睛不复是眼睛一样"。③ 柯勒律治还以帆船为例说明整体和部分的有机统一,他说:"我们通过理智知道帆船的每一张帆都对其余的帆有作用和反作用,而整体是由部分组成的,每个部分都与每个部分并与整体相联系。没有比对于对象的这种完满的视觉的整体性更有助于造成诗情画意了。"④柯勒律治的这种有机论的整体主义并不限于自然观,而是贯穿于他对艺术、宗教和道德等各个方面的观点,例如他认为道德的一条规

---

① 参阅 CP,第 169,184 页。
② 给 J. Gillman 的信(1816 年 11 月 10 日),IC,第 99 页。
③ 给 T. A. Metheuen 的信(1815 年 8 月 2 日),IC,第 98 页。
④ IC,第 51 页。

律就是"一种多样性的统一,一种综合,各个诫条不过是对这个统一、这个综合的分析。保持这个规律就意味着把整体甚至看作善恶的唯一分界线。无论谁破坏了任何一个诫条,他就破坏了统一,走上了邪恶的道路,从而使自己被指责为破坏了以诚实正直为其唯一完善性的东西的整体性"。① 有机的整体观是柯勒律治以后英国唯心主义运动的理论要素之一,也是19世纪以至20世纪整个浪漫主义思潮的主要特征之一。这种观点经常与非理性主义的神秘直观的观念结合在一起,但是就其对机械论的片面的孤立的分析的批评而言,是有其积极的意义的。

(二) 精神和自然的统一与上帝的存在

精神和自然的统一是柯勒律治的哲学或形而上学的一个核心的论题。证明这个统一是他的哲学的主要任务。

柯勒律治指出,精神和自然是一对对立的概念。他说:"我一直试图确定自然与精神这两个词的真正涵义。这二者是互相对立的。因此,自然的最一般的和消极的定义是:自然就是非精神的东西。反之,精神就是不包含在自然中的东西,或者用神学家的语言说,精神是超自然的东西。"② 柯勒律治也曾从积极的意义给自然以规定,说:"自然是包括所有可以时空形式表现并服从因果关系的事物的那个词",自然就是可以时空形式表现并包括在因果链条中的事物的"集合和体系",③ 亦即作为我们感官对象的万物之"总和",在这个意义上,自然是"物质的自然"。④ 因而,精神和自然的关系就是精神和物质的关系。

---

① Aids,第261页注。
② Aids,第220页。
③ 同上书,第220、61页。
④ *Coleridge's Works. The Friend*(《柯勒律治著作集:友人》),London,1899年版,第310页注。下引此书均简作CW:F。

诗人柯勒律治的哲学思想

柯勒律治认为,精神和自然的关系也是主体和客体的关系。他说:"所有纯客观的东西的总和我们称为自然,……反之,所有主观的东西的总和我们可以包括在自我或理智的名下,这两种概念处于必然的对立。理智被认为是唯一能表象的,自然则被认为是只能被表象的;前者是有意识的,后者是无意识的。"①

柯勒律治说,在我们的全部认识活动中都需要精神和自然、主体和客体。有意识的东西和无意识的存在之间有一种"相互协和一致","我们的问题就是去说明这种协和一致,说明其可能性和必然性"。② 那么,这种可能性和必然性究竟何在呢?

柯勒律治认为,这种可能性以至必然性在于精神和自然、主体和客体乃同出一源,或者说是同一本原之自我二重化(self-duplication)。在柯勒律治看来,这个本原不可能是作为物质的自然,如我们在前面已经谈到的,他坚决否认物质向意识转化的可能性,因而精神和自然、主体和客体决不可能在物质的基础上达到统一。使二者得到统一的根据或本原只能是精神的东西,柯勒律治说:这个本原"显现于我在(sum 或 I am)之中,我在后面也用精神、自我和自我意识等词来表示"。③ 不过,此所谓"我在"、"自我"并不是指有限的自我。柯勒律治对于把有限的自我作为最高的本原并由之派生出世界的主观唯心主义学说也持严厉的批判态度,例如,他斥责费希特的主观唯心主义"堕落成一种粗野的利己主义",在那里自然被视为"无生命的、邪恶的、毫不神圣的东西",受到"极度的敌视"。④ 这样的哲学当然不可能把握精神和自然的真正统一。这种统一只能在一种无限的、绝对的"我在"、自我或精神中找到

---

① CW:BL·LS,第 124 页。
② 同上。
③ 同上书:BL·LS,第 130 页。
④ 同上书:BL·LS,第 72 页。

269

根据。柯勒律治说，我们必须把"有条件的有限的我"和"绝对的我在"区别开来，"如果我们把我们的概念提高到绝对的自我、伟大的永恒的我在，那么存在的本原和知识的本原、观念的本原和实在的本原，存在的根据和关于存在的知识的根据就是绝对同一的"。① 这个绝对同一的本原自己区分为主体和客体，即通过把自身构造成自身的对象的活动而使自己成为主体，我们可以把这个过程"描述为这同一个力量之不断的自我二重化为客体和主体，这二者互为前提，只有作为直接的对立面才能存在"。② 主体和客体是对立的统一，任何一方总是相对于另一方面存在的，用柯勒律治的话说："每个事物都由于某个他物而是其所是"，"一个没有主体作为其对立面的客体是不可思议的"。③

关于精神和自然、主体和客体统一或同一的学说，柯勒律治（特别是在《文学自传》中）曾大量采纳了谢林同一哲学的论述和术语。但是，应当指出，柯勒律治总是力图避免从精神和自然、主体和客体的同一引致泛神论的结论（谢林早期的哲学思想确实带有泛神论的倾向）。泛神论通过精神和自然的同一而否定了超自然的神圣精神或上帝的存在，否定了基督教的信仰。柯勒律治认为，斯宾诺莎哲学就是这种"非宗教的泛神论"的一个例子。④ 在斯宾诺莎那里，作为唯一无限实体的上帝不过是自然的别名，精神（思维）和物质（广延）是这同一个实体的两种属性，作为实体的上帝并不具有人格和意志。柯勒律治承认自己曾经受过斯宾诺莎泛神论的影响，说："在很长时间里，我的确不能使人格性和无限性调和一致，我的头脑跟斯宾诺莎在一起。"⑤柯勒律治在许多

---

① CW:BL·LS,第131页。
② 同上书;BL·LS,第130-131页。
③ 同上书;BL·LS,第130页。
④ 同上书;BL·LS,第70页。
⑤ 同上书;BL·LS,第95页。

地方反复批判了斯宾诺莎的泛神论,强调地指出:我们所信仰的上帝"不是世界本身,不是斯宾诺莎的唯一的不可分的实体";①上帝是有意志有人格的"最高实在","如果离开绝对意志来思考它,就会陷入斯宾诺莎的上帝"。②

柯勒律治说:"关于上帝的真正的观念既不把创造者和被创造者相等同,也不把最高存在描述为一种纯粹非人格的规律或安排事物的秩序",③我们相信上帝存在就是相信上帝"不仅由于自己的本质而为宇宙的根据,而且由于自己的智慧和神圣意志而为宇宙的创造者和审判者"。④ 承认上帝是宇宙的根据就是承认自然并非自因。自然界的一切事物的原因"永远要在某个在先的事物中寻找",自然就是"正要被产生的东西,永远在生成的东西",⑤这个生灭变化的因果链条似乎无穷无尽,但是我们在自然界内部是找不到它的究极因的,"自然是一条处于经常不断的演化中的线,它的开端消失在超自然的东西中","当我们假定了自然有一起源、有一真正的开端,有一实际的太初时,我们就超乎自然之上了,而且不能不假定一种超自然的力量"。⑥ 因此,"关于宇宙有一个唯一的根据和本原的假定"就必然"提高到作为我们信仰、爱、恐惧和崇拜的最高对象的活生生的上帝观念"。⑦ 在柯勒律治那里,这个活生生的上帝观念就是基督教所信仰的作为宇宙的创造者、万物的造物主的圣父、圣子、圣灵三位一体的那个人格神,他说:"我确信根据圣经教义的唯一真实的上帝观念在其拓展上将被发现包含着三位一体

---

① Aids,第147页。
② 柯勒律治给 E. Coleridge 的信(1826年),转引自 CCN,第195页。
③ Aids,第154页和注。
④ CW:BL·LS,第96-97页。
⑤ Aids,第220页。
⑥ Aids,第232-234页及注。
⑦ 同上书,第146页。

的观念",他甚至认为,即使在福音书传布之前,在这一上帝观念成为广大民众的信仰之前,它可能就已经被思辨哲学家所"沉思默想",就已经是一个"形而上学的定理"了。[①] 在这一点上我们清楚地看到了哲学或形而上学和宗教、神学的同一,柯勒律治援引一位"基督教信仰的杰出而成绩卓著的捍卫者"的话说:"真正的形而上学不过是真正的神学。"[②]如上所见,柯勒律治的全部哲学的探讨,归根结底确实是围绕着上帝信仰这个最高的神学教条进行的。

---

① Aids,第 154 页。
② CW:BL·LS,第 136-137 页。

青年黑格尔派[*]

黑格尔派中激进的一翼。19世纪30年代中叶以后,黑格尔派由于在宗教问题和政治问题上的分歧而分裂为左、中、右三派。右派的主要人物为库诺·费舍、埃尔德曼、甘斯、策勒尔等;中派以罗森克兰茨、米希勒为代表;左派则由一批较年轻的黑格尔的学生和追随者所组成,有施特劳斯、布鲁诺·鲍威尔、埃德加·鲍威尔、卢格、费尔巴哈、赫斯、施蒂纳等,通常被称为青年黑格尔派。

青年黑格尔派在19世纪30年代末和40年代初活跃于德国思想界,发生过很大的影响。柏林大学曾经是青年黑格尔派活动的中心,他们的激进的思想和言论在一些知识分子团体中颇有号召力。青年黑格尔派的思想尤其是通过出书和办报("哈雷年鉴"、"德国年鉴"、"德法年鉴"、"莱茵报"等)而广为传布,成为一股有力的思潮。这个思潮反映了德国激进资产阶级反封建的要求,在当时起了进步的作用,因而青年黑格尔派的活动曾不断遭到德国封建专制政府和正统教派的攻击、阻挠和迫害。

恩格斯说:"在当时的理论的德国,有实践意义的首先是两种东西:宗教和政治。"[①]青年黑格尔派的全部活动可以说就是围绕着这两个主

---

[*] 原载《中国大百科全书》科学社会主义卷。
[①] 恩格斯:《费尔巴哈和德国古典哲学的终结》,《马克思恩格斯选集》,第4卷,人民出版社,1995年,第220页。

题而展开的,而就其思想的演进来说,则是从宗教的批判着手,逐渐发展为政治的批判。

青年黑格尔派对宗教的批判是从施特劳斯的《耶稣传》(1835年)开始的。施特劳斯是泛神论者,认为上帝的神性体现在整个人类身上而不能通过个别人化成肉身,福音书的故事只是在基督教团体内部无意识地形成的一些神话。布鲁诺·鲍威尔也批判了福音书,但认为福音书的故事是各篇福音书作者个人有意识的虚构,而且从这种批判中做出了公开的无神论的结论。费尔巴哈则不限于对圣经教条的批判而是对基督教乃至一般宗教的本质和根源做了探讨,提出神的本质是人的本质的异化,宗教是人自我分裂的产物。费尔巴哈的《基督教的本质》(1841年)不仅达到了无神论,而且走向了唯物主义。

在政治上,青年黑格尔派开始时是比较温和的,他们对威廉四世曾抱有幻想,希望通过他实现君主立宪制。但是威廉四世的种种反动作为打破了他们的幻想,迫使他们采取更加激进的立场。他们向往18世纪法国启蒙运动,以当代的百科全书派自居。在反对现存的封建专制的基督教国家这一点上他们是一致的,但是就各自的政治理想来说,他们却是非常分歧的,有的期望民主共和的自由国家(布·鲍威尔、费尔巴哈),有的鼓吹无政府主义(施蒂纳),有的倾向于社会主义(赫斯)。

作为一个思想派别来说,青年黑格尔派的哲学观点是唯心主义的。布鲁诺·鲍威尔关于自我意识的哲学是其典型的代表。在他看来,自我意识是一切的源泉,它包含万有,创造和破坏一切,是真正的"自因"。历史就是自我意识发展的过程,而自我意识则是通过批判推动历史前进的。"批判"是青年黑格尔派的一个战斗口号,但他们所谓"批判"的真义只是把对象改变为自我意识的活动,只是理论的活动,在他们看来,理论即是实践,仅仅思想、观念的影响就可以改变现实。

青年黑格尔派由于其激进主义的立场而特别重视黑格尔的辩证

法。但是他们并不完全满意黑格尔的辩证法,认为黑格尔关于"中介"的概念包含着矛盾调和的思想。他们极力强调否定或"纯粹"否定的作用,认为否定是辩证法中根本的东西,为了推动事物,必须进行破坏和否定。因此他们反对所谓中庸之道,认为历史总是把各种原则推到极端,通过对立而发展的。

马克思和恩格斯早年都曾积极参加青年黑格尔派的活动,对他们思想的发展有过重大的影响。他们对黑格尔辩证法的改造无疑地从鲍威尔兄弟吸取了有益的因素,他们之转向唯物主义是受了费尔巴哈的决定性的影响,他们从革命民主主义走向共产主义曾经从赫斯得到启发。马克思、恩格斯在转向唯物主义和共产主义以后,曾在许多著作(《神圣家族》、《德意志意识形态》等)中对青年黑格尔派的唯心主义世界观作过全面的批判和清算。

参考书目:

马克思、恩格斯:《神圣家族》、《德意志意识形态》。
恩格斯:《费尔巴哈和德国古典哲学的终结》。
K. Löwith, Die Hegelsche Linke, Stuttgart, 1962.
W. J. Brazill, The Young Hegelians, Yale University Press, 1970.
戴维·麦克莱伦:《青年黑格尔派与马克思》,夏威仪、陈启伟、金海民译,商务印书馆,1982年。

毕希纳的唯物主义[*]

毕希纳是与福格特、摩莱肖特齐名的所谓庸俗唯物主义的三大代表之一,而其名气和影响之大,较其他二人则犹有过之。

路德维希·毕希纳1824年生于德国达姆施塔特。大学习医,获博士学位。毕业后长期行医并从事医学、生理学的研究,一度在大学任教。

毕希纳也是一个社会活动家,曾积极参加1848年"二月革命",后来又参加了德国工人运动,成为国际工人联合会的成员。但其政治立场和观点与马克思、恩格斯有严重的分歧和对立。

毕希纳于1899年逝世。

毕希纳一生著述极多,除了医学、生理学方面的著作之外,他还写了大量哲学的或具有哲学意义的书籍和论文。他的代表作《力和物质》于1855年在法兰克福初版,翌年即再版,到他死前一年(1898年)已出了18版,并被译为英、法、意、俄等十几种文字。在我国迄今未见有译本问世。该书在毕希纳生前屡经再版,前后颇多修改和增益。笔者目前看到的是该书的第17版(1892年,莱比锡)。这一版基本上是1888年第16版的重印。据作者说,第16版中有五章是重新增写的文字。由于没有其他各版可以查对,我们无法对毕希纳思想的变化做比较的

---

[*] 原载《文史哲》,1986年,第3期。

研究,故本文所述仅限于第17版的内容,全部引文均据该版德文本并参照该版的法文本(1905年,巴黎)译出。

从《力和物质》一书来看,毕希纳的唯物主义是一个复杂的思想现象,或者说是各种矛盾因素的综合,其中确有庸俗的乃至荒谬的东西,但是我们又绝不可仅以"庸俗"二字概其思想的全貌。因为其中也确有许多并不庸俗甚而极高明的东西。

毕希纳的唯物主义属于19世纪下半叶在欧洲许多地方出现的自然科学唯物主义思潮,是以当时自然科学的成就为直接依据的。同时,他也继承了从古希腊到18世纪法国直迄19世纪费尔巴哈的唯物主义传统。在《力和物质》中他广征博引了从赫拉克利特到费尔巴哈几乎所有重要的唯物主义者的著作和思想。

毕希纳的唯物主义具有机械论的倾向,但是也包含若干辩证法的因素,恩格斯就曾指出,在《力和物质》中有"突然出现的黑格尔的东西",有"向辩证法的过渡"[①]。

毕希纳以鲜明的唯物主义和无神论立场批判了各种唯心主义和神学观念。例如柏拉图主义、笛卡儿主义、康德和康德后的德国唯心主义、叔本华哲学以及新康德主义等等。因此,毕希纳及其著作遭到唯心主义者、教会人士和神学家们的激烈攻击,以致被赶出大学的教席。

《力和物质》一书曾被人们称为"唯物主义者的圣经"。[②] 不是偶然的。在某种意义上,这可以说是对毕希纳哲学在当时的历史地位和意义的一个评价。

[①] 恩格斯:《自然辩证法》,人民出版社,1971年,第180-181页。
[②] 斯摩尔:《百年来的哲学》,企鹅图书公司,1980年,第35页。

一

毕希纳唯物主义的最基本、最重要的内容是他关于物质、关于力和运动、关于自然规律的学说。

(一) 物质是不灭的、无限的

毕希纳说,物质是不可创造也不可毁灭的,这是一个古老的真理,以往的许多唯物主义哲学家就已认识到这个"重要的真理",不过他们的认识还是"不成熟的、猜测到的,而不是有科学根据的可靠的认识",因为只有科学的实验,"只有我们的天平和蒸馏瓶才能为这个真理提供实际的证明",而在今天,物质不灭或物质守恒确已成为"科学所证实了的,再也不能否认的事实"[①]。化学的伟大功绩就在于它极其明确地告诉我们,我们通常看到的事物的不断的变化和转换,有机物和无机物形式的产生和消灭,并不是先前不存在的物质产生了或先前存在的物质消失了,而不过是同一些元素的经常不断的循环,这些元素的质量是永远保持同一不变的。"物质本身是不灭的,不可毁灭的;宇宙不会丧失一粒微尘,也不会增加一粒微尘"。[②]

毕希纳根据物质不灭定律论证了世界的物质统一性,永恒不灭的物质可以表现为各种各样的形态,具有各种各样的属性,"我们现在已认识到,物质具有物理的、化学的和电磁的属性……我们也已知道,物质能够产生我们称为'生命'的那种复杂的现象,……尽管生命的特征如此复杂,但是它仍不过是物质在特殊的高度分化的条件下的运

[①] 《力和物质》(Kraft und Stoff),莱比锡,1892年,第17版,第24页。
[②] 同上书,第19页。

动"。① 物质不仅是一切低等的事物,而且是"一切具有最高的意义的事物的母亲和生育者"。②

但是,我们看到,毕希纳像同时代的许多自然科学家那样,对物质不灭定律的解释带有形而上学的倾向,即把物质不灭与原子不变的概念混为一谈了。一方面他正确指出,原子或"化学元素的最小粒子""通过各种不同的排列或集合而形成了我们所感知的处于永恒不断的流动变化中的无数多样的形态";另一方面,他又错误地认为,"这些原子本身是不变的,不可破坏的","一旦存在就不会消失,不会改变其性质","氧原子、氮原子、氢原子、铁原子等等在任何地方和任何情况下都是同样的东西,赋有同样的不可分离的属性或力,绝对和永远不可能变成别的东西"。③

有趣的是,毕希纳在这里虽然如此坚决地断定原子是不变的、不相转化的,然而我们发现,他在讨论物质的无限可分性时对这种形而上学的观念又做了自我否定。

毕希纳从物质不灭的基本前提出发,进而阐述了物质、世界的无限性。他说:"世界本身不是被创造的……而是永恒的。在时间和空间上没有开端和终点的东西,在存在上也没有开端和终点,不能被消灭的东西,也不能被创造!"④"物质在时间上是无限的或不灭的,同样在空间上也是没有开端和终点的,就其为实在的存在物而言,物质是不受时空概念所加于人的有限精神的限制的。"⑤"没有没有永恒的时间,也没有没有时间的永恒;没有没有无限的有限,也没有没有有限的无限。"⑥

---

① 《力和物质》(Kraft und Stoff),莱比锡,1892 年,第 17 版,第 72 页。
② 同上书,第 70 页。
③ 同上书,第 21 页。
④ 同上书,第 13 页。
⑤ 同上书,第 39 页。
⑥ 同上书,第 76 页。

"在极大和极小两个方面,物质都是无限的,在空间和时间上都是没有限制的。"①

就极小方面而言,毕希纳认为,"原子"(Atom 意即不可分)一词所表示的只是我们为了给物质"在空间上划分界限"而提出的一个"人为的"观念。"事实上无论从理论或形而上学来说,还是从经验上来说,原子或由原子组成的分子的无限可分性都是不容置疑的,我们只能说,已知的化学和物理的力量还不能进一步分解它们。"但是,毕希纳预言,"通过新的研究,我们原来以为不可分的那些化学元素很可能实际并非如此,而其本身也是一些复合的物体,因此所谓原子也和分子一样是由更高层次的单元构成的"。② 这些话是在电子发现以前,即在原子的不可分性被实验推翻以前写的,因而很值得珍视(恩格斯在 1867 年 6 月 16 日致马克思的信中曾提出原子不是可分性的限度,但此信当时并未发表。恩格斯在《自然辩证法》中也谈到物质无限可分性问题,但此书到本世纪 20 年代才公之于世)。当时有的科学家如耐格里也曾提出,原子不是单纯的物体,而是由更小得多的以太粒子组成的,他把这种粒子叫作"阿美仑"(Ameren),意即"没有部分",因而他实际上还是承认物质的可分性是有极限的,较之毕希纳之明确肯定物质无限可分,就大为逊色了。③

(二) 力、运动和物质是不可分的

毕希纳认为,承认物质不灭,就必然承认力不灭、运动不灭,必然承认物质和力,物质和运动有不可分的内在的联系。"力的守恒、物质守

---

① 《力和物质》(Kraft und Stoff),莱比锡,1892 年,第 17 版,第 57 页。
② 同上书,第 48-49 页。
③ 参阅同上书,第 50 页注。

恒、运动、功和速度的不断变化——这就是现在物理学的普遍结论。"①

毕希纳说:"没有没有物质的力,也没有没有力的物质,它们都是不可能的和不可思议的,把物质和力割裂开来,则两者都是空洞的抽象或概念。"②"正如物质一样,与物质结合在一起的力也是不可创造的,不可毁灭的,不灭的,不朽的。"③

应当指出,毕希纳这里所谓"力不灭"是当时科学家普遍使用的对运动不灭或能量不灭定律的一种不确切的表达。毕希纳虽然使用了这样不确切的术语,但是,他显然是把"力不灭"作为"运动不灭"的同义词来使用的。他说,"力守恒或不灭定律就是要指出,任何形式的运动都不可能被创造或消灭,因此必须把运动看作是物质的本来的状态,或在某种意义上可以说是物质的灵魂。"④毕希纳还反复批判了把力当作独立存在的观点,他说:"只有以往世纪的迷信和无知才会认为,在自然界中有可能存在不依赖物质而起作用的力,但今天这种可能已被科学所排除了。除了我们在物质中所感知并根据其表现方式的异同而加以各种'力'的名字的那些属性、变化或运动之外,我们不可能以任何别的东西来说明力的实际存在。"⑤运动不可能是从任何力派生出来的,因为运动就是力本身的本质。⑥

毕希纳说,把物质和力断然割裂,认为物质只能从外面被推动而不能自己运动的观点由来已久,特别是由于亚里士多德和中世纪经院哲学的巨大影响,一直持续到牛顿的时代。⑦ 但是,"惰性的、不动的物质

---

① 《力和物质》(Kraft und Stoff),莱比锡,1892年,第17版,第86页。
② 同上书,第3页。
③ 同上书,第27页。
④ 同上书,第85页。
⑤ 同上书,第5页。
⑥ 同上书,第80页。
⑦ 同上书,第14,59,87页。

概念是站不住脚的,它像没有力的物质概念一样,只能在思维和抽象中存在,而不可能在现实中存在"。① 值得指出的是在《力和物质》中毕希纳曾大段地引证了恩格斯《反杜林论》关于物质和运动的论述,他说:"恩格斯把物质的不动的状态称为最空洞的和最荒唐的观念之一,是纯粹的'热昏的胡话'。在他看来,运动是物质的存在方式。无论何时何地,都没有也不可能有没有运动的物质……没有运动的物质和没有物质的运动是同样不可想象的;因此,运动和物质本身一样,是既不能创造也不能毁灭的。"②

对恩格斯的这些观点,毕希纳是完全赞同的。他坚决地断定:"运动必须被看作是物质的一个永恒的、不可分离的属性或必然的状态。没有运动的物质和没有力的物质一样是不存在的,没有物质的运动和没有物质的力一样也是不存在的。"③世界处于永恒的普遍的运动中,物质和运动都是"没有开端、没有终点、没有原因的",④"运动存在于宇宙各处,无论在微观世界还是在宏观世界中都存在着运动",⑤正如赫拉克利特所说:"万物皆流。"⑥

毕希纳还明确地把运动和发展的概念联系起来,他吸取了天体演化学、地质学和达尔文进化论的科学成果,认为物质的运动"并不是没有进展的,万古如斯而不变的"。⑦ 相反地,它在漫长的时间过程中曾经经历了从低级到高级、从简单到复杂、从无机物质到有机物质、

---

① 《力和物质》(Kraft und Stoff),莱比锡,1892 年,第 17 版,第 80 页。
② 同上书,第 80-81 页,重点号是原有的。恩格斯的话见《反杜林论》中文本,1970 年版,第 57 页。
③ 同上书,第 79-80 页。
④ 同上书,第 86 页。
⑤ 同上书,第 80 页。
⑥ 同上书,第 78 页。
⑦ 同上书,第 71 页。

从原始生物到人的无数发展阶段。"我们这个太阳系及其一切奇观异景、一切存在物都是从原始星云中逐渐凝结或发展而来的。"①"物质在地球上的逐渐发展过程中发展了从最低级到最高级的所有可想象的阶段。"②"进化论已经证明,高级的形态能够从低级的形态产生出来,而后者又从更低级的形态产生出来","只有通过无数的过渡和转化,植物界、动物界才能从最初的极端微小极不完善的状态发展到今天这样丰富多样的形式"。③ 而且物质世界将来也还会发展下去,不过"我们不能预言,沿着这个发展趋向将来还会产生出什么东西来"。④

毕希纳在《力和物质》中没有深入探讨物质自己运动的内在动力和源泉的问题,但是,他在一些地方表达了矛盾斗争的思想。例如,他引用了赫拉克利特的话"斗争是万物之父"。⑤ 在他看来,自然事物的多样性正是物质内在斗争的结果,"自然构造的令人惊异的无限多样性乃是物质同物质的永恒的斗争的最好的证明,这种斗争是由在物质中起作用的力的冲突所引起的"。⑥ "有机界的逐渐发展最明显地证明了,形式不过是物质的作用和反作用的必然结果。"⑦

当然,我们必须指出,毕希纳的唯物主义归根到底并没有跳出机械论的圈子。他虽然承认运动的各种形式及其从低级到高级的发展,但是又认为科学"愈来愈毫无疑问地确定,无论宏观世界还是微观世界的存在,在其产生、活动和消逝的一切方面,都是只服从事物自身中的机

---

① 《力和物质》(Kraft und Stoff),莱比锡,1892年,第17版,第66页。
② 同上书,第71页。
③ 同上书,第93页。
④ 同上书,第67页。
⑤ 同上书,第220页。
⑥ 同上书,第92页。
⑦ 同上书,第92-93页。

械的规律的",①"以机械因果性为依据的自然世界秩序的不可更易的原则,在一切有机体的最高级形态和最低级形态的产生和形成中是以完全相同的方式起作用的"。② 这样,毕希纳就抹煞了更高级的运动形式和机械运动的质的差异,把一切运动形式都还原为机械运动了。

(三) 自然规律的普遍必然性

毕希纳认为:物质世界、自然界是按照其自己的规律运动的,"物体只服从其自己的本性,由此而产生事物的一定的必然的过程,我们的理性就把这理解为规律"。③

规律是"自然事物自身共同作用的自然的必然的表现",不是神也不是人赋予或强加给自然的,"不是一个或几个在自然之外或在自然之上的立法者所制定、所规定的"。④ 毕希纳反对把自然规律和人类法律相类比(这无疑是针对康德所谓"人为自然立法"的说法的)。规律和法律虽同出一词(在德文中都是 Gesetz),但意义迥异,"自然界中以绝对必然性互相联系的事实或状态与人类立法的任意规定毫无共同之处……如果说人类的法律必然以一个统治的意志(不论是一个人的还是全体的意志)为前提,那么自然规律则不同,它们并不是统治物质或自然,而是与物质或自然为同一之物,或者是物质或自然的本质"。⑤

自然规律作为自然必然性的表现就是意味着"没有任何例外,也没有任何限制,没有任何力量能够超出这种必然性"。⑥ 宗教迷信所说的超自然的奇迹是根本没有的。"一切似乎难以解释的、神奇的、由超自

---

① 《力和物质》(Kraft und Stoff),莱比锡,1892 年,第 17 版,第 XX 页,重点是原有的。
② 同上书,第 252 页。
③ 同上书,第 100 页。
④ 同上书,第 99 页。
⑤ 《力和物质》(Kraft und Stoff),莱比锡,1892 年,第 100 页。
⑥ 同上。

然的力量所引起的东西,一旦被科学研究阐明为迄今未知或未充分认识的自然力的结果,鬼神和上帝的威力很快就消灭在科学的手下了","过去、现在和将来所发生的一切都是以自然的方式发生的,即仅仅由永恒存在的物质和与物质相联系的自然力和运动的有规律的相互作用或会合而引起的"。① 毕希纳强调规律的必然性,但是他似乎并不否认偶然性的存在。他认为在世界万物的形成过程中"有着那么多的偶然性、不规则性、不完善性和对于变化不定的环境或条件的依赖性",②自然的"秩序"正是在偶然性"不断地起作用"过程中产生的。③

毕希纳认为,自然规律是有普遍性的,就是说,在宇宙各处都是同样起作用的。万有引力的规律,光、热、电、磁、化学的规律是无往而不准的,它们"不限于我们这个地球,而是在我们所知的世界的一切地方都有效的。……我们周围可见的世界是一个无限的整体,由同样的物质构成,具有同样的力,受同样的不可改变的自然规律的支配",④而且即使人的思维也是受同样的自然规律的支配的。⑤

但是,毕希纳在强调自然规律普遍性的同时,却又忽视或抹煞了不同领域的规律的特殊性和差异性,认为一切规律包括思维规律都是机械的规律,用他的话说:"逻辑和力学是相同的!"⑥

二

毕希纳在《力和物质》中以很大的篇幅讨论了精神和物质、心灵和

---

① 《力和物质》(Kraft und Stoff),莱比锡,1892 年,第 101 页。
② 同上书,第 92 页。
③ 同上书,第 97 页。
④ 同上书,第 128 页。
⑤ 同上书,第 132 页。
⑥ 同上。

肉体的关系问题,这也是他的唯物主义的主要内容之一。毕希纳认为:"精神和肉体的关系问题"是"现代最迫切的科学问题之一"。① 毕希纳反对把精神看作独立灵魂的活动或者神秘的生命力的作用的唯心主义、唯灵论的观点。他说:"他们忘记了,精神只有在有机物质的基础上才能存在,人们提不出一点证据来证明精神可能离开物质而独立存在"。② "精神是物质长期发展的产物,是生物进化到人的结果。精神之由物质而来,乃是自然力所取得的最困难、最复杂、最晚出的胜利之一,是物质在无数世纪、无数千万年的漫长时间里从一个阶段到另一个阶段的工作,直至提到人类的高度,才产生出来的结果"。③

毕希纳认为,一般地说动物虽然都是有"心灵"的,但是精神或思维则是人所特具的。④ "思维是我们称为大脑的那种物质复合物的复杂机构的产物"。⑤ 但是所谓产物可以有不同的理解。一种观点认为,思维不仅是物质的产物,而且其本身也是物质的东西,这实际上否定了思维作为精神现象的特征。这种观点的一个典型的庸俗的表达就是福格特的那句名言:"思维与大脑的关系犹如胆汁与肝脏、尿液与肾脏的关系",在他之前法国的卡巴尼斯也说过类似的话。福格特的观点当时"备受嘲骂","引起了普遍的责斥"。⑥ 毕希纳明确表示他不赞成福格特的这种观点。他说:"我们不能不认为这种比拟是不正确的,是一个很糟糕的说法。通过毫无成见的考察,我们不可能发现胆汁或尿液的分泌和大脑产生思维的过程有任何类似或实际的相似性。尿和胆汁是具体的、可称量的、可见的物质,是人体从自身中排泄的废物,而思想或

---

① 《论自然与科学》,莱比锡,1869 年,第二版,第 269 页。
② 毕希纳:《力和物质》,第 66 页。
③ 同上书,第 67 页。
④ 同上书,第 329 页。
⑤ 同上书,第 311 页。
⑥ 同上书,第 307 页。

思维则不是什么分泌物,不是什么废物,而是以一定的方式在大脑中组织起来的物质或物质结合的一种活动、运动或性能"。① 思维是物质运动的"一种特殊的形式,是中枢神经要素实体所特有的……但是,理智或思想本身并不因此就是物质,而只是就其为一种物质基质的表现而言才是物质,它与这种物质基质是不可分割的……它是一种特殊的物质基质的一种特殊的现象"。② 这种特殊的物质基质即大脑器官,其本质并不在于其内部可以产生热或产生某种液体,"大脑并不像肝脏或肾脏那样产生任何物质,而是产生一种活动,这种活动是作为世界上一切组织中最高的果实和花朵而出现的"。③

毕希纳对福格特的批评是很对的,但是他自己也没有正确解决精神和物质、思维和大脑的关系问题。

首先,毕希纳只是从生理学的角度考察了精神和物质的必然联系,而且完全满足于这样一种考察,在他看来,"我们只要知道下面这点就够了:物质的运动通过感官的中介而作用于精神,在感官中引起运动,而感官中的运动又产生了神经和肌肉的物质运动,只有精神和物质或心灵和大脑有一种不可分的联系,这种关系才是可能的。"但是,物质刺激所引起的感官和神经的物质运动如何在大脑中变成了精神、思维、意识呢?这里有一个从物质向精神的转化问题。这是历来哲学上最复杂、最困难的问题之一,要解决这个问题,我们不仅要探究大脑中发生的物理的、化学的、神经的过程(至今科学也还远没有完全弄清这种过程),更重要的是必须对人之由动物分化出来而形成为社会的实践的主体的过程做历史的追溯,只有这样才能阐明人及其大脑和意识的产生,

---

① 毕希纳:《力和物质》,第308页。
② 同上。
③ 同上书,第311页。这个说法与恩格斯的话很相似,恩格斯也说过"思维着的精神"是物质"在地球上的最美的花朵",《自然辩证法》,第24页。

才能揭示物质向精神转化的秘密。毕希纳显然不了解这个问题的全部复杂性,而且甚至觉得这个问题无足轻重,他说:"我们是否可能和怎样可能了解精神现象如何从大脑物质的物质结合或活动中产生出来,或者说物质的运动如何转化为精神的运动问题,对这个研究(指对精神之为物质产物的研究——引者)来说,似乎是无关紧要的"。①

其次,毕希纳从大脑是思维的器官这个正确的前提推出了一个错误的结论,即认为"就人来说,精神才能的大小同大脑褶皱和脑外层灰质的发达程度是平行的,不仅各个人种或民族是如此,各个个人亦是如此"。② 毕希纳由此而宣扬人种优劣的谬论,说:"谁不知道黑人种族在智力上是天生低下的呢?谁不知道他们的智力与白人相比不过是处于儿童的水平,而且将永远是这样的呢!"据说这就是因为"黑人的大脑比欧洲人的大脑小,更接近于动物的水平,缺少褶皱"!③ 不仅如此,在毕希纳看来,在文明民族中,不同的阶级的智力差异也是由大脑的差异决定的,他说:"更多从事精神活动的上等人比更多做体力劳动的下等人一般具有容量更大的大脑",④"人们看到一般下层阶级居民的前额及其两侧部分比上层阶级的人是较不发达的;而在头骨的容积上则具有更其显著的差异",例如,"有文化教养的阶级需要的帽子比无知识的阶级无可比拟地大得多"。⑤ 这些话同福格特的大脑分泌思想的说法相比,其为荒谬和庸俗倒确实是无可比拟地大得多!科学和事实早已证明,不同人种、不同民族、不同阶级的人的大脑结构和容量并没有多大差异。抛开各个民族的社会历史和文化发展水平的差异、抛开各个阶

---

① 毕希纳:《力和物质》,第303页。
② 同上书,第270页。
③ 同上书,第282页。
④ 同上书,第277页。
⑤ 同上书,第279页。

级的社会地位和生活条件的差异,去谈论和比较其智力的高低是没有根据、没有意义的。就各个个人来说,在生理素质(所谓生理素质并不等于脑壳的大小等等)上诚然有某种差异,但是决定一个人的智力的发展的主要还是后天的条件。这一点连毕希纳本人也不能否定。他承认"教育、训练和培养对心灵器官能力的巨大影响",甚至说:"这个影响是如此之大,以致一个只有较小的或发育不好的大脑、天资不高却不放弃对这种资质的认真训练的人,竟显得比一个脑瓜好、天资高然而懒于使用和训练他的头脑和天资的人更有智慧。"①

三

毕希纳的唯物主义也贯串在他的认识论学说中,他坚持唯物主义反映论,继承并发展了唯物主义经验论的传统。

(一) 精神和自然的同一,反对不可知论

毕希纳认为,人作为自然的一部分,人的精神、理性、思维作为物质的产物,必然与自然、物质具有同一性,必然能认识和反映自然。他说:"精神和自然归根结底是同一的,理性的规律和自然的规律必然是同一的……自然规律本身创造了精神,在精神中起作用的还是那些支配世界和自然的同样的力量……因此思维的规律也就是世界的规律!……因此必须把思维规律本身看作是一种真正的自然规律,看作是自然规律或自然历史的发展的结果。人类的理性或精神活动在某种意义上不过是反映宇宙的一面镜子。"②

---

① 毕希纳:《力和物质》,第 276 页。
② 同上书,第 132 页。

毕希纳认为,人不仅能认识自然而且能根据这种自然去控制和利用自然。他说,人类努力的目标就是:"认识、支配和利用自然。"①"人在自然秩序上占居首位,就其能认识和控制自然而言,人可以支配其他自然物,乃至自然本身",人能够借自己的理智能力把自然变成"强大的工具",而且"在将来还将更是如此"。②"我们愈是努力学会根据观察、研究和实验的方法去认识物质的无限精微和难以相信的能力和活动,我们就愈会更好地把握和支配物质。"③

毕希纳在许多地方批判了不可知论,特别是新康德主义和某些自然科学家的不可知论倾向。他说,唯心主义哲学家们"最近为了从现实科学的巨大进步造成的唯物主义和一元论的重压下拯救自然,又回到老哲学家康德及其著名的认识论",这是一种"倒退","把百年来哲学上所取得的一切成就都丢掉了"。④新康德主义者朗格坚持康德关于现象和物自体的区分,毕希纳说,这个观点会导致一个荒谬的结论,即"我们所认识的一切只是感官的幻觉,"这就"必然不仅使一切哲学而且使一切知识都完蛋了"。⑤当时有些著名的科学家也认为人的知识是有限的,在这个界限之外的领域是不可知的。毕希纳说:"没有比企图给人类的探求加上预先规定为不可逾越的界限更愚蠢的做法了。因为企图这样做的人自己从不可能超越他的时代和当时知识的界限,因而他必须具有一种能预言未来的先知的超自然的禀赋才可能对未来的认识过程做出这样的判决"。⑥事实上,"我们知识的唯一现实的界限就是

---

① 毕希纳:《力和物质》,第 258 页。
② 同上书,第 256 页。
③ 同上书,第 65 页。
④ 同上书,第 333 页及小注。
⑤ 《人类的过去、现在和未来》(*Man in the past, present and future*),达拉斯译英文本,伦敦 1872 年,第 341 页。以下简作 MPPF。
⑥ 毕希纳:《力和物质》,第 516-517 页。

无知;我们有权认识我们所能认识的一切"。① 知和无知是两个"完全相对的概念","不能分开和对立起来","因为不论我们已经认识了多少东西,也总还会有一个广大的难以估量的未知的领域。因此,每一个为真正热爱真理所鼓舞的研究者和科学家的口号必须是:永远向未知的国度前进!决不后退!"②

不过,我们看到,毕希纳在世界可知性问题也有一些前后参差、未能自圆的说法。例如,他也说过:"诚然我们不知道物质本身是什么,同样也不知道力本身是什么。我们从不知道,物质是不是唯一的或统一的,物质是不是由已知的 60-70 种化学元素构成的。但是我们确确实实知道,存在着某物,它吸引、排斥、对抗、自己运动、产生光和热的现象,等等,如果把这个某物去掉了,那么它所产生的那些现象或结果也就消失了。这个某物就是我们叫作物质的东西;所谓现象都是它的结果;这些结果的原因是物质所包含的力"。③ 我们不免要问:既然现象都是物质的结果,认识不就是对物质的认识吗?如果我们认识了一切现象及其相互联系,不就是完全地认识了物质本身吗?这样剩下来的就只有物质存在于我们之外这个事实,此外还有什么"物质本身"呢?至于物质由多少种化学元素构成,那是对物质结构的具体认识问题,并不涉及物质本身之可知与否。关于世界的物质统一性,毕希纳认为是从物质的不灭性和无限性得出的断然无疑的结论,怎么又忽然变成"从来不知道"了呢?凡此种种,毕希纳似乎都没有明白的意识,而乐得让这些矛盾和混乱在自己的著作中安然自在。

---

① 毕希纳:《力和物质》,第 517 页。重点是原有的。
② 《人类的过去、现在和未来》(*Man in the past, present and future*),达拉斯译英文本,伦敦 1872 年,第 304-305 页。
③ 毕希纳:《力和物质》,第 69 页。

(二) 一切知识来于经验,反对天赋观念论

《力和物质》中有论"天赋观念"一章,比较详细地阐述了毕希纳的唯物主义经验论的观点。

毕希纳说:"是否可能有天赋观念的问题,是一个古老的,在我们看来是哲学的自然观的最重要的问题之一。"①他回顾了哲学史上经验论和天赋观念论的斗争之后明确地表示:"根据显而易见的事实,我们毫不犹豫地申明反对柏拉图和笛卡儿所说的天赋观念或天赋真理。"②

毕希纳认为:"个人的心灵或精神的本质只能逐渐地、在很长时间里通过感官刺激所建立的个人与外间世界的联系而得到发展。诚然,胎儿的身体组织在母体中并且大都由于遗传也可能带来某种素质、先天的气质,这种素质后来再加上从外界得到的印象,就发展成为精神的性质、特性……但是,绝对没有一种被意识到的表象、观念或精神的知识本身是天赋的。"③

"凡是在理智中的,没有不是先已在感觉中的(Nihil est in intellectus, quod non prius fuerit in sensu)"这句经验论的古老的箴言被毕希纳奉为认识论的基本原则。④"一切认识首先是从感觉的源泉来的",⑤"随着感官由于使用而增强,随着外部印象的积累和重复,就缓慢地渐渐地在思维器官的物质基础上形成了外间世界的内在映象,形成了直观、表象和概念"。⑥

毕希纳断定,一切观念,包括那些被认为具有普遍性的观念,如道

---

① 毕希纳:《力和物质》,第354页。
② 同上书,第357页。
③ 同上书,第360页。
④ 同上书,第354页。
⑤ 同上书,第364页。
⑥ 同上书,第362页。

德的、美学的,以及时间、空间和因果性的观念,无例外地都是从感觉经验中形成的。天赋观念论者、先验论者总是以普遍观念的存在作为反对经验论的论据,认为这些观念"是如此有力、确实和普遍地适用于各个人和各个民族的生活,因而不可想象它们会通过经验而产生"。[①] 毕希纳指出,首先,道德的、美学的概念并没有绝对普遍的价值和效准,它们"在极大的程度上是相对的和可变的,而且在不同的时代、不同的民族和个人,有着莫大的深刻的差异"。[②] 例如,"每个人的道德意识都是随着他从幼至老的生活状况、教育和发展而变化和发展的",[③]因此"道德不是天赋的,而是通过长期的训练和经验而获得的"。[④] 其次,时间、空间等概念的确是我们进行思维的普遍形式,但是"这并非因为人类精神最初是由一个崇高的力量如此安排的,而是因为人类理智在难以计算的时间中与外间世界进行过而且继续进行着的不断的相互作用简直不可能有任何别的结果"。

以往的经验论者都是从个人意识发展的角度去说明观念的经验起源的。毕希纳看到了这种说明有其难以克服的局限性,因为很多观念,特别是那些高度抽象的普遍观念,是不可能仅仅从个人意识的发生和演进过程,而必须从整个人类意识的长期发展中去追溯其经验的来源的。所以毕希纳说:"我们必须指出,我们所谓观念,并非个别人的获得物,而是整个人类的获得物,而是整个人类的获得物,是无数世代的共同劳动,经过长久的岁月而得到的精神成果。这样,观念就逐渐得到了某种历史的权利和客观的形式,而在那时出现的个人就无需重新经历这整个过程,而只须接受现成的东西,因此,从祖先遗传而来的思维器

---

① 毕希纳:《力和物质》,第 365 页。
② 同上书,第 367 页。
③ 同上书,第 380 页。
④ 同上书,第 498 页。

官的这种活动的禀赋对于这个人有重要的助益……如果不对观念的发生史做这种必要的回顾,那么,对从其存在的最初时刻通过千万条看不见的渠道就接受了这个观念而现在在其意识中突然又明白认识到这个观念的个人来说,这个观念就似乎必然是天赋的了。"①

有些经验论者虽然承认作为知识要素的一切观念都是从经验来的,但是认为并非所有由这样得来的观念构成的知识命题都是来于经验的。首先是那些具有高度抽象性和普遍性的命题,如逻辑的法则和数学的公理、定理等等,在他们看来,都是先天的真理,仅涉及观念间的关系,而与经验事实无关。毕希纳不赞成这种观点,他坚持不仅一切观念而且一切知识命题,包括逻辑和数学,都是从经验起源的。他认为,逻辑即思维规律是存在规律的反映。有机体在"宇宙年代和地质年代"的悠久时间中,与环境不断地相互作用,经过无数的中间阶段,才从最低级的感觉提高到现在这样的精神高度,从而接受了逻辑的"思维形式"。但是对于那些完全不懂"进化原则"的人来说,这些思维形式则具有一种"先于一切经验的天赋性的假象"。② 毕希纳认为,作为"一切科学中最精确的科学"的数学也不是先天的。"数学是建立在众所周知的客观的关系上面的,没有这种客观的关系,即使数学的法则也是不可能的。"数学上的概念如空间、面积、广延、长、宽、高,"只是从经验、从直观得来的,没有经验和直观,这些概念就不会存在",③数的概念"所表现的只是我们借以研究实在的一些形式。自在自为而与对象无关的数只是一种纯粹的抽象"。④ 因此,毕希纳又进而肯定一切数学知识的命

---

① 毕希纳:《力和物质》,第366页。
② 同上书,第133页。
③ 同上书,第383页。
④ 同上书,第384页。

题、"一切数学定理都是以经验的方法得来的"。①

毕希纳把进化论的原则应用于认识论,企图从整个人类意识的发展去说明逻辑、数学的概念和命题的经验来源,用祖先遗传来解释这些概念和命题对于个人仿佛具有的先天自明的性质。这种观点在19世纪其他哲学家那里也可以看到。例如斯宾塞也认为,普遍的思维形式不是个人经验的结果,而是整个人类"种族经验"的产物,是从无数世代继承下来的经验中形成的。这种观点应当说是经验论在19世纪的一个最有意义的最重要的发展。恩格斯很重视并肯定了这一发展,他说:"现代自然科学已经把全部思维内容起源于经验这一命题加以扩展,以致把它的旧的形而上学的限制和公式完全推翻了。由于它承认了获得性的遗传,它便把经验的主体从个体扩大到类;每一个体都必须亲自去经验,这不再是必要的了;它的个体的经验,在某种程度上可以由它的历代祖先的经验的结果来代替。如果在我们中间,例如数学公理对每个八岁的小孩都似乎是不言而喻的,都无需经验来证明,那么这只是'积累起来的遗传'的结果。"恩格斯还直接提到斯宾塞,说"斯宾塞说得对:我们所认为的这些公理的自明性是承继下来的"。②

当然,这种进化论的认识论观点也有它的缺陷,最主要的是它把认识过程只看作一种自然进化的过程,而完全不了解人类的社会历史实践在认识中的作用。马克思主义在肯定和吸取这种进化论的认识论观点的同时则以实践观点对它做了改造。列宁在谈到逻辑形式或逻辑的格时就强调指出:"人的实践经过千百万次的重复,它在人的意识中以逻辑的格固定下来。这些格正是(而且只是)由于千百万次的重复才有着先入之见的巩固性和公理的性质。"③这个论断较之自然进化和世代

---

① 毕希纳:《力和物质》,第383页。
② 同上书,第235页。
③ 《列宁全集》,第38卷,人民出版社,1960年,第233页。

遗传的概念深刻得多了。至于人的实践如何经过千百万次的重复而在人的头脑中固定为逻辑的格,列宁也没有做进一步的阐述,这是需待人们付出极其艰苦的努力去研究和解决的课题。

四

毕希纳在《力和物质》一书中没有专门讨论社会历史观的问题。为使读者对他的思想有较全面的了解,这里根据他在《人类的过去、现在和未来》一书中的有关论述做一点极其简略的介绍。

在社会历史观上,毕希纳是唯心主义者。列宁说:"费尔巴哈'在下半截是唯物主义者,在上半截是唯心主义者',毕希纳……在一定程度上也是这样。"① 毕希纳的唯心史观突出地表现了他的社会达尔文主义倾向。他妄图把达尔文进化论搬运到社会历史的领域,把生存竞争的生物学规律作为社会历史发展的主要动力。他说,同自然界、同其他动物的生存竞争是使人类在衣食住等方面取得进步的"主要刺激",生存竞争的艰难迫使人们互助和结成社会,"这种结合又成为进步的主要源泉"。但是人类同动物的生存竞争取得某种成功之后就开始了"人和人之间的竞争"而导致"持久的残酷的战争",这就是"处于文明落后状态的一切种族和民族的历史"。② 毕希纳认为,这是人的"动物本性"的表现,为了摆脱这种野蛮的状态,人类在同自然继续进行生存斗争的同时,还必须同"自己的动物本性"进行"更其困难的内部斗争",即"用理性的法则去代替自然的法则",人类的"真正使命"就在于此。③

毕希纳的这一套理论是与马克思主义的唯物史观针锋相对的。他

---

① 《唯物主义和经验批判主义》,人民出版社,1971年,第330页。
② 《人类的过去、现在和未来》,第152页。
③ 同上书,第175—176页。

妄图用生存竞争代替和否定阶级斗争,在许多地方实际上不指名地批评了马克思关于资本和劳动、关于资本主义社会阶级矛盾的分析。他反对剩余价值学说,否认资本体现着资本家对工人的剥削关系。恩格斯说得完全正确:毕希纳"妄图根据生存斗争来非难社会主义和经济学","妄图把自然科学的理论应用于社会并改良社会主义。这就迫使我们不得不注意他们了"。[1] 马克思和恩格斯对毕希纳怀有恶感,对他的思想持严厉的批判态度,主要的原因就在这里。

---

[1] 恩格斯:《自然辩证法》,第 182,180 页。

为毕希纳辩[*]

毕希纳是19世纪下半叶与马克思、恩格斯同时代的德国著名唯物主义哲学家。他的唯物主义思想当时不仅在德国而且在英法等欧洲国家乃至美国都有很大的影响。他的名著《力和物质》广泛流传,被誉为"唯物主义的圣经",在其生前几经修订增补,印行达19版之多,而且有17种其他语言的译本,有几种译本还是以国际学术交流极少使用的语言(如立陶宛语、亚美尼亚语、匈牙利语等)翻译的,由此也可见其传播之广。毕希纳是生理学家和医学家。他是从自然科学走向哲学的,他的唯物主义思想与自然科学的发展特别是19世纪中叶自然科学的新成果有着直接而密切的联系。西方学者一般称他的唯物主义哲学为"科学唯物主义"或"自然科学唯物主义"。但在以往苏联和中国的哲学文献中则一向贬之为"庸俗"唯物主义,把毕希纳与福格特、摩莱肖特并列为"庸俗"唯物主义的三大代表。关于福格特、摩莱肖特的哲学思想,目前国内尚难觅得其原著细做探研,此处不予深论。但关于毕希纳,我们根据对其若干主要哲学著作的研读,深感过去对他的评断有欠公允或者说有失实之处。下面略陈所见以辩明之。

---

[*] 本文原题"为毕希纳辩",发表时被改为"毕希纳是'庸俗唯物主义者'吗?",载《江苏行政学院学报》,2002年,第二期。

为毕希纳辩

一

我们还不确切知道,"庸俗唯物主义"一词最早是何时使用的。马克思在1860年的《福格特先生》这部论战著作中称福格特为"代表整个流派"的人物。但此所谓流派主要是指1848年革命失败后以福格特为首的流亡国外的一批德国资产阶级或小资产阶级民主派的政治派别,并未涉及其哲学倾向,也未提及摩莱肖特和毕希纳等人。1868年毕希纳曾将其著作《关于达尔文理论的六次演讲》寄给马克思,马克思在给恩格斯、库格曼、拉法格的信中多次以鄙夷的口气谈到毕希纳和此书,而在1870年致拉法格的信中则对一位法国作者"对毕希纳的高度评价"深表不满,说:"在我国(德国),人们只把他(毕希纳)看作一个庸俗化者,这是完全公正的。"[1]但是将毕希纳与福格特、摩莱肖特等人看作一个哲学派别,而将其哲学观点明确称之为"庸俗唯物主义",则似乎是由恩格斯肇始的。恩格斯在19世纪70年代初开始撰写《自然辩证法》书稿时曾计划写一部像后来的《反杜林论》那样的批判著作《反毕希纳论》,这个计划没有实现,但是留下了一个极简要的批判大纲草案。恩格斯在这里同时提到福格特、摩莱肖特、毕希纳,说他们"彼此互相打气",说他们是一个"流派","这个流派的产生"也就是"肤浅的唯物主义通俗化的突起",其极盛时期则是1850-1860年。[2] 之后在1878年的《反杜林论》旧序中,恩格斯说,1848年德国"在哲学领域中发生了一个全面的逆转","从此以后,在公众当中流行的一方面是叔本华的,后来甚至是哈特曼的合于庸人的浅薄思想;另一方面是福格特和毕希纳之

---

[1] 《马克思恩格斯全集》,第32卷,北京,人民出版社,1974年,第65页。
[2] 恩格斯:《自然辩证法》,北京,人民出版社,1984年,第64页。

流的庸俗的巡回传教士的唯物主义"。① 1868年恩格斯在《费尔巴哈与德国古典哲学的终结》中则把毕希纳、福格特和摩莱肖特称为"50年代在德国把唯物主义庸俗化的小贩们",说他们"在50年代拿着到处叫卖"的是"一种肤浅的、庸俗的形式"的唯物主义。②

至于这个"流派"的唯物主义何以是"庸俗"的,马克思和恩格斯似乎并没有给出一个明白的界定,并没有从其思想的理论内容上指出其"庸俗"之所在。例如,福格特的那句名言:"思维和大脑的关系犹如胆汁与肝脏、尿液与肾脏的关系",后来一直被马克思主义者斥为庸俗唯物主义的最典型的观点,但马克思和恩格斯似乎在任何地方都没有对这个庸俗的命题特别提及而予以批判。③ 诚然,马克思和恩格斯对毕希纳等人的唯物主义学说的缺点或谬误有不少很尖锐的批评,例如,批评他们没有运用自然科学新成果进一步发展唯物主义理论,批评他们的唯物主义丝毫没有超出18世纪唯物主义的水平,批评他们抛弃了德国古典哲学,抛弃了黑格尔的辩证法,等等。对于马恩所批评的这些缺点、错误,我们在下面将就毕希纳的情况一一加以考察,但是,这些缺点、错误,按其理论内容而言,却未必是低下庸俗的东西(谬误与庸俗不是一回事)。因此,我以为,马克思和恩格斯并不是根据毕希纳等人的某个或某些哲学观点或哲学论题而是就其整个哲学活动的一个基本特征来断定其唯物主义之为"庸俗"的,那就是恩格斯说的,毕希纳们的哲学工作是致力于"唯物主义的通俗化(Popularisation)",但是他们是以牧师巡回传教的方式或者像小贩到处叫卖那样进行唯物主义的普及宣

---

① 恩格斯:《自然辩证法》,北京,人民出版社,1984年,第47页。
② 《马克思恩格斯选集》,第4卷,北京,人民出版社,1966年,第209-210页。
③ 马克思在1868年写给恩格斯(11月14日)和库格曼(12月5日)的信中都提到毕希纳在其关于达尔文理论的著作中谈论了福格特的这个观点与法国哲学家卡巴尼斯的关系,但马克思并未对这个观点本身进行评论。见《马克思恩格斯全集》,第32卷,第189-190页,第667页。

为毕希纳辩

传的,所以这种"通俗化"就成了"庸俗化"(Vulgarisation)。

毕希纳一生著作宏富,其数量之大连马克思都不无感叹地说:"他的确是一个'著述家'",并且打趣地说,他"很可能是因此才姓'毕希纳'的"。① 从他的著作,我们可以看到,毕希纳的确是倾其全力于科学和唯物主义的普及教育和通俗宣传的事业,因而在同时代人中享有盛名。甚至在思想上与他敌对的人,例如一个叫胡果·甘茨的德国学者,都曾十分赞佩地说,毕希纳"为自然科学通俗化所做的工作比所有大学及其专业学者们所做的工作都多"。② 我们注意到,毕希纳在他的许多著作包括《力和物质》这样探讨高深哲学问题的学术论著的副标题上都特别加上"以通俗易懂的方式叙述"(In allgemein verstaendlicher Darstellung)或"通俗易懂的文本"(Allgemein verstaendlicher Text)一语。他在许多地方向人们说明自己为什么要以通俗化的写作进行科学和哲学的普及宣传。他说:"我的作品有一种本质上是'通俗的'(Populaeren)特点",③这是因为在他看来,"就哲学的本质而言,它应当是人类共同的精神财富",④我们的任务就是"让科学的伟大成果不再是任何特权阶级至今在安逸闲适的生活中所垄断的东西,而使之成为全体人民的共同财富"。⑤ 把科学和唯物主义哲学通俗化,传播到广大人民群众中去,这是一种启蒙运动,而且是比 18 世纪启蒙运动更为深广的一个运动。毕希纳认为,18 世纪启蒙运动中的唯物主义哲学"只属于有教养的圈子和上层社会,而与真正的人民群众毫不相关",反之,

---

① 《马克思恩格斯全集》编者注说,这是一句俏皮话。"著述家"的原文是"Buchmacher",同"毕希纳(Buechner)"这个姓发音相近。见马克思致库格曼的信(1868年12月5日),《马克思恩格斯全集》第32卷第567页。
② E. 格里高利:《十九世纪德国唯物主义》,D. Reidl 出版公司,1977年,第120页。
③ 毕希纳:《力和物质》,莱比锡,1874年,第13版,第 cx 页。
④ 同上书,第 xv 页。
⑤ 毕希纳:《力和物质》,意大利文版序,米兰,1868年,第24页。

19世纪的唯物主义即"我们今日的唯物主义则依靠自身和真理,主要是通过通俗化(Popularitaet)或大众化(Volkstuemlichkeit)而发挥作用的",事实上,"广大人民群众(除了大多数保守的农业人口外)已愈来愈从对教会的信仰中解放出来而倾向于唯物主义的哲学观点。"[①] 毕希纳说:"这种唯物主义观点与我们时代的一个基本特征是一致的,即我们这个时代已经摒弃了以前少数受教育者和广大未受教育的群众的分离,特别崇敬下面这个原则:人人受教育,人人有自由!"[②] 毕希纳对普通民众的理智能力抱有充分的信任感,认为他们比许多专业的学者更易于接受唯物主义关于世界普遍联系和统一的观点,他说:"理解这种统一,并无学识的人也许比我们很大一部分学者更容易,后者囿于其个别领域的研究,反而不能充分自由地保持对伟大世界总体的联系的观点。"[③]

列宁曾说,马克思和恩格斯"出现于哲学舞台上,是当唯物主义在所有先进知识分子中间,特别是在工人中间已经占据优势的时候",[④] 事实上,19世纪下半叶在德国以及英、法等国确实出现了一个相当广泛而有力的唯物主义思潮,例如,1869年出版的《自然科学与唯物主义》一书的作者瑙曼在前言中就说,唯物主义"现在已经取得了一种具有支配力的影响"。[⑤] 后来人们把这个时代"常常描写为'唯物主义的60年代'"。[⑥] 我想我们不能不承认,对于当时这个唯物主义思潮的兴

---

① 毕希纳:《达尔文关于生物界产生和演变的理论及其对人的应用》,莱比锡,1890年,第339页。
② 同上。
③ 毕希纳:《力和物质》,莱比锡,1874年,第13版,第lxxxvi页。
④ 《列宁全集》,第14卷,北京,人民出版社,1957年,第255页。
⑤ 毕希纳:《力和物质》,莱比锡,1874年,第13版,第cix页。
⑥ 罗素为朗格《唯物主义史》英文版写的序,载《唯物主义史》,伦敦,1925年,第vi页。

起,毕希纳坚持不懈进行的唯物主义通俗化工作起了很大的作用。至于恩格斯所谓"巡回传教士"、"到处叫卖的小贩"等讥刺语,似可反其贬义而用之以表示毕希纳在宣传唯物主义上有传教士般的虔诚和热情,如行商小贩般奔走不遗余力。但是毕希纳决不是像传教士那样向人们灌输宗教信条,使人们盲目信仰,而是教导人们以科学和唯物主义的真理,使人们获得思想的解放。如他所说,他的"目标"是:"真理、启蒙和将我的同胞从陈旧有害的成见中解放出来。"①正因此故,他的著作《力和物质》发表后一方面广受欢迎,"出版后仅仅几周即须再版,而且在短期内反复重版,在出版界掀起了一场真正的风暴";另一方面"也招致大量的敌意的批判"。②《力和物质》一书"在德国成了自由思想在神学、哲学和科学上的一切敌人的眼中钉、肉中刺",③毕希纳所在的图宾根大学评议会谴责此书表达了"一种极端卑劣和粗野的唯物主义观点",而毕希纳在此书问世后不久即被图宾根大学解除了讲师的职务。这就是毕希纳所说的:"发现自己陷入了与我们这个时代的全部偏爱和成见进行一场激烈的甚至危及我个人的职业地位的斗争。"④毕希纳和他的著作及其全部哲学活动在当时的命运似乎足以表明,他不是唯物主义的庸俗化者,而是坚持唯物主义的勇士和普及唯物主义的宣传家。

二

19世纪下半叶是欧洲自然科学飞速发展并取得许多伟大新发现(例如恩格斯提及的"三个决定性的发现——细胞、能量转化和以达尔

---

① 毕希纳:《力和物质》,莱比锡,1874年,第13版,第cxiii页。
② 同上书,莱比锡,1892年,第17版,第iii-ix页。
③ 同上书,意大利文版序,米兰,1868年,第20页。
④ 同上书,莱比锡,1874年,第13版,第lxxx页。

303

文命名的进化论")①的时期。自然科学的成果为唯物主义世界观提供了丰富的思想资料和科学依据,需要唯物主义哲学家进行深刻的研究,做出理论的概括,从而推进唯物主义的发展。如恩格斯惋惜地指出的,费尔巴哈在1848年革命之后长时期"在乡间过着孤寂生活,"对于当代科学的新发现,虽然看到了,但并不理解,更不能够"研究科学,给这些发现以足够的评价",②因而他的唯物主义始终没有超过他在19世纪40年代初的观点。当然,能够充分依据自然科学的伟大发现,使唯物主义发展到一个更高的水平,形成一个全新的形态——辩证唯物主义,是只有无产阶级的革命导师马克思和恩格斯才可能完成的工作。但是我们也应当承认,与马恩同时代的一些唯物主义者,例如毕希纳这样本身即是自然科学家的唯物主义者,不仅非常熟悉和紧密跟踪自然科学的新发展,而且力图通过自己的哲学研究,使科学的丰硕成果升华为唯物主义的深湛哲理,在这一点上,他们是大大超过了费尔巴哈的,似乎不能像恩格斯那样指责他"在进一步发展(唯物主义)理论方面……实际上什么事也没有做"。③

毕希纳在许多地方指出,他所阐述和论证的唯物主义观点是以当代自然科学的成就为坚实基础的,而19世纪唯物主义之有别于和超越于以往的唯物主义,正在于此。他在《力和物质》第1版中说:"我们并不自诩提出了什么崭新的从未有过的东西。一切时代的哲学家,甚至远在古代的希腊和印度的哲学家,都曾部分地教导人们类似的(唯物主义)观点。但是只有在我们这个世纪自然科学的进步才为其提供了必要的经验的基础。因此也可以说,这些观点之具有今日这样的明晰性

---

① 《马克思恩格斯选集》,第4卷,北京,人民出版社,1966年,第211页。
② 同上。
③ 同上。

和重要性,主要是现时代的战果,有赖于经验科学的辉煌成就。"①在《达尔文理论》一书中毕希纳提到"我们时有耳闻"的一种"多么无知和肤浅"的说法,即"认为今日的唯物主义不过是久已被驳斥和排除了的旧的流派的再一次重复",他说这个说法有"双重错误":首先,"唯物主义或整个唯物主义流派并没有被驳倒,它不仅是现在最古老的哲学世界观,而且在历史上哲学的每次复兴中都以精神焕发的力量重新出现",其次,"今日的唯物主义已不是先前伊壁鸠鲁的或百科全书派的唯物主义,而是一种完全不同的获有实证科学的成果的思潮或方法",毕希纳认为:"先前时代唯物主义学派所提出的一切,尽管人们有理由力图尽可能抓住经验,但是由于缺乏足够的经验材料而始终更多的是思辨和推论,而不是经验和归纳,在这方面,今日的唯物主义的情况则全然不同。因为它拥有大量先前所不知道的知识和事实以及一系列的原理,这些原理作为科学的确定不移的成果是不可能再被否认的。"②

毕希纳在自己的著作中充分利用自然科学的新理论、新成果为唯物主义做了有力的论证,我们不能不说这是对唯物主义哲学的发展所做的一种贡献。例如,毕希纳特别重视"物质不灭"或"物质守恒"定律和"力不灭"或"力守恒"、"运动不灭"定律(即能量转化定律)的重大哲学意义。他说物质不灭定律是"自然科学新近提出的最伟大最重要的真理之一",③正是这个科学定律为唯物主义关于世界的物质统一性、关于物质不可创造也不可毁灭的古老真理"提出了实际的证明",使之成为"科学所证实了的、再也不能否认的事实"。④ 关于"力不灭"定律,

---

① 毕希纳:《力和物质》,莱比锡,1892年,第17版,第 xix-xx 页。
② 毕希纳:《达尔文关于生物界产生和演变的理论及对人的应用》,莱比锡,1890年,第376-377页。
③ 毕希纳:《论自然与科学》,莱比锡,1869年,第51页。
④ 毕希纳:《力和物质》,莱比锡,1892年,第17版,第24页。

他说这是与"物质不灭"定律"相配对的"另一重要原理,是它的一种"补充","这个新的自然真理不仅具有物理学的重要意义,而且具有哲学的重要意义"。① 毕希纳以物质不灭和力不灭或运动不灭定律为依据,着重阐述了物质和运动不可分的唯物主义原理,他说:"力守恒或不灭定律就是要指出,任何形式的运动都不可能被创造或消灭,因此必须把运动看作是物质的本来的状态",②"惰性的,不动的物质概念是站不住脚的,它像没有力的物质概念一样,只能在思维和抽象中存在,而不可能在现实中存在。"③在这一重大问题上,毕希纳还特别表示对恩格斯观点的赞同。他在《力和物质》中曾大段引证恩格斯《反杜林论》关于物质和运动的论述,他说:"恩格斯把物质的不动的状态称为最空洞最荒唐的观念之一,是纯粹的'热昏的胡话'。在他看来,运动是物质的存在方式:无论何时何地,都没有也不可能有没有运动的物质……没有运动的物质和没有物质的运动是同样不可想象的;因此,运动和物质本身一样,是既不能创造也不能毁灭的。"④

又如,毕希纳将康德已提出的原始星云说的天体演化学、刚刚出现不久的地质学和达尔文进化论等科学学说加以融合、吸收,描绘了一幅物质经历漫长发展过程的历史图景,他说,物质的运动"并不是没有进展的,万古如斯而不变的",⑤它在悠久的时间过程中曾经经历了从低级到高级、从简单到复杂、从无机物到有机物、从原始生物到人类的无数发展阶段。"我们这个太阳系及其一切奇观异景,一切存在物都是从原始星云中逐渐凝结或发展而来的。"⑥"物质在地球上的逐渐发展过

---

① 毕希纳:《论自然与科学》,莱比锡,1869年,第51、64页。
② 毕希纳:《力和物质》,莱比锡,1892年,第17版,第85页。
③ 同上书,第80页。
④ 同上书,第80—81页。
⑤ 同上书,第71页。
⑥ 同上书,第66页。

程中发展了从最低级到最高级的所有可想象的阶段。"①"进化论已经证明,高级的形态能够从低级的形态产生出来,而后者又从更低级的形态产生出来","只有通过无数的过渡和转化,植物界、动物界才能从最初的极端微小极不完善的状态发展到今天这样纷繁多样的形式"。②而且物质世界将来也还会发展下去,不过"我们不能预言,沿着这个发展趋向,将来还会产生出什么东西来"。③ 恩格斯说,18世纪法国唯物主义"特有的局限性"之一是:"它不能把世界理解为一种过程,理解为一种处在不断的历史发展中的物质",而费尔巴哈很遗憾也始终未能了解在当时的自然科学状况下"已经成为可能的、排除了法国唯物主义的一切片面性的、历史的自然观"。④ 然而,我们看到这种"历史的自然观"在毕希纳那里已经有所表露,在这一点上,他超越了18世纪法国唯物主义者和费尔巴哈。

不过我们这样说,并非认为毕希纳已完全克服了18世纪唯物主义的缺陷或局限性。例如,他归根结底没有摆脱机械论的观点。他虽然承认物质运动的各种形式及其从低级到高级的发展,但又断言科学"愈来愈毫无疑问地确定,无论宏观世界还是微观世界的存在,在其产生、活动和消逝的一切方面,都是只服从事物自身中机械的规律的"。⑤ 又如,他对自然界发展的看法毕竟没有跳出形而上学的藩篱,而带有平滑进化论的倾向。他说,自然界产生其各种事物的活动"必然是无限漫长的,逐渐的,一步一步进行的",我们在自然界的这种活动过程中"无论什么地方都看不到完全的突变:一种形式紧接着另一种形式,一个转变

---

① 毕希纳:《力和物质》,莱比锡,1892年,第17版,第71页。
② 同上书,第93页。
③ 同上书,第67页。
④ 《马克思恩格斯选集》,第4卷,北京,人民出版社,1966年,第211页。
⑤ 毕希纳:《力和物质》,莱比锡,1892年,第xx页。

紧接着另一个转变。林耐说过:'自然不做飞跃。'事实上,自然科学的每一新发现、每一新事实都是这个论断的进一步的证明。"①

三

毕希纳对他称之为"思辨哲学"的从康德到黑格尔的德国古典唯心主义的批判是很激烈的。如恩格斯所说,他"对无论如何总是德国的光荣的哲学竟肆行辱骂","摒弃了……德国古典哲学","把辩证法和黑格尔派一起抛到大海里去了"。② 马克思也说,毕希纳等人认为"他们早已把可怜虫黑格尔埋葬了"。③

毕希纳对德国古典唯心主义的思辨哲学及其辩证法确实是坚决否定的,他在一篇题为"思辨哲学不复存在"(1857年)的文章中宣称:"辩证法的统治已经完结,随意构造体系已不再受到人们的喝彩。"他还引用一个叫格鲁佩的哲学家的话说,这种哲学给人们的唯一的印象就是它是一种"诡辩术",而且"时代已经对康德、费希特、谢林和黑格尔,对他们的体系也对他们的方法,做出了无声的死刑判决;思辨哲学已变得理屈词穷、无言以对了","人们的看法在这一点上是完全一致的,即我们必须离开哲学迄今一直在走的[思辨的]道路"。④

大家知道,在德国对唯心主义思辨哲学的批判是费尔巴哈从19世纪30年代末和40年代初开始的,其矛头主要是针对被认为是"思辨的系统哲学的顶峰"的黑格尔哲学。⑤ 他的批判的结果是"突破了黑格尔

---

① 毕希纳:《力和物质》,莱比锡,1892年,第215页。
② 恩格斯:《自然辩证法》,北京,人民出版社,1984年,第64,47页。
③ 《马克思恩格斯全集》,第32卷,北京,人民出版社,1974年,第627页。
④ 毕希纳:《论自然与科学》,莱比锡,1869年,第37页。
⑤ 费尔巴哈:《黑格尔哲学批判》,三联书店,1958年,第16页。

的体系","直截了当地使唯物主义重新登上了王座",但同时"干脆把黑格尔哲学包括它的辩证法抛在一旁"了。① 毕希纳对思辨哲学的批判是费尔巴哈批判的继续。他在其著作中反复引用费尔巴哈的话:"今日所谓思辨哲学是世界上最不纯正、最缺乏批判精神的东西";②"思辨是醉醺醺的哲学;因此,哲学要重新清醒过来,成为精神的一道清泉,犹如身体所需的泉水那样。"③费尔巴哈说思辨哲学缺乏批判精神就是批评它是一种独断论,像黑格尔那样将其哲学自封为无所不包、至善至美的绝对真理,正如毕希纳所说:"一切哲学思辨都导致独断论",而独断论乃是科学发展的大障碍,"真正的科学绝不是完满具足的,而总是相对的、有缺陷的。一种绝对的教条会阻断而不是推动科学的进一步发展。"④费尔巴哈说思辨哲学醉醺醺就是批评它远离经验和现实,在先验概念的蒙蒙迷雾中遨游,哲学要清醒过来,就是毕希纳所说的:"哲学将不再考虑天上的事物,思辨体系或思辨哲学将不复存在,而哲学作为新的经验哲学只是现在才真正开始和发生影响。"⑤这种新的经验哲学就是他的自然科学唯物主义。我认为,毕希纳对思辨哲学的批判作为费尔巴哈批判的继续也有其积极的意义,即他的批判使"重新登上王座"的唯物主义得以广泛传播并与自然科学紧密结合而形成一个颇有影响的思潮。

毕希纳的批判像费尔巴哈的批判一样有其消极的方面,即抛弃了黑格尔的辩证法。但是,我们应当看到,毕希纳作为自然科学家,从对自然现象和过程的观察和探究中,也曾自发地形成了若干辩证法思想。

---

① 《马克思恩格斯选集》,第 4 卷,北京,人民出版社,1966 年,第 203-204 页。
② 毕希纳:《论自然与科学》,莱比锡,1869 年,第 39 页。
③ 毕希纳:《力和物质》,莱比锡,1892 年,第 xxii 页。
④ 毕希纳:《力和物质》,第 333-334 页。
⑤ 同上书,第 38 页。

例如,恩格斯在《自然辩证法》中就曾指出,在毕希纳的某一著作的"第170-171页"上有"突然出现的黑格尔的东西",有"向辩证法的过渡"。① 根据《自然辩证法》俄文本编者注,恩格斯这里是指《力和物质》1862年第7版第170页上的一段话:"没有光,我们就没有暗的概念;没有低,我们就没有高的概念;没有冷,我们就没有热的概念,如此等等。"② 光暗、高低、冷热是相互对立又相互依存的概念,这里确有辩证法。但据《自然辩证法》德文本编者注,恩格斯所指是毕希纳的另一著作《人及其过去、现在和将来在自然界中的地位》1872年第2版第170-171页上的一段话:"世界只是在人的身上达到如此程度的自我意识,使得它超出了迄今一直处于梦幻般的自然存在,而以人对自然的统治代替了对自然的几乎是任由摆布的服从。当然这不是突然间一下子发生的,而只是在可称之为人这个物种的最早代表的生物产生之后很长时间里逐渐出现的;……可以说自然已在人身上认识到自己,有意识地与自己相对立,从而为自己提出了一个独特的任务,这个任务的完成将使自然和人类愈来愈脱离以往的粗野而不完善的状态。"③ 据说,恩格斯在阅读此书时曾将这段文字部分划线标出,开加有批注:"突变!"(Umschlag),这就表明恩格斯认为毕希纳这段话包含有黑格尔关于量变为质的辩证法思想。④

按照恩格斯的这种看法。其实我们还可以从毕希纳的著作中举出

---

① 恩格斯:《自然辩证法》,北京,人民出版社,1984年,第64页。
② 同上书,第283页附注3;另请参阅恩格斯:《自然辩证法》,俄文版,莫斯科国家政治书籍出版社,1953年,第269页,附注3。
③ 我们找不到此书的1872年第2版本,此处引文是根据此书1889年莱比锡增订第3版第178-179页原文翻译的。
④ 恩格斯:《自然辩证法》,北京,人民出版社,1984年,第397-398页,注释第115。另请查阅《自然辩证法》德文本第278页编者注,载《马克思恩格斯全集》1962年柏林狄茨出版社德文版第20卷第667页。

好多类似的"黑格尔的东西"。例如:"没有没有永恒的时间,也没有没有时间的永恒;没有没有无限的有限,也没有没有有限的无限。"①又如:"自然构造的令人惊异的无限多样性乃是物质同物质的永恒的斗争的最好的证明。"②有的地方毕希纳直接引用赫拉克利特的箴言:"万物皆流","斗争是万物之父"。③还有我们在前面已谈到的毕希纳关于物质和运动不可分、关于自然界历史发展的观点,如此等等,不都是极好的"向辩证法的过渡"吗?当然,这一切只是散见于毕希纳著作中的一些思想因素,如前所见,就其整个体系而言,毕希纳的唯物主义归根结底并没有跳出机械论和形而上学的圈子。

四

最后,我们要专门谈一下一直被人们看作庸俗唯物主义最有代表性的主论题的那句福格特的名言:"思维与大脑的关系犹如胆汁与肝脏、尿液与肾脏的关系",以及毕希纳和福格特这个观点的关系。

我们过去以及现在的许多哲学书上都是把这个观点作为福格特和毕希纳等人的共识而加以批判的,而且列宁在《唯物主义和经验批判主义》中也是这样说的。列宁说:"恩格斯之所以和'庸俗'唯物主义者福格特、毕希纳、摩莱肖特划清界限,就是因为他们迷惑于下述的观点:大脑分泌思想正如肝脏分泌胆汁一样。"④其实,这是一个误解。毕希纳不是福格特,毕希纳并不赞同福格特的这个"庸俗的"观点。

毕希纳说,福格特的那句话"备受嘲骂","引起了普遍的责斥","我

---

① 毕希纳:《力和物质》,莱比锡,1892年,第76页。
② 同上书,第92页。
③ 同上书,第78,222页。
④ 《列宁全集》,北京,人民出版社,1957年,第37页。

们不能不认为这个比拟是一个很不恰当、很糟糕的说法;通过毫无成见的考察,我们不可能发现胆汁或尿液的分泌与大脑产生思维的过程有任何的类似或实际的相似性。胆汁和尿液是具体的、可称量的、可见的物质,是人体从自身中排泄的废物,反之,思想或思维则不是什么分泌物,不是什么废物,而是以一定的方式在大脑中组织起来的物质或物质结合的一种活动、运动或功能。思维的秘密也不在于大脑物质本身,而在于大脑物质在一定的解剖学的生理学的前提下根据一个目标而结合和相互作用的特殊方式。因此我们可以而且必须把思维看作普遍的自然运动的一种特殊的形式,这种特殊的运动形式是中枢神经元素的实体具有的特性……但是理智或思想本身并不因此就是物质,而只是就其作为一种物质基质的表现而言才是物质的,它与这种物质基质是不可分的,是一种特殊的物质基质的一种特殊的现象。"[①]这种特殊的物质基质就是人的大脑器官,"思想是我们称之为大脑的那种物质复合物的复杂机构的产物",但是大脑器官"并不像肝脏或肾脏那样产生任何物质,而是产生一种活动,这种活动是作为世界上一切组织中最高的果实和花朵出现的"。[②] 毕希纳反复强调,思维和一切精神的东西绝不是物质的东西:"心灵、精神、思想、感觉、意志、生命这些词不表示任何实存物、任何实在的东西,而只是有生命的实体的属性、能力、功能。"[③]

有些人利用福格特的错误攻击唯物主义,硬说唯物主义者根据自然科学研究的结果否认了观念的、精神的东西存在。毕希纳坚决回击了对唯物主义和自然科学的这种歪曲。唯灵论者宣扬有离开物质而独立存在的灵魂或精神实体作为一切观念的来源,这是唯物主义所反对的,毕希纳说:"我们在任何地方都没有为了肯定人类精神具有观念的

[①] 毕希纳:《力和物质》,莱比锡,1892年,第308页。
[②] 同上书,第311页。
[③] 同上书,第309页。

或理性的特性而背离自己的观点",去承认有所谓独立的精神实体。但是,"我们只否认观念或精神有一种不同于感性世界的来源",并不因而否认观念或精神的存在。一些"蠢人"企图"把对精神的否定归之于自然科学研究的结果",是毫无根据的,自然科学恰恰证明了:"动物和人的精神活动规律的存在,像其他一切自然存在一样,是一个自然事实。"①

毕希纳批评和纠正了福格特的错误观点,但这并不意味着他完全正确地解决了精神和物质、思维和大脑的关系问题。作为自然科学唯物主义者,毕希纳主要是从生理学的角度考察精神和物质的关系,而不理解人不仅仅是自然的生物学的存在,而且是一个社会的历史的存在,人的精神、思想、观念等等是受人的社会历史的生存条件(社会关系、阶级地位、生活状况等等)的制约的,因此,在他看来,既然大脑是思维的器官,因而人的思维能力、聪明才智就只是大脑的一种自然的禀赋:"就人来说,精神才能的大小同大脑褶皱和脑外层灰质的发达程度是平行的",据说不同人种、不同民族、不同阶级、不同个人在智力上的高低优劣就是由大脑的结构和容量之差异决定的。② 毕希纳的这种看法显然是错误的,而这正是其自然科学唯物主义的弱点,他不可能对作为社会历史的存在的人及其精神做出正确的唯物主义说明。

然而,无论如何,我们不能把毕希纳与福格特等量齐观,不能加之以"庸俗唯物主义"的恶谥。如我们在上前面所看到的,毕希纳的哲学包含丰富而深刻的内容,与同时代的其他自然科学唯物主义者(如带有不可知论倾向的赫胥黎、具有物活论倾向的海克尔)相比,他是一个远更彻底的卓越的唯物主义者。

---

① 毕希纳:《力和物质》,莱比锡,1874年,第13版,第 xxxiv 页。
② 毕希纳:《力和物质》,莱比锡,1890年,第17版,第270、277、282页。

论马赫的经验论*

一

马赫是19世纪末欧洲哲学中经验论的一个重要代表。他的经验论，就其哲学基本路线而言，是主观主义的、唯心主义的。列宁在《唯物主义和经验批判主义》一书中对此做过深刻的分析和批判。

列宁说："从经验论和感觉论的前提中可以产生两种倾向"，就是说，从感觉经验出发，可以"遵循着主观主义的路线"走向唯心主义，也可以"遵循着客观主义的路线"[①]走向唯物主义。唯心主义经验论者和唯物主义经验论者都承认知识来源于感觉经验这个认识论的前提，但是两者对感觉经验的看法却有着根本的分歧。唯物主义者认为，作为知识来源的感觉经验本身有其客观的来源，是外间事物作用于人的感官的产物或结果，并且是外间事物性质的反映。唯心主义经验论者则否认感觉经验的客观来源，否认感觉经验是外间的映象，把感觉经验看作最根本的东西，看作构成世界的究极成分。

在西方哲学史上，唯心主义经验论的典型代表是英国哲学家贝克莱和休谟。贝克莱坚决否认物质的存在，直率地宣称：物质事物的存在

---

* 原载《文史哲》，1988年，第4期。
① 《唯物主义和经验批判主义》，人民出版社，1971年，第117页。

就在于它们之被感知,事物即是感觉的集合,感觉决不反映任何外间事物的性质。至于他又诉诸超验的上帝作为感觉的来源,那是其体系的内在矛盾,实际上背离了他的经验论,而由主观唯心主义转向客观唯心主义了。休谟更彻底地贯彻了唯心主义经验论,把感觉经验作为认识的极限,认为可感世界的一切都是感觉印象的集合。至于感觉印象之产生,他归之于"未知的原因",宣称经验之外有无任何物(无论是物质还是精神或者上帝)存在是不可知的。

列宁正确地指出,马赫是贝克莱和休谟的唯心主义经验论的继承者。从其思想发展的过程来说,马赫是从康德的哲学出发,而后走向贝克莱主义和休谟主义的。马赫本人曾不止一次地谈到自己思想的这一转变。例如,在一份自传遗稿中,马赫说他在15岁时读了康德的《未来形而上学导论》,"留下了深刻的印象","打破"了他的"素朴实在论"即素朴的唯物主义信念。但是他"很快就放弃了康德的批判唯心主义","认识到'自在之物'是一个无用的形而上学的虚构,一个毫无价值的形而上学的幻想","很快转向了在康德那里已明显含有的贝克莱思想,并且逐渐转向了一种批判的经验主义"。[①] 在《感觉的分析》中,马赫说:"我对康德的关系是特别的。我深为感激地承认他的批判的唯心主义是我的一切批判思想的出发点。但是,我不可能固守他的唯心主义,我很快就又接近于贝克莱的见解,这种见解是多少潜伏在康德的著作中的。经过感官生理学的研究,……我达到了近似休谟的观点,虽然当时还不知道休谟。一直到今天,我都不得不认为贝克莱和休谟是远比康德更为彻底的思想家。"[②]

马赫把自己的观点称为"批判的经验主义"或"经验批判主义",此

[①] 转引自赫尔奈克:"《马赫自传》遗稿评介",载《外国哲学资料》,商务印书馆,1980年,第75页。

[②] 《感觉的分析》,中文节译本,商务印书馆,1975年,第134页。

所谓批判,首先就是批判掉康德关于"自在之物"的思想,把经验主义加以纯化,使经验成为与任何外在源泉毫不相关、巍然独存的"纯粹"经验。

马赫认为,康德是由于"害怕被人们认为自己是怪诞的人"(实即害怕被指责为主观唯心主义者或唯我论者),"为了要使自己显得是清醒的实在论者",才"制定出任何经验都不可设想的物自体"。[①] 康德的"自在之物"或"物自体"是指一切超验的东西,在马赫看来,唯物主义者所说的物质,有神论者所说的上帝,唯灵论者所说的独立的心灵或灵魂,都属此类,当然都在批判之列。

在马赫看来,贝克莱比康德更彻底,因为他彻底否定了物质的客观存在,把一切事物都归结为感觉的集合。而这正是马赫在批判了康德之后所要建立的纯粹经验主义的根本原则,即"自然是由作为其要素的感觉构成的","物是具有相对稳定性的感觉复合的思想符号,真正说来,世界不是由物,而是由颜色、声音、压力、空间、时间(即我们通常称为个别感觉的那些东西)作为要素构成的"。[②] 列宁说得很对:"马赫关于物即感觉的复合的学说,是主观唯心主义,是贝克莱主义的简单的重复。"[③]

不过,马赫对贝克莱不尽满意,因为他的唯心主义经验论还不够"纯"。首先,贝克莱认为感觉要素"是以一个在它们之外的不可知的存在(上帝)为原因的",[④] 这自然是一种"超越"。其次,贝克莱还承认心灵实体的存在,而心灵实体是不可感知的,这又是一种"超越",而且贝克莱把事物归结为感觉的集合,又把感觉归之于某个作为主体或自我

[①] 《感觉的分析》,中文节译本,商务印书馆,1975年,第130页。
[②] 《力学》,英译本,欧本窦特出版公司,1960年,第579页。
[③] 《唯物主义和经验批判主义》,人民出版社,1971年,第28页。
[④] 《感觉的分析》,中文节译本,商务印书馆,1975年,第130页。

的心灵,这无疑会被指责为唯我论而遭到强烈的攻击。

因此,要把经验论彻底纯化,就必须把物质连同上帝和心灵这些超验的"形而上学"的东西统统"批判"掉。这个工作实际上是休谟早已做了的,也是唯心主义经验论发展的必然的合乎逻辑的结果。休谟不仅把物质分解为各种感觉印象的集合,而且把心灵消解为一束不同知觉的集合。于是剩下来的就只有既不知其所自来又无所依附的感觉。感觉之外的一切则是不可知的。这种纯而又纯的经验论也就是马赫在其哲学思想的行程中所追求的最后目标。在他看来,只要承认有感觉要素及其相互依存关系,"在理论上和实际上也就足够了"。① 关于感觉要素相互依存的知识是我们所能希望知道的一切,"这种知识已经把关于'实在'的知识包罗无遗"。② 除此之外,都是"形而上学"的问题,"无意义"的问题,他说:"我的观点是排除一切形而上学的问题的,不论这些问题被认为只是此刻不能解决的或是根本永远无意义的。"③

但是,马赫与贝克莱、休谟有一点不同。贝克莱、休谟称为感觉的东西,马赫称之为"要素"④。感觉这个词容易使人联想到一个感觉的主体,一个自我,而"要素"这个词在马赫看来则似乎洗掉了主观的色彩,据说"要素"既不是心理的东西,也不是物理的东西,而是某种中性的东西,但它们在一种联系上(与人体的联系上)又成为心理的东西,在另一种联系上(与物体的联系上)又成为物理的东西,而无论心理的东西和物理的东西、人体和物体都是由这种"要素"构成的,全部世界乃是"要素的复合"。马赫以为这样就克服了任何的"片面性",消除了心和

---

① 《感觉的分析》,中文节译本,商务印书馆,1975年,第130页。
② 同上书,第135页。
③ 同上书,第135页。
④ 《感觉的分析》中文节译本译者前言中说马赫是在1883年《力学》中第一次提出"要素"这一概念的,恐不符合事实。马赫在该书的一个小注中就明白指出,他在1875年的《动觉理论大纲》中"第一次"提出了"要素"的理论(见该译本第20页)。

物、主体和客体的对立,超越了唯物主义和唯心主义,而且"要素"本身既然是一种"无主体的所予"(这是卡尔那普在《世界的逻辑构造》中对马赫的"要素"的解释),因而宣称世界是要素的复合似乎就不再有唯我论的嫌疑了。这种想法太天真了。正如列宁所说:"以为造出一个新字眼就可以躲开哲学上的基本派别,那真是小孩子的想法。"问题在于,马赫所谓"要素"无论如何实质上是指感觉,所谓世界是要素的复合就是说世界是感觉的复合,而感觉永远只能是某个主体或自我的感觉,"无主体的"感觉只能是一种虚构,因此,马赫的"要素"说归根结底不过是"妄图用一个比较'客观的'术语来掩饰唯我论真面目的唯心主义"。①

二

列宁说:马赫"承认感觉是知识的泉源",因此他"有经验论(一切知识来自经验)或感觉论(一切知识来自感觉)的观点"。② 承认感觉经验是知识的来源,这是经验论的一般原则。但是,对于所谓来源,经验论者们的看法却不尽相同。在西方哲学史上主要有两种不同的观点。一种观点认为,不仅知识所包含的一切观念、概念是从经验而来的,而且知识的一切命题也是从经验得到的。在知识来源问题上,这是一种彻底的经验论观点。另一种观点则认为,作为知识元素的一切观念、概念虽然都是来自经验的,但是由这些观念、概念构成的知识的命题却并非都是由经验而来的,有些命题(主要是逻辑和数学的命题)仅涉及观念、

---

① 《唯物主义和经验批判主义》,人民出版社,1971年,第42页。
② 在西方哲学史上,感觉论是经验论的一种形式,即认为感觉是知识的唯一的经验来源。但有些经验论者则认为除感觉经验之外,还有所谓反省经验,二者同为知识的经验来源(例如洛克就持这种观点)。马赫的经验论是感觉论的,他不承认反省是与感觉并列的另一知识来源。引文见《唯物主义和经验批判主义》,第42页。

概念间的关系,而与经验事实无关,只要考察它们所包含的观念、概念间的关系即可得到这些命题,并判定其真假,而无需经验的检验和证实,就此而言,它们是先天的知识。这种观点在经验论内部引入了一个非经验的因素,在知识来源问题上,应当说是一种不彻底的经验论。在西方哲学史上,前一种观点的主要代表是约翰·穆勒,后一种观点的主要代表是休谟。他们代表了两种不同类型的经验论,对后来西方哲学的发展都有很大的影响。

马赫是穆勒型的经验论者。他认为一切概念和由概念构成的一切知识(包括逻辑和数学)都必须从感觉经验去说明它们的来源。他不仅从个人意识演化的角度,对许多科学概念和知识从感觉经验中形成的过程做了细致的生理、心理学的分析,而且用进化论的观点从整个人类思维的发展对这一过程做了历史的探讨。

1. 马赫认为,知识所包含的一切概念都是"从感觉及其联结中产生"的,[①]"概念是从感觉源泉取得它们的究极能力的"。[②] 从心理过程来说,概念是在感性表象的基础上逐渐形成的。马赫认为,高级动物已有概念形成的端倪。它们从感性表象出发,开始试图把这种表象同逐渐积累起来的经验或反应联系起来,"由于把一些联系集聚起来,表象就逐渐地不断地推移而发展成概念"。人之形成概念与动物相同,不过语言的使用和社会的交往使其概念的形成得到动物所无法得到的"巨大的援助"。[③]

马赫说:"感官知觉确是真正原始的动力",不过一个概念的形成并非总是那样直接明显地与感觉源泉联系着的,"常常只是通过其他概念

---

① 《认识与谬误》,英译本,Reidel 出版公司,1976 年,第 105 页。
② 同上书,第 295 页。
③ 同上书,第 92-93 页。

的中介而依赖于感官知觉的"。① 而且许多概念又有其"漫长而多变的历史",它们的内容"不可能用一种短暂易逝的思维加以明白地说明"。② 因此,许多概念,例如科学和哲学上的一些最基本的普遍的概念,尤其是数学的极端抽象的概念,在人们的眼中就常常模糊了乃至失掉了同其经验来源的联系,而被设想为先天的东西。

在19世纪末叶德国有新康德派出现,他们继承康德的传统,把先天的知性概念或范畴作为建立自然科学的根据。正如马赫所说:"现在康德主义传统又赢得了力量。我们又要给力学一个先天的基础"。③ 马赫是坚决否认有所谓先天知性概念的。他认为,康德所谓"天赋的(按:应为先天的)知性概念",例如因果性概念,其实是"我们借以认识新事件、已镶嵌固定在人心中的那种现成的经验"。④

关于数学(包括算术和几何)概念,先天论的观点可以说源远流长,从古代柏拉图的理念论到近代唯理论的天赋观念到康德的先天直观,都把数学概念看作先天的东西。19世纪的许多数学家也持这种观点。

首先是算术的概念即数的概念,有些哲学家和数学家认为这是纯粹思维的产物和创造(例如19世纪的大数学家高斯就是这样看的,恩格斯批判过的德国哲学家杜林也是这样看的)。马赫反对这种观点。他说:"人们常把数称为'人类精神的自由创造',但是,如果我们探讨一下这种创造的本能的开端,并考察一下产生对这种创造的需要的各种情况,就大有助于对这种创造的理解"。他认为,数的概念"最初的形成是不自觉地被生物学的和物质的状况所迫使的","只有在理智已得到这些极简单的形成的训练,才能逐渐地进入更自由的直觉的发明,以迅

---

① 《认识与谬误》,英译本,Reidel 出版公司,1976年,第105页。
② 同上书,第92页。
③ 《力学》,英译本,欧本寇特出版公司,1960年,第 xxvii 页。
④ 《通俗科学演讲集》,英译本,欧本寇特出版公司,1910年,第199页。

速回答现在的需要"。① 马赫从儿童和原始人的数的概念的形成对其经验的起源做了说明。他说,从心理学上说,数的观念和概念是"从直接或间接的生物学需要产生的",例如二、三岁的小孩尚无计数的概念却立即能注意到人们从一小堆相似的硬币或玩具中拿掉了什么或者增添了什么。甚至动物为生命的需要所驱使无疑也能区别几小堆同样的水果,而乐于取较大的一堆。马赫认为:"数的概念的起源就在于使这种辨别能力完善化的需要。"数的概念的形成最初是离不开具体的可感的对象的。例如儿童和原始人都曾用手指,有时也用脚趾来帮助计数。原始人给手指按顺序分别加一个名字,这些名字通过经常不断的使用,渐渐失去了原来的意义,而变成了数词。"正如人类文化史已经表明的,这就是数词的起源"。② 算术的加减乘除的概念都是为了实际生活的需要而产生的,"实际生活的任务引起了加、减、乘、除等等的问题","这些都是利用先前的经验简化和缩短计数的实例"。因此,"物质环境远非如人们时常以为的那样与算术概念的发展无关。如果物理的经验不曾告诉我们存在着许许多多等量的、不变的、常住的对象,生物学的需要也没有迫使我们把这些对象集成许多组合,那么计数就会是毫无目的的"。③ 马赫指出,随着算术的发展,人们为了"简化和缩短其计算过程",于是又产生了代数,代数的符号不是代表一些"特殊的数",而是"把注意力转向了运算的形式"。整数、分数、正数、负数、有理数、无理数等等概念都是在计算的实际活动过程中逐渐产生的。④ 总之,我们没有任何先天的数的概念。

---

① 《认识与谬误》,英译本,Reidel 出版公司,1976 年,第 243 页。
② 同上书,第 240-242 页。
③ 同上书,第 244 页。
④ 同上书,第 245-246 页。

几何学的概念也是如此,"我们的几何概念的源泉已被发现是经验"。① 几何学的概念都是基于空间的概念。几何学的空间决不是康德所说的"纯粹先天直观",而是"通过经验得来的概念",②"没有物理的经验,几何学家将永远达不到这样的空间"。③ 当然,几何学家的空间并不是"纯粹的空间感觉(视觉和触觉)系统",而是"由概念中理想化和公式化的大量物理经验组成的,这些经验和空间感觉联系着"。④ 也就是说,"几何学概念是关于空间的物理经验的理想化产物"。⑤ 所谓理想化就是对经验的抽象,马赫认为,几何学的点、线、面都是在对实在物体的测量中抽象出来的。对于具有抽象机能的心灵来说,形成没有长、宽、高的点,没有宽度和厚度而只有长度的线,没有厚度而只有长度和宽度的面这样的概念,是并不困难的。不过,这种概念免不了带有一个缺点,即"它没有显示出反而人为地掩盖了我们达到这种抽象的自然的实际的途径"。⑥ 至于抽象能力本身则是人类思维能力长期发展的产物,马赫指出,例如要意识到"我们仅仅感知事物的面(指舍去厚度而只有长宽的面)这一事实就需要很大的抽象能力",而这种能力"是原始人所不可能有的"。⑦

2. 马赫认为,不仅一切概念是从经验来的,而且一切知识或知识的命题也无例外地是从经验来的。

自然科学的知识是关于自然事实的知识,其源概出于经验,这是断无可疑的。马赫指出,各门自然科学知识都是以本能的非反思的知识

---

① 《认识与谬误》,英译本,Reidel 出版公司,1976年,第326页。
② 同上书,第262页。
③ 《感觉的分析》,中文节译本,商务印书馆,1975年,第119-120页。
④ 同上书,第119页。
⑤ 《认识与谬误》,英译本,Reidel 出版公司,1976年,第299页。
⑥ 同上书,第270页。
⑦ 同上书,第265页。

为其前史而发展出来的。他说:"对自然过程的本能的非反思的知识无疑地总是先于对现象的科学的有意识的理解或研究的。前者乃是自然过程与我们的需要之满足的关系的产物"。① "对经验事实的本能的蓄积是先于对经验事实的科学分类的。"② 拿力学来说,"力学经验无疑是非常古老的","早在人们梦想到理论之前很久就已有了很丰富的工具、机械、力学经验和力学知识",不过所有这些经验都"带有本能的、不完善的、偶然的性质"。③ 力学理论和其他各种自然科学理论都是在这种本能知识或经验积累的基础上产生的。马赫说:"每个实验家都能亲身每天观察到本能知识所提供给他的指导。如果他成功地把包含在其中的东西加以抽象的表达,他通常就会在科学上做出重要的进步……确实无疑的是,仅仅最强有力的本能和最大的抽象表述能力之结合就造成了伟大的自然研究者。"④ 马赫认为,在某一经验领域的研究中被认为可能先天认识的一切实际上都"只有在经常考察这个领域之后",才会变成逻辑上"明显的"东西。⑤ 任何一种科学理论都不可能是仅凭突如其来的单纯的想象发明出来的,诸如牛顿看见苹果落地就发现了万有引力定律之类的说法,在马赫看来,都是"无知的传述者的幻想的头脑编造出来的"、"错误"、"无聊"、"荒诞的故事"。

休谟型的经验论者丝毫不怀疑自然科学是关于经验事实的知识,但是却为逻辑和数学的高度抽象的性质所迷惑而背离了经验论,认为这类知识的概念虽来自经验,但逻辑和数学的命题则与经验事实无关,是仅仅涉及观念间关系的先天的知识。穆勒反对这种观点,在他看来,

---

① 《力学》,英译本,欧本寇特出版公司,1960年,第1页。
② 同上书,第5页。
③ 同上书,第1-2页。
④ 同上书,第35页。
⑤ 同上书,第 xxvii-xxviii 页。

逻辑和数学的公理也都是从无数重复出现的经验事实中归纳概括出来的。马赫继承了穆勒的观点,坚持逻辑和数学的经验来源。

马赫认为,逻辑本身并不提供任何新知识,"它是从哪里来的呢?永远是从观察来,这可以是通过感官的'外的'观察、或是通过观念的'内的'观察。……一切知识的基础是直观,这种直观可能既和感官知觉又和直观观念相联系,也可能和潜在地直观的和概念的东西相联系。逻辑知识只是一种特殊的情形,仅涉及对符合或矛盾的判定,如果没有从先已确定的发现中得来的感官知觉或观念,逻辑是无效的"。① 思维的"逻辑形式"不是先天具有的,而是"通过抽象从科学思维的实际事例中得到的"。但是"思维不能以空洞的形式进行",而必须根据经验的内容,"空洞的逻辑公式不可能代替事实的知识"。②

数学的知识也离不开经验。数学不可能给自然规定"先天的规律"。③"数学的基本命题也不会是完全不依靠经验的"。④ 事实上,无论是最初等的数学还是最高等的数学"都是经济地组织起来的计算的经验"。⑤ 任何数学命题都不是一见自明的,"完全明白地认识数学命题决不是一下子就达到的,而是由许多偶然的观察、推测,借助计算器与几何构图进行的思想实验和物理实验作为前提准备起来的"。⑥

几何学主要是"从对物理的物体的空间关系的兴趣中产生出来的。它带有这种起源的最明显的标志,而且只有考察了这些来龙去脉,才能充分理解其发展的过程"。⑦ 最初的几何学知识"是在实际经验的过程

---

① 《认识与谬误》,英译本,Reidel 出版公司,1976 年,第 233 页。
② 同上,第 131 页。
③ 同上书,第 244 页。
④ 《感觉的分析》,中文节译本,商务印书馆,1975 年,第 120 页。
⑤ 《通俗科学演讲集》,英译本,欧本寇特出版公司,1910 年,第 195 页。
⑥ 《认识与谬误》,英译本,Reidel 出版公司,1976 年,第 183 页。
⑦ 同上,第 267 页。

中,与各种极不相同的工作相联系,偶然地、无计划地得到的"。① 古代希腊的几何学家们所由以出发的那些几何命题"无疑都是直接归纳的结果",例如"直线是两点间最短的距离"这个命题"似乎就是直接从对拉直的弦的观察中得到的"。② 事实上,几何学的基本命题都"只是由物理的经验,由叠置长度和角度的量尺,由彼此叠置刚体,才可得到",而决非如康德所说来自于先天的纯直观,否则对几何学命题我们就会不学而知了。③

数学一向被认为是最精确、最具确实性的知识,因而在人们看来似乎有一种非经验的特殊的来源。马赫认为,数学知识之具有确实性恰恰因为它们是由经验反复验证了的。他说:"几何学(和整个数学)之所以使人信服,不是由于它的理论是从一种完全特殊的知识得来的,而是由于它的经验材料是我们特别容易和方便得到的,是屡屡经过特别试验的,而且在任何时刻都能再加以试验。"④ 例如,"几何学的证实是整整多少世代的人的劳动。他们的集体的努力毫无疑问巩固了对几何学的确实性的信念"。⑤

马赫的经验论的突出的特点就在于,他把进化论的观念运用到认识论,把现有的知识看作整个人类认识发展所获得的结果,因而不是从个体经验而是从整个人类经验的积累和传授去追溯和说明各门科学知识的产生和形成。马赫说:"任何值得称为知识的知识都不可能由一个单独的人以其有限的生命和有限的能力积累起来。"⑥ 尤其是最易被人们认为先天自明的科学上的公理、最基本原理确实不是仅由个人的经

---

① 《认识与谬误》,英译本,Reidel 出版公司,1976 年,第 272 页。
② 同上,第 229 页。
③ 《感觉的分析》,中文节译本,商务印书馆,1975 年,第 120 页。
④ 同上书,第 120 页。
⑤ 《认识与谬误》,英译本,Reidel 出版公司,1976 年,第 295 页。
⑥ 《通俗科学演讲集》,英译本,欧本寇特出版公司,1910 年,第 198 页。

验所能得到的,因为"最基本真理之获得不能仅仅归于个人,而是在人类的发展过程中预先达到的"。① 一切所谓公理,可以说都是从原始时代以来人类经验长期积累所获得的"本能的知识",这种本能的知识由于我们"并未有意识地促进形成",因而它"以自觉取得的知识从不可能有的一种权威和逻辑的力量呈现在我们面前"。这种原始的知识活动,"今天构成了科学思维的最坚固的基础"。②

进化论观念之被引入认识论是经验论在 19 世纪的一个最值得重视的发展。对这一发展恩格斯曾做过肯定的评价,他说:"现代自然科学已经把全部思维内容起源于经验这一命题扩展到这样的方式,以致把它的旧的形而上学的限制和表述完全抛弃了。由于现代自然科学承认了获得性的遗传,它便把经验的主体从个体扩大到类,每一个体都必须亲自去经验,这不再是必要的了;个体的个别的经验,在某种程度上能够由它的历代祖先的经验的结果来代替。如果在我们中间,例如数学公理对每个八岁的小孩都似乎是自明之理,都无需用经验来证明,那么这只是'积累起来的遗传'的结果。"③

三

承认知识来源于经验,是经验论的一般原则。但以经验为知识的源泉,未必即是经验论(例如马克思主义也认为知识来源于感觉经验,但马克思主义不是经验论)。经验论之为经验论,重要的还在于它对于理性认识和感性认识、理论和经验的关系所持的一种狭隘的观点:经验论者总是以这样或那样的方式,在不同的程度上轻视、贬低理性认识的

---

① 《力学》,英译本,欧本寇特出版公司,1960 年,第 1 页。
② 《通俗科学演讲集》,英译本,欧本寇特出版公司,1910 年,第 190 页。
③ 《自然辩证法》,人民出版社,1984 年增订版,第 158 页。

作用,或者把理性认识归结为感性认识,抹煞了二者的质的差别。马赫的经验论自然也不能避免经验论特有的这种狭隘性,但又有不同于其他某些经验论者的地方。

1. 马赫的经验论与贝克莱、休谟的经验论有一点显著的区别:后者根本否定理性思维的抽象作用,前者则不仅承认抽象,而且肯定抽象在科学研究上的作用。马赫说:"抽象在研究上的决定性作用是明显的。"我们不可能记住现象的一切细节,也无需这样做。我们要注意的只是与我们有重要关系的那些特征。"研究者的首要任务就是比较各种不同的情形,以强调这些相互依赖的特征,而把对所考察的状况没有任何影响的其余特征作为对当前目的无关紧要的东西抛开。这种抽象的过程可以产生极其重要的发现。"①因而抽象的过程一方面是"我们的注意力远离了许多感性要素";另一方面又是"以突出一定的感性要素为根据的。"②

马赫认为,抽象的作用主要有二,一、概念是"借抽象过程形成的";③二、抽象是"寻求原理的方法",从复杂和特殊的东西中找出简单和一般的东西。④

2. 关于概念的形成和作用

马赫是唯名论者,他不承认实在论或柏拉图主义者所说的那种独立自在的共相,也不承认以任何方式存在的客观的一般。他说:"我不能想象一个一般的人,而最多只能想象一个特殊的人……我不能想象一般的三角形,这种三角形既是等边的,同时又是直角的。"⑤但是,他

---

① 《认识与谬误》,英译本,Reidel 出版公司,1976 年,第 99-100 页。
② 《感觉的分析》,中文节译本,商务印书馆,1975 年,第 105 页。
③ 《认识与谬误》,英译本,Reidel 出版公司,1976 年,第 96 页。
④ 《感觉的分析》,中文节译本,商务印书馆,1975 年,第 102 页。
⑤ 《认识与谬误》,第 100 页。

反对极端唯名论的观点,后者不仅否认客观上有一般,而且否认人心中有一般概念。例如,贝克莱根本否认有概念这种"心理构造物",根本否认有"抽象观念";或者像罗瑟林那样认为一般概念只是语词甚至只是"声音的吹动"。马赫坚持一种温和的唯名论或概念论的观点,他认为我们虽然总是用语词表达概念,但是"一般概念不仅仅是语词",而是一种"心理的东西"。① 概念也不是"现成的表象",不是"随着概念名称出现的、陪伴着概念操作过程的形象"。② 概念乃是一种抽象,是抽象过程的产物。

关于概念和感性经验的关系,马赫也曾提出一些合理的看法。例如,他在许多地方都强调感性经验和概念思维相结合,认为二者在科学上都是不可或缺的,概念思维必须以感性经验为基础,感性经验则必须由概念来组织和指导。他说:"一切理智活动都是从感官知觉开始又回到感官知觉的。我们的真正的心智的劳动者是这些感性的图像或表象,概念则是组织者和监督者,告诉广大的劳动者往哪儿去和做什么。文明人之能够比野蛮人更多地考虑未来,为远超出其自身生活的目标工作,就是由于他有概念和大量有组织的表象。"③有人指责马赫"过分的重视感性"而"不了解抽象作用和概念思维的价值",马赫反驳说:"须知,若不重视感性,自然科学家便不会有多大成就,而重视感性,并不会妨碍他建立明晰和精确的概念……对于自然科学家,直观表象与概念思维之间的鸿沟并不是很大的,不可跨越的。"④马赫认为,感性和概念、观察和理论总是相互作用、相互渗透的,事实上"观察和理论不是可断然分开的,因为几乎任何观察都已受到理论的影响,而反过来又反作

---

① 《认识与谬误》,英译本,Reidel 出版公司,1976 年,第 92 页。
② 《感觉的分析》,中文节译本,商务印书馆,1975 年,第 103 页。
③ 《认识与谬误》,英译本,Reidel 出版公司,1976 年,第 105 页。
④ 《感觉的分析》,中文节译本,商务印书馆,1975 年,第 131 页。

用于理论。"①诚然,概念思维离不开具体的感性的经验,"不研究具体事物,无论在什么领域内,都不能上升到高度的抽象",②例如,具有很高"精确性和抽象程度"的近代物理学的概念,我们也可以"确定无疑地追溯到建立起这些概念的感性要素"。③ 但是,另一方面,我们又可以断定说,只有通过概念思维才能把握、理解感性经验的事实,"除了对事实的精神上的掌握之外是没有其他'理解'的"。④ 一切科学"只有在它们使用概念的范围内,它们才是科学。因为我们的逻辑能力只能扩及我们自己规定了它们的内容的那些概念"。⑤

康德曾说:"思想没有直观是空的,直观没有概念是盲的。"马赫认为,这个说法虽然表达了概念和感性相结合的重要性,但是"并不绝对正确"。"我们或许可以更恰当地说:概念没有直观是盲的,直观没有概念是跛的。"⑥前一句话是说,概念思维是为了把握经验事实,否则就是盲无目的的,"感性事实既是物理学家用思想适应经验的一切活动的出发点,也是它们的目的"。⑦ 后一句话是说,没有概念思维,感性经验只能限于眼前事物的狭隘范围,只能跛足而行,无以致远。但是"我们如果将抽象概念应用到事实方面,这种概念就会成为引起感性活动的简单冲动",从而"引导我们得到一种新的感性要素",即发现"新的事实"。⑧ 因而"概念的重要性是由其应用的范围来评价的"。⑨

但是,我们必须指出,马赫虽然对于概念思维的重要性给予相当的

---

① 《认识与谬误》,英译本,Reidel 出版公司,1976 年,第 120 页。
② 《感觉的分析》,中文节译本,商务印书馆,1975 年,第 105 页。
③ 同上书,第 131 页。
④ 《通俗科学演讲集》,英译本,欧本寇特出版公司,1910 年。第 221 页。
⑤ 《认识与谬误》,英译本,Reidel 出版公司,1976 年,第 294 页。
⑥ 同上,第 294 页。
⑦ 《感觉的分析》,中文节译本,商务印书馆,1975 年,第 106 页。
⑧ 同上书,第 103 页。
⑨ 《认识与谬误》,英译本,Reidel 出版公司,1976 年,第 270、291 页。

重视,但终究不能脱却经验论的狭隘性。他虽然承认概念思维不为当下的感觉所限,而能在更为广大的范围上掌握感性经验,但是,他又认为,概念思维活动无论如何不能超出可能直接感知的东西的局限,他说:"我们一定不要忘记,我们的一切自然感官所完全不能触及的过程就会是永远发现不了的和不可发现的。"①不仅如此,在马赫看来,如果一个概念所表示的是我们的感官所不能直接触及的东西,那么就不能承认这种东西的存在。最突出的例子是马赫对原子的否定。他说:"原子和分子是思想物,决不能成为感性思考的对象。"②在某种意义上,这样说并不错。原子以及一切微观的物质现象诚然只能是通过抽象思维来认识、而不可能直接感知的。但是,马赫却错误地认为,原子既然不能被还原为感觉印象的复合,就不过是一个无所指谓的空洞的词。他说:"名字和思想不过是代表(感觉经验)现象的简要的经济的符号。如果一个词代表的是不曾唤起大群有秩序的感觉印象的东西,它就是一个纯粹空洞的词。化学元素被进一步分析得出来的分子和原子就是如此。"③这里,马赫实际上否定了抽象的概念思维之高于感性经验的认识意义,倒退到贝克莱和休谟的极端唯名论的立场去了。

3. 思维经济原则

马赫认为,抽象是在复杂的自然现象中寻求一般原理的过程。在他看来,这是一种"简化"或"思维经济"。一切科学理论的本质即在于此。他说,科学的任务是"在自然现象中到处找出相同的、在全部多样性中常在的那些因素",由此就使得我们有可能对自然现象做"最经济、最简短的描述"。对自然现象的这种"传达和理解的经济"乃是"科学的

---

① 《认识与谬误》,英译本,Reidel 出版公司,1976 年,第 107 页。
② 同上,第 324 页。
③ 《通俗科学演讲集》,英译本,欧本寇特出版公司,1910 年,第 202-203 页。

真正本质"。①

思维经济原则是马赫的科学哲学和认识论的重要原则,是他的经验论的重要组成部分,是他对理论和经验的关系的概括的表达。马赫最早是在1872年《功守恒定律的历史和根源》一书中提出的,后来在很多著作中都做了论述和发挥。

思维经济或简化何以是科学认识活动的一个原则呢?

首先,马赫认为,科学表述自然律要求简化。自然现象极其纷繁复杂,"任何人的心灵都不可能了解一切个别的情形",②"当人的心灵以其有限的能力企图在自身中反映世界(他自身只是这个世界的一个微小的部分,而且永远不能希望穷尽这个世界)的丰富生命时,它有一切理由经济地进行活动"。③ 我们只能对自然现象做"简要的节略的描述",这就是"自然律"。"实际上,规律所包含的永远少于事实本身,因为它不是把整个事实而只是把对我们具有重要性的方面复制出来,其他方面则或者有意地或者出于必要而被略掉了。"④

其次,马赫认为,知识的交流、传授、教育要求简化。他说,"知识的传授和每个人都感到的以思维的最少消费来掌握其经验储备的需要迫使我们以经济的形式来表达我们的知识"⑤,正是为了"代替和节省重新经验的麻烦",也是为了"节省教育和习得的劳动",人们才去"寻求简要的节略的描述"。⑥

科学理论、科学法则是对感性经验材料的概括和抽象,抽象总是要舍掉许多次要的或无关的东西,而仅仅把主要的,关乎本质的因素抽取

---

① 《力学》,英译本,欧本寇特出版公司,1960年,第7页。
② 《通俗科学演讲集》,英译本,欧本寇特出版公司,1910年,第193页。
③ 同上,第186页。
④ 同上,第193页。
⑤ 同上,第197页。
⑥ 同上,第193页。

出来，以言简意赅的形式表述为自然规律。就此而言，我们未始不可以说这是一种"思维经济"。但是，马赫讲思维经济，其意非止于此。他认为，作为思维经济或简化形式的自然律就只是对现象的简略的描述，而决不揭示或说明事物的因果联系和必然性。在他看来，"一切形式的因果律都来自主观的动机，自然界决不必须满足这种动机。"①科学永远只告诉人们"如何"，而决不告诉人们"为何"，"为何"的问题实际上是"在不复有任何东西要被理解的地方"提出来的。② 如果我们把一切自然律看作对经验现象的简略的描述，"把我们的说明仅限于陈述实际的事实，诸如此类的假问题就不可能产生了"。③

马赫曾说，他的思维经济原则的起源"可以追溯到牛顿"。④ 这个说法似是而非。牛顿确实也讲简化或"简单化"，但是他所谓简单化首先是指自然界本身的简单化，而且是以承认自然的因果性为前提的。他说，"自然界喜欢简单化，而不爱用什么多余的原因以夸耀自己"，"除那些真实而已足够说明其现象者外，不必去寻求自然界事物的其他原因"。⑤ 牛顿认为，自然物体具有一些普遍的属性（如广延性、不可入性、惯性等等），这些属性是通过实验的证明，从经验中知道的，它们"不是理性的推断，而是感觉的总结"。⑥ 这些普遍属性就是各种复杂自然现象的简单而真实的原因，足以说明一切。这就是所谓简单化的真义。牛顿把这种简单化的原则作为"哲学中的推理法则"的第一条法则，⑦而且把它作为一个有力的武器，用以反对经院哲学的"目的因"、"形式

---

① 《力学》，英译本，欧本寇特出版公司，1960年，第607页。
② 《通俗科学演讲集》，英译本，欧本寇特出版公司，1910年，第199页。
③ 《力学》，英译本，欧本寇特出版公司，1960年，第611页。
④ 《感觉的分析》，中文节译本，商务印书馆，1975年，第106、103、44页。
⑤ 《牛顿自然哲学著作选》，中译本，上海人民出版社，1974年，第3页。
⑥ 同上书，第4页。
⑦ 《牛顿自然哲学著作选》，中译本，上海人民出版社，1974年，第3页。

因"、"神秘的质"之类的"多余的原因"。应当肯定,牛顿的简单化原则对于近代自然科学的发展是起了积极的推动作用的。马赫的思维经济原则也是他手中的一个武器,但是他用这个武器反对的不仅是那些非真实的多余的原因,而是因果性乃至物质存在本身。在他看来,物质、因果律等等都处于对经验现象的"经济"描述之外,都是"形而上学"的、"无意义"的概念,应该统统排除掉。这样一种"经济原则"对自然科学的发展显然会起消极的阻碍的作用,尽管马赫在批判因果律和物质概念上有反对机械论的积极的一面。

对马赫的思维经济原则,不同流派的哲学家都曾提出批评。例如,胡塞尔在《逻辑研究》中批评这一原则贬低了科学思维,把科学思维与粗俗的或"盲目的"思维混为一谈了。[①] 甚至以马赫哲学在现代的继承人自居的逻辑实证论者也批评马赫把科学的任务归结为对经验事实的"经济描述"是一种"极端的实证主义","抹煞"了"叙述事实和说明事实"的区别。但是显然"描述"现象是一回事,而"说明这些现象如何产生"又是一回事。科学的目的不仅是"精确地描述"而且要"说明""世界的事实"。[②]

新康德派的批评则与此不同。他们并不批评思维经济原则贬低了理论思维的意义和作用,相反地,倒是认为马赫引进这个原则是违背经验论,陷入了自相矛盾。他们说,马赫的思维经济原则实质上是先天的,接近于"康德主义的思想领域",因而是新康德派所欢迎的。[③] 不过,在我们看来,这完全是新康德派一厢情愿的想法。如前所说,马赫是坚决否认有先天的概念和原则的。至于思维经济原则,他认为那是对科学家们(包括他本人在内)进行科学研究和教学的实践经验的概括

---

① 参阅《力学》(英译本,第594-595页)马赫对这一批评的辩驳。
② 费格尔:《科学哲学》,载《哲学》,新泽西,1964年,第475-476页。
③ 参阅《唯物主义和经验批判主义》,第165-166页。

和总结,决不是像康德的范畴那样的构成经验的先天逻辑条件。马赫说:"我的思维经济的概念是从我当教师的经验中,从实际教学的工作中发展出来的",而且"我现在相信,至少这种观念的某种预感一直是并必然是一切曾思考过科学研究的本质的探究者们共同具有的"。① 例如,从阿基米德、哥白尼、伽利略到牛顿,所有科学家们的科学活动都是按照"经济"或简化的原则进行的,尽管对这个原则的表达可以有极其不同的形式。② 我们不赞成马赫把自己的思维经济原则比附于例如牛顿的简单化原则,但是,正如我们没有理由说牛顿提出简单化原则是先天论一样,我们也没有理由说马赫的思维经济是先天的原则。

马克思主义者也批评思维经济原则,主要是指出其唯心主义的实质。俄国的马赫主义者曾经认为这个原则"无疑是认识论中的'马克思主义'倾向"。因而列宁反复强调:"如果真的把思维经济原则当作'认识论的基础',那么这个原则只能导致主观唯心主义,不能导致其他任何东西",因为在马赫主义者那里,"为了'思维经济'宣布只有感觉才是存在的,也是为了思维经济,宣布因果性和'实体……都被废弃了'……这种十足的谬论是企图在新的伪装下偷运主观唯心主义"。③

马赫的思维经济原则具有唯心主义的性质,这是无疑的。但是,我们也必须指出,并非所有讲科学思维的经济或简化的人都是唯心主义者。远如牛顿,他的简单化原则是以承认自然界本身的简单性为根据,因而是唯物主义的;近如基希霍夫,他认为力学是"以尽可能最简单的方式完全地描述在自然界发生的运动"。④ 这个观点与马赫有相近之处,但是列宁指出不能把二者相提并论,因为基希霍夫并不否定"客观

---

① 《力学》,英译本,欧本寇特出版公司,1960年,第591页。
② 参阅《力学》,英译本,第19、591—592页。
③ 《唯物主义和经验批判主义》,人民出版社,1971年,第42、163—164页。
④ 参阅帕斯莫尔:《百年来的哲学》,企鹅图书公司,1980年,第320页。

实在",他"从未想到要怀疑它的存在"。①

关于科学思维中的经济或简化问题,近年来在西方哲学家中间仍有许多讨论,涉及一系列本体论和认识论的问题,例如:简化是不是科学概念、法则、理论所追求的理想的特征？简化仅仅是为了实用的方便,还是有其客观的根据,即基于自然界本身有其简单性这个信念？简化是不是在几种科学理论中进行选择的标准或标准之一？最简单的理论系统是否就是最佳的理论系统？简化是否只是对现象的描述而不是说明？如此等等。应当承认,这些问题是值得探讨的,切不可因为批判了马赫思维经济原则的唯心主义,就把简化有关的诸如此类的问题都一概视为荒谬而置若罔闻。

---

① 在西方有许多学者认为基希霍夫像马赫一样,也是实证主义者,我们这里不去讨论。我提到列宁把基希霍夫和马赫区别开来,主要是指出列宁并不认为讲思维经济就一定是唯心主义。引文见《唯物主义和经验批判主义》,第165页。

马赫论假说和归纳*

假说和归纳的问题在马赫的科学哲学和认识论中占有重要的位置,他在《认识与谬误》、《力学》及其他著作中做过深入而细致的探讨,提出了一些值得重视的观点。下面就笔者读书所见,对马赫关于假说和归纳的论述试作初步的评介。

一、关于假说

有的学者认为,马赫是完全排斥假说、否定假说在科学研究中的作用的。例如,著名的科学哲学家邦格说:"马赫忠于他的经验论哲学,企图用完全排除假说这种简单的办法使物理学清洗掉不可检验的假说而得到净化。"邦格认为,马赫是一个"极端的经验论者",在马赫那里,"一切理论都是不可信的,甚至要被摒弃的,因为真正的理论都是超出经验范围而与经验无关的。"①假说是科学研究中的一种重要的理论思维形式,自然要被这样"极端的"经验论所排除。

马赫究竟是怎样看待假说的?马赫是不是完全排斥假说,假说以及一般的理论思维在马赫的经验论中是否都没有容身之地?对于这些

---

* 原载《北京大学学报》(哲学社会科学版)1992年第1期。
① 邦格:"马赫对牛顿力学的批判",载《美国物理学杂志》,1966年,第585页。

问题,我们只要看一看马赫本人有关的论述,就不难得到明确无疑的回答。

首先我们看到,马赫在其著作中总是以肯定的口吻谈论假说及其在科学发展中的作用的。他说:"科学的发展是在推测和比喻中进行的,这一点是不容否认的。"①人类思维本能地就是要把观察到的孤立的事实进一步"结织"起来,这就要通过推测去想象未直接观察到的部分、结果和条件,从而在思想中使事实得到完全的表达。马赫认为:"科学假说的形成不过是本能的原始的思维更高度的发展",在自然科学中,"我们首先注意到,任何尚不能由观察直接达到的东西都可能成为在思想中使之达到完全的对象,成为推测、假设或假说的对象。"②

通过对已知事实的前因后果和有关条件的推测、假设而使事实在思想中达到完全,马赫说这是一种"理智的经验",③他也称之为"思想经验"或"思想实验"。这种"实验"不同于实际的物理实验,它是在人的头脑中、思想中进行的,然而是一种比物理实验"智力水平更高的实验"。④ 事实上,没有思想实验就不可能有实际的物理实验。"思想实验常常先于物理实验并为物理实验开辟道路……无论如何,思想实验也是物理实验的一个必要的先决条件。每个发明家和实验者在实践之前必定在心里已经有了详细的操作程序。"因此,马赫说,思想实验对科学研究具有极其重要的意义,它指出了"科学研究的最重要的途径"。⑤

科学家的思想实验的基本形式就是提出作为自然律的各种科学假说。马赫说:"关于事实的各种规律的形式常常是被假定的","我们可

---

① 马赫:《认识和谬误》,英译本,1976年,第181页。
② 同上书,第171,173页。
③ 马赫:《认识和谬误》,第173页。
④ "论思想实验",载《外国哲学资料》,第三辑,商务印书馆,1977年,第153页。
⑤ "论思想实验",载《外国哲学资料》,第三辑,商务印书馆,1977年,第154-155页。

以在事实的结果尚未发生或未被直接观察到时就对它们做出假定", "这些假定或假说涉及使一事实可得到理解的那些条件"。因此,所谓假说就是"尚不能确立但能帮助我们理解一系列事实的一种暂时性的试验性的假定。"①

马赫认为"假说的主要功能在于它导致新的观察和实验,这些观察和实验确证、反驳或修改我们的推测,从而扩大经验。"因此,假说之为假说无须是一种完善的理论,马赫引用普列斯特利的话说:"为了做出真正的发现,决不必须具有正确的观点和正确的假说。极其蹩脚的不完善的理论也足以提示可以校正那些理论并产生其他更完善理论的有益的实验。"②从某种意义上说,科学的发展就是从不完善的假说经过实验的检验而得到修正、趋于完善,或者因其谬误而遭到否定、为其他更正确的假说代替的过程,而"假说的本质就在于,在探究的过程中被改变,逐渐符合于新的经验,或者甚至被抛弃而代之以新的假说,或真正代之以对事实的完全的知识。"马赫认为,我们只要记住这一点,"在拟构假说时就不会过于胆怯,相反地,某种程度的大胆倒是非常有益的"。③

由上可见,马赫不仅没有"完全排除假说",而是对假说在科学研究上的重要作用给了充分的肯定。他承认科学是通过假说而发展的,各种科学学说最初总是作为假说被提出来的。马赫在他的著作清楚地表明,自由落体定律是根据一个正确的推测(后来被实验所检验)作为假说提出来的。④ 其他如屈光定律、波依耳定律、卡诺原理、里希曼混合律等等,"这一类的例子多得很",可以说"所有一般的物理概念和规

---

① 马赫:《认识与谬误》,第 173 页。
② 同上书,第 176 页。
③ 同上书,第 178 页。
④ 同上书,第 101,142 页。

律都是靠理想化(指思想实验或假说)而得到的"。①

这里我们要谈一下马赫对牛顿的"我不作假说"(Hypotheses non fingo)这个口号的评论。这首先涉及对假说的理解。牛顿之所以要求自己并劝诫他人"不作假说",是因为他把假说看作"既不是一个现象,也不是从任何现象中推论出来"的、"没有任何实验证明的"、"假定的和想象的"一种"命题"。② 在他看来,经院哲学家关于隐秘的质、目的因或究极因之类的"形而上学"的臆说就是这样的东西。就此而言,牛顿要人们力戒妄作假说,在当时是有其正当的历史理由的,因此,马赫在《力学》中曾以赞许的口吻说牛顿的"目的是认识自然",他"仅仅是研究和陈述实际的事实,这就是他以'我不作假说'一语所简明宣布的一个思想方针,从而使他成为第一流的哲学家"。③ 但是,在假说问题上,马赫对牛顿又是有所批评的。他明确表示不赞成没有区别地排斥一切假说。马赫认为,牛顿的"我不作假说"这个戒条同他自己的科学实践是矛盾的,牛顿像任何科学家一样不可能不提出和使用假说。马赫说:"如果我们对'我不作假说'加以绝对的理解,那么这就意味着'我不对任何我看不见的东西进行推测,我决不超出观察去思考'。牛顿著作的每一页都驳斥了这个观点。他之有别于他人者正在于他提出了大量的推测,而迅速地通过实验把其中那些无用的、经不住检验的推测剔除掉。"④ 马赫指出,牛顿力学就是以"实际应称为假说"的一些命题开始的。⑤ 牛顿用引力解释宇宙运动的理论最初就是作为假说提出来的。有人否认这一点(例如希尔布兰德),马赫直截了当地反驳说:"我不能

---

① 马赫:《认识与谬误》,第140—142页,参阅"论思想实验",载《外国哲学资料》,第三辑,第156—157页。
② 参阅《牛顿自然哲学著作选》,上海人民出版社,1974年版,第7页。
③ 马赫:《力学》,英译本,1960年,第236—237页。
④ 马赫:《认识与谬误》,第175页。
⑤ 同上书,第229页。

同意希尔布兰德的意见,认为在牛顿的引力理论中假说未起任何作用。"①

马赫承认假说在科学研究中的作用,承认假说是超出观察或直接经验去思考自然,表明他不是一个完全忽视或否定人的理论思维能力的极端的狭隘经验论者。马赫本人就曾驳斥过指责他"过分的重视感性"而"不了解抽象作用和概念思维的价值"的说法。他说:"须知,若不重视感性,自然科学家便不会有多大成就,而重视感性,并不会妨碍他建立明晰和精确的概念……对于自然科学家,直观表象与概念思维之间的鸿沟并不是很大的,不可跨越的。"②概念思维离不开感觉经验,就连具有高度精确性和抽象性的近代物理学概念都可以"确定无疑地追溯到建立起这些概念的感性要素。"③但是,马赫又强调说,只有通过概念思维才能把握、理解感性经验事实:"除了对事实的精神上的掌握之外,是没有其他'理解'的。"④一切科学"只有在其使用概念的范围内,才是科学"。⑤ 概念思维或理论思维能够不为当下的感觉所限而在更广大的范围上掌握感性经验,这是"思维的'自发性'和'独立自主性'"。⑥ 对经验现象的联系提出某种假设的理论或假说,就是人的认识活动的这种"独立自主性"或主动性的表现,马赫说:"仅仅要精确地得到事实并在思想中将其表现出来,就需要比通常所想的更多的主动性。为了能够说明一个要素依赖于另一个要素以及如何依赖,研究者就必须提供他自己的某种超出了直接观察的东西。"⑦

---

① 马赫:《认识与谬误》,第 180 页。
② 马赫:《感觉的分析》,中译本,商务印书馆,1986 年,第 280 页。
③ 同上。
④ 马赫:《通俗科学讲演集》,英译本,1910 年,第 211 页。
⑤ 马赫:《感觉的分析》,中译本,商务印书馆,1986 年,第 294 页。
⑥ 同上书,第 281 页。
⑦ 同上书,第 234 页。

当然,这种所谓"超出"决不是抛开感觉经验去架空构虚,而是从经验材料出发的;像一切知识命题一样,假说也有其经验的来源。马赫说,假说或推测"必然来自经验材料,不论它们同这些经验材料的联系多么奇特。"①我们可以依据假说推导出种种的结论,我们可以按照假说去进行科学实验,但是从根本上说,假说不是科学的真正的出发点,更不是科学的无条件的前提。马赫说,在自然科学上,假说是"从既予的可靠的事实出发,再返推到不确定的条件",②我们可以把假说作为已知的事实的不确定的条件,但它本身决不是无条件的,而正是以经验事实为条件或依据提出来的。

因此,假说之能否站得住脚,归根结底还要由经验或实验来证实。关于假说的实验证实问题,马赫坚持培根以来的传统的观点,即承认有所谓"判定性的实验"(Crucial experiment)。这个词是培根最先使用而被牛顿所采纳的。马赫认为,判定性实验就是"迫使我们在代表同一事实的两种观念或两组观念之间做出抉择的那些实验",具有"特别的重要性"。例如,颜色是通过光的折射产生的,还是先已存在但因不同的折射指数而成为可见的?对这个问题牛顿就是在一个"判定性实验"中解决的。又如,福科的实验表明光的速度在水中比在空气中小,这就驳斥了光的微粒说,而做出了有利于波动说的判定。马赫还举出其他一些科学史上的例子。③ 马赫强调有所谓判定性实验,因而他反对迪昂(旧译杜恒)的通常被称为"整体主义的"观点。马赫指出,在杜恒看来,一个假说总是由观念的整个集合构成的。如果现在通过实验出现了一个与这个假说不相容的结果,那么我们最初只能把这个结果看作是与

---

① 马赫:《认识与谬误》,第171页。
② 同上书,第173页。
③ 同上书,第179—180页。

这整个观点的集合相矛盾的。① 就是说,这个实验结果所检验或驳斥的是与那个假说相联系的一整套理论或命题系统,而不必是那个假说本身。这也就是否定了这个实验对于那个假说的判定性作用。迪昂断言:"在物理学上,'判定性实验'是不可能的","没有一个判定性实验能在两个假说之间做出决断。"②在马赫看来,如果任何假说的真假都不可能由某种判定性实验加以证实,那就必然背离了经验论的原则,否定了"经验经常起改造和完善我们的观念的作用。"③

马赫承认科学是通过假说而发展的,不过他似乎并不认为假说是科学发展的永恒的形式。他说:"科学愈是接近完善,它就愈是转为仅仅对事实的描述。"④这种描述达到完善的地步,就是对事实的"纯粹概念性的表象",用赫茨的话说,它们是事实的"图像"(Picture)。那时我们就不需要从这种图像中"消除任何东西"了,因为它们是科学中"已经完成的部分","在那里是没有假说的余地的,假说仅仅在变化生长着的领域中才起有益的作用"。⑤ 马赫在这里犯了他一向反对的绝对主义的毛病,而且同他经常强调的科学进步永无终极的观点相抵牾。例如,马赫说过,"就经验永不停止而言",在科学上我们的思想"适应"事实的过程"没有一个可指定的开端",也"没有一个可见的终点"。⑥ 事实上,科学以及它的任何部分(包括那些似乎已经被确实证明为真理的部分)都不会达到尽善尽美的程度而成为不复"变化生长"的领域。因而在科学的发展过程中永远有假说的用武之地,正如恩格斯所说:"只要自然

---

① 马赫:《认识与谬误》,第184页注17。
② 迪昂:《物理学理论的目的和结构》,英译本,1954年,第188、258页。
③ 马赫:《认识与谬误》,第178页。
④ 同上书,第181页。
⑤ 同上书,第182页。
⑥ 马赫:《通俗科学讲演集》,第227页。

科学在思维着。它的发展形式就是假说。"①

最后,我们也应当指出,马赫虽然不是一个根本否定理论思维的极端经验论者,但是在某些地方他的经验论也没有脱却十分狭隘的性质。例如,他也说过:"我们一定不要忘记,我们的一切自然感官所完全不能触及的过程就会是永远发现不了的和不可发现的。"②在他看来,如果一个概念所表示的是我们的感官所不能直接触及的东西,那么它就是不可知乃至不存在的东西。马赫之否定原子假说,正以此故。原子是不能被直接感知的,原子的概念是不能直接从感觉印象得来的,马赫由此断言,原子不过是一个无所指谓的空洞的词,他说:"如果一个词代表的是不曾唤起大群有秩序的感觉印象的东西,它就是一个纯粹空洞的词。化学元素被进一步分析得出来的分子和原子就是如此。"③马赫在这里否定了作为理性认识对象的原子,否定了抽象的概念思维之高于感觉经验的认识意义,就此而言,邦格批评马赫为"极端的经验论者",并非全无道理。

二、关于归纳

关于马赫对归纳的看法,在西方学者中解释颇有分歧。有的说他是"归纳论者",有的说他是"反归纳论的"。

从马赫有关归纳的论述来看,我认为把他说成是"归纳论者"似难以成立。

首先,马赫与一般所谓归纳论者不同,他并不把归纳奉为科学发现的基本的乃至唯一的方法。他说:"大多数论及科学研究方法的科学家

---

① 恩格斯:《自然辩证法》,人民出版社,1984年增订版,第117页。
② 《认识与谬误》,第107页。
③ 马赫:《通俗科学讲演集》,第202-203页。

竟认为归纳是科学研究的主要方法,似乎自然科学除了把明显的事实直接加以分类之外就无事可做了。我们并不想否认这也是重要的,但是它并没有穷尽科学家的任务。科学家主要的是必须发现有关的特征及其联系,而这比起把已知的东西加以分类要困难得多。因此,用'归纳科学'这个名字代表自然科学是没有道理的。"①

在马赫看来,"发现有关的特征及其联系"就是找到自然现象的"原则"或"自然律",这是给人们提供新知识的科学发现的过程。人们往往不加分析地把这个过程统名之曰"归纳",是不正确的。马赫说:"我们借以获得新知识而常常被人们用'归纳'这个不恰当的名字来称呼的那种心理活动不是一个简单的过程,而是一个相当复杂的过程。"②马赫对这一过程及其主要因素做了相当深入的探讨和细密的分析,并得出结论说:"最重要的,这并不是一个逻辑的过程,尽管逻辑过程可能起辅助的中间环节的作用。"③

这也是马赫之不同于归纳论者的更重要的一点。归纳论者确认归纳是一个逻辑的过程,承认有归纳逻辑,正如有演绎逻辑一样。

马赫说,按照传统的亚里士多德的观点,归纳和演绎被看作两种不同的推理的方法。演绎或三段推理是从普遍的判断到特殊的判断;归纳是从特殊的判断到普遍的判断。演绎"使我们清楚地看到各种不同的识见相互依赖的方式并使我们无须给已然包含在另一命题中的命题寻找特殊的根据",④但是,演绎并不"创造新知识",并不能使我们"看到未包含在前提中的新的识见"。⑤归纳的情形如何呢?它是不是能

---

① 马赫:《认识与谬误》,第 231 页。
② 同上书,第 235-236 页。
③ 同上书,第 236 页。
④ 同上书,第 228 页。
⑤ 同上书,第 227 页。

提供人们以新的知识呢？马赫说，通常所谓归纳可分为两种：完全的归纳和不完全的归纳。完全的归纳是把属于某一类的一切分子穷尽无遗地列举出来，其结论不包含前提中没有的东西，因而像三段推理一样并不扩大我们的知识，"通过把诸个别判断集合为一个类判断，我们只是使我们的知识更简明，表达得更简洁而已"。① 不完全的归纳是在没有穷尽一切分子的情况下得出普遍的判断。这种归纳是我们在生活和科学上经常使用的，"我们比较容易得到的普遍判断绝大多数是通过不完全归纳而极少是借助完全归纳获得的。"② 不完全归纳从未穷尽的诸特殊事例做出普遍的结论，自然"包含着犯错误的危险"，但它毕竟"预期着一种知识的扩大"。③ 问题在于，这种知识的扩大，或者说由特殊而进到普遍，究竟是如何发生的？不完全归纳的性质是什么？这种推理有没有逻辑的根据？

对于归纳作为一种逻辑推理方法的权利，休谟早就提出了挑战。马赫在这个问题上完全承袭了休谟的观点，认为："这种推论在逻辑上是没有根据的"，它只是我们"通过联想和习惯的力量"而产生的一种"心理上"的"期待"。④ 马赫也赞成英国哲学家惠威尔的看法，认为演绎是"一步步严格进行的"逻辑推理过程，归纳则是"在处于方法范围之外的跳跃中发生的"。⑤ 归纳要引入新的概念，提供新的普遍命题，在不完全归纳的情况下，这是超出了它所由出发的那些特殊命题的。在惠威尔看来，这就是一种"跳跃"，而不是一个纯粹逻辑的过程，所以他认为"在归纳中有某种神秘的东西，某种难以言传的东西"。⑥

---

① 马赫：《认识与谬误》，第 228 页。
② 同上书，第 228—229 页。
③ 同上书，第 228 页。
④ 同上书，第 228 页。
⑤ 同上书，第 235 页。
⑥ 同上书，第 232 页。

马赫认为,惠威尔觉得归纳具有神秘的性质,正是表明在发现新知识上,"(归纳)方法不可能做什么事"。那么,在发现新知识上真正起作用的是什么东西呢?这种东西真的是神秘的吗?马赫说:"抽象和幻想的活动在发现新知识上起主要的作用。"① 抽象和幻想都不是神秘的东西,然而正是这种活动给我们解开了惠威尔所谓归纳的神秘性之谜,就是说,在人们笼统地称之为归纳的那个复杂的过程中,使我们由特殊而进到普遍而获得新知识的那个"跳跃"是通过抽象和幻想的活动发生的。

马赫说:"抽象在科学研究上的决定性作用是显而易见的。"抽象是把一些不同的事例加以比较,舍弃无关紧要的因素而把握考察现象的重要的、主要的特征。可以说,"科学家的第一个任务就是对不同的事例进行比较,以便使现象的相互依赖的那些特征明白显露出来,而把对所考察的境况没有影响的其他的一切特征作为与当前目的无关或偶然的东西撇在一边。"马赫认为,"这种抽象的过程能够产生非常重要的发现。"他很赞成阿佩尔的观点,即:"在意识中复杂的和特殊的东西总是先于简单的和普遍的东西,只有借助于抽象才能获得简单和普遍的东西,因此抽象是寻求原则的方法。"例如,伽利略之把握惯性定律就是通过抽象的活动,牛顿的运动定律也是抽象的极好的例子。② 由于抽象要通过对若干事例的比较,而观察了许多事例会比仅仅看到单独一个事例时更容易使我们把现象的稳定的主要的特征加以抽象,因而我们可能觉得抽象和归纳是相似的,以致把抽象混同于归纳。但是马赫特别指出,实际上,"这种活动(指抽象)与归纳毫无关系。"③ 归纳总被认为是一种推论(尽管它没有逻辑根据),抽象却不是推论,而是一种"注

---

① 马赫:《认识与谬误》,第 236 页。
② 以上见《认识与谬误》,第 99-101 页。
③ 马赫:《认识与谬误》,第 232 页。

意"的活动。靠着注意的活动,我们的心理机制就集中于一些主要的因素而把似乎不重要的因素置之不顾,从而"赋予个别的事例以一种代表许多类似的特殊事例的普遍的特性";当然,如果我们能积累若干类似的事例,这种心理情况(通过注意而进行抽象)更容易产生,但是,马赫说,有时候,甚至从仅仅一个发现的事例,也足以做出抽象。这里包含着某种大胆或冒险,也可以说"在试着把特殊事例的观念扩大为较普遍的思想时有某种程度的随意性"。① 在谈到伽利略和牛顿通过抽象而发现运动定律时,马赫说得更干脆:"我们必须把这些抽象看作已由其成功证明为正确的理智的冒险行动。"②

马赫所说的抽象与我们通常所说的抽象显然不是一回事。通常所谓抽象是通过对经验材料的分析和概括,从感觉经验上升到新概念思维的间接的认识过程,马赫虽然也谈到抽象是从现象的诸多因素中进行分析的活动,但是,在他看来,抽象之为抽象,最主要的是在于那种"注意"的活动,那种"理智的冒险行动",而这实际上是一种直觉的活动。马赫说:"原则只能被直觉,而不能被证明。一当我们在抽象中把握和理解了它,它的真理性就立即使人信服,而无须任何其他的命题来说明。"③科学家一下子直觉地把握了一个普遍的原理、定律,这种情形就如一个在森林中迷路的人突然走出丛林,豁然开朗,面前的一切都变得清晰可见了。④

同抽象一起,幻想或想象的活动在我们寻求新知识、由特殊而进到普遍的这个"跳跃"中也起着重要的作用。马赫说:"如果我们了解科学的历史发展或者曾参与科学研究,我们就不会怀疑科学研究也需要一

---

① 马赫:《认识与谬误》,第 233 页。
② 同上书,第 101 页。
③ 同上书,第 101 页。
④ 同上书,第 236 页。

种强烈的幻想。"①又说:"在我们能够理解自然之前,我们必须通过幻想把它捕捉住,以便给予我们的概念以生动的直觉的内容。我们要解决的问题离直接的生物学的需要愈远,幻想必然愈强烈。"②伟大的科学发现同幻想是分不开的。例如牛顿在科学上做出巨大贡献,就是"想象的功绩",他的"伟大科学成就不过是幻想的一个必然结果",我们可以"毫不犹豫地说,想象是一切因素中最重要的因素"。③

马赫提出幻想在科学研究和发现上的作用,是很有意义的。列宁说:"即使在最简单的概括中,在最基本的一般观念中,都有一定成分的幻想。反过来说,否认幻想也在最精确的科学中起作用,那是荒谬的。"④幻想是一种非逻辑的或超乎逻辑的活动,是人的精神活动中的非理性因素。承认幻想在科学研究上的作用,显然就是承认我们的科学知识不是应用所谓归纳推理的逻辑方法从经验材料机械地推导出来的,而是借助于一种非逻辑的非理性的创造性的活动获得的。在这个意义上,马赫说:"没有任何适当的方法能引导我们走向科学的发现,成功的发现是作为艺术的成就出现的。"⑤这并不是说科学和艺术没有区别,马赫指出,艺术总是"受感觉支配的","主要是诉之于一种感觉,而科学则需要概念"。⑥但是,正如我们能在艺术的感性表象中进行幻想一样,"我们在概念中也能进行幻想","我们一旦得到了由语词、符号、公式和定义确定下来的熟悉的概念,这些概念就构成了记忆和幻想的对象。"⑦同时,马赫之承认幻想的作用决不意味着他放弃了自己的经

---

① 马赫:《认识与谬误》,第 111 页。
② 同上书,第 77 页。
③ 马赫:《力学》,英译本,第 228—229 页。
④ 列宁:《列宁全集》,第 38 卷,第 421 页。
⑤ 马赫:《认识与谬误》,第 236 页。
⑥ 同上书,第 116 页。
⑦ 同上书,第 112—113 页。

验论的原则。在他那里,任何幻想,无论是艺术的幻想还是科学的幻想,都不是无源无本的东西,而是由以往的经验所准备了的。例如,我们不可能设想在原始野人中会出现贝多芬的音乐或拉斐尔的绘画,因为"这些艺术家的作品的全部特质都大大地有赖于先前的艺术和他们自己的经验。假定他们的灵感具有幻想的形式,那也必须被认为是依赖于经验的"。① 在科学上,人们可能通过幻想突然对某个问题想到了某种解答或导致解决的方法、线索,而有一种茅塞顿开之感,但是,马赫指出,只要仔细地考虑一下,我们就会看到:"在整个的领域中先前曾经付出了漫长而辛苦的劳动和采掘,或者说人们曾收集了材料……而最后得到的发现把它们联结成一个整体。"②

以上所述就是马赫关于归纳问题的主要观点。应当说,其中包含着一些合理的看法。马赫反对把全部自然科学都称为"归纳科学",反对把归纳作为科学发现的主要的或唯一的方法,在当时具有积极的意义。恩格斯曾经指出:"归纳法的全部混乱是英国人造成的",这是指19世纪英国哲学家和科学史家惠威尔把除了纯粹数学这种所谓"纯理性的科学"之外的一切自然科学(力学、天文学、物理学、化学、矿物学、植物学、动物学、生理学、地质学等)都列在归纳科学的名下。这种做法对19世纪下半叶被恩格斯称为"全归纳论"或"归纳万能论"的观点的流行无疑起了推波助澜的作用。全归纳论者的一个主要的要求就是给予归纳法以"成为科学发现的唯一的或占统治地位的形式"的权利。正如恩格斯所说,归纳法并没有这样的权利。③ 马赫批评当时大多数研究科学方法论的人把归纳作为科学的主要方法,这同恩格斯对全归纳论的批判在基本精神上是一致的。

---

① 马赫:《认识与谬误》,第115页。
② 同上书,第116页。
③ 恩格斯:《自然辩证法》,第120、121页。

恩格斯说,只有对归纳过程的分析才能把归纳过程弄清楚。[①] 马赫对归纳过程及其包含的主要因素所做的分析,是一个有益的尝试,尤其他认为归纳作为从特殊上升到普遍的认识过程乃是一种"跳跃",更是一个很有见地的看法,至于他用抽象(直觉)和幻想来解释这个跳跃的发生并从而否定归纳为一个逻辑的过程,则一直是一个大有争议的问题。有趣的是,自命为马赫实证主义的继承者的逻辑实证主义者在归纳问题上与马赫的观点大相径庭,他们竭智尽力要建立一种归纳逻辑,而逻辑实证主义的反对者,如波普尔、费耶阿本德、库恩等所谓批判理性主义者,倒是真正承袭了马赫的反归纳论的思想,根本否定了归纳为科学发现的逻辑,而且更加强调科学发现中非理性因素的作用。因此,从现代科学哲学、科学方法论和认识论中关于归纳问题的争论及其历史源流来看,重新研究一下马赫有关的论述,是不无意义的。

[①] 恩格斯:《自然辩证法》,第121页。

布伦塔诺的意向性学说浅析*

意向性是现象学的一个基本概念,用胡塞尔的话说,是现象学的"主题",现象学可以说就是对意识或经验的意向性结构的研究和描述。但是,在现代哲学中最先提出意向性的概念而加以探究的,并不是胡塞尔,而是他的老师弗朗茨·布伦塔诺。布伦塔诺的意向性学说不仅直接影响了胡塞尔,而且为他的其他一些弟子,如特瓦尔多夫斯基、迈农等人所继承和发挥。老师和学生以及学生们彼此之间,对意向性的观点不尽相同,有的地方甚至颇有歧异。本文对此并不论及,而只是对布伦塔诺本人的意向性学说略做评述。

一

布伦塔诺最早是在《从经验观点出发的心理学》(1874)一书中提出和阐述其意向性学说的。

布伦塔诺把他的心理学称为描述心理学,以区别于发生心理学。后者探讨人的心理或意识及其各种形式的发生和演进的过程;前者则是研究和描述心理活动、心理现象的特征、结构、要素和分类等等。二者的区别犹如地球构造学(geognosie)之于研究地球历史演变的地

---

* 原载《中州学刊》2007年第5期。

质学(geologie),而布伦塔诺也把描述心理学称为心理构造学(psychognosie)。意向性概念是描述心理学或心理构造学的轴心。布伦塔诺对心理现象的全部分析都是围绕着这个概念而展开的。

对心理现象的研究,首要的工作自然是给心理现象一个明确的界定,指出心理现象之为心理现象的特质。

布伦塔诺说:"全部现象的世界分为两大类,一类是物理现象,一类是心理现象。"[①]所谓心理的现象,布伦塔诺指的是我们的各种心理活动(而且仅指心理活动),感性表象活动,概念思维活动,判断,推理,以及各种情感的活动,如爱和恨,喜悦,希望,恐惧等等。

那么,所有这些心理现象所共具的本质特征是什么呢?有些哲学家和心理学家说,心理现象与物理现象不同,后者具有广延性,具有空间的规定,前者则是没有广延性的,不占具空间位置的。布伦塔诺不赞成这个说法。他认为,用非广延性来规定心理现象,这是一个消极的定义,而且并不足以把心理现象和物理现象区别开来,因为正如许多哲学家和心理学家都曾指出的,"不仅心理现象,而且有些物理现象也不具有广延性",例如,感官所感知的各种物理现象(颜色、声音等等)就是"没有广延性和空间规定的"。[②] 布伦塔诺说,我们应当给心理现象一个"积极的定义",找出确为心理现象所独具而决非物理现象所分有的"积极的特征"。这个特征就是所谓的"意向性"。布伦塔诺说:"古代的心理学家们已经注意到为一切心理现象所有而为物理现象所无的一种相似性。每一心理现象的特征在于中世纪经院学者所说的对象的意向的(亦即心理的)内存在(die intentionale Inexistenz)和我们可以略为含糊地称之为对一内容的关涉,对一对象(不必是指一实在的东西)的指

[①] "论心理现象和物理现象的区别",载《从经验观点出发的心理学》,Felix Meiner 出版社,1971年重印本,第1卷,第2篇,第1章,第109页。

[②] 同上书,第122页。

向,或内在的客观性(die immanente gegenständlichkeit)的东西。每一心理现象都把某物作为对象而包含于自身之内,尽管方式不同。在表象活动中总有某物被表象,在判断中总有某物被肯定或被否定,在爱中总有某物被爱,在恨中总有某物被恨,在欲望中总有某物被欲求,如此等等。这种意向性的内存在是心理现象所独具专有的。任何物理现象都没有类似的特征。"[1]由上可见,布伦塔诺的意向性学说主要是强调心理现象的特征在于和对象的关系。只有在和一个对象的关系中,和一个作为对象的某物的关系中才谈得到心理活动。在《伦理知识的起源》中布伦塔诺谈到"这种关系曾被称为意向性的"时在一个脚注里说:"'意向性的'一词如许多代表重要概念的其他术语一样,来自经院哲学",但是"这种观点的萌芽则可以追溯到亚里士多德"。[2] 亚里士多德在《形而上学》中讨论相关者的涵义时曾以思和可思的东西、视和所见物的关系为例,指出思是对可思的东西的思,视是对某物(如颜色和诸如此类的东西)的视。[3] 亚里士多德在这里也是强调思想和感觉的心理活动总是关涉于所思、所感的对象的。

从西方哲学史来看,虽然远自希腊时代就有许多人相信有独立的灵魂,相信思想、感觉等一切心理活动都是灵魂的能力和作用,但是在此后很长时间里,似乎没有人认为灵魂可以不思及任何可思的东西而有所思,不感到任何可感的东西而有所感。然而到了近代笛卡儿却提出了严重的挑战。笛卡儿认为,灵魂实体无赖于物质世界和人的肉体而独立自在。思维是灵魂实体的本质属性。灵魂永在思维,即使离开一切对象,灵魂也可思维。"我思故我在",我即灵魂,与我思同在。因

---

[1] "论心理现象和物理现象的区别",载《从经验观点出发的心理学》,Felix Meiner 出版社,1971年重印本,第1卷,第2篇,第1章,第124-125页。
[2] 《伦理知识的起源》,Felix meiner 出版社,1921年版,第45页,注23。
[3] 《形而上学》,第5卷,第15章,1021a29-1021b3。

而思维或意识也是一种可以无赖于对象而我自有之的独立自在的活动。这就是承认有无对象的思维,无所思的思。这可以说是对所谓心理现象意向性理论的一个完全的否定。康德在《纯粹理性批判》中对笛卡儿的这种观点做了有力的批判。他认为,笛卡儿的"我思"是一种单纯的自我同一,是一种"分析的统一性",可以离开对一切他物的意识而有"我是我"或"我在"的意识。康德虽然承认"我思"是先验的,但是认为它并不能离开对他物的意识而独立。他说:"只有在我能够把被给予的杂多表象联结在一个意识中,我才能把贯穿于这些表象的意识的同一性表现给我自己。"自我意识的统一(或者说"统觉")是一种"综合的统一性"。① 我思和对象有必然的关系,只有对于对象有所思,才有关于我思和我在的意识。因此"我在的意识同时即为在我之外其他事物存在的直接的意识","我自身存在的单纯意识证明在我之外空间中对象的存在"。② 黑格尔非常赞赏康德关于意识的先天综合统一的观点,认为是"伟大的思想"。他也强调意识之为意识在于它和对象的关系,独立自在的意识是没有的。他说:"意识是把自己跟某种东西区别开来而同时又与它相关联着的","意识一方面是关于对象的意识,另一方面是关于它自己的意识"。③ 没有关于对象的意识,就没有自我意识,而且根本就不发生任何意识。就其实质而言,我们可以说,康德和黑格尔关于意识和对象、对象意识和自我意识之统一的思想是对于意向性理论的一种重新的肯定,尽管无论黑格尔还是康德都从未使用过意向性这个词。

在布伦塔诺的时代全然否定心理现象之意向性的哲学家和心理学家似乎是没有的,但是有的哲学家否认意向性为一切心理现象的普遍

---

① 《纯粹理性批判》,蓝公武译,三联书店,1957年,第101页。译文略有变动。
② 同上书,第198页。
③ 《精神现象学》,贺麟译,商务印书馆,1962年,上卷,第58,59页。

特征,例如英国哲学家汉密尔顿就认为只有思维和欲望的现象是有意向性的,在情感的领域(如快乐和痛苦)内,意识则不具有这种特征。他说:"情感的特点在于在情感中除了主观性地主观的东西(subjectively subjective)之外没有任何别的东西,这里既没有与自我相异的对象,也没有自我的任何形式的对象化。"①这种看法在汉密尔顿之后并不少见,就连布伦塔诺的弟子中也有持此议者,例如胡塞尔就不认为一切心理现象都具有意向性的特征。他说,诚然有些情感属于意向性经验,但有些情感却是非意向性的。当代美国哲学家塞尔也认为,只有某些心理状态而非一切心理状态都具有意向性,例如一种莫名的忧虑或兴奋,并非对于任何东西而发的,就不是意向性的。布伦塔诺在反驳汉密尔顿时极力主张,一切心理现象,包括情感的领域,都是意向性的。他说:"汉密尔顿的说法无论如何是不完全正确的。某些情感显然涉及对象,语言本身通过其使用的词语就表明了这一点。我们说:'一个人喜欢某物'或'一个人为某事感到高兴';'一个人为某事伤心'或'一个人为某事感到悲痛'。我们还可以说:'这使我高兴','这使我痛苦','这使我感到惋惜',等等。高兴和伤心,像肯定和否定、爱和恨、欲望和厌恶一样,显然也伴随着一个表象,而且是针对着其所表象的东西的。"因此,布伦塔诺认为,"汉密尔顿否定情感有其对象,断言情感是纯主观的或'主观性地主观的东西',其实是一种'自相矛盾(sich selbst widerspricht)的说法',因为主体与对象(客体)是互相对立又彼此同在的,在谈不到对象(客体)的地方,也就谈不到主体"。②

布伦塔诺强调主体与对象的对立统一,从而坚持一切心理现象,一切主观意识活动都是有所指向(对象),都是意向性的。就一般理论而

---

① 引自布伦塔诺:《从经验观点出发的心理学》,第1卷,第126页。
② 同上书,第126-127页。

言,这是完全正确的。但是,他把情感活动的意向性与理智或认识活动的意向性等量齐观,强调情感也是"以表象为基础的",从而就忽视了这两类不同的心理活动的意向性的差异。理智或认识活动的意向性表现为形成关于对象的表象或观念(包括概念思维和感觉映象),可以说是一种"反映"活动(reflection),其与对象的关涉或指向似乎是直截了当的。情感活动虽然可以包含认知的内容,但并不直接反映对象本身,而是表现为主体对于某事某物的刺激的一种心理反应(reaction),可以说,情感活动是以主体的态度、感受、体验为中介而与对象相关涉的。反对情感具有意向性的学者就是以情感是主体自身的态度、感受、体验而非对象的表象为论据,主张情感是纯主观的,与对象无涉,布伦塔诺在反驳他们时,恰恰没有抓住要害,反而以情感活动如理智活动一样也是基于表象来反映对象,指向对象的,这种回答自然不足以令对方信服,也不能不令后来的一些学者对情感领域的心理活动、心理现象是否具有意向性特征产生这样那样的怀疑。

二

布伦塔诺认为,意向性即与对象的关涉是心理现象所独具而不与任何物理现象共有的基本特征,而所谓意向性、所谓与对象的关涉,布伦塔诺又特称之为"对象的意向性的内存在"。

很遗憾,"意向性"、"内存在"的说法,曾引起一些误解,甚至是严重的误解,这涉及布伦塔诺所谓对象的本体论地位及其与心理现象或意识究属何种关系的问题,不可不加以说明。

首先是对"意向性"一词的误解。如前所说,"意向性"(intentionatitat)是中世纪经院哲学家的用语,由拉丁文动词 intendere 衍生而来。Intendere 有指向、导向的意思,"意向性"即是由此词义构成的一个哲学术语。Intendere 还有意图、企图、打算、谋求的意思,因而有些人难免会从这个词义去误解"意向性"而对布伦塔诺的意向性学说产生误解和曲解。布伦塔诺在《从经验观点出发的心理学》1911年第二版出版时特地加了一个小注谈到这种误解,他说:"这个词被误解了,人们认为它与意图和对目的的追求有关。"[①]意向性和意图不是一回事,意图是一种心理现象,因而具有意向性,即与对象有关涉、有所指向,但是并非所有心理现象的意向性都带有意图或故意的性质。

更大的误解在于"内存在"一词。人们或以为布伦塔诺讲"对象的意向的内存在"是关于对象的本体论的规定,是承认对象、物理现象、物理世界只有心内、意识之内的存在,而否定了对象的独立的客观实在性。如果一方面承认对象意向地存在于意识之内;另一方面又承认对象有其心外的存在,那就是自相矛盾了。例如,美国哲学家贝尔格曼(G. Bergmann)认为,布伦塔诺是否认物理的对象及其现象(如颜色、声音等)具有心外的存在的,他说:"我们感知的颜色和声音不是我们心外的任何东西,认为它们是我们心外的东西,就会使人陷入矛盾。这一点是布伦塔诺经常坚信不疑的。"又说"'实在存在的东西我们感知不到,我们感知到的东西并不是实在存在的'这个话是我的而不是布伦塔诺的,但是它准确地表达了他的看法"。[②] 然而,贝尔格曼对布伦塔诺的这个解释并不是对他的观点的"准确"表达,而恰恰是对它的一种颠倒,一种曲解。贝尔格曼强加于布伦塔诺的那种看法其实是19世纪英国的贝克莱主义者的主张,布伦塔诺是坚决反对而予以批驳的。贝克莱主义者拜因(A. Bain)认为,承认物理对象(例如一棵树)是"离开一切知觉而自在的某种东西",即承认其有不被感知的存在,而又承认它可以

[①] 引自布伦塔诺:《从经验观点出发的心理学》,第2卷,第8页。
[②] 《实在论。对布伦塔诺和迈农的一个批判》,Madison,1967年,第224页。

为我们所感知,就是承认"我们同时既感知这个事物又未感知这个事物",这是一个具有"明显矛盾"的"假设"。因为我们"只能照其被感知的样子来想象事物,而不能按其不被感知的样子来想象它";"树只能通过感知被认识,至于它在感知之前和独立于感知时究竟是什么,我们根本就不能说"。布伦塔诺反驳说:"我必须承认,我不能相信这个论证是正确的。"他也以树为例说,诚然一个人只能想象被他所感知的树,"但不能由此得出结论说,他只能把树想象为被他感知的东西",不能断言树只有被感知才存在;又如你尝一块白色的糖,"这并不意味着你把糖尝成了白色的"。布伦塔诺更就颜色这种物理现象反复论述其肯定物理对象、物理现象的客观存在的实在论观点说:"一种颜色确实只有当其为我们所表象时才显现给我们,但是我们不能由此推论说,颜色不被表象就不可能存在。只有被表象(das Vorsteltt-sein)是包含在颜色内的一个要素,不被表象的颜色才意味着一种矛盾,因为一个整体若缺少它的一个部分,那确实是一个矛盾。但是这里显然不是这个情况。否则就简直无法理解,关于物理现象在我们表象之外实际存在的信念怎么会得到最普遍的传播,怎么会被人们极其顽强地坚持,甚至长久地成为第一流思想家们的共识,更不要说怎么会产生这种信念了。"因此布伦塔诺断然宣称:"认为物理现象作为意向地存在于我们之内的东西在实际上存在于心外包含着一种矛盾,是不正确的。"①

由上可见,布伦塔诺讲对象的"意向性的内存在",丝毫也没有否定对象作为物理的东西在心理之外、意识之外存在的本体论的地位。那么,所谓"内存在"究竟是什么意思呢?

前面提到,布伦塔诺也曾将对象的"意向的内存在"称为"内在的客

---

① 上引拜因和布伦塔诺的话均见布伦塔诺:《从经验观点出发的心理学》,第1卷,第130-132页。

观性",而且说在中世纪"经院学者还更经常地使用'客观的'(objektiv)一词而不是'意向的'一词"。① 我们知道,"客观的"一词在经院哲学中并无后世所谓独立于意识的客观存在的涵义,而是指对象作为一种心理的形象、影像而非纯然主观的意识状态被"客观地"表象在、反映在心中。近代早期的哲学家,如笛卡儿,也还在经院哲学的这个涵义上使用"客观的"一词。当他谈到对象的"客观的"存在时,是相对于对象的"形式的"存在而言的,"形式的"存在是指对象在心外的实际的存在,"客观的"存在则指事物作为理智的对象而仅仅存在于心中,笛卡儿也称"客观的"存在为"表象的"(representational)存在,亦即作为对象在心中或理智中的"表象"(representation, Vorstellung)或观念(idea)而存在。他以太阳为例说:"太阳的观念是太阳本身存在于心中,当然不是像它在天上那样形式的存在,而是客观的存在,即以对象通常存在于心中那样的方式存在,这种存在方式诚然远不如事物在心外的存在那样完满,但是它决不因此而成为毫无意义的东西(mere nothing)。"②其所以不是 mere nothing,就是因为对象在人的意识、理智中有"内在的客观性",有它的表象、映象,因而人的心理活动、心理现象决不是"纯主观地主观的东西"。布伦塔诺所说"在某种意义上(gewissermassen)对象就在心理活动的意识之中",即是就此意义而言的。③

不过,布伦塔诺说,尽管"意向性"一词会引起误解,但是他宁可继续使用它,而不愿用"客观性"把它替换掉,原因是"客观性"一词引起的误解可能"更大"。"客观性"一词在近代哲学中的涵义与其在中世纪经院哲学中的涵义不同。近代人们通常是把"实际存在的东西"(das

---

① 《从经验观点出发的心理学》,第 2 卷,第 8-9 页。
② 笛卡儿:《对第一驳难的回答》,《笛卡儿哲学著作集》,Haldane 和 Ross 编,1968 年版,第 2 卷,第 10 页;参阅《哲学原理》,《笛卡儿哲学著作集》,第 1 卷,第 226 页。
③ 《从经验观点出发的心理学》,第 2 卷,第 9 页。

wirklich seinde)而非对象在心中的表象、映象称为"客观存在的"(objektiv seinde)。① 因此讲"对象的内在的客观性"、可能被误解为对象就如其在心外的实际的物理的东西那样存在于心中,这当然是不可能的,对象在心中的表象、映象不可能像对象本身那样具有实际的物理的特性(物质性、三维空间性,等等)。

最后,我们应当指出,布伦塔诺的意向性学说虽然可能有被他人误解之处,但是其本身确实也有纰漏的地方。按照他的意向性学说,心理现象之区别于物理现象的基本特征在于它对于对象的意向、指向、关涉,它强调的是心理现象或意识与对象的关系,没有对象、离开对象,就谈不上意识,无所谓意识,如马克思所说:"意识在任何时候都只能是被意识到了的存在。"②但是,如果倒转来说,凡是被我们的心理活动、意识活动所意向、所指向、所关涉的东西都是"对象",而且都是"物理的现象"、"物理的东西",那么就会产生一些乖谬的,悖乎常理的结果。而这也正是布伦塔诺所未能避免的矛盾。例如,他说,正像"我所看见的一种颜色、一种形状、一处风景,我所听到的一个和音,我所感到的冷热、气味"作为看、听、感觉等心理活动的对象,都是"物理现象"一样,"出现在我的幻想中的类似的影像(aehnliche Gebilde, welche mir in der Phantasie erscheinen)",作为幻想这种心理活动的结果和内容,亦即幻象,也是"物理现象"。③ 尽管布伦塔诺说,幻象之为"物理现象"与上述那些"出现在感觉中的物理现象"(颜色、形状、风景等等)不同,它们不是科学研究的对象,"因为物理科学不研究一切物理现象,它不研究幻想的物理现象,而只研究出现在感觉中的物理现象",即实际被感知的

---

① 《从经验观点出发的心理学》,第2卷,第9页。
② 《德意志意识形态》,《马克思恩格斯全集》,第3卷,人民出版社,1960年,第29页。
③ 《从经验观点出发的心理学》,第1卷,第112页。

外间的物质事物及其属性。[①] 其实,不可能为物理科学所研究的"物理现象"就不成其为"物理现象"。根据常识和一般心理学的看法,幻象是心理的影像(mental image),当然不是物理现象,所谓"幻想的物理现象"(physischen phaenomenen der Phantasie)乃是一个有如"圆方"(round square)一样的自相矛盾的概念。

不特此也。布伦塔诺学说中还有一个更严重的自相参差、难以自圆之处。在他看来,心理现象或心理活动(如前所说,他把心理现象仅仅理解为心理活动)之为意向性的活动,只能对作为其对象或内容的他物即物理现象有所意向、指向、关涉,而不能为他物所意向、指向、关涉(物理现象是绝无意向性的),也不能对其自身有所意向、指向、关涉,也就是说,心理活动不能反身自指,不能成为反省(Reflexion)或自我意识(Selbstbewustsein)的对象,因为它一旦成为也可被意向的对象,它又何以区别于被布伦塔诺严格规定为只能作为心理的意向性活动的对象的物理现象呢?这是一个令他大感头痛的问题。他的解决办法最后只能是在自己的理论上打开一个豁口,承认心理活动也可以是其自身的"对象",而且甚至说:"心理活动通常首先是以他物为对象,其次以自身为对象,这是一个具有极大重要性的事实。"[②]不过,他又特别指出,心理活动成为其自我反省、自我意识的"对象"与"他物"即物理现象之为心理活动所意向的"对象",并不是在同等意义上的,他把后者称为"第一义的对象"(primaer object),把前者称为"第二义的对象"(sekundaer object)。他说:"每个心理活动都以自身为对象,但不是第一义的对象,而是第二义的对象,亚里士多德称之为附随的东西。"[③]例如,回忆这种心理活动总与我们自己的经历有关,是以这些经历作为"第一义的对

---

① 《从经验观点出发的心理学》,第 1 卷,第 138 页。
② 同上书,第 140 页。
③ 同上书,第 138 页。

象",而当我们反思这种回忆活动本身时,则将其"只是作为第二义的对象"。① 二者不容混淆,布伦塔诺说,那种认为"不仅物理的东西,而且心理的东西,都可以成为第一义的对象"的观点,是"错误"的。②

布伦塔诺以"对象"有第一义和第二义之分来避免将一切"对象"都归入"物理现象"。但是他既然承认心理活动也可以是一种其自身所意向、指向、关涉的"对象",那就无异于承认心理活动既是意向性的,又是非意向性的(即被意向的),这当然就背离了他提出的意向性为心理现象的唯一的基本的特征这个主旨而陷入理论自相龃龉的境地。不过,布伦塔诺学说中的这些矛盾和困难给他的学生和后世哲学家留下了更多的思考和争论的空间,在一个意义上可以说,正是这些矛盾和困难激发和促进了后来现象学思潮的产生和发展。

---

① 《从经验观点出发的心理学》,第 2 卷,第 141-142 页。
② 同上书,第 141-142 页。

实用主义评介[*]

实用主义(Pragmatism)是19世纪末20世纪初,真正在美国的土壤上生长起来的,最能代表美国资本主义社会精神的一种哲学。它作为一种哲学思潮在美国人的思想各方面,从一般人的日常生活到文化教育,政治活动都可以找到它的表现。从现代哲学的发展来看,实用主义可以说是美国历史上最重要的哲学流派,最有影响的思潮,也是具有国际影响的一大思潮,不仅在美国,而且在其他国家也曾流行过。实用主义作为一种哲学流派,有一个盛衰兴替的过程。它的产生可以追溯到19世纪70年代。20世纪初到30年代,是实用主义的鼎盛时期,其主要代表人物有美国的皮尔士、詹姆士、杜威,英国的席勒,意大利的帕皮尼等。但是,从30年代以后,它就逐渐衰落了,衰落的原因有三个:一个就是实用主义不能够和现代科学相联系,它不适应现代科学的发展。现代西方哲学,一般说来都是和一定的现代科学领域相联系的,总是利用某一个或某几个现代科学部门的成果作为其立足的根基。实用主义者也曾利用几个科学部门的科学成果,这主要是19世纪末20世纪初的生物学、进化论、心理学,社会学等等。但是,他们对20世纪以来的现代数学、现代物理学所取得的新进展,就比较缺乏素养,至少老

---

[*] 本文是根据作者1984年在总参政治部主办的"现代外国哲学思潮评论讲座"的记录稿整理的。载《现代外国哲学思潮评论讲座》,军事译文出版社,1985年。

实用主义者是这样。在现代科学迅速发展的条件下，它就显得落后了，同其他流派相比，就难免相形见绌。他们不像逻辑实证主义者那样，能够利用现代科学的成果，给自己的哲学穿上科学的外衣。另一个原因，就是实用主义，特别是詹姆士的实用主义，受到了实用主义以外的各家各派哲学家的激烈批评和攻击，还受到了哲学家以外的人们的批评和攻击，特别是在欧洲，人们总是把实用主义看成是美国商人的市侩哲学，而加以鄙视。第三，实用主义衰落也有政治上的原因。实用主义曾经被像墨索里尼这样的法西斯头子欣赏过，作为他的信条；另外，实用主义者如杜威和他的学生胡克积极充当过反马克思主义的斗士，许多国家的马克思主义者都曾大力批判实用主义。

30年代后，实用主义和逻辑实证主义逐渐融合，出现了一些新的变种，如莫利斯的指号学，路易斯的概念实用主义，蒯因等人的新实用主义或分析的实用主义等等。下面，主要对美国的几个实用主义代表人物的哲学思想作一些简单的评介。

一、皮尔士

皮尔士(1839-1914)是美国实用主义的创始人，但由于种种原因，他的很多著作生前没有发表，因此长期以来被人们忽视了。30年代以后皮尔士的著作陆续出版了，这些年来，人们对他的注意和研究甚至超过了詹姆士、杜威等人。

(一) 实用主义的意义理论

意义是现代西方哲学的一个非常重要的概念。皮尔士的实用主义主要是关于意义的理论。1878年，他写了一篇重要的论文，题目是《如何使我们的观念清楚明白》，他在这篇论文中提出实用主义的重要原则,主要是讲意义的问题。他说,实用主义不是一种世界观,而是为了使观念清楚明白的一种方法,一个观念的意义就在于我们所能观察到的这个观念所带来的实际结果,"为了确定一个概念的意义,我们应当考察一下,如果那个概念具有真实性,那么,可能会有什么实际的结果必然出现,这些结果的总和就构成这个概念的全部意义"。这就是皮尔士提出的实用主义原则,或者说是实用主义关于意义的理论。"结果"或"效果"是实用主义理论中一个非常重要的字眼。皮尔士举了一些例子来说明他的意义理论,比如硬和重这两个概念,他说:"把一个东西叫作硬的是什么意思呢?显然就是指这个东西不能被许多别的物体压缩掉。关于硬这个性质的概念的全部意义正像其性质的概念一样,就在于我们所能想象的它的那些效果。"说一个东西是硬的就是说好多物体来挤它挤不掉,来压它压不掉。这就是硬,这就是硬这个概念所表示的实际效果。什么叫重呢?就是说,如果一个东西没有相反的力支持它,那个东西就要落下来。这就是重,这个概念所可以想象、可以预期的实际结果,就是它的意义。皮尔士所讲的一个概念的效果可以是想象的,思想的,不一定是实际行动的结果。就是说,对一个概念,我们只要在原则上能设想它的效果,它就是有意义的,否则就是无意义的。这个观点跟后来逻辑实证主义的观点很相近。

(二) 符号学和认识论

皮尔士的认识论和他的符号学是紧密联系着的,符号学在他的认识论中占有极其重要的地位。什么叫符号?他说,凡是我们用来表示自己之外的对象的东西都可以叫作符号。语词就是一个符号,比如"三角形"这个词就是一个符号,它代表和指称的是一种几何图形。如何使用符号呢?皮尔士区别了三个方面的因素:一个是符号本身,另一个是符号的对象,再一个因素就是符号的解释。解释所用的词都是符号,就是用其他的符号来说明某个符号。在他看来,不仅语言、语词、句子等等是符号,而且它所代表的概念、观念也是符号。在我们的感性认识里面,知觉是被感知的对象的符号;在理性思维中,我们的概念、命题等等也是它们所指称的对象的符号。所谓真理,皮尔士认为就是符号跟它所代表的那个对象的符合。所以,他的真理观是一种"符合论",或者叫真理的符合说。在这一点上,皮尔士和詹姆士有所不同,詹姆士认为有用就是真理。皮尔士并不赞成这种实用主义的真理理论。皮尔士在认识论上区别了两类命题:一类是不可被驳斥的,必然是真的命题。他认为这类命题主要是纯数学命题。这类命题的真理性就在于永远不可能找到它的不适用的情形,它是放之四海而皆准的、绝对的。例如,三角形的三内角之和等于180°,这是绝对真的。他认为,纯数学讨论的对象是人自己想象的产物,不是客观物质世界的东西。就是说,纯数学的命题在现实世界里并没有所指,不表示任何实际的东西。也正因为这样,它的真理性才是绝对的。另一类命题就是所谓事实的命题。皮尔士认为,这一类命题是没有确实性的。对于这类命题,我们得不到绝对确实的知识。这一类命题包括科学的假设,还有哲学上关于实在的理论,用他的话讲,就是形而上学。他讲的形而上学,是指关于实在的本体论理论,不是与辩证法相对立意义上的形而上学。他说,科学的假设,不可能得到完全的证实,经验的证实只能给我们提供或然性的知识,不能提供必然性的知识。各种各样的科学知识,只能达到各种不同程度的或然性,不能得到绝对确实的知识。任何科学假设都可能有错误,皮尔士把这个观点叫作可误性原则。不过,皮尔士认为,经验虽然不能完全证明科学命题为真,却可以确定无疑地证明它为假。因为,你要完全证明一个科学命题为真,你就必须收集到无限多的事例,把过去、现在、将来一切地方的事例通通收集起来,才能完全证实一种科学的、普遍的命题,这是永远办不到的,所以永远达不到绝对确实的知识。但是,只要你发现了一个跟科学命题相矛盾的事例,你就可以把它否定掉。皮尔士这个观点和现在波普尔的所谓证伪原则很接近。皮尔士根据他的可误性原则指出,在科学上必须随时准备抛弃跟事实不相符的信念。皮尔士认为他的这个思想是反对独断论的。他认为在追求真理的时候,应当把绝对的、最后的真理仅仅当作一种理想的目标,这种目标是永远超出人的能力的,是永远达不到的。我们只能逐步趋近它,而永远达不到。他说对于人来讲,有三个东西是永远达不到的,一个是绝对的确实性,一个是绝对的精确性,一个是绝对的普遍性。这一点是一切实用主义者的共同特征,把真理看成都是相对的,把绝对和相对完全割裂,认为只有相对真理,没有绝对真理。

(三) 形而上学或本体论

虽然皮尔士讲过,实用主义将会向人们指出几乎每一个形而上学的本体论问题或者是没有意义的,或者是荒谬的,但实际上,他不仅没有排斥而且建立了自己的形而上学、本体论。他说形而上学是关于实在的科学,真正的形而上学必须建立在经验观察的基础上,要以经验为根据。他认为形而上学的基本范畴都是从经验来的,形而上学也可以说是一种"现象学"。他说,现象学是这样一种科学,它是按照现象本身的样子来思考现象,只是睁开眼睛来描述他所看到的东西。乍一听,似乎他所讲的现象学就是一种现象主义。现象学和现象主义不是一回事,现象主义一般是指哲学家认为我们所认识的只是事物的现象,而不能认识它的本质。皮尔士这里所说的现象学不是现象主义;他所说的描述现象,也不是描述直接的感觉经验,而是要探求包含在任何经验之中的不能再还原为别的东西的那些基本要素,研究一切现象的普遍的、本质的成分和范畴。他说这些范畴是实在的范畴,不仅是人们思维的范畴、逻辑的范畴,范畴是逻辑的原则,也是存在的原则,二者是一致的。

皮尔士认为范畴是普遍的、一般的，就是说每一个范畴都属于每一个现象，从另一个方面来说，每一个现象都归于每一个范畴。不过在特定的现象里面，这一个范畴可能比那一个范畴更重要。但是，范畴是一切现象所具有的，而且一切现象都归属于所有的范畴。那么究竟有哪些范畴呢？皮尔士认为归根结底有三大范畴，只要讲清了这三大范畴，就把世界的一切充分地把握了。这三大范畴分三级，第一级范畴就是所谓质的范畴，这个范畴包括了物理的和心理的各种各样的性质。皮尔士讲，这个质的范畴是宇宙普遍的特性，是无处不有的。每一个现象，每一个事实都有质。而且各种各样的质都是融合在一块的。比如视觉的质（大小、颜色），听觉的质（声音）等等，是融合在一起的。各种各样的质有秩序的联系在一起，构成了一个有秩序的系统，不是乱七八糟、一团混沌。第二级范畴是事实范畴。为什么叫事实范畴呢？皮尔士说，这是因为它包含着经验现象的盲目的事实性。所谓盲目的事实性就是对人具有一种反抗。用我们的话来说，就是不以人的意志为转移。他认为物质就属于这种范畴。第三级范畴，就是所谓规律的范畴，它不同于质的范畴和事实的范畴，但又与质的范畴和事实的范畴紧密联系，规律的范畴适用于质的范畴，也适用于事实的范畴。所以，他认为规律既有性质的规律，也有事实的规律。关于性质的规律，他举了一个例子，比如牛顿的三颜色混合律。关于事实的规律，他也举了一个例子，比如一点火星落入一桶火药中就会引起爆炸。这里有两个事实，一个是"一点火星落入一桶火药中"，另一个就是"引起爆炸"，规律就是把事实联系起来的中介。所以，他把第三级范畴也叫作中介范畴。皮尔士认为规律具有普遍性，因为它不仅仅适用于一切现有的事实，而且适用于一切可能的事实，规律并不是仅仅把现有的事实一个一个地联系起来，而是要超出现有事实的，它是要确定可能有的，将要发生的事实将有什么性质，不能简单地把它归结为现有事实的结合。

皮尔士的形而上学还包括他提出的一个宇宙论系统。皮尔士把自己的宇宙论称为进化的宇宙论。他认为宇宙是一个进化的过程，宇宙总是向更有理性、更复杂、更和谐的方向进化的。起初，宇宙还处于没有任何质的规定性的混沌状态，这时，宇宙没有任何规律，偶然性起支配作用。后来，宇宙逐渐进化，否定了原来的不确定状态，形成各种各样的质、事物，并且有了规律。宇宙进化的终极目标就是达到规律占统治地位，这时宇宙就进入了必然王国。皮尔士说，最初的偶然性王国和最后的必然性王国实际上是一种抽象。在现实世界里总是有偶然性存在的；在现实的世界里没有由纯粹规律统治的绝对状态。现实的宇宙是一个由偶然性向必然性逐渐进化的过程。

皮尔士把偶然性对世界的统治叫作偶然性原则。他认为，在现实世界里偶然性总是起作用的。但是，偶然性不是宇宙进化的动力，宇宙进化的动力是爱的原则。他所谓爱的原则就是事物之间互相吸引的性质。他说，除了以上两种原则外，还有一种起作用的原则叫作连续性原则。事物的进化总是连续而不断的，这就叫作连续性原则。

在心物关系问题上，皮尔士反对二元论观点。他认为物质不是处于绝对僵死的状态之中的，它只是一种麻木了的、僵化了的精神。物质与精神相比，它缺少一种高级的活动能力，但你不能说它是死的。皮尔士宣称自己的哲学是一种客观唯心主义，他不否认上帝的存在，认为他的宇宙进化论同上帝创世说没有矛盾。由上可见，皮尔士的进化的宇宙论带有某种泛神论色彩。

二、詹姆士

詹姆士(1842-1910)的实用主义是从皮尔士那里来的，但他的影响大大超过皮尔士。到了詹姆士，实用主义才真正形成一个大的哲学运动。

(一) 实用主义从意义论到真理论

詹姆士认为,实用主义最初是一种解决形而上学争论的方法。那么,实用主义是怎样解决争论的呢?詹姆士说,必须考察争论双方的理论带来的实际结果,如果两种理论带来的实际结果没有多大差别,那就说明这两种理论没有什么不同,他们的争论就是纯粹字眼的争论,继续争论下去就是没有意义的。在这里,詹姆士所说的解决争论的方法,显然就是皮尔士所说的确定意义的方法。这一点,詹姆士也是承认的,他在1881年出版的《信仰意志》一书中讲:如果关于某物的两个表面上不同的定义被发现为具有相同的结果,那么,它们实际上就是同一个定义。1907年他在《实用主义》一书中讲到关于意义理论时也说:要使我们关于一个对象的思想完全清楚明白,只需要考察一下这个对象可能包含什么可以想象的实际结果,我们可能从这个对象中得到什么感觉以及我们必须准备作出什么反应。因此,对我们来说,那个概念所具有的意义就是我们关于这些效果(不管是直接的还是间接的)的概念。这些话几乎就是重复皮尔士关于意义的理论。但是,这不是说詹姆士的理论同皮尔士的理论没有任何区别。因为,詹姆士的实用主义不仅是一种关于意义的理论,而且是一种关于真理的理论。在这一点上,詹姆士和皮尔士发生了很大分歧,皮尔士对此感到非常恼火。为了表示他和詹姆士的区别,后来,他把自己的实用主义理论改名为"实效主义"(Pragmaticism)。那么,詹姆士的真理论的要点是什么呢?首先,它激烈反对唯物主义的反映论和真理观,否认真理是与外界事物的符合。他说,在任何情形之下,真理都不必是我们的经验同原型(客观对象)之间的关系构成的。真理纯粹是主观经验范围之内的事情。具体的说,真理就是我们的这一部分经验和另一部分经验的关系。他所说的这一部分经验就是指我们具有的观念、信念;另一部分经验就是指从这些观念、信念出发所达到的实际效果。

真理就是这一部分经验与另一部分经验之间的一种圆满的关系,也就是我们的观念、信念所带来的实际效果使得我们对原来的观念、信念感到满意、感到方便、感到有用。所以,詹姆士讲,真理只是我们思想方面方便的东西,真理就是经验中各种确定的有效验价值的东西的统称。只要对我们是有利的,就是真实的。客观真理是没有的,纯粹的客观真理在任何地方都找不到。真理作为对我们有利的、有效的、方便的工具,完全是人造出来的。所以,真理仅仅是对人有用的东西。也可以反过来说,有用的就是真理。詹姆士讲,因为一个观念是有用的,所以它是真的,或者说它是真的,因为它是有用的。这两句话的意义是一样的。其实,这两句话意义并不一样。马克思主义者认为真理是有用的,因为它符合客观实际,能够指导我们进行革命斗争和建设。但是,不能反过来说,有用的就是真理。因为,各种谎言、宗教迷信对于反动阶级来说也是有用的,但它不是真理。詹姆士确确实实认为凡是对他有用的都可以宣布为真理,明明是荒谬的迷信,如上帝存在,灵魂不死等等,就其对我们的生活有好处而言,它们就是真的。他说,根据实用主义的原则,如果上帝的假设在最广泛的意义上圆满地有效验,它就是真的。

(二) 彻底的经验主义

詹姆士把自己的实用主义叫作彻底的经验主义。为什么说是彻底的呢?他说他的实用主义是由三个要素构成的。首先是一个假设,其次是一个事实的论断,最后是一个概括的结论。一个假定是说,只有可以用来自经验的语词来定义的那些事物,才是哲学家们可以讨论的。凡是超越了一切可能经验的那些东西,也就超出了哲学的范围,经验以外的东西是不许谈的。一个事实的论断是说,关系和互相关联的事物,都是经验的对象,事物之间的关系跟一个一个的事物一样都是经验的对象。一个概括的结论是说,可知的世界具有一个连续的结构,也就是说世界不是仅仅由只能通过一些外加的范畴而联系起来的东西构成的。这三个要素是联系在一起的,关键在于对他所讲的经验的理解。詹姆士告诉我们,他所谓的经验跟我们通常所说的感觉经验不是一回事,跟贝克莱、休谟所讲的经验也有区别。他说贝克莱、休谟所讲的经验有一个缺点,就是不够彻底。因为,他们所讲的经验只是一个一个孤立的感觉,或者是一束感觉。他们不承认经验之间的关系也是经验的内容,而詹姆士则强调要把关系也看成经验的内容。他认为这就修正了贝克莱、休谟的古典经验论,把经验论贯彻到底了,所以是彻底的经验论。所谓把关系也看作是经验,也就是说经验不是孤立的、支离破碎的感觉,而是一个连续不断的感觉流,用他的词来讲就是意识流。他把这种感觉流、意识流叫作纯经验。这种纯粹的经验究竟是什么?他告诉我们,这是一个混沌不分的,纯粹的意识状态,只有新生婴儿和被打昏过去的人才有这种经验,不是正常人所有的。在纯粹的经验里,没有主观与客观、心与物、对象与意识之分。他说,在这个意义上,纯粹的经验是一元论的,也就是分不清心和物、对象和意识。这就是他的经验一元论。他说,这种混沌不分的经验是世界的原始材料,世界的一切事物都是由这种纯粹经验构成的。由此,他作出了一个唯心主义结论:一切实在的源泉和基础都是这种纯经验。这种纯经验作为混沌不分的东西,既不是物理的,也不是心理的;既不是意识,也不是对象;既不是主观的,也不是客观的,而是一种超乎心物,主客之上的中立的要素。这种观点很接近于马赫。他的这种观点也叫作中立一元论,他认为提出了中立一元论,就可以超越唯物主义和唯心主义了。这个观点在英国和美国都有相当大的影响。美国许多新实在论者尽管批评詹姆士的其他观点,但是接受了他的中立一元论观点。英国哲学家罗素,在一段时间内,也相信他的非心非物的中立一元论。詹姆士讲所谓世界的连续结构就是讲所谓连续不断、不可分辨的意识之流。他把这个经验主义贯彻到底,就把理性、逻辑通通否定掉了。詹姆士非常厌恶逻辑,他认为,对于逻辑我们必须坚决果断地加以抛弃。可见,他的经验主义,带有明显的非理性主义的色彩。他的非理性主义也是和唯意志论联系在一起的,他讲,纯粹的经验是非心非物的,那么,人怎样把它区别开来呢?这就靠意志,就是靠人的意志把原始的经验塑造成什么样的事物,什么样的东西。世界上事物的区分是由人的意志去把它区分开来的,是根据人的意志的选择去创造出来的,去雕塑出来的。他说好比人们在大理石上雕刻一样,人的意志想雕刻什么就雕刻什么。后来,胡适在中国也拼命鼓吹这种观点,说历史是一个百依百顺的女孩子,任人给她打扮,人的意志想把她打扮成什么模样,她就是个什么模样。这是典型的唯意志论。

三、杜威

杜威(1859-1952)的著作很多,他的哲学思想过去在中国传播比较多。这里只从两个方面谈一下,不多做介绍。

(一) 自然主义的经验主义

杜威的经验主义是主观唯心主义的经验论,他把自己的哲学称作自然主义的经验主义。

杜威认为,唯物论和唯心论,都割裂了心和物、意识和对象的关系,把心和物、意识和对象变成了两种互相对立的东西,结果就使人们无法谈论认识,导致了不可知论。因此,他把唯物主义和唯心主义都称作二元论。为了"纠正"二元论的错误,他认为必须把主体和客体、经验和自然重新统一起来,变成一个连续的统一体。这是杜威全部哲学的出发点。杜威认为经验和自然是联系在一块儿的,他所谓经验和自然联系的实质就是取消经验和自然的差别,用经验吞并自然,把自然也变成经验。他的经验是无所不包的。其中不但包括人们做什么、追求什么、爱什么、坚持什么、怎样活动等等,而且还包括一切被经验到的东西,如土地、种子、庄稼、日夜春秋、干湿冷热等等。总之,经验包括经验的过程和经验的对象。杜威认为,这样一来,就克服了把心和物、意识和对象割裂开来的"二元论"的错误。杜威在讲经验时,企图避免给人以主观主义的印象,而极力把经验说成是非主体的经验,他说:好像下雨一样,不能说谁下的雨。我们只能说发生了经验,出现了经验,不能说是谁的经验。

(二) 工具主义

工具主义是杜威牌子的实用主义,它的突出特点是强调真理、思想、知识的工具性,认为这些都是人们行动的工具。他说,人也是一种适应环境的动物。人不同于动物的地方是他适应环境的能力更高些,更强些。人的全部活动是一种刺激性的反应活动,思想是这种活动的一部分,是刺激反应活动的一种高级形式,思想归根到底是人们适应环境的工具。杜威自称,他的认识论是经验主义的,思想认识从经验开始,又要回到经验。但是,他又说自己的经验论与传统的经验论是不同的,过去的经验论是一种静观的认识论,没有强调人的行动(即实践)的作用,而讲认识不能撇开行动。他认为,认识的过程是从非理智(认知)的经验到理智的经验的过程。在这个过程里,思想、观念等等都是人对自然作出反应的工具。一切科学概念、理论都是人适应环境的有用工具。科学概念都是为了满足人的一定要求,为了调节和控制最初的非理智的经验而创造出来的人为的工具。他特别攻击唯物主义的反映论。他说,有人认为思维可以揭示出事物的内部实在(本质),这是可笑的。因为科学概念是人们为了实现自己的利益而创造出来的,比如化学揭示了水是由氢二氧一构成的,但这个命题并不反映水的本质,而是人们为了在日常生活中增加控制使用水的力量而构造出来的。

从上述观点出发,杜威提出了他的实用主义的真理观。他说:既然一切科学概念、理论都是工具,那么它的真假就不决定于它是否反映客观实在了,而是决定于它是否很好地达到了它所要达到的目的,它是不是能够使我取得成功的手段。所以,他得出结论说:用之有效的假设,便是真的。杜威把工具主义的真理观运用到逻辑,就是他所谓"实验逻辑",逻辑是否有效,就看它能否带来成功的结果。由此出发,杜威虽然否认有先天的逻辑真理,但是认为逻辑法则、规律是人们在适应环境的过程中创造出来的,因此不具有客观性。

四、路易斯

路易斯(1883-1964)是美国本世纪 30 年代以后很有影响的哲学家,他把自己的实用主义称为"概念的实用主义"。

路易斯写过很多书,过去国内没有介绍过。他的特点是吸收了一些逻辑实证主义的思想。路易斯同詹姆士和杜威不同,他是一个数理逻辑学家,模态逻辑就是他创立的,他非常重视逻辑以及概念、范畴的作用。路易斯哲学的主要部分是认识论,他对知识的看法是实用主义的。他认为,人们认识的目的就在于行动,人们的思想是与行动相联系的,如果人们不必要行动就不会进行思考。为认识所指导的行动不过是人们适应环境的一种反应。他说,没有适应环境的行动,我们的认识便不会发生。路易斯明确地指出,知识是实用的功利主义的,知识的价值不在于知识的本身,而在于他能够对人的生活、行为发挥作用。具体说,知识的作用是它对未来经验的推测,从而得到我们认为有价值的东西。

那么,什么是知识呢?路易斯说,严格意义上的知识应该包含三个方面的因素,一是知识应有真假之分;二是知识不是仅仅限制在眼前经验的,而应当能够表示超出当前经验的东西;三是知识应当有理性根据,有确实性。路易斯认为,真正包含这三种要素的严格意义上的知识,实际上是找不到的,我们现有的知识都不能完全具备这三种因素,而只能具备其中的一个或两个要素。他把我们实际上具有的知识分为三个类型。

第一类知识是直接经验。他认为这一类知识具有确实性,很可靠,但缺乏理性根据,无法判断其真假。比如,我们看到一根木棍在水里是弯曲的,你就不能说这个感觉是真的还是假的。因为,你的感觉是一个事实,是无法校正的,即使你知道了实际上木棍是直的。所以,第一类知识不是严格意义上的知识。

第二类知识是分析判断。所谓分析判断就是指谓词的概念已包含在主词里面。例如:"物体是有广延的东西"是一个分析判断。因为,"广延"这个属性已经包含在"物体"这个主词里面,现在只不过把主词中的含义分析出来而已。所以,分析判断实际上是一个重言式。路易斯认为,分析判断是确实的,有理性根据的,它是一种先天真理。数学命题、逻辑命题,就属于分析判断的知识。但这种知识不能对现实经验有任何论断,所以,它也不是严格意义上的知识。

第三类知识是经验知识。路易斯认为,经验知识是由两个因素构成的。一个因素是感觉材料,另一个因素是思维的形式(概念、范畴)。这一类知识有真假之分,可以超出直接当下的经验。自然科学就是这种经验知识。但是,经验知识也有缺点,它没有完全的确实性,他认为,经验知识是对经验的事实作出的判断,不可能达到完全的确实性,它只能提供或然性的知识。但路易斯又认为,经验知识是非常重要的。因为,它确实提供了关于经验事实的知识。同时他受到康德关于先天范畴理论的影响,也认为人有一些先天的概念、范畴。当人们用这些先天的概念、范畴去整理直接的感觉材料时,就构成经验知识。先天的范畴代表了人心的一种创造性活动,是人心把先天的范畴加之于经验,使感觉材料秩序化,这就形成了知识。没有人心提供的一种秩序化的因素,知识便不可能形成。路易斯认为,不仅知识是这样构成的,实在、事实也是这样构成的,知识的成立与实在的成立是一回事。这个观点来自康德。但路易斯讲的概念、范畴与康德有所不同。康德的先天范畴是固定不变的,而路易斯认为,当先天的范畴加之于经验,形成经验知识时,我们对概念、范畴有选择的自由。经验材料对于我们来说是被动接受的,是被给予的,不能选择的,但概念、范畴是可以选择的,所以,由之构成的经验命题是可以改变的。如哥白尼的日心说代替托勒密的地心说,就是概念、范畴的变化,就是我们对先天范畴的不同选择。他说,即使像逻辑法则那样的概念范畴,看起来很稳定,其实我们也可以根据实际需要作出不同的选择。路易斯讲实用主义,主要是讲概念的实用性,对概念、范畴可以根据人们利益和需要,根据实用的理由作出选择。所以,他的实用主义叫作概念的实用主义。

五、蒯因

蒯因(1908-2000)是二次世界大战后,美国著名的数理逻辑学家,极有影响的哲学家。他把逻辑实证主义与实用主义结合起来,提出了所谓"新实用主义"或"分析的实用主义"。

(一) 论存在——本体论的许诺

蒯因的哲学思想虽然受逻辑实证主义的影响,但是,他并不像逻辑实证主义者那样完全排斥对本体论或"形而上学"问题的研究。蒯因认为本体论就是讨论世界上有些什么事物存在,存在的涵义是什么等等问题。他说本体论的问题简单得出奇,我们可以用几个字来表示,"何物存在"? 也可以用一个词来回答,就是:"一切!"但问题的关键是究竟哪些事物是存在的呢? 在回答这些问题时,人们就众说纷纭了。蒯因告诉我们,在讨论本体论问题时,应注意区别两个不同的问题:一个是,何物存在;另一个是,我们说何物存在。我们说何物存在的问题,也就是本体论的许诺问题。蒯因认为,一切理论系统都必然要作出本体论的许诺。因为要建立任何一种理论系统都必须假定某种存在、某些对象。比如物理学家讲有电子、原子,而电子、原子是在时空中的物理的东西,这就是在本体论上许诺了物理的东西的存在;动物学家讲有些动物的种是杂交出来的,当他这样讲的时候,就是对种的存在作了本体论的许诺;数学家讲有素数、有理数、无理数、正数、负数等等,这也就是在本体论上许诺了数这种抽象物的存在。总之,蒯因认为,任何理论系统都要作本体论的许诺。但并不是任何理论所作的许诺都是正确的,被许诺的存在与实际的存在不一定是一回事,问题是如何区分正确的许诺与错误的许诺,这是一个要害的问题。这个问题的实质就是世界上实际究竟存在哪些东西的问题。蒯因对这个问题所采取的是实用主义的解决方法。他认为采取一种本体论和采取一种科学理论是一样的。采取一种科学理论就是采取一种最简单的概念结构,把杂乱的、支离破碎的那些原始经验材料调整、组织起来,这样就把原始的经验材料简单化了。简化的原则就是马赫的"思维经济原则",这是构成概念系统的指导原则。科学是这样,本体论也是这样。本体论的理论是一种能够最广泛地包容科学的普遍的概念结构,在这个结构里面被假定为存在的对象或我们对它的存在作出了许诺的对象,都是为了把经验材料的解释加以简化而提出来的,都是方便的虚构。本体论问题和科学问题是相同的,都不是事实问题,而是一个选择方便的语言形式、选择一个方便的概念体系的问题。关于何物存在的问题,归根到底是选择一个简单、方便的概念体系的问题。所以在本体论问题上并没有一个区分正确与错误的客观标准,一切以是否简单、方便为转移,最简单、最方便的概念体系就是最好的体系。凡是在这个最简单、最方便的体系中被许诺了的东西,就可以说是实在存在的。那么,蒯因自己在本体论上许诺了什么存在呢?他在一次谈话中说:"我认为物理对象是实在的,是在我们之外,独立于我们而存在着的。但我并不认为存在的只是这些物理对象,存在的还有抽象的对象,比如数学对象,这也是一个完满的世界体系所需要的。但我不承认心灵的存在。所谓心灵或心理实体不过是物理对象——人格的属性和活动。"基于这种观点,他甚至宣称,"我是站在唯物主义一边的。"蒯因讲的物理对象指的是日常生活中所接触的物理对象和物理学所研究的微观物理对象。他虽然说这种物理对象是独立于人而存在的,但是,他又认为,物理对象是假定的存在物,它们使我们对经验的解释圆满简化,是一种方便的手段、不能简约的假定。从认识论的角度讲,物理学上假定的存在同荷马史诗中的诸神一样,都是一种方便的假定。他说:"作为一个非专业物理学家,我相信物理对象而不相信诸神,而且我认为不这样相信是科学上的错误。但是,就认识论的立足点而言,物理对象和荷马史诗中的诸神只是程度的不同,而不是种类的不同。物理对象的假定的优点在于解释我们的经验材料更为有效。"总之,物理对象都是一种假定的存在物。由此可见,蒯因并不是一个唯物主义者。蒯因认为有两类抽象的对象,一类是数学的对象,另一类就是"类"或"集合"。抽象的对象是非物质的,但也不是心理的东西。他认为许诺数和类的存在的理由是根据它们对于自然科学所作的间接的贡献,也就是说自然科学需要它们。还有一类对象蒯因对它的存在没有作出许诺,这就是心灵或心理实体。他把心理活动、心理现象例如人的希望、情感、意志、思想通通归结为人体内发生的微观的、看不到的物理变化过程。显然，蒯因这个观点是机械论的观点。但是，他自我辩解说，他并不否认意识的存在，但应该把它分析为、解释为物理对象方面的活动。之所以这样做，是为了保持物理世界封闭统一的性质。

（二）论知识——实用主义和整体主义

蒯因明确反对唯物主义反映论。他说，"作为一个经验论者，我继续把科学的概念系统看作是根本上根据过去的经验来预测未来的经验的工具"。他认为我们不可能把概念系统和没有概念化的实在客观地加以比较，讨论概念是否符合实在是没有意义的。他说，我们评价概念系统的标准，决不是它是否与实在符合、一致的实在论标准，而是实用的标准。概念和语言的目的就在于交流和预测上的有效性。他说，这也就是语言、科学和哲学的根本职责。对一个概念系统归根到底要跟这种职责联系起来加以评价。他说，科学要选择一种方便的概念系统，主要标志就是它的简单性。一个科学理论之所以有用，原因之一就在于它的简单性，在一个跟观察语句相符合的理论中，简化是我们所能要求的对真理的最好证明。

认为科学的理论是用来组织和解释经验的方便的表达形式，这是一种实用主义的知识观。

在认识论问题上，蒯因的观点也和逻辑实证主义的观点有所不同，而且对逻辑实证主义提出了某些批评。蒯因反对逻辑实证主义关于分析命题和综合命题之分。分析命题和综合命题之分是逻辑实证主义者继承了休谟的"两种知识说"，并吸收了康德的术语而提出来的。逻辑实证主义认为分析命题是先天的、必然的，它的真假决定于命题包含的语词的意义。它并不陈述事实，只是一种同语反复。逻辑和数学的命题就属于这一类知识。综合命题是经验的或然的知识,它的真假取决于经验的证实。逻辑实证主义认为各门自然科学的命题就属于这一类知识。蒯因认为,这种区分是缺乏根据的,是逻辑实证主义经验论内部的一个矛盾,彻底的经验主义应该承认一切知识都来自经验,因而承认有所谓独立于经验的先天的分析知识,是对经验主义原则的一个否定,是经验论者的一个非经验的"教条"。逻辑实证主义认为分析命题的真假在于语词的含义,但这一点并不足以证明这种命题的真假是先天的。例如"所有的单身汉都是未婚的"这样一个命题,根据"单身汉"的定义就可以指出命题是真的。因为,"单身汉"按定义来讲,就是未婚的男子。但这并不能说明命题的先天性。因为这个定义是从经验中得来的。蒯因说,定义的编撰人是一位经验科学家,他的任务是把已经发生的事实记录下来。他把"单身汉"定义为未婚男子是因为他相信编撰这条定义之前这个词已经被人们在同一意义上使用。所以,这个定义不是编撰人先天的规定,而是经验的结果。而且,一切分析命题(包括逻辑和数学)作为整个知识的一部分,其真假归根结底也要受经验的检验。逻辑实证主义强调把科学知识分析成许多最简单的基本单元——记录语句(直接报导观察材料的语句),认为一切有意义的陈述都必须是可以翻译、还原、转换成这种直接经验陈述的。经过这种翻译、转换、还原才谈得上证实。根据这种看法,我们的科学知识就是还原、分解为一个个单独经验的陈述,去接受经验的检验。所以,只有综合命题才谈得上经验检验,而分析命题与经验事实无关,所以不存在经验的检验问题。蒯因认为这种还原是错误的,我们不能把科学知识看作一个个孤立的命题,而必须把科学知识看作一个整体。有经验意义的知识单元不是一个个命题,而是整个科学。接受经验检验的是全部科学的整体,分析命题也包括在这个整体之内去接受经验的检验。蒯因认为,我们的知识是一个人工构造物,这个构造物的边沿直接与经验事实打交道。

核心是逻辑、数学等抽象知识,边沿部分是直接观察的陈述,中间部分是自然科学的普遍规律。蒯因又把整个科学比喻为一个力场。力场的边界条件是经验,在场的周围与经验的冲突,引起场内部的再调整。当我们发现了一种跟我们的某个命题有矛盾的经验事实的时候,就会引起我们对科学命题进行调整。这个科学整体的各个陈述是互相联系的,某些陈述被发现跟经验事实有矛盾,就要作某些改变。但是,这是一个很缓慢的过程,通常不是所有的命题一下子都发生改变。通常总是处于力场边沿的直接观察命题首先发生改变,随后才可能有整体内部的其他跟经验事实距离比较远的那些陈述发生改变,最后,也可能使跟经验事实距离最远的那些逻辑原则、数学公理发生变化。但是这只是问题的一个方面,问题的另一方面是,他认为科学作为一个整体来接受经验检验的时候,科学内部的调整和修正并不是相应于每一个经验的冲击而作出的纯然被动的反应,而是一个自由选择的活动。他说:"边界条件(经验)对整个场的限制并不充分,因而对哪些陈述要根据某一单个的相反经验来加以重新评价是有很大的选择自由的。"这就是说,对科学整体各个命题的调整、修正的标准并不是跟经验的符合,而是根据实用的要求所作的选择。他说,即使一个跟经验联系很近的陈述与经验事实相矛盾,我们也不一定马上去判定它是假的而否定它,只要我们果断地调整科学整体的其他部分,也仍然可以坚持这个陈述是真的。这就是蒯因的整体主义知识观。

* * * * *

从以上简要的评介中,我们可以看到,各个实用主义者的思想虽不尽一致,但就其主流来看,实用主义哲学无疑是一种唯心主义的经验论。实用主义者否定经验的客观来源和客观内容,宣称经验是无所不包的唯一的存在,或者把一切实在都说成是由经验加概念构成的,或者认为一切对象都是用以组织经验的方便的假定。显然,实用主义的这种思想渊源于巴克莱、休谟的唯心主义经验论,是它的一个现代的变种。但是,实用主义又有其区别于以往哲学和现代其他哲学流派的一些特征,其中最突出的是它对知识的功利主义态度。

实用主义者反对为知识而知识,认为知识的目的和价值在于它对人的生活实践的效用。但是他们把知识的目的和价值同知识的本质混为一谈,认为知识之为知识就在于它对人具有功利或效用的价值,而否认知识是对于客观实在的反映,否认知识的效用性恰恰须以知识对客观世界的正确反映为前提。

实用主义者反对所谓静观的哲学,强调必须根据实践的效果去把握观念的意义,去确定知识的真理性。在西方很有些人把实用主义关于实践效果的说法同马克思主义等量齐观,甚至把马克思主义也说成是一种实用主义,这是非常错误的,因为事实上,这二者有着本质的区别。

第一,马克思主义所说的实践是指人改造世界的社会的活动,这种活动的过程和结果都是客观的,不以人的意志为转移的。实用主义者所谓实践则主要是指个人适应和应付环境的行动,同时又是人按照自己的意志随意塑造现实的行动。这种行动及其效果都是他们所讲的经验的一部分,是纯然主观的,并不具有客观性。

第二,马克思主义承认,要给一个事物下定义,要把握关于事物的观念的意义,应当把实践的因素、把人对事物的实践的关系包括进来。列宁说:"必须把人的全部实践……包括到事物的完满的'定义'中去。"[①]但是,实践的因素必须同事物自身的属性相联系才能给事物以客观的"定义",才能确定关于事物的观念的意义。实用主义的意义理论则把一个观念的意义完全归结为或等同于感觉到的或可能感觉到的

---

① 《列宁选集》,第 4 卷,第 453 页。

效果,而把客观对象及其属性抛置不顾,因而只能是对观念意义的一种主观的规定。

第三,马克思主义认为,实践是检验真理的标准,因为只有实践才是主观见之于客观的东西,是把主观和客观联系起来的纽带。实践本身是一个客观的过程,实践的结果对于人的观念、思想的检验具有客观的意义,列宁说:"在唯物主义者看来,人类实践的'成功'证明着我们的表象和我们所感知的事物的客观本性的符合。"① 与此相反,实用主义者所讲的实践效果则仅仅是指对我有利有用,使我的主观愿望和意图能以得逞的东西,正如列宁所说:"在唯我论者看来,'成功'是我在实践中所需要的一切。"② 因此,对实用主义者来说,凡是能够满足我的需要、在实践中用之有效的东西就是真的,客观的真理是没有的。

实用主义作为一个大的哲学思潮早已衰落了,但是,它在现代哲学中的影响是很大的、不容忽视的。在中国,实用主义也曾有所流行,而且发生过很大的影响。早在"五四"运动时期,当马克思主义开始传入中国的时候,胡适就在中国传播实用主义,并把杜威请来中国讲学,反对马克思主义。胡适大肆宣扬有用就是真理,真理是人造的工具,攻击马克思主义是空谈,否认马克思主义是普遍的客观的真理,提出"少谈些主义,多研究些问题"的口号,反对用革命的方式解决中国问题,鼓吹一点一滴的社会改良。伟大的共产主义先驱者李大钊同志曾对胡适的这套实用主义论调做过有力的批判。后来有些人觉得胡适的政治色彩太浓,名声不好,而且把杜威的实用主义的工具论讲过了头,把它歪曲成为方便主义。因此他们想把实用主义同胡适分开,从而为实用主义辩护,他们攻击马克思主义者对胡适的批判,"一笔抹杀了"实用主义,

---

① 《列宁全集》,第14卷,第139页。
② 同上。

是"偏狭浅薄"的见解。但是,任何辩护都未能挽回实用主义的颓局,从30年代以后,在中国哲学家中已很少有人继续信奉实用主义而是多已转向其他西方哲学流派了。解放以后,马克思主义在中国思想界确立了领导的地位,我们对实用主义曾经展开进一步的批判,但是当时所批判的主要还是胡适、杜威、詹姆士的思想,而对于其他实用主义者的观点则几乎不曾涉及。因此,对实用主义这一哲学思潮进行全面的、深入的研究、分析和批判仍然是有待我们继续努力去做的一项工作。

杜威关于语言和意义的理论*

杜威在许多著作中都讨论了语言问题,阐述了他的语言哲学思想。他的这些思想在现代语言哲学的发展中占有重要的地位,虽然人们迄今还没有对这些思想的价值和意义做出充分的估计和评定。本文无意对杜威的语言哲学做全面而详尽的讨论,而仅就其若干重要观点试略加评述,以期引起读者的注意,促进学者更深入的研究。

一

杜威关于语言的理论被称为"自然主义的言语观"。① 所谓自然主义是指杜威把自然、社会、历史融为统一的经验整体的那种"经验自然主义"或"自然经验主义",而不是说从纯粹自然的观点考察语言,杜威的自然主义语言观的基本出发点恰恰在于他极力强调语言的社会性而反对把语言看作纯粹自然的产物。

杜威说:"语言是社会的产物和活动。"②有过种种关于语言起源的理论,例如摹声说(认为语言是摹仿自然声音如鸟鸣、狗吠、雷声等而产

---

* 此文是为现代外国哲学学会1988年年会撰写的论文,载于《重新研究实用主义》四川师范大学现代外国哲学学会编印,2001年。
① 蒯因:《本体论的相对性及其他论文集》,剑桥大学出版社,1969年,第26页。
② 杜威:《经验和自然》,欧本寇特出版公司,1925年,第173页。

生的)、本能说(认为语言起源于原始人对外部事物的口腔发声反应,他们发出的声音与外部事物有一种自然的相符相应的关系)、感叹说(把语言的起源归之于表达感情的各种感叹词)等等,杜威认为,它们有一个共同的缺陷,就是忽视了语言的社会性。这些理论其实并不是语言起源的理论,它们只是说明某些声音如何和为何比别的声音更能被选择来指示对象、行动和状况。如果仅仅这类声音的存在就构成语言,那么低等动物也许会比人更灵巧流利地谈话了。但是,杜威说:"这些声音只有在相互协助、相互指引的背景中被使用时才变成语言。"在考察语言的起源上,唯有这一点是"具有头等重要意义"的。①

杜威指出,一个动物发出的某种声音或动作可以刺激其他动物,引起某种特定的反应,我们也可以称之为"信号行为"。但是这种信号行为"还不是语言也不是语言的充足条件",而只是"语言的基本材料"、"语言的物质条件"。② 一个动物对某种声音的反应是通过习惯形成的条件反射对一直接刺激物做出的反应。人则不同,他是把别人发出的声音作为某种事物或事件的"符号"(sign)从而对其意义做出反应的。可以说,动物的活动是"自我中心的",它对某种声音刺激的回答止于自身机体的反应,而不与发出声音刺激的对方发生任何意义的交流。反之,人类的活动是"共同参与的",其中有言者和听者双方共同参加,而声音在这里是作为一种有意义的符号成为双方相互交流的媒介或手段,在杜威看来,"这是语言或符号的本质特征"。③

因此,杜威说,语言的"核心"是"交流"(或交际,communication),是"在有同伴参加的活动中建立协作",④所谓交流,也就是人们之间的

---

① 杜威:《经验和自然》,欧本寇特出版公司,1925年,第175-176页。
② 同上书,第177页。
③ 同上书,第177-178页。
④ 同上书,第179页。

一种相互作用,语言是人们即言者和听者"相互作用的一种方式","它以这些人所归属并从之获得其言语习惯的有组织群体为前提",①即以人们生活于其间的社会为前提。没有人与人之间的相互作用,没有人们共同参与的协作和交流活动,没有人们共同组成的社会,就没有也不可能有语言。语言总是社会的,而不可能是孤立个人的固有物。事实上,脱离社会而孑然独存的个人根本就不存在,所谓个人如何变成社会性的,乃是一个"异常荒谬"的问题。同样,设想有一种个人私有的语言或独白也是荒谬的,"独白是同他人交谈的产物和映现;社会交流却不是独白的结果。如果我们不曾与他人谈过话,他人也不曾与我们谈过话,我们就决不会对我们自己谈话,与我们自己谈话"。②

人们不大理解语言的社会性,是因为人们往往只看到语言是由物质的材料(说的声音、写的文字)构成的,而看不到语言是一种二重性的存在物,它既有其物质的自然的属性,又有其社会的属性,即体现着人类社会交流的关系。杜威说,语词就如钱币一样。金银和各种信用手段在成为钱币之前首先是一些具有其自身的直接性质的物理的东西,但是"作为货币它们就是体现着关系的代替物、代表物和代用品",即体现着商品交换的关系。作为这种关系的体现者或代表物,"货币不仅促进了在使用它之前就已存在的商品交换,而且也使一切商品的生产和消费产生了革命,因为它产生了新的交易,形成了新的历史和事务。交换不是一个可以孤立存在的事件。它标志着生产和消费出现了一种新的媒介和联系,在这里它们获得了一些新的特性"。③ 同样,声音等物理的东西只是在体现着社会交流的关系时才成为语言,语言反过来又大大促进人类的社会交流。它"不仅仅是在人类相互作用中节省力量

---

① 杜威:《经验和自然》,欧本窦特出版公司,1925年,第174-179页。
② 同上书,第179页。
③ 同上书,第174-179页。

的一种手段",而且是"参与到这种相互作用中的力量的释放和扩大,赋予它们以附加的意义的性质"。这种意义的性质扩展和转移到自然界的一切事物。一切事物、一切事件都可有语言符号为之表达,亦即具有了"可交流的意义","它们不仅仅是发生的事情,它们是有意义的"。[①]杜威说:"在有交流存在的地方,事物就获得了意义,从而也就有了代表物、代用品:符号和内蕴,它们较之原初状态的事件无限地更服从支配,更持久和更适用。"[②]

二

语言之为社会交流的手段,是因为语言是一种具有意义的符号。意义是语言哲学的一个核心概念,也是杜威语言理论中着重阐述的一个问题。

杜威批评了两种传统的意义理论。一种是"实在论"的观点,认为语词的意义即其所指的事物,或者认为意义是事物固有的自然属性,乃至认为意义是一种独立自存的实体,因而这个观点认为"语言的结构就是事物的结构",命题的主词和谓词的结构与事物的实体和属性的系统相一致,"事物自然而精确地符合于语言的各个部分"。杜威认为,持这种观点的哲学家没有看到:"意义作为思想的对象只是因为它们不是原本固有的东西,而是一个复杂的历史的巧妙产物,才有权利被称为完全的*究极的意义*。"[③]另一种意义理论是近代经验论的观点,认为语词的意义即其表达的观念,认为意义是一种心理的东西,因而把语言看作"一个与物质的空间的存在分离的世界,由感觉、映象、情感构成的独

---

① 杜威:《经验和自然》,欧本寇特出版公司,1925年,第173-174页。
② 同上书,第174页。
③ 同上书,第166页。

立的世界"。这是一种内省派的观点,"内省派认为自己遁入了一个与其他事件不同种类的由心理材料构成的完全私有的事件领域"。[①] 杜威认为,这种观点"导致主观主义、唯我主义和利己主义的思想倾向",[②] 作为社会交流手段的语言符号的意义决不是"私有的"、"个人的东西",[③] "认为意义是私有的,是幽灵式的心理存在的一种特性,是错误的"。[④]

杜威认为,意义"首先是行为的一种性质,其次是对象的一种性质"。[⑤] 所谓行为就是社会交流的行为、"协作的行为";所谓对象的性质不是仅指事物的自然属性,而是指在人的社会活动中事物对于人所具有的性能。因此,意义是在人的社会活动中获得的,既体现着人和人的关系,也体现着人和物的关系。杜威说:语言符号的意义"永远包含着人和对象间的某种共同的东西。当我们把意义作为说话者的意图而归之于他时,我们就假定了参加实施这一意图的另一个人,也假定了独立于这些人并被用以实现这一意图的事物。人和事物必然同样在一个共同参与的结果中起手段的作用。这个共同参与的社会活动就是意义。"

三

杜威认为,人的社会活动就是在互相交流和协作中利用各种对象作为工具、手段以达到一定的目的。一切对象(包括日常生活和科学的

---

① 杜威:《经验和自然》,欧本寇特出版公司,1925年,第170页。
② 同上书,第170—171页。
③ 同上书,第173页。
④ 同上书,第180页。
⑤ 同上书,第189页。

对象)都是为人类所使用的工具。这一点对于理解意义问题具有根本的重要性,我们必须从人类对工具的使用中去探寻意义的来源。杜威说:"工具的发明和使用在使意义获得巩固上起很大的作用,因为工具是一个用作手段以达到结果的东西,而不是被直接地和从物理上来看待的东西。"①工具之为工具,"本质上是关系性的,期待性的,预测性的",人们使用工具时总是预先考虑和知道了它和所要达到的目的或结果的关系,把事物的直接的存在和其作为工具可能达到的结果或潜在的效能区别开来,后者是对直接当下存在的一种"超越",没有这种"超越"就没有任何东西成为工具。动物没有工具,只能靠其自身的身体结构适应当前环境来产生结果。"正因为这种依赖性,它们无法把任何事物的直接的存在与其可能的效用区别开来,无法设想其结果以规定事物的性质或本质。"②因而对于动物来说也就谈不到事物有任何意义。而对于人来说,事物之具有意义,就在于它们能成为人所使用的工具。杜威说:"作为工具,或者说被用作达到一种结果的手段,就是具有和赋有意义。"例如,火是一个自然存在,火燃烧是一种自然现象,但是被用以烹调和取暖的火就是一种"具有意义和潜在本质的存在"。它的意义就在于它是人用以达到一定目的,取得一定结果的工具。这种意义不是火自然固有的,而是火在被人的使用中获得的"完全转化来的含义"。③

人之利用自然物总是在人们的社会交流和协作中进行的,语言是社会交流的媒介和手段,因此,作为工具的事物对于人具有的意义必以语言符号为其代表物,可以说,"语言是工具的工具,是抚育一切意义的母亲,因为其他的工具和手段……只有在社会群体中才能产生和发展,

---

① 杜威:《经验和自然》,欧本寇特出版公司,1925年,第185页。
② 同上。
③ 同上书,第186页。

而社会群体是靠了语言才可能形成的。"①

因此,我们谈到一个语言符号的意义时,决不是仅指其表示某种与人的社会活动全然无关的自然物及其自然属性,而是指其在人的社会活动中对于人所具有的或可能具有的结果。仍以火为例。杜威说:"当我们给一个事件命名称之为火时,我们是预期而言的,我们不是给一个直接当下的事件命名,那是不可能的;我们使用一个词,我们激起一种意义,那就是祈求这个存在的可能的结果"。火之取名为火,其"究极的意义"就是"在人类活动范围内社会交往经验中某些自然事件的结果",例如生炉取暖,冶炼金属,用火力发动的快速运输,等等,这些结果"不是单纯物理的,它们终究涉及人类的活动和命运"。② 因此,如果给火这个词下定义的话,我们就必须把火在人类社会生活中可能带来的结果包括在内。不过,杜威也指出,在科学上,例如在物理学上,人们总是撇开人类对自然事物的使用及其结果来定义事物的。科学家把水表述为 H_2O,就是仅就事物相互作用的结果而不涉及其与人类生活实践的关系来定义的。杜威说:"在科学上忽略自然相互作用的结果对于人类的意义是合法的:这的确也是必要的。"但是,在他看来,科学的定义毕竟没有揭示事物的"究极的意义"或"本质"。例如,"在日常经验中,'水'表示在人类生活中具有人们熟知的影响和用途(饮用、洗涤和灭火)的某种东西的本质",这才是水的"究极的意义",即使在科学上把水表示为 H_2O,"水仍然具有日常经验的水的意义,否则 H_2O 就是完全无意义的,只是一个声音,而不是一个可理解的名称"。③

杜威的意义理论显然是皮尔士的实用主义意义原则的继续。皮尔士说:"为了确定一个理智概念的意义,我们应当考察一下,如果那个概

---

① 杜威:《经验和自然》,欧本寇特出版公司,1925年,第186页。
② 同上书,第191页。
③ 同上书,第129-194页。

念具有真实性,可以设想会有什么实际的结果必然发生;这些结果的总和就构成这个概念的全部意义。"[1]不过,皮尔士主要是从科学实验操作活动的结果来规定科学概念的意义,杜威则是从更宽广的人类生活经验和社会活动及其结果来说明语言符号的意义的,这是对实用主义的意义理论的进一步发展。

杜威从人类社会活动及其结果来阐发意义问题无疑有其合理性。要把握关于事物的概念、词语的意义,或者说要给一个事物下定义,应当把实践的因素,把人对事物的实践的关系包括进来,用列宁的话说:"必须把人的全部实践……包括到事物的完满的'定义'中去。"[2]人面对的并不是一个与人全然无关的本然自在的世界,而是一个被人的实践所改变着的世界,事物对于人所具有的效用乃是其客观性能的一种显现,我们关于事物的概念和词语就标示着人和事物间的这种实践的关系,而这种关系则成为概念、词语的意义的一个本质要素。当然,如果像有的实用主义者如詹姆士那样,根本否定客观实在,把事物说成是人凭主观经验按其所需任意塑造雕琢的玩偶,那就成了主观唯心论。我们知道,并非所有的实用主义者都持这种观点。皮尔士的实用主义原则仅限于意义理论,在本体论上他是实在论者,从不否定实在的客观性。杜威的观点似乎复杂一些,如前所说,他认为语言符号的意义既涉及人和人的关系,也涉及人和物的关系,而且说这些事物是独立于人的,尽管它们在人对其使用和改变中具有工具的效用和性能。但是,后来杜威完全接受了布里奇曼的操作主义,不仅认为科学概念的意义在于实验操作活动,而且认为科学对象就是主体的操作活动而没有什么客观性。这就从实用主义的意义理论导向了本体论的主观主义。

---

[1] 《皮尔士论文集》,哈佛大学出版社,1934年,第5卷,第1页。
[2] 《列宁选集》,第4卷,第453页。

四

杜威不仅像上面那样从社会历史的广度探讨了语言和意义的起源和本质,而且也讨论过有关意义理论的一些具体问题,如语词的意义和命题的关系,意义和所指的关系等问题。

杜威认为,旧逻辑教科书都是首先讨论语词,然后讨论命题和命题的关系,这是一种颠倒。因为语词是受命题的逻辑制约的,任何语词如果不与其他词相区别和关联,不放在一定的命题中,"是没有逻辑力量的"。因而,语词的意义只有在它们与其他语词相联系时才是"现实的而非潜在的"。当然,各种熟悉的词即使在独立说出时也带有某种意义,但是,杜威说,它们之具有这种意义还是"因为它们是在一种含有与其他词的关系在内的语境中被使用的"。[①]

关于语词的意义和指称的问题,杜威做了许多讨论,提出了一些独特的看法,这里试略述一二。

杜威的观点,简单说来就是认为任何语词都既有意义亦有所指,语词的意义和所指不可分,有意义的词必有所指,无所指则无意义。

首先,杜威认为,"任何可理解的词都指称某种事物;否则它就只是一些声音或可见记号的结合,而根本不是一个词。"例如,在英语中没有 xypurf,它不指称任何事物,因此它不是一个词。[②] 一个词指称某物,就是为某物命名,它就是某物的名字,有些学派认为名字和词应该区别开来,并非一切语词都是名字,只有用以指称具体的个别的存在的事物的词才是名字,而如"和"、"或者"之类的形式词以及各种抽象的概念词则

---

① 杜威:《逻辑:探求的理论》,埃尔温顿出版社,1982年,第349页。
② 同上书,第360页。

不是名字。杜威反对这种看法。他强调:"每个符号都命名某种事物,否则它就是完全没有意义的,而且不成其为符号。"①问题在于,一个符号所命名或指称的是什么:是具体存在的实质的东西呢?还是形式的东西?杜威说,这个问题很重要,那种否认一切语词都是名字、都有所指称的观点,其谬误就来源于"传统语法的一种迷信",即"认为一个名字必然指称某种具体的事物"。其实,形式词、抽象词都有所指,都是某种事物的名字。例如,形式词("和"、"或者"等等)是指称形式关系的,"认为这些词并不指称或命名它们所指称的东西即形式关系,是纯粹任意武断的看法"。② 关于抽象词的指称问题,杜威说,诚然我们不可能给它们指出"具体的'指称物'(referent)",但是它们是有所指的,"它们的指称物是可能的操作方法"。杜威认为,这一方面克服了根本否定抽象,把抽象词归结为"方便的语言处理"的唯名论;另一方面也避免了如实在论者那样从抽象词导致承认有独立于具体事物的"共相"。③ 这里所说抽象词的所指是可能的操作方法,主要是科学上的实验技术操作活动前已提及,杜威后来接受了操作主义观点,认为科学概念、术语的意义就是人的实验操作活动,同时这种操作活动也就是这些概念、术语之所指,二者是同一的。

其次,杜威认为,任何语词,不仅通名、类名,而且专名,都是有意义的。通名、类名是概念词,有其内涵(intension),因而是有意义的,这一点人们似乎没有什么异议。但是关于专名有无意义的问题,人们的看法则大有分歧,至今争论不休。杜威提到了两种对立的观点。一是穆勒的观点,穆勒认为专名是没有内涵的,因而没有任何意义,只是用来指称某一单个物的任意规定的记号。另一是耶方斯的观点,耶方斯认

---

① 杜威:《逻辑:探求的理论》,埃尔温顿出版社,1982年,第350—351页。
② 同上书,第351页。
③ 同上书,第352页。

为:"逻辑学家们断言单称词缺乏内涵的意义是错误的,事实上专名在内涵意义方面是超过所有其他语词的。"[1]

杜威明确表示反对穆勒而赞成耶方斯。杜威说,每一个语词,作为语词或符号,都具有它所代表的事物、它的指称物的意义。一个指谓一单个事物的词项之所以能使其所代表的事物成为话语的主词,"只是因为它已经具有某种判别性的和特定的内涵;否则它就会是完全不确定的以致不可能识别和标示出任何事物,使之成为与其他千百万种可能的判断不同的一种话语方式的主词"。其实,穆勒也承认作为专名的记号有一种特殊的"意思"(intent),这实际上就是"承认了他所否认的东西"。[2] 杜威认为,例如伦敦、洛基山这样的一些词,如果没有意义,"那它们就根本不是符号或名字了。它们就会是既不能用于这一事物,也不能用于任何其他事物的空洞的声音了"。[3] 因此,杜威说:"耶方斯的观点是唯一可取的",即不仅承认专名有意义,而且承认专名之所指在其意义或内涵上是不可穷尽的。杜威又以英国伦敦为例来说明。他说,伦敦是一个"约定的记号",它使一个独有的对象能成为话语和探讨的主词。"它的内涵上的意义首先是地志学方面的,但是,它的意义远远超出了物理的位置和地域,它的内涵上的意义是历史的,政治的,文化的;它包括过去、现在和尚未实现的各种潜在可能性"。它的内涵"在任何特定的时间都不可能用一系列描述限制词加以完全的限定;这就是说,它的内涵上的意义是不可穷尽的"。杜威说,这个论断"原则上适用于任何单称词项"。[4]

---

[1] 杜威:《逻辑:探求的理论》,埃尔温顿出版社,1982年,第366页。
[2] 同上书,第366页。
[3] 同上书,第357页。
[4] 同上书,第366-367页。

五

杜威关于语言和意义的理论直接影响了后来实用主义者的观点,例如蒯因就曾一再表明他的语言哲学理论是继承了杜威的自然主义语言观的,不过蒯因显然缺乏杜威那样博大恢弘的社会历史的眼界。杜威语言哲学思想的意义当然不止于此。蒯因说得很对,杜威在许多方面早已预示了后期维特根斯坦关于语言和意义的理论。例如,杜威早在 20 年代就强调语言是社会的艺术,私有语言是不可能的。多年以后,维特根斯坦才否定私有语言。[①] 又如,蒯因认为,杜威之强调意义首先是行为的一种特性,也就是后来维特根斯坦所主张的要从语词的使用来寻找它们的意义,二者同是一种"经验主义的语义学"。[②] 杜威和维特根斯坦的语言哲学之比较研究的确是一个很值得一做的课题,这涉及后期维特根斯坦与实用主义的关系,由此我们也许可以在各派哲学相互关联的更为开阔的背景上去重新认识实用主义在现代哲学发展中的地位和作用。

---

① 蒯因:《本体论的相对性及其他论文集》,剑桥大学出版社,1969 年,第 27 页。
② 蒯因:《理论和事物》,哈佛大学出版社,1981 年,第 46 页。

罗森塔尔《从现代背景看美国古典实用主义》一书读后的话[*]

本书作者桑德拉·罗森塔尔教授是美国一位著名的女哲学家,目前执教于新奥尔良罗约拉大学,曾任美国皮尔士学会主席,现任推进美国哲学学会主席。罗森塔尔教授对美国哲学和欧洲大陆哲学均有深湛的研究,尤精于实用主义哲学,其发表的著作甚丰,有《实用的先天:C. I. 刘易斯认识论研究》、《思辨的实用主义》等论著及文章数十篇。1988年10月罗森塔尔教授应北京大学外国哲学研究所的邀请来华讲学,开设"实用主义哲学"系列讲座,凡六讲。事后征得罗森塔尔教授的同意,由当时担任口译的陈维纲同志将全部讲稿译成中文出版,这就是现在呈献给读者的这部作品。

罗森塔尔教授在系列讲座中从现代西方哲学的广阔背景上,特别是就实用主义同分析哲学和存在论现象学两大哲学运动的关系,对实用主义的基本思想、理论特征、历史地位和现实意义做了相当细致深入的阐述,在许多问题上不苟于陈言旧说,而能独抒己见,饶有新意。

实用主义无疑是美国哲学史上最重要、最有影响的一个思潮。一般认为,实用主义滥觞于19世纪70年代,盛行于本世纪前30年,而在

---

[*] 原载《从现代背景看美国古典实用主义》,开明出版社,1992年。

罗森塔尔《从现代背景看美国古典实用主义》一书读后的话

30、40年代以后则渐趋衰落。有人甚至认为,实用主义在30年代就"死亡"了;有人认为,实用主义虽然没有死绝,但是它作为美国哲学中的一个"独特的运动"则"已经消失"了,只是它的某些重要的观点已为其他哲学流派所吸收、所消融,因而似乎死而未僵,不绝如缕。然而无论如何,实用主义已不再是美国哲学中的一个重要的运动了。

罗森塔尔承认实用主义的发展有其兴衰起落。以皮尔士、詹姆士、杜威、米德和C.I.刘易斯为代表的古典实用主义一直持续到本世纪50、60年代,诚然已告终结,但是,她认为,实用主义作为最具特色的美国的哲学运动并没有消逝,没有成为过去;它仍然是当代美国哲学中一个有生命力的重要的思潮,近年来在美国哲学界出现了所谓实用主义的"复兴",就是一个有力的证明。在罗森塔尔看来,这个"复兴"的意义并不在于人们重新编辑出版了古典实用主义者的著作,重新研究他们的思想并发表了若干有关的论著等等,而是在于古典实用主义哲学的根本精神,它的底蕴,得到了恢复和阐发。实用主义正是因为有其一以贯之的根本精神,才成其为一个统一的哲学运动。

历来有些人否认实用主义是一个统一的哲学运动,例如洛夫乔依说有十三种实用主义,其观点各有不同,甚至是矛盾的,而且同一个实用主义者对实用主义也可能有几种不同的甚至矛盾的解释。科尔尼列斯·本杰明也说,实用主义从来不是一个统一的运动,有各式各样的实用主义,故而它很难成为一个持久的运动。

罗森塔尔认为,古典实用主义的几位大师的确各有特点,他们的哲学观点在形而上学、认识论、科学观、真理观、社会观、价值观等诸多方面互有歧异,但是,我们不能因此而漠视他们的哲学所具有的共同的基本立场、基本观点、基本特征。罗森塔尔列举了在她看来为所有古典实用主义者共同具有的、最能表现实用主义的根本精神的十二个基本点,实用主义作为一个统一的、独具特色的哲学运动而有别于其他哲学流派者就在这里。

罗森塔尔认为,实用主义具有丰富而复杂的哲学内容,因而人们有可能在实用主义和其他一些哲学流派之间寻觅这样或那样的相同点或接触点。但是,她认为,如果简单地把实用主义归属于、认同于任何一种其他哲学派别都是不正确的。罗森塔尔在其系列讲演中主要就实用主义同分析哲学和存在论现象学的关系阐明实用主义之为一个独立的完整的哲学体系,指出不可以将其有机整体中的诸种因素加以肢解、割裂而同化于这一或那一哲学派别,否则就不可能把握实用主义的真谛。我觉得,这是罗森塔尔教授的讲演中最为着力、且卓具识见之处,有助于我们更深入地理解实用主义哲学。

关于实用主义和分析哲学的关系,诚如罗森塔尔所言,人们长期以来形成了一种很深的误解,以为实用主义和分析哲学(其实主要是指逻辑实证主义),同属于现代反形而上学的反思辨的科学主义思潮。我们知道,早在本世纪初,老实证主义者如奥斯特瓦尔德就把实用主义者引为同调,认为实用主义运动正如马赫主义一样,"厌恶纯粹思辨的活动"。30、40年代一些著名的逻辑实证主义的分析哲学家陆续从欧洲迁居美国,他们很快就发现自己的哲学观点同实用主义有一种"亲缘关系",而把实用主义作为主要的思想盟友。一些美国哲学家在他们的影响下有意识地把实用主义和逻辑实证主义结合起来,出现了所谓"分析的实用主义",或"新实用主义",这就使人们更加强了实用主义和分析哲学乃同根异枝、实为一家的印象,因而有人(例如《现代分析哲学》一书的作者穆尼茨)竟至把实用主义的奠基人皮尔士作为分析哲学运动的开创者,也就不足为奇了。

顺便指出,在中国实用主义从本世纪初被介绍进来之后,无论是它的拥护者,还是它的批判者,都是把它作为一种与实证主义相同的科学主义思潮来看待的。胡适讲实用主义主要是讲它的实验的方法和真理

罗森塔尔《从现代背景看美国古典实用主义》一书读后的话

论,主张实用主义是反形而上学的,因此,在20年代"科学与哲学"的论战中,他与马赫派、罗素派的一些人联盟,组成"科学派",对柏格森派、新黑格尔派的"玄学鬼"即形而上学大张挞伐。这可以说是20世纪西方科学主义和人本主义两大思潮在中国哲学舞台上的一个表演。解放以后,我国学术界在论及实用主义时,一般都是按照苏联哲学家的看法,把实用主义作为实证主义的一个变种来批判的,而认为二者的差异无足轻重。

罗森塔尔认为,实用主义虽然尖锐批评传统的超验的形而上学,但决不是反形而上学的,相反地,它恰恰是一种思辨的形而上学,古典实用主义就其根本精神来说,乃是一种"思辨的实用主义"。实用主义诚然是一种经验主义,但是它所谓经验不是如某些分析哲学家所讲的那种主体消极接受的、一个个彼此孤立支离破碎的"感觉材料",而是在人对环境之能动的反应和相互作用中展开、包容和消解心物主客之别于其中的广大的存在领域,是一个不可切割的整体,一个连续不断的流程。因而经验不是一个纯认识论的概念,而是一个具有存在性内容的本体论的概念。实用主义者在这种经验概念之上建立的是一个思辨的经验形而上学。实用主义关于科学方法、关于意义的理论都必须放到这个经验形而上学的总构架之内加以把握,不能与之割裂而混同于分析哲学的科学观和意义观。例如,分析哲学把意义仅仅作为语言结构的特征,实用主义则认为,意义本质上不是语言层次的东西,而是涉及人的目的性活动如何使对象成立为对象的经验过程,首先是对象在这一过程中获得意义,然后才有语言表达式的意义问题。因此,对意义的经验证实是对于已然获得的对象的意义的检验,而不是产生意义;逻辑实证主义者把意义还原为或等同于它的证实方法,是颠倒本末的说法,不可与实用主义的意义理论等量齐观。

关于实用主义和存在论现象学的关系,罗森塔尔虽然批评了那种把二者加以比附的倾向,而且也指出了二者的某些差别,但是她认为:"实用主义与欧洲存在论现象学(特别是海德格尔和梅洛-庞蒂的学说)之间的亲缘关系要远甚于它和分析哲学传统的关系。"例如,她认为,尽管存在论现象学反对经验主义,但实际上它反对的是传统的原子分析的经验主义,而它对存在的现象学描述则与实用主义的经验概念极为相近;实用主义所讲的经验和存在论现象学所讲的存在都是结合过去、现在、未来于一体的连绵的流程,它们都是一种时间性主义的过程哲学;实用主义用人的目的性活动及其与环境的相互作用说明经验和意义的结构,说明心与物、主与客、能知与所知均为这一活动所塑造的功能性的而非本体性的区别,这与存在论现象学的意向性理论本质上是一致的;如此等等。罗森塔尔教授的这些论述内容很丰富,对我们颇有启发。我个人稍感不足的是她对实用主义与存在论现象学的不同之处似言之太略,不免给人一种以存在论现象学解实用主义的印象。不过,我很赞成罗森塔尔的意见,认为实用主义与存在论现象学这样的人本主义思潮有更为密切的关系。事实上,在实用主义出现之后,有许多西方哲学家就把它同人本主义的一些流派联系起来,例如罗素认为詹姆士和尼采、柏格森的哲学都是源自生物进化论的反理智主义哲学(《我们关于外间世界的知识》),培里认为实用主义与生机论、唯意志论一样都诉之于非理性的欲望、盲目的本能、意志或生命(《晚近的哲学》),鲍亨斯基也把实用主义者与柏格森、狄尔泰等并提,作为生命哲学的几家代表(《现代欧洲哲学》)。

　　罗森塔尔的系列讲座中有两讲是关于社会和人生问题的,讨论了社会和个人的关系以及伦理价值的问题。在现代西方哲学中,实用主义是最具有社会历史感的流派之一。其社会观的一个核心的论点就是否认有孤立的原子式的个人或自我,认为个人只能存在于同他人的关系、社会的关系中,自我只有在同他人的关系中才成其为自我,只有在

罗森塔尔《从现代背景看美国古典实用主义》一书读后的话

这种关系中才能意识到自我,可以说,我们的自我部分地是由社会关系构成的,个人乃是社会性与个性的统一。因此,纯粹个人的价值经验是没有的,个人的动机、道德规范、价值经验脱离不了社会的作用和影响。不过,实用主义仍然认为,决定道德规范、伦理价值乃至整个社会的变化发展的根本动力是个人的创造性。当然,任何漠视或否定个人的主动创造精神的社会哲学都会陷入历史宿命论或机械决定论,这是我们所不赞成的。但是,人们总是还要提出一个问题,即实用主义者所说的个人的创造性,又是从哪儿来的呢?它们是一种个人自身固有的力量,还是有其外在的社会的源泉?罗森塔尔没有进一步阐明这个问题,但是她的讲演不能不引发我们去思考这个问题,是很有意义的。

罗森塔尔教授嘱我为她的这本书写一篇序。顾炎武曰:"人之患在好为人序。"余非好为人序者,以上所云,不过是一点读后感,并不是序。

略论皮尔士的认识论*

皮尔士毫无疑问是美国哲学史上最重要的人物,也是现代西方最杰出的思想家之一。他对人类思想的宝库做出了巨大的贡献,其思想极其广博和深刻,以至于把握其哲学的所有方面不是一件容易的事。因而,我的讨论将局限于他的哲学的一个小的但重要的部分:其认识论。皮尔士说"每一个想形成关于各种根本问题的看法的人首先必须全面地考察人类的知识",①当然,我不想也不能在此文章中全面地考察皮尔士的认识论,而只是讨论它的若干要点。

1 作为知识对象的实在的独立性

皮尔士无论在形而上学上还是在认识论上都是一个实在论者。他的形而上学就其承认共相或普遍的事物和殊相或具体的事物的实在性而言是实在论的;他的认识论就其坚持知识真正的对象是独立的存在而言也是实在论的。

---

* 本文为作者1989年8月在国际皮尔士学会纪念皮尔士诞辰150周年大会上宣读的论文,原载 *Living Doubt*, Kluwer Academic Publishers, Netherlands, 1994。原题为 Some Aspects of Peirce's Theory of Knowledge。中译者为关群德。

① *Collected Papers of Charles Sanders Peirce*, Harvard University Press, 1931-1958, 6.9.

虽然我不准备对皮尔士的形而上学说得太多,但我仍必须略为详细地讨论一下他的实在概念。因为,实在既是形而上学(皮尔士将之称为"关于实在的科学"①)中一个重要的概念,它也是认识论的一个中心概念。知识总是以实在的事物为其对象:"如果我真的知道任何事物,我所知道的东西必定是实在的。"②因此,问题就是:所谓实在究竟指的是什么?事物的实在性究竟何在?实在与知识的关系又是怎样的?

皮尔士是从实在的对立面来定义实在的。遵循斯宾诺莎的原则:"所有规定都是否定",皮尔士也认为"所有规定都是通过否定而得",更确切地说,这意味着"首先,我们对任一特征的认识,都只能通过将一个具有这一特征的对象与不具有这一特征的对象相比较"。③ 实在的对立面是非实在。因此,实在是"当我们发现存在着非实在的东西,存在着幻象的时候首先必须有的一个概念;也就是说,当我们首先纠正自己时必然具有的一个概念。"因此,正是由于这一事实,由于我们的自我-纠正才使我们将"与私人的各种内在规定相关联的存在物"与"将会长久存在"并且"独立于你我的各种幻觉的存在物"区分开来,前者是非实在的,后者是实在的。④

在另外一个地方,皮尔士也通过与非实在的东西相比较来解释实在的。他说:

"对象被分为一方面是各种虚构、梦想等,另一方面是各种实在物。前者只有在你或我或其他人想象它们的时候才存在;后者则独立于你的心灵或我的心灵或任何其他人的心灵。

---

① *Collected Papers of Charles Sanders Peirce*, Harvard University Press, 1931-1958, 5.121.
② 同上书, 5.94.
③ 同上书, 5.294.
④ 同上书, 5.311.

实在的东西不是我们碰巧想到它的东西,而是不受我们对它的看法影响的东西。"①

总之,"我们可以将实在的定义为这样的东西,它的特征是独立于人们可能认为其是什么的想法的。"②

因此,我们看到,实在的定义怎样涉及到了实在作为对象与思想的关系,也即实在的定义怎样涉及到了知识。确实,这是我们能够定义实在的唯一方法。因为,实在概念是如此地终极和广泛,以至于除了说它是"一个存在方式"之外,我们不能再对它形而上学地说什么了。这给我们留下了这一存在方式的认识论地位的问题。③

然而,皮尔士提醒我们,不要混淆了实在的独立性与外在性。每一个实在的事物都独立于我们的思想,但这并不必然意味着,它是外在于我们的心灵的。心理现象像物理现象一样是实在的,因此,它们就其为知识的真实对象而言,是独立于我们的思想的。例如:

"心灵的一种情感就其存在于我们的心灵之中而言,不论我们是否清楚地意识到它,都是实在的。但是它并不是外在的,因为,尽管它不依赖于我们对它的看法,但它却依赖于我们关于某物的思想的状态。"④

因此,皮尔士实在论的认识论的关键是,作为知识对象的实在是独立于我们对它的思考或认知,而且不受我们对它的思考或认知的影响的。

---

① *Collected Papers of Charles Sanders Peirce*, Harvard University Press, 1931-1958, 8.12.
② 同上书, 5.405.
③ 同上书, 6.349.
④ 同上书, 7.339.

然而,在某种意义上,实在也许不能说是完全独立于思想的。实在只有被思考或与一个观念相联系的时候,才成为思想的对象:

"什么样的观念能够附于人们对之没有观念的东西之上?如果存在这样一个实在的观念,它就是我们现在正在谈论且不独立于思想的这个观念的对象。很明显,要有一个关于完全独立于思想的某物的观念,是远远超出了人类心灵的能力的。"①

明显地,任何"完全独立于思想"的东西都是不可设想的,因而是不可知的。就像我们在下面将会看到的,皮尔士坚决否认可能存在绝对不可知的东西。因此,当他谈及不完全独立于思想或"不必然独立于一般的思想"②的实在的时候,他就只是说,不存在完全超出思想和知识能力之外的实在。这与其实在论的认识论并不冲突。

2 反对不可知论:没有绝对不可知的东西

在评论鲍德温的《哲学辞典》时,皮尔士指出,他那个时代的哲学特点是"对前一代的普遍不可知论倾向的反动"。③ 这种倾向可以斯宾塞著名的关于"不可知者"哲学,或杜波伊斯·雷蒙德的被广泛引用的词"ignoramus"(我们无知)和"ignorabimus"(我们永远不知),及 19 世纪末出现的许多其他不可知论的观点为例。在这个方面,我们应该说皮尔士是反对这一潮流的著名人物。如皮尔士所说,"哲学家们常常在探

---

① *Collected Papers of Charles Sanders Peirce*, Harvard University Press, 1931-1958, 7.345.
② 同上书, 5.408.
③ 同上书, 8.168.

究的道路上为"知识进步设置的障碍之一"在于认为这个此物、彼物和他物是永远不可知的。"①

与不可知论相反,皮尔士坚信世界是可知的。这一信念深深地植根于一个根本的确信:人和自然是一体的。人由于是自然的一部分,因此,人及其心灵必定与自然一致;确实,"除非人有一种与自然相一致的自然倾向,否则他是一点也没有机会理解自然的。"②如果人和自然,心灵与物质处在两个完全不同的领域,心灵如何能理解外在世界呢?

皮尔士说,他的实在论哲学"确实要否认有其自身绝对不可知因而不能被心灵把握的实在。"③因此,"绝对不可知者"乃是一个无意义的词:

> "由于一个语词的意义是它所传达的概念,'绝对不可知者'一词就是没有意义的,因为没有任何概念附着其上。因此,它是一个无意义的词。"④

因此,"绝对不可知的就是绝对不可思议的"是皮尔士的一个重要的原则。⑤ 也即因此,皮尔士否定了康德的不可知的"物自体",认为在物自体和现象之间没有不可逾越的鸿沟。感官的现象"只是实在的符号",而"这些符号所表现的各种实在不会是感觉的不可知的原因";⑥

> "所有呈现给我们的东西都是我们自身的现象显现,这并不妨碍它是某些外在于我们的东西的现象,就像彩虹同时既

---

① *Collected Papers of Charles Sanders Peirce*, Harvard University Press, 1931-1958, 1.138.
② 同上书, 6.477.
③ 同上书, 8.13.
④ 同上书, 5.310.
⑤ 同上书, 5.310.
⑥ 同上书, 8.13.

是太阳的又是雨水的显现那样。"①

现象不是将我们与物自体隔开来的一堵墙,而是让我们通向物自体的桥梁。物自体并不是隐藏在现象之后。我们对于现象的经验就是对于物自体的经验:"我们有对于物自体的直接经验。"②当物自体为我们所经验时就成为现象,即为我之物,亦即我们知识的对象。诚然,"我们关于物自体的知识完全是相对于"人类的心灵的,但这并不能改变这样一个事实:"所有经验和所有知识都是关于独立于被表象而存在的东西的知识。"③

有些哲学家之所以将物自体看作是不可知的,一个原因是,他们不承认物自体无论如何是与人的心灵相关的,或者说,是呈现于人的心灵的,因此,就剥夺了我们所知道的物自体的所有规定。这样的物自体不过是没有任何规定或表象的空洞的抽象,我们对其自然不可能有任何认识:"一个没有任何表象的实在是一个没有任何性质、没有任何联系的实在。"④事实上,完全不可能有这样一种实在,不可能有这样一种物自体:"没有任何东西是在与心灵无关的意义上的自在之物,尽管与心灵相关的东西毫无疑问是独立于那种关系而存在的。"⑤皮尔士这样总结其立场说:

"没有任何东西……能阻止我们按照事物的实际面目去认知外在事物,而且我们在无数情况下极有可能就是如此认识事物的,尽管我们永远不能绝对地确定在任何特定的情况

---

① *Collected Papers of Charles Sanders Peirce*, Harvard University Press, 1931-1958, 5.283.

② 同上书, 6.95.

③ 同上书, 6.95.

④ 同上书, 5.312.

⑤ 同上书, 5.311.

下都是如此认识的。"①

确实,我们对大量的事物经常是无知的,而且我们常常会出错。但是,知识正是来自无知,真理正是来自谬误,因此,无知和错误只能被设想为真实知识和真理的相关物,后者则是认知的本质。②存在着我们实际不知道的东西,但是没有什么东西原则上是不可知的:"与知识对立的是未知的但可知的实在;但是与所有可能的知识对立的,就只是自相矛盾。"③只有我们迄今还不认识的东西,但是不存在即使认知条件得到了满足、未来也不能被认识的东西;没有一个问题是永远没有答案的,如果它的意义是清楚的,而且对它的研究是足够充分的。④"我们很容易提出一个我们现在还不知其答案的问题,但是坚称这一答案将来也不能为人所知则是危险的。"⑤皮尔士以奥古斯特·孔德为例,后者曾经明确地断言,没有人能获得恒星的化学成分的知识:"但是,纸上墨迹未干,分光镜就被发明了出来,他认为绝对不可知的东西就要被弄清楚了。"⑥

因此,我们可以说,人类的认知能力既是有限的又是无限的。就任何个体、任何特定时刻都不能有完满的知识而言,人的认知能力是有限的,但是正如科学的历史所表明的,每一个假定的界限都被证明被打破了,在一代又一代人的知识进步的过程中,没有任何界限不被人们所超越。如果将人类的知识看作是过去和将来所有人所实现的过程,那么,它就会不断地增进,而且"有可能超出任何给定的界限",也就是说,不

---

① *Collected Papers of Charles Sanders Peirce*, Harvard University Press, 1931-1958, 5.311.
② 同上书, 5.257.
③ 同上书, 5.257.
④ 同上书, 5.409.
⑤ 同上书, 1.138.
⑥ 同上书, 1.138.

存在任何能够限制知识的绝对的界限。确实,"知识增进的绝对终点是绝对不可知的,因而是不存在的"。①

3 真理、谬误和可谬论

关于真理,皮尔士的著作中多有论及,虽然他并没有系统地阐述其真理概念。

3.1 皮尔士的真理符合论

与其实在论的认识论相一致,皮尔士持一种符合论的真理观:真理在于与某种独立于任何人的看法的东西相符合。② 真理是作为符号的表象与其对象的符合或相关,因为:

> "对象对于符号必定有某种作用使其为真的。没有这种作用,对象就不是表象者的对象。"③

此处表象或符号是我们称之为命题的东西:"真和假是命题所特有的特征。"一个真命题就像是"一幅图像,其原本(即其对象)的名字就标在其下","任何人去看它,都能够对原本的样子形成一个合理的正确观念"。④

因此,真理是某种客观的东西。真理的客观性尤其由这样一个事实所表明:"存在着正确的命题这样的东西,不论人们如何看待它"⑤;"这种东西是如此——是正确的或恰当的——不论你或我或其他人是

---

① *Collected Papers of Charles Sanders Peirce*, Harvard University Press, 1931-1958, 5.330.
② 同上书, 5.211.
③ 同上书, 5.554.
④ 同上书, 5.569.
⑤ 同上书, 2.137.

否认为它是如此。"①

对真理的客观性的强调将皮尔士的学说与詹姆士的实用主义和孔德的实证主义区别开来,后两者都否认真理的客观性。詹姆士将皮尔士关于意义的实用主义原则扩展应用到了真理理论,他在其真理的定义中引入了有用性和满意的关系。按照詹姆士,我们可以说真理是有用的,因为它是真的,或者说,它是真的,因为它是有用的。皮尔士有的地方也说过"一个理论除非能够得到应用,不论是直接的或间接的应用,否则就是没有根据的"。② 但是与詹姆士不同,他坚持认为,尽管一个有根据的和真实的理论有可能有直接的或间接的用处,但它永远不能从其有用性那里得到其真理性。相反,一个理论之为有用的,正因为它是真的,也就是说,因为它给我们提供了对事物的正确解释。

"任何一个理论的目的都是对其对象进行合理的解释。……理论的目的不是别的,就是认知。如果一个理论是正确的,将来某一天它很有可能会被证明是有用的。另外,恰当性的要求也禁止我们将有用性当作一个理论居优的标准。"③

如果我们像詹姆士那样认为,真理仅仅是对个人有用的东西,那么,真理就会是私有的因而是主观的。皮尔士在 1907 年 6 月写给詹姆士的信中坦率地提出了这一反对意见,这封信是他在收到詹姆士的《实用主义》一书之后所写的:"如果有用性只是对于个别的偶然的个人而言的,那么有用性是什么呢? 真理是公共的。"④

---

① *Collected Papers of Charles Sanders Peirce*, Harvard University Press, 1931-1958, 2.135.
② 同上书, 2.7.
③ 同上书, 2.1.
④ Perry, *The Thought and Character of William James*, Cambridge, MA: Harvard University Press, 1948:291.

但是,即使有用性扩展到整个社会,它也不等同于真理。皮尔士批判了那种认为我们的各种观念必须符合于社会的"稳定"或"利益"的看法,说这种看法是"谎言和伪善的主要来源"。皮尔士说:"真理就是真理,不论对它承认与否是否与社会的利益相冲突。"①

皮尔士还拒绝了孔德及其他实证主义者的这样一种看法:真理等同于可证实的东西。实际上,"像孔德的大多数观念一样,这是对真理的一个坏的解释。"②更具体地说,"孔德的证实假说的观点是认为绝不可假定我们不能直接观察的东西。"③果真如此,我们就不能相信任何不能被直接感知或为感官的最初印象所发现或证实的东西。按照这一学说,只有直接的感知才是真正的知识,我们知识中所有理智的部分都是虚构。④ 按照这种实证主义的学说,真理显然不可能是客观的。

3.2 真理与可谬论

皮尔士一直坚持认为,真理是科学研究的目的,而且毫无疑问真理是可达至的。但是他拒绝了真理问题上的绝对主义观点。实际上,"认为这一或那一规律或真理已经找到了其最终的和完满的表达式"的观念也是"阻碍知识进步的一个哲学障碍"。⑤ 虽然人类知识不断地从不完善走向完善,从相对走向绝对,但绝对完满的真理仍然必须被看作是一个我们永远不能达至的理想的界限。

在某种意义上也许可以说真理是"抽象的论断和理想的界限的协调一致,无穷尽的研究会携带科学的信念趋向这个理想的界限"。无论

---

① *Collected Papers of Charles Sanders Peirce*, Harvard University Press, 1931-1958, 8.143.
② 同上书,5.597.
③ 同上书,5.597.
④ 同上书,5.597.
⑤ 同上书,1.140.

如何,这种一致恰恰意味着那个论断之无限趋近于这一理想界限。因此,这就预设了他所指的抽象的论断总是不精确的,总是片面的,尽管它愈来愈接近理想的界限。皮尔士说:

"我们希望在科学的进程中,错误将无限地减少,就像 π 的值(3.14159)在计算中随着小数点的后移,其误差会无限地减少一样。我们称之为 π 的是一个理想的界限,没有一个数字能够完全逼真地表达它。"[1]

我们永远不能期望通过推理或其他任何方法达至绝对的确实性、绝对的精确和绝对的普遍性。[2] 我们也不能穷尽世界的所有真理。在这一点上,皮尔士引用了牛顿的说法:"我们是在海滩上拣小石子的小孩子,而展现在我们面前的是那未经探索的整个海洋。"[3]因此,全知的观念完全是荒谬悖理的,"一个全知的存在必然缺乏理性的能力"。[4]

因此,皮尔士激烈地反对绝无谬误之说(按:指天主教所谓教皇不可能有错——引者)。绝无谬误是一个神话;任何人都没有权利声称自己是不会错的。"也许……应该假定我们的所有知识都包含着某种谬误。"[5]知识是一个不断增长的过程,真理和错误在其中永远是相互伴随着的。谬误毫无疑问是真理的对立面,但它并不因此只是知识过程中的否定性因素。事实上,我们只有在知道了谬误是什么的时候,才知道真理是什么;除非我们对谬误有了某种观念,否则就没有对真理的追求,就没有知识的进步。皮尔士说,在人类及每个个体的心灵发展中必

---

[1] *Collected Papers of Charles Sanders Peirce*, Harvard University Press, 1931-1958, 5.565.
[2] 同上书, 1.41-42.
[3] 同上书, 1.117.
[4] 同上书, 7.323.
[5] 同上书, 2.532.

定有这样一个阶段,在这一阶段,"心灵还没有吃到真假知识之树的果实。"①在这一阶段上人对于谬误或虚假还没有明确的概念,仍然处在尚未完全脱离动物本能的状态。这是一种缺乏理性的状态,因为"如果完全没有对于谬误的知识,显然就不会有推理理性的发展"。②而且,谬误及其发现可能是刺激知识进步的一种动力。确实,任何科学命题或假说都可能被驳斥,而其谬误"恰恰是科学家尤其要竭力捕捉以击破之的",因为,对这种假说的驳斥及对其谬误的纠正可能为进一步的科学研究开辟道路:"如果一个假说能很快地和容易地被排除掉,以便给最重要的难题留出自由研究的领域,这会是大有助益的。"③

这就是皮尔士的可谬论,我认为它是皮尔士对认识论和科学哲学的最重要贡献之一。它反对各种形式的独断论,揭示了真理和谬误的辩证法,从而指明了人类知识进步的正确道路。

4 科学:经验的和先天的

皮尔士认为"我们所有的知识可以说都是建立在被观察到的事实之上的",④因而他是一个经验主义者。科学研究始于观察,观察提供感觉的原始材料,这些感觉材料然后被思想所加工、组合和分析:"我们得到的结论最终完全取决于观察。"⑤

总的来说,科学的各个分支,包括逻辑学和形而上学,都是建立在经验之上的。确实,皮尔士将逻辑学和形而上学看作是来自"实证的确

---

① *Collected Papers of Charles Sanders Peirce*, Harvard University Press, 1931-1958, 3.488.
② 同上书, 3.488.
③ 同上书, 1.120.
④ 同上书, 6.522.
⑤ 同上书, 7.328.

定事实"的实证科学。① "逻辑学确实建立在某些经验事实之上"②,而

"形而上学,即使是坏的形而上学,都是真的建立在观察之上的,不论是有意识的还是无意识的。……形而上学的材料与高度发展的天文学的材料一样,都向观察开放,而且更加无限地向观察开放。"③

但是,对于科学是建立在观察之上这一通则来说,有一个重要的例外,那就是数学,数学是"唯一一个从不探究事实是什么的科学。"④ "数学不做外在的观察,不断定任何东西为实在的事实",数学"不是实证科学"。⑤ 确实,"数学是对符合于事物的假设状态的东西的研究。这是它的本质和定义。"⑥数学家所谓"假说"是指,被认为严格适用于事物的理想状态的一个命题。⑦ "从真正逻辑意义上说",是事物的理想状态也就是事物的可能状态。⑧ "数学研究什么是逻辑上可能的和什么是逻辑上不可能的,而无关乎其实际存在与否。"⑨

这就提出了数学对象的本体论地位的问题。按照皮尔士的形而上学实在论,理想的、可能的东西就像实际存在的东西一样是实在的,而且实际的世界或"可感的世界"只是"理想世界的一个片断"。⑩ 现在,纯粹数学的目的"是去发现那个实在的潜在的世界",因此,"典型的纯

---

① *Collected Papers of Charles Sanders Peirce*, Harvard University Press, 1931-1958, 5.39.
② 同上书, 5.110.
③ 同上书, 6.2.
④ 同上书, 3.560.
⑤ 同上书, 3.428.
⑥ 同上书, 4.233.
⑦ 同上书, 3.558.
⑧ 同上书, 3.527.
⑨ 同上书, 1.184.
⑩ 同上书, 3.527.

粹数学家是一类柏拉图主义者"。① 这确实是皮尔士的夫子自道。但是数学的这种柏拉图主义的特征似乎与皮尔士反复强调的数学的另一个特征并不相容,即数学是心灵的创造这样一个事实。皮尔士写道:"数学家所观察的对象及他的结论与之相关的对象是其心灵自身的创造。"②他还写道:"纯粹数学家只研究各种假说。……他的假说是其自身想象的产物。"③皮尔士甚至将数学命题看作是没有确定意义的符号:

"一个命题只有在缺乏任何确定的意义,而且达至这样一点,即某个记号的特性被指出和断定为属于任何一个与之相像,且已有实例的东西,它才完全是一个纯粹的数学陈述。"④

这里皮尔士明显地改变了其关于数学对象的实在论的观点,而成了某种形式的概念论者,甚至成了唯名论者。很显然他没有意识到这一改变,而且这一改变对他将数学命题看作必然的命题也没有影响。确实,"不论是否有任何实在,纯粹数学的命题之为真都在于绝不可能找到一个它在其中失效的事例。"⑤这样,数学命题是必然的命题,数学也许就可以被定义为"获取必然结论的科学"。⑥ 但是数学命题之为必然的,只是因为:"数学只研究事物的假设状态,而不断定任何事实,我们只需从这一点去解释其结论的必然性。"⑦在这方面,数学完全不同于经验科学。关于经验的事物,我们只能有或然的推理,"对于现实的

---

① *Collected Papers of Charles Sanders Peirce*, Harvard University Press, 1931-1958, 1.646.
② 同上书, 3.426.
③ 同上书, 5.567.
④ 同上书, 5.567.
⑤ 同上书, 5.567.
⑥ 同上书, 3.558.
⑦ 同上书, 4.232.

世界,我们没有权利假定,任何给定的可理解的命题是绝对严格地真的。"①只有在事物的假设状态下,我们才能涉及可能世界的整个领域,从而达到必然的知识。在所有其他情况下,

"断定任何局限于实际事实的信息源都能给我们提供必然的知识,即与整个可能性领域相关的知识,则明显是一个绝对的矛盾。"②

数学的必然知识既然不涉及经验事实,那么,数学必然是先天的科学。在这里,皮尔士既受康德的影响,又不同于康德。他抛弃了康德的纯粹空间和时间的学说,并且拒绝将数学定义为纯粹空间和时间的先天科学。自从非欧几何出现以来,我们清楚地看到,空间和时间的科学是物理学的一个分支,因此是实证的和实验的科学。③ 这样,如果数学是先天科学,它就不能是空间和时间的科学。另一方面,皮尔士赞同康德认为数学的对象是人类心灵所"构造"的观点,例如,几何学的对象不是由经验的事实,而是由理想的假说所构造。"既经构成,这种构造就要接受观察的检验,而且在其各部分间发现新的关系。"④我们可以通过观察和思想实验进行必然推理,但这并不意味着,必然推理具有经验的性质,因为,"推理的必然特征仅仅是由于这样一种情况:这种观察和实验的对象是我们自己的创造的图解。"⑤在这个意义上,数学(几何学)的必然知识毫无疑问是先天的和综合的。用皮尔士的话说:

"康德将数学的诸命题看作是先天的综合判断;这里有许

---

① *Collected Papers of Charles Sanders Peirce*, Harvard University Press, 1931-1958, 3.558.
② 同上书,4.232.
③ 同上书,3.557.
④ 同上书,3.560.
⑤ 同上书,3.560.

多真理,即大多数命题不是他所说的分析判断;也就是说,谓词不包含(在其意指的意义上)在主词的定义中。"①

但是与康德不同,皮尔士不相信所有的数学命题都是先天综合的。算术命题在这个方面完全不同于几何命题。② 算术处理数,而数也是理想的构造。但是,在应用于理想构造的时候,算术命题纯然是分析的:"一个分析命题是一个定义或者可以从一些定义推出来的命题;一个综合的命题则是非分析的命题。"分析的算术命题"实际上仅仅是定义的绎理"。③ 在这个意义上,"整个数论属于逻辑"。④ 而且皮尔士得出结论说:"这些思考自身就足以反驳康德的观点:算术命题是'综合的'。"⑤

---

① *Collected Papers of Charles Sanders Peirce*, Harvard University Press, 1931-1958, 4.232.
② 同上书,4.232.
③ 同上书,6.595.
④ 同上书,4.90.
⑤ 同上书,4.91.

关于1982年外哲所一则分析哲学试题的说明

石金同志：*

　　昨天你问及前年分析哲学的一个试题，时隔多时，我记不大清楚了，你走后我又回忆了一下，原题我仍记不确切，不过有一点可以肯定，即该题不是问康德与弗雷格有什么区别，而是问 x(Fx) 和 Ǝ(Fx) 有什么区别，弄不清这个区别在哲学史上引起了一些什么问题。我昨天主要说明了 Ǝx(Fx)，而没有讲清 x(Fx) 对存在问题具有什么涵义及其同哲学史上一些命题的关系。这是一个很有意思的而且很重要的问题，特做一点补充，供你参考。

　　康德、弗雷格、罗素都反对把存在作为事物或对象的属性，就命题形式说，就是反对把存在看作谓词或宾词。在这一点上，他们是一致的，一脉相承的。

　　康德在《纯粹理性批判》中批判上帝存在的本体论证明（请查阅中译本第426—432页）时最早提出存在不是宾词。本体论证明首先设定了一个无限完满的上帝概念，而无限完满的东西必然包含有一切的属性，正如它包含着全知、全能、至善、尽美等等属性一样，它也必然包含着存在这一属性，存在正如其他这些属性一样，也是上帝的宾词。因此，从上帝的概念即可推出上帝的存在，正如从三角形的概念即可推出

---

* 王石金是1982年考入北大外国哲学研究所的一名研究生。

关于1982年外哲所一则分析哲学试题的说明

三角形必有三个角一样。康德认为这种论证是错误的。问题就在于存在并不是事物的一个属性,因而也不是一个宾词。关于上帝存在的命题或者关于任何事物存在的命题,与"三角形必有三个角"这个命题是两类不同的命题。后者是一个分析的命题,因为三角形这个概念就包含着它有三个角,否则就是自相矛盾。因此这个命题是先天的、必然的,无待于经验的证实就是真的而且是常真的。但是,这个命题实际上是一个同语反复,对事实无所肯定,它并不断定事实上确有三角形其物的存在,而无论世界上有没有三角形,这个命题也是真的。关于某物存在的命题则不然,一切存在命题都是综合命题,说某物存在或不存在,是一个事实问题,我们不能从某个概念即推出某物的存在,而只能诉之于经验,从经验中去发现其存在与否。我们可以设定一个无限完满的上帝,并根据无限完满的含义而推出上帝是全知、全能、至善、尽美等等,但是我们不能由此断定上帝的存在,因为存在不是一个宾词,不能先天地包含于上帝的概念之中,上帝存在与否是一个概念之外的事实问题。如果你硬说上帝的概念即包含存在,那么这个存在也仍然是概念中的存在,而不是概念之外的存在,不是实在的存在。

弗雷格很重视康德对本体论证明的批判,他赞同康德的观点,认为存在不是事物的宾词或属性,他说逻辑学家们大都没有弄清楚存在判断的性质,尽管康德在批判上帝存在的本体论证明时就已经走上了正确的路径。那么,存在判断或存在命题的性质是什么呢?要说明这一点,就必须注意普遍命题(全称命题)与特殊命题(特称命题)的区别。普遍命题如"所有的人都是有死的",弗雷格认为这个命题可表示为这样一个命题函项:"如果a是人,则a是有死的",就是说,普遍命题实质上是一个假言命题,就逻辑关系说,前件真,后件必真,至于是否真有是人的a存在,并不影响这个逻辑关系,即使没有是人的a存在,这个命题也可以成立。而且这也就是说,不能从"如果a是人,则a是有死的"

推出必有是人的 a 存在。a 之存在与否不是在命题范围之内能判定的,那是命题之外的事实问题,因此这种命题不是存在命题,它不涉及对象的存在或不存在。特殊命题则不同,如"有些人是希腊人",弗雷格认为这个命题可表示为这样一个命题函项:"a 是人并且 a 是希腊人",这个命题能否成立则完全取决于是否有是人并且是希腊人的 a 存在,这种命题必涉及对象的存在或不存在,因此,这种命题,而且只有这种命题,才是存在命题,就是说凡是关于存在的命题都是特殊命题。

罗素认为,对命题形式的这种区别是弗雷格的一大贡献。他说:"传统逻辑认为'苏格拉底是有死的'和'所有的人都是有死的',这两个命题具有相同的形式,皮亚诺和弗雷格则指明二者在形式上完全不同",这种不同是"基本的、非常重要的区别"(参阅洪谦主编《西方现代资产阶级哲学论著选辑》第 227 页)。罗素认为,注意了这个区别,就可以解决哲学上的许多问题,包括关于存在的问题。罗素把弗雷格提出的普遍命题和特殊命题或存在命题的区别又用自己的符号逻辑表示为这样两个公式,即 x(Fx) 和 Ǝx(Fx),我们在讲罗素的摹状词理论时已经说过他如何运用这个公式去解决有关存在的问题,不必再说。这里只说明一下 x(Fx) 这个公式对存在问题的涵义及其同哲学史上一些问题的关系。如前所说,弗雷格认为,普遍命题实质上是一种假言命题,因此,罗素的 x(Fx) 又可表示为:x(ϕx→ψx),即对于所有 x 来说,如果 ϕx,则 ψx。根据弗雷格和罗素的观点,关于上帝存在的本体论证明正是这样的一个普遍命题。本体论证明说,上帝概念即包含存在的属性,所以上帝必然存在。这个论证可以表示为这样一个公式:对于所有的 x 来说,如果 x 是上帝,则 x 是存在的(x[上帝 x→存在 x])。就本体论证明所假定的上帝概念来说,这个命题可以成立,即如果有一个是上帝的 x,则 x 是存在的。但是,问题在于这个命题丝毫也没有证明确有一个是上帝的 x 存在,因为从 x(ϕx→ψx) 决不能推出有这样一个 x 存在,

即 $\exists x(\phi x)$。

对黑格尔的绝对理念也可做这样的分析。黑格尔认为,绝对理念存在的根据就在其自身具有的诸范畴的推演,每一范畴都表示绝对理念是什么(绝对是有,是无,是变,是质,是量,是度,是同一,是差异,是对立,是矛盾,是本质,是现象,等等)。绝对理念是这一切范畴的总体或大全,当这些范畴都展现出来了,绝对理念的存在也就得到了绝对完满的证明。但实际上,是黑格尔自己设定了绝对理念这个概念,而且假定了一切范畴本来就蕴含于绝对理念自身之中,因而范畴的推演完全是在逻辑范围之内进行的过程,根本不能证明绝对理念具有逻辑范围之外的存在。黑格尔的证明也可以用公式表示为:x(绝对 x→存在 x),即对所有的 x 来说,如果 x 是绝对理念,则 x 是存在的。但是,由此决不能推出,确有一个是绝对理念的 x 存在。

在哲学史上误把 x(Fx) 当作存在命题而产生的问题还有许多,罗素认为都可以通过这样的分析加以排除。

陈启伟
1984.4.23

又及:

今晨我在抽屉里发现一份 82 年的分析哲学的试题。其中第三题即你问的那个问题,看来有语病,难怪你问康德与弗雷格的区别是什么,因为人们很容易把"罗素用两种不同的公式来表达它们的不同点……"这句话理解为指的是康德与弗雷格的区别。其实这两个公式表达的是承认存在是谓词(x(Fx))和否认存在是谓词($\exists$x(Fx))这两种观点的分歧,而康德、弗雷格、罗素都是主张存在不是对象的谓词的。题中说"弗雷格提出'谓词只能描述命题与跟它相关的客体的主项关系'",这正是说明弗雷格否认存在是谓词。弗雷格认为,一个谓词(例如"x征服了高卢"这个命题中的"征服了高卢")并不指一个对象,而只是表达一个函项(如上例中的"x征服了高卢"这个命题函项),谓词本身并不具有独立的意义,而只有在变项x被代入一个值时,谓词才可能成为有意义的,有真假可言的。例如上例中用凯撒代x,则函项成为一个实际命题:"凯撒征服了高卢",这个命题是有意义的而且是真的,如果用薛仁贵代x,命题虽有意义却是假的,如用大熊猫代x,则命题根本是无意义的。因此,谓词及其表述的函项:意义和真假取决于是不是有一个作为变项x的值的对象存在。谓词只是表达一个函项,不能表示对象的存在与否。所以存在不能是谓词。存在不存在是变项的事,即到底有没有那么一个x。

你说曾看到82年分析哲学的试题登在一种公开发行的出版物上,不知是什么刊物？如果这样,恐怕将来要采用某种方式把这个题做点说明,补救一下,以免在更多的人中引起误解。

陈启伟
4.24 晨

罗素《数学诸原理》中的实在论思想[*]

罗素早年曾经是黑格尔主义的信奉者。19世纪末,罗素在剑桥大学读书期间,正是新黑格尔主义风靡英国哲坛的时期。英国的新黑格尔主义实际上与黑格尔哲学距离很大,并非纯粹的黑格尔主义,而是掺杂着浓厚的康德主义的成分。因此,罗素在剑桥所接受的影响既有黑格尔的唯心论,又有康德的唯心论,用他自己的话说,那时他"完全转到一种半康德半黑格尔的形而上学去了"。[①]

不过,罗素信奉德国唯心论,时仅四年(1894-1898),到1898年岁尾,他就离开新黑格尔主义,转向一种实在论——他所谓"分析的实在论"了。罗素把他对新黑格尔主义的背离称为一种"反叛"、一种"解放"。他说,黑格尔主义者用"绝对"吞没一切,否定一切事物的实在性而将其皆归之于虚幻的现象,例如"认为空、时只是存在于我们的心中",这种"思想上的闷气"使他"十分憎恶";康德把我们所喜爱的大自然,"繁星点缀的天空"也看作"不过是我心中的一种虚构",这种看法也是他"忍受不了的"。这种不堪忍受之感迫使罗素起而反对新黑格尔主义,正如历史上后起的思想运动对先前的思想往往要迳走极端,反其道而行之一样,罗素对新黑格尔主义也是针锋相对,是其所非

---

[*] 1987年北大外哲所学术讨论会论文(打印稿)。

[①] 《我的哲学的发展》,温锡增译,商务印书馆,1982年,第31页。

而非其所是,用他自己的话说,就是"相信黑格主义者们所不相信的所有东西"。①

罗素说,对新黑格尔主义的否定,给了他"一个非常充实的宇宙"。世界不再是一个灰色的浑然一体的大全,而是一个森罗万象无不毕具的总汇。在这个多元的世界,无论物质时空,还是数乃至柏拉图的共相,都在存在谱上有其一席之地。罗素说:"在我的想象中,所有的数目都排成一行,坐在柏拉图的天上,我以为空间的点和时间的瞬是实际存在的实体,物质很可能是由实有的元素而成,……我相信有一个共相的世界"。②

罗素曾不止一次地说,他觉得对新黑格尔主义的这种否定是一种"解放",一种"大的解放",他甚至说:"在刚一得到解放的欢畅中,我成了一个朴素的实在论者"。③ 这个说法显然并不符合实际,罗素把自己从新黑格尔派的绝对唯心主义中"解放"出来的武器无疑是一种实在论,但决不是一种朴素的实在论,决不是如普通人具有的那种朴素的唯物主义信念,而是一种柏拉图主义的实在论,或者说是一种掺入了迈农观点的柏拉图主义实在论。事实上,罗素有的地方也曾明确地说自己"曾是一个中世纪经院派或柏拉图意义上的实在论者"。④ 罗素在1903年发表的《数学诸原理》(Principles of Mathematics)一书是这种实在论思想最早最集中最完全的代表作,下面我们主要就此书对罗素实在论哲学的若干基本概念和问题略做论述。

---

① 《我的哲学的发展》,温锡增译,商务印书馆,1982年,第54-55页。
② 同上书,第55页。
③ 同上书,第54页。
④ 《我的精神发展》,载《罗素哲学》,希尔普编,1944年,第13页。

一、语言与实在

罗素之建立其实在论哲学是从语言的逻辑分析着手的。

对语言的逻辑分析,罗素在《数学诸原理》中称为"哲学语法"。他说:"在我看来,对语法的研究较哲学家们通常所想象的远更能够阐明哲学问题。尽管我们不能无批判地认为语法的区别与哲学的区别相一致,但是前者乃是后者的证据,而且常常可以作为一个发现的来源加以有效地应用",又说:"整个来说,在我看来语法较之哲学家们流行的看法让我们远更接近于一种正确的逻辑"。① 在《数学诸原理》中罗素为这种分析方法提供了一个"实例"。他说,通过对数学命题的分析找到和说明数学上承认为"不可定义的"、"基本的概念",就可以使我们"清楚地看到"所讨论的是一些什么存在物。由分析而知的存在物较之直接感知者更为可信:"在不可定义的东西主要是分析过程的必然余留物而得到的地方,我们常常比实际感知它们更容易知道必有这样一些存在物。"②

罗素在《数学诸原理》中主要是讨论数学的基础问题,分析数学的基本概念和存在物,但是他事实上而且不能不对世界各个领域的存在物做一般的讨论,从语言的逻辑的分析而导出本体论和认识论的基本结论,亦即他的实在论哲学。

这一时期,罗素语言分析的基本观点是认为语句为语词所构成的一种复合物,而语句所包含的每个语词都是一个独立的意义单位,他说:"我认为,必须承认,在一个句子中出现的每个语词必有某种意

---

① 《数学诸原理》,伦敦,1937年,第2版,第42页。
② 同上书,第XV页。

义。"① 在罗素看来,一个语词的意义即是其所指的对象。"每个语词都有一非语言的存在物与之对应,这种非语言的对应物即可被思及并可以语词表达的对象",他称为"项"(term),他说:"凡是可以成为思想对象的东西,或可以在任何真假命题中出现的东西,或可以被看作某一个的东西,我都称为一个项",罗素说他是把"项"作为"单个物(unit),单一体(individual)和存在物(entity)"的同义词来使用的。因此"项"是哲学上"最广泛的"语词,它包含了一切存在物,每个语词都表示一个"项","每个项都有其存在(being),即在某种意义上是存在的"。例如,"一个人,一个瞬间,一个数,一个类,一种关系,一个幻想的妖怪,或者其他任何可被谈到的东西,都必定是一个项;否认诸如此类的东西是一个项,必然总是错误的"。②

罗素关于项的这种观点是迈农以及穆尔关于对象的理论的一个变种,而更直接地是来自穆尔。罗素在《数学诸原理》初版序中说:"在哲学的基本问题上,我的立场在其一切主要特点方面都是得自G.E.穆尔的。"在1904年论迈农的论文中又说,他是通过穆尔而接受了迈农的学说的。像迈农和穆尔一样,罗素不仅肯定每个语词所指的对象或项有其存在,而且坚持任何对象都是独立于人的思维而存在的这一实在论的基本原则,他说:"凡是可被思维的东西都有其存在,而且其存在是其被思维的前提而不是其被思维的结果。"③

罗素认为,关于项的这种理论不仅否定了新黑格尔派的唯心主义,而且打破了它的一元论。在新黑格尔派那里绝对或绝对经验是唯一的实在、唯一的主词,其他一切都是宾词,都归诸其下并消泯于其中。罗素所说的项,则每一个都是独立的实在或实体:"实际上,一个项具有通

---

① 《数学诸原理》,伦敦,1937年,第2版,第42页。
② 同上书,第43页。
③ 同上书,第xvii页。

常赋予实体或独存体的一切属性",因而"每个项都是一个逻辑主词"。每个项都具有"在数目上与自身同一而与其他一切项殊异的特征"。罗素说:"数目上的同一性和殊异性是单一和复多的根源,因此承认有众多的项就摧毁了一元论。"①

二、事物和概念

项表示万有,一切存在物都可称为项,但项又可分为两大类:"事物"(things)和"概念"(concepts)。罗素说:"我们可以把项分为两类,它们分别称为事物和概念"。②

罗素说,"事物"是"专名所指的项",这里所谓专名是在一种宽泛的意义上说的,并不限于实有其物的那些个体的专有名字,因而"事物"也不仅指那些实存的个体,而且包括"许多通常并不称为事物的存在物"。③ 例如,"点,瞬,一些物质,特殊的心灵状况,以及特殊的实存物,一般地说来在上述意义上都是事物,而且许多并不实存的项,例如非欧几何空间的点和小说里伪似实存的东西也都是事物",乃至"所有的类"(class),例如由许多数,许多人,许多空间等等所组成的"类",作为单独的项来看,也是"事物"。④

"概念"则指除专名之外"所有其他语词所指的那些项",最主要的有两类,即"形容词所指的概念和动词所指的概念"。前者通常称为"谓词"(predicate)或"类概念"(class-concept),后者则总是关系(relation)概念,这里所谓概念与通常所谓概念不同,不是一种思维的形式,不是心

---

① 《数学诸原理》,伦敦,1937年,第2版,第451页。
② 同上书,第44页。
③ 同上书,第44页。
④ 同上书,第45页。

理的东西,而是像"事物"一样的另一类项或存在物。① 罗素强调,作为"概念"的项之区别于不是"概念"的项,并不在于它们缺乏"独立自存",它们同样是一种"实体性的,独立自存的,自我同一的"存在。② 因而罗素所谓概念是一种类乎柏拉图的理念或中世纪实在论者的共相的独立的实在。

三、存在与实存

在《数学诸原理》中,罗素根据迈农和穆尔关于存在的学说,强调把存在(being)和实存(existence)这两个概念严格区别开来,认为"存在和实存的区别是重要的"。③

迈农认为有两类对象,两类存在。一类是个别的具体的时空中的对象,它们是"实存的"(existent);另一类是诸如数、关系及各种概念共相之类超时空的"理想的对象"乃至虚构和想象的对象,它们并无"实存"(existence),但是有一种"虚存"(subsistence)。"虚存"是与"实存"并列的两种不同的"存在"(being)的形式,不可混同。穆尔首先从迈农引进了这个学说,罗素则通过穆尔也采纳了它。不过,罗素最初在《数学诸原理》中并未使用实存与虚存之分,而是代之以实存和存在的区别,也就是说,他把"存在"(being)既作为表示一切存在物的普遍概念,又作为存在的一个特类、一个亚种(相当于"虚存")。④

罗素在《数学诸原理》中说,存在是一个比实存更为广包的概念,凡

---

① 《数学诸原理》,伦敦,1937年,第2版,第44页。
② 同上书,第46页。
③ 《数学诸原理》,伦敦,1937年,第2版,第71页。
④ 罗素在"分析的实在论"(1911年)一文和《哲学问题》(1912年)一书中则使用了"实存"和"虚存"这一对概念。

罗素《数学诸原理》中的实在论思想

实存者必存在,但存在者未必实存。罗素说:"存在是属于每个可想象的项、每个可能的思想对象的东西,简言之是属于可在任何真假命题中出现的一切以及所有这些命题本身的东西。存在属于无论什么可被想到的东西。……因此存在是一切东西的普遍属性,谈到任何东西就是指明它存在。与此相反,实存则只是某些存在物的特性。"①因此,认为一切命题都是关于某种实存物的那种观点是不正确的。这种观点忽视了实存和存在的区别,以为否认任何东西的实存就是否认了它的存在。但是,罗素认为,对任何东西的实存的否定必然以对其存在的肯定为前提,"因为凡是非实存的东西必是某种东西,否则否定它的实存就会是没有意义的了。因此我们需要存在这个概念,这个甚至属于非实存物的概念。"②根据罗素的这种看法,对于任何东西,即使是幻想的、虚构的东西,只要我们在命题中谈到它,对之有所述及(不论是肯定的还是否定的),就是承认了它的存在(尽管不必实存)。例如,"数,荷马的诸神,关系,幻想的妖怪和四维空间全都具有存在。因为如果它们不是一种存在物,我们就不可能做出关于它们的命题"。③

因此,在罗素看来,对于在命题中谈到的任何东西,我们都不可能说它不存在,因为说某物不存在就已肯定了有某物存在,他说:"如果 A 是可被看作一个单独物的任何项,显然 A 就是某种东西,因此 A 存在。说'A 不存在'必然永远是假的或无意义的。因为如果 A 是无,那么也不能说它不存在,'A 不存在'意味着有一个项 A,其存在被否定了,因此除非'A 不存在'是一个空洞的声音,否则它必是假的——无论 A 可能是什么,它必定存在。"④就是说,即使"无"(nothing)也有其存在。罗

---

① 《数学诸原理》,第 71 页。
② 同上书,第 449 页。
③ 同上书,第 450 页。
④ 同上书,第 449 页。

431

素说,"无"这个概念颇有一些困难,但是"显然有无这样一个概念,而且在某种意义上无是某种东西。事实上,'无不是无'这个命题无疑可做一种解释使之成为真的,这是产生柏拉图在《智者篇》中所讨论的那些矛盾的要害所在"。① 所谓矛盾就在于承认无或非存在也是存在的,罗素在这一时期正是深深地陷入了这种矛盾而又把这种矛盾作为毋庸置疑的真理。

罗素所谓存在而不实存的东西是一个非常广阔的领域。它不仅包括作为"概念"的一切项,而且包括作为"事物"的许多项。有人(例如蒯因)说,罗素"把'实存'一词仅限于事物,……除实存外,还有其他的存在物:'数,荷马的诸神,关系,幻想的妖怪和四维空间'。'概念'一词罗素是用于这些非实存物的,含有单纯性的意思",②这个说法不符合罗素的原意。这里例举的东西,如荷马的诸神、幻想的妖怪这样的虚构物,罗素并不把它们看作"概念"而是列为"事物"的,虽然它们是非实存的存在。因此,在罗素那里,非实存和实存与"概念"和"事物"并不是两对完全相应的概念:"概念"固然是非实存的,"事物"也未必都是实存。

罗素认为,所有的"概念",包括形容词或谓词所表示的"类概念"(即传统所谓共相)和动词所表示的关系概念都是非实存的存在物。命题中由逻辑词所表示的逻辑常项,如"或者","和","非","如果……则","类属关系"等等,也是非实存的存在物。不仅如此,由"概念"、"事物"、逻辑常项构成的一切命题本身也是一类非实存的存在物。罗素认为,命题虽由语词组成的语句表达,但是命题本身却是非语言的存在物。他说:"一个命题,除非碰巧成为语言的东西(即被语句所表达——

---

① 《数学诸原理》,第 449 页。
② 同上书,第 73 页。蒯因在"论何物存在"中把这称为"古老的柏拉图的非存在之谜"。他在文中虚拟的主张非存在的存在的那位哲学家麦克西显然是暗指这一时期的罗素以及迈农(参阅蒯因《从逻辑的观点看》,纽约,1961 年,第二版,第 1-2 页)。

引者),其本身是不包含语词的,它包含的是语词所指的存在物"即"概念"和"事物";①命题有真假之别,但"真命题和假命题在某种意义上同样都是存在物",②这是一种非实存的存在物。罗素说他是从穆尔那里:"接受了命题的非实存的性质……及其对任何能知心灵的独立性的"。③

数也是非实存的存在物,例如,2 这个数"无论如何必是一种存在物,这种存在物,即使不在任何心灵中也有其存在"。④

关于实存的存在物,罗素认为可分为四大类,即(1)瞬,(2)点,(3)占有瞬而不占有点的项,(4)既占有点又占有瞬的项。实际上,没有任何项占有点而不占有瞬,但是一个实存物可以占有瞬而不占有点,因而占有瞬(占有时间)是实存的必不可少的特征。例如,心理的东西是具有时间性的实存物,但不占有空间。至于物质,罗素认为,这样或那样的一些具体的物质(bits of matter)可以说是既在时间上又在空间上实存的,属于第四类的实存物,但物质或物质性本身则是一种类概念,属于非实存的项,而不是实存物。⑤

罗素认为,承认存在和实存的区别对于反对唯心主义具有极重要的意义。某些哲学家由于不知道存在和实存的区别,就以为不实存的东西就是虚无;由于看到"数、关系及其他许多思想对象并不在心外实存,他们就以为我们思考这些存在物的那些思想实际创造了其自己的对象"。⑥ 在罗素看来,肯定非实存的东西像实存的东西一样有其独立

---

① 蒯因:"罗素本体论的发展",载《罗素论集》,克里姆编,依利诺伊大学出版社,1971年版,第 4 页。
② 《数学诸原理》,第 47 页。
③ 同上书,第 49 页。
④ 同上书,第 xviii 页。
⑤ 《数学诸原理》,第 451 页。
⑥ 同上书,第 465-466 页。

于心灵的存在,就有力地驳斥了把这些对象化为主观的心灵的创造的唯心主义观点。

四、类、类的悖论和类型论

罗素在《数学诸原理》以及后来的许多著作中对于类的问题都用过大量的篇幅反复进行讨论,他对类的看法前后也有很大的变化。大致说来,在 1905 年以前他关于类的理论是实在论的,1905 年以后则逐渐背离了实在论,我们这里不去多谈。

在《数学诸原理》中,罗素说:"类是一个非常根本的概念","类的问题是数理哲学中最重要最困难的问题之一"。① 其所以重要,是因为在罗素看来对数学基础问题的全部分析最后就建立在类的概念上(这就是他的逻辑主义的数学观);其所以困难,则因为罗素在这一时期发现了使包括弗雷格在内的许多数学家和逻辑学家大感困惑和震惊的关于类的悖论。

在这一时期,罗素坚持了关于类的实在论观点,断定类是一种存在物。但是,什么是类呢?罗素说:"类可以外延地定义也可以内涵地定义"。② 从内涵的观点看,类是由谓词或类概念所指谓的对象,例如,"苏格拉底是一个人",这里的谓词"人"就是类概念,凡是可由这个类概念所指、可归诸其下的对象就构成一个类即人类。

罗素说,每一个类概念或者说"每一个谓词都产生一个类。这就是从内涵观点来看的类的起源"。③ 类概念和类不可混同,在罗素看来,它们是两种不同的存在物。类概念是"概念",实即传统意义上的共相,

---

① 《数学诸原理》,第 450-451 页。
② 同上书,第 69 页。
③ 同上书,第 67 页。

它们具有独立的实在,而类则被认为是另一种存在物即"事物"。如果说传统逻辑和哲学都是从内涵观点定义类的,那么在数学上则通常是从外延的观点来定义类的。所谓外延定义就是把类所包含的各个项或分子列举出来而将它们的聚合或集合看作一个单独的项,这个集合就是类,因此,"当一个类被看作由其诸项之列举来定义时,它更自然地被称为一个集合(collection)"。① 罗素说:"在这里,谓词和指谓是无关紧要的,重要的是由和(and)这个词所联系起来的项,这是就和(and)这个词代表一种数目上的联合的意义而言的。"这就是"类的外延的起源"。② 外延意义的类可以是任意多的分子的集合:两个分子可以构成一个类,例如"布朗和琼斯是一个类";仅仅一个分子也可以是一个类,例如"布朗独自是一个类"。③ 不过,类的外延观点也有困难,例如,"从逻辑上来说,外延定义似乎同样适用于无穷类,但实际上如果我们要给无穷类以外延定义,那么在达到这个目标之前死亡就会打断我们的可钦佩的努力",④因为要通过列举分子的办法来定义包含无穷多分子的类显然是做不到的。又如对不包含任何分子的空类也不可能外延地给以定义,因为并没有一个实际的空类,"我们只能承认有空类概念和对一个类的空概念",⑤就是说我们只能用空类概念来内涵地定义空类。因此,罗素认为,"从逻辑上说,外延和内涵似乎是有同等价值的",⑥关于类的定义,外延观点和内涵观点都是不可缺的。

但是,罗素在写作《数学诸原理》的过程中,关于类的问题却碰到了一个严重的困难,他发现,无论从内涵方面还是从外延方面定义类,都

---

① 《数学诸原理》,第69页。
② 同上书,第67页。
③ 同上书,第67页。
④ 同上书,第69页。
⑤ 同上书,第75页。
⑥ 同上书,第69页。

会出现一种"矛盾"或悖论,这就是著名的关于类的罗素悖论。

罗素在《数学诸原理》中是以如下三种形式来表述这个悖论的,它们分别涉及对类的内涵的或外延的定义。

首先,罗素就谓词来陈述这个悖论。他说:"如果 x 是一个谓词,那么 x 可能是也可能不是可以述谓自己的。假定'不能述谓自己'是一个谓词,那么无论假定这个谓词是能述谓自己的,还是不能述谓自己的,都是自相矛盾的。在这种情形下结论似乎是明显的:'不能述谓自己的'不是一个谓词"。①

其次,罗素又就类概念来陈述这个悖论。他说:"一个类概念可能是也可能不是它自己外延的一个项,'不是其自己外延的一个项的类概念'似乎也是一个类概念。但是如果它是自己外延的一个项,它就是一个不是自己外延的一个项,而如果它不是自己外延的一个项,它就是一个是自己外延的一个项的类概念,因此与表面现象相反,我们必须得出结论说,'不是自己外延的一个项的类概念,不是一个类概念。"②

最后,罗素就类作为项或分子的集合来陈述悖论。人们在谈到罗素悖论时通常就是引用这个形式的陈述的,罗素认为,我们似乎可以把类分为两种:一为其本身不是自己的一个项或分子的类,一为其本身是自己的一个项或分子的类。前者的例子如:人的类不是另一个人,匙子的类不是另一个匙子……通常所见的类都属于此种,即类不是自己的一个分子。后者的例子如:所有不是人的那些东西所组成的类、所有不是匙子的那些东西组成的类就是其自己的一个分子,因为所有不是人的那些东西组成的类也是一个不是人的东西,所有不是匙子的那些东西组成的类也是一个不是匙子的东西。又如,所有类组成一个大类,这

---

① 《数学诸原理》,第 102 页。
② 同上书,第 102 页。

个类的类自然也是一个类,因而是其自己的一个分子。

罗素说他是在考虑不是自己的项或分子的那些类时发现了悖论的。所有不是自己的一个项或分子的类似乎也可以组成一个类,那么我们就要问:这个类是不是它自己的一个项或分子?"如果它是它自己的一个项,它一定具有这个类的分明的特性,即不是这个类的一个项。如果这个类不是它自己的一个项,它就一定不具有这个类的分明的特性,所以就一定是它自己的一个项。这样说来,二者之中无论哪一个都走到它相反的方面,于是就有了矛盾。"[①] 由此我们必须得出结论说,不是其自己的一个分子的那些类并不构成一个类。

罗素在发现这个悖论后曾写信告诉了弗雷格。弗雷格很受震动,认为这个发现对他关于数学的逻辑基础的研究是一个沉重的打击。他在给罗素的回信中说:"你对矛盾的发现使我不胜惊讶,而且我几乎要说有如晴天霹雳,因为它使我想把算术建立于其上的基础动摇了"。[②] 他在《算术的基本法则》第二卷的后记中又说:"对于一个科学家说来,没有什么事情比他的科学大厦的一块基石在他的工作完成之后遭到动摇更不愉快的了。正当本书的印刷接近完成之际,罗素先生给我的一封信就曾使我处于这种境地"。[③] 弗雷格关于数学的逻辑主义的纲领就是要把算术的概念建立在类的逻辑概念上,现在既然出现了类的悖论,"是否总能允许谈到一个概念的外延,谈到一个类呢?"[④] 类本身能否成立似乎成了问题,又如何能把类作为算术的逻辑基础呢?

罗素当然意识到自己发现的这个关于类的悖论给数学基础问题的研究带来了严重的困难,但是他并没有像弗雷格那样悲观和不知所措。

---

① 《数学诸原理》,第 102 页,参阅《我的哲学的发展》,温锡增译,第 67 页。
② 《弗雷格哲学数学通信集》,英译本,牛津,1980 年,第 132 页。
③ 《算术的基本法则》,英译本,加利福尼亚大学出版社,1982 年,第 74 页。
④ 同上书,第 808 页。

他力图解决这个问题,而且认为找到了解决的途径,这就是他在《数学诸原理》中第一次提出的逻辑类型论。

罗素说:"逻辑类型的区别是全部秘密的关键",[①]要解决类的悖论,"必须区别各种不同类型的对象,即项(这里项仅指个体——引者),项的类,类的类,成对的项的类,等等"。[②] 可见罗素这时所说的类型是就对象而言的,不是仅指语言的表达式,因此类型论是他的实在论的一部分。他说,我们很难确定可能有多少类型,但是各种不同的类型由低而高构成了"一个巨大的类型等级系统。"[③]每种类型的对象以命题来表达,我们用命题函项 Φx 来表示,"一般地说,一个命题函项 Φx 要具有任何意义,就要求 x 应当属于某一类型",[④]只有以某一类型的对象为值代入函项 Φx,所得的命题才有真假可言,才是有意义的,如果混淆了不同的类型,以别的类型的对象代入函项,则所得的命题就既不是真的,也不是假的,而是无意义的。因此,"每个命题函项 Φx,除了它的真假值域以外,还有一个意义的域限,即如果 Φx 要成为一个命题(不论是真命题还是假命题),x 就必须处于其内的一个域限"。[⑤] 例如,在"x 是有死的"这个命题函项中,我们以个体类型的对象代入变项 x,可以得到真命题或假命题:"苏格拉底是有死的"这个命题是真的,"凡尔赛宫是有死的"这个命题是假的,但是二者都是有意义的,因为苏格拉底和凡尔赛宫都是个体类型的对象,都在"x 是有死的"这个命题函项所要求的意义域限之内,但是,如果把一个更高类型的对象例如个体的类这种类型的对象(例如,人的类)代入变项 x 说"人的类是有死的",则是

---

① 《数学诸原理》,第 105 页。
② 同上书,第 107 页。
③ 同上书,第 525 页。
④ 同上书,第 107 页。
⑤ 同上书,第 523 页。

无意义的。人的类不是也不可能是一个人,"有死的"这个谓词不可能对"人类"做有意义的述谓。这就是说,个体的类不是一个个体,即不是自己的一个分子,它不在以个体为值的命题函项的意义域限之内,因此,说它是自己的一个分子(即具有分子的属性)或不是自己的一个分子(即不具分子的属性),事实上都是无意义的。同理,不是自己的一个分子的类和所有不是自己的一个分子的类的类,虽然都可称为类,却是两种不同类型的对象。类的类不在以类为值的命题函项的意义域限之内,因此无论说所有不是自己的一个分子的类的类是自己的一个分子(即一个不是自己的分子的类),还是说它不是自己的一个分子(即一个是自己的分子的类),都既不是真的,也不是假的,而是无意义的。所谓类的悖论就是由于类型混淆而产生的无意义的表达。

罗素在《数学诸原理》中提出的类型论一般称为简单类型论。罗素本人认为这只是类型论的粗略的形式,还很不完善,它虽然似乎解决了类的悖论,但是还不足以解决其他的逻辑上的困难。至于对这种困难的完全的解决,"我还没有成功地发现"。[①] 只是到了 1905 年以后,罗素才自信完全解决了一切悖论的问题,而这已不是我们在本文中所要讨论的了。

五、论关系和外在关系说

罗素认为,关系的问题对于逻辑和哲学具有极重要的意义,是实在论的多元论与唯心论的一元论对峙的一个焦点。因为他说:过去和现在唯心主义的"整个一元论理论的根本前提"就是"其关于关系

---

① 《数学诸原理》,第 528 页。

的学说"。①

罗素说,他是在研究莱布尼茨(其结果即《莱布尼茨哲学之批判的阐述》一书,1900年出版)的时候"第一次意识到关系问题的重要性的"。② 他认为,从斯宾诺莎、莱布尼茨到黑格尔和布莱德雷都是否认了关系的实在性的,而其根源则在于一种谬误的逻辑观念,即把一切命题都看作是主谓式的命题,凡属关系的命题也被归结为主谓式的命题。他说:"我发现,他(莱布尼茨)的形而上学显然是以这样一种学说为基础,即每一命题是把一个谓词加于一个主词上,并且(在他看来,这几乎是一回事)每个事实是由具有一种属性的一个实体而成……我发现,斯宾诺莎、黑格尔和布莱德雷的体系也以这同一学说为基础。事实上他们是以较莱布尼茨更严密的逻辑性发展了这个学说。"③因此,罗素认为:"是否所有的命题都可还原为主谓形式,这个问题是对一切哲学都具有根本重要性的问题之一。"④

在《数学诸原理》中,罗素肯定关系为一种客观的实在,虽然是非实存的存在,并从逻辑的根源上反复批判了那些"厌恶"关系,认为"任何关系都不可能具有绝对的和形而上学的确实性"的哲学家。这些哲学家都认为,"一切命题归根结底是由一个主词和一个谓词构成的"。不过他们把关系命题还原为主谓式命题却有两种不同的方法,一种是"单子论的"方法,以莱布尼茨为代表,一种是"一元论的"方法,以布莱德雷为代表。⑤ 单子论的方法是把一个关系命题中的关系者看作主词,把关系和被关系者看作谓词。例如"甲大于乙"这个关系命题被化为一个

---

① 《哲学论文集》,伦敦,1966年,修订版,第139页。
② 《我的哲学的发展》,第54页。
③ 同上书,第54页。
④ 《莱布尼茨哲学之批判的阐述》,伦敦,1937年,第12页。
⑤ 《数学诸原理》,第221页。

主谓式命题:"甲是(较大于乙的)",括号内的话被认为是甲的形容词,因而是其属性,在莱布尼茨看来,存在的就只有一个个独立自存的实体(单子)及其属性,而关系则被消解了,被认为仅仅是心灵的产物、"理想的东西"。罗素指出,这种还原是不可能的。例如,如把"较大于乙的"看作甲的形容词,我们立即可见它是复杂的,它至少是由"较大"和乙两部分构成的,而这两部分都是必不可缺的。只说甲是较大的,没有任何意义,因为乙也很可能是较大的(若与别的东西比较)。"较大"这个形容词总是与另一个可比较的东西相关联而被使用才有意义。"一个包含有与乙关联的形容词显然是一个相对于乙而言的形容词,这不过是用一种笨拙的方式说明关系而已"。① 一元论的方法则是把关系命题包含的诸项构成的整体看作一个主词,而把关系看作这个整体的谓词或属性。罗素指出,这个说法对于对称关系似乎行得通,例如,"甲不同于乙",反过来可以说"乙不同于甲",这里的"不同"是对称关系。我们似乎可以把甲和乙构成的整体作为主词,而把"不同"作为这个整体的谓词,即"'甲和乙'是不同的"。但是,要把不对称关系命题这样归结为主谓式命题则是绝不可能的。例如,"甲大于乙",甲对于乙的这种"大于"关系是不可逆反的,即不能反过来说"乙大于甲",因而是非对称的。如果把甲和乙当作一个整体,显然不可能把"大于"的关系看作它的谓词或属性,对于甲和乙构成的整体来说,"甲大于乙"和"乙大于甲"都是"大于",因而是无区别的。它们的区别只在于这个事实,即在前者中大于是甲对于乙的关系,在后者中大于是乙对于甲的关系。罗素称项的这种次序为关系的意义,而关系的意义则是一个根本的概念,没有次序就谈不上关系。因此要说明这种区别,还必须从整体回到部分和它们的关系,这种关系(例如"大于")是既不能归结为各个部分(如甲、乙)的

---

① 《数学诸原理》,第222页。

属性,也不能归结为整体(如甲和乙)的属性的。

罗素对传统逻辑的主谓模式的批评是正确的,在逻辑发展史上是一个重大的贡献,是其建立数理逻辑的一个基本的理论要素。现代数理逻辑之有别于并优越于旧逻辑者,就在于把关系引入了逻辑,所以有时也被人们称为关系逻辑。罗素试图从对主谓式逻辑模式的批评提示某些形而上学家之否定关系的逻辑根源,这当然是很有意义的。但是逻辑和形而上学并不等同,在逻辑上主张传统主谓式的哲学家未必在形而上学上、在本体论上导致对关系的存在的否定。亚里士多德是古典形式逻辑的开山,是主谓式逻辑的开创者,但是他并不怀疑和否定关系的存在,并没有把关系归约或消解为性质,而是将关系($πρὸςτι$, relation)与性质($ποιοψ$, quality)同列入其本体论的十大范畴之内。不过,罗素断定,莱布尼茨的单子论和布莱德雷的一元论则确乎是由主谓式逻辑而否定了关系的实在性的。

罗素在这一时期和后来的许多著作中着重批判的是以布莱德雷为代表的一元论的关系理论,他称之为"内在关系说",而把自己的与之对立的关系理论称为"外在关系说"。

布莱德雷在《现象与实在》中曾说:一切关系都是"内在的",[①]这是指事物的关系与事物的性质有必然的联系,一事物的性质是由其与他物的关系所规定的。布莱德雷说:"一种关系必然在各端影响并进入其诸项的存在。"[②]又说"每种关系本质上都渗入其诸项的存在,在这个意义上都是内在的。"[③]另一新黑格尔主义者乔基姆(Joachim,亦译究钦、约阿西姆)也说:"没有任何关系是纯然外在的";"一切关系都限制、规定其诸项或使诸项产生一种差异";"任何项都不独立于它与其他项的

---

① 《现象与实在》,牛津,1930年,第569页。
② 同上书,第392页。
③ 同上书,第392页。

关系"。①

内在关系说强调,事物不是各自孤立、互相外在的,一事物之具有某种性质离不开与他物的联系,而且正是在这种关系中被规定的。罗素以及穆尔也并不否认有些关系是内在的,但是他们反对把一切关系都说成内在的,而认为有些关系是"纯粹外在的"(参阅穆尔"内在关系和外在关系"一文)。罗素在驳新黑格尔派时指出:

(一)内在关系说认为一切事物都内在地不可分地联系着,必然导致既否定任何关系也否定各个事物的存在,实为一种无关系说。罗素说:"内在关系公理包含着这个结论,即没有关系,没有众多的事物,只有一个唯一的东西。"如布莱德雷说的:"实在是一,它必然是单独的,因为多如被视为实在的,是自相矛盾的。多包含关系,而且通过它的诸关系总要不情愿地断定一个在其上的统一。"②与此相反,罗素的外在关系说以关系对于诸关系项(关系者和被关系者)的外在性来肯定关系与其所联结的关系项一样是客观存在的,尽管关系是一种虚存的(subsist)存在物(关系项则可能是实存物,也可能是虚存物)。所谓外在性,是说诸关系项之发生某种关系,与各项的性质无关,并非出于各项的性质,也不影响或改变各项的性质,各项在结成某种关系后与结成关系前始终如一,仍是其本来之所是,"当我们撇开其关系来考虑时",各项"绝对与其自身本来的样子全然相同"。③ 这样,外在关系说打破了新黑格尔学派基于内在关系说的一元论观点,就有力地肯定了实在论的多元论。罗素说:"当这个学说(内在关系说)被否决了,关于存在着为数众多的事物的问题就成为一个纯粹经验的问题,而没有任何一

---

① 《真理的本性》,牛津,1906年,第11,12,46页。
② "一元论的真理理论",载《哲学论文集》,第141页。
③ "分析的实在论",载《罗素论文全集》,第6卷,伦敦,1992年,第133页。

件经验事实比有众多事物存在这个事实更为确实可靠的了。"①

（二）内在关系说主张认识和对象、能知与所知是相互依存、不可分离的，也就是说任何事物作为认识对象都不可能独立于人的认识、人的心灵的；认识和对象既是内在的关系，所以"认识给被认识的东西造成一种差异，或者说包含着认识者和被认识者间的一种相互贯通或相互作用"，②无赖于认识而完全独立自在的对象是没有的。罗素反对由内在关系说导致的这种唯心主义的认识论，指出"认识关系是外在关系，这种关系在主体和一个可能的非心理的对象之间建立一种直接的联系"。③ 这是一种实在论的认识论，"因为它认为存在是独立于知识的"。④

（三）根据内在关系说，既然每一事物都必然与所有的事物处于内在的普遍的联系中，要认识任何一个事物就必须认识所有一切事物；要认识 A，就要认识 B，要认识 B，就要认识 C，要认识 C，就要认识 D……如此类推，以至无穷。而这无异于断定我们不可能认识任何一个有限的事物，除非我们已具有对无限的全体的认识。因此"除了全体真理之外，没有任何东西是完全真的"，"人类不可能知道任何东西是真的，因为他们的知识不是对真理全体的认识"。⑤ 总之，照内在关系说看来，对事物不可能有分析的认识，把一个统一体或整体分析为它的组成部分只能是对事物的歪曲或伪造。罗素坚决反对这种反分析的观点，他说："我不承认，统一体在任何意义上都是不可分析的；恰恰相反，我认为，唯有统一体才是可被分析的对象"；诚然，统一体是由它的诸成分组

---

① "实在论的基础"，载同上书，第 130 页。
② 同上书，第 130 页。
③ "分析的实在论"，载同上书，第 133 页。
④ 同上书，第 134 页。
⑤ "一元论的真理理论"，载《哲学论文集》，第 132，133 页。

成的,但是:"我不承认,除非记住它们是统一体的组成部分,我们就不能对它们做真实的考察"。① 诸成分之组成一个统一体,不是一种内在的不可分的关系,而是一种外在的关系,因而可加以分析而逐个认识,对各个成分获得真理的认识。我们可以说,外在关系说是罗素建立其整个分析哲学的一个本体论的基础和前提。正如他自己所说,外在关系说是"分析之正当性的辩护,也是对以分析为伪造(falsificaton)的那种观点的否定"。②

实在论思想是罗素分析哲学的第一个形态,直至 1914 年转向现象主义的逻辑原子论之前先后持续十余年之久。不过,在此期间,他的实在论观点还是经历了若干重要的变化,最早是在关于类、命题、关系、非存在的存在等问题上,他逐渐弱化乃至背离了实在论。对此当另作讨论,非本文所能述及了。

---

① "若干说明:答布莱德雷先生",载《罗素论文全集》,第 6 卷,第 354 页。
② "实在论的基础",载同上书,第 129-130 页。

摹状词理论的本体论意蕴*

1905年,罗素发表了"论指谓"(On Denoting)一文,第一次提出了著名的摹状词理论,对此后西方分析哲学的发展产生了巨大的影响。对于这个理论,我们可以从其涉及的语言哲学问题,有关存在的本体论问题以及它所运用的逻辑分析方法等诸多方面加以研究,但在这里我们将主要就罗素如何通过对包含摹状词的语句进行语言的逻辑的分析来解决有关存在(或者更确切地说,有关非存在的存在)的本体论问题略做阐述。

早在《数学诸原理》(Principles of Mathematics)中罗素就曾论及摹状词,在那里以及"论指谓"一文中被称为"指谓短语"(denoting phrases)。摹状词或指谓短语就是冠以"所有"(all)、"每一"(every)、"任何"(any)、"一个"(a)、"某个"(some),"那个"(the)等词的短语。例如,"一个人"(a man),某个人(some men),任何人(any man),每个人(every man),所有人(all men),那个当今英国国王(the present King of England),那个当今法国国王(the present King of France)等等。罗素把摹状词分为两类:限定摹状词,即带有定冠词 the 的摹状词,如上例中的"那个当今法国国王"(the present King of France);非限定摹状词,即带有不定冠词 a 的摹状词,如上例中的"一个人"(a man)。罗素在

---

* 1987 年在北大外哲所讲授《分析哲学》罗素部分之一节。

"论指谓"和后来的许多著作中着重讨论的是限定摹状词,他的摹状词理论所涉及的有关存在的本体论问题就是由包含限定摹状词的某类语句引起的,或者更确切地说,是由包含关于非存在物的限定摹状词的那类语句引起的。因此,我们对罗素摹状词理论的阐述就从这里谈起。

所谓关于非存在物的限定摹状词包括(1)关于可能但并不确实存在的事物的限定摹状词,如"那个当今的法国国王"、"那个金山"(The golden mountain);(2)关于自相矛盾因而根本不可能的东西的限定摹状词,如"那个圆方"(The round square)。现在的问题是:包含关于非存在物的摹状词的陈述或语句是不是有意义的?对这个问题,哲学家们有很多的讨论和争辩。有的认为,这种陈述是无意义的,因为非存在物既不存在,那么对它的陈述实际上是空无所说,言之无物,因而是无意义的,有些哲学家则认为这种陈述是有意义的,但是他们对意义的理解却是不同的。

一种是迈农的观点,也是罗素在1905年以前的观点,迈农认为,任何陈述包含的每个词项都有意义,而其意义即其所指。摹状词像名字一样具有指称的作用,其意义也是它所指的对象。关于非存在物的摹状词亦有所指,其所指的对象是非存在的,然而我们在包含这种摹状词的语句中既然对这种非存在物有所陈述,即使是对之做否定的陈述,例如说:"金山不存在"(The golden mountain does not exist)或"并非金山存在"(It is not the case that the golden mountain exists),这实际上也已假定了金山有某种存在(some sort of being)。关于非存在物的陈述不是毫无所指的空言,而是对非存在的存在的断定或否定,因而是有意义的。

另一种是弗雷格的观点。弗雷格认为,我们必须区别语言表达式的意义和所指两个方面,其所指是其指称的对象,其意义则是其所表达的概念,或者如弗雷格所说,是其所指对象的"表现方式"。我们学会使用一个语言表达式,也就是把握了它所表达的概念,即把握了它的意义,即使我们并不知道它是否指称任何东西。也就是说,一个语言表达式即使实际并无所指,或者如弗雷格所说,其所指为一空类,仍可具有意义。因而包含关于非存在物的摹状词的语句是可以理解的,有意义的。不过,这种语句没有对任何存在物做出断定,因而没有真假可言,亦即没有真值的。按照弗雷格的看法,真值是语句的所指,因而关于非存在物的语句可以有意义而并无所指,并无真值。

罗素也认为包含关于非存在物的摹状词的语句是有意义的,但是他对迈农和弗雷格对这种语句之有意义性的解释都不赞成,他既否定了迈农的(以及他本人此前曾经支持过的)关于非存在的存在的观点,也反对弗雷格所谓有意义的语句可以无真值的观点。罗素认为,他的摹状词理论既可以"避免迈农的过度稠密的存在王国"[①],即承认非存在物也有某种存在,又可以证明任何有意义的陈述都是有真假的,无真假则无意义,关于非存在物的陈述若有意义,亦必有真假可言。

罗素认为,要解决由包含关于非存在物的摹状词的语句所引起的种种困难,关键是要正确地认识摹状词或指谓短语的逻辑性质,从而对包含摹状词的语句做出正确的逻辑分析。

要正确认识摹状词或指谓短语的性质,主要是要把它们同名字或专名区别开来。罗素认为,名字或专名是简单的符号,直接指称某一对象,而其所指即是它的意义,就是说,名字就其自身而言就独立地具有意义。例如,"苏格拉底"这个专名代表某个人,因而单独地具有一种意义,而无须任何语境,并且永远只能作为语句的主词、真正的逻辑的主词来使用。摹状词则不同,罗素说:"一个指谓短语本质上是一个语句

[①] "我的思想的发展",《罗素的哲学》,希尔普编,纽约,1951年,第13页。

的部分,但并不像大多数单独语词那样具有任何独立的意义"。① 又说:"指谓短语本身决不具有任何意义,而是它们在其语言表达式中出现的每个命题才具有意义",罗素指出:这就是他要提倡的"指谓理论(即摹状词理论)的原则"。② 后来罗素在《数学原理》(*Principia Mathematica*)中把摹状词称为"不完全符号",他说:"所有包含定冠词the(作单称使用)的短语(而非命题)都是不完全符号,它们在使用中具有意义,但孤立地并不具有意义。"③因而,它们与名字不同,它们并不直接地指谓任何对象。诚然,它们可以被用作这样或那样语句的主词,但是,这并不意味着它们的确代表被这些语句所陈述的某种对象,也就是说它们并不是这些语句的真正的逻辑的主词。迈农之所以承认非存在物的存在,其根源就在于他"认为任何语法上正确的指谓短语都代表一个对象。这样,'那个当今法国国王'、'那个圆方'等等就被设想为真正的对象。人们承认这样一些对象并不存在,但无论如何认为它们是对象"。④ 为了驳斥这种观点,就是要通过对包含任何摹状词的语句进行逻辑的分析,将其改述为既保存了原句的意义而又不再使用任何摹状词的语句,或如罗素所说,"把所有有指谓短语出现的命题还原为没有任何这样的指谓短语出现的形式"。⑤ 在经过改述或"翻译"的语句中,摹状词被析解而不复出现,这就表明它们并不是语句的真正逻辑主词,并没有独立的意义,并不指谓任何对象。

我们就以刚刚提到的这两个摹状词及包含它们的语句为例来看一看罗素所做的分析。试看这样两个语句:"那个圆方不存在"(The

---

① "论指谓",《逻辑与知识》,R. C. 玛尔什编,伦敦,1956 年,第 51 页。
② "论指谓",《逻辑与知识》,第 42-43 页。
③ 罗素与怀特海:《数学原理》,剑桥大学出版社,1925 年,第 2 版,第 1 卷,第 66-67 页。
④ "论指谓",《逻辑与知识》,第 45 页。
⑤ 同上。

round square does not exist)和"那个当今法国国王是秃子"(The present King of France is bald)。从表面的语法形式来看,它们是如同"苏格拉底是有死的。"(Socrates is motal)、"司各脱是苏格兰人"(Scott is Scotch)等关于个体名字或专名的语句一样的主谓式陈述,但实际上,它们所表达的命题的真正逻辑形式要比这种简单的主谓式复杂得多。

先看"那个圆方不存在"。罗素说,我们不能认为这个语句是对某个称为"那个圆方"的对象的存在的否定。我们不可能先假定有某个对象,然后再去否定有这样一个对象。事实上,这个语句根本不是关于那个圆方的,尽管"那个圆方"具有语法主词的地位。经过分析,这个语句的真正逻辑形式应当是:"并非有一个对象 x,它既是圆的又是方的"(It is false that there is an object x which is both round and square)。我们可用符号形式表示为$\sim \exists x(Rx \cdot Sx)$。在这里作为语法主词的"那个圆方"消失了,原来的语句改述成了对两个语句的合取的否定,经过这样改述的语句显然不是谈那个圆方,而是谈一切存在的事物,谈一切事物都不具有既是圆的又是方的性质。这个语句是有意义的,而且是真的。

再看"那个当今法国国王是秃子"。罗素认为,这个语句也不是一个主谓句,就其真正的逻辑形式来说,应当改述为如下三个语句:

(1) 至少有一个人是当今法国国王(at least one person is present King of France)

(2) 至多有一个人是当今法国国王(at most one person is present King of France)

(3) 谁是当今法国国王谁就是秃子(whoever is present King of France is bald)

我们可以用符号形式表示为:

$$\exists x[Kx \cdot (y)(Ky \to y=x) \cdot Bx]$$

这里 K 表示"是当今法国国王",B 表示"是秃子",(y)(Ky→y=x)表示唯一性,即至少并至多有一个法国国王,亦即表示限定摹状词"那个当今法国国王"(the present King of France)。

由上可见,"那个当今法国国王是秃子"经过改述实际上是三个语句的合取,只有三者同真,这个合取才是真的,只要有一个假,整个合取就是假的。法国早已成为共和,在当今的世界上我们找不到一个是法国国王的人,所以合取中的前两个语句都是假的,因而整个合取是假的。这样,原来的语句"那个当今法国国王是秃子"就是有真值的,因而也是有意义的。

在经过改述的语句里,摹状词"那个当今法国国王"已经不再作为语法主词出现了,因而人们也不会再被语法形式所误引而相信这个摹状词亦有其本体论的指称作用,从而断定有所谓非存在的存在。

摹状词理论是罗素在哲学上最重要的贡献之一,对 20 世纪分析哲学的发展有过重大的影响,被许多人誉为哲学分析的"样板"。摹状词理论提供的逻辑分析方法所由出发的一个基本观念就是命题或语句的真正的逻辑形式和表面的语法形式的区别。如在上面所看到的,包含摹状词的语句的语法形式与其真正的逻辑形式是大不相同的,逻辑分析的任务就在于把原来的语句加以改述或翻译,使之舍掉令人迷误的语法形式,而揭示其真正的逻辑形式,在罗素看来,这种逻辑形式不仅是语言具有的深层结构,而且表现了世界自身的本质结构。因此,在他那里,对语言的逻辑分析同时即是对世界的形而上学的或本体论的分析。这是罗素以及其他早期的分析哲学家共同的特点,也是他们的哲学分析有别于例如后来的逻辑实证主义的地方。

重议罗素对布莱德雷否定关系的批评[*]

罗素说,"关系问题是哲学上提出的最重要的问题之一。"[①]如罗素所述,他最初之"反叛"新黑格尔主义,从绝对唯心主义的一元论而转向一种极端实在论的多元论时,特别关注的就是"关于关系的学说",他着重致力的就是提出自己的一种关系学说去否定新黑格尔主义者的关系学说,前者他称为"外在关系说",后者则是以布莱德雷(F. H. Bradley)为代表的所谓"内在关系说"。[②] 罗素认为,"全部一元论的基本前提"就是"其关于关系的学说",[③]即"内在关系说",而由此出发,必然导致对多元论的否定,得出"既没有关系也没有众多事物,而只有一个东西的结论",[④]从而否定分析作为一种认识方法的意义和价值,而认为任何分析都是对实在的歪曲或伪造(Falsification)。在罗素看来,"如果我们能够指出这个学说是没有根据的和站不住脚的,我们就会由此而完成对一元论的驳斥。"[⑤]这就是罗素的"外在关系说"所要做的工作。他相信,这种关系理论,而且只有这种关系理论,真正维护了承认世界上

---

[*] 载《分析哲学——回顾与反省》,四川教育出版社,2001年。
[①] Logic and Knowledg, ed. by R. C. Marsh, 1991, Capricorn Books, p. 333.
[②] My Philosophical Development, 1959, George Allen & Unwin, p. 54.
[③] Philosophical Essays, rev Edition, 1966, George Allen & Unwin, p. 139.
[④] 同上书,p. 141.
[⑤] 同上书,p. 149.

有众多事物存在并承认事物间关系的实在性的多元论,从而也为哲学分析提供了坚实的理论依据,如他所说,外在关系说"是对分析的正当性的辩护,又是对以分析为伪造的观点的否定"。①

本文并不对罗素和布莱德雷的关系理论做详细的讨论,而只是就罗素对布莱德雷否定关系实在性所做的某些批评重新加以考察,略做议论,或许对罗素本人的某些说法及以往学者的解释有所辨正。

关系是否具有实在性?这是罗素批评布莱德雷关系理论时首先讨论的主要的中心的问题。罗素认为,无论布莱德雷所谓内在关系的涵义如何,"都会导致认为关系根本不存在的观点"。② 至于布莱德雷是如何否定关系的存在或实在性的,罗素的批评主要有如下两种论证:一是批评布氏的关系归约论(关系可还原为性质),一是批评布氏的关系不可能论(承认关系的存在会陷入无穷倒退的困难)。

一、对关系归约论的批评

我们先看罗素对关系归约论的批评。在罗素看来,内在关系说最基本的主张是强调关系与其相关事项之间有一种本质的必然的联系,"认为两项之间的每种关系根本上是表示这两项的内在特性,而归根结底是由这两项所组成的整体的一个特性"。③ 按照这种观点,罗素说:"凡是我们觉得好像有一种关系的地方,那实际上是这个假定的关系的事项组成的那个整体的一个形容词",亦即它的一个属性。④ 罗素认为,这样关系就必然还原为性质而被消除掉。而这种还原或归约,据罗

---

① Collected Papers of Russell, vol. 6, Routledge. vol. 6, pp. 129-130.
② Philosophical Essays, rev Edition, 1966, George Allen & Unwin, p. 141.
③ My Philosophical Development, 1959, George Allen & Unwin, p. 54.
④ Philosophical Essays, rev Edition, 1966, George Allen & Unwin, p. 142.

素说是有其深刻的逻辑根源的,那就是传统的主谓逻辑的观念,即把一切命题都看作是主谓式命题,凡属关系命题也都被还原为把一个谓词加于一个主词之上的命题,亦即关于某物具有某种性质的命题,于是关系就从逻辑上被排除了。所以,罗素甚至说"内在关系说"实即"等于这个假定:每个命题有一主词和一谓词。因为一个断定一关系的命题必然总是被还原为一个关于由诸关系项组成的整体的主谓命题"。①

据罗素说,他是在研究莱布尼茨(其结果就是1900年出版的《莱布尼茨哲学之批判的解说》)的时候"第一次意识到关系问题的重要性",并且"发现"过去的形而上学(包括斯宾诺莎、莱布尼茨、黑格尔和布莱德雷的哲学体系)及其对关系实在性的否定,都是以主谓逻辑的错误观念为基础的。② 后来在《数学诸原理》(1903)中,罗素更着重而详细地从这一逻辑根源上批判了那些"厌恶关系"、"认为任何关系都不可能具有绝对和形而上学的确实性"的哲学家。他们有一个共同的看法,就是认为"一切命题归根结底都是由一主词和一谓词构成的",不过他们"处理"关系命题即把关系命题还原为主谓命题的方法却有不同:一是"单子论的"方法,以莱布尼茨为代表;一是"一元论的"方法,以布莱德雷为代表。③ "单子论的"方法是把一个关系命题中的关系者看作主词,把关系和被关系者(relatum)看作谓词。例如,"甲较大于乙"这个关系命题被化为一个主谓命题:"甲是(较大于乙的)",括号内的话被认为是甲的形容词,因而是其属性。在莱布尼茨看来,所有关系命题都可照此处理,这样我们似乎就可以认为,存在的只有一个个独立自存的实体(单子)及其属性,而关系则被消解了,用莱布尼茨的话说,"它(关系)是一个纯然观念的东西"而非实在。罗素指出,这种还原是不可能的。例

---

① Philosophical Essays, rev Edition, 1966, George Allen & Unwin, p. 142.
② My Philosophical Development, 1959, George Allen & Unwin, p. 61.
③ Principles of Mathematics, 2nd Edition, 1937 George Allen & Unwin, p. 221.

如,若把"较大于乙的"看作甲的形容词,我们立即可见它是复杂的,它至少是由"较大"和"乙"二者构成的,而这二者都是必不可缺的,只说甲是"较大"的,没有任何意义,因为乙也很可能是"较大"的(如与丙、丁或别的东西相比)。"较大"这个形容词总是与另一个可比较的东西相关联而被使用才有意义。罗素说:"一个包含有与乙关联的形容词显然是一个相对于乙而言的形容词,这不过是用一种笨拙的方式说明关系而已。"① "一元论的"方法则是把关系命题包含的事项构成的整体看作一个主词,而把关系看作这个整体的谓词或属性。罗素指出,这个说法对于对称关系似乎行得通,例如,"甲不同于乙",反过来可以说"乙不同于甲",这里的"不同"是对称关系,我们似乎可以把甲和乙构成的整体作为主词,而把"不同"作为这个整体的谓词,即"甲和乙是不同的"。但是,要把关于不对称关系的命题这样归结为主谓命题则是绝不可能的。例如,"甲较大于乙",甲对于乙的这种"大于"关系是不可逆反的,即不能反过来说"乙较大于甲",因而是不对称的。如果把甲和乙当作一个整体,显然不可能把"大于"关系看作它的谓词或属性。对于甲和乙构成的整体来说,"甲大于乙"和"乙大于甲"都是"大于",因而是无区别的。它们的区别只在于这个事实,即在前者中"大于"是甲对乙的关系,在后者中"大于"是乙对甲的关系,也就是说其区别在于甲、乙这两个关系项在这两种关系中的次序不同或者说正好相反,而关系项的次序对于关系的成立是至关重要的,罗素说"这就是可称之为关系的意义的东西",又说:"关系的意义是一个根本的概念。"②因此,要说明上面这两个不对称关系的命题的区别,还必须从整体回到部分(关系项)和它们的关系,这种关系(例如"大于")是既不能归结为各个部分(如甲、乙)的

---

① Principles of Mathematics, 2nd Edition, 1937 George Allen & Unwin, p. 222.
② Principles of Mathematics, 2nd Edition, 1937 George Allen & Unwin, Lta., p. 95-96.

属性,也不能归结为整体(如甲和乙)的属性的。① 也就是说,布莱德雷企图通过关系命题的逻辑归约以消解或否定关系,是不可能的。

诚然,一个哲学家的形而上学或本体论学说与其逻辑的观念无疑有着密切的联系,罗素试图从主谓逻辑的观念中寻找和揭示布莱德雷及其他哲学家否定关系实在性的形而上学学说的根源,的确是很深刻、很有意义的。而且,罗素此处对传统主谓逻辑模式的批评,在逻辑发展史上也是一个重大的贡献,是他建立现代数理逻辑的一个基本理论要素,数理逻辑之有别于并优越于旧逻辑者,正在于把关系引入了逻辑。

但是,我们这里有几个问题要讨论一下,即布莱德雷是否真的认为一切命题都是主谓命题?认为一切命题都是主谓命题,是否一定导致对关系的否定?布莱德雷是否确实从一切命题都是主谓式的逻辑观念得出了否定关系实在性的结论?

布莱德雷在《逻辑原理》中说过:"我们看到所有的判断都是将一个观念的内容赋予一个实在,因而这个实在就是这个内容所述谓的主词。因此,在'A 先于 B'中,A—B 这整个关系是谓词,当我们说这是真的时,我们就是把它(这个关系)看作实在世界的一个形容词。它是超乎A—B 的某物的一种性质。但如果这样,则形容词 A—B 所关涉的那个实在就是 A—B 的主词······"②从这一段话,我们可以相信,布莱德雷是追随传统的主谓逻辑的,而且明确地将关系命题作为主谓命题看待。但是我们要进一步追问:布氏是否认为正如在逻辑上可将关系命题归约为主谓命题一样,在本体论上也可将关系归约为性质,从而否定关系?我们在上面说,逻辑与本体论有密切的关联。但是,我们又必须指出,二者并不等同。例如,亚里士多德为主谓逻辑之祖,他的关于实体

---

① Principles of Mathematics, 2nd Edition, 1937 George Allen & Unwin, Lta., p. 224-226.

② Principles of Logic, 2nd Edition, 1922, Oxford Univ. Press., Vol. 1, p. 28.

的本体论学说,关于实体是一切其他范畴(性质、关系、数量等等)所述谓的主词的学说,与他的主谓逻辑密不可分,但是亚里士多德并未因此取消关系之为其本体论的一大范畴。至于布莱德雷,虽然坚持主谓逻辑,但是并未因此主张关系可还原为性质而消解之。其实,布莱德雷就曾表明,主谓逻辑并不足以充分表达对实在的本体论观念,他说:"我不能承认主谓关系是对实在的一种充分恰当的表述。"[1]布莱德雷认为,关系和性质属于现象的领域,是现象领域中不可或缺的两个方面,二者不可彼此分离,也不能互相归约。他说:"没有关系,性质就什么也不是","关系以性质为前提,性质也以关系为前提","要找到没有关系的性质肯定是不可能的","对于思想来说,没有关系的性质是否有任何意义?就我自己来说,我相信它们没有意义"。[2] 诚然,在布莱德雷那里,现象领域的一切都是相对、有限的,因而在最后的终极的实在即所谓"绝对"或"绝对经验"中都要被扬弃、被超越,在这个意义上,可以说现象是非实在的,性质如此,关系亦如此。布莱德雷说:"对我来说,终极的实在似乎是超关系性的(supra-relational)。"但这并不意味着否定关系的存在,而只是说关系作为现象的东西不是也不可能是作为终极实在的"绝对"的一种规定性,他说:"关系不可能正确地述谓原初的统一(即一切为一体的'绝对')",但是,"关系又是其(终极的实在)发展所必要的",因此,可以说"不完善的关系性模式""既被包含又被吞没在这样一种统一中了"。[3] 布氏在一个地方还特别提醒人们不要因为他否认世界的某个方面、某个特征具有"绝对的实在性"而误以为他根本否认这个方面、这个特征的存在,他说:"我觉得,我的反对者们在这一点上都没有理解我。在我否定整体的某个特征的绝对实在性的地方,他们

---

[1] Essays on Truth and Reality, 1950, Clarendon Press, p. 239.
[2] Appearance and Reality, 2nd Edition, 1930, Clarendon Press, pp. 21-22, 25.
[3] Essays on Truth and Reality, 1950, Clarendon Press, pp. 238-239.

老是把这解释为否定有这样一种特征存在。"① 在另外一个地方,布莱德雷更明确肯定地说:"凡是作为现象而被否定的东西,决非纯粹的虚无,我们不可能把它们统统撇开和全然除掉,既然它们必然在某处发生,它们就必然属于实在。"② 由此可见,罗素认为布莱德雷否认关系具有"绝对的和形而上学的确实性"就是否定关系的存在,显然是对布氏关系学说的一种误解。

二、对关系不可能论的批评

现在我们来看罗素对布莱德雷的所谓"关系不可能论"的批评。"关系不可能论"意指如果承认关系的存在,就会陷入"无穷倒退"的困难,因而关系不可能存在。罗素和西方以至中国的一些学者都曾指责布莱德雷以此论否定关系。罗素最早似乎是在《数学诸原理》(1903)中提出这个批评的,他说:"布莱德雷在《现象与实在》第三章中反对关系实在性的一个论证,其根据是把两个(关系)项联系起来的关系必然与其中每个项有联系这个事实所引起的无穷倒退。"③ 罗素并没有详细说明这个"无穷倒退"的论证,后来 C. D. 布劳德按照罗素的观点也批评布莱德雷否定关系的这个论证时倒是说得比较明白,他说:"这个论证是这样的,如果 A 要通过 R 与 B 相联系,则 A 必须通过一个关系 R_1 与 R 相联系,而 R 则必须通过一个 R_1 与 B 相联系。根据同样的理由,A 必须通过一个 R_{11} 与 R_1 相联系,R_1 必须通过一个关系 R_{12} 与 R 相联系,R 必须通过一个关系 R_{21} 与 R_2 相联系,而 R_2 则必须通过一个关系 R_{22} 与

---

① Essays on Truth and Reality, 1950, Clarendon Press, p. 471.
② Appearance and Reality, 2nd Edition, 1930, Clarendon Press, p. 119.
③ Principles of Mathematics, 2nd Edition, 1937 George Allen & Unwin, LTD, p. 99.

B 相联系。……如此类推,以至无穷"。① 在中国,金岳霖先生在《知识论》一书中批判布莱德雷的关系学说,对其"关系不可能论"(此名即金先生所创)有更为简明的表述:"关系不可能的理由大致说来如下。如果两个体能有关系,例如 X 与 Y 之间能有 R^1 关系,则 X 与 R^1 之间不能没有关系,假如它们的关系为 R^2,则 X 与 R^2 之间不能没有关系,假如它们的关系为 R^3,……两个体非有无量数的关系不可。"②

我们无意仔细推究这个无穷倒退(金先生称为"无量推延")的论证,我们只想辩明,布莱德雷是否有此论证? 若有,其目的是否在否定关系存在的可能性? 重读布莱德雷原著,我们发现,对第一点可做肯定的回答,对第二点的回答却不能不是否定的。我们且看布氏在《现象与实在》第二章(罗素说是第三章,显然有误)中是怎样论述的。

首先,布莱德雷提出这个论证的前提是如下的一个假定,即"假定我们不使关系成为相关事物的一个属性,而使之成为或多或少独立的东西"。从这样一个假定出发去看事物的关系,就会陷入"无穷倒退"的困难。例如,"有一个关系 C,A 与 B 处于这个关系中",由于 C 是不同于 A 和 B 的独立的东西,它不能是 A 与 B 的属性,不能归属于 A 与 B,因而要对关系 C 和 A 与 B 有所说,就必须引入另一个关系 D,"处于这个关系中的一方面是 C,另一方面是 A 与 B",但这样一来"立即会导致一个无穷的过程。这个新的关系 D 决不可能述谓 C 或 A 与 B。因此,我们必须求助于一个处于 D 和前面已有事物之间的新的关系 E。但是这又必然导致另一个关系 F;如此等等,以至无穷"。布莱德雷由此做出结论说:"因此,问题并不因为把关系作为独立的实在而被解决了。因为如果这样,性质和它们的关系就是全然离散的,这样我们就什么也

---

① 转引自 chuch, R. W. Bradley's Dialectics, 1942, George Allen & Unwin, p. 162.
② 金岳霖:《知识论》,商务印书馆,1983 年,第 148 页。

没有说。否则我们就必须在旧有关系及其诸项之间设置一个新的关系，但设置了这个新的关系，对我们并无帮助。要么它本身又需要一个新的关系，如此以至无穷；要么它让我们停在原处，被种种困难纠缠住。"①

从这一大段话我们清楚地看到，布莱德雷在这里的全部论证实际上是一个归谬论证：从假定关系为独立实在这个前提出发总导致无穷倒退的结果，由此证明假定关系为独立实在之谬误。所谓把关系作为独立实在，布莱德雷是指把关系作为如同各关系项一样的东西，实即把关系也看作一个与其他诸项并列的另一个项，正因此故，关系才失掉了把诸关系项联系起来的功能，才需要有另外一个关系来联系这个关系及其诸项，而另外一个关系也像这个关系一样缺乏联系的作用，于是需要再有另一个关系，如此类推，以至无穷。显然，布莱德雷这个论证的目的只是否定关系之为独立实在，而不是否定关系的存在。在布莱德雷看来，罗素及一切主张外在关系说的人就是犯了把关系视为独立实在的错误。例如，他在同罗素争论时一再说罗素认为"可能设想关系为独立于一切关系项的实在"，并说"至于我自己，我肯定不能设想它（独立于关系项的关系）是实在的"。② 其实，罗素自己心里也明白，布莱德雷的这个论证并不是要反对关系的实在性，而完全是针对外在关系说而发的。他说："反对外在关系说的人以为我们的意思是说：关系是介乎两个项之间的第三项，而且不知怎么把这两项钩结在一起了。如果我们是这个意思，那显然是荒谬的，因为在这种情况下关系已不再成其为关系，一切真正关系性的东西都只是把关系钩在关系项上。"③ 尤应（A. L. Ewing）也曾指出，布莱德雷的这个论证是批评外在关系说

---

① Appearance and Reality, 2nd Edition, 1930, Clarendon Press, pp. 17-18.
② Essays on Truth and Reality, 1950, Clarendon Press. , p. 295.
③ Logic and Knowledg, ed. by. R. C. Marsh, 1991, Capricorn Books, p. 335.

的:"布莱德雷和乔基姆①似乎认为,承认外在关系就是使关系成为与被认为由它所联结的其他两项分离的第三项。这种观点既然使关系成为一种事物,就会完全否定关系特有的特征,而且很快就会遭受报复,因为关系既已实际上变成了一个项,就会需要另外的关系把它与其他诸项联系起来,如此下去以至无穷。"不过,尤应认为,布氏这种批评是妄加给主张外在关系说的人的,他说:"我不知道有任何主张外在关系说的人持有这种错误的观点",并且为罗素辩护说:"罗素的类型论意思非常明确,认为关系属于一个与关系项不同的类型,因而不可能以刚刚被这些唯心主义者批判了的那种方式看待关系。"②罗素自己也说:"把关系看作其他两项间的第三项的想法违反类型论,必须极其小心地加以避免。"③

但是,我以为,罗素在反对内在关系说、强调关系是外在的、不影响不限定关系项的性质时,确实是把关系看作一种可以与关系项分离而独立的实在,也就是说实际上是把关系看作介乎诸关系项之间的另一个项。无论在他提出类型论之前还是在那之后,都是如此。例如,在《数学诸原理》(1903)中,罗素说:"两项之间的关系是一个概念",④按照罗素这时的极端实在论的观点,概念就是柏拉图的理念那样的东西,是一种"实在性的、独立自存的、自我同一的"存在,⑤虽然其存在是一种"虚存"而非"实存",罗素认为,概念和事物一样都是"项"(term),而"项"就是"单个物(unit)、个体(individual)和存在物(entity)的同义语"。⑥ 罗素承认,在对于关系的认识上,"我在写《数学诸原理》时还不

---

① 乔基姆(H. H. Joachim),另一主张内在关系说的英国新黑格尔主义者。
② Ewing, A. C. Idenlism: A Gritical Survey, 1934, Methuen, Church, R. W. p. 143.
③ 同上书,p. 143.
④ Principles of Mathematics, 2nd Edition, 1937, George Allen & Unwin, LTD, p. 95.
⑤ 同上书,p. 45.
⑥ 同上书,p. 43.

了解逻辑类型的必要",[①]这就是说那时还未能将关系与其诸项作为不同的逻辑类型区别开来。但在提出逻辑类型论之后所写的《哲学问题》中,罗素在本体论上还是一个柏拉图式的极端实在论者,不过这时他把原来称为"概念"的东西用中世纪实在论的用语称为"共相"了。关系共相和由关系所联结的诸项一样"属于思想可以把握但不能创造的独立的世界",不过作为共相,关系不是像诸关系项那样在时空中"实存",而是一种超时空的"虚存"。[②]"实存"和"虚存"是本体论上不同方式的"存在",不必是逻辑类型的区别,而且关系作为"虚存",作为一种超时空的存在,当然是一种可以离开"实存"的诸关系项而独立自在的实在。那么,这样又如何能够逃避布莱德雷之指责其将关系作为"独立实在"因而实际变为一个"第三项"以至陷入无穷倒退的泥潭呢?

如上所说,我以为,罗素以所谓"关系不可能说"攻布莱德雷否定关系的实在性,不仅是对布氏的一个误解乃至曲解,而且是将自身的理论弱点推上审判台的一种自戕行为(当然是不自觉的),或者用一句通俗的话说,搬起石头砸自己的脚。

---

① Logic and Knowledg,ed. by. R. C. Marsh,1991,Capricorn Books,1912,London, p. 333.

② Problems of Philosophy,1912,London,p. 153,156.

论 G. E. 穆尔的实在论思想*

实在论是现代西方哲学中的一大流派,尤其在本世纪初,流传甚广,在英、美、德、奥诸国,都有其重要的代表人物,形成了一股有力的思潮。但是,现代实在论并不是一个全然统一的哲学运动,在它的旗帜下汇集了具有不同色彩、不同倾向的许多哲学支派。英国现代著名哲学家 G. E. 穆尔的实在论思想就是其中颇有影响和独具特色的一支。

在现代英国哲学中,穆尔与罗素齐名,而且都是在对新黑格尔主义的"反叛"中提出自己的实在论思想的。他们在哲学上曾经互相砥砺、互相影响,但是后来却走上了不同的道路。罗素由早期的实在论转向逻辑原子论又转向中立一元论,思想屡屡变化。穆尔则似乎执一不变,始终是一个实在论者。但是,他的实在论思想实际上前后也有变化,而且不论他自己是否承认,他的思想的最后归趋也是背离了实在论的。

一、从新黑格尔主义到新实在论

穆尔最初是新黑格尔派绝对唯心主义的信徒。在新黑格尔派看来,唯一的究极的实在是绝对或绝对经验。绝对是无所不包的大全。对于绝对来说,一切的事物、性质、运动、变化、时间、空间、因果性等等,

---

* 原载《哲学研究》,1987 年,第 11 期。

都是虚而不实的现象,都是不存在的。穆尔在 1897 年写的"在什么意义上存在着过去和未来的时间"一文就完全是按照新黑格尔主义的精神进行论证,得出时间不存在的结论。他说:"无论过去、现在和未来都不存在,如果我们所谓存在是指具有完全的实在性,并非仅仅作为现象而存在的话。"①

但是,过了不久,穆尔就抛弃了这种观点。1899 年他发表了"判断的性质"一文,这是他"反叛"新黑格尔主义的开端,1903 年发表"驳唯心主义"一文,则是这一"反叛"的宣言书。

穆尔用以对抗新黑格尔主义的武器是一种双重意义上的实在论思想。首先,就本体论来说,它是一种柏拉图式的或中世纪意义上的实在论,即把表示一般或共相的概念看作独立于个别事物亦独立于心灵的实在,而且是比个别事物更高更根本的实在。其次,在认识论上,在关于认识和对象的关系问题上,它也坚持一种实在论观点,即认为心灵所认识、所感知的对象不依赖于认识或感知的活动而存在。在现代西方哲学中,人们用"实在论"一词常常就是仅指这种承认对象独立于认识的观点,而未必包含以共相为独立实在的柏拉图主义倾向。但穆尔的实在论思想无疑是带有柏拉图主义色彩的。

(一)穆尔在"判断的性质"一文和《伦理学原理》(1903)中着重阐述了他的柏拉图主义的实在论思想。

穆尔认为,整个世界,即我们可思及和可感知的一切事物,都是"由概念构成的"。概念并非仅仅是心理的东西,并非仅仅是意识的内容,而是有其非心理的或者说心外的存在。概念可以成为我们心理活动的对象,可以通过人的思维而与认识主体发生关系,但是它们的存在并不依赖于我们的心理活动,并不依赖于任何心灵对它们的思维。概念不

---

① *Mind*,第 6 卷,1897 年。

是从关于事物的感觉经验中概括、抽象得来的,而是先于事物,先于经验的,是一种永恒的、不变的、独立的实在。这种概念其实就是柏拉图的 Idea(理念),但是由于 Idea 一词在近代哲学而特别是英国经验论哲学中仅被用来表示人心中的观念,因而穆尔宁愿用概念来代替柏拉图的 Idea,以免被误解为纯粹心理的东西。[1]

人们会问:柏拉图主义把概念客观化为一种独立的实在,实质上也是一种唯心主义或"客观"唯心主义,穆尔以及罗素最初何以会打出这面旗帜来反叛新黑格尔派的绝对唯心主义呢?原因或许非止一端,但主要的是这两种哲学确有某种重要的差异。在穆尔和罗素看来,正当黑格尔主义弥漫英国哲学界之际,柏拉图式的实在论似乎是绝对唯心主义的一副有效的解毒剂。新黑格尔主义者讲大全,在大全中一切都内在地联系在一起,别而不分,有总无殊,于是一切事物都泯没在作为大全的绝对的阴影中而失去了独自的存在。柏拉图主义则不同,它可以承认一切概念(理念)以及由概念构成的一切事物的存在,可以承认一个多元的宇宙而打破新黑格尔主义的吞没一切的一元论。罗素在回忆他和穆尔从黑格尔主义向柏拉图主义转变时说,他们觉得这是一种"解放","布莱德雷论证说常识所相信的一切都是纯粹的现象,我们转到相反的极端,认为不受哲学或神学影响的常识设想为实在的一切都是实在的。带着一种逃出牢笼的感觉,我们允许自己去想草是绿的,即使没有任何人感知,太阳和星星也会存在,而且还有一个由柏拉图的理念构成的超时间的多元的世界"。[2]

我们说穆尔的实在论是柏拉图主义的,这并非说它是后者的简单的翻版。穆尔的实在论有其不同于过去的新的特点,这主要是受了19

---

[1] 穆尔:"判断的性质",*Mind*,第 8 卷,1899 年,第 182-183 页。
[2] 罗素:"我的思想发展",载《罗素的哲学》,希尔普编,第 12 页。

世纪末布伦塔诺、迈农学派思想的影响。

柏拉图的和中世纪的实在论把世界分成理念或共相和现实事物两个领域,前者是超验的世界,后者是可感的世界,但二者都是实存的。迈农根据布伦塔诺的意向性学说,认为凡可思及、可意向的东西都是对象,都有其存在,但存在(being)未必即是实存(existence)。他认为,有两类对象,两类存在。一类是个别的具体的对象,它们是实存的。另一类是非实存的对象,包括理想的(ideal)对象(如数、关系及其他各种共相)和纯乎虚构和想象的对象(如金山、飞马乃至圆方之类的东西),前者虽无实存,但有虚存(subsistence),后者则可说是非存在的存在。穆尔和罗素都曾接受迈农的这种对象理论。穆尔把实存的对象称为"自然对象",包括过去、现在、未来在一定时间上存在的一切物质的和精神的东西。但是,"并非一切存在的事物都是'自然对象'",除此之外,还存在着"肯定不在时间上实存,因而并非自然之部分,事实上根本不实存的一类客体,或者客体性质"。例如,伦理学上的善,数学讨论的数,以及所有表示共相的概念都属此类。穆尔认为,柏拉图以来的形而上家们的一大功绩就是大力研究了这类非自然的、非实存的对象。但是他们又都犯了一个错误,他们虽然承认非自然对象并不在时间上实存,却又假定"任何不实存于自然界的事物,必定实存于某种超感觉的实在之中,无论这实在是否无时间性"。穆尔认为,超时间的非自然对象诚然不是感觉所指把握的,但是它们并不构成在自然之外的另一个超验的实存的世界,因为所谓非自然对象就是"根本不实存的"。[①]

传统的实在论只是把表示事物属性、关系等所谓共相的概念视为独立的实在。与此不同,穆尔则不仅把概念而且把判断、命题也看作独立的实在。这个观点也是从迈农来的。迈农认为,判断、命题也是一种

[①] 穆尔:《伦理学原理》,商务印书馆,1983年,第119、120、121页。

非实存的存在,一种虚存的东西,他称之为"对象式"(objective)①,以区别于作为非实存"对象"的概念。穆尔也强调,命题本身即是实在,是由概念以一定的方式自行结合而成的一种独立的实在。命题与概念不同,有真假可言。但真假乃命题自身所具的属性,无需以他物来衡量,"例如,2+2=4是真的,不论是否有两个东西实存"。② 因此真命题或真理也是一种非实存的存在,"事实上没有一条真理真正实存着",这对数学真理说来,"尤其明显"。③

(二)穆尔在1903年发表了"驳唯心主义"这篇名文,详细论述了关于认识和对象关系的实在论观点。

穆尔说,所谓唯心主义就是指任何断定世界是精神的那种哲学学说。他一再申明,他并不是要根本否定这个学说本身,而只是驳它的一个论据,即"存在就是被感知"(Esse est percipi)。他认为,这个命题"在某种意义上说,是唯心主义本质固有的",然而"在其给定的一切意义上,它都是假的"。④ 驳了这个论据,唯心主义的全部论证就无法成立了。

穆尔把"存在就是被感知"作为一切唯心主义的共同论点,因而这里的"被感知"不是仅指被感觉的东西(如巴克莱哲学中那样),而应广义地理解为一切被意识、被经验、被思维的对象。

穆尔认为,"存在就是被感知"这个命题的理论根据就是黑格尔主义者所主张的内在关系说。按照这种理论,一个事物离开了同他物的关系,就不成其为该事物,把事物从其与他物的关系分离出来加以考察

---

① 这个译名是上世纪80年代我的一位硕士研究生汤晨汐同学提出来的。——陈启伟注
② "判断的性质",Mind,第8卷,第180页。
③ 《伦理学原理》,第120页。
④ "驳唯心主义",载《哲学的研究》,伦敦1922年版,第5页。

就是"不合法的抽象"。① 主体和客体、思维或感知和存在就是这样一种不可分割的关系或必然的联系,离开了主体、思维、感知,就没有客体,没有存在。

穆尔从逻辑和语义分析的角度对"存在就是被感知"这一命题提出了驳斥。他认为,唯心主义者主张客体和主体、esse 和 percipi"是必然联系着,主要是因为他们看不到它们是不同的,它们是两个东西"。② 就语义说,esse(存在)和 percipi(被感知)这两个词必须是有区别的,否则二者就会是同义词,而 eslse est percipi 就变成同语反复了。但唯心主义者并不承认这个命题是空洞的同语反复,而宣称它提供了关于实在本性的报导,同时又断言 esse 和 percipi 有必然的不可分的联系,实即把二者视若等同,这岂不是自相矛盾?要摆脱这个逻辑上的谬误,就必须承认 esse 和 percipi 并无必然联系,决非同一,esse 可以包含 percipi,可以是被感知的,但决不能认为离开 percipi 就没有 esse。

穆尔进而从对感觉、意识的分析,概述了他的实在论的认识论观点。穆尔指出:"在每个感觉中都有两个不同的因素,一个因素我称为意识,另一个因素我称为意识对象。"③作为意识的感觉离不开人的心理活动,但是感觉的对象则不被感知、不被意识时也完全可以独立存在。不过,感觉有一个特点,"它似乎是透明的",例如对蓝的感觉,"我们通过它去看,而看到的只有蓝"。④ 这就使我们很容易把感觉的两方面的因素即意识和意识对象相混淆,把作为对象的蓝和对蓝的感觉看作同一个东西,而以为只有在人们具有一个对蓝的感觉时,才有蓝这种

---

① "驳唯心主义",载《哲学的研究》,伦敦 1922 年版,第 15 页。
② 同上书,第 13 页。
③ 同上书,第 17 页。
④ 同上书,第 20 页。

性质。① 穆尔认为,人心中有一个对蓝的感觉(sensation of blue),并不是具有一个蓝的感觉(blue sensation),其实感觉本身并不蓝,因此我们必须给这个感觉找到一个"外在"于它的对象,即蓝这个性质。穆尔说:"当我经验到蓝的时候,蓝像我所觉知的最高贵而独立的实在的事物一样,是我的经验的对象,而不仅是我的经验的内容。因此不存在我们如何能'超出我们自己的观念和感觉之外'的问题,仅仅具有感觉这一点就已经是超出了这个圈子。具有感觉就是知道有某种东西,这种东西像我所能知道的任何东西一样,实实在在不是我的经验的一部分。"②

穆尔肯定对象独立于意识而存在,强调感觉总是对于感觉之外的某物的感觉,在这一点上,应当说他是接近于唯物主义的。亚里士多德曾说:"要感觉,就必须有被感觉的东西",列宁认为这句话"紧密地接近于唯物主义"。③ 这个评价对于穆尔也是适用的,尽管整个说来他的实在论并不是唯物主义,正如亚里士多德哲学就总体而言不是唯物主义一样。

二、"常识"哲学:实在论观点的演变和归趋

穆尔在1925年发表了一篇文章,题曰"保卫常识"。"常识"二字差不多成了他的口头禅。他宣称自己的哲学是符合和忠于常识真理的,同时又以常识为主要手段去驳斥在他看来悖理反常的各种哲学论断。

穆尔的常识哲学被称为常识实在论。这种实在论一方面是他早年

---

① 关于颜色仅仅是一种感觉因而是主观的,还是一种客观的性质,这个问题从17世纪以来哲学家们一直争论不休。此时的穆尔以及其他许多实在论者是主张颜色为客观性质的。
② "驳唯心主义",载《哲学的研究》,第27页。
③ 《列宁全集》第38卷,第318页。

实在论观点的继续,一方面对早年的观点又提出了若干改变或修正,而且在其后的发展中渐渐地淡化了乃至褪掉了实在论的色彩。

(一)穆尔明确地提出他的常识哲学,最早是在1910年的"什么是哲学"一文。

在该文中,穆尔说,哲学是对整个世界的一种看法,哲学的"首要问题"是"给整个世界一个一般的描述"。① 有各种不同的对世界的看法,但是在不同哲学家所给予的描述之间有一个"最重要的区别",即大多数人具有的常识的世界观点和许多哲学家持有的与常识相抵触、相矛盾的世界观点之间的区别。常识的世界观点是人们普遍相信的观点,它承认世界上确实有某些种类的事物,并认为这些种类的事物以某些方式相互关联着。与此相反,许多哲学家则力图"超越"或"积极反对"常识观点,他们断言"世界上并没有常识所最确信其存在的那些事物",并宣称他们知道世界上有常识所不知道的一些重要种类的事物。②

穆尔在"什么是哲学"一文中曾详细陈述了他"认为是最重要的常识观点",其内容就是"我们通常全都认为真正属于世界并且确信自己知道其真正属于世界的那些事物"。③ 这些事物有如下五类:物质对象、意识活动、时间空间、感觉材料和共相。从穆尔的论述中,我们看到,他既坚持了对象独立于认识的实在论的认识论,也保留了共相独立存在的柏拉图主义倾向。

第一,穆尔认为,共相不是实体性的东西,也不是可感觉的东西,而是一种抽象的然而确乎独存的东西。共相亦称"一般观念",它们是"世界上最重要的事物种类之一"。④ 不过"一般观念"一词是有歧义的,可

---

① 《哲学的若干主要问题》,伦敦1953年版,第1-2页。
② 参见《哲学的若干主要问题》,伦敦1953年版,第2页。
③ 同上。
④ 同上书,第301页。

能既指心理活动,又指心理活动的对象。穆尔说:"我所谓'一般观念'非指理解活动而指理解的对象",为了避免混淆,最好把作为对象的一般观念叫作"共相"。共相不是"纯粹的虚构",即使不在任何心灵中也完全可以存在。①

穆尔虽仍然肯定共相的独立存在,但是他已抛弃了迈农关于纯然虚构的非存在之物亦有其存在的观点。例如,神话中的吐火兽并非代表任何东西的名字,不能仅仅因为我们能思考它,能做出关于它的命题,就认为这种虚构的东西也是存在的。② 穆尔也改变了过去接受的迈农关于命题的观点。迈农把命题看作一种虚存的"对象式"。穆尔认为,这样所谓的命题是"想象的东西","根本没有"的。③ 命题就是语言陈述(语句)所表达的意义,这种意义并不是一种独立的实在。

第二,穆尔相信物质对象是独立于意识而存在的。他说:"我们确信世界上有浩繁的这种或那种物质对象",而且我们"以最大的确实性相信这些物质对象即使在我们没有意识着它们时也能够而且确实继续存在"。并非所有的物质对象都有意识,意识活动只是"非常确定地以一种特殊的方式依附于某些物质对象"即"附属于人的也许还有大多数动物的生命体",而人及其意识也不是从来就有和永远存在的。穆尔说:"这是常识对于意识和物质对象的关系的一个信念","它肯定是我们关于世界的一般观点的一个重要因素"。④

第三,穆尔的常识哲学所肯定的存在物中包括所谓"感觉材料"(sense-data),这是他早年思想中所没有的。穆尔对感觉和对象的关系原来持一种直接实在论的观点,认为我们的感官是直接感知外界的物

---

① 《哲学的若干主要问题》,伦敦1953年版,第302-303页。
② 参见同上书,第290-291页。
③ 《哲学的若干主要问题》,伦敦1953年版,第309、265页。
④ 同上书,第2-3、7、10页。

质对象及其性质的,在感觉和物质对象之间没有任何媒介物。但是后来他转向了间接实在论的观点,认为我们直接感知的并不是物质对象本身,而是某种介乎物质对象和感觉之间的东西,即感觉材料。感觉材料是"由感官所给予或所呈现的东西",①包括色、声、香、味、大小、形状等外感的性质和冷热、疼痛等内感的性质。② 感觉材料虽非物质的东西,但也不是心理的东西,可以不被感知而存在,穆尔说:"我完全可以想象,我在一个时候所看到的这同一感觉材料,即使在我没有看它们时,也会存在。"③

关于感觉材料,穆尔在以后的著作中有许多的讨论,这些讨论的核心是关于感觉材料和物质对象的关系、关于外间世界存在的问题。我们将看到,在这些讨论的过程中,穆尔的观点又有一些重要的变化而终于背离了实在论。

(二)穆尔以违反常识为理由批评了各种否定或怀疑物质世界存在的观点。他批评巴克莱认为事物是感觉的集合,因而"否定了任何物质对象在常识肯定其存在的意义上的存在"。他也批评休谟把知识限制在狭窄的感觉印象范围内,否定任何可能认识物质事物的存在,穆尔说:"休谟的这个原则是错误的。"④

在"保卫常识"一文中,穆尔宣称他坚信关于物质世界存在的常识真理,他说:"我一点也不怀疑诸如'地球已经存在了许多年代'、'许多人体都在地球上生存过许多年'之类的肯定物质事物存在的命题的真

---

① 《哲学的若干主要问题》,伦敦 1953 年版,第 30 页。
② 有的地方穆尔把记忆的影象、梦象、幻象、闭眼时所余的"后象"都称为感觉材料,甚至认为凡属外感、内感的经验范围,虽未实际被感知但可能被感知者,也是感觉材料。
③ 《哲学的若干主要问题》,第 44 页。
④ 同上书,第 21、120 页。

理性,相反地,我认为我们全都确实知道许多这样的命题是真的。"①

但是,穆尔毕竟是哲学家,而不是普通人。他的所谓常识哲学并不等于诸如此类常识真理的总和,并不是像普通人那样对物质世界存在抱有的一种素朴的信念。在他看来,重要的是对肯定物质事物存在的这类命题做出分析,而如何分析在不同哲学家那里则大有区别。穆尔说自己虽然承认这类命题"毫无疑问完全是真的",但是"非常怀疑"对它们"究竟什么是正确的分析"。②

在穆尔看来,对物质事物存在的命题的分析说到底就是对感觉材料和物质对象关系的分析。他认为,对这种关系"有三种而且只有三种可供选择的回答"。这三种回答虽然都似乎有理,但是对其中任何一种回答又都可以提出"极其严重的驳难",③实际上这三种回答穆尔在不同时期不同作品中都曾采纳过,但后来或者自己否定了,或者疑而不决,亦信亦疑。

第一种回答认为我们直接感知的感觉材料是物质对象表面的部分,这等于承认我们可以直接感知物质对象,而感觉材料则失掉了作为感觉和物质对象的中介的作用。这实际上就是穆尔早年所持的直接实在论的观点。罗素曾批评这是"胡说",穆尔后来承认这个批评"确实是正确的",说自己原来的"这个想法肯定是错误的"。④

第二种回答认为感觉的直接对象是感觉材料而不是物质事物本身或者表面的部分。感觉材料是居于感觉和物质对象之间的中介,感觉材料与物质对象有一种关系(R),对感觉材料的感知就间接地肯定了

---

① 《哲学论文集》,1959年,纽约,第52页。
② 同上。
③ 同上书,第55页。
④ "视觉感觉材料"(1957),载《知觉、感觉和认识》,施瓦尔茨编,纽约,1965年,第136页。

物质对象的存在。这是间接实在论的观点。由于对关系(R)看法不同,这种观点又有不同的变种。穆尔说其中只有一种看法"似乎有某种道理",即认为"xRy"意指"y"是 x 的现象或表现,就是说,感觉材料和物质对象是前者"表现"后者、为后者"现象"的关系,也可以说感觉材料是物质对象表面部分的"代表"。穆尔的许多作品是表现了这种观点的,不过他对此也有犹疑。问题在于"对我们的任何感觉材料,我们如何可能知道有一个而且只有一个事物与之有一种假定的究极的关系;而且即使我们知道有这样一种关系,我们又如何可能对这些事物知道任何更多的东西"。① 他在最后一篇作品"视觉感觉材料"中还说:"就我所知,我仍然认为,没有任何哲学家曾经说明了关系 R 是什么。"②穆尔宣称感觉材料和物质对象究系何种关系是不可知的,显然带有浓厚的康德主义乃至休谟主义的意味,大大削弱了他的实在论的立场。

第三种回答,穆尔明确指出是约翰·穆勒的观点,即认为"物质事物是感觉的恒定可能性"。穆尔说这种观点也只可能是真的,而不是"确实真或近乎确实真的"。③ 不过,穆尔在一些地方确实是倾向于这种观点的。照他的解释,所谓"物质是感觉的恒定可能性",就是指物质事物的存在不过是"一系列假设的事实",即如果这样或那样一些条件实现了,我就感知一个以这种或那种方式与此一感觉材料相联系的另一感觉材料。④ 因此,关于物质事物存在的表达式都是假言命题,即在某种条件下,如果我或别人在场感知着的话,就会有一个什么事物存在。穆尔把这称为"在一种匹科威克式意义上"亦即假设意义上的存在。⑤ 不错,

---

① "视觉感觉材料"(1957),载《知觉、感觉和认识》,施瓦尔茨编,纽约,1965 年,第 56、57 页。
② 《知觉、感觉和认识》,第 137 页。
③ 《哲学论文集》,第 57 页。
④ 《哲学论文集》,第 57 页。
⑤ 《哲学论文集》,第 190 页。

穆尔在"外间世界的证明"(1939)中还说过物质事物的存在"在任何时候都是逻辑地独立于我在那时对它的感知的"。① 但他所谓"逻辑地独立"与"匹科威克意义上"的存在并无二致。穆尔在此文中虽反复说我们可以设想一个物质对象从未而且永未被任何人所感知而存在,但是又说我们之所以承认其为一物质对象,乃是因为"有一些条件使得任何满足这些条件的人都可以设想感知到这个'东西',如果它是一个可见的对象,他就会看见它,如果它是一个可触的东西,他就会摸着它,如果它是一个有气味的东西,他就会嗅到它。当我说我曾凝视过的这个纸制的白色四角星章是一个'物理对象'而且是'空间中遇到的',我的意思是说,任何人当时曾在这间屋子里,并且具有正常的视觉和正常的触觉,他就会看到和摸到它"。② 这些话显然都是在重复穆勒的"物质是感觉的恒定可能性"这个公式。

穆勒的观点是巴克莱主义的一个变种。有人认为,穆尔的这种穆勒式的观点与巴克莱主义是"不相容的",因为根据前者的看法"可以说物质对象不被感知而存在"。③ 这个说法恐不能成立。穆勒和穆尔的确没有把物质的存在等同于被我所实际感知,但是他们并不承认物质对象可以独立于任何人的任何可能的感知而存在,换言之,他们所谓存在不是实际被感知,而是可能被感知。其实,巴克莱所谓"存在即被感知"也并不限于我的实际感知。例如他说:"我说我写字用的桌子存在,这就是说我看见它,摸到它。假若我走出书房以后还说它存在,这个意思就是说,假若我在书房中,我就可以感知它,或者是说,有某个别的精神实际上在感知它。"④这里的"假若……就可以"不就是穆勒的"感觉

---

① 《哲学论文集》,第143页。
② 同上书,第131页。
③ D. 奥康奈尔:《穆尔的形而上学》,Reidel 出版公司,1982年,第96页。
④ 《十六—十八世纪西欧各国哲学》,商务印书馆,1975年,第539页。

的恒定可能性"吗？不就是穆尔的"匹科威克意义上"的存在吗？

既然物质对象不过是只要条件具备任何人都可以感知的东西，因此在穆尔看来，对其存在的证明就是一件无比简单容易的事情。他说："如果我能证明现在有一张纸和一只人手存在，我就会证明现在有'外在于我们的事物'；如果我能证明现在有一只鞋和一只袜子，我就会证明现在有'外在于我们的事物'；如此等等。"他由此断言："如果这些就是我们所需要的证明，那么没有什么比证明外间对象的存在更容易的了。"① 谁不能随便举出几个具体的事物来"证明"它们是"存在"的呢？例如，穆尔经常喜欢举的例子就是他的两只手，他说："我能证明两手存在，如何证明？就是举起双手，并且用一个手势表示说：'这是一只手'，然后又做一个手势说：'这是另一只手'……这样做我事实上就证明了外间事物的存在。"②

穆尔的这种所谓"证明"实在是太天真了。他以为只要肯定有某种可被感知的具体事物的存在就是论证了外间事物的存在，而且认为根本不需要提出和论证"外间事物的存在"这个"普遍论断"，因为他不相信可给这个普遍论断以"任何证明"③。诚然，我们并不需要对物质世界的存在提供一个例如中世纪关于上帝存在或斯宾诺莎关于实体存在的那种先天的本体论的证明，而且一般地说也不需要对其存在做任何逻辑的证明。人类的实践随时随地在检验着人类认识的真伪正误，从而毋庸置疑地向我们表明了有一个不依赖于人的认识而为其衡量尺度的客观实在即外在的物质世界。但是关于外在物质世界存在这个普遍的哲学论断却具有重大的意义。唯心主义者所要否定的就是而且只是这个普遍的论断。抛开这个普遍论断，唯心主义者是可以毫无难色地

---

① 《哲学论文集》，第 144、147 页。
② 同上书，第 144 页。
③ 《哲学论文集》，第 147 页。

承认"常识"所肯定的一切具体事物的存在的。巴克莱就是最好的例证。他一再声明:"我们并未剥夺自然中任何一件事物","我并不否认我们借感官或反省所能理解的任何一个事物的存在。我用眼睛看到的事物和用手摸到的事物,都是存在的,真实地存在的,对于这一点,我丝毫也不怀疑。唯一我所否认为存在的,乃是哲学家们所谓的'物质'或有形体的实体。否认这个,并无损于其余的人们,我敢说,他们决不需要它。"①毫无疑问,巴克莱主教对穆尔先生的两只手以及他以"常识"的名义肯定其存在的一切具体事物决不会提出任何异议。正如列宁指出的,巴克莱"也竭力掩盖他的哲学倾向的唯心主义真面目,把它说成没有荒谬见解的并为'常识'所能接受的"。② 不仅如此,巴克莱对于穆尔之否弃关于外在物质世界存在这个普遍的论断一定会大为赞赏,因为这就为他的"存在即被感知"原则扫除了根本的障碍,而使其可在维护"常识"的幌子下得其所哉。

穆尔的"常识"哲学原是要反对唯心主义的,结果却成了唯心主义的逋逃薮。这是难以避免的命运。黑格尔说得很对:"所谓健全的常识并不是哲学,——常识是很不健全的","常识总是为它所不自觉的思想范畴所支配的。"③"常识"不是哲学的中立地带,不同倾向的哲学家都可以拿"常识"标榜自己的哲学,而在他们所说的"常识"中永远渗透着(不论自觉还是不自觉)他们自己的观点,理解或解释,用穆尔的话说,就是对常识真理的"分析"。许多常识论断人人可信其为真,但是"分析"各有不同。从穆尔所做的种种分析中,我们已经看到,他的"常识"哲学逐渐背离了实在论,而趋向穆勒主义或巴克莱主义了。

---

① 《十六—十八世纪西欧各国哲学》,第554页。
② 《唯物主义和经验批判主义》,人民出版社,1971年,第14-15页。
③ 《哲学史讲演录》第2卷,三联书店,1957年,第33页。

《逻辑哲学论》中的形而上学*

一、从维也纳学派的误解谈起

维特根斯坦和维也纳学派有深切的关系,这是人所共知的。维也纳学派在其形成之际,曾把维特根斯坦尊若宗师,维特根斯坦的《逻辑哲学论》一书则被他们奉为经典,而成为维也纳学派哲学的一个主要的思想源泉。

在很长时间里,维也纳学派的人按照他们自己的理解来解释维特根斯坦,把维特根斯坦也说成是如他们一般的反形而上学的实证主义者。例如,卡尔那普在《语言的逻辑句法》中说:"反形而上学的观点过去常常被提出过,特别是曾被休谟和实证主义者提出过。认为哲学只能是对科学概念和语句的逻辑分析(换言之,即我们所谓科学的逻辑)这种更精确的论点则尤为维特根斯坦和维也纳学派所主张。"[①]石里克认为,由弗雷格和罗素所开拓而由维特根斯坦所发展的逻辑分析方法造成了使形而上学"没落"的伟大"转折",而维特根斯坦则是:"一直推进到这个决定性转变的第一人"。[②]

---

* 原载《德国哲学》第 1 辑,1986 年。
① 《语言的逻辑句法》,英文本,美国新泽西,1959 年,第 280 页。
② 《逻辑经验主义》上卷,洪谦主编,商务印书馆,1982 年,第 7 页。

其实,这是一个误解。诚然,维特根斯坦和维也纳学派都讲逻辑分析,而且后者的逻辑分析方法受惠于前者的地方很多,但是,逻辑分析的功用在二者那里却大有不同。对于维也纳学派来说,哲学就是搞逻辑分析,逻辑分析是他们反形而上学的武器,他们是要"通过语言的逻辑分析清除形而上学"。① 维特根斯坦却并不认为哲学仅仅是搞逻辑分析。他虽然也用逻辑分析去批评形而上学的命题,斥之为"无意义"(Unsinn,或译"胡说"),但是他并不反形而上学,并不要清除形而上学,恰恰相反,他倒是要用逻辑分析一面清除各种无意义的、似是而非的命题,一面架起一道通向真正形而上学的阶梯。《逻辑哲学论》可以说是逻辑分析和形而上学的一个奇特的结合:全书以逻辑分析(对世界和语言的分析)始而以神秘主义终,由可说者而引致不可说者,一切言说竟归于无语而沉默。

当然,维也纳学派的人并非全然不知维特根斯坦在《逻辑哲学论》中对形而上学的态度,但是他们总以为那是夫子之道未能一以贯之,是一篇杰作中的败笔或赘文,可删可削,无伤宏旨,删之削之,始成佳构。而这也就是维也纳学派自己所做的文章。

我们知道,卡尔那普晚年在他的《思想自传》中承认自己过去误解了维特根斯坦的哲学立场。他说:"当我们在小组内部阅读维特根斯坦的著作时,我曾错误地认为,他对待形而上学的态度同我们的态度是相似的。我没有充分注意他的书中关于神秘的东西的论断,因为他在这方面的感情和思想同我距离太大了。只是通过与他的个人接触,才使我更清楚地看到他在这一点上的态度。"②

从近年来陆续发表出来的维特根斯坦的一些通信和谈话记录,我

---

① 卡尔那普的一篇文章即以此为标题,见上引《逻辑经验主义》上卷。
② 《卡尔那普哲学》,希尔普编,1964年,第27页。重点是引者加的。

们对维特根斯坦的形而上学倾向无疑可以得到更深入的了解和认识。例如,根据魏斯曼1929年的一次谈话记录,维特根斯坦曾直言无隐地表示,他对于想要冲出语言界限而追求那种不可说的东西的形而上学倾向深怀敬意。① 但是,更值得注意的是,维特根斯坦在通信中曾不止一次地向人们明确点出《逻辑哲学论》亦即他的哲学的要义所在。例如,罗素最初收到《逻辑哲学论》的手稿时曾加了若干评注,大概因为他过分重视逻辑命题是同语反复的理论,维特根斯坦特地写信给他说:"您恐怕并没有真正抓住我的主要论点,对逻辑命题所做的全部工作只是这个主要论点的必然结果。这个主要论点就是关于可用命题亦即可用语言(而这与可被思想是一回事)表达的东西和不可用命题表达而只能显示的东西的理论;我认为,这是哲学的主要问题"②。又如,维特根斯坦在一封未注明日期但估计当在1919年9-10月或10-11月间写给费克尔教授的信中谈到《逻辑哲学论》的手稿说:"有一句话我曾想写在前言里,但事实上没有写,我现在把它写给您,因为它也许是您了解此书的一把钥匙。我原想要写的话就是:我的著作是由两个部分构成的,一部分就是在此书中发表出来的东西,另一部分则是我没有写出来的东西。而重要的却正是这第二个部分。"③这第二个部分显然就是指关于神秘的不可说的东西的形而上学,正因为不可说,所以也不可能写出来。

维特根斯坦的这些自我解说,足以把维也纳学派造成的误解扫除而有余,并使人们愈加清楚地认识到,形而上学(不可说的神秘的东西)并不是《逻辑哲学论》中的赘文,而是题中应有之义,《逻辑哲学论》的个

---

① 参阅 K.T.范:《维特根斯坦的哲学观》,美国加州大学出版社,1971年,第28页。
② 转引自安丝科姆:《"逻辑哲学论"引论》,纽约,1965年,第2版,第161页。重点是引者加的。
③ 恩格尔曼:《维特根斯坦来书》,纽约,1968年,第144页。重点是引者加的。

中三昧正在于逻辑分析和形而上学的那一奇特的结合。

二、维特根斯坦最初的形而上学观念

维特根斯坦对形而上学一向有深沉的兴趣。但是,他对形而上学的了解,他所要追求的形而上学,他对形而上学和逻辑分析的关系的看法,在其着手准备写作《逻辑哲学论》的前后却并不相同,也就是说,他的形而上学观念是有一个演变过程的。

我们现在所能看到的维特根斯坦哲学思想的最早的材料,主要是1913年9月写的《逻辑笔记》(这份笔记当时送给了罗素)和1914年4月寄给穆尔的一份笔记摘抄,以及1912—1914年写给罗素的一些书信。从这些材料我们可以看到《逻辑哲学论》中一些观点的雏形,但也可以发现某些重要的差异。

在《逻辑笔记》中维特根斯坦开宗明义就说:"'哲学'这个词永远应当指某种高于或低于自然科学,但不能与之并列的东西。"[①]对哲学的这种概念同《逻辑哲学论》是完全一致的,《逻辑哲学论》4.111一字未动地重复了这个说法。

接着,维特根斯坦指出:"哲学是由逻辑和形而上学组成的,前者是其基础。"[②]这里明确地把形而上学作为哲学的一个本质的部分,并且对形而上学和逻辑的关系做了规定:形而上学和整个哲学是建立在逻辑或逻辑分析的基础之上的。但是,我们发现,在《逻辑哲学论》中没有再出现这个说法。看来这绝非偶然,而是反映了维特根斯坦对形而上学及其与逻辑分析的关系的看法的变化。

---

① 《1914-1916笔记》,附录I,纽约,1962年,第93页。
② 同上书。重点是引者加的。以下凡未注明的重点则是原有的。

《逻辑哲学论》中说:"哲学旨在对思想的逻辑阐明",这种逻辑阐明或逻辑分析也就是一种"解释","一部哲学著作本质上是由解释构成的。"①这种解释起的是"梯子"的作用,②可以导引人们去领悟那不可说而只能显示的神秘的东西,但是我们不可能在逻辑分析或解释的基础上正面建立一个关于神秘的东西的形而上学。因为"对于不可说的东西,我们必须保持沉默。"③

《逻辑笔记》中关于逻辑和形而上学关系的规定,显然是与此颇为不同的一种观念。在这里,逻辑或逻辑分析并不是一种在幽明之间架梯搭桥,但又引而不发,只是使人们从之悟出在世界之外、语言之外因而也在逻辑之外的什么东西来的中介。因为在这个时期,无论在《逻辑笔记》还是在寄给穆尔的笔记中,维特根斯坦都不承认有在世界和语言之外的不可说的神秘的东西。人们或许会说,维特根斯坦在给穆尔的笔记中不是已经提出了"可用语言显示但不可说的东西"④吗?但是,维特根斯坦此时所谓可显示而不可说的东西乃是指语言和世界所共具的逻辑特性亦即后来所说的逻辑形式。他说:"要有一种能够表达或说一切可说的东西的语言,这种语言必须具有某些特性;情形既然如此,那么它之具有这些特性就不再可能在这种语言或任何语言中被说出了";"一种能够表达一切事物的语言借助于它必然具有的这些特性反映世界的某些特性;所谓逻辑命题即以一种系统的方式显示那些特性";"所谓逻辑命题显示语言的因而也是宇宙的逻辑特性,但并没有说任何东西",其所以只能显示而"不能说这些特性是什么,乃因为要说出它们,你就需要一种并不具有这种特性的语言,而那就不会是一种真正

---

① 《逻辑哲学论》,4.111。
② 同上书,6.54。
③ 同上书,7。
④ 《1914—1916 笔记》,附录Ⅱ,第 108 页。

的语言了。要构造一种非逻辑的语言是不可能的。"①这些观点后来在《逻辑哲学论》中得到进一步的发挥,而且遭到罗素和维也纳学派的批评。这里我只想指出,维特根斯坦虽然认为逻辑形式只能显示而不可说,但并不认为它们是某种超越的彼岸的东西,相反地,它们就在语言和世界之中,就是语言和世界本身具有的逻辑特性。所以维特根斯坦在任何时候任何地方都没有说过逻辑形式是神秘的东西。这一点我在下面还将论及。

如果说维特根斯坦在1913年和1914年的笔记中还没有提出关于神秘的东西的形而上学概念,那么他所说的以逻辑为"基础"的形而上学又是什么呢?我以为,就是罗素名之为逻辑原子论那样的东西。罗素曾不止一次地提到他的逻辑原子论的一些重要观念是从维特根斯坦吸取来的。他在《我们关于外间世界的知识》的前言(1914年7月)中说:"在纯逻辑方面……我曾受惠于我的朋友维特根斯坦先生的尚未发表的一些极端重要的发现。"②此处所谓尚未发表的发现无疑主要是指维特根斯坦送给他的那份《逻辑笔记》。1914年8月以后罗素和维特根斯坦失掉了联系,1918年他为《逻辑原子论哲学》写的简短前言中再次说明他的逻辑原子论的"某些观念"是"从我的朋友和以前的学生维特根斯坦学来的",但是"从1914年8月以来我已没有机会得知他的观点了"。③ 也就是说,直至此时罗素所了解的仍然只是维特根斯坦在《逻辑笔记》中的那些思想。当然,罗素和维特根斯坦在思想上是相互影响的。如罗素所说,他的逻辑原子论是他"在思考数理哲学的过程中"提出来的。④ 维特根斯坦的《逻辑笔记》

---

① 《1914—1916笔记》,第107页。
② 《我们关于外间世界的知识》,奥本考特出版公司,1915年,第Ⅵ-Ⅶ页。
③ 《逻辑和知识》(1901—1950论文集),马尔施编,纽约,1971年,第177页。
④ 同上书,第178页。

也是研究罗素数理哲学的结果,但又提出一些新的概念被罗素吸收了。罗素的逻辑原子论和维特根斯坦的观点也不是毫无区别,但是,我们从罗素的逻辑原子论毕竟可以对维特根斯坦这一时期的观点得到某种印证。

罗素说,他的逻辑原子论既是"某种逻辑的学说",又是"以这种逻辑为基础"的"某种形而上学"。这种逻辑是"原子论的",其本质在于分析,在于把一切都分析到无可再分的究极处。这种逻辑或逻辑分析方法是罗素从数学基础问题的研究得来而导入哲学的。罗素关于数学的逻辑主义理论主张,一切的数都可用自然数来定义,而自然数又可用逻辑的类的概念来定义,可以归结为类的类,这就是把数学分析推到了究极处,于是一切数学的概念都还原为逻辑的概念,一切数学的命题都还原为逻辑的命题。罗素认为,关于数学基础的这种分析方法,这种分析所依据的逻辑,其意义并不限于数学,而是适用于知识的一切领域,因而可以概括为、提升为一种哲学的方法,甚至可以说是哲学的本质。罗素运用这种逻辑分析方法去分析语言、分析知识、分析世界,就是他的全部逻辑原子论哲学。关于语言,罗素把复合命题(分子命题)分析为原子命题的真值函项,又把原子命题分析为一些不可分析的词项(专名、谓词、关系词等)的结合,对语言、命题的分析同时又是对命题所表达的知识的分析、认识论的分析。罗素认为,关于外间世界的全部知识大厦都可以分析为由原子命题所表达的直接经验知识的结构;语言的和认识论的分析又直接导出了关于世界、关于存在的本体论的分析,原子命题及其表达的直接经验知识对应于一种不可再分的事实即原子事实,由分子命题表达的事实都可以还原为原子事实,而原子命题中的词项、直接经验知识中的基本成分即感觉则代表了世界构成的究极成分:殊相、性质、关系,罗素称之为"逻辑原子"。对世界的这种分析回答了"何物存在"的本体论问题,这就是以原子论的逻辑为基础的形而上学,

"形而上学的任务是描述世界",[1]在罗素看来,逻辑原子论就提供了这种描述。

维特根斯坦在1913年和1914年的笔记中运用的也是这种原子论的逻辑。他运用这种逻辑首先和主要是分析了语言,即把一切复杂命题或分子命题都还原为原子命题,都看作是原子命题的真值函项。他说:"引入原子命题对于理解所有其他种类的命题具有根本的重要性","分子命题并不包含超出其原子(指原子命题)所包含的东西之外的任何东西"。[2]"对于分子函项具有本质重要性的一切就是它们的真值(真假)表"[3](真值表表明分子命题的真假取决于原子命题的真假)。原子命题或"不可分析的命题"是"只包含一些基本符号即不可定义的符号的命题"[4],它们是由两种不可定义的究极的成分构成的,这两种不可定义的东西就是"名字和形式"。"命题不可能仅由名字组成,不可能是一些名字的集合"[5](就是说命题必须是名字以一定的形式结合而成的)。与命题的分析相应的是对世界的分析。维特根斯坦说:"我们可以把实在和命题比较"。[6]命题是"指称事实的符号。"[7]"在实在中与复合命题相应的东西"(指事实)都可以分析为与它所包含的那些原子命题"相应的东西"[罗素称为"原子事实",《逻辑哲学论》中称为"事态"(Sachverhalt)],都"不过就是与它的一些原子命题相应的东西而已"[8]。构成命题的究极成分、命题的"简单的东西"即名字是"有所指的",它们

---

[1] 《逻辑和知识》(1901-1950论文集),马尔施编,纽约,1971年版,第178页。
[2] 《1914-1916笔记》,附录I,第100页。
[3] 同上书,第98页。
[4] 同上书,第110页。
[5] 同上书,第98页。
[6] 同上书,第111页。
[7] 同上书,第98页。
[8] 同上书,第100页。

是实在中"简单的东西的名字"。("简单的东西"在《逻辑哲学论》中称为"对象",被认为是世界的究极的"实体"。在《逻辑笔记》中有的地方也曾用过"对象"的概念,说过"对象的名字"、名字"指谓"对象,等等,① 但维特根斯坦此时还没有明确地把"对象"作为一个表示世界的究极实体的专门术语固定下来。)

不难看出,维特根斯坦对语言和世界的这种逻辑分析,同罗素的逻辑原子论基本上是一个路数,而他对世界的本体论的分析,正如罗素一样,也就是他要以逻辑为基础来建立的形而上学。我们也可以把维特根斯坦这一时期的形而上学和整个哲学称为逻辑原子论(虽然他自己从未用过这个名称),不过这是一个没有充分展开和详细发挥的逻辑原子论。不仅如此,我们还应指出,维特根斯坦的逻辑原子论和罗素的逻辑原子论也有其不同之处。首先,在维特根斯坦那里,缺乏对知识的认识论的分析,他没有像罗素那样,把原子命题与直接经验知识联系起来,把原子命题明白规定为感官知觉的命题。其次,他所谓简单的东西是一个极端抽象的概念,而不是像罗素的"逻辑原子"(殊相等等)那样被说成是感觉材料。

尽管有这些差异,但二者都把自己的形而上学仅仅作为关于事实世界的本体论学说,都没有也不打算以任何方式去寻求一种关于在事实世界之外的超越的存在的形而上学,则是一致的。罗素在早期新实在论阶段曾有某种康德主义倾向,承认物质本性不可知,但仍肯定其存在,到了逻辑原子论阶段,则把外间世界归结为感觉材料的构造,对经验之外的东西持既不肯定又不否定的怀疑论的态度,他说:"我拒绝肯定没有根据肯定其存在的任何东西的存在,但是我同样拒绝否定没有根据否定其存在的东西的存在。因此我既不肯定也不否定它,而只是

---

① 《1914-1916 笔记》,第 104 页。

说它不属于可知的领域。"① 显然这是转向休谟式的不可知论了。维特根斯坦这一时期的思想应当说也是属于休谟主义路线的。像罗素一样,他对于事实世界之外的存在问题既不肯定也不否定,不过他没有像罗素那样从认识论的角度宣称那是不可知的,而是从语言分析的角度认为,对于事实世界之外的存在无论加以肯定还是否定的命题都是"无意义的"。维特根斯坦说:"一个命题的所指就是实际与之相应的事实",② 命题的"意义"则是"由真和假这两极所决定的",③ 一个命题只有对事实有所肯定和否定因而有真假可言,才是有意义的。如果一个命题"所包含的语词是无所指的",因而不表达任何事实,它就是"无意义的"。④ 这个观点维特根斯坦后来在《逻辑哲学论》中进一步发挥了,就是所谓证实原则的张本。但是必须注意的是,在《逻辑哲学论》中维特根斯坦虽然宣称一切关于事实世界之外的存在的命题都是无意义的,却绝不否认有一个在事实世界之外的不可说的神秘的东西的领域,而这是 1913 和 1914 的笔记中所没有的。也就是说,从 1913 和 1914 笔记到《逻辑哲学论》,维特根斯坦的思想、他的形而上学观念有过一个重要的变化。那么,这个变化是什么,又是怎样发生的呢?

三、转向关于神秘的东西的形而上学

维特根斯坦思想的这个变化,就实质而言,就是从关于事实的形而上学转而为关于神秘的东西的形而上学,或者说,从经验的形而上学转而为超验的形而上学。如果说前者是某种意义上的休谟主义倾向,那

---

① 《逻辑和知识》(1901-1950 论文集),第 273-274 页。
② 《1914-1916 笔记》,附录 I,第 94 页。
③ 同上书,附录 I,第 97 页。
④ 同上书,附录 II,第 117 页。

么,后者则可以说是某种意义的康德主义倾向。

这个变化在为《逻辑哲学论》做准备的《1914-1916笔记》中可以找到明显的轨迹。至于影响或促成这种变化的各种因素(包括其思想来源),本文不去讨论。

从《1914-1916笔记》中,我们看到,维特根斯坦曾反复思考这样一个问题,即事实、事实的世界或经验的世界("全部经验就是世界"①)是不是哲学探究的极限? 事实之外、世界之外还有没有更高更深刻的东西?

他在1915年5月27日的笔记中写道:

"但是难道不会有某种不可能用命题来表达(而且它也不是一个对象)的东西吗? 如果有这种东西,那么这是不可能用语言来表达的,我们也不可能对它提出问题。"

"如果在事实之外有某种东西,又怎样呢? 这种东西是我们的命题所不能表达的吗?"

"没有在事实之外的任何领域吗?"②

维特根斯坦对这个问题的沉思得到的是肯定的回答。他在同一天的笔记中说:"的确有一些东西,我们并不感到有任何要求以命题去表达它们。"③这些东西就是不可言说而只可显示的神秘的东西。在《逻辑哲学论》中维特根斯坦以更明确的语言断定说:"的确有不可言宣的东西。这些东西显示自己,它们是神秘的东西。"④

维特根斯坦何以会觉得有一个在事实世界之外的神秘的东西的领域呢? 对于他来说,这并不是一个理论的问题,而是一种内心的追求或

---

① 《1914-1916笔记》,第89页。
② 同上书,第51-52页。
③ 同上书,第51页。
④ 《逻辑哲学论》,6.522。

倾向。他说:"追求神秘的东西的内在动力来自我们的愿望没有被科学所满足。我们觉得,即使一切可能的科学的问题都得到了回答,我们的问题仍然毫未触及。"①这个所谓"我们的问题"究竟是什么问题呢?维特根斯坦在《逻辑哲学论》中明白告诉我们,这就是关于人生的问题:"我们觉得,即使一切可能的科学的问题都得到了回答,人生的问题仍然毫未触及。"②因为人生的问题,人生的意义和价值的问题,亦即伦理学的问题,本来不是科学的问题。科学处理的是事实问题,科学就是对事实或事实世界的描述,全部科学就是关于事实的真命题的总和:"真命题的总和就是全部自然科学(或各门自然科学的总和),"③而且只有事实才可以命题来表达,才可言说,"可说的东西即自然科学的命题。"④事实、事实的世界本身无价值可言,"在世界中一切都各如其是,一切都按其发生那样发生:在世界中是不存在价值的。"⑤"世界本身既不是善的,也不是恶的",⑥"一块石头、一只野兽的躯体、一个人的身体、我的身体都处于同一等级。因此发生的事情无论来自一块石头还是来自我的身体,都既不是善的,也不是恶的"。⑦ 关于事实的科学命题完全不涉及价值问题,或者也可以说是具有同等价值的:"一切命题都是同等价值的"。⑧ 维特根斯坦认为,人生的问题、人生的意义和价值的问题、伦理学的问题所涉及的是更高的东西,"世界是怎样的,对于更高的东西是完全不相干的"。⑨ 因为更高的东西是在世界之

---

① 《1914—1916 笔记》,第 51 页。
② 《逻辑哲学论》,6.52。重点是引者加的。
③ 同上书,4.11。
④ 同上书,6.53。
⑤ 同上书,6.41。
⑥ 《1914—1916 笔记》,第 79 页。
⑦ 同上书,第 84 页。
⑧ 《逻辑哲学论》,6.4。
⑨ 同上书,6.432。

外的,"如果存在一种具有价值的价值,它必然处于一切发生的事情和如此存在的东西之外"。① 因此,"伦理学是不讨论世界的",②"伦理学是超验的"。③

这里要说明一下,维特根斯坦在《1914-1916 笔记》中讲伦理学是"超验的",是用的 transcendent 一词,在另一段话里讲幸福和谐的人生的标志"不可能是物理的标志,而只能是形而上学的标志,超验的标志",④也是用的 transcendent,但在《逻辑哲学论》6.421 中却用了 transcendental,说"伦理学是 transcendental",而《1914-1916 笔记》的英译者则把原文为 transcendent 的地方均译作 transcendental⑤。transcendent 和 transcendental 是康德哲学的术语,前者通译为"超验的",意指超越一切可能经验的界限,处于经验彼岸的东西,即物自体;后者通译为"先验的",意指与经验和知识得以成立的先天条件有关的东西,先验的东西是非经验的,但并不超越经验,而恰恰只能适用于经验。维特根斯坦在《1914-1916 笔记》和《逻辑哲学论》中都认为伦理学所涉及的是在世界之外的领域的东西,因此应当说是 transcendent(超验的),至于他在《逻辑哲学论》中又用了 transcendental(先验的)一词,这或许是作者未注意这两个词的严格区别而误用,但如果认为维特根斯坦确以伦理学为先验的,那就错了。在维特根斯坦看来,伦理学唯其是超验的,所以才不能像科学所处理的事实那样提出问题和解决问题,而毋宁说这里实际上"不复有任何问题存留,而这正是回答",⑥"对人

---

① 《逻辑哲学论》,6.41。
② 《1914-1916 笔记》,第 77 页。
③ 同上书,第 79 页。并见《逻辑哲学论》,6.421。
④ 《1914-1916 笔记》,第 78 页。重点是引者加的。
⑤ 见《1914-1916 笔记》,第 77e,78e 页。
⑥ 《逻辑哲学论》,6.52。

生问题的解决在于这个问题的消失"①。人生问题,伦理学问题是不能问也不能答的,也就是不能说的:"显然,伦理学是不能言宣的",②"不可能有伦理学的命题。命题不可能对更高的东西有任何表达"③"在某种意义上说,这一切实际上是极其神秘的!"④

由上可见,维特根斯坦关于神秘的东西的形而上学本质上是一种伦理的道德的神秘主义和唯心主义,他把所谓人生、人生的意义和价值同现实的世界、现实的人的生活割裂开来(用他的话说:"生理学的生活当然不是'人生'。心理学的生活也不是"⑤),神秘化为一种不可言宣的超验的彼岸的存在。这是维特根斯坦从《1914—1916笔记》到《逻辑哲学论》所形成的全部形而上学的核心,他在那里所讲的一切神秘的东西都是从这个关于人生的意义和价值、关于伦理的神秘观念派生出来的。由此我们也就可以理解,为什么维特根斯坦在1919年给费克尔的信中那样直截了当地申明:《逻辑哲学论》"这本书的主旨是伦理的"。⑥

下面我们就对维特根斯坦所谓神秘的东西的领域再做一粗略的巡视。

(一) 关于上帝

维特根斯坦的上帝显然是一个伦理意义的上帝,而不是基督教的那种具有人格的上帝。在《1914—1916笔记》中他把上帝信仰同人生的目的和意义问题直接联系起来,反反复复地说:"我对上帝和人生的目的知道什么呢?我知道这个世界存在着。我知道我处于其中犹如我的

---

① 《逻辑哲学论》,6.521。
② 同上书,6.421。
③ 同上书,6.42。
④ 《1914—1916笔记》,第78页。
⑤ 同上书,第77页。
⑥ 恩格尔曼:《维特根斯坦来书》,第144页。重点是引者加的。

眼睛处于它的视野之中。我知道关于世界有某种东西是难以理解的，这就是我们称为世界的意义的东西。我知道这个意义不在世界之内，而在世界之外。……我们可以把人生的意义，即世界的意义叫作上帝。把上帝比作父亲，就是与这一点相联系的。祈祷就是思考人生的意义。"①又说："信仰上帝意即理解人生的意义问题。信仰上帝意即看到世界的事实还不是终极。信仰上帝意即看到人生有一种意义。"②维特根斯坦还把上帝信仰同人对一种异己的力量或命运的依赖感联系起来，他说："世界是被给予我的，就是说，我的意志完全是从外面进入世界的……正因此故，我们觉得，我们是依赖于一个异己的意志的。无论如何，我们在某种意义上总是有依赖的，而我们所依赖者，可称之为上帝。在这个意义上，上帝就不过是命运，或者说是独立于我们意志的世界，这是一回事。"③维特根斯坦在这里主要是强调上帝之于人乃一种外在的异己的力量，但是他既然又说上帝就是独立于人的意志的世界，甚至还说过："万物的状态就是上帝。上帝就是万物的状态"，④这是不是又有一点泛神论的意味呢？维特根斯坦自己给我们解决了这个疑问。他在《逻辑哲学论》的一份草稿中原曾写下"万物的状态就是上帝。上帝就是万物的状态"这两句话，但在旁边画了一道，大约表示疑而未定。⑤ 在《逻辑哲学论》中此语则未再出现，而且维特根斯坦似乎有针对性地更加强调地指出，上帝是比世界更高的东西，与世界的状态无关："世界是怎样的，对于更高的东西是完全不相干的。上帝不在世界中显现自己。"⑥显然这不是一个泛神论的上帝，而是一个超验的上帝。

---

① 《1914-1916 笔记》，第 73 页。
② 同上书，第 74 页。重点是引者加的。
③ 同上书，第 74 页。
④ 同上书，第 79 页。
⑤ 《逻辑哲学论初稿》(Proto-Tractatus)，康奈尔大学出版社，1971 年版，6.4412。
⑥ 《逻辑哲学论》，6.432。

（二）关于自我、意志、善恶

维特根斯坦不承认有笛卡儿的"我思"和一般心理学所谓灵魂那样的认识的主体或自我，他说："进行思维的、进行表象的主体是没有的"，①"思维的主体归根结底不是一个迷信吗？"②"像今日肤浅的心理学所想象的灵魂、主体等等乃是荒诞的妄想"。③ 在经验世界中，人的一切思维活动、心理活动都不包含任何主体或自我，维特根斯坦很欣赏里希顿伯格的一个说法："我们应当说'思维着'，而不说'我思维'。"④但是，维特根斯坦承认有一个在世界之外的超验的主体或自我，那是一个"意志的主体"、"形而上学的主体"、"哲学的主体"或"哲学的自我"。他说："进行表象的主体虽然是纯粹的幻想，但是意志的主体却是存在的"，否则，伦理学就没有负荷者，善恶价值就无所依归，"如果意志不存在，也就不会有我们称之为自我而为伦理学之负荷者的那个世界的中心。善与恶本质上只是自我，而不是世界。"⑤"只有通过主体才发生善恶"，"我们可以说（照叔本华的看法）：表象的世界既不是善的也不是恶的，意志的主体才是善的或恶的"，"善恶是主体的宾词，不是世界中的属性"。⑥ 这个意志的主体不在经验现象的世界之内，"主体不属于世界，而是世界的界限"。⑦ "在世界中何处去寻找一个形而上学的主体呢？"⑧这个主体或"哲学的自我"、"不是心理学所研究的人，人的身体，

---

① 《逻辑哲学论》，5，631。
② 《1914-1916 笔记》，第 80 页。
③ 《逻辑哲学论》，5.5422。
④ 《维特根斯坦 1930-1933 年讲课记录》，载穆尔：《哲学论文集》，纽约，1950 年版，第 303 页。
⑤ 《1914-1916 笔记》，第 80 页。
⑥ 同上书，第 79 页。
⑦ 《逻辑哲学论》，5.632。
⑧ 同上书，5.633。

人的灵魂",它"不是世界的一个部分。"① "自我不是一个对象。我客观地面对一切对象,但不能客观地面对自我"。② 因此,维特根斯坦说这个自我是一个神秘而不可说的东西,"自我,自我乃是极其神秘的东西!"③ "作为伦理的东西的负荷者,意志是不可说的。而作为现象的意志则仅与心理学有关。"④ 但是,维特根斯坦又认为,"实际上有一种方式在哲学上可能而且必然以一种非心理学的意义谈到自我",这就是"自我通过世界之为我的世界而出现于哲学"。⑤ 所谓世界是我的世界,或者换一个说法:"世界和人生是一个东西","人生即是世界",⑥ 就是说这个超验的主体、自我、或人生"不是世界的部分,而是世界存在的一个前提"。⑦ 在维特根斯坦看来,就这个意义而言,"唯我论的意思是完全正确的,只是它不能说,而只能显示自己"。⑧ 因为这个自我是超验的,不可说的。所以不能像巴克莱和马赫那样宣称存在就是被感知,事物就是我的感觉的复合。那是一种经验的唯我论,它所说的那个我是经验的我,是与经验的事物合而为一的,而维特根斯坦所说的我则只是作为经验世界的界限和前提,其本身并不出现在经验中,可以说"唯我论的自我缩小成一个没有广延的点,而与之同格的实在则依然存在",维特根斯坦以为,这样"严格贯彻的唯我论就与纯粹实在论相一致了"。⑨ 这里我们不免想起了阿芬那留斯的原则同格说。所谓同格就是自我和环境的不可分割的联系,而自我则是这个同格关系中的"中心

---

① 《逻辑哲学论》,5.641。
② 《1914—1916笔记》,第80页。
③ 同上。
④ 《逻辑哲学论》,6.423。
⑤ 《1914—1916笔记》,第80页;并见《逻辑哲学论》,5.641。
⑥ 同上书,第77页。
⑦ 同上书,第79页。
⑧ 《逻辑哲学论》,5.62。
⑨ 同上书,5.64。重点是引者加的。

项",没有自我,就没有非我,没有世界。但是,阿芬那留斯说,所谓自我不必就是现实的有感觉的人,而可以是一个"潜在的"中心项,因此即使在还没有人的时候,世界和自我的同格关系也是存在的,不过它是和一个"潜在的"自我同格而已。维特根斯坦所说的与实在"同格"但"缩小成没有广延的点"的那个自我和阿芬那留斯的"潜在中心项"自然不尽相同,后者虽为潜在的,却是经验的——潜在的经验,前者则是超验的。德国哲学家冯特曾批评阿芬那留斯使用"潜在"这个字眼就把"经验概念"、"弄得神秘莫测"[①]了。维特根斯坦使用"没有广延的点"这个字眼而且宣称自我是超验的,其为神秘则更有甚焉。不过,维特根斯坦决不会以此为诟病,因为他本来就认为自我是神秘的东西!

(三) 关于世界的存在和对世界之为一个有限制的整体的感觉

维特根斯坦认为,世界是事实的世界,"世界是一切发生的事情",是"事实的总和(Gesamtheit)",[②]是"经验的实在",[③]世界中的一切事实、"一切发生的事情和如此存在的东西都是偶然的"[④],可以发生也可以不发生,可以如此也可以如彼,但是,维特根斯坦认为,就整个世界来说,"我不可能想象它不存在"[⑤],也就是说,它的存在不是偶然的。所以世界的存在和世界中的事实如何即世界是怎样的,是两回事。偶然的东西不足以说明非偶然的东西,世界中事实如何不足以说明世界的存在,世界并不包含其自身存在(及其意义和价值)的根据,而必然是以世界之外的东西为前提的,"使其成为非偶然者不可能在世界之内,否

---

① 参阅《列宁全集》第14卷,第68页。
② 《逻辑哲学论》,1.1。
③ 同上书,5.5561。
④ 同上书,6.41。
⑤ 转引自 M. 布莱克:《〈逻辑哲学论〉指南》,剑桥大学出版社,1964年版,第375页。

则这个东西也成为偶然的了。它必然处于世界之外"。① 这就是那神秘的东西。世界的存在既系于世界之外的神秘的东西,因此它也是神秘的:"世界是怎样的并不神秘,神秘的乃是它的存在。"②在维特根斯坦看来,世界存在的这种神秘性是同我们对世界之为一个有限制的整体的感觉联系着的。他在《逻辑哲学论》中说:"从永恒的观点看世界,就是把它看作一个有限制的整体(Ganze)。对世界之为有限制的整体的感觉是神秘的。"③所谓永恒的观点,维特根斯坦在《1914-1916 笔记》中也曾谈到。他说:"通常的考察方法可以说是从事物之中来看事物,永恒的观点则是从外部看事物。因而事物是以整个世界作为背景来看的。"④这两个说法一致而又有区别。"以整个世界为背景"就是把世界作为一个整体来看,这是一致的。"从外部看"即表示世界之外还有他物,自然是把世界看作有限制的。但是维特根斯坦在《逻辑哲学论》中却并不主张从外部给世界划界限。那么,为什么世界作为一个整体就要被看作有限制的呢？首先,我们必须弄清楚维特根斯坦所谓世界作为整体的含义是什么。他说:"从永恒观点来看的事物就是同全部逻辑空间一起来看的事物"⑤。所谓逻辑空间是一个形象的说法,即指逻辑的可能性。每一个事实都占据一个逻辑空间,都是一个逻辑可能性的实现。维特根斯坦说:"逻辑空间中的事实就是世界",⑥世界就是那些实现了的逻辑可能性即事实的总和。这个总和并没有占据一切逻辑空间,没有穷尽一切逻辑可能性。逻辑空间是无限的,世界中的事实就可能性来说也是无限的。因此只有把已被占据的逻辑空间(已然的事实)

---

① 《逻辑哲学论》,6.41。
② 同上书,6.44。
③ 同上书,6.45。
④ 《1914-1916 笔记》,第 83 页。
⑤ 同上。
⑥ 《逻辑哲学论》,1.13。

和可被占据的逻辑空间（可能的事实）即全部逻辑空间联系在一起才能把世界作为一个整体（Ganze）来把握。这个整体包含而又超出世界中一切事实的总和（Gesamtheit），从这个意义来说，它是没有限制的，因为世界中的事实可以不断增加，而永远不能穷尽一切逻辑可能性；但是，无论如何，它总还是一个事实的世界，就此而言，它又是有限制的，因为即使把全部逻辑空间（已然的事实和可能的事实）都联系在一起，人们也还是觉得有一个在其之外而为其前提的他物，即在世界之外的神秘的东西的领域。对世界之为有限制的整体的感觉，就是对世界之外确有神秘的东西的感觉，因而也是神秘的。

上面这些我以为就是维特根斯坦以人生的意义和价值为核心的神秘的领域的主要内容。这就是维特根斯坦的以伦理为主旨的关于神秘的东西的形而上学。

这个说法许多人未必同意。例如，罗素就不会赞成这个说法。他认为，维特根斯坦对神秘的东西的态度是"从他的纯逻辑学说自然生长出来的"，所谓神秘的东西首先当指他所说的为命题和事实所共具而不可表达的结构即逻辑形式，当然伦理学也包括在神秘的不可表达的领域之内。[①] 又如，逻辑实证主义者马斯罗讲维特根斯坦的神秘主义也首先举逻辑形式，说"[逻辑]形式是神秘的"。[②]

那么，在维特根斯坦看来，逻辑形式到底是不是神秘的东西呢？应当承认，在维特根斯坦那里，逻辑形式与神秘的东西确有共同之处：它们都是不能以语言来表达的。前面说过，他在1914年给穆尔的笔记中就已提出命题的逻辑特性"可显示而不可说"，在《逻辑哲学论》中更着力发挥了这个观点，他说："命题能够表现整个实在，但是它们不可能表

[①] 《逻辑哲学论》，罗素的序，XX-XXI。
[②] 《维特根斯坦〈逻辑哲学论〉研究》，加州大学出版社，1961年版，第157页。

现为了表现实在而必须与实在共同具有的东西——逻辑形式","命题不可能表现逻辑形式。逻辑形式反映在命题中。反映在语言中的东西不是语言所能表现的。我们不可能用语言来表达在语言中表达自己的东西"。① 维特根斯坦的这个观点是不正确的。人的思维和语言都必然遵循一定的逻辑形式或逻辑规律,正如人的思维可以对思维自身的形式和规律加以思维一样,人的语言也可以把语言自身的形式和规律加以表达。罗素根据类型论提出,可以通过语言层次的区分解决逻辑形式的表达问题,即"可以有另一层次的语言研究第一层次语言的结构";② 卡尔那普认为,他的逻辑句法的理论表明,逻辑形式或句法是"可以正确表达的","正如可以构造关于几何结构的几何形式的语句一样,也可以构造关于语言表达形式的语句因而也是关于语句的语句"。③ 现代关于元语言的理论发展了罗素和卡尔那普的理论,可以说是对维特根斯坦关于逻辑形式不可说的观点的否定,此处无须多说。我们要辨明的只是逻辑形式是否也属于神秘的东西的领域。诚然,维特根斯坦认为逻辑形式也是不可说的,但是其所以不可说,并不是因为它们像人生的意义和价值、上帝、意志的主体那样处于世界之外、语言之外,而恰恰是因为它们就是世界和语言自身的结构,它们就包含在世界中,反映在语言中,"为了能够表现逻辑形式",我们倒是"必须能够把我们自己连同命题置于逻辑之外,亦即置于世界之外"。④ 这当然是不可能的,但这也说明逻辑形式并不是超验的东西,因此不能归之于神秘的东西之列。诚然,维特根斯坦还说过:"伦理学正如逻辑一样,必然是

---

① 《逻辑哲学论》,4.12,4.121。
② 同上书,罗素的序,XXII。
③ 《语言的逻辑句法》,第282—283页。
④ 《逻辑哲学论》,4.12.4.121。

世界的一个条件。"①但是,同为条件,二者却有根本的区别。维特根斯坦明白告诉我们,伦理学是超验的,"逻辑是先验的"。② 伦理学之为世界的条件,是在世界之外作为世界的界限和前提。逻辑之为世界的条件,则是在世界之内作为世界的结构或框架("逻辑命题描述世界的框架"③)。逻辑不是经验的,而是"先于一切经验的",④但是它就在世界之内,"逻辑弥漫世界;世界的界限也是逻辑的界限"。⑤ 因此,逻辑是先验的,而非超验的,从而也不是如伦理的东西那样神秘的东西。

有的研究者,如马斯罗认为,维特根斯坦所谓神秘的东西还包括"感觉经验的直接当下的内容",如"直接经验的性质、颜色、悲伤、绵延等等",这些是"此刻我独有的经验",是"不可重复的",不可传达的。⑥ 奇怪的是,马斯罗引了柏拉图的话("我看不出我们如何能互相传达自己的印象"),却没有举出维特根斯坦的任何一句话来印证这个说法。事实上,维特根斯坦在《逻辑哲学论》中绝少提及感觉和感觉性质,个别地方谈到视觉、颜色、音调、触觉、硬度(2.0131),但并没有讨论直接的感觉内容能否被语言表达的问题,更没有说过直接的感觉内容是神秘的。而且,即使维特根斯坦认为直接的感觉内容是不可表达的,也不等于说他一定也认为它们是神秘的。过去和现代都有一些哲学家讲过,直接当下的感觉内容是不可言传的,但并未宣称它们是神秘的。例如,黑格尔说:"当我们说出感性的东西时,我们也是把它当作一个普遍的东西来说的",一切语言都是共相,是一般,所以"要我们把我们所意谓

---

① 《1914-1916 笔记》,第 77 页。
② 《逻辑哲学论》,6.13。
③ 同上书,6.124。
④ 同上书,5.552。
⑤ 《逻辑哲学论》,5.61。
⑥ 马斯罗:《维特根斯坦〈逻辑哲学论〉研究》,第 158-159 页。

的一个感性的存在用语言说出来是完全不可能的"。① "而凡不可言说的,如情绪、感觉之类,并不是最优良最真实之物,而是最无意义、最不真实之物"②。黑格尔由感觉之不可言说得出了感觉非真实之物的结论,并不承认其为神秘的东西。又如,石里克认为,此时此地我的感觉的内容是不可传达的,但是这种直接当下的感觉[他称为"觉证"(konstatierung)]却是知识的基础,"一切知识的光亮都从它们而来"③,因而不能说是神秘的东西。

总之,神秘的东西和不可说的东西是不能画等号的。对于维特根斯坦来说,神秘的东西固然是不可说的,但更重要的在于它们是具有伦理意义的超验的东西,忽视了这一点,就难以理解《逻辑哲学论》中的形而上学的真谛。

四、逻辑分析作为形而上学的阶梯

维特根斯坦认为,对于世界之外的不可说的神秘的东西的追求是人固有的一种倾向,人总是感到有一种冲动"要冲出语言的界限",去说不可说的东西。然而正因为那本来是不可说的东西,所以,"我们无论说的什么都先天必然地只是胡说(无意义的话)"。④ 各种形而上学的命题、理论、学说就是如此,"关于哲学所写的大部分的命题和问题都不是错了,而是无意义的。"⑤

神秘的东西是不能用语言、用命题的形式来表达的,我们不可能建

---

① 《精神现象学》,中译本,上卷,第66页。
② 《小逻辑》,§20。
③ 《逻辑实证主义》,艾尔编,自由出版社,1959年版,第227页。
④ 《维特根斯坦和维也纳学派》,英文本,1979年版,第68页。
⑤ 《逻辑哲学论》,4.003。

立一个关于神秘的东西的正面的积极的形而上学,像罗素和维特根斯坦早年在逻辑的基础上直接建立一个关于事实的形而上学那样。但是,神秘的东西虽不可说,却可"显示",或者说"显示其自己"。问题在于如何显示,通过什么方式来显示。① 这就需要有一个在维特根斯坦看来是正确的方法和途径。这也就是他在《逻辑哲学论》中所要做的工作。

有人以为,维特根斯坦所谓显示,就是一种直觉或直观,"直觉所把握者就是维特根斯坦所谓神秘的东西的一种情形"。② 诚然,维特根斯坦曾经讲过"神秘的感觉",如前面谈到的"对世界之为有限制的整体的感觉"是神秘的,我们可以说这种感觉也就是对世界之外有一神秘的东西的领域的感觉。但是,如果我们把维特根斯坦所谓显示就仅仅归结为这样一种神秘的感觉,仿佛维特根斯坦也像欧洲哲学史上的许多神秘主义者那样,认为可以仅凭一种直觉而无须任何中介、任何间接的过程,即可把握超验的神秘的东西,那就不对了。

维特根斯坦所谓显示,不是单纯的直觉或顿悟,他强调:"哲学要通过清楚地表现可说的东西来指出不可说的东西。"③可说的东西,维特根斯坦认为就是自然科学,就是自然科学关于事实的命题及其表达的事实的世界。所谓清楚地表现可说的东西,就是对科学的命题及其表达的事实亦即对语言和世界做逻辑的分析或逻辑的阐明。如前所说,维特根斯坦认为,人们觉得自然科学没有回答人生的意义和价值问题,因而要去追求事实世界之外的神秘的东西。但是自然科学本身并不足

---

① 维特根斯坦认为逻辑形式也是可显示而不可说的。我以为,正如逻辑形式之不可说不同于神秘的东西之不可说一样,逻辑形式的显示也不同于神秘的东西的显示。但限于篇幅,对这个问题我们置而不论。
② 马斯罗:《维特根斯坦〈逻辑哲学论〉研究》,第156页。
③ 《逻辑哲学论》,4.115。

以向人们显示那神秘的东西,而必须通过对科学命题、对语言、对世界的逻辑分析,划出可说的东西和不可说的东西的界限,才能指出或显示不可说的东西。这就是维特根斯坦提出的把握(如果可以这样说的话)不可说的神秘的东西的方法和途径。

(一) 为语言划界限——语言批判

维特根斯坦说,《逻辑哲学论》一书是"要给思想划一个界限,或者更正确地说,不是给思想而是给思想的表达式划一个界限:因为要给思想划界限,我们就必须对这个界限的两边都能够思想(因此我们必须能够思想不可思想的东西)。因此只能在语言中划这个界限,而在这个界限那边者将纯粹是胡说(Unsinn,无意义的话)。"①

人们常常把维特根斯坦为语言划界限的这个观点同康德为理性划界限的观点加以对比,而以为康德为理性划界限就是如维特根斯坦这里所说的为思想划界限,因而会陷入必须承认能够思想不可思想的东西的矛盾。② 其实,这也是一个误解。康德并没有说过要为思想划界限,也不认为现象和物自体是可思与不可思的区别,因为他认为物自体是可思的,是思维的对象,但不是可知的,不是认识的对象。③ 他为理性划的界限是可知与不可知的界限,而不是可思与不可思的界限。相反地,维特根斯坦是要给思想划界限的,他说:"哲学必须为可思的东西划界限,从而为不可思的东西划界限",④不过,他认为必须通过为思想的表达式即语言划界限来为思想划界限,亦即只是从语言分析的角度

---

① 《逻辑哲学论》,作者前言,第3页。
② 参阅艾尔:《语言、真理与逻辑》,上海译文出版社,1981年版,第33页。
③ 参阅《纯粹理性批判》,商务印书馆,1957年版,第17页。参阅拙作"康德关于认识对象的学说",载《外国哲学史研究集刊》第1辑。
④ 《逻辑哲学论》,4.114。

而不是从认识论的角度去考察思想及其限度。这样就可避免思想不可思想的东西的矛盾。说不可说的东西只是胡说,无意义的话,但胡说毕竟是可能的,因而才有种种形而上学的命题;而思不可思的东西却不是胡思,而是根本不可能的,因为即使胡思(乱想)也还是对于可思的东西的一种思,也还是一种有意义的思,只是不着边际,漫无条理而已。

康德为理性划界限,是对人的理性能力或认识能力及其限度的考察,叫作理性批判;维特根斯坦为语言划界限,是对人的语言能力及其限度的考察,他称为"语言批判"。他的"全部哲学就是'语言批判'"。① "语言批判"的思想和提法在19世纪中叶即已出现,如R.海姆为一部百科全书写的《哲学》这一词条中说:"由于思辨是在语言的基础上发展起来的,它首先就要阐明语言并且归溯到语言",在他看来语法的研究之于新哲学,正如逻辑之与旧哲学的关系,"而理性的批判则变成了语言的批判。"②本世纪初,毛特奈尔在《论语言批判》的三卷巨著中大力阐发了语言批判的思想,认为"语言的批判是对认识论的一个贡献","认识的批判即是语言的批判",而且"只能是语言的批判"。③ 维特根斯坦关于语言批判的提法是从毛特奈尔取来的,但是,如他自己明确表示的,他所谓语言批判"不是毛特奈尔的意义上"④的批判。二者之间有很大的差别,主要是两点:第一,毛特奈尔的语言批判是对语言的认识作用的否定,他说:"我要表明的看法是:通过语言来认识世界是不可能的;关于世界的科学是不会有的;对于认识来说,语言是一个不中用的工具。"⑤维特根斯坦则认为语言是世界的图像,并且肯定科学的存

---

① 《逻辑哲学论》,4.0031。
② 参阅毛特奈尔:《论语言批判》第1卷,莱比锡,1923年版,第XII页。
③ 同上书,第VII页。
④ 《逻辑哲学论》,4.0031。
⑤ 《论语言批判》第1卷,第XI页。

在,他不是否定语言,而只是认为语言是有限度的,要为语言划一界限,可说与不可说的界限。第二,毛特奈尔对逻辑持贬低的态度,反对在语言和逻辑的关系上给逻辑以"优先权",反对逻辑学家的这一看法,即"思维如果要成为有效的思维,就必须接受逻辑的形式"。① 维特根斯坦则认为,语言批判恰恰是要指出语言的表面形式和逻辑形式的区别,他认为罗素的一个功绩就是指出了"命题的表面逻辑形式未必就是其真正的逻辑形式",② 而二者的混淆正是哲学中种种问题发生的根源,"哲学家们的命题和问题大部分是基于不了解语言的逻辑"。③ 因此,语言批判或为语言划界限就必须而且只能是对语言的逻辑分析。

(二) 对语言和世界的逻辑分析

《逻辑哲学论》中对语言和世界的逻辑分析,是对维特根斯坦1913和1914年笔记中逻辑分析的发展,也可以说是一个更为完备的逻辑原子论。但是,这里的逻辑原子论已不复是维特根斯坦所追求的形而上学,而只是导往关于神秘的东西的形而上学的一个阶梯。

《逻辑哲学论》中的逻辑原子论,像早年笔记一样,也是对具有同一结构的语言和世界这双重系统的逻辑分析。

语言:语言是命题的总和。命题或"具有未被分析形式的命题"都可以分析为"原初命题",这是"最简单的命题"。原初命题是由名字构成的,是名字以一定逻辑形式的联结。④

世界:世界是事实的总和。事实分析为事态(或译原子事实),事态

---

① 《论语言批判》第3卷,第1页。
② 《逻辑哲学论》,4.0031。
③ 同上书,4.003。
④ 《逻辑哲学论》,4001,5.5512,4.21,4.22。

是对象的结合。对象是简单的,是构成世界的"实体"。①

语言与世界相对应:名字指称对象,对象即其所指。命题与实在相比较,是实在的图像。一切命题都是原初命题的真值函项,其真假取决于原初命题的真假。原初命题是对一个事态的存在的断定,其真假即取决于它所断定的事态的存在或不存在。②

命题的意义即在它有真假,"了解一个命题,就是知道如果它是真的,是什么情形"。③ 因此确定命题意义的标准就是指出它的真值条件。维特根斯坦后来在同维也纳学派的人谈话时把这个观点概括为:"一个命题的意义就是它的证实方法。"④这就是有名的证实原则。维特根斯坦用这个原则批评、清除形而上学的命题,他说:"当别人想说某种形而上学的东西时,就向他指出,在他的命题中某些符号并无所指。"⑤由无所指的词组成的句子不断定任何事实,不可能有真值条件,不可能找到它的证实方法,只不过是词语的无意义的结合,是违背语言逻辑的胡说,是似是而非的命题。

通过对命题的这种逻辑分析,建立了确定命题意义的标准,这就是给语言划了界限,意义和无意义的界限即是可说和不可说的界限。

语言的界限同世界的界限是相应的,对世界的逻辑分析也为世界划了界限。维特根斯坦说:"世界是事实的总和而不是事物的总和","世界为事实所规定,为事实之为所有的事实所规定"。⑥ 但事实归根结底是由事物或对象结合而成的,事物或对象是世界的实体,因此,维特根斯坦认为,世界作为"经验的实在"是"被对象的总和所限制的。这

---

① 《逻辑哲学论》,1.1,2.01,2.02,2.021。
② 同上书,3.203,4.05,4.01,5,4.21,4.25。
③ 同上书,4.024。
④ 《维特根斯坦和维也纳学派》,第79页。
⑤ 《逻辑哲学论》,6.53。
⑥ 同上书,1.1,1.11。

个界限也显示在原初命题的总和中。"①因为,在维特根斯坦看来,对一切原初命题的描述亦即对由对象结合而成的一切事态的描述就是对世界的完全的描述,"把所有真的原初命题都陈述出来,就完全地描述了世界。"②逻辑分析向人们表明,世界就是这样一个经验的、事实的世界,这也就是世界的界限。这个界限意味着经验的、事实的世界不是终极,因而也就向人们显示了还有一个世界之外、事实之外的领域,不过那已不是语言所能表达的了。

这样,通过对语言和世界的逻辑分析,亦即通过"清楚地表现"可说的东西,就向人们指出了不可说的东西。因此,维特根斯坦说,他在《逻辑哲学论》中所做的逻辑分析的工作就是为从可说的东西引向不可说的东西搭一道阶梯:

"我的命题以下述的方式起一种解释的作用:凡是理解我的人,当他通过它们,凭借它们,并爬越它们时,最后就会认识到它们是无意义的。(可以说,在他已经爬上了梯子之后,就必须把梯子丢掉。)他必须超越这些命题,然后才会正确地看世界。对于不可说的东西,我们必须保持沉默"。③

维特根斯坦在这里是告诉人们,借助于他的逻辑分析这道梯子去领悟的关于超验的神秘的东西的形而上学是无论如何不能再用命题来表达的;理解了、领悟了,但不要说;有所说,则恰恰证明没有真的理解和领悟。这可以说是一种否定的、消极的形而上学。冯友兰先生说,维特根斯坦是以所谓"形上学的负的方法讲形上学",是很对的。但他以为维特根斯坦此处所说的沉默是如禅宗慧忠国师教人佛义的方法,"都

---

① 《逻辑哲学论》,5.5561。重点是引者加的。
② 同上书,4.26。
③ 同上书,6.54,7。重点是引者加的。

是于静默中'立义竟'"。① 此解却恐未为得当。所谓立义竟,是"无语中无语"以表显佛义的方法,即无言说、无表示而立义。果如此,则维特根斯坦关于梯子的一段话就不必说,《逻辑哲学论》这本书也无须写了。如果类比的话,应当说维特根斯坦的方法是禅宗中"偏中正"的方法,即"有语中无语",用维特根斯坦的话说,就是通过清楚地表现可说的东西指出不可说的东西,对于不可说的东西则保持沉默。"立义竟"的方法可以说是无筌而得鱼,无蹄而得兔,维特根斯坦的沉默则可以说是得鱼而忘筌,得兔而忘蹄。筌和蹄就是他说的梯子,即《逻辑哲学论》中的逻辑分析。鱼既得矣,则筌可忘;兔既得矣,则蹄可忘。忘,就是无意义了。维特根斯坦说人们真正理解了他,领悟了那不可说者,就会认识到他的那些命题是无意义的,当做如是解。

---

① 《新知言》,商务印书馆,1946年版,第97页。

《逻辑哲学论》一书的酝酿和写作[*]

《逻辑哲学论》是20世纪西方哲学的一部名著。其篇幅不大,全书不过五、六万字。但它却是作者维特根斯坦在长时间中研究和思考哲学问题的成果或结晶。

维特根斯坦从酝酿到写成《逻辑哲学论》一书,惨淡经营历数年之久。他在1919年3月13日给罗素的信中说:"我写了一本书,名为《逻辑哲学论》(*Logisch-philosophische Abhandlung*),它包含了过去六年我的全部工作"。[①]

下面就目前看到的维特根斯坦在这一时期所写的笔记、书信等有关文献,对《逻辑哲学论》的酝酿和写作过程略作介绍,使读者了解一点维特根斯坦思想形成的背景材料,或许不无助益。

一

维特根斯坦是1908年18岁时赴英国求学的。先在曼彻斯特学航空工程,1911年因对纯数学问题发生浓厚的兴趣,阅读了罗素的《数学的原理》一书,之后曾去德国耶拿拜访弗雷格,弗雷格建议他求教于罗

---

[*] 原载《北京大学学报》(哲学社会科学版)1988年第1期。

[①] 维特根斯坦:《致罗素、凯因斯和穆尔的书信》,冯·赖特编,牛津,1977年,第2版,第68页。

素,维特根斯坦乃于是年转学剑桥,在罗素指导下研习哲学。

维特根斯坦入剑桥后经常与罗素当面交谈或书信往还,讨论哲学问题。他把潜心探索哲学问题视为莫大的乐趣,正如他在1912年夏给罗素的信中所说:"世界上没有比真正的哲学问题更美妙的了"。①

维特根斯坦对哲学的思考从一开始就集注于逻辑的问题,在这方面他是既师承弗雷格和罗素,又不为所囿而欲有所独创的。

维特根斯坦对当时逻辑学界的现状是很不满意的,他在1912年6月22日给罗素的信中说:"逻辑仍然有待改造"。② 他认为,很多逻辑学家仍然在传统的亚里士多德逻辑上停步不前。他最早在《剑桥评论》(1913年3月6日)上发表的一篇评柯菲著《逻辑科学》的短文就是批评传统逻辑的。维特根斯坦认为,柯菲的书是代表了当时许多逻辑学家观点的一部典型作品。他说:"这位作者的逻辑是经院哲学家的逻辑,并且犯了他们所犯的一切错误",虽然他们经常援引亚里士多德,但是"如果亚里士多德知道今天有这么多逻辑学家对于逻辑并不比他在2000年前知道的更多,他在坟墓里也会辗转不安的"。维特根斯坦尖锐批评柯菲"丝毫没有注意现代数理逻辑学家的伟大工作,这种工作在逻辑上带来的进步,只有把星相学变成天文学,把炼金术变成化学的那种进步才能与之相比"。

维特根斯坦在这篇短文中举了柯菲逻辑的几点最突出的错误,其批评基本上没有超出罗素的思想。例如,第一点指出柯菲"相信一切命题都是主谓形式的",这是罗素反复批评过的传统逻辑的一个主要缺点。又如,第四点批评柯菲"混淆了事物及其所属的类",指出"一个人显然是完全不同于人类的某种东西",这是重述罗素的类型论的观点。

---

① 维特根斯坦:《致罗素、凯因斯和穆尔的书信》,冯·赖特编,牛津,1977年,第2版,第4页。

② 同上书,第10页。

又如,第二点指出柯菲"相信实在由于变成我们思想的对象而被改变",这是罗素以及穆尔批评唯心主义的一个主要论点,表明维特根斯坦此时的哲学立场是实在论倾向的。

如果说对柯菲逻辑著作的短评不过是祖述罗素思想,那么从1912年夏到1913年初维特根斯坦的一些谈话和书信中则可以看到他深思苦求、独立探索的踪迹。例如,他的同窗好友宾森特(《逻辑哲学论》一书就是献给他的,但此人不幸早逝)在1912年10月25日的日记中有一段极有价值的记录:

"维特根斯坦打电话来。他向我解释了对一个曾使他非常困惑的(最基本符号逻辑上的)问题所发现的新的解决办法……(这个解决办法)如果是正确的,当会使大量符号逻辑的问题发生革命……如果维特根斯坦的解决办法行得通,他将是解决了曾使罗素和弗雷格若干年来感到困惑的一个问题的第一人,这个解决也是最巧妙最令人信服的解决。"[①]

宾森特没有说维特根斯坦对他讲的是什么问题,但从1912年夏到1913年初维特根斯坦给罗素的信中,我们可以推知,这个问题就是他反复思考的关于逻辑常项(V、·、⊃等)的意义及由逻辑常项联结成的复杂命题之还原为原子命题的问题。例如,他在1912年夏的一封信中说:"目前最使我劳思费心的问题不是显变项,而是'V'、'·'、'⊃'等等的意义。我认为这后一个问题是更为根本的问题,而人们仍然很少承认它是一个问题。"又说:"如果'pvq'不意谓一个复合物,那么天知道它意谓什么!!"[②]同年8月16日的信中说:"过去八个星期!!! 关于

[①] 《维特根斯坦(生平,附图片和说明)》,麦克奎奈斯编,苏尔肯普出版社,1983年,第97页。

[②] 维特根斯坦:《致罗素、凯因斯和穆尔的书信》,冯·赖特编,牛津,1977年,第2版,第13页。

'pvq'等等,我曾反反复复思考过这种可能性,即通过假定符号和事物具有不同种类的关系就可能克服我们的一切麻烦!但是我已得出结论,认为这种假定丝毫无助于我们。……最近我已看到一种摆脱(或许并未摆脱)困难的新方法。言之过长,非此处所能解释,但我只告诉您一点,即这个新方法是以命题的新形式为根据的"。[1] 所谓命题的新形式显然是指可以把由逻辑常项联结的一切复合命题分析为原子命题的结合。维特根斯坦在同年夏的另一封信中则已明白地指出:"我们的问题可以追溯到原子命题"。[2] 把一切命题都分析到原子命题,或者如维特根斯坦后来所说的,一切命题都是原子命题的真值函项,这是他在《逻辑哲学论》中详细发挥的逻辑原子论的一个基本原理,其思想之酝酿实已始于1912年。

二

在其思想酝酿时期,更重要更值得注意的是维特根斯坦1913年9月给罗素的一份《逻辑笔记》和1914年4月向穆尔口述的笔记摘要。在这些笔记中,《逻辑哲学论》的若干基本观点已经提出,逻辑原子论已略具雏形。但在某些点上与《逻辑哲学论》又有重要的区别。

(一)《逻辑笔记》

维特根斯坦在笔记的开头就开宗明义地提出了他的哲学观,他说:

"'哲学'这个词永远应当指某种超乎自然科学或低于自然科学而不是与自然科学并列的东西。哲学并不提供实在的图像,它既不能确

---

[1] 维特根斯坦:《致罗素、凯恩斯和穆尔的书信》,冯·赖特编,牛津,1977年,第2版,第15页。

[2] 同上书,第16页。

证也不能驳倒科学的研究"。① 这也就是《逻辑哲学论》中的哲学观,该书4.111几乎是这第一句话的复述。哲学与科学不同,它不是事实世界的描述。

"它(指哲学)是由逻辑和形而上学组成的,前者是其基础"。② 这里"逻辑"自然是指现代数理逻辑及据此建立的逻辑分析方法,"形而上学"当指维特根斯坦通过对语言和世界的逻辑分析而正在形成的逻辑原子论。

逻辑分析的关键是把命题的语法形式和逻辑形式区别开来,"不相信语法是搞哲学的第一个要求。哲学是关于科学命题(不仅是初始命题)的逻辑形式的学说"。③

命题是关涉于事实的符号,而且其本身也是事实。命题是由两种不可定义的东西:名字和逻辑形式构成的。

每个命题都有真假,因此命题相应于其为真为假的情形而具有两极。这就是命题的意义。命题的意谓则是实际与之相应的事实。因此正负命题(p与非p)具有同一意谓而意义不同。

事实有正负,但无真假,真假是只就命题而言的。

语言和实在有一种对应关系,犹如视网膜上的影像之于视觉影像的关系。这个比喻是维特根斯坦后来提出图像说的最早的预示。

一切关于复合物的命题都可分析为关于其组成成分的命题。在实在中与复杂命题相应的任何东西决不多于与若干原子命题相应的东西。分子命题不包含超出原子命题所包含的任何东西。"原子命题之引进对于理解一切其他种类的命题是根本性的"。通过对复杂命题

---

① 维特根斯坦:《1914-1916 笔记》,冯·赖特和安丝科姆合编,牛津,1961年,第93页。
② 同上。
③ 同上。

和原子命题的逻辑关系的分析,维特根斯坦在笔记中最早明确提出了真值函项的理论:"对于分子函项具有重要意义的一切就是它们的真值表"。①

复合命题分析为原子命题,原子命题是由两类"不可定义的东西构成的,即名字和形式"。当我们了解一个命题的一切不可定义的东西时,就一定了解了这个命题。②

(二) 向穆尔口述的笔记摘抄

在这份笔记中,维特根斯坦提出的最重要论点有:

1. 语言的逻辑特性不可说而只能显示

在《逻辑笔记》中维特根斯坦已经谈到:"任何命题都不可能对自己说任何东西。"③在给穆尔的笔记中则更明确地指出,语言不能对之有所说的东西就是它自身具有的逻辑特性,亦即《逻辑哲学论》中所说的逻辑形式。他说:"你要有一种能够表达或说一切可说的东西的语言,这种语言就必须具有某些特性;而在这种情形下,则这种语言之具有这些特性就不再可能在这种语言或任何语言中被说出来了";又说:"要说这些特性是什么,是不可能的,因为要说它们是什么,就要有一种并不具有这些特性的语言,而这就不可能是一种真正的语言了。我们不可能构造一种非逻辑的语言。"语言的这种逻辑特性"反映""世界的逻辑特性";它不可说,但是可以"显示"。"每一真实命题,除了它所说的东西之外,都显示有关世界的某种东西",即其逻辑特性。但是维特根斯坦认为,我们还不能在这种"真正意义上的命题"即对世界有所说的命

---

① 维特根斯坦:《1914-1916 笔记》,冯·赖特和安丝科姆合编,牛津,1961年,第100页。
② 同上书,第98页。
③ 同上书,第105页。

题中"看到"它所显示的逻辑特性,而"只有通过注视逻辑命题才能看到这些特性"。"逻辑命题"即同语反复和矛盾式。它们对世界"没有说任何东西",因此不是真正意义上的命题,但是它们"以一种系统的方式显示那些逻辑特性"。① 这些观点在《逻辑哲学论》中都有更详细的阐述。

值得注意的是在这份笔记中第一次提出的不可说而只可显示的东西仅指语言和世界所同具的逻辑特性或逻辑形式,而不包括维特根斯坦后来提出的"神秘的东西"。这是一个极其重要的区别。

2. 命题的意义和意谓

在给穆尔的笔记中,维特根斯坦进一步论述了《逻辑笔记》关于命题的意义和意谓的观点。"命题的意谓就是与之相应的事实"。命题的意义则是命题对实在的"另一种不同于意谓的关系的关系",即其为真为假的关系。我们只要知道一个命题有真假可言,就可判定它是有意义的,而无须确知它究竟是真的还是假的。因为"当你并不知道命题的意谓,即并不知道它是真还是假时,就可以了解它"。②

3. 不可分析的命题和命题的简单的东西

在给穆尔的笔记中,维特根斯坦没有使用"原子命题",而代之以"不可分析的命题"。"不可分析的命题",就是"只包含基本符号即不可定义的符号的命题",③例如具有$(\exists x,y,R)\cdot xRy$形式的命题,其中表示任何个别名字(x,y)和关系(R)的符号都是不可定义的符号,是命题的"简单的东西"。名字的意谓是世界或实在的"简单的东西"。"命题的简单的东西具有意谓,就是说它们是简单的东西的名字"。④ 这里说

---

① 维特根斯坦:《1914-1916 笔记》,冯·赖特和安丝科姆合编,牛津,1961 年,第 107 页。
② 同上书,第 111 页。
③ 同上书,第 110 页。
④ 同上。

的世界的简单的东西当即《逻辑哲学论》所说的作为世界的究极成分和"实体"的"对象"。在《逻辑笔记》中虽曾讲过"对象的名字"之类的话,①但维特根斯坦此时显然还没有明确地把"对象"作为一个表示世界的究极实体的专门术语固定下来。

4. 命题与实在的比较

"我们可以把实在和命题相比较。"这种"比较的方法"的确定在于:"对我们(的命题)的简单的东西说了什么就是对实在说了什么","如果我们已知一个命题的一切简单的东西,那么我们就已知道,我们说实在与整个命题有某种关系,从而就可描述实在"。② 命题和实在的这种比较也就是确定命题之有无意义的方法。如果一个命题的语词或"简单的东西"在实在中无所意谓,这个命题就是无意义的(Unsinn):"一个包含没有任何意谓的语词的命题是无意义的。"维特根斯坦此时认为同语反复也是无意义的,不过与上面这种无意义的命题不同,因为同语反复的"一切简单的部分都有意谓",不过它们之间的联结却"互相抵消或互相消除",而使其成为无意义的。③ 在《逻辑哲学论》中维特根斯坦则把同语反复改称为"缺乏意义的"(sinnlos),以区别于其语词毫无意谓的无意义的命题。

三

如果说1912年到1914上半年是《逻辑哲学论》思想的酝酿期,那么1914下半年到1918年则是维特根斯坦为《逻辑哲学论》的写作进行

---

① 维特根斯坦:《1914-1916笔记》,冯·赖特和安丝科姆合编,牛津,1961年,第104页。
② 同上书,第111页。
③ 同上书,第117页。

准备和开始草写的时期。

维特根斯坦为《逻辑哲学论》所做的准备工作主要是他从1914年秋入奥地利军队服役以后几年间写下的大量的笔记,《逻辑哲学论》就是从这些笔记摘取、整理而成的。据他的朋友恩格尔曼回忆,《逻辑哲学论》是从七个笔记本中最后摘出来的。① 冯·赖特则估计有七至九本笔记。② 可惜这些笔记大部分被维特根斯坦在1950年销毁了,仅余的一部分由冯·赖特和安丝科姆编辑,于1961年出版,即《1914—1916笔记》(实际止于1917年1月)。

维特根斯坦是很珍视自己的这些笔记的。他在一封写给罗素而未注明日期(罗素于1915年1月收到)的信中说:"如果我没有活过这场战争,那么我给穆尔看过的那份手稿和我在战争期间写的另一份手稿将一起寄给你"。③ 在1915年5月22日给罗素的信中又说:"如果我没有活着看到这场战争的结束,我就必须准备着我的全部工作会化为泡影。——在这种情形下,你必须使我的手稿出版,不论是否有任何人理解它"。④

从同年10月22日给罗素的另一封信中,我们看到,维特根斯坦在不断地写笔记的同时,已经开始从中加以摘要并拟写成一本论著了。他说:"我近来做了大量的工作,而且我认为是很成功的。我目前正在把它摘要,并以论著的形式把它写出来。……如果我没有活下来,请让人将我的全部手稿寄给你,在这些手稿中你会找到用铅笔写在一些活

---

① *Prototractatus*(《逻辑哲学论》的一份草稿),康奈尔大学出版社,1971年,第4页。
② 同上书,第7页。
③ 维特根斯坦:《致罗素、凯因斯和穆尔的书信》,冯·赖特编,牛津,1977年,第2版,第59页。
④ 同上书,第62页。

页纸上的最后摘要"。① 这个摘要手稿无疑是《逻辑哲学论》的最初的草稿,惜早佚失,而且似乎也没有人见过原稿,其内容已不复可考了。

仅就目前保存下来的《1914-1916笔记》来看,这些笔记对于研究维特根斯坦这一时期思想的发展确是极为重要的。第一,这些笔记是《逻辑哲学论》的直接来源,从这些笔记中可以看到《逻辑哲学论》中许多重要思想的原型;第二,《逻辑哲学论》的若干观点在这些笔记中有更为充分的讨论,维特根斯坦对某些问题在笔记中曾反复思索,疑而不定,读者由此更易追踪其思想形成的过程;第三,从这些笔记中,可以了解维特根斯坦的思想从酝酿期到写成《逻辑哲学论》这段时间里发生的一个重要的变化,即提出了伦理学的问题或关于"神秘的东西"的问题。

(一) 命题的性质:图像说

维特根斯坦在《1914-1916笔记》中第一次明确提出了图像说。图像说是关于语言或命题性质的学说,维特根斯坦说:"我的全部任务在于说明命题的性质,就是说,给出一切事实的性质,命题乃是事实的图像"。② "只有命题是图像"③,仅仅一个语词或名字是不能成为其所指称或命名的事物的图像的,"名字不是被命名的事物的图像"。④ 所谓图像(Bild)不必是指如图画或照相那样可见的形象,而是指命题和实在的一种逻辑上的对应关系或"同格"关系,维特根斯坦亦称为"逻辑图像"(Logische Abbild)、"逻辑模型"(Logische Modell)。维特根斯坦把图

---

① 维特根斯坦:《致罗素、凯因斯和穆尔的书信》,冯·赖特编,牛津,1977年,第2版,第64-65页。
② 维特根斯坦:《1914-1916笔记》,冯·赖特和安丝科姆合编,牛津,1961年,第39页。
③ 同上书,第22页。
④ 同上书,第8页。

像关系比喻为象形文字,"在象形文字中,每个词都表现它所指谓的东西"。① 他又把图像关系比喻为几何学的投影关系,命题好比实在的投影,二者有一一对应的关系。② 图像说是了解维特根斯坦关于意义的理论的关键。一个有意义的命题必是实在的一个图像,它所包含的名字和实在的要素之间有一种对应的同构的关系,即在图像中有一个成分,在实在中相应地也有一个成分,反之亦然。但是,"一个图像可以表现并不存在的关系",③就是说,"图像文字的命题可以是真的或假的。它独立于其真或假而具有一种意义"。④ 一个命题只要是实在的图像,就有真假可言,就是有意义的;无真假可言,即非实在的图像,就是无意义的。

(二) 命题的分析和事实的分析

命题是事实的图像,对命题的分析相应地就是对事实的分析。复合命题即"关于复合物的命题",都可以分析为"关于其组成部分的命题",这种命题维特根斯坦现在改称为"原初命题"(Elementarsatzes)而不称"原子命题"了。复合命题与原初命题有一种"内在的关系",前者是后者的"逻辑函项"或"真值函项"。⑤ 与原初命题相应的是"事体"(Sachverhalt),这是维特根斯坦第一次提出"事态"这一概念。原初命题是名字以一定形式结成的,与名字相应的则是"对象"或"简单的对象"。维特根斯坦已将"对象"一词作为实在的究极成分确定下来。他说:"我们认识到,简单对象的存在是一种先天的逻辑必然性","关于

---

① 维特根斯坦:《1914-1916 笔记》,冯·赖特和安丝科姆合编,牛津,1961 年,第 7 页。
② 同上书,第 20、30 页。
③ 同上书,第 8 页。
④ 同上书,第 7 页。
⑤ 同上书,第 34、43 页。

简单的东西的观念似已包含在关于复杂的东西的观念和关于分析的观念之中"。但是,维特根斯坦此时对于简单对象问题仍有两点疑而未决:

第一,对象究为何物?

维特根斯坦说:"对我来说对象就是简单的东西!"[①]但是,"我们的困难是,我们虽经常谈论简单的对象,却举不出一个来。"[②]不过维特根斯坦在笔记中还是考虑过几种可作为对象的东西:(1)个体。如苏格拉底,这本书,这块表,等等。[③] 个体实际上是"复杂的对象",但维特根斯坦说:"难道'复杂的对象'不是毕竟也恰恰符合我在表面上给简单对象提出的那些要求吗?"[④]因为一个个体(例如苏格拉底)就是原初命题中名字的对应物,"恰恰起着简单对象的作用"。当然,这里有一个"困难",因为"出现在我面前的一切命题中都有名字出现,而这些名字经过进一步分析都会消失。我知道这种进一步的分析是可能的。不过我不能彻底进行这种分析"。[⑤](2)关系和性质。"关系和性质,等等,也是对象"。[⑥] 例如,"苏格拉底是有死的"这个命题中,"有死的"这种性质也起着"简单对象"的作用。[⑦](3)视域或空间的小片。维特根斯坦说:"在我看来,我们视域上的小片很可能就是简单的对象,因为我们并不孤立地感知这个小片上的任何一个单独的点",[⑧]"当我们看到我们的视域是复杂的东西时,我们也就看到它是由更简单的部

[①] 维特根斯坦:《1914-1916 笔记》,冯·赖特和安丝科姆合编,牛津,1961 年,第70 页。
[②] 同上书,第 68 页。
[③] 同上书,第 69 页。
[④] 同上书,第 59-60 页。
[⑤] 同上书,第 61 页。
[⑥] 同上书,第 61 页。
[⑦] 同上书,第 69 页。
[⑧] 同上书,第 64 页。

分构成的"。① 人们可以假设在视域的一个小片上有无穷多的点,但是,维特根斯坦认为:"我们的视域也许(或者可能)并非由无穷多的部分构成的,而连续的视觉空间只是一个后来的构造"。② 就是说视觉空间不是无限可分的,视域上的一个小片就是一个不可分的简单对象。(4)物质点。"我们在物理学上把物体分解为物质点不过是把它分析为简单的成分"。③ "看来似乎总是……有真正简单的对象,如物理学的物质点,等等"。④

关于对象的这些考虑,维特根斯坦似乎都不满意,因为这些考虑都给对象以具体的规定,而维特根斯坦的真正着眼点乃是对世界的逻辑分析,他说:"显然对象必然属于一定的逻辑的种类",⑤关于复合物之分析为简单的部分或简单的对象乃是一个"逻辑的问题",⑥复合物的概念即逻辑地包含了简单对象的概念:"简单的对象在复合物中已被预先假定了"。⑦《逻辑哲学论》中正是抛开了一切具体的考虑而把对象仅仅作为世界分析的逻辑终点来讨论的。

第二,分析是否真有一个终极?

维特根斯坦虽然提出了不可分的简单对象的概念,承认"有某种简单的、不可分的东西,存在的要素,简言之一个事物,这种想法总是不断地闯入我们的头脑",但是他又怀疑:"在分析中我们必然达到简单的成分,这是先天地明白无疑的吗?例如,这是包含在分析的概念中的

---

① 维特根斯坦:《1914—1916 笔记》,冯·赖特和安丝科姆合编,牛津,1961 年,第 65 页。
② 同上书,第 64 页。
③ 同上书,第 67 页。
④ 同上书,第 69 页。
⑤ 同上书,第 70 页。
⑥ 同上书,第 62 页。
⑦ 同上书,第 60 页。

吗?——或者无限的分析是可能的吗?——或者最后甚至还有一个第三种可能性吗?"维特根斯坦觉得:"似乎说不出任何东西来反对无限可分性。"①分析是有终极的还是无限可能的? 这是维特根斯坦毕生反复思索的一个问题。在笔记中他实际是疑而不决的;在《逻辑哲学论》中他肯定了分析是有终极的,从而建立了他的逻辑原子论;在后期著作《哲学研究》中他又否定了逻辑原子论,不承认有究竟至极的分析。

(三)"逻辑必须注意自己"

维特根斯坦在笔记的开头提出:"逻辑必须注意自己",而且说:"这是一个极其深刻而重要的认识。"②在《逻辑哲学论》5.473 中他又重述了这个口号。

这句话可以说是代表了维特根斯坦的逻辑观乃至哲学观的。首先,它表明维特根斯坦是反对约定论的逻辑观的。"逻辑必须注意自己",就是说逻辑不是人造的,不是人能随意控制的。因此"在某种意义上,我们必不可能在逻辑上犯错误。这一点已经由逻辑必须注意自己这句话部分地表达出来了"。弗雷格说过,每个正当构成的句子必是有意义的,维特根斯坦认为:"每一可能的句子都是正当构成的,如果它没有任何意义,那只是由于我们没有给予它的某些部分以任何意谓。纵然我们以为我们已经给予它们以意谓。"③因此错误在于我们自己,不在于逻辑。哲学家提出的关于形而上学的命题之所以是无意义的,就是因为"他没有给予他的那些句子的某些符号以任何意谓",指出这一

---

① 维特根斯坦:《1914-1916 笔记》,冯·赖特和安丝科姆合编,牛津,1961 年,第 62 页。
② 同上书,第 2 页。
③ 同上书,第 2 页。

点正是搞哲学的"正确的方法"。①

其次,维特根斯坦在《逻辑笔记》中曾提出:"不相信语法是搞哲学的第一个要求。"所谓"逻辑必须注意自己"乃是这一观点的另一表达,即必须注意把句子的真正的逻辑形式和表面的语法形式区别开来,不要让语法形式掩盖和混淆了逻辑形式。例如,传统逻辑把一切句子都看作主谓句,而通过逻辑分析则可看出主谓式并非一切句子的逻辑形式。维特根斯坦说:"如果需要表明的一切都是由主谓句等等的存在来表明的,那么哲学的任务就不是我原来设想的那样了。"②哲学的任务就是对主谓式的句子进行分析,"逻辑应当注意自己"与"哲学的任务"之"一致",就在这里。③ "对我们来说问题只在于完成逻辑,我们对未经分析的主谓句的批评主要是,只要我们不知道对它的分析,我们就不可能建立它们的句法。"因为"一个表面的主谓句的逻辑(形式)"与"一个真正的主谓句的逻辑(形式)一定不是相同的。"④所谓分析,就是把不符合其逻辑形式的句子的语法形式改铸成符合其逻辑形式的语法形式,如罗素的摹状词理论所做的那样。维特根斯坦早在1913年11月或12月给罗素的信中就说过:"你的'摹状词理论'全然无疑是正确的。"⑤在《逻辑哲学论》4.0031中他又高度评价了罗素的这一工作,认为"罗素的功劳就在指出了命题的表面的逻辑形式不必是其真实的形式"。罗素的这个思想乃是维特根斯坦提出"语言批判"的主要理论根据,而"语言批判"和"逻辑必须注意自己"这两个口号实际是互为表里、相辅相成的。

---

① 维特根斯坦:《1914-1916笔记》,冯·赖特和安丝科姆合编,牛津,1961年,第91页。
② 同上书,第3页。
③ 同上书,第2页。
④ 同上书,第4页。
⑤ 同上书,第41页。

(四) 语言的界限和神秘的东西

从1915年开始,维特根斯坦在笔记中写下了一系列关于人生、伦理、宗教问题的思考,提出了不可用语言表达、在语言乃至世界界限之外的神秘的东西的概念。

维特根斯坦在给穆尔的笔记中曾经提出语言的逻辑特性或逻辑形式是不可说的,但是他认为逻辑形式是语言和世界共同具有的逻辑结构,虽不可说,却并不在语言和世界之外。现在维特根斯坦认为我们用语言表达的世界只是经验的事实的世界:"全部经验就是世界",①语言及其表达的这个经验的事实世界都是有界限的:"我的语言的界限意味着我的世界的界限。"②那么,在这个界限之外是不是还有另外的超乎语言因而也超乎经验的领域呢?对这个问题维特根斯坦显然做过长久的反复的探索,在1917年5月27日的笔记中写下了他沉思的结果:

"'但是难道不会有某种不可能用命题来表达(而且它不是一个对象)的东西吗?'如果有这种东西,那么这是不可能用语言来表达的;我们也不可能对它提出问题。

如果在事实之外有某种东西,又怎样呢?我们不能表达它们吗?但是我们的确有一些东西,而且我们并不觉得有任何要求用命题表达它们。

我们没有表达不可表达的东西。而我们何以要问不可表达的东西是否可以表达呢?

难道没有在事实之外的领域吗?"③

---

① 维特根斯坦:《1914-1916 笔记》,冯·赖特和安丝科姆合编,牛津,1961年,第89页。
② 同上书,第49页。
③ 同上书,第51-52页。

这个"在事实之外的领域"就是不可说的神秘的东西。维特根斯坦说:"追求神秘的东西的内在动力来自我们愿望没有被科学所满足。我们觉得,即使一切可能的科学的问题都得到了回答,我们的问题仍然毫未触及。"①所谓"我们的问题"是什么问题?维特根斯坦在《逻辑哲学论》6.52 中则说得非常明白:"我们觉得,即使一切可能的科学问题都得到了回答,人生的问题仍然毫未触及。"

在维特根斯坦看来,人生问题或伦理学的问题本不是科学问题,科学处理的是事实问题,而人生问题或伦理学问题则属于事实之外的领域,超乎经验世界的领域,因而"伦理学是不讨论世界的。"②"伦理学是超验的"。③

不可说的神秘的东西即是关于人生的伦理的领域,包括人生的意义和价值、善恶、作为善恶之主体的自我和意志、对上帝的信仰,乃至世界的存在等等。维特根斯坦认为,世界虽不神秘,但世界的"存在"却是"奇迹";④世界的"意义""不在世界之内,而在世界之外";"我们可以把人生的意义,即世界的意义,叫作上帝";"信仰上帝意即理解人生的意义问题,信仰上帝意即看到世界的事实不是终极。信仰上帝意即看到人生有一种意义";⑤"世界本身既不是善的,也不是恶的";⑥"善与恶是同世界的意义联系着的";⑦"我们可以(按照叔本华的说法)说:表象的世界既非善亦非恶;而是意志的主体才有善恶;"⑧这个主体或"形而上

---

① 维特根斯坦:《1914-1916 笔记》,冯·赖特和安丝科姆合编,牛津,1961 年,第 51 页。
② 同上书,第 77 页。
③ 同上书,第 79 页。
④ 同上书,第 86 页。
⑤ 同上书,第 73—74 页。
⑥ 同上书,第 79 页。
⑦ 同上书,第 73 页。
⑧ 同上书,第 79 页。

学的主体""不是世界的一个部分",①"在世界中何处去找一个形而上学的主体呢?"这个"形而上学的主体"或"自我""乃是极其神秘的东西!"②

维特根斯坦把伦理、人生的问题和科学或自然科学的问题分裂为两个截然不同的领域,从 20 世纪初以来西方哲学中科学主义和人本主义两种思潮的对立这一思想背景来看,并不突然。科学主义强调用自然科学的眼光考察一切,说明一切,或者把伦理、人生、价值的问题化为经验事实的问题,或者把这种问题作为无意义的问题而加以取消;人本主义则强调社会、人生、伦理、宗教问题为一有别于自然科学问题的特殊的领域,坚持人文科学的独立存在权。维特根斯坦的哲学则恰恰是这两大思潮在他身上对立而又融合的产物:他的《逻辑哲学论》以对可说的事实世界的逻辑分析始,而以对不可说的伦理的神秘的东西的沉默终,前者正是达致后者的阶梯,二者相反而又相成。

至于维特根斯坦关于伦理的神秘的东西的思想之形成,也绝非始于 1915 年,而是在此之前已露端倪。罗素在 1919 年 12 月 20 日写给奥脱兰夫人的信中谈到《逻辑哲学论》一书时曾说,他过去就感到维特根斯坦有一种"神秘主义的味道",但是"发现他已经变成了一个完全的神秘主义者"还是"感到惊讶"。罗素说:"他读过凯尔克廓尔、西利修斯等人的作品,而且认真考虑要成为一个僧侣。这一切都是从读詹姆士的《宗教经验种种》开始的,而在战前当他独自待在挪威时则更强烈了,那时他已近乎疯狂了"。③从维特根斯坦早年的一封信中我们知道他

---

① 维特根斯坦:《1914-1916 笔记》,冯·赖特和安丝科姆合编,牛津,1961 年,第 79 页。

② 同上书,第 80 页。

③ 维特根斯坦:《致罗素、凯因斯和穆尔的书信》,冯·赖特编,牛津 1977 年,第 2 版,第 82 页。

是在1912年读了詹姆士的这部作品的。他在该年6月22日给罗素的信中说："我现在一有时间就读詹姆士的《宗教经验种种》。这本书使我得益甚多。我的意思不是说我很快就会成为一个圣徒，但是……我认为它帮助我摆脱了忧虑。"①

维特根斯坦关于伦理、人生和上帝信仰的思考大概更多地是受了托尔斯泰的影响。他的朋友恩格尔曼说："至少在我认识他的时候（按：恩格尔曼是在1916年结识维特根斯坦的），维特根斯坦对托尔斯泰是感到无保留的赞美和尊敬的"。② 维特根斯坦早在1912年就读过托尔斯泰的小说《哈泽·穆拉特》，认为是一本"极好"的书。③ 1914年维特根斯坦入奥地利军队服役后，在一个小镇的书店偶然买到了托尔斯泰的《福音书简释》。"他读了又读，而且此后在战火中随时都带在身边"。④ 他觉得这是"一部美妙的作品"，并且说："我总是不断地在心中对自己讲托尔斯泰的这句话：'人在肉体上是无力的，但是靠着精神而成为自由的，愿精神在我身上存在。……上帝赐我力量吧。阿门。阿门。阿门。'"⑤

维特根斯坦也读过陀思妥耶夫斯基的作品，罗素甚至认为："总的说来，他喜欢托尔斯泰，但更喜欢陀思妥耶夫斯基（特别是他的《卡拉玛佐夫兄弟们》）。"⑥ 在《1914—1916笔记》中，维特根斯坦曾提到陀思

---

① 维特根斯坦：《致罗素、凯因斯和穆尔的书信》，冯·赖特编，牛津1977年，第2版，第10页。
② 恩格尔曼：《维特根斯坦来书》，纽约，1968年，第79页。
③ 维特根斯坦：《致罗素、凯因斯和穆尔的书信》，冯·赖特编，牛津，1977年，第2版，第16页。
④ 同上书，第82页。
⑤ 《维特根斯坦（生平，附图片和说明）》，麦克奎奈斯编，苏尔肯普出版社，1983年，第124页。
⑥ 维特根斯坦：《致罗素、凯因斯和穆尔的书信》，冯·赖特编，牛津，1977年，第2版，第82页。

妥耶夫斯基的话:"幸福的人正在实现存在的目的",而且认为这是"对的"。①

叔本华对维特根斯坦无疑有深刻的影响,关于作为意志主体的神秘的自我的思想显然是从叔本华那里吸取来的。

关于维特根斯坦的神秘主义思想的来源和形成问题,在西方虽不断有人论及,但迄无深入、细致的研究,这是一个有待进一步探讨的课题。

四

前已提及,维特根斯坦在 1915 年 10 月即已从笔记中加以摘要,着手写一本论著,那份手稿当是《逻辑哲学论》的最初草稿,但已佚失。在那之后,是否还写过别的草稿,我们不清楚。

据维特根斯坦 1919 年 3 月 13 日给罗素的信说,他是在 1918 年 8 月"完成"《逻辑哲学论》的写作的。② 1918 年 7 月维特根斯坦从前线到萨尔茨堡他叔父保尔·维特根斯坦家中度假,就在那里他写完了自己的著作,并正式题为《逻辑哲学论》(Logisch-Philosophischen Abhandlung)。

这份手稿还不是后来拿去发表的稿本。根据某些情况判断,它应是冯·赖特 1965 年在维也纳发现并于 1971 年影印出版的 Prototractatus。第一,维特根斯坦在 Prototractatus 的前言中曾对保尔·维特根斯坦表示感激他的"鼓励"。所谓"鼓励"当然包括保尔为他提供了休假的场所和写书的方便,但在后来发表的《逻辑哲学论》前言中则未再提及保尔

---

① 维特根斯坦:《1914-1916 笔记》,冯·赖特和安丝科姆合编,牛津,1961 年,第 73 页。

② 同上书,第 68 页。

的名字。第二，Prototractatus已经写明："谨献此书以纪念我的朋友大卫·宾森特"。宾森特在1918年5月死于战场，维特根斯坦是在这年秋天才从死者母亲的信中得悉这一不幸的消息的,时间大约就在8月他刚刚写完自己的作品之后。他在一封写于1918年秋而未注明日期的回信中说："今天收到惠函并获悉大卫逝世的噩耗。大卫是我的第一个也是唯一的朋友……我刚刚完成了在剑桥时就已着手的哲学著作……我将把它献给他以为纪念……只要我活着,我将永远不会忘记这个亲爱的人"。① 可以推想,维特根斯坦是在接到噩耗后很快就把献给宾森特的题词加到已经写完并已编好页码的手稿上去的。我们发现,在Prototractatus影印件上这个献词是正写在一张未标明页码的纸页上插在标明为第1页(书名)和第2页(瞿伦巴格的题句)的两张纸页之间的。由此可以断定,Prototractatus就是维特根斯坦在1918年8月间在他的叔父家写完的那份《逻辑哲学论》的手稿,而决非如冯·赖特所说是1918年夏在最后写成此书前不久的另一份手稿。②

冯·赖特把这份手稿称为Prototractus也是不恰当的。Prototractatus有初稿或原稿之意,但这份手稿既非《逻辑哲学论》的初稿,也非后来发表的《逻辑哲学论》的原稿。维特根斯坦自己认为这部稿子是"完成"了的著作,故已直书其名为《逻辑哲学论》。但这不是说,他对这部稿子不再做任何修改和加工。事实上,这部稿子和后来发表的《逻辑哲学论》是有不同之处的。两者在各节的编排顺序上是有差别的;前者有31整节文字、2节部分文字和6节未标号码的文字在后者中被删去了;后者

---

① 《维特根斯坦(生平,附图片和说明)》,麦克奎奈斯编,苏尔肯普出版社,1983年,第139页。

② Prototractatus(《逻辑哲学论》的一份草稿),康奈尔大学出版社,1971年,第9页。

则有 44 整节文字、23 节部分文字是后来增加的。① 但总的来说,二者并无重大的区别。

维特根斯坦对 1918 年 8 月手稿的修改工作是在那时以后到 1919 年 6 月将修订稿寄给罗素之前进行的。维特根斯坦 1918 年 11 月在意大利前线被俘,囚于卡西诺,直至 1919 年 8 月。他对手稿的修改大概主要是在俘虏营中做的。他在 1919 年 3 月 13 日给罗素的信中说:"我在这里随身带着手稿,我希望能复写一份给你。"6 月 12 日则写信告诉罗素:"几天前我已转托凯因斯把我的手稿寄给你",并说,"这是我现在仅有的一份修订稿而且是我生命的作品!"②这份修订稿就是后来拿去发表的原稿。

维特根斯坦一直渴望把自己的作品发表,但是与几家出版社联系,都未能如愿。直到 1921 年,由于罗素的帮助,《逻辑哲学论》才被奥斯特瓦尔德主编的《自然哲学年鉴》采纳,在该刊第 14 期上登载出来。不久,英国哲学家奥格登决定将《逻辑哲学论》译成英文,作为他主编的"心理学、哲学和科学方法国际丛书"之一出版。奥格登是根据《自然哲学年鉴》上发表的德文原作翻译的,翻译过程中曾与维特根斯坦通信反复讨论,维特根斯坦对德文原文和英译文都做了细致的审订和修改。根据罗素的建议,该书在 1922 年以德英对照本的形式出版。关于这个德英对照本的书名,奥格登与罗素、维特根斯坦曾几经商酌。罗素和奥格登曾拟采用《哲学的逻辑》(*Philosophical Logic*)这个书名,而 G. E. 穆尔则建议用一古奥典雅的拉丁文的书名: *Tractatus Logico-Philosophicus*。维特根斯坦本人偏向于后者,他在 1922 年 4 月 23 日

---

① *Prototractatus*(《逻辑哲学论》的一份草稿),康奈尔大学出版社,1971 年,第 252-253 页。

② 维特根斯坦:《致罗素、凯因斯和穆尔的书信》,冯·赖特编,牛津,1977 年,第 2 版,第 69 页。

给奥格登的信中说:"至于书名,我以为拉丁文的名字比现在这个书名(指《哲学的逻辑》)更好。因为 Tractatus Logico-Philosophicus 虽不理想,但它还有某种近乎正确含义的东西,而《哲学的逻辑》则是错误的。事实上我不知道它是什么意思!根本没有哲学的逻辑这样的东西。"①最后,德英对照本的《逻辑哲学论》就按照维特根斯坦的意见,采用了拉丁文的书名。

1922年德英对照本问世以后,《逻辑哲学论》在西方虽有日益广泛的影响,但其他西方文字的译本则都是在50年代末以后才出版的。出人意料的是,1922年德英对照本之后仅五年的时间,却在远离西方的中国出现了《逻辑哲学论》最早的一个译本。译者张申府先生从"五四"前后即开始研究和介绍罗素哲学,有著译多种,是我国最早研究西方分析哲学的著名学者。张先生在20年代根据德英对照本中的德文原文译出《逻辑哲学论》全书,刊于《哲学评论》第1卷第5期(1927)和第6期(1928)。张先生也用了一个中国式的古奥典雅的书名:《名理论》。"名理"二字在中国古典哲学中似可尽逻辑哲学之义,维特根斯坦复生,当亦许斯名之雅而精,为之莞尔矣。(此书现经校订,将由北京大学出版社出版。)

---

① 维特根斯坦:《致奥格登的信》,牛津,1973年,第20页。

维特根斯坦论宗教[*]

维特根斯坦是本世纪西方哲学界最富影响的人物之一。他是著名的分析哲学家，同时又以其巨大的宗教热忱与宗教倾向而区别于绝大多数的分析哲学家。关于宗教，维特根斯坦没有写过专门的著作甚或论文，但从其现有的著作（如《逻辑哲学论》、部分笔记，以及在他死后出版的书信、演讲稿）中我们还是分明可以找到他的宗教观点。本文拟对那些在我看来比较重要并且能够引起我们兴趣的观点展开讨论。

一

毫无疑问，宗教作为一种重要的社会文化现象，其对人类生活的影响已绵延了数千年。因此它的产生及其存在绝对不是偶然的，它必定是深深根植于人类社会生活之中的。然而它赖以生存的基础究竟是什么呢？

启蒙主义者主张宗教主要是起源于无知，这种观点在近代非常流行。启蒙主义思想家们坚信，随着科学的发展和知识的增长，宗教必将逐渐衰微并最终消亡。然而事实并非如此，在过去的数百年里，我们关

---

[*] 1992年4月6日在国际宗教学研讨会上宣读的论文，发表在《德国哲学论丛1998》，1999年。原题为 Wittgenstein on Religion。中译者为张伟。

于这个世界的科学知识获得了前所未有的增长,但直到今天,宗教仍是一股巨大的力量,在世界上绝大多数地方发挥着举足轻重的作用。更出人意料的是许多伟大的科学家(Max Plank, Einsten, Heisenberg. etc)还在谈论上帝并与宗教信仰有着紧密的联系。

与启蒙主义者失之肤浅的观点不同,维特根斯坦力图找到宗教存在的更深刻的根源。他将之归结为人类所经受的苦难和折磨。人类作为一种有限的存在,在这个陌生的世界里忍受着各种各样的苦难。无可名状的苦难好似无底深渊,深陷其中的人们却不得不祈求于一种永恒的拯救。"没有任何痛苦的呼号能比一个人的呼号更为强烈,亦没有任何不幸能比一个孤独个体所能忍受的不幸更为强烈。因此在无尽苦难中煎熬的人们也会亟需无尽的援救。"①在维特根斯坦看来,基督教就是产生于人类的这种无尽的苦难及其对无尽援救的需求。他认为"基督教是仅仅为那些需要无尽援救的人们而存在的,也是仅仅为那些经历着无尽的苦难的人们而存在的。"②对于作为有限存在的人来说,要从此岸世界的痛苦深渊中解脱出来是根本没有希望的。他所能做的只是求助于那拥有无限权威、超越我们和世界的崇高存在,即基督教的上帝。实际上,这是一种逃避现实的方法。用维特根斯坦的话来说,"基督教信仰是处于极度苦难中的人们的避难所。"③

我并不反对维特根斯坦所主张的宗教起源于人间的苦难之说。事实上,基督教最初诞生在罗马帝国时,其信徒就是那些处于极端的贫困、屈辱和不幸中的人们,就是说那些经受着"无尽的苦难"的人们,除了皈依信仰,他们别无它法。但是仅仅从人类苦难意识的精神分析

---

① Wittgenstein, *Culture and Value*(《文化与价值》), ed. G. H. von Wright, trans. by Peter Winch, The University of Chicago Press, p. 45.
② 同上书,p. 46.
③ 同上书,p. 46.

来解释基督教的起源是远远不够的。作为一种心理现象的苦难意识并不能作为理解宗教的最终依据。我们关于宗教起源的研究绝不能止步于此,我们还应深入探究苦难的根源。苦难不是一个出乎人性的永恒的范畴,而总是由一定的社会历史条件所引起并受其约束限制的。遗憾的是,维特根斯坦并不熟悉社会历史的领域,虽然在他后期的哲学思想中提出了"生活形式"的观点,并把宗教视为"一种生活形式",但这是一个概略的观念,缺乏具体的社会历史内容。因此,关于宗教起源,维特根斯坦并没能为我们提供比他的心理学解释更深入的分析。

二

如上所述,宗教根植于人类在此岸世界所遭受的无尽苦难及由之对无尽援救的诉求。无尽援救只能诉诸那超越此生此世的无限崇高的存在。我们发现我们深深地依赖于它,它就是我们所谓的上帝。"无论如何,在某种意义上我们是有所依赖的,而我们所依赖者即我们所谓的上帝。[①] 我们信仰上帝并将之视为超越于我们的权威而顶礼膜拜,实际上"信仰即意味着服从权威"[②]就此言之,维特根斯坦的宗教信仰与传统的基督教似并无太大区别。但是当我们仔细考察一下他关于上帝的观念便会发现两者有实在的区别。

传统基督教的上帝是一个人格神,相反,维特根斯坦所信仰的乃是一种伦理意义上的"上帝",更确切地说,他是把道德理想神化为超验至

[①] Wittgenstein, *Notebooks* 1914-1916(《1914-1916 笔记》), ed. G. H. von Wright and G. E. M. Anscombe, trans. by G. E. M. Anscombe, Blackwell, Oxford, 1961, p. 74.

[②] Wittgenstein, *Culture and Value*(《文化与价值》), ed. G. H. von Wright, trans. by Peter Winch, The University of Chicago Press, p. 45.

高的存在。那么他又是如何得到这样的上帝观念的呢？他是从对价值和事实、伦理与科学的区分开始的。他说："世界是事实的总和。"①对于事实世界来说，根本就没有所谓价值、善恶、生活的意义等诸如此类的问题。"世界中一切都如其所是地是，一切都如其之发生地发生。世界中不存在价值。"②"世界本身既不是善的，也不是恶的。""一块石头、一个野兽的躯体、一个人的身体、我的身体都处于同一等级。因此一切发生的事情，无论来自一块石头，还是来自我的身体，都既不是善的，也不是恶的。"③整个科学仅仅关涉到事实，却完全不涉及价值和人生。所以"我们觉得即使一切可能的科学问题都被解答了，人生的问题仍然毫未触及。"④然而"难道没有事实之外的领域吗？"⑤不！维特根斯坦回答道，在事实世界之外还有另一个领域，那就是那超验的伦理学领域。价值、善恶、生命的意义都恰恰驻留于此。维特根斯坦视这一领域为"高渺玄远的东西"，⑥即高于或超越于事实世界。在这种意义上，这个更高的领域即是上帝。正如维特根斯坦所言"人生的意义即世界的意义，我们名之为上帝。"⑦信仰上帝意味着什么呢？维特根斯坦宣称"信仰上帝意即理解了人生意义的问题。信仰上帝意即看到了世界的事实

---

① Wittgenstein, *Tractatus Logico Philosophicus*（《逻辑哲学论》）, trans. by D. F. Pears and B. F. McGuinness, Routledge and Kegan Paul, London, 1961, 1.1.

② 同上书, 6.41.

③ Wittgenstein, *Notebooks* 1914-1916（《1914-1916 笔记》）, ed. G. H. von Wright and G. E. M. Anscombe, trans. by G. E. M. Anscombe, Blackwell, Oxford, 1961, p. 79, 84.

④ Wittgenstein, *Tractatus Logico Philosophicus*（《逻辑哲学论》）, trans. by D. F. Pears and B. F. McGuinness, Routledge and Kegan Paul, London, 6.52.

⑤ Wittgenstein, *Notebooks* 1914-1916（《1914-1916 笔记》）, ed. G. H. von Wright and G. E. M. Anscombe, trans. by G. E. M. Anscombe, Blackwell, Oxford, 1961, p. 52.

⑥ Wittgenstein, *Tractatus Logico Philosophicus*（《逻辑哲学论》）, trans. by D. F. Pears and B. F. McGuinness, Routledge and Kegan Paul, London, 6.432.

⑦ Wittgenstein, *Notebooks* 1914-1916（《1914-1916 笔记》）, ed. G. H. von Wright and G. E. M. Anscombe, trans. by G. E. M. Anscombe, Blackwell, Oxford, 1961, p. 73.

还不是事情的终极。信仰上帝意即看到了人生有一种意义。"①祈祷又是什么呢?"祈祷就是思考人生的意义。"②

由此可见,对维特根斯坦来说,上帝就是被无限提升为神圣实在和崇拜对象的人生或人生的意义。这样一种上帝观念与传统基督教显然是不相容的。我想,对人生的崇拜已经成为我们这个时代宗教的一个重要趋向。它毋宁说是对于实证主义的科学主义的挑战,而不是对于传统宗教信仰的一种背离。从19世纪末以来,实证主义、科学主义已成为西方哲学中一股强大的思潮。在实证主义者看来,事实世界是唯一的实在,也是我们唯一可以认识并处理的实在。他们把事实奉若神明,把科学视为新的《圣经》,而加以宣扬。他们或者把价值与人生意义的问题转换为纯粹的事实问题或者干脆将其归为不可知或无意义的问题而丢弃之。实证主义者因此受到激烈的抨击。例如,海森堡批评道:"不幸的是,现代实证主义错误地闭目不见这个更广阔的实在,妄图将它置于黑暗之中。"③这里的"更广阔的领域"即指价值领域。海森堡坚持认为价值问题是和宗教紧密联系的,并不能用科学来消除它或替换它。价值问题关乎我们正确度过人生的指南。它可以有不同的称呼:上帝的意志、人生的意义,如此等等。④

近年来宗教信仰中的人生崇拜已表现的更为明显。一个名叫Skolimowski的神学家宣称:"我赞美人生,因为它有着近乎不可思议的非凡创造力。生活本身就可以被称为'神'……即或有人提出人生即是上帝,我们也无须强表异议。"⑤他把宗教定义为"提升生命的现象"

---

① Wittgenstein, *Notebooks* 1914-1916(《1914-1916 笔记》), ed. G. H. von Wright and G. E. M. Anscombe, trans. by G. E. M. Anscombe, Blackwell, Oxford, 1961, p. 74.
② 同上书, p. 73.
③ Heisenberg, Physics and Beyond, Happer Torchbooks, 1972, p. 216.
④ 同上书, p. 214.
⑤ Skolimowski, eco-philosophy, Marion Boyars Publishers, 1981, p. 106-107.

("*a life enhancing phenomenon*")。① 我觉得这是对宗教发展新趋势的恰当表述。维特根斯坦的上帝观念和宗教信仰无疑也可归入这种新趋势,亦可称为"提升生命的现象"("*a life enhancing phenomenon*")。

三

宗教所涉及的领域与科学的对象显然不同,维特根斯坦强调两者必各有掌握其对象的不同方式。它们是截然有别、绝不可混淆或替代的。

宗教仅是一种信仰的事情,在任何意义上它都不是一种理性的认识,正如维特根斯坦说的:"信仰只是我的内心和我的灵魂的一种需要,不是我的思想。因为要拯救的是我的灵魂及其情欲,而非我的抽象心智。"②对宗教信仰进行任何的理性证明或经验证实都是既无必要也不可能的。例如,《福音书》中的故事就不能被视为历史真实或理性真理。"信徒与这些故事的关系,既不是他与历史真实(或然之事)的关系,也不是他与'理性真理'所构成的理论的关系。"即便这些故事与史实出入甚大,我们对《福音书》的信仰"也不会因此而减弱分毫……因为历史证明与信仰无关。人们虔诚地(钟情地)去领悟这种启示(福音书)。"③

历史上有各种各样关于上帝存在的证明,而事实上并没有谁是通过这些证明而产生对上帝的信仰。维特根斯坦认为:"关于上帝存在的证明本应当是人们借以使自己相信上帝存在的东西,但是我认为提出

---

① 同上书,p. 106.
② Wittgenstein, *Culture and Value*(《文化与价值》), ed. G. H. von Wright, trans. by Peter Winch, The University of Chicago Press, p. 33.
③ 同上书, p. 32.

这些证明的信奉者们想要做的是给自己的信仰以理智的分析和根据。尽管他们自己之达到信仰决非这些证明的结果"。① 宗教植根于人生的苦难,除了人生的苦难与经验之外并没有什么可以使人产生对上帝的信仰。维特根斯坦说:"生活可以教育人信仰上帝。人生经验亦然。"但是他强调指出这种人生经验不是任何形式的日常感官经验或感觉印象。"他们既不以感觉印象给我们指明对象的方式使上帝显现给我们,也不引起对上帝的猜测。"② 在维特根斯坦看来,人生的这些经历似乎变成了某种非理性的热忱,人们正是凭着这份热忱而接受宗教信仰的,"我觉得一种宗教信仰只能是某种类似于对一个参考系(*a system of reference*)的热烈信奉的东西。"③ 正是在这一点上,宗教信仰与理性或智慧有着鲜明的区别。"理智是冷静的,相反,信仰则是克尔凯廓尔所谓的激情。"④

维特根斯坦认为基于激情的宗教信仰"确实是真实的一种生活方式"。⑤ 接受一种宗教信仰就意味着进入一种新的生活方式。在这里,理性和智慧完全失效,因为我们不会用它们去改正自己的生活。⑥ 诚然,我们的理性和智慧及其产物——科学技术是我们认识和改造世界的强有力的工具,但维特根斯坦认为科学技术只能改变我们的外部环境,而不能改变我们的人生方向和生活态度。他说,我们总是想要"改变我们的环境",但"最重要且最有效的改变"是"我们自身态度的改

---

① Wittgenstein, *Culture and Value*(《文化与价值》), ed. G. H. von Wright, trans. by Peter Winch, The University of Chicago Press, p. 85.
② 同上书, p. 86.
③ 同上书, p. 64.
④ 同上书, p. 53.
⑤ 同上书, p. 64.
⑥ 同上书, p. 53.

变"。① 宗教作用就在于造成这种改变。然而,在我们的时代,宗教和这种改变的必要似乎被严重地忽视了,科学技术惊人成就的同时人却似乎在退化。维特根斯坦非常忧虑地说:"认为说科学技术的时代是人类的终结;这绝非荒谬。认为伟大进步的观念与真理最终将会被认识的观念都是妄想;认为科学知识没有什么善的或合意的东西正在操求科学知识的人类将会落入陷阱,诸如此类的想法并非荒诞之说。"②我不认为维特根斯坦的这些话是毫无根据的恐惧,但我觉得他恐怕是过于悲观了。科技的发展确实给我们带来了许多消极的后果,某些科学成果甚至被用于毁灭性的目的(例如战争),但我们应该记住科学技术和所有的人类文明都是人类自己创造的并且必然能为人所掌控。问题在于如何在改造世界的同时改造人类自身。维特根斯坦提醒我们对"自己人生态度的改变",这是完全正确的,不过我并不认为宗教能担此重任。

---

① Wittgenstein, *Culture and Value*(《文化与价值》), ed. G. H. von Wright, trans. by Peter Winch, The University of Chicago Press, p. 53.
② 同上书, p. 56.

有关《逻辑哲学论》翻译的一些回忆
——兼忆洪谦先生对我的教诲[*]

维特根斯坦的名字,我最早是在1956年从英国哲学家康福斯的《科学与唯心主义的对立》(中译本,1954年出版)一书中知道的。康福斯认为,维特根斯坦同罗素、穆尔和维也纳学派一样,都是巴克莱的"纯粹经验论"或"主观唯心主义经验论的"现代后裔,比巴克莱哲学"没有前进一步"。我读了康福斯的书,能够记住的大概只有这个简单的结论,而且我也没有被激起任何兴趣和愿望去把维特根斯坦本人的著作找来读一读。

真正使我注意到维特根斯坦及其哲学的是洪谦先生的论文集《维也纳学派哲学》(1945年出版)。1958年夏天,中国学术界掀起了一场批判资产阶级学术思想的运动。作为维也纳学派的成员,洪谦先生的学术思想自然在批判之列。我是洪先生指导的研究生,暑假期间也被组织到这一批判活动中去。为了进行批判,我读了《维也纳学派哲学》,其中有一篇是讲维特根斯坦的("介绍伟根司坦的《逻辑哲学论》"),说维氏的《逻辑哲学论》"思想精深,立论严整",是一部"伟著",是"现代哲学中影响最大的一部书",而且说它的这种巨大影响"从维也纳学派哲学中即能见之"。我这时才惊讶地发现,原来维特根斯坦是这样一位大

---

[*] 原载《哲学评论》第1辑,1993年。

大有名的人物，连一向傲睨世界哲坛，轻易不以青睐惠人的维也纳学派对他竟也尊崇礼敬若此！于是，我有了想读一读他的书的念头。

1959年秋，我同刚刚下放劳动锻炼归来的北大外国哲学史教研室的青年教师杨祖陶（不久调往武汉大学）、朱德生、葛树先（后调往南开大学）、进修教师胡景钊（后返中山大学）等同志组织了一个以伍思玄为笔名的研究和写作小组。我们合作撰写的第一篇文章就是对维也纳学派的逻辑分析和证实方法的批判。这篇文章在教研室里讨论过，洪谦先生也参加了，他没有正面表示意见，只是建议我们再看一看维也纳学派的书。郑昕先生则直言批评我们的批判是"隔靴搔痒"。洪先生和郑先生都是我们极为敬重的师长，他们的批评和建议使我们深切地感到，应该认真地研读维也纳学派的著作，真正弄清楚他们的思想，唯其如此，才能做出切合实际的批判。因此，我们计划选读几本书，兼搞一点翻译。我们选定的第一本书就是被维也纳学派奉若经典的维特根斯坦的《逻辑哲学论》，并由胡景钊、朱德生、葛树先和我在1960年全部译出。以我们当时的学力和对维特根斯坦的理解，翻译此书确实大不容易，也可以说是做了一件超自我水平的工作。全书译竣，我们把稿子送给洪谦先生，请他审阅。我们曾担心他对我们的"拙译"会严责苛求，但不料他很高兴，而且慨然应允加以校阅。遗憾的是，洪先生那些年身体欠佳，时常卧病，当时未能校阅全部译稿，仅将我译的部分详加修改，收入他主编的《西方现代资产阶级哲学论著选辑》（1964年出版）。其余部分的译稿经过文化大革命的洗劫，早已片纸无存。洪先生在时，每与我言及此祸，未尝不愤然兴叹而痛恨于害国害民之几人帮也！

洪先生对我的译稿做了精心的修改。有些改动，他曾给我解释过，可惜我没有记录下来，现在已难以记起了。不过对《逻辑哲学论》第一句话的修改我还记得很清楚。我原来的译文是："世界是所有的事情"。

有关《逻辑哲学论》翻译的一些回忆——兼忆洪谦先生对我的教诲

洪先生改为:"世界是由一切发生的事情①构成的。"他说,维特根斯坦没有讲世界是所有的事情,因为"所有的事情"应当既包括发生了的事情(已然),也包括未发生的事情(未然),就逻辑上来说,发生的事情和未发生的事情加在一起占满了全部逻辑空间(逻辑可能性),但是世界只是逻辑空间上的事实,只是已然化为事实即发生的事情的那一部分逻辑可能性。洪先生还对我说,你看看德文原文"Die Welt ist alles, was der Fall ist",这里的 Fall 是一个名词,它的动词是 fallen,就有"发生"的意思。我自己也把英译文"The world is all that is the case"中的 Case 一词查了一下,据字典解释,这个词来源于拉丁文的 Casus,Casus 则来源于动词 Cadere,即有"发生"的意思。经过洪先生的讲解,我对维特根斯坦的话的理解加深了,同时对洪先生为我的译文所做的修改亦愈加信服。

1964 年秋,北大哲学系师生,包括年逾花甲的许多老先生,统统下放京郊农村,参加"四清",或曰"社会主义教育运动"。我也去了,而且搞了两期"四清",直至 1965 年底因患肝炎被送回学校治疗。1966 年初我离京回家休养的前夕去看望洪先生,他显得很兴奋,先是告诉我北大外国哲学研究所不久前已正式成立,是在陆平校长的家里开的会,中宣部领导(记得好像是周扬同志)也来了。然后他拿给我一本书,就是《西方现代资产阶级哲学论著选辑》,此书在一年前已出版,但我僻处农村,一直没有见到。洪先生把书翻到《逻辑哲学论》译文的最后一页问我:"这里怎么署名我和你合译呢?是你译我校嘛。"我说:"您不仅是校,实际上您是改译,应当说您是主译。"但他还是说:"校就是改,哪有校而不改的,译还是你译的嘛,署名合译不好。"洪先生一向非常尊重别

---

① 我记得洪先生最初改的稿子是用的"一切发生的事情",但后来出书时却是"一切发生的事件",这大概是我重抄时自己改动的,现在看来用"事件"这个词不好,但我已想不起那时何以又做这个改动。

人(包括他的学生)的劳动,无论他在别人的劳动成果里倾注了多少心血,他决不肯与人共沾名利。

上面是文化大革命前我同洪谦先生涉及《逻辑哲学论》翻译的最后一次谈话。之后不久,中华大地,狂风骤起,十年动乱开始了。从此我阔别了维特根斯坦及其《逻辑哲学论》,而且在很长时间里甚至好像完全忘记了我曾经读过、译过这本书。

岁月悠悠。当我1980年底到1981年赴美在伯克利加州大学哲学系进修重读《逻辑哲学论》时,距离我和其他几位同志最初翻译此书已经整整过去了二十个年头。这二十年来,西方哲学界对维特根斯坦哲学的研究著作可谓汗牛充栋,维氏本人的讲稿、笔记、书信等遗著亦陆续整理出版,这一切对于我都是新的。我在伯克利时尽我所能地阅读了大量这方面的书,而且选听了一门讲维特根斯坦后期哲学的课(很遗憾,那一年恰好没有讲他的早期哲学的课),但是,我发现自己对维特根斯坦的兴趣仍然是在《逻辑哲学论》以及维氏为著此书而写的那些笔记上面。

1981年底我从美国回来以后做的第一件事是帮助洪谦先生重编现代西方哲学论著选辑,我参加了最初的选材、拟定目录以及组织翻译等工作。维特根斯坦的著作分为前期和后期两部分选择。《逻辑哲学论》原来的译文保留。我提出不要再把它列在逻辑实证论名下,维特根斯坦不是实证论者。洪先生赞成我的意见。但是如果要给维特根斯坦早期哲学题个名号,应当说它是什么"主义"、什么"论"呢?我问洪先生可否用"逻辑原子论",他立即断然答曰不可。他认为这样又会同罗素相混了,罗素的逻辑原子论是继承英国经验论传统,是现象主义的,维特根斯坦决不是现象主义,而且维特根斯坦从未讲过他的哲学是逻辑原子论,他甚至也没有用过"逻辑原子"这个词。洪先生说,如果要给他的哲学标个名,可以用"图像论"。图像论是《逻辑哲学论》的理论核心,

有关《逻辑哲学论》翻译的一些回忆——兼忆洪谦先生对我的教诲

维特根斯坦讲神秘的东西不可说,也是根据图像论为语言划界限而得出的结论。

80年代初,我曾拟重新全译《逻辑哲学论》,并将此意向洪谦先生谈过,并希望他仍能审阅和校改我的译文。洪先生说,《逻辑哲学论》至今没有一个好的全译本,下点功夫把它译出来是好事。但是他说自己老了,没有精力去校阅一整本书的译文,最多只能提些修改的意见。

事实上,我原来的打算并没有付诸实践。不过,1984年以后我还是做了一件与《逻辑哲学论》的翻译大有关系的事情,即受张岱年先生的委托,为张申府先生在半个多世纪前所译《逻辑哲学论》(中译题为《名理论》)的译文做了一点校订的工作。《名理论》曾发表于《哲学评论》第1卷第5期(1927年)和第6期(1928年),但未出单行本。据我所知,这是1922年《逻辑哲学论》德英对照本出版以后,最早的一个他种文字的翻译。张申老当年是根据德文原文参照英译翻译的,译文忠实可信,唯文字风格与今日大有不同,为适应现在读者的需要,我主要做了一些通俗化的工作,对若干术语按通行的译名做了一些改动。当然个别的地方我也做了一点修正。例如,维特根斯坦在《逻辑哲学论》中不仅说"Die Logik ist transzendental"(6.13),而且说"Die Ethik ist transzendental"(6.421)。两处都是用的 transzendental,申老都译做"超越的"。根据维特根斯坦关于伦理是在世界之外亦在语言之外的不可说的神秘的领域的观点,把6.421译为"伦理是超越的"自然是符合维氏本意的、尽管他误用了 transzendental 这个词。但是,把6.13译为"逻辑是超越的"则恐未为有当。维特根斯坦虽然认为"逻辑是先于一切经验的"(5.552),但是并不认为它是在世界之外、在语言之外的东西,而是认为它就在世界之内:"逻辑弥漫世界;世界的界限也就是逻辑的界限"(5.61)。因此,决不能说逻辑是超越的或超验的,而6.13则应译为:"逻辑是先验的"。而且应当说在这里维特根斯坦用

transzendental 一词是用得正确的。

先验、超验是康德哲学的术语,在德文中"先验的"是 transzendental,而"超验的"则是 transzendnent。"先验的"指与经验和知识得以成立的先天条件有关的东西,因而是非经验的,但并不超越经验,而恰恰只能适用于经验;"超验的"或"超越的"指超越一切可能的经验的界限、处于经验彼岸的东西,在康德哲学中即指物自体、问题是:维特根斯坦何以不说伦理是 transzendent,而说是 trannszendental 呢?是维特根斯坦未注意这两个词的严格区别而信手随意取用,漫不经心地误用,抑别有道理?对这个问题我早有所疑,但久久不得其解。有趣的是,我的这个疑问在收入《西方现代资产阶级哲学论著选辑》的《逻辑哲学论》的译文中留下了极其明显的痕迹:那里选译的 6.421 中竟没有"Die Ethik ist transzendental"这句话的译文。这当然不会是漏译。我推想可能是我在这句话的译稿上面画了什么记号以示疑而未定,结果使编辑先生发生误会而把它勾掉了,后来看校样时也未注意这个遗漏就付印了。

直至 1981 年我在伯克利读到维特根斯坦的《1914-1916 年笔记》,这个疑问才解了。他在 1916 年 7 月 30 白写的笔记中说:"Die Ethik ist transzendent",这里他准确地使用了 transzendent 一词,说伦理学是超验的。那么,他在《逻辑哲学论》中对伦理学的看法既无变化,何以又改用 transzendental 一词呢?我想这恐怕是一种笔下之误,当然也可能表明维特根斯坦没有注意这两个词的严格区别,因而发生混用的现象。大家知道,甚至在康德那里,这两个词也不是没有混用的情况,但是在每一特定的语境下,即使被混用了,其真正的含义究指先验或超验,还是可以确定的。

前几年我曾把我的上述疑问和解决向洪谦先生谈过。他说,维特根斯坦的伦理学当然是超验的,不管他用 transzendent 还是用 transzendental,都应译为超验的。他并且说,维特根斯坦的哲学史知识

有关《逻辑哲学论》翻译的一些回忆——兼忆洪谦先生对我的教诲

有限,他对有的哲学术语用得不恰当、不确切,是不奇怪的。洪先生晚年对伦理学有兴趣,1988年他申请了一个教委博士点项目,题目是"维特根斯坦和石里克伦理学比较研究",课题组有我和另外二位年轻同志。他曾不止一次地说要找个时间同我们谈一下这个课题怎么做,我也非常想听听他对维特根斯坦和石里克伦理学的评论,但是,这个愿望始终未能实现。洪先生不幸于今年二月溘然长逝,使我永远失去了亲聆他的教诲的机会,每念及此,抱憾无穷。

1992年9月于北大

维特根斯坦与詹姆士[*]

维特根斯坦是一个大哲学家,但是他读过的古今哲学家的著作并不多。詹姆士是维氏真正读过其书,认真思考过他讨论的问题,从中吸取了思想营养的少数哲学家之一。说得确切些,詹姆士的著作是维氏早年神秘主义思想的主要来源之一。

近年来西方哲学界对维特根斯坦在《逻辑哲学论》中的神秘主义的来源和形成问题论者日多,例如关于叔本华、克尔凯戈尔、托尔斯泰等人的影响乃至维氏青年时代生活于其间的维也纳文化氛围的熏染,已有不少相当深入的探讨和论述。但是,对维特根斯坦和詹姆士的关系、詹姆士对维氏神秘主义思想之形成所发生的影响,迄今仍少有论及,不能说不是一个缺憾。这篇短文就是想就此问题略述浅见,供读者参考、研究。

一

根据现有材料来看,维特根斯坦的神秘主义思想在他为《逻辑哲学论》做准备的1914-1916年的笔记中就已有明确的表达,具体地说,从1915年5月下旬开始,他在笔记里陆续写下了一系列关于人生、伦理、

---

[*] 原载《哲学评论》第1辑,1993年。

宗教问题的思考，提出了不能用语言表达、在语言和世界之外的神秘的东西的概念。

但是，维特根斯坦的神秘主义思想的形成决非始于1915年，而是早在几年之前就已露端倪。1919年12月间罗素曾与维特根斯坦在海牙会面，讨论《逻辑哲学论》一书，之后在给奥脱兰夫人的信中说："我已感到他的书中有一种神秘主义的味道，但是当我发现他已变成一个完全的神秘主义者时还是觉得惊讶的。他读过克尔凯戈尔和西莱修斯的作品，而且认真考虑过要成为一个僧侣。这一切都是从读詹姆士的《宗教经验种种》开始的，而在战前他独自待在挪威时则更强烈了，那时他已近乎疯狂了。"①罗素的这段话很重要，他不仅告诉我们，维特根斯坦的神秘主义倾向早在一次大战前就已存在，而且告诉我们，他的这种神秘主义倾向固然不止受了一人的影响，但是最初把他引上此路的却是詹姆士。至于维特根斯坦读詹姆士的上述这部作品的时间，从维氏给罗素的一封信可以确定是在1912年。他在这年6月22日写信告诉罗素："我现在一有时间就读詹姆士的《宗教经验种种》，这本书使我得益甚多。我的意思不是说我很快就会成为一个圣徒，但是……我认为它帮助我摆脱了忧虑。"②

维特根斯坦没有说他的"忧虑"是什么，也没有说詹姆士的书如何帮助他摆脱了这种忧虑。但是，从他后来（1915年以后）写下的有关人生、伦理、宗教等问题的笔记来看，他的所谓"忧虑"大概是指他对人生问题、人生的意义问题反复求索而未得其解的一种心态，所谓"摆脱"则是指他在詹姆士那里找到了对人生问题的某种答案。不过，这种"摆脱"看来并不是一下子就完成了的，因为维特根斯坦到了1915年之后

---

① 《维特根斯坦致罗素、凯因斯、穆尔的信》，Basil Blackwell，1974年，第82页。
② 同上书，第10页。

也还在继续思考人生问题,在笔记中许多地方反复向自己提问而后才写出自己的回答。

那么,维特根斯坦从詹姆士那里可能得到一些什么"帮助"或启发而被引向神秘主义呢?

二

维特根斯坦原来是学科技(航空工程)的,后来转而从罗素学数理哲学。但是,他并没有完全沿着罗素的科学主义的路子走,没有像罗素那样相信可以在科学的基础上建立一种既包括自然也包括人生的科学世界观,更不曾像罗素那样畅想将来有朝一日会出现一门如同关于机械的数学一样精确的"关于人的行为的数学"。维特根斯坦并不是没有从这个方向上思考过、探索过,但是得到的是否定的结论,他在1915年5月25日的笔记中说:"我们觉得,即使一切可能的科学的问题都得到了回答,我们的问题仍然毫未触及。"①所谓"我们的问题"就是关于人生的问题,他在《逻辑哲学论》中说得很明白:"我们觉得,即使一切可能的科学的问题都得到了回答,人生的问题仍然毫未触及。"②这一点也正是詹姆士在《宗教经验种种》一书中援引大量的材料,特别是通过一些人的现身说法所引出的结论,其中最典型的是托尔斯泰在《我的忏悔》中的自述。③詹姆士引述说:"托尔斯泰说他在五十岁左右开始感到困惑,似乎不知道'如何生活',不知道要做什么。……其意义一直显

---

① 《1914—1916笔记》,Basil Blackwell,1961年,第51页。重点是原有的。
② 《逻辑哲学论》,tran. by Pears and McGuinness, Routledge and Kegan Paul, 1969, 6.52。重点是原有的。
③ 人们常常提到维特根斯坦在奥地利军队服役期间在一个小镇偶然买到托尔斯泰的《福音书简释》,但很少提到他早在读詹姆士的《宗教经验种种》时就已熟悉了托尔斯泰,而且从托氏的《我的忏悔》中受到的影响更为深刻。

然自明的东西都成为无意义的了。"托尔斯泰虽不断地寻求解答,但是结果如何呢？他说:"我曾在人们获得的各门知识中寻求一种解释。我痛苦地、长久地探求着,并非出于无聊的好奇心。我毫不懈怠,辛勤而固执地、不分昼夜地寻求着。我寻求着,犹如一个遭难而力求救出自己的人,但我什么也没有找到。而且我渐渐相信,所有在我之前曾在各门科学中寻求答案的人们也是什么都没有找到。不仅如此,他们还认识到,人所能达到的唯一的无可争辩的认识就是那使我感到绝望的东西,即人生之无意义的荒谬性。"[1]

何以在科学中找不到对人生问题、人生意义的问题的解答呢？维特根斯坦终于懂得了,那是因为科学所讨论和处理的是事实世界的问题,而且只能涉及事实世界的领域,人生意义的问题则是关于伦理价值、善恶的问题,而在事实世界中的一切是无所谓价值、无所谓善恶的,"在世界中一切都各如其是,一切都按其发生的那样发生；在世界中是不存在价值的",[2]"世界本身既不是善的,也不是恶的",[3]"一块石头、一只野兽的躯体、一个人的身体、我的身体都处于同一层面。因此发生的事情无论来自一块石头还是来自我的身体,都既不是善的,也不是恶的"。[4] 事实和价值的对立自然是一个很老的问题,不过这个问题如此尖锐地提到维特根斯坦面前,恐怕还是与他读詹姆士的书有关系。詹姆士在讨论所谓"精神判断和价值意识"时说,任何外在的事实和人们的价值判断之间都"没有任何可合理推出的联系",如果把我们对世界的评断和情感统统去掉,"想象它纯然自在地存在的样子",那么,"宇宙的任何部分都不会有超过其他部分的重要性；全部宇宙间的事物和事

---

[1] 《宗教经验种种》,Longmans,1929,第152—155页。
[2] 《逻辑哲学论》,6.41。
[3] 《1914—1916笔记》,第79页。
[4] 同上书,第84页。

件都会成为没有意义的……"。①

三

既然人生的意义、伦理的价值等等不在科学所研究、所描述的事实的世界之内,那么究竟要向何处去寻求呢?是不是还有一个在事实世界之外的领域,为人生意义和价值之所在呢?对这个问题,维特根斯坦显然做过长久的反复的思索,在1915年5月27日的笔记中他翻来复去地提问:

"但是难道不会有某种不可能用命题来表达的东西(而且它也不是一个对象)吗?如果有这种东西,那是不可能用语言来表达的;而且我们也不可能对它提出问题。

假如在事实之外有某种东西,又怎样呢?这种东西是我们的命题所不能表达的吗?但是这里确实有一些东西,而且我们并不觉得有任何要求以命题去表达它们。

我们没有表达不可表达的东西。而我们何以要问不可表达的东西是否可以表达呢?

难道没有在事实之外的领域吗?"②

对这个问题沉思的结果,维特根斯坦做出了肯定的回答。他承认确实有一个"在事实之外的领域",就是不可能用语言来表达的"神秘的东西"。维特根斯坦也称之为"崇高的东西",而"崇高的东西"也就是上帝,它并不显现于世界之中,与世界如何全不相关。③ 维特根斯坦并没有为这个超乎事实世界的神秘的领域的存在提出本体论的或任何其他

---

① 《宗教经验种种》,第150页。
② 《1914-1916笔记》,第51-52页,重点是原有的。
③ 《逻辑哲学论》,6.432。

的理论的证明,对他来说,这本不是一个理论的问题,而是一种内心的追求、内心的渴望,如他所说的:"追求神秘的东西的内在动力来自我们的愿望没有被科学所满足。"①科学所不能满足者只能向科学之外、世界之外去寻求,而且他相信自己对人生意义和价值的追求在那个领域中找到了真正的归宿:"世界的意义必然处于世界之外","如果存在一种确乎具有价值的价值,那么它必然处于一切发生的事情之外"。②

从对人生意义和价值的追求而导向对某种在世界之外的超越的存在(无论人们把它称为上帝或者别的什么)的信念,如詹姆士在他的书中谈到的,是许多人都经过的心路历程。最生动的例子还是托尔斯泰。詹姆士说:"就托尔斯泰来说,他一度完全失掉了人生有任何意义的观念",③但是他毕竟没有放弃对人生意义的追求,只是转变了一个方向。用他自己的话说,"在我身上有某种身外的东西……它仿佛是一种力量迫使我的心灵把自己放到另外的方向上去,把我从绝望的处境中拉出来",这种力量不是别的,就是"对上帝的渴望"。④ 对托尔斯泰来说,"关于无限的上帝,灵魂的神圣,人的行为与上帝相联系等等观念是在人类思想无限隐秘的深处微妙生成的。没有这些观念,就不会有人生,没有这些观念,我自己就不会存在。"对上帝的观念或信念不是任何理智推理的结论,而是一种信仰,托尔斯泰说:"我开始看到,我没有权利依靠我个人的推理,而忽视信仰所给予的这些解答,因为它们是对问题的唯一的解答。"有了上帝的观念,一切都不同了。"随着这个思想,在我心中重新升起了对人生的欢乐的期望。在我心中一切都苏醒了,得到了一种意义……一个内心的声音问道:我更有何求呢?他就在那儿,

---

① 《1914-1916 笔记》,第 51 页。
② 《逻辑哲学论》,6.41。
③ 《宗教经验种种》,第 151 页。
④ 同上书,第 156 页。

没有他,人就不能生活。承认上帝和去生活乃是一回事。上帝就是人生。那么,好了,去生活吧,去追求上帝吧,没有他就没有人生。"①这不特把上帝作为人生意义的源泉,而且简直把上帝作为人生意义的化身,这是一种很不同于传统基督教的上帝观念。我们可以说这是一个伦理化的、人本化的上帝。詹姆士从他的实用主义立场出发很重视和同情这种宗教倾向。他在《宗教经验种种》中好几个地方引用一位叫罗伊巴(Leuba)的宗教心理学家的著作,罗伊巴就是"把宗教生活的神学方面几乎完全从属于它的道德方面",②甚至公开宣称:"宗教的目的,归根到底,并不是上帝,而是人生,更广大、更丰富、更使人满足的人生。对生活的爱,在任何发展阶段上都是宗教的动力。"③詹姆士还引用了另一位学者本德尔(Bender)的话:"宗教不是关于上帝的问题,不是探究世界的起源和目的,而是关于人的问题。一切宗教的人生观都是以人为中心的。"④

我们看到,维特根斯坦的上帝(也就是他所说的神秘的东西)作为人生意义之所在,也正是这样一种伦理化、人本化的观念。例如,在1916年6月11日的笔记中他把上帝信仰和人生目的、意义的问题直接联系起来,重重复复地说:"我对上帝和人生的目的知道什么呢?我知道这个世界存在着。……我知道关于世界有某种东西是难以理解的,这就是我们称之为世界的意义的东西。我知道这个意义不在世界之内,而在世界之外。我知道人生即是世界。我知道我的意志渗透世界,我的意志是善的或恶的,因而善和恶无论如何与世界的意义有联系。我们可以把人生的意义,亦即世界的意义,称为上帝。把上帝比做父

---

① 《宗教经验种种》,第184—185页。重点号是本文作者加的。
② 同上书,第201页。
③ 同上书,第507页。
④ 同上书,第507页注1。

亲,就是同这一点联系着的。祈祷就是思考人生的意义。"①在1916年7月8日的笔记中又说:"信仰上帝意即理解人生的意义问题。信仰上帝意即看到世界的事实还不是终极。信仰上帝意即看到人生有一种意义。"②维特根斯坦的这些话同上引托尔斯泰的话在根本精神上是何等惊人地相似啊!我想我们完全可以做出这个合理的推断,即维特根斯坦的上帝观念是通过阅读詹姆士的《宗教经验种种》,受到托尔斯泰等人的伦理化、人本化的宗教思潮的影响而形成的。

四

维特根斯坦把事实世界之外的领域称为神秘的东西,其所以为神秘的,当然并非仅仅因为它处于事实世界之外,而且因为它是理性所不能思及,因而语言亦无法表达的东西。维氏的这种神秘主义的观点与他阅读詹姆士的著作必有直接的密切的联系。詹姆士在《宗教经验种种》中有专门一章用了五十页的篇幅讲神秘主义,介绍了古往今来许多哲学家、神学家(如狄奥尼修斯、厄留根纳、艾克哈特、波墨、西莱修斯,印度的吠檀多派,阿拉伯的阿尔加札里等等)乃至诗人(如惠特曼、丁尼生等)的神秘主义思想,并概括了神秘主义的若干特征,而其中第一个最突出的特征就是神秘的东西及对神秘的东西的经验之"不可言传性"(ineffability),即"使人无法表达,用语言不足以传达其内容。"③例如,被詹姆士称为"基督教神秘主义之源"的狄奥尼修斯"完全用否定式来描述绝对真理",即认为不能给绝对真理(亦即上帝)以任何肯定的规定,这不是因为上帝缺乏这些规定,而是因为"它无限地超越它们。它超乎它们之上。它是超乎光明的,超乎辉煌的,超乎本质的,超乎崇高

---

① 《1914-1916笔记》,第72-73页。重点是本文作者加的。
② 同上书,第74页。重点是本文作者所加。
③ 《宗教经验种种》,第380页。

的,超乎一切可以命名的事物的",总之,上帝是人无以名之的。在哲学史上这种观点被称为"否定神学"(negative theology),因为正如詹姆士所说的,"神秘主义者们只用'绝对否定的方法'走向真理的正极"。① 又如,诗人丁尼生说:"有某种东西或似乎有某种东西触动着我",然而"没有任何语言能把它宣明"。② 西莱修斯在一首诗中则说:"上帝是纯粹的无","你愈是要把握它,它愈是从你手中逃逸而去"。③ 如果你执拗地一定要用语言去表达它,那么你说出来的只能是一些无意义的话,一些胡说。例如,詹姆士提到一类通过吸进笑气和以太以激起神秘意识的神秘主义者,据说深邃的真理能"显示"给他们,但是"如果还保留着似乎表达这一真理的任何言语,那么这些言语就证明是十足的胡说(veriest nonsense)"。④ 这里出现 nonsense 一语,很值得注意。以往的神秘主义者认为上帝不可言说,任何言说都不足以道出究极的真理,但似乎还没有人把这种言说贬斥为 nonsense(胡说,无意义的话)。维特根斯坦在《逻辑哲学论》中肯定了"神秘的东西"这个形而上学的存在,但否定任何试图表达它的形而上学的命题为有意义的命题,或者说,在他看来,一切想要"说某种形而上学的东西"的命题都是 unsinnig,都是"胡说"或"无意义的"。当然,维特根斯坦是通过对所谓形而上学命题的语言逻辑分析,即指出这类命题所包含的语词在事实世界中并无所指,因此无真假可言,从而得出其无意义的结论。但是,这个观点同詹姆士上面谈到的 nonsense 的说法是不是也有某种联系,甚至最早即从詹姆士的书中被提示而来呢?我不敢断言,但我以为这是一个不无根据的推测。

---

① 《宗教经验种种》,第 416-417 页。
② 同上书,第 383 页。
③ 同上书,第 417 页。
④ 同上书,第 387 页。

五

詹姆士的《宗教经验种种》一书对维特根斯坦的影响不限于维氏早期的神秘主义思想,而且在维氏直至晚年的宗教观点中都留下了深刻的印迹。

宗教的基础或根源是什么?詹姆士的回答是:人们对个人自己的命运的关切和焦虑。他说:"宗教本质上是私有的、个人主义的",[①]"宗教生活绕之旋转的枢纽是个人对自身命运的关注。简言之,宗教是人类唯我主义史上不朽的一章……宗教思想是按照人的个性而继续发展下来的,这是宗教世界中的一个根本性的事实"。[②] 又说:"我不知道,离开了内在的不幸和对于解救和神秘情感的需要,对宇宙进行冷静的理智的沉思是否会产生如我们今日所有的这些宗教哲学。"[③]

维特根斯坦也认为宗教植根于个人所遭受的无穷的痛苦和对于无限的帮助来解除痛苦的需要。他说:"没有比一个人的痛苦的呼号更强烈的了。或者说,没有任何痛苦会比一个个人所能遭受的痛苦更大的了。因此一个人可能处于无穷的痛苦之中,从而需要无限的帮助";又说:"没有比一个人所能感受的痛苦更大的痛苦。因为如果一个人觉得茫然若失,那就是最大的痛苦";"整个地球都不会感到比一颗灵魂所感到的更大的痛苦";"一个遭受如此痛苦并不收敛而能敞开自己心灵的人才能在其心灵中接受拯救之道"。在维氏看来,基督教的根源即在于此,他说:"基督教是仅仅为需要无限的帮助的人而存在,亦即仅仅为感受无穷痛苦的人而存在的。……因此我认为,基督教信仰是这种极度

---

① 《宗教经验种种》,第430页。
② 同上书,第491页。
③ 同上书,第431页。

痛苦的避难所。"①

詹姆士承认理性在宗教中有一定的作用,因为"我们是能思维的存在物,我们不可能禁止理智参予我们的任何一种活动",因此"概念和思维构造是我们宗教的一个必要的部分"。② 但是,宗教之为宗教并不是建立在理性上的,而是以情感或信仰为基础的。詹姆士表示,在不完全排斥理性的意义上,他"的确相信情感是宗教的更深刻的根源",③也可以说,"宗教不过是一种信仰的事情"。④ 因此,他认为一切关于上帝存在的理性神学的论证都是无效的、无用的。"它们缺乏坚实的根据,不足以成为宗教的极充分的基础",实际上,这些论证之能否成立全看你是否已相信有一个上帝,信仰是理性论证的前提,而非相反,"如果你已经相信有一个上帝,那么这些论证能使你更加坚信。如果你是一个无神论者,那么这些论证并不使你改信上帝。"⑤

维特根斯坦也强调宗教是一种信仰,一种激情,而不是任何意义上的理性的认识。他说:"我觉得,一种宗教信仰只能是类似对一有关系统做出感情的决断那样的事情",⑥又说:"如果我真的要得到解救,那么我需要的是确信,而不是聪明才智,不是梦想,不是思辨,而这种确信就是信仰。信仰是对我的心灵、我的灵魂而非我的思辨理智所需要的东西的信仰。因为必须解救的是我的灵魂,那富有激情(这就有如它的血肉)的灵魂,而不是我的抽象的精神"。⑦ 因此,维特根斯坦认为,既

---

① 《文化与价值》,The University of Chicago Press,1980,第 45-46 页。重点是本文作者所加。
② 《宗教经验种种》,第 432 页。
③ 同上书,第 431 页。
④ 同上书,第 430 页。
⑤ 同上书,第 437 页。
⑥ 《文化与价值》,第 64 页。
⑦ 同上书,第 33 页。

不必要也不可能给宗教信仰以任何理性的证明或经验的证实。例如，福音书里的故事就不能被看作历史的事实或理性的真理。因为"信徒与这些故事的关系既不是对历史真实(或然性)的关系，也不是对一种由'理性真理'构成的学说的关系"。即使福音书故事违背历史事实，因而是假的，信徒们对福音书的信仰也"不会由此而失掉什么……因为历史的证明与信仰毫不相干。这些福音是人们怀着信仰(亦即怀着爱)去攫取的。这就是对这些被视为真理而非他物的东西的确信"。① 像詹姆士一样，维特根斯坦也认为没有人是通过对上帝存在的证明而信仰上帝的。他说："关于上帝存在的证明本来应该是能使人借助它而相信上帝存在的某种东西。但是我认为曾经提供这种证明的那些信徒们企图做的是给予他们的'信仰'一种理智的分析和基础，虽然他们自己绝不是通过这样的证明而达到信仰的。"②

六

上面我主要就维特根斯坦的神秘主义思想和宗教观与詹姆士的《宗教经验种种》一书的联系提出了一些粗浅的看法，至于维特根斯坦同詹姆士以及其他实用主义者在哲学思想方面是否还有更多的关联（例如蒯因就曾谈到维氏后期语言哲学的某些观念与实用主义的近似），我觉得是值得进一步探索的。

---

① 《文化与价值》，第32页。
② 同上书，第85页。重点是本文作者所加。

《维特根斯坦〈逻辑哲学论〉中的命题学说》序*

我很高兴看到李国山同志的《言说与沉默：维特根斯坦〈逻辑哲学论〉中的命题学说》一书出版。国山同志长期从事维特根斯坦哲学，尤其是其早期哲学的研究，用力颇勤，此书即是他多年研究心得的结晶，是其精心结构之作。

近年来，关于维特根斯坦哲学，国内学者已有若干专著面世，或为维氏思想之概述，或为其著作之解说，或为其生平之评传，其中诚然不乏佳作，但是专就维氏哲学的某一主题或基本学说进行深入细致的探讨和阐述（如国山同志之于维氏的命题学说）者，目前似尚不多见。

国山同志说得很对，维特根斯坦《逻辑哲学论》的"主体思想"就是其关于命题的学说，而维氏自己也曾明白地说："我的全部任务在于说明命题的本质"（《1914-1916年笔记》，1915年1月22日）。"说明命题的本质"，就是对命题的分析，包括关于命题的全部学说。人们或许会问：维特根斯坦不是说过《逻辑哲学论》的"主旨"是"伦理的"（维特根斯坦致费克尔的信）吗？但此所谓"主旨"乃指此书的终极目的或蕴意是

---

* 本文系为李国山著《言说与沉默：维特根斯坦〈逻辑哲学论〉中的命题学说》（南开大学出版社，2004年）所写的序言。

通过命题分析(由此而展开的对语言和世界的全部分析),为命题之有意义和无意义划出界限,亦即划出可说的东西和不可说的东西的界限(这也就是维氏所谓"语言批判"的要义所在),从而引致对那个非语言所能表达的伦理的神秘的领域的悟。所以就《逻辑哲学论》一书而言,其所述或所能述者就是而且只是命题分析;关于命题的学说正是其主体。

非止此也。就某种意义而言,我们甚至可以说命题学说或命题分析乃是整个分析哲学的主体。我们回顾一下分析哲学产生的历史背景就不难看到这一点。如国山所言,"命题"问题由来久矣。在亚里士多德以来的传统逻辑中,命题主要是从其作为人的思维活动的一个要素即判断的角度来研究的,而被视为人的思维的最基本的中心的要素则是概念。人的逻辑思维的过程就是由概念而判断(命题)进而推理,概念在认识上是居先的(epistemic primacy of concepts)。最早对这个传统观念提出挑战的是康德,康德认为人的思维能力就是判断能力,人的思维所运用的诸基本概念(范畴)不是先于判断的,相反正是从判断能力这个"共同原则"系统发展出来的。[①] 我们知道,康德是通过对各类判断形式的分析而提出他的所谓纯粹知性概念或范畴学说的。如果说康德是从认识论的角度讲判断对于概念的在先性(epistemic primacy of judgment),那么较他稍后的英国哲学家边沁则从语义学或语言哲学的角度向概念在先的传统观念提出了挑战。边沁认为,表达一个完整思想的基本单位是命题,而非语词。在实际的语言活动中,孤立的语词是没有意义的,"任何语词本身都不是任何思想的完全的符号",人们总是以命题说话的:"话语最初被说出时是以整个命题的形式说出的。在命

[①] 康德:《纯粹理性批判》,蓝公武译,三联书店,1957年,第87页。

题整体中,语词只是许多的断片",①因此,要确定任何语词(及其表达的观念或概念)的意义,就必须把它放到一定的语境或命题中加以考察,他把这种意义分析的方法称为"义释"(paraphrase),也就是我们现在所说的"语境定义"。蒯因认为,边沁的义释方法意味着语义中心从语词到命题或句子的转变,是最早提出命题或语句在语义学上的在先性(semantic primary of sentences)的观点的,这可以说是一场语义学上的"哥白尼革命",像哥白尼天文学革命一样"代表着一种中心的转变。最基本的意义载体不再是语词,而是语句"②。

从哲学发展的历史渊源来讲,这个转变(我以为可将康德的判断在先和边沁的命题在先的思想都包括在内)对于现代分析哲学的产生有着无比重大的意义。作为分析哲学的开创者,无论弗雷格还是罗素,都是沿着这一转变的路线而形成和发展出他们的分析哲学的,尽管他们的分析方法的创造主要得之于他们对数学基础问题的研究和数理逻辑的建立与应用,而未必直接受康德和边沁的启发。弗雷格和罗素在其分析哲学形成之初,都着力论证了命题在先的原则。弗雷格早期的著作还是就判断和概念的关系论述的,他说,判断先于概念:"我们不是把一个作为主词的个体和一个作为谓词的概念放到一起构成判断,而是反其道而行之,通过分解可能的判断的内容得到概念的。"③随后的著作则从语义学的角度明确提出:"我们必须在一个命题的语境中而不是孤立地追问一个语词的意义。"④这是弗雷格用以构造其逻辑语言系统的一个基本原则,他正是根据这一原则,通过对命题的分析而建立其全

---

① 边沁:《实用知识指南》(*Chrestomathia*),牛津,1983 年,第 400 页。
② 蒯因:"实用主义者在经验主义中的地位",载《现代西方哲学论著选读》,北京大学出版社,1992 年,第 513 页。
③ 弗雷格:《遗著集》(*Posthumous Writings*),Basil Blackewll,1979 年,第 17 页。
④ 弗雷格:《算术的基础》(*Die Grundlagen der Arithmetic*),Basil Blackwell,1959 年,"导言",第 X 页。

部分析哲学的。罗素在其从新黑格尔主义转向分析哲学的最早的作品之一《数学推理的分析》(1898)中,有一章专论"判断的要素"。他强调指出:判断(或命题)而非作为其组成成分的词项是基本单位;作为判断(命题)的要素,词项总是在判断(命题)中联系在一起而起作用的;对词项的分析就是对包含此词项的整个命题的分析。这就是罗素后来所说的"语境定义"或"用法定义"或"逻辑构造"。典型的例子就是他的摹状词理论,以及他对心的分析、物的分析和整个外间世界的分析,都是以命题分析为轴心而展开的。在罗素看来,命题问题或命题分析是如此之至关重要,因而他曾明白宣称:"一切健全的哲学都应从命题分析开始,这是一条明显之至而无须证明的真理。"[1]

维特根斯坦在《逻辑哲学论》中把"说明命题的本质"作为自己的"全部任务",显然是直接承袭了弗雷格和罗素所开拓的命题分析的哲学思路。对他们这些分析哲学大师来说,分析哲学之所谓分析也者,其实就是命题分析,或者说是对于命题的逻辑的语言的分析。当然,维特根斯坦在那里对于他的两位前辈,是既有继承和发展,也有批评和与之不同的独具之见。至于维氏命题分析的各方面的内容,国山的书中有极清晰详细的论述,读者不妨细心一阅。

---

[1] 罗素:《莱布尼茨哲学之批判的阐述》,George & Unwin,1937年,第8页。

维特根斯坦早期哲学中的形而上学*

拉扎罗维兹和安布罗斯曾说,维特根斯坦在写作《逻辑哲学论》期间,"主要关注的是传统的哲学问题,并且是从逻辑实证主义的观点来看待它们的。与休谟一样,维特根斯坦的主要目标是将形而上学驱逐到可理解的话语之外,而且追随罗素,给哲学以逻辑的尊严"。[①]

我不是很理解,维特根斯坦的这两位忠实的学生为什么会将其老师看作是逻辑实证主义者那样的形而上学的敌人,尽管维特根斯坦在其一生不止一次地反对这种观点。确实,逻辑实证主义者将维特根斯坦的立场等同于他们的立场,而且长时间里都将维特根斯坦当作是与他们一样的反形而上学者。但是,维也纳学派的领袖卡尔那普至少在晚年已坦率地承认,他误解了维特根斯坦的哲学立场。他说:"当我们早期在小组内阅读维特根斯坦的著作时,我曾错误地认为,他对待形而上学的态度同我们的态度是相似的。我没有充分地注意到他的书中关于神秘的东西的论断,因为他在这方面的情感和思想与我的情感和思想太不同了。"[②]

我不准备与拉扎罗维兹和安布罗斯进行争论,但我认为上引他们

---

* 1992年11月25日在英国剑桥大学哲学系所做的学术演讲。原题为 The Metaphysics in Wittgenstein's Early Philosophy。中译者为关群德。

[①]《论维特根斯坦不为人知的一面》,普罗米修斯丛书,布法罗,1984年,第11页。

[②]"思想自传",载《卡尔那普哲学》,希尔普编,1964年,第27页。

的说法表明,逻辑实证主义者对维特根斯坦的误解并没有得到彻底的澄清。因而,重新检视维特根斯坦早期哲学中的形而上学观念也许并不是毫无必要,而我就将之当作我这篇文章的主题。

一 最初的形而上学观念

实际上,维特根斯坦年轻的时候,一直对形而上学有浓厚的兴趣,但是从《逻辑哲学论》之前到《逻辑哲学论》,其形而上学观念并不是一直同一不变的,换句话说,他的形而上学观念是有一个演变的过程的。

在维特根斯坦的《逻辑笔记》(1913年)和《向穆尔口述的笔记》(1914年)中,我们可以发现其哲学思想的最早的表达,其中有《逻辑哲学论》中一些观念的雏形,但在某些方面与《逻辑哲学论》又有重要的差别。

在《逻辑笔记》开头,维特根斯坦就明确地说:"'哲学'这个词永远应当指某种高于或低于自然科学,但不能与之并列的东西。哲学是由逻辑和形而上学构成的,前者是其基础。"[①]在这里,形而上学被当作哲学本质的部分,而且其与逻辑的关系也明确地得到了规定:包括形而上学在内的整个哲学建立在逻辑之上,这种逻辑明显是指数理逻辑及由数理逻辑而来的逻辑分析方法。

那么,建立在逻辑之上的这种形而上学是什么呢?我认为这是一种没有得到充分发展的逻辑原子论;而且我认为这种逻辑原子论更类似于罗素的逻辑原子论,而非《逻辑哲学论》中他自己的逻辑原子论。

维特根斯坦早期笔记中的逻辑原子论与罗素的逻辑原子论并不完全一样,不过,后者能有助于我们更准确地理解前者,就像罗素经常所

[①] 《1914—1916年笔记》,第93页。

说的,他的逻辑原子论的一些重要的观念来自于维特根斯坦。罗素在《我们关于外间世界的知识》(1914年7月)的前言中说:"在纯逻辑方面……我曾受惠于我的朋友维特根斯坦先生的尚未发表的一些极端重要的发现。"①这里所说的"尚未发表的发现"无疑指维特根斯坦那时送给他的1913年的《逻辑笔记》。1914年8月以后,罗素与维特根斯坦失去了联系。4年之后,罗素在其为《逻辑原子论哲学》(1918年)所写的简短前言中,再次说他的逻辑原子论的"某些观念"是从他的"朋友和学生维特根斯坦那里得来的",但是他"从1914年8月以来已经没有机会得知他的观点了"。② 也就是说,那时罗素所了解的维特根斯坦仍然是1913年写作《逻辑笔记》时的维特根斯坦。当然,罗素和维特根斯坦在哲学上是相互影响的。就如罗素所说的:"我称之为逻辑原子论的哲学,是在思考数理哲学的过程中,出现在我的思想中的。"③维特根斯坦的《逻辑笔记》是研究罗素的数理哲学的结果,不过,他又提出了一些反过来被罗素吸收进其自己哲学中的新观念。

就像维特根斯坦把哲学定义为由逻辑和形而上学构成的那样,罗素也说,他的逻辑原子论既是"某种逻辑的学说",又是"某种以这种逻辑为基础"的"形而上学"。④ 这种逻辑是"原子论的",其本质在于分析,在于把一切分析到究极的、无可再分的成分。罗素将这一逻辑应用于对语言、知识和世界的分析,而这恰是其整个逻辑原子论哲学的任务。在分析语言的时候,罗素把复合(分子)命题的真值还原为原子命题的真值函项,并把原子命题看作是不可分析的一些词项(专名、谓词、关系词等)的结合。在罗素那里,对语言、命题的分析同时也是对命题

---

① 《我们关于外间世界的知识》,奥本考特出版公司,1915年,第 vii 页。
② 《逻辑与知识》(1901-1950年论文集),马尔施编,纽约,1971年,第177页。
③ 同上书,第178页。
④ 《逻辑与知识》(1901-1950年论文集),马尔施编,纽约,1971年,第178页。

所表达的知识的分析,因而,外间世界的知识的大厦可以显现为原子命题所表达的直接经验的逻辑结构。通过对知识和语言的分析,罗素直接导出了对世界的本体论的分析:原子命题及其表达的直接经验知识对应于原子事实;分子命题表达的所有事实都可以还原为原子事实;原子命题中的词项和直接经验的成分(即感觉材料)代表了世界的究极成分:殊相、性质、关系,罗素将之称为"逻辑原子"。对世界的这种分析回答了"何物存在"的本体论问题,而这恰恰就是建立在原子论的逻辑之上的形而上学。

维特根斯坦在其1913年和1914年的笔记中,也运用了这种原子论的逻辑。他首先和主要地运用这种逻辑分析了语言。按照他的说法,所有复合命题都可以还原为原子命题,并且是原子命题的真值函项。他说:"引入原子命题对于理解所有其他种类的命题具有根本的重要性",例如,"分子命题不包含超出其原子所包含的东西之外的任何东西;分子命题不对其原子(指原子命题)所包含的东西增加任何实质的信息。对于分子函项具有本质重要性的一切就是它们的真值(真假)表。"① 原子命题或"不可分析的命题"是"只包含一些基本符号,即不可定义的符号的命题"。② 它由两种不可定义的东西构成:名字和形式。③

与对语言的分析相应,也存在着对世界的分析。维特根斯坦说:"我们可以把实在和命题相比较"④,命题"是指称事实的符号"⑤,"一个事实的符号是一个命题"⑥,"在实在中与复合命题相应的东西"(即事

---

① 《1914-1916年笔记》,第100页。
② 同上书,第110页。
③ 同上书,第98页。
④ 同上书,第111页。
⑤ 同上书,第98页。
⑥ 同上书,第100页。

实)都可以被分析为而且"一定不多于相应于它们的一些原子命题的东西"①。罗素将"相应于原子命题的东西"称为"原子事实",维特根斯坦在《逻辑哲学论》中将之称为"Sachverhalt"(奥格登译为"atomic fact",即原子事实;麦克奎耐斯译为"state of affair",即事态),但是,维特根斯坦的早期笔记中还没有表达这一原子事实的词。由于原子命题是由名字和形式构成的,而它们是命题的究极的、"不可定义"的成分,或"简单的"成分,所以,与原子命题相应的实在也是由一些究极成分构成的,这些成分是命题的"简单的东西"的所指或"意义",并且也被称为实在的"简单的东西"。命题的"简单的东西""是(实在的)简单的东西的名字"。②"简单的东西"后来在《逻辑哲学论》中被称为"对象",并被认作是世界的"实体",但在早期的笔记中,"对象"一词还没有成为这种意义上的存在的固定术语,尽管它已经出现在一些地方。不过,我们必须在此指出,维特根斯坦的"简单的东西"或对象非常不同于罗素的逻辑原子(殊相等),它们没有被定义为感觉材料。总的来说,维特根斯坦对认识论的兴趣没有罗素那么大,而且从来没有直接地将原子命题和直接经验联系起来,也从来没有明确地将原子命题当作感官知觉的命题。

尽管有这些差异,当时罗素和维特根斯坦都一致地把他们自己的形而上学当作仅仅是关于事实世界的本体论,都没有试图寻找关于事实世界之外的超越的存在的形而上学,而后者恰恰是维特根斯坦在《逻辑哲学论》中所寻求的。罗素对经验之外的存在问题持一种怀疑的态度,他说:"我拒绝肯定没有根据肯定其存在的东西的存在,但我同样拒绝否定没有根据否定其存在的东西的存在。因此,我既不肯定它,也不否定它,而只是说,它不属于可知的领域。而且肯定不是物理学的一部

---

① 《1914—1916年笔记》,第104页。
② 同上书,第111页。

分。"①像罗素一样,维特根斯坦既不肯定也不否定事实世界之外的存在,不过,他没有像罗素那样从认识论的角度说,它们的存在是不可知的,而是通过对语言的分析断定,任何一个命题,不论是肯定的还是否定的,如果其所包含的语词没有所指,就都是无意义的,从而也就不表达任何事实。这个观点在《逻辑哲学论》中得到了进一步的发挥,并且被认作是在哲学上避免无意义的"唯一严格正确的"方法。② 但是这里有一个根本的不同:当维特根斯坦在《逻辑哲学论》中指责说,所有假定事实世界之外的存在的命题都是无意义的时候,他并没有否认一个在事实世界之外的不可说的神秘的东西的领域,而这是 1913 年和 1914 年的笔记中所没有的。

也许人们会说:在 1914 年《向穆尔口述的笔记》中,维特根斯坦不是已经提出了"可用语言显示但不可用语言言说的东西"吗?确实,他提出了这样一个观念,但是,当时"可用语言显示但不可用语言言说的东西"仅仅指语言和世界所共同具有的逻辑特性,后来的《逻辑哲学论》将这种逻辑特性称作逻辑形式。他说:"为了有一种能够表达或言说一切可说的东西的语言,这种语言必须具有某些特性","一种能够表达一切的语言借助于它必然具有的这些特性,反映世界的某些特性",我们不能说这些特性"存在于那个语言或任何语言之中",这不是因为它们是事实世界之外的某种东西,而是因为(按照维特根斯坦的说法),为了言说这些特性是什么,就需要一种不具有这种特性的语言,也就是说,需要"构建一种非逻辑的语言"。这当然是不可能的。③ 总之,维特根斯坦在早期的笔记中和《逻辑哲学论》中都没有说,逻辑特性或逻辑形式是神秘的,尽管它们像神秘的东西那样是不可表达的。后面我还会

---

① 《逻辑与知识》,(1901—1950 年论文集),马尔施编,纽约,1971 年,第 273—274 页。
② 参考《逻辑哲学论》,6.53。
③ 《1914—1916 年笔记》,第 107 页。

详细论及这一点。

维特根斯坦将一个不仅是不可表达的,而且是超越的,因而是神秘的存在领域引入其哲学之中,这标志着其形而上学观念的最重要的变化。那么,这一变化是什么时候发生的,又是怎样发生的呢?

二 转向关于神秘的东西的形而上学

在为《逻辑哲学论》做准备的《1914-1916年笔记》中,我们可以清楚地看到维特根斯坦形而上学观念变化的轨迹。在《1914-1916年笔记》中,维特根斯坦从1915年5月开始,记下了其对人生、伦理、宗教问题的一些思考,在这些思考中,他第一次提出了在语言和世界之外的神秘领域的观念。

不过,维特根斯坦神秘主义的形成可以追溯至其早年。罗素1919年在写给奥托兰的信中,谈论维特根斯坦的《逻辑哲学论》及其神秘主义的时候,说道:"我已经感到他的书中有一股神秘主义的味道,但是当我发现他完全变成了一个神秘主义者的时候,我仍然感到很吃惊。他读过克尔凯郭尔、西莱修斯等人的作品,并且认真地考虑过去做修士。所有这些都始自对威廉·詹姆士的《宗教经验种种》的阅读,并且在他战前独自待在挪威的冬天那段时间里更强烈,当时他已近乎发疯了。"[①]罗素这段话非常重要,它不仅告诉了我们,维特根斯坦早在一战之前就显示出了神秘主义的倾向,而且告诉我们,维特根斯坦的神秘主义虽然受到许多人的影响,但第一个将维特根斯坦引向神秘主义的是威廉·詹姆士。而且,我们从维特根斯坦1912年6月写给罗素的信中得知,他在这一年开始阅读詹姆士的著作,他说:"我一有时间,就读詹

---

① 罗素1919年12月20日致奥托兰女士的信,载《罗素书信集》,第82页。

姆士的《宗教经验种种》。这本书对我帮助很大。我不是说，我马上就要成为教徒，但是……我觉得它使我摆脱了烦恼……"[1]维特根斯坦没有说他的"烦恼"是什么，詹姆士的著作又是如何帮助他摆脱"这一烦恼"的。不过，我们从其关于人生、伦理和宗教的笔记中可以猜想，他所谓的"烦恼"有可能指其心灵的某种状态，他在这种状态中对人生及其意义问题做了很多思考，但是没有找到一个答案。而所谓"摆脱"，他确乎是指他发现了对这些问题的某种答案。虽然1915年之前他没有记下他对这些问题的思考。

我们知道，维特根斯坦最初是攻读技术（空气动力学）的学生，然后在罗素的引导下转向了数理哲学。但他并没有完全追随罗素的科学主义的道路，他不像罗素那样认为，我们能够建立一个基于科学的关于自然和人生的世界观，而且，他从没像罗素那样设想，未来会有一个像机器数学那样精确的人类行为的数学。我这样说并不意味着我认为，维特根斯坦从来没有从这个方向思考过人生的问题。他确实从这个方向思考过，但是其思考的结果却是否定性的。他在1915年5月25日的笔记中写道："我觉得，即使一切可能的科学问题都得到了回答，我们的问题仍然毫未触及。"[2]这个所谓的"我们的问题"正是人生意义的问题，就像他在《逻辑哲学论》中明确地说的那样："我觉得，即使一切可能的科学问题都得到了回答，人生意义的问题仍然毫未触及。"[3]

这也是詹姆士从许多人的心灵自白中得出的结论，这些人中最典型的例子是托尔斯泰。托尔斯泰在大约50岁的时候说道，他开始感到迷茫，就好像他不知道"如何生活"或应该做什么事情似的。许多原来具有自明意义的事情变得毫无意义了。起初，好像这些问题一定可以

---

[1] 罗素1919年12月20日致奥托兰女士的信，载《罗素书信集》，第10页。
[2] 《1914—1916年笔记》，第51页。
[3] 《逻辑哲学论》，6.52。

得到回答,而且只要他用一些时间,就可以找到它们的答案。但是托尔斯泰失望地发现,尽管他努力地寻找了,仍然没有发现解决它们的办法,就像他所说的那样:"……我今天所做的事情的结果会是什么?我明天要做的事情的结果又会什么?我整个人生的结果会是什么?为什么我要活着?为什么我要做事情?人生是否有任何目的,那等待我的不可避免的死亡也不会将之摧毁?""这是世界上最简单的问题。……它们存在于每个人的灵魂中。不回答它们,生活就无法继续下去,就像我经验到的那样。"

"我在人类获得的所有知识领域中寻找答案。我曾痛苦地和长久地追问过,完全不是出于闲情逸致的好奇。我几天几夜不停地、努力地寻找。我像一个迷路的、力求自救的人那样寻找,——但是我什么也没有找到。而且,我终于相信,所有在我之前曾在科学中寻找答案的人都承认,人们可以得到的唯一的无可争辩的认识就是那将我引向绝望的东西——人生之无意义的荒谬。"[1]

人们为什么没有发现人生及其意义的答案?维特根斯坦最终认识到,其唯一的原因是,科学处理的是事实世界的问题,科学只能研究事实的领域,而人生意义的问题是伦理价值的问题,是道德意义上的善和恶的问题。在事实世界中,没有价值,没有善恶。维特根斯坦说:"在世界中一切都各如其是,一切都按其发生那样发生:在世界中是不存在价值的。"[2]"世界本身既不是善的,也不是恶的。"[3]"一块石头、一只野兽的身体、一个人的身体、我的身体都处于同一等级。因此,发生的事情无论来自一块石头还是来自我的身体,都既不是善的,也不

---

[1] 《宗教经验种种》,第154-155页。
[2] 《逻辑哲学论》,6.41。
[3] 《1914-1916年笔记》,第79页。

是恶的。"①

价值和事实的对立是一个老问题了,不过,维特根斯坦如此尖锐地感觉到它大概还是由于阅读詹姆士的著作。詹姆士在讨论"我们的精神判断和价值感"的时候说过:"在外在事实与它偶然引起的情感之间,没有任何可合理推出的关系。……如果可能,试想你突然去掉了你的世界现在让你感到的所有情感,并且尝试想象世界纯粹自在的存在,没有你对它或赞或贬、或抱有希望或怀有忧虑的评价。你几乎不可能理解这样一种否定和死寂的状态。如果那样的话,世界的任何部分都不会比另一部分更重要;并且世界所有事物的集合及事件的系列就没有意义、没有特性、没有表情、没有景色了。"②

既然人生意义、伦理价值等不存在于科学所研究和描述的事实世界中,那么,究竟应该到什么地方去寻找它们呢?在事实世界之外是否真的没有另外一个领域,人生的意义和伦理的价值就正在其中?詹姆士说:"它们的根源在另一存在领域。③ 这另一存在领域是什么呢?"维特根斯坦一遍又一遍地思考这一问题,就像他在1915年5月27日的笔记中反复地自问的那样:

"难道不会有某种不能用命题来表达(而且它也不是一个对象)的东西吗?如果有这种东西,它就是不可用语言来表达的,我们也不能对它提出问题。"

"假如在事实之外有某种东西,这种东西是我们的命题不能表达的吗?但是,确实有一些东西,我们一点也不觉得有必要用命题表达它们。"

"我们没有表达不可表达的东西。——而我们何以要追问:不可表

---

① 《1914—1916年笔记》,第84页。
② 《宗教经验种种》,第150页。
③ 同上书,第150页。

达的东西是否可以表达?"

"在事实之外没有别的领域吗?"[1]

作为这些思考的结果,维特根斯坦对这个问题得到了一个肯定的回答,也就是承认确实"存在一个在事实之外的领域",即不可用语言表达的神秘东西的领域。神秘的东西也被称为"更崇高的"东西,这个"更崇高的"东西就是上帝,他"不在世界中显示自己",而且与"世界上事物是怎样的"毫无关系。[2]

维特根斯坦没有对这一神秘领域的存在提供任何本体论的证明或任何其他证明,而是认为这不是一个理论问题,而是一种内心的"追求"或渴望,他说:"追求神秘的东西的动力来自于我们的愿望没有被科学所满足。"[3]科学不能满足的只能从科学之外去寻求,因此,只能到世界之外去寻求。维特根斯坦相信其对人生的意义和价值的追求在世界之外的领域达到了其自然的归宿。他充满信心地断定:"世界的意义必然处于世界之外。……如果存在着具有价值的价值,那么,它一定处于一切发生的东西及如此存在的东西之外。"[4]人生的价值和意义属于伦理的领域,因此:"伦理学不讨论世界的事情。"[5]伦理关注的是世界之外或超越世界的事情,在这个意义上,维特根斯坦得出结论说:"伦理学是超验的。"[6]

在这里,我想更详细讨论一下"超验"一词。如所周知,在《1914-1916年笔记》中,维特根斯坦将伦理学定义为"超验的"(transcendent),在另一段论"幸福及和谐的人生的标志"的段落里,他也用了形容词

---

[1] 《1914-1916年笔记》,第51-52页。
[2] 《逻辑哲学论》,6.432。
[3] 《1914-1916年笔记》,第51页。
[4] 《逻辑哲学论》,6.41。
[5] 《1914-1916年笔记》,第79页。
[6] 同上书,第79页。

超验的:"(这种标志)不可能是物理的标志,而只能是形而上学的标志、超验的标志。"但是在《逻辑哲学论》(6.421)中,他说"伦理学是 transcendental",这里用的是 transcendental 而不是 transcendent。大家知道,transcendent 和 transcendental 是康德哲学的术语。前者意指超出所有可能经验的界限、在经验之外的东西,康德的"物自体"就是这样一种超验的存在。后者意指与经验和知识的先天条件有关的东西。transcendental(先验的)东西不是经验的东西,但是它不超越经验,它处在经验的领域之内,而且只能适用于经验。在《1914-1916 年笔记》和《逻辑哲学论》中,维特根斯坦都将伦理学所涉及的东西看作处于世界之外的领域,因此,应当说,它是超验的。至于他在《逻辑哲学论》中用了 transcendental(先验的)一词,这有可能是其误写,因为维特根斯坦似乎不可能不知道两者的区分。而且我们还应该注意,即使在康德那里,这两个术语也有被混用的地方。不过,如果我们真的认为维特根斯坦将伦理学看成了先验的,那就错了。因此,我不太理解安丝科姆为什么在其《1914-1916 年笔记》的英译本中,将维特根斯坦清楚地写下的"transcendent"一词翻译成 transcendental。她是认为这两个术语没有区别?还是真的认为维特根斯坦的伦理学不是超验的?似乎两者都不是。那么安丝科姆如此翻译的理由是什么呢?我不明白。

许多人在追寻人生的意义和道德的价值的时候,经常会导致相信在世界之外存在着某种超验的存在。我们可以在詹姆士的《宗教经验种种》中找到很多这样的例子,而托尔斯泰的经验可以说是这方面的一个生动的例子。就像我们前面看到的,托尔斯泰一度完全失掉了人生有任何意义的想法。但是他并没有放弃追寻人生的意义,而是转向另一方向去追寻,用他的话说:"人生的意识……像一股力量,迫使我将心灵放置到另一个方向上,并且使我摆脱绝望的状态",而这一力量不是别的,恰恰就是"对上帝的渴望",对上帝的信仰。[①] "信仰是人生的意义,由于这种意义,人才没有毁灭自己,而是继续生活下去。它是我们借以生活下去的力量。如果一个人不相信他必须为了某种东西而生活,他就不会生活下去。无限的上帝的观念、人的行为与上帝融而为一的观念是存在于人类思想的无限神秘的深处的观念。没有这些观念,就没有人生的存在,没有这些观念,我就不会存在。我开始明白了,我没有权利依赖我自己的推理,忽视信仰给出的答案,因为,这些答案是人生意义问题的仅有的答案。"对于托尔斯泰来说,当他有了上帝的观念之后,一切都改变了,就像他所说的:"由于有了这一思想,我心中又升起了生活的渴望。我之中的一切都苏醒了,都获得了一个意义。……我为什么还要更有所求?一个声音在我之中问道。他就在那里:没有他,人就不能生活。生活和承认上帝是一件事情。上帝就是人生之所是。那么,去生活吧,去寻找上帝吧,没有上帝就没有人生。"[②]在这里,托尔斯泰不仅把上帝看作是人生意义之源,而且甚至就将其看作是人生意义的体现。这一上帝观念与传统基督教的上帝观念非常不同。我们可以将之称作伦理化的上帝、人性化的上帝。詹姆士赞扬和同情这种宗教倾向,在《宗教经验种种》中,他多次引用了宗教心理学家罗伊巴,罗伊巴"将宗教生活的神学方面完全地从属于其伦理的方面",[③]而且他走得如此之远,以至于说:"宗教的目的最终说来不是上帝,而是人生,更宽广、更丰富、更令人满意的人生。对生活的热爱,在任何层次上,都是宗教的动力。"詹姆士还引用了另外一个作家本德尔的话:"宗教不是追问上帝的存在,不是探究世界的起源和目的,而是追问人的存在。宗教

[①] 《宗教经验种种》,第150页。
[②] 同上书,第184—185页。
[③] 同上书,第201页。

对生命的所有看法都是以人为中心的。"①

维特根斯坦将上帝(或神秘的东西)当作人生的意义和伦理价值的所在,因此,其上帝也是这种伦理的和人性化的上帝。比如,在1916年6月11日的日记中,他将对上帝的信仰同人生的目的和意义直接地联系起来,并且多次说:"我对上帝和人生的目的知道什么呢?我知道这个世界存在着。……我知道关于世界有某种东西是难以理解的,我们将这种东西称为世界的意义。我知道这个意义不在世界之内,而在世界之外。我知道人生就是世界,我的意志穿透这个世界,我的意志或是善的或是恶的。因此,善和恶是与世界的意义相关联着。我们可以把人生的意义,即世界的意义称作上帝。把上帝比作父亲,就是与这一点相联系的。祈祷就是思考人生的意义。"②他在1916年的7月8日又说道:"信仰上帝就是理解人生的意义问题。信仰上帝意即看到世界的事实不是终极的东西。信仰上帝意即看到人生有一种意义。"③不难看出,从根本上说,维特根斯坦的话和托尔斯泰的话之间有一种惊人的相似。因此,我认为可以合理地做出这样一个推理:维特根斯坦上帝观念或神秘的东西的观念是通过阅读詹姆士的《宗教经验种种》,在托尔斯泰及其他人所代表的伦理化的和人性化的宗教倾向的影响下形成的。

从以上所说我们看到,维特根斯坦关于神秘的东西的形而上学本质上是一种伦理学的神秘主义和唯心主义。他将人生及其意义和价值与事实世界以及人们的实际生命(用他的话说"生理学的生命当然不是'人生'。心理学的生命也不是'人生'"④)分离开来,并且将之神秘化和神圣化为世界之外的不可表达的、超验的存在。这是维特根斯坦从

---

① 《宗教经验种种》,第507页。
② 《1914-1916年笔记》,第72-73页。
③ 同上书,第74页。
④ 同上书,第77页。

《1914-1916年笔记》到《逻辑哲学论》间所形成的形而上学的核心,在这种形而上学中,他探讨了上帝、自我、意志、善、恶等问题。所有这些问题都来于和归于其关于人生的神秘观念、其超验伦理学的神秘观念。这样我们就可以理解,维特根斯坦为什么1919年在给费克尔的信中直率地申明说:"这本书(《逻辑哲学论》)的主旨是伦理的。"①

在这里,我要对逻辑形式问题说几句话,有些评论者把它当作《逻辑哲学论》中神秘东西领域的一部分。比如,按照罗素的看法"维特根斯坦把整个伦理学的主题都放在了神秘的、不可表达的领域",而且语言的不可表达的逻辑结构或逻辑形式也是神秘的东西。加之,他还相信维特根斯坦对神秘东西的态度"很自然地来自于其纯逻辑的学说"。② 马斯洛更清楚地和确定地说:"维特根斯坦在'不可表达的'意义上使用形容词'神秘的',因此逻辑形式是神秘的,'是实在的诸神秘方面之一'。"③

如此理解维特根斯坦关于不可表达的和神秘的学说是错误的。这种理解忽略了在维特根斯坦那里有两种不可表达的东西,而且不可表达的绝对不等于神秘的。在维特根斯坦那里,逻辑形式是不可表达的,但这不是因为它处于世界之外,因而处于语言之外,就像人生的意义和伦理的价值那样;相反,恰恰是因为它蕴含在世界之中,并且反映在语言之中。维特根斯坦说:"为了能够表达逻辑形式,我们必须能够将我们自己和命题置于逻辑之外,也就是处于世界之外。"④这当然是不可能的,但这些话已表明,逻辑形式不像伦理的东西那样是超验的,因而不能被归于神秘的领域。维特根斯坦确实说过:"伦理学不讨论世界。

---

① 恩格尔曼:《维特根斯坦来书》,牛津,1967年,第144页。
② "《逻辑哲学论》导言",第 xxxxl 页。
③ 马斯洛:《维特根斯坦〈逻辑哲学论〉研究》,第155-157页。
④ 《逻辑哲学论》,4.12。

伦理学必定是世界的一个条件,就像逻辑是世界的一个条件那样。"①但是,尽管它们都是世界的条件,二者却是完全不同的:伦理学之为世界的条件,是由于其在世界之外作为世界的界限和前提,从而是超验的;逻辑之为世界的条件,是由于其在世界之中作为世界的结构或框架("逻辑命题描述世界的框架")。②逻辑不是经验的,"逻辑先于所有的经验",然而,逻辑处于世界之中,"逻辑遍布于世界:世界的界限也是逻辑的界限"。③逻辑不像伦理学那样是世界的超验条件,而是世界的先天条件,就像维特根斯坦所说的那样:"逻辑是先验的。"④因而,它不是神秘的,尽管它不能用语言来表达。

总之,神秘的东西不等于不可表达的东西。对于维特根斯坦来说,神秘的东西是不可表达的,但是更重要的是,神秘的东西是伦理学的和超验的;如果我们不理解这一点,就几乎不能理解《逻辑哲学论》中形而上学的本质。

三 对语言的逻辑分析和神秘的东西的显示

维特根斯坦认为,人类有一种内在倾向,追寻世界之外的不可说的神秘的东西,而且人们总是有一种冲动,或者感到有一种冲动,想"冲出语言的界限",也就是说,去言说不可言说的东西,但是"我们对于不可说的东西所说的任何话都先天必然地是无意义的"⑤,就因为它是绝对不可说的。各种类型的形而上学命题、理论、学说都是这种无意义的

---

① 《1914—1916年笔记》,第77页。
② 《逻辑哲学论》,6.124。
③ 同上书,5.552,5.61。
④ 同上书,6.13。
⑤ 《维特根斯坦和维也纳学派》,英文版,1979年,第68页。

话,或者像维特根斯坦所说的:"在哲学著作中发现的大部分命题和问题不是假的,而是无意义的。"①

神秘的东西不能用语言来表达,不能用命题来表达,因而,对于神秘的东西,我们不能建立一个肯定的形而上学,不能为之建立一种像罗素和维特根斯坦在其《1913-1914年笔记》中所建立的那种事实的形而上学,这种形而上学直接建立在逻辑之上。但是,按照维特根斯坦的看法,神秘的东西可以显示自身,他说:"确实存在着不可言说的东西。它们显示自身。它们是神秘的东西。"②这里的问题在于:神秘的东西是以什么方式显示自身的?或者换句话说,我们能以什么方式理解神秘的东西?我认为维特根斯坦《逻辑哲学论》的主要目的就是要回答这一问题。

有人认为,维特根斯坦所说的神秘的东西的显示就是一种直觉。如马斯洛曾说:"直觉所把握的东西就是维特根斯坦称之为神秘的东西的一个实例。"③我无意否定维特根斯坦所说的神秘的东西的显示有可能包括直觉,但是我认为,维氏所说的显示不能被归结为西方哲学史上许多神秘主义者所说的直觉,这种直觉是没有任何中介、任何过程的绝对的直接性。

维特根斯坦之所谓显示不是突然顿悟那样的纯粹直觉。他强调说:哲学"是要通过清楚地表现可说的东西,来指出不可说的东西"。④在维特根斯坦那里,"可言说的东西"意指自然科学,即自然科学的命题和它们所表达的世界的事实。"清楚地表现可说的东西"意指对科学的命题和世界的事实进行逻辑的分析和澄清,也就是对语言和世界进行

---

① 《逻辑哲学论》,4.003。
② 同上书,6.522。
③ 马斯洛:《维特根斯坦〈逻辑哲学论〉研究》,第156页。
④ 《逻辑哲学论》,4.115。

逻辑分析。就像上面所说的,维特根斯坦认为,我们感觉到自然科学没有回答人生的意义问题,因而我们要追寻世界之外的神秘的东西。但是,自然科学本身并未向我们显示神秘的东西。只有通过对语言和世界进行逻辑分析,神秘的东西才能显现给我们。这是通往神秘领域的唯一方法和道路。

《逻辑哲学论》中对语言和世界的分析是维特根斯坦1913-1914年笔记中的逻辑分析的发展,而且可以说是一种更为完备形式的逻辑原子论。然而,《逻辑哲学论》中对语言和世界的逻辑分析,即逻辑原子论不再是维特根斯坦追求的形而上学的终极,而只是通向神秘的东西的形而上学的一个阶梯,就像维特根斯坦在《逻辑哲学论》的结尾极明白明确地说的那样:

"我的命题以下述方式起一种解释的作用:凡是理解我的人,当他借助这些命题,攀登上去并超越它们时,最终会认识到,它们是无意义的(可以说,在爬上了梯子之后,就必须把梯子丢掉)。

他必须超越这些命题,然后才能正确地看世界。"①

"对于不可说的东西,我们必须保持沉默。"②

在这里维特根斯坦告诉我们,我们借助逻辑分析的梯子把捉到神秘的东西,但是我们不能言说它,我们不能对之做任何的断定。如果我们想对它言说些什么,这种言说就只能是无意义的,而且也恰恰表明你没有真正地理解维特根斯坦,以及其《逻辑哲学论》的整个工作。我们也许可以说这是一个否定的形而上学。中国著名的哲学家冯友兰教授曾非常正确地说,在维特根斯坦那里,"以形上学的负方法讲形上学"。但是他认为维特根斯坦所说的"沉默"与佛教禅宗慧忠教人佛教的"第

---

① 《逻辑哲学论》,6.54。
② 同上书,7。

一义"或终极教义的方法相似,即是说"于静默中'立义境'",也就是说没有语言,甚至没有姿势暗示地显示佛义。这种方法可以被称为"无语中无语"。① 我认为在维特根斯坦和禅宗之间做这样一种类比并不恰当。禅宗自始至终都保持沉默。如果维特根斯坦亦如此,他就不必要讲上面所引那一段关于梯子的话了,而且也完全不用写《逻辑哲学论》了。如果我们想在维特根斯坦和中国哲学之间做一比较的话,我倒愿意将他与道家相比较。道家的终极原则"道"是不可言说和命名的,但是如果你想理解它,你就必须使用语言,也就是说,以哲人的命题、学说为达"道"的手段。"道"与这些命题、学说的关系就像鱼与筌的关系一样。筌不是鱼,甚至与鱼没有任何相似的地方,然而,没有筌,就不能得到鱼。但是道家强调说,如果已经得到鱼了,就应该放弃或忘记筌。禅宗的方法是:无筌而得鱼,道家与维特根斯坦的方法是,得鱼而忘筌。筌就是维特根斯坦所说的梯子,即《逻辑哲学论》中对语言和世界所做的逻辑分析。既然已经得鱼,筌就可以被忘了,忘就是无意义了。我们可以说,正是在这个意义上,维特根斯坦声称,如果人们真正地理解了他的话,就会知道,他在《逻辑哲学论》中所写的所有命题都是无意义的。

---

① 《新知言》,商务印书馆,1946年,第94,97页。

逻辑实证主义关于意义的证实原则及其演变[*]

证实原则或关于意义的证实原则是维也纳学派逻辑实证主义者提出的关于命题意义的标准,更确切地说,是关于经验命题的意义的标准。逻辑实证主义者认为,有两类不同的知识命题,一类是逻辑和数学的命题,这类命题是先天的命题,它的真伪无赖于任何经验的证实,仅仅根据对命题所包含的语词或符号含义的分析就可以判定其真伪。数学真理、逻辑真理都是所谓同语反复的,都是像 A=A 这样的重言式。例如 2+2=4,根据 2,4 和加号+的含义,我们就可以知道它必然是真的,因为 2 的含义就是 1+1,4 的含义就是 1+1+1+1,这样 2+2=4 就可以分析为(1+1)+(1+1)=1+1+1+1,这是一个同语反复,它并不断定任何事实,与经验全然无关。但这类命题是有意义的,因为它们是语词、符号的合乎逻辑的结合。另一类命题是各门科学(自然科学和社会科学)的命题,这类命题是后天的经验的命题,是关于事实的命题,它们的真伪须由经验来证实,它的意义就在于它们的真伪在经验上的可证实性(维也纳学派早期一个著名的说法是:"一个命题的意义就是它的证实方法")。所以这是一个经验主义的意义标准。逻辑实证主义者认为,这个标准划分了有意义命题和无意义命题的界限,也划分了科学和形而上学的界限。形而上学命题都是缺

---

[*] 1985 年 9 月在武汉湖北大学哲学研究所的学术讲演,据原稿整理,有增删。

乏经验内容、根本不可证实的，不可证实即无真伪可言，无真伪可言的命题就是无意义的似是而非的命题。因此，证实原则这个意义标准是逻辑实证主义者用以反形而上学、清除形而上学的一个武器，在他们的哲学中占有极重要的地位，是逻辑实证主义哲学学说的一个核心，是其全部理论的一块基石。有人甚至说"逻辑实证主义的学说即包含在著名的证实原则中，认为它的一切其他原则都是这个原则的绎理，也许是恰当的"。①

一、思想来源

逻辑实证主义关于意义的证实原则之提出，其来有自，不是没有师承，没有思想渊源的，那么其来源是什么呢？

（一）有人追溯得很远，例如，波普尔（Popper）认为，"这个理论至少可以追溯到霍布斯；……它也被巴克莱（以及其他唯名论者）的确有力地使用过"，"按照霍布斯和巴克莱的看法，赋予一个语词以意义的唯一的方法是把这个语词与某种可观察的经验或现象联系起来"，而一个命题所包含的语词之具有经验的内容或意义是这个命题成为有意义的命题的首要条件。② 刘易斯（C. l. Lewis）也认为，关于命题的经验意义的要求最早是巴克莱提出来的，巴克莱就是以唯物主义者的物质概念缺乏感觉经验的来源和内容而"证明"它是"空洞而没有意义的"。③ 逻辑实证主义者自己一般是追溯到休谟，他们认为"经验主义的意义标

---

① E. 盖尔纳：《词与物》，伦敦，1959年，第79页。
② K. R. 波普尔：《猜测与反驳》，Routledge & Kegan Paul 出版公司，1962年，第258-259页。
③ C. I. 刘易斯："经验与意义"，载《刘易斯文集》，斯坦福大学出版社，1970年，第261页。

准,休谟已经在心理学的形式上异常明显地在使用了"。[1] 所谓"心理学的形式",是说休谟从心理发生学的角度就观念的感觉来源讨论观念的意义问题。休谟认为,我们的一切观念归根结底都是由原始的感觉印象来的,许多观念是原始印象的摹本;有些观念则否,是原始印象的任意组合,并不忠实表现原始印象。哲学上的许多名词就是代表这类观念的。我们只要考察一下那些观念是从什么印象得来的,如果找不出任何感觉印象是其原本或原型,那么我们就可以认为代表它们的哲学名词都是没有任何意义的。休谟相信,这样就可以把哲学上的许多争论解决或解消了(《人类理智研究》第2章"观念的起源")。我们可以说,休谟在这里提出了一个划分观念之有无意义的标准。

逻辑实证主义者也曾提到现代哲学中实用主义关于意义的理论与他们的证实原则有相似之处,虽然它并不是逻辑实证主义的意义证实原则的实际来源。实用主义的意义理论主要是皮尔士提出来的。他认为,一个观念的意义就是所观察到的这个观念的实际的结果。为了确定一个观念的意义,我们应当考察一下那个观念可能会有什么实际的结果出现,这些结果的总和就构成了这个观念的全部意义。所谓结果,皮尔士说不一定是已然发生了的效果,而可以是想象的、预期的效果。一个观念只要可以想象、预期它有某种效果,就是有意义的,这个观点与逻辑实证主义者所谓原则上的可证实性的说法很接近。

不过,应当指出,过去的这些哲学家都是以观念及其语词为意义的单位,主要是讨论观念及其语词的意义,而不是讨论命题的意义。逻辑实证主义者与此不同,他们继承弗雷格和罗素关于命题、语句具有语义优先性的思想,不是将观念、语词而是将命题、语句作为意义的基本单

---

[1] "实证主义思想的力量",载《美国哲学学会会刊》,第36卷(1963年),第23页。

位,他们讲证实原则,是把证实作为命题的意义的标准来讨论的。如蒯因所说:"曾在维也纳小组的学说中占主导地位的意义证实理论就是研究句子而不是语词的意义和有意义性的。"①

(二)逻辑实证主义者的意义证实原则真正直接的主要思想来源,其实并非远在前代先贤,而是就来自同时代的哲学家,来自与维也纳学派中人有密切关系的维特根斯坦。维也纳学派的两位领袖石里克和卡尔那普都曾明确地讲,他们的证实原则得之于维特根斯坦。石里克在1936年"意义与证实"一文中说他在此文中关于意义问题的观点"在很大程度上要归功于同维特根斯坦的交谈,这些交谈对我自己关于这些问题的看法有极大的影响"。② 卡尔那普在1957年为"新旧逻辑"(1930年)一文写的"跋"中说:"早期的可证实性原则最初是维特根斯坦提出来的。"③

许多人赞同逻辑实证主义者自己的这个说法。例如,厄姆逊认为,证实原则的思想已暗含在维特根斯坦的逻辑原子论学说里了。维特根斯坦在《逻辑哲学论》中已有暗示,但未明白阐述罢了。④ 昆顿也持这个看法,认为把维特根斯坦关于意义的基本学说加以应用,就会得出"逻辑实证主义的著名的中心论点即证实主义学说"。⑤ 安丝科姆也承认,石里克之提出证实原则,是受了维特根斯坦的影响,也可以说逻辑实证主义是从维氏的《逻辑哲学论》"产生"出来的。但是,安丝科

---

① "实用主义者在经验主义中的地位",载陈启伟主编:《现代西方哲学论著选读》,北京大学出版社,1992年,第514页。
② "意义与证实",载《石里克哲学论文集》,第2卷,D. Reidel 出版公司,1979年,第458页。
③ "新旧逻辑",载艾尔编:《逻辑实证主义》,自由出版社,1959年,第146页。
④ 《哲学分析及其在两次大战间的发展》,牛津大学出版社,1956年,第109页。
⑤ 见 A. 昆顿的"导言",载 B. 马吉编:《现代英国哲学》,Martin's 出版社,纽约,1971年,第6页。

姆认为这二者又是"颇不相同"的。维特根斯坦认为,一个有意义的命题就是有真假可言的命题。"了解一个命题,意即知道当其为真时是什么情形(因此无须知道其是否为真,我们就能了解这个命题)"(《逻辑哲学论》4.024)。这也就是说,了解一个命题有无意义,只须指出它有无真值条件和真值条件如何,并不更进而需要证实,正如安丝科姆所说,在《逻辑哲学论》中"根本没有谈到可感觉的证实"。所以把命题意义的经验证实的学说"归之于"《逻辑哲学论》是"有一定困难的"。①

应当承认,就《逻辑哲学论》来说,维特根斯坦确实没有明白谈到"证实"。因此,过去人们一般都相信毕竟是维也纳学派的人首先明确提出证实原则的。现在看来这个看法也不符合事实。根据上世纪60年代末披露的材料,我们发现,维也纳学派关于命题的意义就是它的证实方法的著名论点其实也是直接取自维特根斯坦的。由麦克奎奈斯整理、编辑石里克、魏斯曼与维特根斯坦的谈话记录而成的《维特根斯坦与维也纳学派》一书中,我们就看到维特根斯坦多次反复谈到命题意义的证实问题。例如在"一个命题的意义就是它的证实"这个小标题下,记录了维特根斯坦如下的一次谈话:

"如果我说(例如)'在碗柜上有一本书',我如何着手来证实它呢?如果我瞥它一眼,或从不同方面看它,或把它拿在我手上,触摸它、打开它、翻动书页,如此等等,是不是就足以证实了呢?这里有两种观点。一种观点认为,不论我怎么做,我都绝不可以完全证实这个命题。命题似乎永远保持一种秘密而不公开。无论我们做什么,我们都绝不敢肯定我们没错。另一种观点,即我所持的观点,则认为:'不,如果我根本

---

① 《维特根斯坦〈逻辑哲学论〉导论》,哈珀,火炬丛书,1963年,修订第2版,第151-154页。

不能完全证实一个命题,那么我们也就不能用这个命题意谓任何东西。因此这个命题就不表示任何意义。'为了确定一个命题的意义,我们必当知道一种很特殊的方法,使我了解这个命题在什么时候才能认为是被证实了的。"①在其他几次谈话中,维特根斯坦说:

"一个命题的意义就是它的证实方法。"②

"一个命题的意义就是它的证实方法。……为了理解一个命题,你需要知道它的证实方法。具体说明这种方法,就是说明一个命题的意义。"③

维特根斯坦在谈话中也提到《逻辑哲学论》中的说法,即:"了解一个命题意即知道如果这个命题是真的是怎样的情形。"又说:"如果我说明一个命题在什么条件下要被看作真的或假的,那么我因此也就说明了这个命题的意义(这是真值函项的基础)。"但是维特根斯坦在这些谈话中并不注意这个说法(说明命题的真值条件)与命题意义的证实的说法有何区别,而似乎是将二者视若等同的。例如,紧接着上面这段话,维特根斯坦又说:"如果我不能明确指出这个命题在什么条件下要被看作被证实了的,那么我就不曾给予这个命题一种意义。"他还强调所谓证实就是断然肯定的证实:"一个陈述不能被确实无疑地证实,就是根本不可证实的。"因此,"一个不能以任何方法加以证实的命题就没有任何意义"。④

维特根斯坦关于命题意义证实的这些思想在其生前从未亲自撰文公开发表,而是由维也纳学派的人最早为之传述的。

---

① 《维特根斯坦与维也纳学派》(魏斯曼记录的谈话),B.麦克奎奈斯编,1979年,第47页。
② 同上书,第79页。
③ 同上书,第227页。
④ 同上书,第244-245页。

二、证实原则的演变

逻辑实证主义者关于意义证实原则的最典型的或经典的提法("命题的意义就是它的证实方法")是在1930年代初才出现的,而一经提出就在哲学界引起了长时间的热烈的讨论。在讨论的过程中逻辑实证主义者对证实原则的表述经历了不断的修正和演变。

(一) 强可证实性原则 I

逻辑实证主义者最初提出的命题意义的标准("命题的意义就是它的证实方法"),用艾尔的说法,是一个强可证实性原则,即命题的意义在于其完全的实际的经验证实。这个证实原则最早见诸文字是由魏斯曼在1930年发表的"或然性概念的逻辑分析"一文中提出来的。他说:

"一个陈述描述一个事态。这个事态或者存在,或者不存在。中间状态是没有的,因此在真与假之间也没有任何居间者。如果我们不能以任何方式指明一个命题何时为真,那么这个命题就根本没有任何意义;因为一个命题的意义是它的证实方法。实际上,无论何人说出一个命题,他一定知道在什么条件下称这个命题是真的或假的,如果他不能说明这一点,那么他也就不知道其所云为何。一个陈述不能被确定无疑地证实(endgültig verifiziert),就是完全不可证实的;它就是没有任何意义的。"[①]

魏斯曼在这里,一是讲证实就是实际的证实,二是强调证实必须是完全的确定无疑的证实。

[①] "或然性概念的逻辑分析"(1930),载魏斯曼《什么是逻辑分析?》,法兰克福,Athenaum 出版社,1973年,第5页。

按照这个说法,则只有由个人的直接经验实际地完全地证实的命题才是有意义的命题。这大概就是亨佩尔在"经验主义的意义标准"一文中所说的,在维也纳学派早期,"可以允许"作为意义证实的经验"证据"的东西"最初只限于说话者或许还有其同伴们在其有生之年所能观察到的东西",这样一个意义标准就会"将所有关于遥远的未来和久逝的过去的命题都作为认识上无意义的命题排除了"。① "而且也难以逃脱唯我论的指责"。

(二) 强可证实性原则 II

第一种形式的证实原则很快就被修正了,这是石里克1932年在"实证论和实在论"中提出而在1934年的"意义与证实"中进一步发挥了的。石里克说:"一个命题的意义仅仅在于它表达了一定的事态。要给予这个命题以意义,就必须指出这个事态。"所谓"指出"一个命题所表达的事态,就是指出这个命题之为真假的条件,石里克认为,这也就是"证实"。"对一个命题之为真的条件的陈述,与对其意义的陈述是一回事",因此,我们可以说,一个命题的意义就是它的证实方法。② 而且石里克也认为这种证实必须是确定无疑的。显然这还是一个强可证实性原则。

但是,为了避免遭到唯我论的责难,石里克在这两篇文章中反复指出,他所说的证实不是实际的证实,而是指原则上或逻辑上的可证实性,也不是个人的经验的可证实性,而是指任何人的乃至非人类的经验的可证实性。

---

① "经验主义的意义标准",载艾尔编:《逻辑实证主义》,自由出版社,纽约,1959年,第116页,注5。
② "实证论和实在论",载同上书,第87页。

石里克说,他所谓证实,乃就原则上而言,乃就逻辑上而言,不必是实际上技术上可能的证实。一个命题只要在原则上具有证实的可能性,即使实际上不可能直接或间接地由感觉经验证实之,它也是有意义的。例如,"在月球的那面有三千米的高山"这个问题,就当时的科学水平来说,虽不能做出确定的答复,但是,这只是技术上实际上不可能,并不是原则上不可能,在原则上我们总是可以设想对这个问题做出经验的证实,就是说,我们可以设想一个登上月球背面某处的人所看到、触到的东西。我们可以设想他也具有同我们一样的感官,只要他看一看,关于三千米高山之存在与否的问题就可以在他的感觉经验中被证实了。所以,所谓"原则上的可证实性"不外乎是把实际的感觉证实的可能性变成一种想象中的感觉证实的可能性,把我的实际的经验变成我的或一个假设的目击者的可能的经验。

石里克认为,根据他所说的原则上或逻辑上的可证实性,我们可以承认关于地球上还未出现人之前的遥远的过去的命题和关于地球上居民将归于消失的遥远的未来的命题都是有意义的。例如,"即使所有的人都从世界上消失了,星球将继续按自己的轨道运行"这个论断是不是有意义的呢?石里克说,它是有意义的,它虽然没有实际的经验证实的可能性,但是有逻辑上的可证实性。不过这种逻辑上的可证实性不是像月球上有三千米高山的例子那样设想一个假设的目击者的经验,而是要诉之于一种所谓"无主体"的即非人的经验。石里克说:"由于经验的中立的无人称的性质,没有'心灵'的证实在逻辑上是可能的。原始经验(即仅仅存在着有序的感觉材料)无须以'主体'、'自我'、'我'或'心'为前提,它不是任何生物体的经验。因此想象一个没有动植物和人的身体(包括我的身体)、没有上述那些心理现象的宇宙是并不困难的。……我们可以用我们的实际经验去描写这个宇宙,只要把所有涉及人体和情感的词语去掉就行了,只要说这个宇宙是一个可能经验的世界就够了。"①这个说法当然是一种自我解嘲,无法自圆其说的。所谓"没有主体"的经验原来不过是我们自己的实际经验的扩张。我承认没有我存在于其中的世界是可能的,但是这个世界必须是根据我的经验而能被设想的。它无论如何必须以某种方式为我的经验所证实。归根结底,这还不是唯我论吗?

石里克的这种略做修正的强可证实性原则碰到的困难仍然多多。其中难以应付的一大困难是关于科学法则(科学律)的普遍命题的意义问题。科学法则不是许多可观察的经验事例的集合,而是概括了过去、现在、未来的一切现实的和可能的事例的普遍的或全称的命题。这样的命题是不是可证实的呢?实际的证实显然是不可能的,原则上、逻辑上的证实是不是不可能的呢?按照强可证实性的要求,也是不可能的,因为科学法则既适用于过去、现在与未来的一切可能的事例,那么要穷尽这个普遍命题所涉及的所有事例,把这一切都囊括无余,就意味着要完成一个永远完成不了的工作,这也就是说,科学法则是根本(在原则上)不可能确定无疑地完全证实的。因而必然是无意义的。事实上,石里克后来确实认为自然科学法则是无意义的,他说:"自然法则并不具有普遍的含义,因为它们不可能得到一切事例的证实。"它们"决不是真正的命题"而"勿宁是研究者用以寻找途径、发现真命题、预测某些事件的一些规则或指南"。甚至说它们就是"nonsense"(胡说、废话、无意义之语),不过是一种"重要的 nonsense"罢了。②

石里克的这个强可证实性原则在上世纪30年代就遭到许多学者的批评。例如,与维也纳学派非常接近的波普尔认为,逻辑实证主义者

---

① "意义和证实",载费格尔与塞拉斯编《哲学分析选读》,纽约,1949年,第169-170页。

② 石里克:"现代物理学中的因果性",载《石里克哲学论文集》,Reidel 出版公司,1979年,第二卷,第197页。

要为科学和形而上学划界的这个可证实性意义标准把科学连同形而上学一起都给否定了。他说:"实证主义者想要消灭形而上学,却连同自然科学也一起消灭了",按照他们的意义标准,作为物理学家"最高任务"所探求的"自然法则"会被认为是"无意义的"而被抛弃了,"它们决不可能被承认为真正的或合法的命题"。① 类似的批评很多,例如,美国的威克麦斯特指出,逻辑实证主义者把科学的普遍命题的意义限制于经验上的可证实性,就必然把科学法则否定了,他说:"科学法则由于具有普遍性而'超越'了经验,如果'超越经验'的一切知识都被作为无意义的而加以责斥,那么'经验科学'必然同'思辨的形而上学'一起被抛弃了。"②

(三) 可证假性原则

强可证实性原则难以应付科学法则的普遍命题的意义问题。如何摆脱这个困难?最先提出一个解决方案的并不是石里克本人或他的维也纳学派中人,而是对之批评甚烈的波普尔。他提出了一个与可证实性原则正相反对的原则:可证假性原则。

波普尔说:"自然科学理论,尤其是我们所说的自然律,具有严格的普遍陈述的逻辑形式。"我们承认自然科学,就不能不承认其普遍命题是有意义的。但是,其是否具有意义,并不在其能否为经验所证实,并不在其有没有逻辑实证主义者所说的(不论实际上的还是原则上的)可证实性,而在其有没有被否证的可能性,或者说可证假性。他说:"我的提议是建立在可证实性和可证假性的一种不对称性上的,这种不对称性来自于普遍陈述的逻辑形式,因为这些陈述虽决不能从单称陈述推

---

① 波普尔:《科学发现的逻辑》,纽约,1961年,第36页。
② 威克麦斯特:"逻辑实证主义的七个论题之批判的考察",载《哲学评论》,纽约,1937年。

导出来,却可以有单称陈述与之相抵牾。因此,我们可以通过纯粹的演绎推论,从单称陈述之真证明普遍陈述之假。"[1]例如,我们不能根据所有搜集的事例确实无疑地断定所有的天鹅都是白的,但是我们只要能指出有一只天鹅不是白的,就可以确定无疑地证明"所有的天鹅都是白的"这个普遍命题是假的。因此,波普尔认为,如果我们把原则上可证假性作为标准,我们就可以肯定科学规律的命题是有意义的,而且他认为,可证假性是一切事实陈述的可靠的试金石。

对于波普尔的这个说法,人们很快也提出了反驳。批评者说,诚然,对于"所有天鹅都是白的"这个普遍命题,我们只可证假,而不能证实。但是,对于"有些天鹅是白的"这个命题,你却又只能证实,而不能证假了。因为这个命题是一个逻辑上的特称命题,你要把它证假,就必须拿一个普遍命题(全称命题)与之对立,即指出"所有天鹅都不是白的",也就是说,你要把"有些天鹅是白的"这个特称命题证假,你必须先证实"所有天鹅都不是白的"(或"没有一只天鹅是白的")这个普遍命题,而根据波普尔的可证假性原则,这是根本不可能的。由此可见,如果把命题意义的标准规定为它的可证假性,那么我们虽然可以肯定普遍命题是有意义的,但是却不得不把诸如"有些天鹅是白的"这样极普通极常见的特称命题或存在命题作为无意义的而加以排除了。

不过,波普尔对可证实性的标准的批评,确实促使维也纳学派的人不得不考虑重新表述一个关于意义的标准,一个比可证实性更宽大自由些的标准,这主要是卡尔那普、诺依拉特、哈思等人所做的工作,卡尔那普后来提出的一个新的标准是抛弃了证实的概念。差不多同时,英国的一位维也纳学派门徒 A.J.艾尔则以修正的形式提出了另一个证实原则,即所谓弱可证实性原则,他仍保留证实的概念,但要求大大"弱

---

[1] 《科学发现的逻辑》,纽约,科学出版社,1961年,第41页。

化"或放宽了,我们下面就先说一说艾尔的这个"弱"原则。

(四)弱可证实性原则

如上所述,确实无疑的完全的可证实性和可证假性原则都有毛病,都有其过于苛刻之处,都不可能成为命题有无意义的适当的标准,因而逻辑实证主义者就试图提出一种较宽的标准,艾尔是较早做了这样尝试的。他在1936年《语言、真理和逻辑》一书中提出区别强的可证实性和弱的可证实性,他认为按弱的可证实性标准,可以承认不可确实无疑地完全证实的命题为有意义的命题。

艾尔对弱可证实性原则是这样讲的:"我们可将记录一个实际的或可能的观察的命题称为经验命题。于是我们可以说一个真正的事实命题的标志不在于它要等值于一个经验命题或等值于任何有限数目的经验命题,而仅仅在于一些经验命题可能从这个事实命题与其他某些前提的合取中推导出来而不能单独由那些其他前提推导出来。"[①]

艾尔的话不是一看就明白的,需要做些说明。我们可以艾尔所举普遍命题的例子看一看他是怎样按其"弱可证实性"的标准确定其意义的。艾尔说:"我们考察一下例如'砒霜是有毒的'、'一切人都是有死的'、'物体受热则会膨胀'这样一些关于规律的普遍命题"。我们这里只取其一例即"砒霜是有毒的"这个命题略谈一下。这是一个普遍命题,显然不可能得到确定无疑的完全的证实,因为我们不可能获得无穷多的(过去、现在和未来)观察经验来支持它,但是,这个命题显然是一个众所公认的科学命题。艾尔说,只要把强可证实性的标准改变为弱可证实性的标准,即不要求完全的证实,而只要求部分的可证实性,那么就可以肯定这个命题是有意义的了。就是说,这个命题虽然不是可

[①] 艾尔:《语言、真理和逻辑》,第2版,纽约,Dover出版社,第38-39页。

完全证实的,但是当我们把它和其他命题合取时(即把这个命题与其他命题联结起来)却能使我们做出可被感觉观察检验的推论。就拿"砒霜是有毒的"这个命题来说,我们当然不可能由之单独直接推出一个单称观察命题,例如"张三会中毒",我们也不可能单从另一命题"张三服了砒霜"就推出"张三会中毒"。但是如果把"张三服了砒霜"这个命题与"砒霜是有毒的"这个普遍命题联结起来,作为两个前提,我们就能合乎逻辑地推出结论说:"张三会中毒。"而这个结论是能被经验观察所检验的。这样,"砒霜是有毒的"这个普遍命题至少是可由经验部分地证实的,从而可被承认为有意义的命题。

艾尔对他提出的这个所谓弱可证实性标准曾志得意满,认为它既克服了强可证实性的过度严格(连科学普遍命题的意义都否定了),又能将形而上学命题排除在意义的域限之外。但是,他的说法很快也遭到许多学者的批评,他们指责这个意义标准又太宽大了,连形而上学的命题乃至一些荒诞不经的谬说都可以被称为有意义的。例如,伯林说,按照艾尔的弱可证实性标准,我们可以说"这个逻辑问题是绿色的"这个命题是有意义的,因为把这个命题与另一个命题"我不喜欢一切深浅浓淡的绿色"联结起来,我们就可以推出一个不能由这两个前提中的任何一个单独推出的可经验证实的结论:"我不喜欢这个逻辑问题。"[①]

后来艾尔自己也承认他的弱可证实性标准是不行的,因为用这个标准可以证明任何命题都是有意义的。他说:"我说过这个标准似乎是足够宽大了,但事实上它是太过宽大了,因为它承认任何陈述都是有意义的。因为假设有任一陈述'S'和一观察陈述'O','O'不能单独从'如果S则O'推出,而可从'S'并且'如果S则O'推出。这样,'绝对是懒

[①] 伯林:"原则上的可证实性",载《亚里士多德学会会刊》,第XXXIX卷(1938-1939),参阅布兰夏:《理性与分析》,伦敦,1962年,第5章,第37节。

惰的'和'如果绝对是懒惰的,则这是白的'这些陈述连结起来就导出'这是白的'这个观察陈述,而且因为'这是白的'不能从这两个前提中的任何一个单独得出,它们一起则满足了我的意义标准。"艾尔说,看来其他类似"绝对是懒惰的"这样的"胡说"都可以满足这个标准而成为有意义的了。"但是一个如此宽容大度的意义标准显然是不可接受的"。①

(五) 可确证性、可检验性和经验主义语言的翻译

1935-1936年,卡尔那普提出了一个新的意义标准:可确证性原则(conformability)。卡尔那普说,他那时正在研究科学概念与某些基本概念(例如物质事物的可观察的特性)的关系问题,写了"真理与确证"(1935)和"意义与可检验性"(1936)两篇文章,指出关于物理世界的未观察到的事件的假设是不可能被观察证据所完全证实的。因此他认为应当抛弃证实的概念,而只能说这个假设是或多或少可被观察证据所确证或验证的。所谓"证实"(verification)和"确证"(conformation)并非技术意义上的区别,不是两种不同的验证方法或方式,而是指对命题真值的确定的不同要求或力度,卡尔那普说,"如果证实是指对真理的决定性的和最后的确立,那么没有一个(综合)语句是可证实的。我们只能愈来愈确证一个语句。因此我们将谈论确证问题,而不谈论证实问题。"②

开初卡尔那普并没有提出确证的程度问题,后来则引入了确证的比率或逻辑或然性(概率)这个量的概念,例如,一个自然律(物理学的或生物学的规律)作为普遍命题,它的可能的事例是无限之多的,决不

---

① 艾尔:《语言、真理和逻辑》,第2版引言,纽约,Dover出版社,第11-12页。
② "意义与可检验性",载《逻辑经验主义》,上卷,商务印书馆,1982年,第69页。

能够被我们的总是有限数量的观察所穷尽,所以我们不能够完全地绝对证实这个自然律,但是我们能够通过对它的许多个别事例的检验来检验它,即通过由这个规律推出的许多特称语句来检验它,随着这个连续进行的检验过程中肯定的事例逐渐增加,我们对这个规律的信念也愈益增长,我们不能说这是证实,但可以说这是一个"逐渐增强确证的过程",一个确证的程度或概率加大或增高的过程。①

总之,卡尔那普照建议以可确证性代替可证实性作为命题的意义标准。

一个命题或语句如果能够由一些观察语句在一定程度上所肯定地或否定地加以确证的话,那么它就是可确证的,也就是有意义的。卡尔那普相信,可确证性的要求既足以把一切非经验性质的语句如超验的形而上学语句排除于有意义性的领域之外,因为它们都是不可确证的,即使不完全的确证也不可能,同时可确证性的要求又消除了可证实性标准的过度严苛,而不会否定像自然律那样的科学普遍命题的意义。

值得指出的是,卡尔那普在提出了可确证性这个新的意义标准之后,他进而致力于以语言分析的形式将其表述出来,即建立一种理想的经验主义语言。照卡尔那普的意见,要满足可确证性的要求,这种经验主义语言只能包含两种成分:一种成分是逻辑常项,即数理逻辑使用的一些基本符号,如·(并且)∼∼(非,不),v(或者)u 或→(如果……则)等,另一种成分为语句的主词和谓词,它们都是指称可观察事物或事物的可观察特性的"名字",除此之外的语词都不允许在这种语言中出现。例如,形而上学的术语:"绝对"、"本原"、"理念"、"物自体"、"无"等等,由于不可能用观察谓词加以定义,所以根本不可能在这种理想的经验

---

① "意义与可检验性",载《逻辑经验主义》,上卷,商务印书馆,1982年,第75页。

主义语言中被表述出来,由这种形而上学术语构成的形而上学命题,也就是不可能被经验确证的,因而是没有意义的。

这样,卡尔那普提出的可确证性标准,从建立经验主义语言的角度来说,也可以说是一种可转换性或可翻译性标准,即可转换或翻译为经验主义语言的标准。一个语句如果能够做这种转换,就是有意义的,而且凡是从这个句子出发而为这种经验主义语言的转换规则就允许的推论也都是有意义的。一个语句如果不能进行这种转换,那么它也许是动人心弦的诗歌,使人狂热的宗教,引人入迷的形而上学,但是它没有陈述任何可确证的事实,只是对人生态度、生活情感的一种表达,并不具有任何认识的意义,或简言之,是无意义的。[1]

对于这种经验主义语言的设想,卡尔那普是颇为得意的。但是,问题在于,是不是真有这样一种理想的经验主义语言,使得我们通过对它的翻译(可翻译或不可翻译)就能轻而易举地将一切有意义的命题和无意义的命题、科学的命题和形而上学的命题划清界限。事实上,这种语言并不存在。卡尔那普后期曾倾全力去构造一种所谓经验主义的语言,试图将一切科学命题都翻译或转换为这种语言,结果还是困难重重,没有获得什么积极成就。例如,如果一个语句只有其组成词项都必须能够翻译或转换为可观察事物的个体词和表示其特性的观察谓词,才是有意义的,那么像高度抽象的理论物理学的科学命题难以做这样的翻译,岂不是无意义的吗?又如,类的概念如何能转换为仅包含个体词的语言?有些哲学家,如蒯因,古德曼等,曾继续卡尔那普的工作,企图搞出一种能将包括类在内的诸多抽象词语唯名论化的经验主义语言,也没有成功,说明经验主义语言的翻译是行不通的。

---

[1] 参阅卡尔那普:"意义与可检验性",布朗夏:《理性与分析》,第5章,第39节:"经验主义语言的可翻译性"。

三、二次大战后关于意义标准的讨论

如上所见,逻辑实证主义者在意义标准问题上的演变,可以说是节节后退,不断让步。1930年代关于这个问题的讨论在一个相当长的时间里成为分析哲学家争议论辩的焦点课题之一,二次大战以后,这个问题虽然继续有所讨论,但已经不是那么热门的问题了。

二战前后迁往英美的一些老的逻辑实证主义者(原属维也纳学派或接近维也纳学派的分析哲学家)一般还是坚持其放宽了的经验主义意义标准的,但又提出了些许修正。

例如,费格尔在1960年代写的两篇论文"经验主义陷入危机了吗?"和"实证主义思想的力量"中,一方面表示放弃了维也纳派早期的证实原则,另一方面则坚持可确证性的标准,为之进行辩护。他说,他不赞同逻辑实证主义者过去讲的"意义即证实方法"那个广为流行的公式。他说:"我认为,一个陈述的意义同它的证实方法没有什么关系。我也不承认陈述的意义在于我们对它的使用。按照真理概念的语义学解释,我认为一个事实陈述的认识意义在于它的真值条件。要根据'至少在原则上的间接的不完全的可确证性或可否证性'来界定事实上的有意义。"诚然要对此做出完全满意和充分精确的说明并非易事,但是,费格尔说,他相信一个陈述的原则上的可确证性"至少是对其事实上有意义性的逻辑条件的说明"。他认为,"这样来理解的话,那么这个意义标准仍可提供一个划分意义与无意义的明确的分界线"。[①]

另一位早已移居美国的维也纳学派成员亨佩尔也承认要找出一个

[①] "实证主义思想的力量"(1963),载《探求与挑衅》,Reidel出版公司,1981年,第43页。

绝对恰切的划分意义和无意义的标准是有困难的,但是他仍坚持可检验性的意义标准。在1966年出版的《自然科学哲学》一书中,他说:"一个陈述或一组陈述,只有在其至少在原则上能接受客观的经验的检验时,才能作为科学假设或理论而被提出来。"但是当这个或这组陈述(某理论或假说)被提出时,其"检验条件"不必是"已经实现了的或技术上可实现的",也就是说,它只是一种"原则上的可检验性",反之,"如果一个陈述或一组陈述是原则上就不可检验的,换言之,它根本没有任何检验关系,那么它就不可能作为一个科学的假说或理论被有意义地提出来,因为没有任何可以设想的经验的结果与之相符合或与之相冲突。在这种情况下,它对经验现象没有任何关系,或者也可以说,它没有经验的意义",这样的陈述"是似是而非的假说,只是表面上的假说"罢了。不过,亨佩尔也认为,"要给原则上可检验的假说和理论与原则上不可检验的假说和理论划一截然分明的分界线是不可能的。"但尽管如此,亨佩尔说,这个划分"对于评定一种假说和理论的意义和可能的解释力是重要而有启发性的。"①

如果说以往(包括二战后)哲学家们在议论逻辑实证主义的证实原则意义标准学说时,主要指责其过严、过苛、不能恰当地为科学和形而上学、有意义命题和无意义命题划出界限,因而提出使之放宽的种种修修补补之策,那么有一位哲学家则有异于是。他对逻辑实证主义证实原则的意义标准的批评不是补苴罅漏、补偏救弊,而是给以更有理论深度的,有力的批判和改造。这就是二战后美国著名的分析哲学家,逻辑实用主义者蒯因。他在1951年发表"经验论的两个教条"一文,完全否定了逻辑实证主义关于先天分析真理和后天综合真理之分以及每一综合命题的意义就在于感觉经验的检验的所谓"证实说"。蒯因的一个主

---

① 《自然科学哲学》,Prentice-hall 出版公司,1966年,第30-32页。

要论点是:像逻辑实证主义者那样孤立地谈论某一单个陈述的经验意义或经验证实问题是没有意义的,他认为:"具有经验意义的单位是整个科学","我们关于外间世界的陈述不是个别地而是仅仅作为一个整体来面对感觉经验的法庭的"。就是说,我们的经验材料不是被用来仅仅检验个别的科学论断,而是检验作为一个整体的我们关于世界的全部科学信念的体系。这个整体不仅包括各门科学的经验命题,而且包括作为整个科学体系的核心、距离经验遥远的纯数学和逻辑法则。被逻辑实证主义者认为是"先天分析命题"的数学和逻辑法则在经验对知识总体的冲击面前也会做出调整和修正,"没有任何陈述是免受修改的",与经验全然无关的分析命题是没有的。就此而言,蒯因的整体主义知识观较之逻辑实证主义更彻底地贯彻了经验主义原则。

在我看来,蒯因的这个整体主义的认识论观念确实为逻辑实证主义者提出的命题意义标准问题的解决指出了一个方向,那就是要完全打破从休谟以来直至逻辑实证主义者始终顽固坚持的"两类知识说"即分析与综合两类命题之分这个主教条或基本教条。这个教条是证实论的意义标准这个支教条或次生教条的认识论前提,要否定后者必须否定前者,必须否定对知识做分析(先天)与综合(经验)的二分,必须回归到关于全部知识基础的经验一元论,即承认不仅一切知识的观念而且一切知识的命题都有其经验的起源、根据和内容,都是可以在经验上加以检验、验证的。我们所说的经验不限于科学、技术的实验活动,而是包括了人类社会生活的一切实践活动,实践可以说是一切经验的总和。人的知识所经受的经验的"冲击"、"检验"、"审查"、"确证"……决不只是个别的孤立的感官知觉的经验活动,而是作为社会群体的广大的人类实践活动。无论何等高超、玄远、抽象、奥妙的知识,归根结底,总是要追溯、还原到人类实践这个伟大的实践源泉。例如,关于逻辑法则、逻辑形式这种极度抽象的知识,被许多人推崇为与经验毫不相关的先天知识的典范,但是正如有的哲学家指出的,"逻辑是从哪里来的?永远是从观察来",思维的逻辑形式不是先天具有的,而是"通过抽象从科学思维的实际事例中得到的"。列宁从马克思主义实践论的观点对逻辑法则、逻辑形式("逻辑的格")的形成做了极精辟极深刻的说明。他说:"人的实践经过千百万次的重复,它在人的意识中以逻辑的格固定下来。这些格正是(而且只是)由于千百万次的重复才有先入之见的巩固性和公理的性质。"[①]逻辑法则,逻辑形式之对现代人类仿佛具有先天自明的性质,正是因为它们是在人类漫长的历史过程中经无数次实践经验而积淀形成的,是由人类历史实践的经验法庭所检验、确证、审定的。人的全部思维、一切知识之是否具有真理性,从而是否具有意义,唯一的标准端在人类的社会的历史的实践,作为一切经验活动的实践。这就是我们对于逻辑实证主义者提出的命题的意义标准问题所做的终极的回答。

[①] 《列宁全集》,第38卷,人民出版社,1960年,第233页。

《世界的逻辑构造》述评*

《世界的逻辑构造》是卡尔那普早期的一部代表作,也是维也纳学派的经典著作之一。

《世界的逻辑构造》的初稿是卡尔那普在1922-1925年间酝酿和写成的。后来在维也纳学派内部经过讨论,卡尔那普改竣,于1928年出版。

卡尔那普写作此书的思想背景,据他自己所述,情况是这样的。

卡尔那普是学物理和数学出身的,在耶拿大学曾受业于弗雷格门下,因而尤精于现代数理逻辑。在哲学上,卡尔那普早年曾受新康德派的影响,他最早的一些作品(《空间。论科学哲学》,1921年;《论物理学的任务和简化原则之应用》,1923年;《空间的三维性和因果性:关于两种虚构的逻辑关系之研究》,1924年;《论空间属性对时间属性的依存》,1925年;《物理学概念的形成》,1926年;《本原的概念和非本原的概念》,1927年)中可以看到这种影响的深刻印迹。同时他也受到马赫实证论和经验论的影响,而且这种影响愈来愈大,使卡尔那普完全走上了实证论的道路。但是,正如卡尔那普自己所说:"对我的哲学思想影

---

* 本文原为卡尔那普的《世界的逻辑构造》(陈启伟译,上海译文出版社,1999年)中译本所写的序言。

响最大的是弗雷格和罗素。"①从弗雷格那里,他不仅学会了"缜密而清晰地分析概念和语言表达式",而且根据弗雷格关于逻辑与数学为一切知识领域提供逻辑形式的"至为重要"的观点,特别注意它们"在非逻辑的领域,尤其在经验科学中的应用"。② 卡尔那普在1919年就研读了罗素和怀特海合作的巨著《数学原理》,1921年又读了罗素的《我们关于外间世界的知识》。罗素在后一著作中号召未来的哲学家运用从数理逻辑中提升为一种哲学方法的"逻辑分析"去探讨和澄清哲学问题,卡尔那普说:"我觉得这个呼吁仿佛是向我个人发出的。从今以后我的任务就是以这种精神去工作!的确,此后我的哲学活动的基本目标就是应用这种新的逻辑工具去分析科学概念和澄清哲学问题。"③从1922年到1925年,卡尔那普正是按照这个基本目标进行了大量的紧张的哲学工作,"在分析与我们周围的事物及其可观察特性以及关系有关的普通语言的概念和借助符号逻辑来构造这些概念的定义方面,做了许多的尝试。"④这些尝试的主要结果就是《世界的逻辑构造》一书。

一、构造系统的方法论原则

卡尔那普说,《世界的逻辑构造》旨在"提出一个关于对象或概念的认识论的逻辑的系统,提出一个'构造系统'"。哲学家们曾经提出种种的概念系统,主要是把概念加以分类并研究它们的区别和关系;概念的构造系统与此不同,"是要把一切概念都从某些基本概念中逐步地引导出来,'构造'出来,从而产生一个概念的系谱"。

---

① "思想自传",载《卡尔那普哲学》,希尔普编,1968年,第12页。
② 同上。
③ 同上书,第13页。
④ 同上书,第16页。

建立这样一种概念的构造系统，必须应用由弗雷格和罗素肇始的"逻辑斯蒂"即现代数理逻辑的逻辑分析方法。弗雷格和罗素首先将这种方法用之于数学的分析，指出纯数学的一切概念都可以根据一个基本的逻辑概念（在他们看来就是类的概念）通过逐步的定义而引导出来；罗素和怀特海在《数学原理》中就建立了一个宏大的数学概念的构造系统。如卡尔那普所说，罗素和怀特海曾经设想将逻辑分析方法应用于"非逻辑对象"，即逻辑和数学领域之外的对象，亦即经验科学和日常生活所涉及的所谓外间世界的对象。罗素在《我们关于外间世界的知识》等著作中就已着手外间世界构造的工作。罗素通过对我们关于外间世界的知识的逻辑分析，指出外间世界的知识问题归根结底是世界的究极成分的感觉材料与物质、空间、时间等等的关系问题，即一方面把物质、空间、时间等等外间世界的概念分析为（也就是还原到）感觉材料，另一方面又从感觉材料把它们构造出来，一切外间世界的对象都是感觉材料的"逻辑构造"，罗素也称之为"逻辑虚构"。罗素说这种逻辑构造的方法是一把有力的"奥康剃刀"，可以把一切不是由感觉材料构造出来而仅仅是被设定、被推论出来的东西统统剃掉。因此，他说，"科学的哲学研究的最高准则是：凡是可能的地方，就要用逻辑构造代替推论出的存在物。"[①]

卡尔那普说，他在《世界的逻辑构造》一书所遵循的就是罗素提出的这个"方法论原则"。不过，卡尔那普认为，这个原则在罗素那里并没有得到完全的贯彻。例如，罗素在《我们关于外间世界的知识》中只是致力于对日常感官世界和物理学世界的分析，在感觉材料的基础上构造属于这些世界的存在物，对于他人心理的对象和社会人文领域的对象则不曾涉及，而且他甚至认为，关于他人的心，"不可能没有某种推论

---

① 罗素："感觉材料和物理学的关系"，载《神秘主义和逻辑》，1918年，第150页。

的成分而被认识",它们是他所"容许"的一类"推论出的存在物"。① 这显然与他的逻辑构造原则是矛盾的,卡尔那普批评他对这个原则"尚未在逻辑上予以贯彻",是很对的。

与罗素不同,卡尔那普则力图将罗素构造理论的方法论原则贯彻到底,他说:"我们将比罗素更为彻底地应用这个原则。"所谓彻底,就是要毫无例外地把一切知识领域的对象或概念(卡尔那普说他是在同一含义上使用对象和概念的)都从某种基本对象或基本概念中构造出来。

卡尔那普把这样一个构造系统也称为一种"理性的重构",因为一切知识领域中旧有的概念或对象都是通过分析被还原到作为系统之基础的基本概念或基本对象再构造出来的。更确切地说,这种还原是把关于一切旧有概念或对象的命题都还原或转换为关于基本概念或基本对象的命题。卡尔那普说,这也就是给这些概念以新的定义,所以,"所谓理性重构"就是"指给旧的概念找出新的定义",于是形成"一个系统的概念结构"。既然这整个的概念或对象系统是在同一基础上建立或构造出来的,那么我们就可以把一切知识领域的概念或对象看作实际上属于一个统一的领域,甚至可以说"只有一个对象领域,因而也只有一种科学"。这也就是维也纳学派后来大力加以阐发和宣传的"科学统一"或"统一科学"的思想。当然,这不是要抹杀各门科学及其对象的种类差别,卡尔那普把不同种类的对象也称之为不同领域的对象,并且认为"领域混淆"是哲学上错误的一个重要根源。但是我们不能把这些不同种类的对象视为"互不相关的领域",而是要按不同的层次或等级把它们安排在由同一基础建立起来的统一的系统中。建立一个构造系统,就是"建立一个按等级顺序排列起来的对象(或概念)系统"。这样

---

① 罗素:"感觉材料和物理学的关系",载《神秘主义和逻辑》,1918年,第151-152页。

的系统就仿佛是一个概念或对象的"系谱"

二、构造系统的基础和系统形式的选择

构造系统作为一个有等级顺序的"系谱",其中每一等级的对象都是在较低等级对象的基础上"构造"出来的。因此,我们在进行系统的构造时,首先必须选择作为整个系统之最后亦即最初基础的基本概念或基本对象,卡尔那普说:"首先,我们必须选择一个出发点,即所有其他对象都以此为基础的一个最初的等级";系统的基础一旦选定,那么由此出发,"从各种对象种类高低层次划分中获得"的系统的"总形式"也就可以确定了。

卡尔那普认为,在建立概念或对象的构造系统时,对其基础和系统形式的选择有多种可能性。说到底,其实主要是两种可能的选择,一是具有物理基础的系统形式,一是具有心理基础的系统形式。

具有物理基础的系统形式,就是"把系统的基础放在物理的对象域中",而将所有其他领域的对象(心理对象,社会人文对象)都"还原为物理对象"。至于这种物理基础可有三种不同的选择:电子及其时空关系;四维时空连续统的时空点及其在连续统上的位置等关系;世界点及其一致性和特定的时间关系。卡尔那普说,"根据这样一种物理基础构造出物理对象之后,"我们就可以按照其他对象(心理对象、社会人文对象)之还原为物理对象的可能性而把它们构造出来。卡尔那普认为,具有物理基础的系统形式的优点在于,作为其基础的物理对象的过程具有明显的规律性,在此系统形式中由物理对象构造出来的心理对象和社会人文对象"也被安排在这个有规律的全体事件中"。这样的系统形式与实际科学的任务是一致的,因为科学就是要一方面"发现普遍规律",另一方面"把个别的现象包摄于普遍规律之下来说明这些现象",

因此"从实际科学的观点看",可以说具有物理基础的构造系统表现了"最适当的概念次序"。卡尔那普在这里关于构造具有物理基础的系统形式的可能性的讨论实已暗伏了他后来向"物理主义"转变的因由。他说,他到了30年代初提出"物理主义",就是因为在他看来,具有物理基础的构造系统"特别适于把实际科学的概念系统加以理性的重构"。

在《世界的逻辑构造》中,卡尔那普没有采取具有物理基础的系统形式。其理由不是逻辑方面的,而是认识论上的。这种系统形式按照其他各种对象之还原为其物理基础的可能性而加以逻辑的次序安排,从实际科学的观点看固极适当,但是从认识论的观点看却非如此。所谓认识论的观点,就是根据"认识在先性"的原则看问题,如果我们对一个对象的认识是以对另一个对象的认识为前提的,或者说是以之为中介的,那么我们就称后者为认识在先的。卡尔那普要求在建立构造系统时,"不仅要就其可还原性来表现对象的次序,而且要就其认识上的在先性来表现对象的次序"。在他看来,具有物理基础的系统形式不能满足这个逻辑次序与认识次序相统一的要求,因为作为这个系统的起点的物理对象在认识上是后于我们的直接经验的,在认识次序上不是在先的。因此,卡尔那普说:"从认识论的观点出发,我们将提出另一种概念次序",这就是一种具有心理基础的系统形式,更确切地说,是具有自我心理基础的系统形式。因为可以有两种具有心理基础的系统形式:"一种以整个心理的对象域为基础,另一种只以自我心理的东西为基础。"第一种系统形式不可能完全遵循认识在先性的原则,因为对他人心理的认识是以对物理对象的认识为中介的。"为了表现对象的认识次序,我们只能采用第二种具有自我心理基础的系统形式"。卡尔那普说,对自我心理过程的认识"不需要以物理对象为任何中介,而是直接发生的"。就其与物理对象的关系来说,"自我心理对象在认识上是在先的,反之他人心理对象是随后的。因此我们将从自我心理对象构造物理对象,从物理对象构造他人心理对象"。

在《世界的逻辑构造》中,卡尔那普在自我心理基础即自我经验或直接经验的基础上构造其概念或对象系统,这种观点被称为"现象主义"的。卡尔那普曾一再表明,他选择现象主义的系统形式是深受马赫主义的实证主义和罗素在感觉材料的基础上构造外间世界的现象主义观点的影响,不过卡尔那普在那时和后来都曾反复申明,他的现象主义只是在构造概念系统时采取的一种语言形式,只具有方法论的意义,而不是一个形而上学的体系。例如他说:"即使在我们(指维也纳学派——引者)的运动而特别是我的思想的早期现象主义阶段,我们也不曾接受一种形而上学的现象主义,而只是主张一种'方法论的现象主义'(如果可以使用这个词的话),意即优先选择一种在现象主义的基础上构造的语言。"[1]在卡尔那普看来,马赫也好,罗素也好,其现象主义似乎都没有脱掉形而上学的意味,这又是卡尔那普的"方法论的"或"语言的"现象主义之有别于他们的地方。

三、构造系统的基础:基本要素和基本关系

《世界的逻辑构造》中的系统是以自我心理对象为基础的,所谓基础,又可分为两个部分:基本要素和基本关系。基本要素是"作为最低构造阶段的对象",但是,只有基本要素而没有某种基本关系将其纳入关系结构,也不可能从基本要素进一步构造其他的对象。卡尔那普认为,基本关系"在构造的意义上先于"基本要素,是构造系统的"开端"。那么,什么是基本要素?什么是基本关系?

---

[1] "回答和系统说明",载《卡尔那普哲学》,希尔普编,第867页。

(一) 原初经验之为基本要素

按照认识在先性的原则,作为构造一切其他对象的基本要素应当是"在认识上先于一切他物的东西",这就是不经任何中介而被直接经验到的东西,亦即现代哲学家们所谓之"所予"(the given)。但是,对于所予的性质,人们的看法是不同的。马赫认为所予即感觉,在罗素那里,所予是感觉材料,它们都是一个个原子式的离散的感觉要素。卡尔那普不赞成这种观点。在20年代,他受到格式塔心理学的影响,认为"新近心理学研究愈来愈证实,在各个感觉道中,全体印象是认识在先的,只是通过抽象才由之得到所谓个别感觉,后来人们才习惯地把知觉说成是由这些个别的感觉'组成'的"。实际上,最初的直接的所予乃是一种"作为总体和不可分的单元的经验本身",他把这种经验叫作"原初经验",也称之为"经验流"。他说,"原初经验应当是我们构造系统的基本要素。前科学知识和科学知识的其他一切对象都应在这个基础上构造出来"。

作为基本要素的原初经验被称为系统的自我心理基础,这样,它似乎就是某个单独的主体即自我的经验,由此去构造一切其他对象,这当然也可以说是一种"唯我论"。但是,卡尔那普特地指出,如果把这称为唯我论,那么这"只是应用了唯我论的形式、方法,而非认可它的论点的内容",即"认为只有一个主体及其经验是实在的,其他的主体是非实在的",所以这种唯我论"可以说是一种'方法论的唯我论'"。事实上,"在构造系统的开端,还不存在实在对象和非实在对象的区别";"最初既谈不上其他主体,也谈不上我";"我们必须否定在原初经验中有任何的二重性,像人们常常假定的那样,例如'主客相关'及其他等等",一切经验"最初都是单纯未分的经验,而自我与对象之分乃是加工制作的结果"。总之,在原初经验中,还没有"你"、"我"之分,"主体"、"客体"之分,在这个意义上,它是"中立的"要素,"就是说,其本身既非心理的,亦非物理的"。如果把原初经验称为所予,那么这并不意味着它是被给予某人或某个主体的,所予不属于任何主体,"所予是无主体的"。

(二) 以原初经验间的相似性记忆为基本关系

卡尔那普说:"要确定一种构造系统的基础,除了基本要素之外,我们还须做一些(对基本要素的)初始的次序安排,否则我们就不可能从基本要素出发而做出任何构造。"由于被选定为基本要素的原初经验或经验流是统一而不可分的单元,因此对它们的初始的次序安排不能采取分类的形式,而应当采取关系的形式,"我们必须选择(一种或者更多的)基本关系作为最初的次序安排的概念"。卡尔那普认为,在构造系统的基础中,基本关系比基本要素更基本,我们甚至可以说:"基本关系,而非基本要素,构成了系统的不予定义的基本概念;基本要素则只是由这些基本关系构造出来的。"卡尔那普认为,这种基本关系虽然可以有多个,但是,最后归溯到一个就足够了。这个唯一的基本关系就是原初经验间的相似性的记忆(第78节)。这个基本关系的关系项是两个原初经验,其中一个先于另一个且与另一个相似(或部分相似)。要知道这两个原初经验是相似的,我们必须把在先的原初经验的记忆印象与在后的另一个当下的原初经验相比较,因此这里就包含了记忆。卡尔那普在《世界的逻辑构造》中就是从原初经验间的相似性记忆这种基本关系出发,逐步推导、构造出各个等级、各个种类的对象来的。

四、各个等级对象的构造

前面提到,卡尔那普要立的构造系统是一个按等级次序排列的概念或对象的系谱。他把对象分为四大种类:自我心理的对象、物理的对象、他人心理的对象、社会人文的对象(卡尔那普原文为 geistige gegenstand,我们在此书中译为精神的对象);其中自我心理的对象为低等级对象,物理的对象为中间等级对象,他人心理的对象和社会人文的对象为高等级对象。

卡尔那普说,对构造系统的表述,最精确的是逻辑斯蒂即符号逻辑的语言,但为了便于读者理解,他同时使用了其他三种语言表达形式:语词文字的意译、科学惯用的实在论语言、虚拟构造的语言。不过,事实上,卡尔那普只在表述低等级对象即自我心理对象的构造定义时使用了符号语言,对其他领域对象的构造都不曾提供符号语言表达的定义。下面我们以普通语言的表述形式简略地介绍一下卡尔那普对各个领域对象的构造程序和内容。

低等级:自我心理对象的构造。首先,从基本关系构造出基本要素,这就是把"原初经验"定义为"相似性记忆"关系的关系项;然后将彼此含有相似成分的两个原初经验的关系定义为"部分相似性";基于部分相似性可构造出"相似圈","相似圈"是彼此有部分相似性的那些性质的可能最大的类;"性质类"被定义为代表原初经验的某种共同的东西的对象;根据性质间的相似性关系,我们可对感觉道进行分类,把由同一感觉道构成的类称为"官觉类";由此将视官觉定义为具有五维度(即色调、饱和性、亮度、高度和宽度)的官觉类;在一个官觉类内,就其相似性来说,诸性质的次序是由它们的邻近关系规定的;邻近关系具有一定的维数;视野是作为邻近位置的二维次序被构造的;颜色体被定义为邻近颜色的次序并且是三维(色调、饱和度和亮度)的;在定义或构造了性质类和官觉类之后,我们就可以构造作为个别经验成分的感觉了,感觉被定义为一个原初经验及属于它的一个性质类的有序偶;卡尔那普认为,在这个构造过程中,我们不仅有了空间次序(如视野位置),而且有了时间顺序,因为原初经验的相似性记忆关系就包含着一个经验要素在另一个之先的时间前后顺序,不过这还是一个"先行的、尚不完整和无严密序列的时间次序的关系",至此就完成了对系统的低等级对象即自我心理对象的构造,从而进入对中间等级对象的构造。

中间等级:物理对象的构造。物理对象又分为知觉的世界和物理学的世界。知觉的世界的构造是从时空世界的构造开始的。时空世界被定义为被赋以颜色(或其他官觉性质)的世界点的类。时间和空间是作为世界点的四维的次序由这些点构造出来的。视觉的事物是在一束世界线内在一段较长的时间保持邻近关系的那些世界点的类。触觉的事物也是以同样的方式构造的。视觉触觉事物中最重要的是"我的身体"。感觉器官是身体的部分,由感觉器官的概念可进而构造各种官觉性质;借助于这些东西,我们就可以把一切意识过程和无意识的心理过程构造出来了,这时才出现了"自我"。各种官觉性质之被赋予世界点,就从视觉触觉事物得到知觉的事物,构造出"知觉的世界"。通过消除官觉性质而代之以数量值,我们就进入了"物理学的世界"。在物理学世界中被赋予世界点的不是性质,而是数,即物理状态值。因此,物理学世界是一个主体间化的世界,而且有严格的可以数学表述的规律适用于它。由此我们就可以对从无机物到有机物、从植动物到人的物理对象的全部领域加以特征描述和构造了。人作为生物学上有机体分类的一个类,既包括"我的身体",也包括"其他的人"。"其他的人"构成一个对象种类,对于构造系统具有特殊的重要性,他人心理的构造和更高级的对象的构造都与这个对象种类有联系。

高等级:他人心理对象和社会人文对象的构造。他人心理对象的构造在于借助表达关系把心理过程赋予一个他人的身体;如果我们对人的中枢神经过程与其相应的心理过程的联系有确切的认识,那么也可以根据这种心物关系来构造他人心理的对象。我们还利用他人的语言表达和他人的报道来构造他人心理。正如"我的世界"是从"我的经验"构造出来的,他人的世界是从他人的被构造的经验中构造出来的。他人世界的对象与我的世界的对象有一种主体间相互配置关系。在我的对象系统和他人的对象系统中彼此主体间相互配置的那些对象的类被称为"主体间的对象",它们构成"主体间的世界"。这是科学的真正的对象领域,至于社会人文对象(精神对象)的构造,首先和主要是根据"显现关系"。最初的社会人文对象是完全根据它们的显现,即根据那些使它们现实化或表现出来的心理过程构造出来的。在最初的社会人文对象的基础上我们可以构造出所有的社会人文领域的对象,即经济、政治、法律、语言、艺术、科学、技术、宗教等等的产物、性质、关系、过程、状况等等。卡尔那普特别指出,社会人文对象虽然是由心理的东西构造出来的,但这决不意味着把它们"心理化"了,因为社会人文对象已构成一个新的对象领域。

五、逻辑构造与反形而上学

卡尔那普认为,构造系统的建立,从积极方面说,给出了一个概念的系谱,把一切科学的概念都纳入一个既是逻辑的也是认识论的次序的系统而予以重构;从消极方面说,则使许多重大的传统哲学问题得以澄清,从而划清科学和形而上学的界限。卡尔那普在《世界的逻辑构造》一书的最后一部分中就是根据其构造理论对若干哲学问题(如本质问题、心物问题、实在问题等)进行讨论,加以澄清。我们这里不去介绍卡尔那普对这些问题的具体论述,而只就其对构造系统的概念和形而上学的概念的区别的论述略做说明。

卡尔那普认为,形而上学是"超科学的理论形式"。形而上学的概念,例如形而上学的实在概念,"只在传统哲学中才有,在实际科学中是没有的"。卡尔那普说,形而上学的实在概念赋予"实在"一种"特殊的意义",而"以对于认识着的意识的独立性为其特征"。卡尔那普认为,这样的概念就是超乎经验的,不可能被安排在一个具有自我心理基础即建立在直接经验之上的构造系统中,也就是说不可能将这种概念的命题还原为原初经验的命题,而这种还原就是指出其构造的条件,亦即"经验确证的"条件,或者说赋以"可证实的形式"。这里,卡尔那普实际上提出了一个区分科学和形而上学的标准:可构造性亦即可证实性的标准。他说:"只有从基本对象出发构造出一个对象后,先前对此对象所作的论断才成为严格意义上的科学命题。因为只有对象的构造式——把此对象的命题翻译为基本对象即原初经验关系的命题的规则——才给这些命题一种可证实的意义。证实意即根据经验进行检验。"由此可见,可构造性、可证实性不仅是区分科学和形而上学的标准,而且是区分命题之有意义和无意义的标准。形而上学的概念和命题不可能在一个构造系统中构造出来,不可能被还原或翻译为原初经验关系的命题,因而不可根据经验加以检验,所以缺乏可证实的意义,或者如卡尔那普在其发表于1928年的《哲学上的似是而非问题》一书中所说,形而上学命题都是"似是而非的无意义的陈述"。

不过,这里有两点值得指出来。第一,卡尔那普在《世界的逻辑构造》中关于命题意义标准的表述与维也纳学派最初提出的(实际来于维特根斯坦)"命题的意义是它的证实方法"的说法是有区别的,后者是讲实际的证实,前者则强调:"每个合法的科学概念在构造系统中原则上都有其确定的位置('在原则上'就是说,并非今天就已有其位置,但在科学知识发展的一个可以设想的更高阶段上却会有其位置)","一切由科学概念构成的命题原则上都可确定其真假"。这就是说,科学的有意义的命题是原则上可能而不必是实际上已然确定其真假,即具有一种原则上的可证实性。我们知道,维也纳学派的其他人,后来也接受了卡尔那普的这个看法,如石里克在1932年写的"实证论和实在论"一文中就着重指出命题意义的标准不是实际的证实,而是原则上或逻辑上的可证实性。

第二,关于价值的问题是经验科学的对象还是属于形而上学?卡尔那普似乎把这个问题区别为两个方面。一方面,他企图从"价值经验"的角度考察价值的问题,认为根据价值经验来构造价值,犹如根据"知觉经验"即官觉性质来构造物理的事物。例如,为了构造伦理的价值,我们要考察良心的经验、义务的经验或责任的经验等等。这实际上是一种经验的研究,对于人的行为、行为的情感和意志的动机及其效果的一种心理学的、社会学的研究。卡尔那普后来在《哲学和逻辑句法》一书中说这种"价值哲学"或"伦理学""属于经验科学而不属于哲学"。① 另一方面,卡尔那普接受了维特根斯坦关于伦理、价值、人生意义属于不可说的超验的领域的观点,认为伦理是非理性的领域,"人生之谜"是不能由科学来回答的。他说,科学在经验知识的范围内是没有限度的,"对科学来说,没有任何问题是原则上不可解决的,这个高傲的论断同下面这个谦卑的看法是完全一致的,即纵然回答了所有科学的问题,人生向我们提出的问题肯定还是没有得到解决"。后来在《哲学和逻辑句法》中卡尔那普则十分明确地把伦理学的价值陈述都归于"形而上学的领域",说它们"没有任何理论的意义"。② 在这一点上他不同于罗素,罗素相信可以在科学的基础上建立一种囊括自然、社会、人生的世界观,人们有可能创立一种像关于机械的数学一样精确的"关于人的行为的数学"。卡尔那普却把伦理、人生的问题逐出科学的疆域,科学的认识力量不是无往弗届的。在这个意义上,同罗素相比,卡尔那普的科学主义是不彻底的。

---

① 《哲学和逻辑句法》,伦敦,1935年,第23页。
② 同上书,第26页。

蒯因《从逻辑的观点看》述评[*]

威拉德·范·奥曼·蒯因(Willard van Orman Quine)是第二次世界大战后世界著名的美国逻辑学家和哲学家。

威拉德·蒯因1908年6月25日生于美国俄亥俄州阿克隆。在该城读完小学和中学,于1926年入奥伯林(Oberlin)学院攻数学。毕业后于1930年获奖学金入哈佛哲学系当研究生。1931年获硕士学位。1932年完成博士论文,获博士学位。1932—1933年赴欧洲游学,曾访问维也纳、布拉格和华沙,其间与维也纳学派成员,特别是与卡尔那普的直接接触,给了他极大的影响。1933年返美后,在哈佛大学任初级研究员。1936年开始任讲师,历时五年。1941年升副教授。1942—1945年在美国海军服役。1945年重返哈佛大学任教。1948年升任教授并任高级研究员。1954年继C. I. 刘易斯为哈佛哲学系的埃德加·毕尔斯讲座教授(Edgar Pierce Prof)。1957年曾任美国哲学会东部分会主席。1978年从哈佛大学退休。

蒯因是一位多产的作家,著作堪称宏富。从1932年他最早发表的作品算起,在50余年的学术生涯中,蒯因已出版的书约15种,而论文则多达150篇以上。其所著书有些已译成多种文字。蒯因的著作中半数为逻辑专著,如:《逻辑斯蒂的体系》(1934年),《数理逻辑》(1940年),

---

[*] 本文是作者为《从逻辑的观点看》中译本(上海译文出版社,1987年)写的序言。

《初等逻辑》(1941年)、《逻辑方法》(1950年)、《集合论及其逻辑》(1963年)、《逻辑论文选》(1966年)等。哲学论著大多为论文的结集,如《从逻辑的观点看》(1953年)、《悖论方法与其他论文集》(1966年)、《本体论的相对性及其他论文集》(1969年)、《所指的根源》(1974年)、《理论与事物》(1981年)等。但《语词和对象》(1960年)和《逻辑哲学》(1970年)则是两本有其贯通全书的主旨和前后连续的脉络的完整作品。《信念之网》(1970年)系蒯因与他人合著,不是他的代表作。

这部《从逻辑的观点看》初版于1953年。据蒯因说,他在1950年时就考虑要写一部"较为广泛的哲学性质的书",但是这显然不可能在短时间一蹴而就,于是决定先将过去的一些论文辑成集子出版,这便是《从逻辑的观点看》一书。而他要写的那本大书,直到九年以后才告完成,于1960年出版,即《语词和对象》一书。

关于《从逻辑的观点看》这个书名的来历,还有一段小小的轶事。人们大概不会想到,这个令人感到肃然的题目是作者在一次夜总会上偶然得之的。蒯因说,1952年,他和另一位美国哲学家亨利·艾肯一起同游格林尼治村夜总会时,他向后者谈了出版论文集的计划。当时歌星贝拉封特正在唱一支名为《从逻辑的观点看》的即兴小调,艾肯说这个曲名很可作为这个论文的书名,于是蒯因接受了这个建议(见蒯因1980年为《从逻辑的观点看》重印本所写的前言)。

"从逻辑的观点看"一名虽得诸偶然,但作为此书的标题确是极恰当的。此所谓"逻辑"乃指以现代数理逻辑为依据、为楷模的分析方法。这种方法为弗雷格和罗素所肇始,为维也纳学派所发挥,为蒯因所继承。"从逻辑的观点看"这个标题鲜明地表现了蒯因哲学的渊源、路线和方向。诚然,蒯因的哲学又有其别于罗素和维也纳学派之处,因为他同时又是美国实用主义传统的继承者。把逻辑分析方法运用于哲学,在罗素为逻辑原子主义,在维也纳学派为逻辑实证主义,在蒯因则为逻辑实用主义。逻辑分析与实用主义的结合是贯穿《从逻辑的观点看》和蒯因其他哲学著作的一条基线,是蒯因全部哲学的基本特征。

《从逻辑的观点看》一书收入论文共九篇,所涉方面甚广,本体论、认识论、语言哲学、逻辑等,无不论及。其中有的文章(如"论何物存在"、"经验论的两个教条")是西方哲学界公认的名作,蒯因提出的一些观点在西方哲学家中间曾引起长时间的反复的争论,对当代西方哲学产生了很大的影响。

一、本体论问题

在《从逻辑的观点看》一书中,对本体论问题的讨论用了很大的篇幅,占有重要的地位。其中"论何物存在"、"同一性、实指和实在化"和"逻辑与共相的实在化"几篇文章则是比较集中地讨论本体论问题的。但是在讨论认识论、语言哲学、逻辑问题的其他文章中也涉及本体论,或者说是与本体论问题交织在一起的,因为蒯因本来就是用语言的、逻辑的分析方法来研究本体论的。

在这一点上,蒯因和维也纳学派是有分歧的。维也纳学派认为,讨论关于存在的本体论问题,是"形而上学",应当从哲学中排除出去。哲学只是对科学所使用的语言作逻辑分析,分析语言表达式的逻辑关系和意义,这种分析没有本体论的意义,并不从科学本身中发掘出任何本体论的前提或内蕴来。因为在维也纳学派看来,"一个语言构架的接受决不可以看作蕴含着一个关于所谈的对象的实在性的形而上学教条"。[①]

蒯因也认为哲学家的任务是对科学语言作逻辑分析。但是,与维

[①] 参见《逻辑经验主义》,洪谦主编,上卷,商务印书馆,1982年,第93页。

也纳学派不同,他认为,任何科学家的理论学说,都具有某种本体论的立场,都包含承认或否认这样那样事物存在的某种本体论的前提,可以说:"一个人的本体论对于他据以解释一切经验乃至最平常经验的概念结构来说,是基本的。"因而,在蒯因看来,哲学家的基本任务之一,正在于通过对科学语言的逻辑分析来揭示或澄清其本体论的立场。

蒯因说,本体论的问题,简言之就是关于"何物存在"的问题。但是,蒯因又提醒人们,在讨论本体论问题时还要注意区别两种不同的问题:一个是何物实际存在的问题,另一个是我们说何物存在的问题,前者是关于"本体论的事实"问题,后者则是语言使用中的所谓"本体论的许诺"问题。

"本体论的许诺"一词是蒯因最早在 1943 年写的"略论存在和必然性"中使用的,[①]后来在"论何物存在"及其他论文中作了详细的发挥。

蒯因说:"当我探求某个学说或一套理论的本体论许诺时,我所问的只是,按照那个理论有何物存在","一个理论的本体论许诺问题,就是按照那个理论有何物存在的问题"。[②] 那么,一个理论,一个学说(在蒯因看来,也即一个语言构架)究竟是通过什么语言手段对何物存在作出本体论的许诺呢?

人们常常以为,当我们使用一个单独名词或名字时,就是假定或许诺了这个名字所指称的对象的存在。有些哲学家认为,神话里讲的东西,例如"飞马"(Pegasus,指神话中诗神缪斯的飞马,象征诗的灵感),虽不指称任何实有的对象,但我们既然使用"飞马"这个名字,对"飞马"有所陈述,那就得承认"飞马"有某种存在,纵非实存(existence),也是"潜存"(subsistence)。否则,"如果飞马不存在的话,那么我们使用这

---

① 他在该文中曾谈到"一个人对语言的使用使他对之做出许诺的本体论……"参见美国《哲学杂志》,第 40 期(1943 年),第 118 页。

② 《悖论方法与其他论文集》(增订版),哈佛大学出版社,1979 年,第 203, 201 页。

个词时就并没有谈到任何东西,因此,即使说飞马不存在,那也是没有意义的"。蒯因指出,"以为一个含有单独名词的陈述之有意义预先假设了一个由这个名词来命名的对象",是一个,"谬见","一个单独名词不必给对象命名才有意义"。我们并不因为仅仅使用了一个名字就必得许诺有这个名字所指称的对象存在。名字并不是本体论许诺的承担者,"事实上,名字对于本体论问题是完全无关重要的"。因为,在他看来,一切名字都可以转换为摹状词,从而可以用罗素处理摹状词的方法将其消除掉。例如,"飞马"这个名字可以改写成摹状短语"那个被科林斯勇士所捕获的有翼的马",这样,"飞马不存在"的陈述就可分析为对下面几个句子的合取的否定,即"并非有个东西而且只有这个东西是科林斯勇士捕获的,并且这个东西是马,并且是有翼的"。这是一个有意义的陈述,而且是一个真陈述。这个陈述是否定"飞马"的存在的,但在这里,"飞马"这个名字及其被改写的摹状短语都已被消解而不复出现了,可见一个陈述之有无意义并不在于它所使用的名字是否确有所指,而名字的使用也决不会使人们因而担负在本体论上许诺某物存在的责任。

如果对何物存在的本体论许诺不依赖于我们所使用的名字,那么是不是依赖于我们使用的谓词呢?有些哲学家认为,我们使用一个谓词(例如"红"这个词),就意味着承认在具体的事物(例如红的房屋、红的玫瑰花、红的落日等等)之外还存在着由这个谓词表示的属性之类的共相(例如红的属性或"红性")。蒯因指出,这种看法的根子在于把谓词也看作名字,从而要在诸个别事物的所谓共同属性或共相中寻找其指称的对象。但是,蒯因认为,诸如"红的"或"是红的"这些谓词虽对于红的房屋、红的玫瑰花、红的落日等各式各样个别事物的每一个都是适用的,"但此外再没有任何东西(不管它是个别的还是非个别的)是以'红性'这个词所命名的。"对红这个谓词的使用并不必然导致对红性这样的共相存在的许诺,"一个人可以承认有红的房屋、玫瑰花和落日,但否认它们有任何共同的东西","我们能够使用一般语词(例如谓词)而无须承认它们是抽象的东西的名字"。

名字和谓词的使用都不足以使我们承担本体论许诺的责任,那么,到底有没有一种语言手段,我们一经使用就无所逃于对某物存在的本体论许诺呢?这种语言手段当然是有的,蒯因说这就是现代逻辑中所说的"约束变项",或"量化变项",即带有量词、有量的约束的变项,例如,带有特称量词或存在量词的变项,用符号表示为(∃x)(意即"有个东西","至少有一个东西"或"有些东西");带有全称量词的变项,用符号表示为(∀x)或(x)(意即"每个东西"或"一切东西")。在命题中,变项可以说是一种含混而不确定的代词,它代表一类事物中的任意一个,但未确指哪一个。这一类事物称为这个变项的变域,而变项则必须而且只能从其变域中取任一分子为值。因此变项的值就是被代入命题来置换变项的事物,表示这个事物的名词是代替变项这个代词的,可称为"代代词"。蒯因认为,约束变项这种代词是"指称的基本手段",所谓存在就是在一个约束变项这种代词的指称范围之内。"被假定为一个存在物,纯粹只是被看作一个变项的值。""我们的整个本体论,不管它可能是什么样的本体论,都在'有个东西'、'无一东西'、'一切东西'这些量化变项所涉及的范围之内;当且仅当为了使我们的一个断定是真的,我们必须将所谓被假定的东西列入我们的变项所涉及的东西范围之内,才能确信某个本体论的预设。"[①]

例如,我们说"有些狗是白的",就是说"有些东西是狗并且是白

[①] "存在是约束变项的值"这个本体论许诺的公式最早是蒯因在1939年写的"逻辑主义对本体论问题的看法"一文中提出的,此文当时未能发表,其大部分内容曾以"指称与存在"为题载于费格尔和W.塞拉斯所编《哲学分析读本》(纽约,1949年),蒯因在那里说:"存在物的整个领域是变项的值域。存在就是一个变项的值。"参见该书第50页。

的",或以符号表示为(∃x)(狗 x·白 x)。"要使这个陈述是真的,'有些东西'这个约束变项所涉及的事物必须包括有些白狗。"这就是许诺了白狗的存在。狗是具体的个体的东西,这个陈述使用的是要求个体为值的变项。如果我们使用以抽象的非个体的东西为值的变项,那就是许诺了抽象的非个体的东西的存在。例如,"当我们说有些动物学的种是杂交的,我们就作出许诺,承认那几个种本身是存在物。尽管它们是抽象的。"又如,"当我们说有个东西(约束变项)是红的房屋和落日所共同具有的",这就是许诺了作为共相的红性的存在,这是使用以属性这种抽象的东西为值的变项。如果我们使用数的变项,那么我们就也把数这种抽象物引入了自己的本体论。例如,"当我们说(∃x)(x是一个素数·x>1000000)时,就是说有个东西是素数并且大于一百万;而任何这样的东西都是一个数,因而是一个共相",古典数学就是"深陷于"对数这种"抽象物的本体论所作出的许诺之中"的。

总之,蒯因认为,"通过约束变项的使用"是"我们能够使自己卷入本体论许诺的唯一途径",它为我们提供了"一个更明显的标准,可据以判定某个理论或说话形式所许诺的是什么样的本体论;为了使一个理论所作的断定是真的,其约束变项必能指称的那些东西,而且只有那些东西才是这个理论所许诺的。"

不过,蒯因曾反复提醒人们注意,他所提出的这个标准并不是告诉人们在本体论上确有何物存在,而只是告诉人们,一种理论、学说在本体论上许诺了何物存在,他说:"在本体论方面,我们注意约束变项不是为了知道什么东西存在,而是为了知道我们的或别人的某个陈述或学说说什么东西存在;这几乎完全是同语言有关的问题。而关于什么东西存在的问题则是另一个问题","一般地说,何物存在并不依赖人们对语言的使用,但是人们说何物存在则依赖其对语言的使用"。

任何理论、学说都要对何物存在做某种本体论的许诺,但是显然并非任何理论、学说所做的任何许诺都是正确的,并非其所许诺的任何东西都是真实存在的东西。蒯因在别的著作中亦曾指出,认为我们"可以承认各种不同的本体论以其各自的方式都是真的,所有被人们设想的世界都是实在的,这种观点是一种混淆"。①

问题在于:"现在我们怎样在对立的本体论之间作出裁判呢?"蒯因说上述那个本体论许诺的标准"肯定没有给我们提供答案","实际上要采取什么本体论的问题仍未解决"。如何解决呢?答案何在呢?在蒯因看来,绝对的独断的解决和回答是没有的,客观地区别真假正误的标准是没有的。他说:"我所提出的明显的忠告就是宽容和实验精神。"所谓"宽容",是从卡尔那普哲学中汲取来的,卡尔那普说:"在逻辑上,无道德可言。每人都有随意建立他自己的逻辑即他自己的语言形式的自由",这就是"宽容原则"。② 所谓"实验精神"就是实用主义精神。从实用主义的观点出发,蒯因认为,一切概念系统或语言构架,都是"根据过去经验来预测未来经验的",我们选择这个还是那个概念系统或语言构架,就视其能否更好地更有效地作为这样一个工具而定。本体论问题"不是关于事实的问题,而是关于为科学选择一种方便的语言形式、一个方便的概念体系或结构的问题","我们之接受一个本体论在原则上同接受一个科学理论,比如一个物理学系统,是相似的……我们所采取的是能够把毫无秩序的零星片断的原始经验加以组合和安排的最简单的概念结构。"本体论不同于其他具体科学的地方只在于它是我们择定的用以包容"最广义的科学"的总的概念结构。

在《从逻辑的观点看》一书中,蒯因曾提及许多不同的本体论理论

---

① 《理论与事物》,哈佛大学出版社,1981年,第21页。
② 卡尔那普:《语言的逻辑句法》,伦敦,1937年,第51—52页。

和学说,但是他着重考察的主要是下面这四种或者说两对互相对立的理论,即现象主义和物理主义、唯名论和实在论(或柏拉图主义)。那么,蒯因在这些理论之间作了什么样的选择?他在本体论上的倾向究竟是什么呢?

关于现象主义和物理主义,蒯因说,这是"两个互相抗衡的概念结构","每一个都有它的优点,每一个都有它自己的特殊的简单性",它们"每一个都应当加以发展"。但是,这并不是说二者无分轩轾,否则就无所谓选择了。在"论何物存在"和"经验论的两个教条"中,蒯因明确表示了他的现象主义倾向,他说:在各式各样的概念结构中"有一个概念结构,即现象主义的概念结构,要求认识论上的优先权",它"在认识论上是更基本的"。因为现象主义是"适合于一件接一件地报道直接经验的诸概念的最经济的集合","属于这个结构的东西……是感觉或反省的个别的主观事件"。这种个别的感觉事件就是所谓感觉材料,亦即现象。它们是直接经验的对象,是直接被给予的存在,而不是被设定、被引进的东西,因而在认识论上是在先的、更基本的。物理对象则不是在经验中被直接给予的东西,而是作为"方便的中介物"被"引进"的,是一种为了理论简化的需要而"不可简约的设定物",无论宏观物理对象还是微观物理对象,都是如此。就认识论的立足点而言,物理对象与荷马史诗中的诸神一样,都是"神话"和"虚构",不过"它作为把一个易处理的结构嵌入经验之流的手段,已证明是比其他神话更有效的"。

蒯因的这种现象主义显然有别于例如卡尔那普《世界的逻辑构造》中的那种现象主义。卡尔那普企图把关于世界的一切陈述都还原为关于直接经验("原初经验"或"经验流")的陈述,从关于原初经验关系的基本概念去定义一切其他概念,从而把整个世界加以"理性的重构"。蒯因在"论何物存在"中对这种还原持有异议,他说:"要把关于物理对象的每个语句不论通过多么迂回复杂的方式实际上翻译为现象主义语言,还是不可能的,"我们可以继续研究这种还原有多大程度的可能性,但是"物理学整个说来是不可还原的"。在"经验论的两个教条"中他更大力批评了所谓还原论的教条。因此,他才认为物理对象是不能"根据经验"来"定义"的,即不能还原为感觉材料的集合,而只能看作是"使我们对经验之流的描述圆满和简化而被假定的东西"。

蒯因认为,物理主义的概念结构的优点就在于它讨论的是"外界对象",它"把分散的感觉事件统一起来并把它们当作关于一个对象的知觉",这"对于简化我们的全部报道,能提供很大的便利"。事实上这是物理学所采取的概念结构,物理学是以物理对象而不是以直接经验或感觉材料为出发点的,因而物理主义的概念结构"在物理学上是基本的"。但是,蒯因认为,物理主义不能成为认识论上基本的东西,因为"从现象主义的观点看来,物理对象的概念结构是一个方便的神话"。物理主义的概念结构虽然也可以把现象主义的"真理"、把感觉材料"作为一个分散的部分包括进来",但是感觉经验在那里是从属于、依附于物理对象的,因而失掉了认识论上基本的、在先的地位。这是作为现象主义者的蒯因所不能接受的。

当然,现象主义并不是蒯因思想发展的终点,他在本书中对物理主义的"优点"的肯定已暗伏了他后来的转变。事实上,他在1952年写、1953年发表的"论心理的东西"一文中就明确放弃现象主义,转向物理主义了。他断然剥夺了直接的经验现象或感觉材料在认识论上基本的、在先的地位,宣称:"纯粹的感觉材料这个概念是一个极其空洞的抽象",认为"要寻找一个直接明显的实在,一个比外间对象的领域更直接明显的实在,乃是一个错误。"[①] 蒯因在《词语和对象》,(1960年)中对他

---

① 《悖论方法与其他论文集》,第225页。

的物理主义更做了详细的阐发,这里无须多述。

关于唯名论和实在论或柏拉图主义之争,[①]是蒯因在本书中反复讨论的一个问题,也是他在哲学上一向最为瞩目的问题之一。大家知道,蒯因在这个问题上的观点也是前后颇有不同的,因此要说明他在本书中所持的立场,至少对他在此之前的一些说法略做回顾,似乎是必要的。

什么是唯名论,什么是实在论?二者何以不同?蒯因早在1939年"逻辑主义对本体论问题的看法"("指称与存在")一文中就根据"存在就是变项的值"这个本体论许诺的标准对它们的区别做了如下的规定:"在实在论的语言中,变项容许取抽象物为值;在唯名论的语言中则是不容许的",唯名论语言的变项"只容许取具体对象、个体为值,因而只容许以具体对象的专名代换变项"。[②] 就是说,唯名论是只承认具体的个别的东西,而否认"抽象物"(即一般的东西、共相,在蒯因看来,属性、关系、类、数等等都是抽象的东西)的存在的。蒯因在此文中的倾向无疑是唯名论的。他认为,包括有抽象物的宇宙是一个"超验的宇宙",唯名论本质上就是"对超验宇宙的抗议";它要把"宇宙的超验的方面"即抽象的东西通过分析而归结为"虚构",归结为逻辑的"构造",如果在这样的"构造"下,经典数学有些部分不得不被"牺牲掉"的话,那么唯名论者就有一个可资仗恃的理由,即指出哪些部分"对科学是无关紧要的"。[③]

---

① 现在西方哲学家(包括蒯因在内)习惯用"柏拉图主义"而不用"实在论",因为"实在论"一词常常仅指承认对象独立于认识的一种认识理论,不一定与承认独立实在的共相有联系。参阅蒯因在《语词和对象》(麻省理工学院出版社,1960年)第223页上的说明。

② 《哲学分析读本》,费格尔和W.塞拉斯编,第50页。

③ 《悖论方法与其他论文集》,第202页。

时过不久,在1940年《数理逻辑》一书中蒯因的观点就发生了变化。他说,如果要对数学和自然科学真正加以分析而不是干脆否定的话,那么上述那种"唯名论的纲领"是"极端困难的"。在一般的言谈中,在数学和其他论述中,总不断涉及"类或属性这种抽象物","无论如何在目前我们除了承认那些抽象物为我们的基本对象的一部分,是别无选择的"。不过,蒯因说,他所承认的抽象物只有类或属性(他认为"没有理由把类和属性区别开来")。除此之外的任何抽象物都是"不需要的",例如,"关系、函项、数,等等,除非能真正被解释为类,都是不需要的"。具体对象再加上类,"这大概就是一般言谈所需要的全部本体论;它无疑是数学所需要的一切"。① 按照蒯因在前面提出的划分唯名论和实在论的标准,也许可以说他这时已转向实在论或柏拉图主义了。但是,事情似乎并不这样简单。首先,蒯因虽然认为唯名论的纲领极为困难,但是他又认为,"我们并不知道它是不可能的"。② 因而他并没有从原则上放弃唯名论。其次,蒯因虽然承认有类这样的抽象物,但是他并不愿意像实在论者那样把它看作独立自在的实在。那么,能不能在唯名论和实在论之间找出某种中道呢?这就是蒯因所要探求的出路,而《从逻辑的观点看》一书所展示给我们的正是这个探求的结果。

有了上面的背景,读者自然会注意到,蒯因在本书中,无论是"论何物存在"一文还是"逻辑与共相的实在化"一文中,都不是只谈唯名论和实在论二种观点的对立,而是比较和评论三种不同的观点,即实在论、概念论和唯名论。蒯因说,这是中世纪就已有之的关于共相的三个主要的观点,现代数理哲学中的逻辑主义、直觉主义和形式主义则分别是

---

① 《数理逻辑》,纽约,1940年,第120-122页。
② 同上书,第121页。

这三种观点的再现。① 实在论"就是主张共相或抽象物独立于人心而存在,人心可以发现但不能创造它的柏拉图学说",作为现代实在论的逻辑主义的特点就是"允许人们不加区别地使用约束变项来指称……抽象物"。概念论也"主张共相存在,但认为它们是人心造作的"。作为现代概念论的直觉主义也允许使用以抽象物为值的变项,但是有一个限制,即"只有在抽象物能够由预先指明的诸成分个别地构造出来"才可以"使用约束变项来指称它们"。唯名论则"根本反对承认抽象的东西,甚至也不能在心造之物的有限制的意义上承认抽象的东西"。唯名论者"断然地完全不论共相(例如类)的量化"。任何情形下,类变项、关系变项、数变项只要不能被他们转译为仅仅包含个体的语言从而被解释掉,就必然被他们所抛弃。但是,蒯因说:"无论如何共相是不可简约地被预先假定了的",用任何纯粹约定的缩写记法都是"解释不掉"的。在他看来,唯名论者的立场是"堂吉诃德式的立场",他在需要类等等的变项时却偏要"抛弃它们"。至于柏拉图主义者,他们无拘无束地使用以任何抽象物为值的变项,宣告有一个广大的共相的领域,这个结果也"令人讨厌",因为它确实是奠定在"假定有一个在语言形式背后的实在"这个"直观观念"上的。

唯名论和柏拉图主义都不可取,唯一的选择只能是概念论了。蒯因承认:"在策略上,概念论无疑是三者中最强有力的立场;因为精疲力竭的唯名论者可以转入概念论而仍觉得自己没有与柏拉图主义者同享

---

① 这个说法未必恰当。例如,在数学基础问题上持逻辑主义观点者,在本体论上不一定是柏拉图主义者。罗素是逻辑主义的奠基者之一,他的本体论观点在早年新实在论时期是柏拉图主义的,在逻辑原子论时期则是概念论的或唯名论的。卡尔那普是逻辑主义者,但从来不是柏拉图主义者。蒯因在"论何物存在"一文中把他的逻辑主义数学观也列为柏拉图主义的实在论,曾引起他的抗议(参阅洪谦主编:《逻辑经验主义》,上卷,第93页,注②)。蒯因本人的数学观也是逻辑主义的,是他在本体论上最初倾向唯名论。在《从逻辑的观点看》中则转向概念论了。

忘忧果来开脱他的清教徒的良心。"这些话显然是蒯因的夫子自道。他就是那个堂吉诃德式的、不知其不可为而为之、终于精疲力竭的唯名论者,现在他"感到极强烈的诱惑"而要"陷入"概念论者的"那条更轻松的路"中去了。

蒯因认为,概念论者觉得自己的根据比柏拉图主义者更坚实可靠,是有其正当理由的。这理由主要有两条:首先,概念论者的共相世界比柏拉图主义的共相世界要"贫乏"一些。蒯因自己在本书中是只承认类这种共相或抽象物的,他认为类是"数学所需要的全部共相",数、关系、函项都可定义为某种类的类。但是他否认作为抽象共相的属性,而且不再把属性和类视若等同了。他现在认为属性例如"红"也是一种占有时空的具体的东西,"红是宇宙间最大的红的东西,是以所有红的东西为其部分的那个散在各处的总体之物"。其次,概念论者用以限制其共相世界的原则是建立在"隐喻"上的,这种隐喻并没有真正说明类或把类解释掉,在他那里,"类是概念性的人造的"。这种观点同蒯因的现象主义是完全一致的,他说,从现象主义看来,"关于物理对象和数学对象的本体论都是神话","作为数学内容的抽象物——最终是类,类的类,如此等等——是[与物理对象和力]同样性质的设定物。在认识论上说来,这些是和物理对象与诸神处在同一地位的神话"。蒯因关于共相的看法在后来还有一些变化,最突出的是他公开宣称自己是"赞成共相的实在论的",甚至说自己"现在和过去一样是一个谓词和类的实在论者;一个彻头彻尾主张抽象共相的实在论者",说从他"最早"发表著作时就已"明白承认类和谓词为对象"了。[①] 对蒯因的这种说法,西方哲学家中间不无讥议,笔者亦颇感困惑而不知其何以自圆。

---

① 《理论与事物》,第 182-184 页。

二、认识论问题

蒯因的认识论观点主要是在"经验论的两个教条"一文中阐述的,在本书其他文章中也有所论及。

蒯因的知识观是实用主义的。前已提到,他认为,科学的概念系统是根据过去经验来预测未来经验的工具,"概念是语言,概念和语言的目的是在交流和预测上的功效。这就是语言、科学和哲学的根本任务,对一个概念系统归根结底是要与这个任务联系起来加以评价",也就是说,评价一个概念系统的标准"一定不是与实在相符合的实在论的标准,而是一个实用的标准"。他说:"要问一个概念系统作为实在的镜子的绝对正确性,是没有意义的",因为"要回答这个问题,我们必须既谈论语言又谈论世界,而要谈论世界,我们必已赋予世界以我们自己的语言所特有的某种概念构架","我们不可能使自己同它分开,把它与一个未经概念化的实在客观地进行比较。"在蒯因看来,语言及其概念构架不是世界的反映,不是把人和世界联系起来的环节,而是把人和世界隔离开来的屏障。人之使用语言和概念,犹如戴上了一副有色眼镜,永远不可能看到客观实在本身。这个观点是蒯因认识论的一个基本出发点,是他始终坚持的,例如,他在较近的著作《理论与事物》中(1981年)说,关于外间世界的实在性问题,即"关于我们的科学是否或在多大程度上与物自体(Ding an sich)相符合的问题"是一个"超验的问题",在他的认识论中是"消失掉了的"。[①]

在这一点上,蒯因和逻辑实证主义者是一致的。后者更坚决地主张关于经验之外的世界的实在性问题是一个没有意义的问题。但是二

[①] 《理论与事物》,第22页。

者又有区别。逻辑实证主义者虽取消了外间世界的实在性问题,但是强调在经验范围以内毕竟有一个科学陈述是否与经验事实相符合的问题。作为实用主义者的蒯因则反对这个看法,他认为科学问题根本不是事实问题,科学假设也如前面所说的本体论许诺一样,是"选择一种方便的语言形式,一个方便的概念体系或结构的问题"。

实用的选择是没有客观的固定的标准的,一切以方便为转移。蒯因认为,在选择方便的语言或概念系统时,人们考虑的主要是下面两个因素:"保守主义"和"简单性",他说:"保守主义在这样的选择中起作用,简单性的寻求也起作用。"所谓保守主义,就是他说的"尽可能少地打乱一个科学系统的"自然倾向。他后来也把"保守主义"称为"原理的熟悉性",意即我们要尽可能利用旧的科学规律或原理去解释新现象,而对旧原理做尽可能"最小的修正"。[①] 关于"简单性"或"简化"的原则,实即马赫主义的"思维经济原则"的翻版。[②] 蒯因认为,一切科学理论都是对经验材料的"经济的"表达或"简化"。关于同一经验现象可能有几种不同的理论,出于实用的方便的要求,我们必然采取最简单的一个。蒯因在别的著作中甚至明白地把简单性作为真理的标志,说简单性"是我们所能要求的真理的最好的证据"。[③] 蒯因承认:"简单性作为构造概念结构的指导原则,并不是一个清楚而不含糊的观念,它完全可能提出双重或多重的标准。"例如,从一个角度或标准看,现象主义是概念的"最经济的集合",从另一个角度或标准看,物理主义又是使我们的经验描述简化的方便的概念结构了。可见,所谓简单性完全是相对的,

---

① 《语词和对象》,第 20 页,第 250 页。
② 蒯因在"实用主义者在经验论中的地位"(载马尔瓦尼和泽尔特纳编:《实用主义》,南卡罗来纳大学出版社,1981 年,第 33 页)一文中说,詹姆士、杜威和他自己都与马赫、皮尔士、彭加勒"趋近同一立场","把科学看作组织观察的一种简写"。
③ 《语词和对象》,第 20 页,第 250 页。

而且是主观的,以此为理论选择的标准,必然只承认有相对的主观的真理,而否定有绝对真理和客观真理。列宁在批评马赫的思维经济原则时说:"如果真的把思维经济原则当作'认识论的基础',那么这个原则只能导致主观唯心主义,不能导致其他任何东西,"又说:"只有在否认客观实在……的情况下,才会一本正经地谈论认识论中的思维经济!"①这个批评对蒯因的简化原则也是适用的。

像所有的实用主义者一样,蒯因在认识论上也是经验论者。但是,蒯因的经验论又有其自己的特点,而在实用主义者中标新立异、独树一帜。这个特点就是他通过逻辑实证主义经验论的"两个教条"(关于分析陈述和综合陈述之分与意义证实说的还原论)的否定而提出了一种整体主义的知识观,亦即他的"没有教条的经验论"。

第一个教条即"相信在分析的、或以意义为根据而不依赖于事实的真理与综合的、或以事实为根据的真理之间有根本的区别"。这个观点可以追溯到休谟关于观念间关系的知识和事实的知识的区分,在现代分析哲学家中间长时间几被奉为毋庸置疑的公理,从罗素、维特根斯坦、逻辑实证主义者到普通语言哲学家,都信守不渝,而尤以逻辑实证主义者鼓吹最力。他们认为,分析陈述是先天的,其真假仅就其包含的语词的意义即可判定,而与经验事实无关,逻辑和数学就属于这类知识。综合陈述则是后天的,其真假取决于经验的证实。各门自然科学都属于这类知识。蒯因认为,逻辑实证主义者承认这种区分,承认有独立于经验的先天的分析陈述,是违背经验论的,这是"经验论者的一个非经验的教条,一个形而上学的信条"。

蒯因对这个"教条"的批评,首先是指出,主张分析陈述与综合陈述有根本区别的人"一直根本没有划出"这个"分界线"来,他们对分析陈

---

① 列宁:《唯物主义和经验批判主义》,人民出版社,1971年,第164页。

述之为"分析的"所做的种种解释都是捉摸不定,难以成立的。一般所谓分析陈述可分为两类,第一类称为逻辑真理,即逻辑同一律的命题或同语反复:甲是甲。例如:"没有一个未婚的男子是已婚的"(等于说:"所有未婚的男子都是未婚的"或"只有已婚的男子是已婚的")。第二类分析陈述是可通过同义词的替换而还原为逻辑真理的命题,例如:"没有一个单身汉是已婚的"。如以"未婚的男子"替换其同义词"单身汉",这个句子就变成如上面一样的逻辑真理了。蒯因在"经验论的两个教条"一文的前四节内容中主要是就这第二类分析陈述来考察"分析性"概念的。

这类陈述之被认为"分析的",是因为它们依赖于同义性的概念,但是,蒯因认为,援引同义性的概念作为分析性的根据,是困难的,因为"同义性"这个概念本身就不甚清楚,正如分析性一样"需要阐释"。

有些人企图用定义来说明同义性,同义性就是被定义词和定义词的关系,例如,把"单身汉"定义为"未婚的男子",这样,"没有一个单身汉是已婚的"这个句子根据"单身汉"的定义就可以还原为一个同一律的逻辑真理。但是,问题在于这个定义是怎么来的?蒯因指出,定义并不是字典编纂者、哲学家、语言学家们先天规定的,而是从经验中来的。如果字典编纂者把"单身汉"释义为"未婚的男子",那是因为在人们一般的用法中"已含有这两个语词形式之间的同义性关系"。同义性关系是先已存在的经验事实,是定义的前提,定义只是"对观察到的同义性的报道,当然不能作为同义性的根据"。否则我们就陷入循环论证了。

人们还用所谓"保全真值"的互相替换性来说明同义性,即认为两个语词的同义性在于它们在一切语境下进行互相替换而真值不变。蒯因认为,这个说法也有困难。首先,如仍以"单身汉"和"未婚的男子"两个同义词为例,要使它们在一切场合都可以保全真值地互相替换,是不正确的,在"'bachelor(单身汉)'有少于十个的字母"这个句子中我们决不能以"unmarried man"（未婚的男子）替换"bachelor"，而不改变它的真值。其次，在"必然地所有和只有单身汉是未婚的男子"这个句子中，"单身汉"和"未婚的男子"这两个词确是可以互换而真值不变的，但是其所以能做这样的互换，归根到底因为它们是同义的，可见不是同义性以保全真值的互相替换性为根据，相反地，是这种互换以同义性为前提。因此，蒯因认为，以保全真值的互相替换性来说明同义性，实际上也是一种循环论证，"不是直截了当的循环论证，但类似于循环论证"。最后，蒯因还指出，有些异义词也可以保全真值地互相替换，换言之，可互相替换而真值不变并不能保证可替换的两个词一定是同义的。例如，"有心脏的动物"和"有肾脏的动物"是"外延相同而意义不同的"。在"有心脏的动物是有心脏的动物"这个句子中，我们如以"有肾脏的动物"代替谓词"有心脏的动物"则成为："有心脏的动物是有肾脏的动物"，这个句子还是真的，其真值保持不变，但是这里互相替换的却是两个异义词。可见，保全真值的互相替换性不是同义性的"充分条件"。

　　同义性概念本身就不清楚，自然不能成为分析性的根据。于是人们又诉诸"语义规则"来说明分析性。所谓"语义规则"是指人工语言中设定的规则。蒯因认为："带有语义规则的人工语言这个概念"本身就是"一个极其捉摸不定的东西"，它对于了解分析性概念是"毫无帮助的"。因为语义规则只是规定了一个陈述符合这种规则就是分析的，但并未解释"分析的"是什么意思，"现在这里的困难恰好在于这些规则含有'分析的'一词，这是我们所不了解的！"实际上，语义规则是默默地以分析性概念为前提的，人们要以语言规则说明分析性，这无异于又是一种循环论证。

　　上述种种关于分析性的说明都不成功，都不足以为所谓分析陈述和综合陈述划出一条分界线来。逻辑实证主义者最后是借助于意义证实说这个法宝来规定分析陈述和综合陈述的区分。他们认为:"一个陈述的意义就是在经验上验证它或否证它的方法。一个分析陈述就是不管什么情况都得到验证的那个极限情形。"也就是说,分析陈述是无赖于任何经验的验证、无往而不真的陈述。根据意义证实原则,我们可以用维特根斯坦的话说,它们是"缺乏意义的(senseless)"[但不是如形而上学一样"无意义的(nonsense)"]。所谓缺乏意义即缺乏经验的或事实的意义,与经验事实无关。逻辑实证主义者认为,任何一个陈述都"可以分析为一个语言成分和事实成分",分析陈述就是其"事实成分等于零"的陈述,它们的真理性只同语言成分有关,只靠语词意义的分析而无待于经验的证实。综合陈述则是其真假主要取决于事实成分,可由经验证实的陈述。蒯因认为,这个说法之所以似乎是合理的,就因为逻辑实证主义的证实是把整个科学分解为一个个孤立的陈述又把每个陈述还原为关于直接经验的报道来考察其经验意义的。

由上可见,关于分析陈述和综合陈述之分这个"教条",是与另一个"教条"即"相信每一个有意义的陈述都等值于某种以指称直接经验的名词为基础的逻辑构造"这种"还原论"密切而不可分的,是以这另一个"教条"为支撑的,可以说,"两个教条在根柢上是同一的"。因此,蒯因认为,对第一个"教条"的否定有赖于对第二个"教条"的否定。这个否定就是蒯因提出的整体主义的知识观。

蒯因认为:"作为总体来看,科学双重地依赖于语言和经验,但这个两重性不是可以有意义地追踪到一个一个地依次来看的科学陈述的",孤立地谈论任何个别陈述中的语言成分和事实成分,"是胡说,而且是许多胡说的根源"。逻辑实证主义者所讲的对个别陈述的意义的证实是不能成立的,没有一个陈述不是作为科学总体的一部分而与科学总体一起接受经验的检验的。"我们关于外界的陈述不是个别地,而是仅仅作为一个整体来面对感觉经验的法庭的","具有经验意义的单位是整个科学"。① 从这个整体观点来看,"要在其有效性视经验而定的综合陈述和不管发生什么情况都有效的分析陈述之间找出一道分界线,也就成为十分愚蠢的了"。事实上,在蒯因看来,在知识整体中,既没有这样的分析陈述,也没有这样的综合陈述。

蒯因说:"我们所谓的知识或信念的总体,从地理和历史的最偶然的事物到原子物理学乃至纯数学和逻辑的最深刻的规律,是一个人造的结构。"就其与经验的关系来说,有下面两个方面:

第一,知识总体虽"只是沿着边缘同经验紧密接触",但是,接受经验检验的却不仅是处于总体边缘或距离边缘较近的那些陈述(直接观察的陈述,各门具体科学的陈述等),而且包括离经验遥远的那些陈述(逻辑与数学的陈述)。因为知识总体内部的各个陈述"在逻辑上是互相联系的",经验对处于边缘的陈述的冲击会引起总体内部诸陈述的重新调整,对它们的真值的重新评定。就此而言,"没有任何陈述是免受修正的",例如,在量子力学出现以后,有些科学家和逻辑学家就认为排中律这条逻辑规律已经失效,应当抛弃。因此,与经验无关的分析陈述是没有的。

第二,知识总体在经验冲击面前并不是纯然消极地去适应经验,被迫修正某个或某些陈述,而是"可以通过对整个系统的各个可供选择的部分的任何可供选择的修正来适应一个顽强的经验"。因为,经验是不

---

① 蒯因曾指出,他的这种整体主义观点是从法国科学史家和哲学家迪昂汲取来的。迪昂在《物理学理论的目的和结构》(1906年)一书中提出,在物理学家的实验中接受检验的不是一个孤立的假设,而是他所使用的"整个理论框架"(见该书第6章第2节)。这个观点在30年代曾为诺伊拉特和卡尔那普所接受,例如卡尔那普在《语言的逻辑句法》(1934年)一书中说:"检验并不是用之于一个单独的假设,而是用之于作为一个假设体系的整个物理学体系(迪昂,彭加勒)"(见该书第82节)。迪昂和卡尔那普所说的整体是指某一门科学(如物理学)而不是全部科学,这是他们与蒯因这里的整体主义不同的地方(蒯因的说法后来有变化,见本书"1980年序言"),而且他们也都没有像蒯因那样从整体主义得出否定分析陈述和综合陈述之分的结论。

能"充分限定"知识总体的,与经验发生冲突时,我们在知识整体的哪个环节上做出调整和修正,"是有很大的选择自由的"。蒯因说"在任何情况下任何陈述都可以认为是真的,如果我们在系统的其他部分作出足够大的调整的话",即使直接观察的陈述在与经验、事实发生矛盾时,我们也可以"借口发生幻觉"乃至修正逻辑规律来坚持它是真的。在这个意义上,我们可以说其真假依赖于经验证实的综合陈述也是没有的。

以上两点就是蒯因整体主义知识观的基本内容,也就是他自称的"没有教条的经验论"。在西方有些人根据蒯因对逻辑实证主义经验论的两个教条的批评而认为他是"反经验主义"的。蒯因承认"经验论的两个教条"这个题目是不好的,因为它虽非有意但确实使人们以为"没有所说的这两个教条就没有经验论"。[1] 这自然是误解。对两个教条的否定决不等于对经验论的否定。但是,应当承认,蒯因的整体主义观点同经验论的关系是二重性的:就其否定有独立于经验的分析陈述而言,它比逻辑实证主义更彻底地贯彻了经验论原则;但就其主张通过知识整体内部的自我调整,可以抗住经验的冲击,坚持任何陈述为真而言,它却背离了经验论,走到融贯说(coherence theory)的真理观,即认为一个科学系统只要能自相融贯、自圆其说就是真理的唯心主义观点。

三、语言哲学问题

语言哲学在蒯因的全部哲学中占有极重要的地位,但是在《从逻辑的观点看》一书中,关于语言哲学问题的讨论还没有充分展开,他的一些重要的语言哲学的概念和论点(如关于语言学习的行为主义理论,关于语言翻译的不确定性原理,对语言的"博物馆神话"的批评,等等)还

---

[1] 《语词和对象》,第68页的注。

没有明确提出或没有详加探讨。

蒯因在本书中对语言哲学的讨论主要是围绕意义和所指这两个核心的概念进行的,他不仅专门写了"语言学中的意义问题"、"略谈关于指称的理论"等文章,而且在讨论本体论和认识论的文章中也阐述了他对意义和所指的看法。因为他认为:"本体论许诺的概念属于所指理论",讨论分析陈述与综合陈述之分这个认识论问题所涉及的分析性、意义、同义性等则都是意义理论的概念。蒯因正是运用了这些语言哲学的概念对本体论和认识论问题作逻辑语言分析的。

意义和所指的问题是从弗雷格和罗素以来分析哲学家们用力最大、争论不已的问题,有人说专心致力于意义理论的研究可谓 20 世纪英语世界哲学家的"职业病"。① 对这个问题,在分析哲学家中间有两种传统的对立的观点:一种是弗雷格的观点,认为意义和所指是不同的,不可混淆。一种是罗素的观点,认为意义和所指是同一的,意义即所指。

蒯因是支持弗雷格观点而反对罗素的。② 在本书中他曾反复谈论意义和所指的区别,反对把二者混淆。他说:"让我们不要忘记,意义不可以和命名等同起来",又说:"在意义和命名之间有一道鸿沟,甚至在真正是一个对象的名字的单独名词那里也是这样。"弗雷格关于"暮星"和"晨星"的论述就是很好的例子,说明两个名字可以指称(命名)同一对象而意义不同。"暮星"(the evening star)和"晨星"(the morning

---

① 莱尔:《意义理论》,载《哲学和普通语言》,C. E. 卡顿编,伊利诺伊大学出版社,1963 年,第 128 页。
② 蒯因在本书中未直接批评罗素的这个观点。但后来在"罗素本体论观点的发展"(载《理论与事物》一书)中则曾反复指出,罗素在"论指谓"(1905 年)一文中反对弗雷格关于意义和所指的区分;在其他著作中,罗素常常在"所指"的意义上使用"意义"一词;由于没有区别意义和所指,罗素倾向于把无意义混同于缺乏所指;罗素之偏爱事实本体论即取决于他对意义和所指的混淆(见《理论与事物》第 79, 80, 83 页)。

star)这两个"短语",有同一所指,是同一个星球的名字,这"最早大约是巴比伦的天文观测家所确定的"。① 但是,蒯因说:我们,"不能够把这两个短语看作具有相同的意义;否则那个巴比伦人就可以不用进行天文观察,而只要思考他所用的词的意义就行了"。因为如果二者不仅有同一所指,而且有同一意义,那么"暮星就是晨星"与"暮星就是暮星"这两个陈述也就没有区别,前者可用后者这样的同语反复来代替,自然无需天文观测即知其为真了。这是不符合科学史实的。但"暮星就是晨星"之有别于"暮星就是暮星"而为一天文事实的陈述,就因为"暮星"与"晨星"的意义是不同的,"因此,两个语词的意义既然彼此不同,那么意义必定有别于被命名的对象,在两个场合中那是同一个对象。"

具体名词如此,抽象名词亦然。蒯因说:"在抽象名词方面,意义和命名的区别也同样重要。"例如,"9"和"行星的数目"是"同一个抽象东西"即9这个数的名字,但其意义是不一样的。正因二者意义不同,所以也"需要作天文观测,而不单是思考意义,才能够确定所指的这个东西的同一性",才知道"行星的数目=9"。

关于普遍名词的情况如何呢?蒯因说,"普遍名词或谓词,情况有所不同",它们不像单独名词那样"给一个抽象的或具体的东西命名"。但是它以它"对之适用的所有的东西这个类"为其外延,亦即它的所指。正如一个单独名词的意义与其命名的东西(所指)是有区别的,我们也必须把普遍名词的意义(通常所谓内涵)与其外延(即其所指)区别开来。例如,"有心脏的动物"和"有肾脏的动物"就是"外延相同而意义不同的"。

---

① 在英文中"暮星"和"晨星"是摹状短语,不是专名,它们的专名是 Hesperus 和 Phosphorus,在中国称为长庚星和启明星。它们实为同一颗星,即金星。中国人至少远在周代似已知道了这一天文事实,《诗经》上说:"东有启明,西有长庚",即指此星晨现于东,昏现于西。

蒯因认为,意义和所指的混淆在哲学上会带来严重的后果。在"论何物存在"中他反复指出,那些承认非存在之物亦有其存在、承认有独立存在的共相等等的柏拉图主义的本体论观点的根源,就是认为任何语词(无论单独语词还是一般语词)要有意义就必实有所指,其意义即在其所指。例如,"飞马"一词如果没有在某种意义上存在的飞马为其所指,似乎就是没有意义的。又如,像"红"这样的一般语词或谓词似乎"必须被看作是各个单个的共相实体的名字,它们才是有意义的"。可见意义和所指的混淆是柏拉图主义者"把他的共相本体论强加于我们的一个手段"。

意义和所指的混淆对意义理论本身也有不良影响,造成对意义的一些谬误看法。蒯因说,意义和所指的混淆助长了人们把意义这个概念视若当然的倾向。人们或者把意义看作如具体可见的事物一样的存在物,"觉得'人'这个词的意义如我们的邻人一样可触而知,'暮星'这个短语的意义像天上的星一样明白可见。并且觉得怀疑或否认意义这个概念就是设想一个只有语言而无任何为语言所指的东西";或者把意义看作一种特殊的存在物——心理的东西、观念,认为"一个表达式的意义就是被表达的观念"。

蒯因反对诸如此类的意义观。他认为,对这些看法进行还击的唯一的方法就是"拒绝承认意义"。他说:"至于意义自身,当作隐晦的中介物,则完全可以丢弃",我们不需要"被称为意义的这种假想的东西",因为它不能说明任何东西,"被称为'意义'的这些特殊的和不可归约的媒介物的说明价值确实是虚妄的"。蒯因认为,把意义说成心中的观念更糟。观念这个词的坏处就是它使人产生一种幻觉,以为它解释了什么东西,其实正如莫里哀所讽刺的经院学者用"催眠性"解释不了催眠剂的催眠作用一样,我们也不能用观念来说明任何事物。蒯因明白表示他赞成行为主义的观点,说"行为主义者认为谈论观念即使对心理学也是糟糕的做法,是正确的"。①

蒯因说,他否认意义为一种独立的实在或心理的东西,并不是否认语言形式可以是有意义的:"我并不由于拒绝承认意义就否认语词和陈述是有意义的",但是,如何说明这种有意义性呢?蒯因说:"按照我的看法,最好根据行为来解释。"如何用行为来解释意义问题,蒯因在本书中并无阐述,而是在后来的著作中才详细发挥的。这里不必多作介绍,我们只是指出,蒯因的行为主义的意义观也有其实用主义的来源,这主要是杜威的影响。蒯因说,他同杜威一样,"认为知识和意义乃是我们必须与之打交道的这同一个世界的部分",我们如果要寻找意义的话,就要到使用语言的人们的公开的行为中去找,"语言是一种社会的技巧,我们大家都只是根据人们在公开熟悉的环境下的明显的行为习得这种技巧的。因此意义即那些心理的东西的典型就像行为主义者的磨上的谷子被碾碎完蛋了。关于这一点杜威曾明确地讲:'意义……不是一种心理的存在,而首先是行为的一种属性'。"②值得指出的是,蒯因从这种行为主义观点出发,同后期维特根斯坦的"意义即应用"的观点汇合在一起了。他说:"我们承认,一个正当的意义理论必然是关于语言应用的理论,语言乃是一种由社会传授的社会的技巧。这一点的重要性曾被维特根斯坦而且更早被杜威所强调。"③

四、逻辑问题

在本书中蒯因对专门逻辑问题的讨论主要是两个方面:一是他在

---

① 蒯因在 1952 年写的"论心理的东西"中进一步指出,承认心理的东西对科学是一种"阻碍"。他认为意识是"物理对象的一种状态",是"对我们自身反应做出反应的能力",这些反应是"物理的行为"(《悖论方法和其他论文集》,第 226-227 页)。
② 《本体论的相对性及其他论文集》,哥伦比亚大学出版社,1969 年,第 26-27 页。
③ 《理论与事物》,第 192 页。

"数理逻辑的新基础"中提出的一个数理逻辑系统(简称 NF)的纲要,一是他在"指称和模态"及其他文章中对模态逻辑的批评。

NF 是蒯因在 30 年代提出的一个数理逻辑的系统。从 NF 我们可清楚地看到,蒯因是罗素和怀特海的逻辑主义的继承者。他说:"在怀特海和罗素的《数学原理》(简称 PM)中我们有充分的证明:全部数学可翻译为逻辑","每个仅由逻辑和数学记法组成的句子都可翻译为仅由逻辑记法组成的句子。特别是一切数学原理都还原为逻辑原理,或至少还原为无需任何逻辑外的词汇来表述的原理"。怀特海和罗素在 PM 中从逻辑概念构造了"集合论、算术、代数和解析的主要概念",蒯因认为这是逻辑史上的伟大贡献,"必须承认,产生了这一切的逻辑是一个比亚里士多德提供的逻辑更强有力的工具"。

蒯因不仅继承而且改进了 PM 的系统,在他看来,"数理逻辑的进步就在于对《数学原理》的改进"。[①] 他认为,首先这个系统使用的逻辑概念就大可简化,因为后来的研究已经表明,实际需要的逻辑概念比 PM 中所设想的要少得多。我们需要的只有三个概念:属于、析否和全称量化。全部数理逻辑和全部数学都可以翻译为"仅由无穷多的变项 'x'、'y'、'z'、'X'' 等等和这三个符号组合方式构成的一种语言"。在 NF 中蒯因只是指出了如何从这几个初始概念构造出一系列数理逻辑的概念,关于数学概念的构造则略而未及。简言之,NF 系统从三个初始概念出发,只包含十五个定义,一条公设和五条规则。一般认为,NF 系统确较 PM 系统更为简单、方便得多。例如,罗素的分支类型论非常麻烦,"带来一些不自然不方便的后果",NF 则提出一个既避免了集合论的悖论又不必接受类型论及其包含的"难堪的"结果的方法。蒯因认

[①] 参见蒯因 1981 年为《数理逻辑》(修订本第九次印别,哈佛大学出版社)写的前言。第 3 页。

为,NF 系统的"推演能力"也"超过"PM。PM 为了推导出某些数学原理,不得不使用无穷公理即断定有一个包含无穷多分子的类,NF 则无需借助这个公理就可得到这样一个类。

这里我们对集合论在蒯因逻辑系统中的地位问题说几句话,因为它涉及蒯因的逻辑主义立场的变化,大家知道,所谓数学还原为逻辑,无论在戴德金、弗雷格还是罗素那里,实际上都是还原为集合论,即把数还原为集合的集合或类的类。因此集合论一般被当作数理逻辑的一个部分。但是数理逻辑学家们对于集合论是否属于逻辑,应不应该算作逻辑的概念,却一直是有争论的,甚至弗雷格本人就曾怀疑集合的概念是否属于纯逻辑的范围。

蒯因在长时间里都是坚持数学还原为逻辑的逻辑主义立场,把集合论作为逻辑的一部分的。在 NF 中逻辑包括三个部分:真值函项理论、量化理论和集合论。1940 年的《数理逻辑》"像《数学原理》一样把集合论包摄于逻辑之内而不承认其为逻辑之外的一门数学学科"。①直至 1954 年在"卡尔那普和逻辑真理"一文中蒯因虽将集合论与初等逻辑(真值函项理论、量化理论、同一性理论)分开,但仍认为集合论是"逻辑的另一个部分"。蒯因承认,集合论和初等逻辑有一些"重要的显著差别",因而人们也许要把"逻辑"仅限于初等逻辑,而把集合论看作"在一种排除逻辑的意义上的数学"。但是,蒯因说他不想把逻辑限于初等逻辑,因为这样的话,"弗雷格对算术的推导就不会被认为是从逻辑推导出来的了。因为他使用了集合论"。② 但是,到了 1970 年,在《逻辑哲学》中,蒯因的观点发生了极大的变化。他说得很干脆:"集合论属于逻辑吗?我要断定不是"。③ 他认为逻辑和集合论之间有"重要

---

① 《数理逻辑》,导论,1981 年,第 3 页。
② 《悖论方法和其他论文集》,第 110-111 页。
③ 《逻辑哲学》,哲学基础丛书,1970 年,第 64 页。

的值得澄清的界限",集合论是一种"实实在在的数学的理论","真的集合论不是逻辑"。①

如前所述,弗雷格、罗素是从集合论推出数学的,蒯因既已否认集合论为逻辑,实际上就否定了逻辑主义。他说:"弗雷格、怀特海和罗素都致力于把数学还原为逻辑;……但是能够包含这种还原的逻辑乃是包含集合论的逻辑。"换言之,没有集合论的纯逻辑是不可能推出数学来的。这样,逻辑主义全部理论的基石就被掘掉了。

尽管如此,我们还是可以说,蒯因在数理逻辑方面的工作是在弗雷格、罗素经典系统的基础上和范围内做出的。对于超出这一经典系统的重大的修正和发展,蒯因则似乎持保守态度而难于接受,对模态逻辑就是如此。

现代模态逻辑从 C.I. 刘易斯在 20 年代提出,经过半个多世纪的发展,已经成为现代逻辑的一个重要的分支。但是,蒯因对模态概念在逻辑上和哲学上的正确性始终表示怀疑和责难。

首先,蒯因认为,使用模态概念(必然、偶然、可能、不可能),在逻辑上会产生一些严重的困难。

1. 就模态词和等词的结合来看

试看下面三个句子:

(1) 行星的数目＝9

(2) 9 必然大于 7 或以模态算子 □ 表示为:□(9＞7)

句(1)是真的,句(2)按模态逻辑所谓"必然"的严格意义说也是真的。如以等词"行星的数目"代换句(2)中的"9",则得:

(3) 行星的数目必然大于 7 或 □(行星的数目＞7)

这个句子显然是假的。因为行星的数目虽实际上是 9,但不必然

---

① 《逻辑哲学》,哲学基础丛书,1970 年,第 72 页。

是9,不必然大于7。这样,我们就从两个真前提,推出了一个假结论。

蒯因认为,其所以如此,就是因为引入了"必然"这个模态词,使得句子发生所谓"指称不明"(referential opacity)的情况,而在指称不明的语境中,等词互相代换的原则是不适用的,因为它不能保证句子真值不变。

2. 就模态词与量词的结合来看

模态词和量词的结合顺序不同,会出现不同的结果。仍以上面句(2)为例,我们可以两种不同的顺序把模态词和量词结合起来:

(4) ($\exists$x)(x 必然大于7)或($\exists$x)□(x>7)

(5) 必然($\exists$x)(x>7)或□($\exists$x)(x>7)

蒯因说,要注意这两个句子不可混淆。句(4)把模态词放在量词后面,即放在量化范围以内,其结果与句(3)同。因为按照句(2),x 即必然大于7的这个数是9,按照句(1)这个数是行星的数目,把"行星的数目"作为值代入(4),就会得"行星的数目必然大于7"的假句子。句(5)则不同,这里模态词是放在量词之前,即不在量化范围之内,就不存在上面这样的问题了。因为"处于一个指称不明的结构之外的量词不必对在这个结构之内的变项有任何影响"。句(5)是说必然有一个数,这个数大于7。这个数是9或行星的数目,句(5)都是真的。在这里模态词对变项及其取值没有什么影响。打个比喻说,在一场赌博里,我们可以说必然有一个赌徒会赢,但是不能说任何一个赌徒必然会赢。句(4)就类似于断言某个赌徒必然会赢。毛病就出在它把模态词放在量化范围内或者说把模态词量化了。蒯因是坚决反对这种量化的,他说:"一句话,一般地说我们是不可能恰当地把指称不明的语境量化的。"

其次,蒯因认为,接受模态概念,在哲学上造成的结果是:

1. 导致本质主义

蒯因认为,使用必然、偶然等模态概念,就会承认对象的"特性"有些是其必然具有的,有些是偶然具有的,前者即"本质的特性",后者为"偶有的特性"。这显然是"回到亚里士多德的本质主义","拥护量化模态逻辑的人必然赞成本质主义"。蒯因是反对本质主义的,他认为这种哲学是"不合理的"。因为本质主义讲本质属性,归根结底要跑到承认共相的实在论或柏拉图主义那里去了。蒯因的这种非本质主义的观点,近年来已经遭到了许多人的批评。例如克里普克、普特南等人从模态逻辑语义学的角度探讨了个体和自然种类的问题,重新揭起了本质主义的旗帜。

2. 导致承认潜存的可能事物

蒯因认为,可能这个概念会使我们陷入承认有非实存的可能事物的本体论。他说:"可能性同必然性、不可能性和偶然性等其他模态一起提出了一些问题",有些哲学家利用可能性的概念"把我们的宇宙扩张到包括所谓的可能事物",这种可能的事物构成"潜存"而非实存的世界。蒯因认为,可能事物的概念根本不能成立,因为对可能事物是谈不上同一性的,"同一性这个概念干脆就不适用于未现实化的可能事物",我们不可能说它们"和自己相同并彼此相异",所以谈论它们是没有意义的。蒯因把可能性概念与主张潜存的可能事物的实在论等同看待是不公平的。关于模态的研究并不必导致这样的本体论。近年来模态逻辑的一个发展就是建立了"可能世界的语义学"。诚然,有的人(如 D. 刘易斯)认为可能世界同我们的现实世界一样也是一种实在。但是另外一些人则反对这种观点,如克里普克就认为,把可能世界看作像一个异国他乡或遥远星球上的另一个世界,是错误的,所谓可能世界实即指"我们这个世界的可能状态"、"未现实化的情况"。①

---

① 《命名与必然》,牛津,1980年,第15-16页。

以上我们从四个方面的问题对《从逻辑的观点看》一书做了一些粗浅的介绍,读者如欲深入了解蒯因思想,可再参读蒯因的其他著作。据我们所知,此书是蒯因著作的第一个中译本。书中若干用语,国内迄无定译;作者行文有些地方并非显豁易解;加之译者水平有限,译文难免有误谬欠妥之处,尚希读者不吝批评、指正。

奥斯汀论言语行为[*]

"言语行为"(Speech act)一词在本世纪 30 年代已经被一些语言学家如布龙菲尔德所使用了,但是现代语言哲学意义上的言语行为的概念却是奥斯汀首先提出来的。奥斯汀也是最早企图建立言语行为理论的哲学家。由于过早的逝世,奥斯汀没有来得及把他的理论系统化,而且在他的理论中还有一些缺乏充分论证、没有阐述清楚或者讲得不恰当的地方,而为其后继者所补充、修正和发展。下面只是对奥斯汀理论的一个简略的介绍。

据奥斯汀自己所说,他的关于言语行为的观点"是在 1939 年形成的"。[①] 在 1939 年之前他曾与普里查德(H. A. Prichard)通信讨论许诺的问题。[②] 他最感兴趣和最为关注的是这样一点,即说"我许诺"并不是仅仅说了什么,不是仅仅对我自身做了一个自我断定,而是做了某事(在这里就是做了一个许诺)。在这种情况下,说本质上就是做。由此奥斯汀就开始思考类如"我许诺"这样的言实即是行或以言行事的语言现象,其结果就是他的言语行为理论之提出。

---

[*] 1981 年 5 月写于美国加州大学伯克利分校哲学系。

[①] J. L. Austin, *How to Do Things with Words*, 2nd Edition, Harvard University Press, 1978, pp. v-vi.

[②] 参阅 S. Hampshire:"J. L. Austin", 载 The Linguistic Turn, ed. R. Rorty, The University of Chicago Press, 1967, pp. 245-246.

奥斯汀论言语行为

以往的哲学家们一般都认为语言的主要的乃至唯一的任务就是描述、记录、报道、断定事实。他们虽然也知道还有其他许多种类的语言表达形式，如祈使、祝愿、感叹、疑问等等，但是他们唯一感兴趣的只是那些报道事实、描述情况的话语，而这类话语的一个最重要的特征就是具有真值，即总是有真假的。许多哲学家把一个语句之具有真值作为其有意义性的基本标志和判别标准。例如，在维也纳学派的逻辑实证主义者们看来，凡是不能按照他们的经验主义的"证实原则"判定其真值，因而无真假可言的语句，就是无意义的。根据这个标准，他们不仅宣称一切形而上学的命题是超乎经验而无法验证其真假的无意义的"胡说"，而且把本非陈述事实、当然无所谓真假的伦理价值的语句也划入无意义的领域。

逻辑实证主义者把问题推到这样的极端，不能不使人们怀疑和担心许许多多并非陈述事实因而无真假可言的语句都会被剥夺掉它们作为有意义的话语的权利。奥斯汀直接针对着逻辑实证主义者批评说："我认为，人们还没有对各种无意义的话语做恰当的分类，有些东西可能被作为无意义的话语给打发掉了，而实际上它们并不是无意义的。"这些话语"可能并不打算报道事实，而是要以这样或那样的方式去影响人们，或者以这样或那样的方式发泄情绪"，或者"以某种方式（但不是通过报道事实）使人们注意到发出这些话语的周围环境的某种重要特征"。[①] 承认这类话语的存在，就是承认语言功能的多样性，承认语言有各种不同的应用。对语言的这种新的观点就是用"语言的不同应用"这个新的口号代替了认为语言的功用只是陈述的旧观点（the old statemental approach），奥斯汀把这种旧观点称为"语言即描述的谬误"

[①] J. L. Austin, *Philosophical Papers*, 2nd Edition, Oxford University Press, 1976, p. 234.

(the descriptive fallacy)。①

奥斯汀从 30 年代末以后,从对许诺问题的思考开始,着力加以研究的就是语言的不同应用。奥斯汀发现,有许多种语句,甚至有不少以陈述形式出现的直陈语句,并无真假可言,并不是对任何事物的真或假的描述或断定,当人们说出这些语句时只是实施某种行为。例如,当我说:"我许诺……","我命令……","我道歉……","我打赌……","我祝贺……"以及诸如此类的话语时,在每种情况下我都是实施了一种行为,我的话语中的动词(许诺、命令等等)就是这种行为的名称。我只要说"我许诺……",就是做了一个许诺的行为。奥斯汀说,说出这类语句(当然是在适当的情况下),显然"不是要描述我在做我说这话时我应做的事情","更不是描述我已做的或将会做的任何事情","也不是要陈述我正在做它。说出这话本身就是做了我说这话时应做的事情",而且这类话语都是"既非真亦非假的"。② 奥斯汀认为,说出这类话语,与其说是"言"(saying),不如说是"行"(doing),因此他把这类话语叫作施行式(performatives)或"施事的话语"(performative utterance)。另一类并非实施行为,而只是陈述、描述、报道事实,因而有真假可言的话语,他称之为"确言式"(constatives)或"确言的话语"(constative utterance)。不过,奥斯汀的观点后来有很大的变化。他感到很难把"施事的话语"和"确言的话语"严格区别开来。他说:"迄今我们所谈的,似乎在施事的话语和与之相对的陈述或报道或描述之间有一道很清楚的区别。但是现在我们开始发觉这个区别并不像原来看上去那样清楚。"③因为做一个陈述或描述正如做一个许诺,发一个警告一样,也是实施一种行为,

---

① J. L. Austin, *Philosophical Papers*, 2nd Edition, Oxford University Press, 1976, p. 234.

② J. L. Austin, *How to Do Things with Words*, p. 6.

③ J. L Austin, *Philosophical Papers*, p. 246.

他说:"事实上一般说来,我们可以提醒自己记住,'我陈述……'并不像看上去那样与'我警告你……'或'我许诺……'迥然不同。我们正在实施的这个行为是一个陈述的行为,因而正如'我警告'或'我命令'一样发挥作用。这样看来,'我陈述……'不也是一个施事的话语吗?"[①]因此,在奥斯汀看来,施事的话语不再是一种特殊的情形,而是包括了一切话语。就是说,一切话语都不仅仅是言,而且是行;任何话语都应被看作这样或那样的一种言语行为。诚然,陈述、描述之类的言语行为确实有其独具的特征,即有真假的,但是,奥斯汀指出,其他各种言语行为虽无真假可言却都有一个是否恰当(happy or unhappy)、是否适当(felicitous or infelicitous)的问题。因为它们都是在一定的语境中按照一定的约定规则实施的,如果违背了约定的规则或缺乏一定的环境条件,我们的话语"固然不是假的,但一般地说是不适当的(unhappy)"。[②]奥斯汀列举过许多种不恰当或不适当的情形,把它们分为两大类:一类是"无效"(misfires),这是那些虽有意图然而落空的言语行为。例如,我看见船坞里有一只船就爬上去,在船头把酒瓶打碎,宣布:"我将这只船命名为斯大林先生"。但是,由于我并不是有权可为这只船命名的人,所以我说这句话所实施的言语行为是"落空的"或"无效的"。[③] 另一类是"滥用"(abuses),这是那些虽然公开声言然而并无诚意的虚伪的言语行为。例如,当我说"我许诺"时却无意信守诺言。这里许诺这个言语行为是成功实施了的,没有落空,但是它是虚伪的(hollow),不真诚的(insincere),[④]奥斯汀认为这是施事话语的一种"滥用",是其不恰当性的一种表现。施事话语有恰当不恰当的问题,奥斯汀说这是施

[①] J. L Austin, *Philosophical Papers*, p. 246.
[②] J. L. Austin, *How to Do Things with Words*, p. 14.
[③] 同上书, p. 23.
[④] 同上书, p. 16, p. 18.

事话语的一个特征。那么这个特征是否也适用于陈述呢？他的回答是：如果把陈述也作为一种施事话语，一种言语行为，那么，我们就不仅可以谈论其真假，而且可以谈论其恰当与否。例如"当今的法兰西国王是秃子"，这个句子所陈述的是一个并不存在的东西（当今法兰西没有国王），但是作为一种陈述它又是预先假定了被陈述者的存在的，这样的陈述就如意欲将自己并不拥有的东西遗赠给后代一样是落空的，奥斯汀说："一个指称并不存在的东西的陈述与其说是假的，不如说是空的"，[①] 也就是不恰当的。又如，谎言和虚伪的诺言有明显的相似之处，谎言是一种陈述，是假的，但是它故意做假，因而同虚伪的诺言一样是不真诚的，"一个断言的不真诚和一个许诺的不真诚是相同的"。[②] 因此，这样的断言或陈述不仅是假的而且是不恰当的。

奥斯汀曾区别了三种言语行为，或者更确切地说，他从不同的角度区别了言语行为的三个方面，即话语行为（locutionary act）、话语施事行为（illocutionary act）和话语致效行为（perlocutionary act）。话语行为是说出某个具有意义并有所指称的语句；话语施事行为是以一种话语施事的力量（illocutionary force）说出某个语句，话语施事的力量表明我们在说什么时做了什么，如做陈述，提疑问，下命令，发警告，表歉意，致谢意，等等，话语致效行为是通过说出某个语句而对听者产生某种效果的行为，如使相信或说服（to persuade），使喜欢或取悦（to please），使烦恼或烦扰（to annoy），使害怕或吓唬（to frighten），使弄错或欺骗（to deceive），等等。

这里要注意两个区别：一是话语施事行为和话语致效行为的区别，一是话语行为和话语施事行为的区别。

---

① J. L. Austin, *How to Do Things with Words*, p. 20, 参阅 pp. 50-51.
② 同上书, p. 20, p. 50.

奥斯汀认为,话语施事行为和话语致效行为之间有密切的联系,但是它们的联系并不是相互依赖的关系。任何话语致效行为必然就是一种话语施事行为,或者说是必然由话语施事行为而来,但是一种话语施事行为却未必即是话语致效行为。我可以通过话语施事行为而实施话语致效行为,例如,我可以通过对某事的陈述而使听者相信,通过提疑问而使听者厌烦,通过许一个诺言而使听者高兴,等等。但是,话语施事行为并不必然对听者产生某种效果,并不必然成为话语致效行为,例如,我的陈述未必使听者相信,我的质疑未必使听者厌烦,我的许诺未必使听者高兴。就是说,话语施事行为之为话语施事行为并不依赖于是否对听者产生了什么效果,这正是它之有别于话语致效行为的地方。

关于话语行为和话语施事行为,奥斯汀则主张二者是必然的相互依赖的关系。他说:"一般地说,实施一个话语行为可以说也就是实施一个话语施事行为……因此我们在实施一话语行为时也就是在实施诸如提出或回答一个问题,提供某种信息或下一个保证或给一个警告,宣布一个裁决或一个打算,宣布判决,订一个约会或发一个呼吁或搞一个批判,做一个鉴定或做一个描述,以及许多类似的行为。"[①]反过来说,"人们当然承认,实施一个话语施事行为必然要实施一个话语行为,例如,要向人祝贺就必然要讲某些话"。[②] 因此,奥斯汀说:"一般地说,话语行为和语话施事行为一样只是一种抽象,每个真正的言语行为都同是二者。"[③]就是说,在实际的语言活动中,话语行为和话语施事行为是分不开的。但是,奥斯汀又认为,要对言语行为进行分析,我们却必须加以抽象,把二者区别开来。话语行为就是仅仅说出一个具有意义的语句的言语行为,至于这个语句是以什么方式即以何种话语施事的力

---

① J. L. Austin, *How to Do Things with Words*, pp. 98-99.
② 同上书, p. 114.
③ 同上书, p. 147.

量(陈述、发问、许诺、命令等等)说出的,则不属于话语行为,也不是它说出的那个语句的意义所能决定的。因此,奥斯汀说:"我要把力量和意义区别开来。"① 在他看来,一个语句的意义似乎是独立或中立于任何一种话语施事的力量的。仅仅说出一个具有意义的语句的行为即话语行为之必须区别于话语施事行为,其根据就在这里。

奥斯汀对言语行为的研究,其兴趣"主要是集中于话语施事行为"。② 他认为使人们注意话语施事的力量就是使人们更充分地认识语言所执行的各种不同的功能。要理解人们所说的话语,不仅需要知道话语的意义,而且要知道它们的目的、用途,它们在某种语境下所起的作用,亦即话语施事的力量。有许多种话语施事的力量,就有许多种话语施事的行为,就有许多种语言的用法,问题是我们是否可以、是否需要给这许许多多种言语行为分类?我们知道,维特根斯坦的后期哲学也讲语言使用的多样性,认为有各种不同的"语言游戏"。但是他认为语言游戏或语句的种类似乎多得数不过来,正如他在《哲学研究》中所说:"有多少种类的语句呢?例如断言、疑问和命令?——有无数的种类,对我们所谓的'符号','语句'有无数的不同种类的使用。"③因而在他看来给各种语句分类是不可能和无用的。奥斯汀的看法则颇有不同。他承认:"语言的用法的确非常之多",但是他不相信会有无穷多的用法,他说:"我认为我们不应该像人们那样轻易地谈论语言的无穷的用法",语言的用法无论如何之多总是有限的,因而"即使有成千上万种语言的用法,我们也一定能够把它们全都列举出来",我们需要的正是

---

① J. L. Austin, *How to Do Things with Words*, p. 100.
② 同上书, p. 103.
③ Wittgenstein, *Philosophical Investigations*, The Macmillan Company, 1953, p. 23.

一个可在其中"讨论这些语言用法的框架"。① 奥斯汀在《我们如何以言行事》中提出了这个框架,就是把各种话语或言语行为按其不同的话语施事的力量做了一个大致的分类。奥斯汀说:"我区分了五大类"。② 它们是:

(1) 裁判的(verdictive),如宣判,裁定,描述,分析,评定,估价,等等。

(2) 决断的(exercitive),如命令,指导,劝告,推荐,任命,宣布,等等。

(3) 承诺的(commissive),如许诺,承办,发誓,保证,许愿,采纳,等等。

(4) 表态的(behabitive),如道歉,致谢,祝贺,欢迎,诅咒,批评,等等。

(5) 说明的(expositive),如陈述,描述,肯定,否定,解释,回答,等等。③

奥斯汀申明,他所做的这个分类决不是"确定不变的",他本人也"远不是对它们都同样感到满意",尤其是第四和第五两类,他"觉得最麻烦",认为这种区分可能"不清楚",或者"甚至需要重新加以分类"。④

奥斯汀的言语行为理论还很不完善,因此曾遭致种种的批评,包括他的后继者们的批评,然而又正因其尚不完善,遂为其后继者留下了修正和发展的余地。

1981年5月
于加州大学伯克利分校
哲学系

---

① Austin, *Philosphical Papers*, p. 234.
② Austin, *How to Do Things with Words*, p. 151.
③ 同上书, pp. 151-163.
④ 同上书, pp. 151-152.

塞尔[*]

约翰·塞尔(John R. Searle, 1932—)是当代美国著名的分析哲学家,牛津派日常语言哲学在美国的主要代表。

塞尔是牛津日常语言派领袖奥斯汀的及门弟子。在牛津大学获博士学位,1956-1959 年曾在牛津任教。1959 年返回美国,执教于加利福尼亚大学伯克利分校,任哲学系副教授、教授,并曾任加大校长特别助理。塞尔还曾以客座教授的身份在国内外许多大学讲学,在西方哲学界颇负盛名。由于他在哲学上的卓越成就,塞尔已被选为美国科学院院士。

塞尔哲学研究的主要领域是语言哲学和心的哲学。主要著作有:《言语行为》(1969),《词语和意义》(1979),《意向性》(1983),《心、大脑和科学》(1984)等,并编有《语言哲学》论文集(1971),为牛津哲学读本丛书之一。

一、论语言哲学及其在现代哲学中的地位

语言哲学,正如形而上学、认识论、科学哲学、伦理学等一样,是现代西方哲学的一个分支,而且是一个很重要的分支。20 世纪以来的重

---

[*] 原载《当代西方著名哲学家评传》,第 1 卷(语言哲学),山东人民出版社,1996 年。

大哲学运动、哲学流派,如各派分析哲学、实用主义、现象学、存在主义以及晚近的结构主义、诠释学等等,无不注意语言哲学问题的研究,而在英美分析哲学中,语言哲学更具有特殊的地位,成为哲学家们研究兴趣的中心。在西方哲学界,人们把这个现象看作哲学在本世纪发生的一个重大转折——所谓"语言的转向"(Linguistic turn)。

作为分析哲学家,塞尔的全部哲学研究工作可以说都是围绕语言哲学这个中心而展开的,包括他对心的哲学的研究也是为了对语言哲学的问题做更深层的探讨,即追溯其心理的基础而进行的。

塞尔认为,语言哲学作为哲学的一个分支,其任务是"对语言的某些一般特征,例如意义、指称、真理、证实、言语行为和逻辑必然性,进行分析";① "语词如何与实在发生关联?""意义的性质是什么?""什么是真理,指称,逻辑必然性?""什么是言语行为?"诸如此类的问题就是语言哲学这门科目的"典型问题"。②

语言哲学虽然在现代哲学中才成为人们特别瞩目而自觉探究的一个科目,但是它的历史却很久远。塞尔认为,语言哲学的开端可以远溯古代希腊,柏拉图在《攸塞弗洛》、《泰阿泰德》、《费多》等对话中讨论语词的意义(关于"虔敬"、"知识"等等语词的定义),认为一般语词(通名)之具有意义在于它们代表一种客观的独立的实在即理念或共相,这就是提出了一种关于语言的哲学理论、意义理论。近代哲学中英国经验论者对语言问题做过相当多的探讨,洛克的《人类理智论》第三卷就是专门讨论语言和与之有关的哲学问题的;休谟把能否追溯其感觉印象的来源作为判定语词有无意义的标准,也是一种语言哲学的理论。③

---

① 塞尔:《语言哲学》,1977年,第1页。
② 玛吉:《思想家》,1979年,第183页。
③ 塞尔:《语言哲学》,第1-2页。

因此,塞尔说:"哲学家们并不是在 20 世纪才发现了语言。"[①]诚然,语言问题或语言哲学问题只是到了本世纪才被放在哲学的中心位置上,而这也不是偶然的,甚至可以说:"对语言的研究几乎非成为哲学的中心不可"。[②] 这一方面是由于语言在人类生活中的特殊重要性,另一方面则与哲学史直至本世纪的发展的若干因素、特征有密切的关系。

塞尔认为,语言对于人类生活和思想具有根本的重要性。他说:语言"对于理解人类和人类生活是决定性的东西","语言实际上是比任何别的东西更能把我们同其他动物生活区别开来的东西"。事实上,如果没有语言,就不可能有被视为人类特有的那些社会关系的形式和经验的形式,包括我们的各种概念的工具。概念也是经验的一部分。不掌握适当的词汇,就不可能有概念。塞尔认为,我们把语言应用于世界并不是像给对象贴上标签那样,恰恰相反,"世界是按照我们区分它的方式而区分的,而我们区分事物的主要方式是在语言中,我们关于实在的概念是一个语言范畴的问题"。不过,塞尔又强调指出:"我不是说语言创造实在。远不是这样。更确切地说,我是说凡是被看作实在的东西……都是我们加诸世界的范畴问题;而那些范畴大部分是语言的。"我们总是"通过语言的范畴来经验世界,这些范畴帮助我们赋予经验本身以形式"。世界不是语言创造的,但是世界之具有被我们所经验的形式,世界之成为我们所经验的对象,却是由语言范畴塑造的,"世界并非先已分成对象和经验而呈现给我们的,被看作对象的东西已经是我们的表现系统的作用,我们在经验中如何了解这个世界是受这个表现系统的影响的"。[③] 这个表现系统就是语言范畴的系统。

语言对于人类的生活和思想虽然具有如此重要的意义,而且早已

---

① 玛吉:《思想家》,第 185,183 页。
② 同上书,第 185,183 页。
③ 同上书,第 183-184 页。

引起人们的注意,但是哲学家们达到对语言问题的高度自觉的反思则经过了一个漫长的历史发展。笛卡儿以后的三百年间,哲学的中心问题是认识论的问题:"什么是知识?""知识是如何可能的?"塞尔说,如果认真地对待这个认识论的问题,终究会不可避免地把人们导致一个似乎更根本的问题。即"我们的心灵究竟是如何表现世界的?"这就涉及作为表现系统的语言范畴与世界的关系,涉及语言的意义问题,于是,"什么是意义?"这个语言哲学的问题就成为较之"什么是知识?"这个认识论问题居先的更重要的问题了。

从认识论中心到语言哲学中心的这一必然的转向直至本世纪初才得以实现,其主要的历史的契机则是弗雷格和罗素对数学基础和数理逻辑的研究。尽管语言哲学后来的发展未必与数学基础和数理逻辑有直接的联系,但是,塞尔说:"现代语言哲学最初乃是数理哲学的一个衍生物。"弗雷格和罗素研究数学真理的性质,认为数学实际上是逻辑的延伸,一切数学命题都可还原为逻辑的命题,因而数学命题在某种意义上是根据定义而为真的。这样他们就从关于数学真理的性质问题的研究进而发展为关于真理和意义这个更一般的问题的研究,从而建立现代语言哲学的理论。

西方哲学在本世纪发生语言的转向,是一个很复杂的问题,有多方面因素的作用,但是,在塞尔看来,上述诸点无疑地是导致这一发展的最重要的关节。[1]

语言哲学之跃居于哲学的中心,一个直接的结果是在哲学观上引起的重大的转变,产生了现代的分析哲学运动。与传统的哲学观不同,分析哲学家们认为哲学的任务既不是告诉人们应当做些什么,也不是提供任何经验的真理。哲学是对科学的和日常的语言的逻辑分析,其

---

[1] 玛吉:《思想家》,第 185—187 页。

任务是"发现揭示概念间逻辑关系的那些分析的真理。哲学本质上是概念的分析。这样,语言哲学的理论就直接导致整个的哲学理论"。①塞尔认为,不管分析哲学运动在其发展中有怎样的分歧,把哲学看作对语言的逻辑分析,看作一种"先天的概念活动"这种观念,却一直保持下来了。② 唯其如此,分析哲学才成其为既有派别差异又有其统一性的运动。

二、语言哲学发展中的两种趋向

在分析哲学中,语言哲学始终占着中心的地位。但是塞尔指出,语言哲学并不是沿着一条单一的路线发展的,而是存在着几条不同的发展路线。就其时间之久和影响之大而言,主要是下面两条路线或趋向。

一条路线是从弗雷格、罗素,早期维特根斯坦,逻辑实证主义者到蒯因和戴维森。"这条路线主要是讨论意义和真理的关系。在这个传统中基本的问题是:'一个话语的真值条件是什么?'属于这个传统的哲学家主要是讨论确定语句之为真的条件,而且显然,这条路线同科学哲学会有密切的联系。"③属于这条路线的哲学家关于语言哲学的观点也有分歧甚至是相当大的分歧,但是,他们毕竟"有某些共同的特征"。④首先,"他们都假定,表现和传达事实的知识是语言的唯一目的,无论如何也是首要的目的,真正值得重视的语言部分是'认知的'部分。总之,语言的目的是传达可能为真或假的东西。"其次,"他们把语言的各种成分(语词,语句,命题)看作能离开说者和听者的行为或意图而进行表现

---

① 玛吉:《思想家》,第 187-188 页。
② 同上书,第 187-188 页。
③ 同上书,第 188-189 页。
④ 塞尔:《语言哲学》,第 6 页。

或有真假的东西。重要的是语言的这些成分,而不是说者的行为和意图。"①

另一条路线以后期维特根斯坦、奥斯汀、赖尔、斯特劳森、格赖斯为主要代表,塞尔说他自己也应包括在内。② 这条路线"更多地是讨论语言的使用问题,把语言看作人类行为的一部分。这里的基本问题不是:'意义和真理的关系是什么?'而是:'意义和使用的关系或意义和说者说一话语的意图的关系是什么?'"③这一条路线的语言哲学观点可以说对上面一条路线提出了严重的挑战。在这条路线的哲学家看来,前面那种语言哲学理论把语言的功能大大简单化了。陈述事实只是我们用语言去做的许多事情的一种,如维特根斯坦所说,"语言是一种工具,"我们可以用这种工具做各种"语言游戏",或者如奥斯汀所说,有各种"言语行为"。并非一切言语行为都是陈述事实,因而并非一切话语都有真假可言。各种语言成分之具有意义,并不在于它们孤立具有的任何关系(它们与其所指对象的关系,与其真值条件的关系),而在于我们对它们的使用,如维特根斯坦所说:"一个语词的意义就是它在语言中的使用。"④

有些哲学家(例如罗素和其他一些人)批评这第二条路线的语言哲学理论背离了二千年来哲学家们力求理解世界这个传统,只讲各式各样的语言用法,而"把世界或我们对于世界的关系置之于不顾"。⑤ 塞尔反驳了这一指责。他说,这第二条路线"并不排斥'语言和世界的关系是什么?'这个问题,而是把这个问题放到了更广大的背景上来考

---

① 塞尔:《语言哲学》,第6页。
② 同上书,第189页。
③ 同上书,第189页。
④ 同上书,第6-7页。
⑤ 罗素:《我的哲学的发展》,商务印书馆,1982年,第210页。

察"。塞尔承认,"语言如何与世界相关联?"这个问题是语言哲学的"根本问题"或"根本问题之一",但是要回答这个问题,必须"说明说者的意图,他的受规则支配的意向行为是如何把语言和世界联系起来的",因此,语言和世界的关系问题就被纳入一个更大的问题,整个人类行为的问题;语言是人类行为的一部分或者说是某一种类的人类行为,语言和世界相关联的方式乃是人们如何实行这种联系的言语行为问题。①

第二条路线的语言哲学理论"把语言哲学中许多问题的讨论都加以改造而铸进关于一般人类行为的讨论这个更广大的背景中去",塞尔认为这是"最重要的"。② 这种处理语言哲学问题的方法就是以后期维特根斯坦和奥斯汀为代表的牛津、剑桥哲学家的所谓"语言分析"(Lingnistic Analysis)或"语言分析哲学"(Linguistic Philosophy)。作为一种哲学方法,语言分析的应用当然不限于语言哲学的问题,而是试图根据对自然语言中语词或其他成分的日常用法的分析来解决各种哲学问题,因此也称为"日常语言哲学"。塞尔认为,这种哲学所做的贡献是极其显著的,"说它在哲学中产生了一个革命,也不是过分的夸大"。③

但是,语言分析哲学也有其缺陷,塞尔认为,语言分析哲学在其"古典阶段"即从二次大战结束到 60 年代初,虽然"很注意语言的细微区别和特征",但是缺乏"掌握所发现的语言区别的事实的理论结构"。④ 例如,维特根斯坦就"反对提出一般的语言理论","认为关于语言的任何一般的哲学理论几乎都必然导致歪曲和谬误",⑤所以他在后期著作中只是对若干语言活动的实例做零敲碎打的分析,塞尔则强调要为语言

---

① 玛吉:《思想家》,第 191-192 页。
② 塞尔:《语言哲学》,第 6 页。
③ 同上书,第 131 页。
④ 同上书,第 131 页。
⑤ 玛吉:《思想家》,第 192 页。

分析哲学建立一个系统的语言理论,这就是围绕言语行为这个基本概念建立的语言哲学理论。他认为:"这样一个理论如果是适当的,应能比古典阶段的那些特有的方法更恰当地处理某些种类的语言区别"。①

三、论言语行为

(一) 奥斯汀的言语行为理论和塞尔的修正

塞尔指出,言语行为一词在30年代已经被一些语言学家如布龙菲尔德所使用了,但是现代语言哲学意义上的言语行为的概念却是奥斯汀提出来的。② 奥斯汀也是首先企图建立言语行为理论的哲学家。由于过早地逝世,奥斯汀没有来得及把他的理论系统化,而且在他的理论中还有一些缺乏充分研究、不甚清楚或不恰当的地方。塞尔正是继续了他的老师奥斯汀的工作,修正和发展了他的言语行为理论。

塞尔说,奥斯汀是"通过一条有趣的道路而达到他的言语行为的概念的"。在奥斯汀之前,语言哲学家们主要是讨论那些有真假的话语。奥斯汀发现有许多种语句,甚至有一些直陈式语句并无真假可言,并不是对任何事物的真或假的描述,当人们说出这些语句时只是实施某种行为。因此奥斯汀指出,有整整一类话语,与其说是言(Saying),不如说是行(Doing)。当我说"我许诺","我打赌","我请原谅","我很感谢","我祝贺你"时,在各种情况下我都是实施一种行为,我的话语中的动词就是这种行为的名称。我只要说"我许诺",就可以做一个许诺。奥斯汀把这样一些话语叫作"施事的"(performatives),把另一类并非行为但有真假可言的话语,如陈述和描述,叫作"确言的"(constatives)。但

---

① 塞尔:《言语行为》,第131页。
② 参阅玛吉:《思想家》,第193页。

是,奥斯汀的观点后来发生了重大的变化。他感到很难把"施事的"话语和"确言的"话语严格区别开来。经过仔细的研究,他认为做一个陈述或描述正如做一个许诺或感谢一样也是实施一种行为。施事的话语不是一种特殊的情形,而是包括了一切话语。就是说,一切话语都应被看作这样或那样的一种言语行为。[1]

奥斯汀曾区别了三种言语行为:话语行为(locutionary act),话语施事行为(illocutionary act),话语施效行为(perlocutionary act)。话语行为是说出某个具有意义(或意义和所指)的语句;话语施事行为是以一种话语施事的力量(illocutionary force)说出某个语句,如做陈述,提疑问,做许诺,下命令,发警告,表歉意,致谢意,等等;话语施效行为是通过说出某个语句而对听者产生某种效果的言语行为,如使相信,使喜欢,使烦恼,使厌恶,使恐惧等等。这里要注意两个区别:一是话语施事行为和话语施效行为的区别,一是话语行为和话语施事行为的区别。

奥斯汀认为,话语施事行为和话语施效行为可有密切的联系,但又必须区别开来。我们可以通过话语施事行为而实施话语施效行为,例如,我可以通过陈述而使听者相信,通过提疑问而使听者烦恼,通过做许诺而使听者喜欢,等等。但是话语施事行为并不必然对听者产生某种效果,并不必然成为话语施效行为,例如,我的陈述未必使听者相信,我的许诺未必使听者喜欢。就是说,话语施事行为之为话语施事行为并不依赖于是否对听者产生了什么效果,这正是它之有别于话语施效行为的地方。奥斯汀对这二者所做的区别,塞尔是接受和坚持了的。他说:"话语施效行为必与我们的话语对听者产生的那些效果有关,这些效果是超出了听者对话语的理解的。……话语施事行为,如陈述,常常是向着或为了达到话语施效的结果如使相信、说服而做的,但是在言

---

[1] 参阅塞尔:《语言哲学》,第 7 页;玛吉:《思想家》,第 193 页。

语行为理论家们看来……极重要的是把话语施事行为(这是纯粹的言语行为)和话语施效结果之取得区别开来,各个语言手段可能取得也可能未取得这种结果。"①

关于话语行为和话语施事行为的区别,虽为奥斯汀所主张,却为塞尔所否定。奥斯汀承认,话语行为和话语施事行为有密切的联系:"一般地说,实施一个话语行为可以说也就是实施一个话语施事行为",②反过来说,"实施一个话语施事行为必然要实施一个话语行为",③因此,"每个真正的言语行为都同是二者","话语行为和话语施事行为一样只是一种抽象"。④ 就是说,在实际的言语行为中,话语行为和话语施事行为是分不开的。但是奥斯汀又认为,要对言语行为进行分析,我们却必须把二者加以抽象,区别开来。话语行为就是仅仅说出一个具有意义的语句的言语行为,至于这个语句是以什么方式即以何种话语施事的力量(陈述,发问,许诺,命令等等)说出,则不属于话语行为,也不是它说出的那个语句的意义所能决定的。因此,奥斯汀说:"我要把力量和意义区别开来。"⑤在他看来,一个语句的意义似乎是独立于或中立于任何一种话语施事的力量的。仅仅说出一个具有意义的语句的行为即话语行为之必须区别于话语施事行为,其根据就在这里。塞尔正是针对这个根据提出了批评。他说:"没有任何语句是完全力量中立的(forceneutral)。每个语句都有某种话语施事力量的潜能构入它的意义","任何说出一个具有意义的语句都不是完全力量中立的。每个郑重严格的话语都包含某种力量的指示物作为其意义的一部分"。因此,

---

① 塞尔:《词语和意义》,第Ⅶ页。
② 奥斯汀:《如何以言行事》,1975 年,第 98 页。
③ 同上书,第 114 页。
④ 同上书,第 117 页。
⑤ 同上书,第 100 页。

"对于在说出一个完全语句时实施的话语行为的任何说明都不会不决定着对一个话语施事行为的说明"。于是,塞尔得出结论说,尽管我们可以说话语行为和话语施事行为是两个不同的概念,"但是概念的区别并不足以证明有各自独立的两类行为的区别",事实上,"属于话语行为(在说出完全语句时实施的)这个种类的一切分子都是属于话语施事行为这个种类的分子",即"每个话语行为都是一个话语施事行为"。①

否定了奥斯汀关于话语行为和话语施事行为的区别,塞尔随即提出了自己对言语行为的分析。他认为,我们在说出任何一个语句时都至少实施三类行为:

1. 发语行为(utterance acts)

"发语行为只是发出一串语词"。② 但是,仅仅发出一串语词还不成其为一个完整的言语行为,还不是说出了一个完全的有意义的语句。因为我们在说出一个语句时总是"说了某种东西而不仅仅是用嘴说了一些语词"。③ 所谓"说了某种东西"就是在说出一个语句时指称或提及某个对象并对之有所述谓,这是另一类行为,塞尔称之为命题行为。

2. 命题行为(propositional acts)

"实施命题行为是在说出一个语句时进行指称(refering)和述谓(predicating)",④也就是表达了一个命题。但是,塞尔指出:"命题行为不可能单独发生,就是说,我们不可能仅仅进行指称和述谓而不做一断言或问一问题或实施某种别的话语施事行为。"⑤我们在实施一个命题行为即表达一个命题时总是以某种话语施事的力量(陈述,发问,许诺,

---

① 上引均见罗森堡和特拉维斯:《语言哲学读本》,1971 年,第 267-268 页。
② 塞尔:《言语行为》,第 24 页。
③ 同上书,第 23 页。
④ 同上书,第 26 页。
⑤ 同上书,第 25 页。

命令,等等)说出一个语句,这就是话语施事行为。

3. 话语施事行为(illocutionary acts)

塞尔认为以话语施事的力量说出的语句或者说具有话语施事行为语法形式的语句才是"完全的语句"。因此,话语施事行为才是完全的言语行为。发语行为和命题行为其实都是作为附属的成分而包含在话语施事行为之中的。命题行为所表达的命题是话语施事行为的内容;由于对同一命题内容可施以不同的话语施事行为,因而命题就是各种不同的话语施事行为的共同内容。例如,下面是以不同形式的话语施事行为说出的几个语句:

(1) 约翰将离开这个房间吗?

(2) 约翰将离开这个房间。

(3) 约翰,离开这个房间!

(4) 愿约翰离开这个房间。

(5) 如果约翰离开这个房间,我也离开。

说出其中的每个语句都是实施一个话语施事行为。第一句是提问,第二句是预言即对未来的断言,第三句是请求或命令,第四句是表达一个愿望,第五句是对意图的假言表达。在说出每个语句的同时我们都实施一个为这五种话语施事行为共有的附属的行为,即命题行为。我们在说出每个语句时都指称某个叫约翰的人并述谓此人离开房间的行动。这就是表述了一个共同的命题内容:约翰将离开这个房间。

塞尔指出,把话语施事行为和话语施事行为的命题内容区别开来是很重要的。以往的哲学家和逻辑学家大都习焉不察,把命题和陈述或断言视若等同,其实后者是一种话语施事行为,前者是它的内容。上述例子中,在说出每个语句时都表达了约翰将离开这个房间这一命题,但只有在说第二句"约翰将离开这个房间"时才是对这个命题的断言。如果给这个语句加上指示行为功能的表达式即:"我断言约翰将离开这个房间",那么在说出这个语句时所实施的断言这种话语施事行为和它所断言的命题内容的区别就比较清楚了。"断言是一个话语施事行为,而命题则根本不是行为,尽管表达命题的行为是实施某些话语施事行为的一部分。"①

关于话语施事行为及其命题内容必须加以区别的思想,塞尔认为在弗雷格那里已有表露。② 弗雷格说,我们必须区别语句所表达的思想和对这个思想的断言。所谓思想即相当于今日大多数哲学家所说的命题。例如,"苏格拉底是有智慧的","苏格拉底是有智慧的吗?","如果苏格拉底是有智慧的,那么他就是一个哲学家",这三个语句表达了同一个思想(或者说命题):苏格拉底是有智慧的,但是只有在第一句中这个思想才是被断言的。弗雷格的这个思想无疑地是一个有益的启示,可能引导人们去探讨命题表达的不同的语言形式,在这个意义上,我们似乎也可以说,弗雷格的思想是现代言语行为理论形成的一个源泉。

(二) 话语施事行为的分类

塞尔认为,"话语施事行为是语言交际的最小单位",③只有话语施事行为才构成"完全的言语行为"。④ 因此,他一直把言语行为理论的重心放在话语施事行为的研究上。

塞尔研究话语施事行为的一个很重要的工作就是给话语施事行为分类,给话语施事行为的不同类型或范畴以理论的说明。

塞尔说:"在任何语言哲学中最明显的问题之一是:有多少使用语

---

① 以上论述见塞尔:《语言哲学》,第 42-43 页。《言语行为》,第 29-30 页。
② 塞尔:《语言哲学》,第 43 页。
③ 同上书,第 39 页。
④ 同上书,第 28 页。

言的方式?"维特根斯坦曾经认为,对这个问题是不能用任何有限的范畴表示回答的。他在《哲学研究》中列举了一系列"语言游戏"的例子,指出语言有各种不同的使用,但是,他说:"有多少种类的语句呢?例如断言、疑问和命令?——有无数的种类,对我们所谓的'符号'、'语词'、'语句'有无数的不同种类的使用。"塞尔不赞成维特根斯坦的这个观点,他说:"这个有点怀疑论的结论应当引起我们的怀疑。我想,没有人会说有无数种经济制度、婚姻制度或政治党派;为什么语言就会比任何其他方面的人类社会生活更难加以分类呢?"①事实上,"并不是像维特根斯坦和其他许多人宣称的那样有无数的或不定数的语言游戏或语言使用。"②

塞尔认为,如果我们把话语施事行为作为分析的单位,就会发现有五种"使用语言的一般方式",五种"话语施事行为的一般范畴":一、断言的(assertives),这类话语施事行为告诉人们某物如何,说话人对某物的情形、对被表达的命题的真理性加以认定。二、指引的(directives),这类话语施事行为是说话人企图使听者去做某事。要求、请求、祈求、命令、劝告等动词都表达这类行为。塞尔认为,提问、疑问也是指引的话语施事行为的一个子类,因为它们是说话人企图使听者做出回答,亦即实施一个言语行为。三、承诺的(commissives),这类话语施事行为是说话人对某种未来的行动做出承诺,即许诺自己要做某事。四、表情的(expressives),这类话语施事行为是表达感情和态度,如"感谢"、"祝贺"、"道歉"、"欢迎"等就是表达这类行为的动词。五、宣告(declarations),这类话语施事行为是通过我们的发言给世界带来变化,其特点是它的成功的实施导致命题内容和现实的符合,保证命题内

---

① 塞尔:《词语和意义》,1979年,第11页。
② 同上书,第29页。

容符合于世界。例如,如果我成功地实施了任命你为主席的行为,那么你就是主席;如果我成功地实施了宣布战争状态的行为,那么战争就进行了。①

塞尔说,他对话语施事行为的这种分类用的是"经验的"方法,是根据对语言使用的观察,发现有这五种类型的话语施事行为。② 但是,如果要问为什么有这样五种类型、范畴而且只有这五种类型、范畴,那么这就不是语言哲学所能回答的,而是心的哲学的任务了。塞尔说:"我研究语言问题所根据的一个基本假定是:语言哲学是心的哲学的一个分支。言语行为表现世界上对象和事态的能力是心(或大脑)通过诸如相信和欲望之类的心理状态,特别是通过行为和知觉,把有机体和世界联系起来的生物学上更根本的能力的一个延伸。既然言语行为是人类活动的一种形式,言语表现对象和事态的能力是心灵把有机体和世界联系起来的更一般的能力的一部分,因此对言语和语言的任何完全的说明都需要对心灵或大脑如何把有机体和现实联系起来做出说明。"③塞尔认为,言语行为的结构是与心理状态的结构密切联系的,而且前者是从后者而来的。实施一个言语行为就是表达一个心理状态。"一般地说,在实施任何带有命题内容的话语施事行为时,说话者都表达了对这个命题内容的某种态度、状态,等等,例如,断言的话语施事行为表达的心理状态是相信,指引的话语施事行为表达的心理状态是欲望、希望或愿望;承诺的话语施事行为表达的心理状态是谢意、快乐等等。"④

---

① 以上论述见塞尔:《词语和意义》,第Ⅶ-Ⅷ页,第 12-17 页。
② 塞尔:《词语和意义》,第Ⅷ页。
③ 塞尔:《意向性》,第Ⅶ页。
④ 塞尔:《词语和意义》,第 4-5 页,第 12-17 页,《言语行为》,第 65 页,《意向性》,第 9 页。

塞尔认为,各种话语施事行为就其与世界的关系来说是不同的,即"言语和世界适应的方向"(the direction of fit between words and world)是不同的。这主要是两种相反的适应方向,一是使言语符合世界,一是使世界符合言语。断言、陈述、描写、解释等等属于前一范畴,具有言语→世界的适应方向;许诺、请求、命令等等属于后一范畴,具有世界→言语的适应方向。言语行为对世界的这两种不同的适应方向是与心理状态对世界的不同适应方向相应的,例如,陈述这种语言形式具有言语符合世界的适应方向,就是因为与陈述相应的心理状态即相信具有心→世界的适应方向,相信(信念)要适应世界,故有真假,从而陈述这种语言形式亦有真假。许诺、命令等语言形式是与愿望、意图这些心理状态相应的,愿望、意图这些心理状态表示世界→心的关系,即要世界满足心的愿望、意图,而不是心去符合世界,所以不可能有真假,从而许诺、命令等言语行为也无所谓真假问题。①

关于各类话语施事行为的关系,塞尔认为不能把它们截然分开。说同一句话常常可以归入不止一个范畴。例如,假定我对你说:"先生,您踩着我的脚了。"在大多数情境下,我说这个话并不仅仅是做一"断言的"言语行为,不是仅仅陈述一个事实,而是也间接地要求你,甚至命令你,把你的脚从我的脚上挪开。因此,这个断言的话语施事行为也是一个间接的"指引的"话语施事行为。这里就涉及"间接言语行为"的问题,即通过实施一种话语施事行为而间接地实施另一种话语施事行为。在这种情形中,说话者说出一个语句,并不简单地恰恰意指他所说的事物,而是既意指他所说的事物,又意指某种更多的东西,即表示了比他说出的语句的字面意义更多的或不同的意义。暗示、暗讽、讥刺、隐喻等都是这种间接言语行为的例子,在这里说话者说话的意义和所说的

---

① 塞尔:《词语和意义》,第 3-4 页;《意向性》,第 7-8 页。

语句的意义或其字面意义以各种不同的方式发生了分离。① 因此,间接言语行为的问题归根结底是关于意义的问题,如塞尔所说,"间接言语行为提出的问题是说话者如何可能说一事物,既意指这一事物而又意指某一别的事物"。② 这个问题在下面讨论意义问题时还将谈到。

四、关于意义和指称问题

意义和指称是现代语言哲学的两个基本概念,意义及其与指称的关系是语言哲学中最重要的问题之一,塞尔在几部主要著作中曾反复讨论,并在这些讨论中力图应用他的言语行为理论说明意义和指称及其关系问题。

(一) 论意义和意义的背景

以往的哲学家脱离人的语言活动的背景来讨论语词和语句的意义,把意义看作是语言表达式独立于语言使用或语境而具有的。维特根斯坦提出意义即使用,打破了这个传统的看法,开创了一种新的意义观。塞尔从言语行为的理论发挥了这种意义观。

首先,塞尔是把意义作为言语行为的一个因素来考察的。言语行为总是在发出声音或做出记号(如文字)时实施的,但是仅仅发出声音或做出记号和实施一个言语行为还是不同的。二者的区别在于:实施言语行为时发出的声音或做出的记号被认为是具有意义的,言语行为的实施者被认为是用那些声音或记号意指某物。也就是说,当我们说话时,我们就以我们所说的东西意指某物。也就是说,当我们说话时,

---

① 塞尔:《词语和意义》,第Ⅷ,30-31 页。这种语言现象大概就是中国人所谓"意在言外","义生文外","文外重旨","弦外之音"。
② 同上书,第 31 页。

我们就以我们所说的东西意指某物,而我们所说的东西即一串语素就被认为具有一种意义。那么,究竟什么是意义呢?

塞尔说,他接受牛津分析哲学家格赖斯关于意义的概念,但是又提出了自己的修正。格赖斯认为,说一个说话者 S 以 X 意指某物,这就是说 S 企图说出 X 来,通过听者 H 之认识到这个意图而对他产生某种效果。塞尔认为,格赖斯的这个观点虽不是对意义概念的充分适当的说明,但是它为意义的说明提供了一个非常有益的出发点。因为它指出了意义和意图的密切联系,并且把握了语言交际的本质特征,即在说话时我企图通过使听者认识到我意在把某些东西传达给他,从而把这些东西传达给他,而听者一经认识到我在说出我所说的话时意在说什么,他就理解了我是在说什么。这样,我说的话语就具有了意义,并且在这种言语行为中发生说者和听者之间的意义的交流。

但是,塞尔认为,格赖斯对意义的这个说明虽然很有价值,在两个关键性的方面却是有缺点的。首先,由于用意图的效果来定义意义,格赖斯混淆了话语施事行为和话语施效行为。他实际上是用要实施一种话语施效行为的意图来给意义下定义,但是,塞尔认为,说某种东西和意指某种东西乃是意在实施一种话语施事行为,而不必是意在实施一种话语施效行为。一般地说,有所意指的话语的意图效果并非总是话语施效行为的效果,因为用以实施话语施事行为的许多种类的语句的意义同话语施效行为的效果并没有联系。例如,我对一个人表示欢迎说:"您好!"除了要使他知道他被欢迎之外,我不必有使听者产生任何其他行为反应的意图。听者知道自己被欢迎,这只是他对我所说的话的理解,而不是一种附加的反应或效果,亦即不是话语施效行为的效果。但是,他理解我所说的话,也就表明我所说的话是有意义的,而且在他和我之间有意义的交流。可见,意义并不必然与话语施效行为的效果相联系。当然,有的语句的意义是与话语施效行为的效果分不开的,例如,我对一个人说:"走开!"这个句子的意义显然与一个意欲达到的特殊的话语施效行为的效果即让听者离开有联系。

其次,塞尔认为,格赖斯也没有说明意义在多大程度上可能是一个规则或约定的问题,就是说,他对意义的解释没有指出一个人以其所言意指某物和一个人之所言在语言中实际意指何物的联系。塞尔指出,一个说话者意指何物(即说话者说话的意义)和他说出的话意指何物(即语句的字面意义)二者有联系也有区别,可以是一致的,也可以发生分离。发生分离的情况很多,例如,隐喻就是说话者在说出一个语句时意指某种不同于这个语句所意指的东西;讥讽则是说话者所表示的恰恰是他所说的语句的字面意义的反面,还有其他一些间接的言语行为中,说话者可能既意指其所说的语句意指的东西,又意指某种别的东西。但是这决不是说,意义主要决定于说话者的意图。我们不可能在说出一个语句时任意意指与此语句的字面意义不同的东西。维特根斯坦讨论别的问题时举过一个例子:"说'这儿天气冷'而意指'这儿天气暖'",塞尔说,如果没有进一步的背景条件,这是不可能的。因为我们所能意指的东西是我们正在说的东西的一个"函项",是受后者制约的。我们说"这儿天气冷",这个语句的字面意义是受约定者的规则支配的,我们不能随心所欲地用以表示"这儿天气暖"的意思。因此,塞尔认为:"意义不仅是一个意图的问题,而且也是一个约定的问题。"然而按照格赖斯的观点,如果意义仅仅是意图的问题,那么我们在说出一个语句时赋予它以无论什么意义似乎都是可以的了。

意义是约定的事情,或者说意义具有约定性,就是说意义是有背景的,是在一定的背景下被规定的。塞尔说,一个语句的意义只是相对于一系列背景的假定才有其适用性。此所谓背景含义很广泛,既包括自然的作用也包括人类的文化作用在内。例如,cut 一词在下面这些句子中意义显然有别:"Bill cut the grass"(比尔割草),"Sally cut the cake"

(沙利切饼),"The tailor cut the cloth"(裁缝裁衣),"The President cut the salaries of the employees"(总统削减雇员工资),"Cut it out!"(停止!)。这些语句都有 cut 一词而意义不同,塞尔认为,这是由于它们有不同的背景,当这些语句被说出或被理解时,说者和听者都假定了一个由"惯例、规定、自然事实、规则性和行事的方法"构成的背景。因此,那种认为意义是语词和语句独立于任何背景而具有的观点是错误的。①

塞尔强调意义的背景,认为语词和语句的意义是在一定的文化背景下获得的,这就是把意义看作一种社会的历史的范畴,揭示了意义的社会性,这种观点较之把意义看作语词语句无赖于任何背景而独立具有甚至是自然固有的观点,无疑是更胜一筹的。

(二) 论指称

塞尔认为,"指称是一种言语行为"。任何言语行为都是说话者在说出一些语词时实施的,而不是由语词本身实施的。有一些词语,如专名、限定摹状词、代词等等,我们称之为"指称词",但这并不意味着进行指称的就是这些词语。说一个词语进行指称,如果这是以简略的说法表示说话者用这个词语进行指称,那是可以的,否则是无意义的。②

作为一种言语行为,指称表示语言和实在的关系,因此,关于指称的第一个公认的原则就是:"凡是被指称的东西必存在。"③但是,我们在用一个指称词陈述一个并不实际存在的事物时,这个原则似乎就陷入了矛盾。例如我们说:"金山不存在。"如果我们承认"金山"这个摹状词有指称的使用。就必须承认其所指称者存在。这就出现了非存在的

---

① 以上所述及引语见塞尔:《言语行为》,第 42-46 页;《词语和意义》,第 117-118 页;《语言哲学》,第 44-46 页;《言语行为理论和语用学》,第 221-226 页。
② 塞尔:《言语行为》,第 28 页。
③ 同上书,第 77 页。

存在的悖论。罗素的摹状词理论为了避免这个悖论,走了一个极端,否认任何摹状词能用以进行指称。塞尔认为,虚构的以及传说、神话中的东西的指称问题不会导致对关于指称的存在原则的否定。"我们可以把它们作为虚构的角色加以指称,正是因为它们的确存在于虚构中。"例如,福尔摩斯是侦探小说中的人物,虽非实有其人,但他确实存在于小说中。我们在关于现实世界的谈话中不可能指称福尔摩斯,因为根本没有这个人,但是在谈论小说的时候,如果我们说"福尔摩斯戴一顶猎帽,"我们就确实是在指称一个虚构的人物,他存在于小说中,而且我们所说的是真的。反之,我们如果说"福尔摩斯太太戴一顶猎帽",我们就没有做任何指称了,因为在小说中也没有福尔摩斯太太这个虚构的人物。因此,塞尔认为,我们只要注意把通常对现实世界的谈论和对虚构事物的谈论区别开来,关于指称的存在原则就可以普遍适用:"在现实世界的谈论中,我们只能指称存在的东西;在虚构的谈论中,我们可以指称存在于虚构中的东西。"①前面所说"金山"一词是可用以作指称的,它指称一种虚构的存在,说"金山不存在",是说金山这种虚构的存在物不是现实的存在物,因此不会产生非存在的存在的悖论。

塞尔认为,指称的作用在于把一个对象从其他对象中挑选或识别出来。"如果一个说话者指一个对象,那么他就是为听者把那个对象从所有其他对象中识别出来或能够根据要求识别出来",这可以称为关于指称的"识别原则"。塞尔进而指出,我们使用指称词(专名、摹状词等等)进行指称时所识别的对象都是"个别的"或"特殊的"事物、事件、过程,"指称词指示特殊的事物,它们回答的问题是:'谁?''什么?''哪个?'"

有一种流行甚广的观点,认为谓词也如指称词一样有指称的作用,

---

① 塞尔:《言语行为》,第 77-79 页。

因而认为正如指称词代表一种特殊的、个别的对象一样,谓词也代表一种存在物,一种作为共相的存在物。这就是柏拉图主义或实在论的观点。塞尔认为,这种观点混淆了指称和述谓这两种不同的言语行为。指称的作用是把一个对象(对象总是个别的、特殊的)识别出来,述谓如果也可以说有识别作用的话,那么,它并不是识别一种对象,而是把一些属性、性质识别出来并归之于某个对象。谓词表示事物的某种性质、某种可为不同的对象所共有的性质,我们可称之为共相,但是共相不是如对象一样的实际存在物,"共相这种东西并不存在于世界中,而是存在于我们表现世界的方式中,存在于语言中",在这个意义上,共相是语言的东西。① 因此,塞尔赞成唯名论的观点,说"唯名论者宣称殊相的存在依赖于世界中的事实,共相的存在则仅仅依赖于语词的意义,就此而言,他是完全正确的";但是,他认为唯名论者由此而根本否认有诸如"是红色的"这样的性质则又"陷入了混乱和不必要的错误"。② 这里,塞尔实际承认共相有其客观的根据(即事物共具的性质),但是为了否定以共相为独立实在的柏拉图主义,他觉得只能把共相看作"我们描述世界的方式的一部分,而不是世界的一部分",③因此,他认为,我们之使用表示共相的谓词只是述谓(亦即描述)对象,其本身并不指称任何对象,因为除了由指称词所表示的个别的、特殊的对象之外,是没有任何别的对象的。

指称词(专名、限定摹状词等等)被用以指称对象,但是它们是怎样指称的,何以能指称对象呢?塞尔赞同弗雷格的观点,认为"一个指称词必须有一种含义。在某种意义上,说话者在说出一个指称词时,要成功地进行指称,这个指称词必须有一种'意义',一种描述的内容;因为

---

① 塞尔:《言语行为》,第115页。
② 同上书,第105页。
③ 同上书,第117页。

除非他的话语成功地把一个事实、一个真命题从说话者传达给听者,指称就是没有充分完成的。我们可用弗雷格的讲法说:意义先于指称;指称是依靠意义的"。① 因为如果说出这些指称词并不传达任何描述的内容,那么就"不可能有任何方法建立这个词和对象的联系"。②

关于意义和指称的关系,长期流行的一种观点认为一个语词的意义就是它所指称的对象,意义即所指。塞尔认为,弗雷格在语言哲学上最重要的发现就是区别了意义和指称或所指。弗雷格举的有名的例子就是晨星和暮星这两个摹状词,二者有同一所指(金星)而意义不同。显然,"暮星即是晨星"和"暮星即是暮星"这两个陈述有区别,前者是一个传达事实知识的陈述,后者则是一个同语反复。其所以如此,就是因为"暮星"的含义与"晨星"的含义不同,虽然其所指是相同的。这就表明,"除了名字和它所指称的对象即其所指之外,还有第三个因素即名字的含义(在英语中我们也许更喜欢说意义或描述的内容),由于而且仅仅由于这种含义,名字才指称其所指。含义提供对象的'呈现方式',对一个所指的指称总是通过含义而达到的"。③

但是,就指称词来说,专名和摹状词的情况又不相同。限定摹状词既有所指亦有意义,其意义与所指有别,这似乎是显然可见的。然而专名的情况如何呢?专名指称某一个别的、特殊的对象,即有所指,但它是否也如限定摹状词一样具有意义呢?对这个问题哲学家们历来是有争论的,塞尔认为归根结底可分成两派意见:一派意见可称为专名"无意义说",这种观点可远溯柏拉图,较近的则以 J. s. 穆勒、罗素和早期维特根斯坦为代表。穆勒认为,专名不同于摹状词,它只是指称而不描述对象,不表达任何东西,因而没有内涵,没有意义;它只是无意义的符

---

① 塞尔:《言语行为》,第 92 页。
② 同上书,第 93 页。
③ 同上书,第 2 页。

号,纯粹是约定的,因而也不可能给专名下定义,罗素和维特根斯坦虽然讲专名的意义,但认为其意义即其所指,因而专名并无描述对象的作用,这实际上等于说专名无意义。另一派的意见可称为专名"有意义说",其主要代表就是弗雷格。他认为专名实际上是缩写的或隐蔽的摹状词,对于对象是有所描述的,表现了对象的某些方面的特征,因而既指称对象,也具有意义,而且弗雷格认为专名也是可以下定义的。

塞尔对这两种观点都不赞成,但承认它们各有一点道理。他说:"穆勒认为专名不包含任何特殊的描述,没有定义,是正确的,但弗雷格认为任何单称语词必有一种呈现方式,因而在某个方面具有一种意义,则是不正确的。他的错误是把我们可用以代替名字的识别描述看作定义。"至于他自己的观点,可以说是"在穆勒和弗雷格之间的一种调和"。塞尔说:"'关于专名有无意义?'的问题,如果这是问专名是否被用来描述或指明对象的特征,那么我的回答是'否'。但是如果这是问专名与其所指的对象是否有逻辑上的联系,那么回答是'是,在一种宽泛的方式上有逻辑的联系'。"[1]如前所说,塞尔认为,任何指称词,包括专名在内,如果没有任何意义,不传达关于对象的任何内容,就不可能起指称的作用。在他看来,事实上任何专名总是同某个一般语词或通名必然地(或者说"分析地")联系着的,例如,额非尔斯(即珠穆朗玛)是一座山,密西西比是一条河,戴高乐是一个人。当然,人们也可能把一棵树、一匹马叫作戴高乐,但是你决不能把一个素数叫作戴高乐。这就是说,戴高乐这个专名必然与一定范围的通名相联系,这里就有它的意义,这种意义就限定了它进行指称的可能性和范围。[2]

塞尔认为专名之能够指称对象,是因为它亦具有意义,这实际上还

---

[1] 塞尔:《言语行为》,第170页。
[2] 同上书,第167页。

是认为专名是一种缩写的摹状词,例如,在他看来,"亚里士多德"这个专名的意义就是"柏拉图的学生"、"亚历山大的老师"、"哲学家"……。塞尔的这个观点近年来曾遭到一些哲学家(如唐奈兰、克里普克等)的激烈批评。他们坚决反对把专名看作摹状词的缩写,认为专名之指称某个对象是不依赖于对对象的任何描述的。如果认为专名有描述作用,那么专名所包含的摹状词对于专名的陈述就成了分析命题和必然真理了。如果"亚里士多德"这个专名的部分含义是"亚历山大的老师",那么"亚里士多德是亚历山大的老师"这个陈述就成为必然真理,而不是关于一个或然事实的陈述了。不仅如此,批评者认为,塞尔的专名理论必然导致一种宿命论的结论。例如:"哲学家"既是"亚里士多德"这个名字的部分含义,那么,哲学家就是亚里士多德的本性的一部分,因而亚里士多德之成为哲学家并在西方哲学史上产生了巨大的影响,就都似乎是生来注定了的。

关于专名的意义和指称问题是60、70年代西方语言哲学界讨论的最热烈最有趣的问题之一,限于篇幅,本文只能提及而不予详述了。

五、论心的哲学:心身关系和心理现象的特征

上面已经提到,塞尔认为,语言哲学实际是心的哲学的一个分支,要说明语言哲学的问题,必然要深入到心的哲学,例如,要说明言语行为的各种范畴,必须追溯其心理基础即各种不同的心理状态或意向状态。塞尔关于心的哲学的论著《意向性》一书就是"试图探究言语行为的根源,把握心的这些特征,这些使言语行为(以及任何其他种类的行为)成为可能的心理状态"。[①] 言语行为和心理状态都是表现世界的,

---

[①] 玛吉:《思想家》,第189页。

但是,言语行为对世界的表现能力和方式是从心的意向状态对世界的表现能力和方式派生而来的,"言语行为的实施必然是相应的意向状态的表达"。① 关于不同种类的言语行为和不同种类的心理状态的相应的联系,前已谈及,不再重述。从语言哲学入手进到心的哲学,这是塞尔哲学研究的历程,但是他对心的哲学的研究并不限于言语行为的心理基础的探讨,而是广泛地讨论了有关心的哲学的诸多方面的问题,特别是关于心身关系和心理现象的特征等具有根本性的重大意义的问题。这里我们拟就这两个重要问题介绍一下塞尔的观点。

(一) 论心身问题

心身问题是一个古老的问题,但几千年来人们一直在争论而迄今仍然意见纷纭,所以在许多哲学家看来,这是"一切问题中最困难的问题"。②

塞尔认为,现代哲学中在心身问题上主要是两派观点:一是二元论的观点,即认为心身是两类不同的存在物,心理现象和物理现象(包括生物的、生理的现象)是各自独立、互不相属的;一是唯物论的观点,即把一切心理现象都还原为、归结为物理的、生理的过程,根本否认心理现象的存在。现代唯物论的形式有行为主义(把一切心理状态解释为明显的外部行为反应或在一定条件下的行为倾向),心身(或心脑)同一论(认为心理状态与大脑的物理、生理过程是同一个东西),功能主义(认为心理状态是人的整个有机体的功能)等等。

塞尔说,他既反对二元论,也反对唯物论。他不承认有二元论者所说的"完全处于物理世界之外的某类心理实体",但也不赞成唯物论者

---

① 塞尔:《意向性》,第9页。
② 塞尔:《心、大脑和科学》,第14页。

那样否认"心理现象特有的心理方面的实际存在和因果效能"。①

二元论者之所以坚持有独立的心灵实体,是因为他们认为不可能用物理的、物质的原因说明心理现象的产生。从笛卡儿以来,很多哲学家认为,心理的东西,如思想、感情等等是"主观的、有意识的、非物质的",物理的东西是"具有质量,有空间广延,同其他物理的东西有因果相互作用的东西。"但是,"单纯的物理系统如何能具有意识,是很难明了的。如何会有这样的东西发生呢?"正是这个困难使人们设想有一种处于物理系统之外的神秘的心灵实体作为心理现象的负载者。塞尔说,要说明心理现象和物理世界的关系,说明心身和心脑的关系问题确实是"难以置信的复杂,而且尽管有许多乐观的谈论,人们却一直痛感进展的缓慢"。但是,塞尔明白断言:"在我看来,心脑的那种关系的逻辑性质是一点也不神秘或不可理解的。"②

塞尔说,在很长时间里,很多生物学家和哲学家也曾认为在纯粹生物学的基础上说明生命现象是原则上不可能的,认为必须在生物的过程之外假设有某种神秘的"生命的冲动"赋予僵死惰性的物质以生命。这种所谓活力论的观点几十年前曾风行一时,今天已经没有什么市场了,"因为我们已经逐渐更清楚地了解了生命有机体所特有的过程的生物学特性。我们一旦了解了对有生命的东西特有的特质如何做生物学的解释,在我们看来物质会是有生命的就不再是神秘的了。"塞尔认为,关于意识,关于心理现象的讨论也应如此,在这里,"驱除神秘的途径"也是"了解过程",即产生心理现象的物理的、生物的、生理的过程。诚然,"我们尚未充分了解这些过程,但是我们了解它们的一般特征,我们了解有某些在神经细胞中间进行着的特殊的电化学活动,也许还有大

---

① 塞尔:《意向性》,第263页。
② 同上书,第267页。

脑的其他一些特性,就是这些过程使意识发生"。[1]

唯物论者反对二元论,否认有独立的心灵实体,是完全正确的,但是,他们又走了另一个极端,在分析心理现象的物理基础和原因时把心理现象就归结为和消解于物理的东西,否认了心理现象的存在。塞尔说,"由于自然科学的发展,在人类理智发展的现阶段,人们总想降低心理的东西的地位,并不奇怪。所以,近来流行的对于心的唯物论观点(例如行为主义、功能主义和物理主义)结果大多是含蓄地或明白地否认有我们通常所想的心这样的东西。就是说,他们否认我们确实在体内具有主观的,有意识的,心理的状态,否认它们像宇宙间任何其他事物一样是实在的和不可化简的"。[2]

塞尔反对这种根本否认心理现象的唯物论观点,他说:"我自己对心理状态和事件的看法在下面这个意义上一直完全是实在论的,即我认为确实有内在的心理的现象这样的东西,心理现象不可能被化归为某种别的东西,也不可能通过某种重新定义的方法被消除掉。"[3]必须指出,塞尔批评的这种唯物论实际上是机械唯物论的一个新变种,塞尔把它等同于一般唯物论,因而认为唯物论就是只承认物质,只承认物理的东西,而否认有意识、心理现象存在的。这种看法在西方哲学家中间相当普遍,但这显然是对唯物论的一种误解。他们似乎不知道或者知道而不理解,在机械唯物论之外,还有一种更高形态的唯物论,即辩证唯物论。早在19世纪末,辩证唯物论的奠基者之一恩格斯就尖锐地批判过"想把一切都归结为机械运动的狂热"。每一高级的运动形式都必然把较低的运动形式包括在自身之内,但是决不能归结为较低的运动形式,较低运动形式的存在没有也不可能穷尽高级运动形式的本质和

---

[1] 塞尔:《心、大脑和科学》,第23-24页。
[2] 同上书,第15页。
[3] 塞尔:《意向性》,第262页。

特殊性。恩格斯还特别针对心身或心脑关系上的机械论观点批驳道:"终有一天我们会用实验的方法把思维归结为脑子中的分子的和化学的运动,但是难道因此就把思维的本质包括无遗了吗?"①

不过,应当承认,塞尔对心身关系问题上的现代机械论观点的批评是正确的,而且在方法论上与辩证唯物论不无相通之处。塞尔说,科学是在对事物的逐步深入的分析中前进的,"科学进步的一个特征就是:原来用表面的特性、可感觉的特性来定义的词语,后来则用引起这些表面特性的微观结构来定义"。② 因为"每个对象都是由微观粒子组成的。微观粒子在分子和原子的层次上以及更深的亚原子粒子的层次上具有一些特性。但是每个对象又具有一些性质,例如桌子的坚固性,水的流动性,玻璃的透明性,这些性质是这些物理系统的表面的或整体的特性"。对这样的表面特性或整体特性我们可以进行分析,"根据微观层次的元素的性能加以因果的说明",例如,根据组成桌子的分子的网络结构说明桌子的坚固性,用 H_2O 分子相互作用的性质说明水的流动性,等等。塞尔指出,这里确有一种因果关系,但是又有一种高低不同层次的关系,坚固性、流动性等表面特性"仅仅是其微观层次上的性能引起了这些表面特性的那个系统的更高层次的特性"。就是说,"表面特性既是由微观元素的性能引起的,同时又是在由这些微观元素构成的系统中实现的"。因此,塞尔强调,决不能把较高层次的特性简单地还原为或等同于较低层次或微观层次的特性,因为"我们虽然对一个粒子的系统可以说它是 10 摄氏度,它是坚固的,它是流动的,但是对于任一某个粒子我们却不可能说这个粒子是坚固的或流动的或 10 摄氏度"。基于同样的道理,我们也必须对心身或心脑关系做这样的宏观微

---

① 《自然辩证法》,人民出版社,1984 年,第 151 页。
② 塞尔:《心、大脑和科学》,第 21 页。

观区别的分析。"正如水的流动性是由微观层次的元素的性能引起的然而同时又是在微观元素组成的系统中实现的一样,心理现象也是由大脑中神经细胞或微小单位层次上进行的过程引起的而同时又是在由神经细胞构成的系统中实现的"。因此对心理现象的生理基础的分析决不应导致对心理现象的否定。[1]

还原论的分析,即把一切复杂的东西都还原为简单的成分,一切复杂的命题、语句都还原到关于简单成分、要素的原初的、原子的、基本的命题、语句,而把复杂的东西看作是一种逻辑的虚构,这是早期分析哲学(从罗素的逻辑原子论到维也纳学派的逻辑经验论)的一个特点。由后期维特根斯坦开始的日常语言哲学,作为分析哲学发展的又一形态,与早期分析哲学的显著区别之一就在于它对还原论分析方法的批判和否定。这种否定无疑是一个进步,它使分析哲学在一定程度上摆脱了机械的、片面的、简单化的倾向,塞尔关于心身关系问题的讨论就是一个明显的例子。

(二) 心理现象的特征

塞尔认为,心理现象之异于物理现象的主要特征有四点:意识、意向性、主观性和心理的因果性。这四点都是"我们心理生活的真实特征"。虽非每一心理状态都具有所有这四点特征,但是要对心和心身关系做出令人满意的说明,却必须对所有这四点特征都加以说明,否定其中任何一个特征,必然会犯错误。[2]

1. 意识

心理现象的第一个也是"最重要的"特征是意识。意识是"人类特

---

[1] 上引均见塞尔:《心、大脑和科学》,第 20-22 页。参见塞尔:《意向性》,第 267-268 页。

[2] 塞尔:《心、大脑和科学》,第 17 页。

有的存在的中心事实",没有意识,"我们存在的其他人类特有的方面(语言、爱、幽默,等等)就会是不可能的"。不仅如此,在塞尔看来,世界对于我们之所以是一个有意义的世界,正是在于我们具有意识,具有对世界的意识。他说,诚然"我们很容易想象一个不包含意识的世界,但是如果这样,你就会明白,你是在想象一个确实没有意义的世界"①。这并不是说,只是因为有了人类的意识,世界才成其为世界,乃至才有其存在,而是说,只是对于"作为有意识的、自由的、有心智的、理性的主动者"②的人类而言,才谈得上世界的意义。至于人的意识却正是世界自身的产物,并不是什么超自然的东西。塞尔说:"世界包含有这种有意识的心理状态和事件,乃是一个明显的事。"③因此,"一个本质上没有意义的世界如何能含有意义?"的问题,④实即"纯粹物理的系统如何能够具有意识",在物理的世界中"意识是如何可能的?"的问题。⑤ 如上节所述,塞尔对这个问题的回答是:意识、心理现象既是由大脑的活动引起的,又是在大脑及其他中枢神经系统的结构中实现的。

2. 意向性

心理现象的第二个特征是哲学家和心理学家们所说的"意向性"。塞尔说:"意向性是许多心理状态和事件的这样的一种性质,由于这种性质,它们是指向、关涉或对于世界上的对象和事态的。"例如,我有一个信念,它总是对于什么什么的信念;我有一种恐惧,它总是对于某物的恐惧;我有一个欲望,它总是要做某事的欲望或愿某事发生或事将如此的欲望。意向性一词是奥地利哲学家布伦塔诺取自中世纪经院哲学

---

① 塞尔:《心、大脑和科学》,第15—16页。
② 同上书,第13页。
③ 同上书,第15页。
④ 同上书,第13页。
⑤ 同上书,第15、23页。

的术语而引进现代哲学的,塞尔沿袭这个哲学传统,也把心理现象的指向性或关涉性的特性称为意向性,不过他使用这个术语与传统的意义不尽相同。塞尔着重指出以下三点:

第一,只有某些心理状态和事件,而非一切心理状态和事件,具有意向性。信念、恐惧、希望和欲望是意向性的;但是有些形式的神经过敏、极度兴奋和莫名所向的忧虑不安则不是意向性的。当然一个人的兴奋和忧虑可以是有所为而发的,那是意向性的,但是也有这种情形,即一个人就只是兴奋或忧虑不安,却并非对于任何东西而发的,这就不是意向性的。

第二,意向性和意识并不等同,许多有意识的心理状态并不是意向性的,例如一种突如其来的兴奋感;反之,许多意向状态又不是有意识的,例如我有许多此刻并未思及而且或许从未思及的,即未意识到的信念。但是这种无意识的信念是意向性的,因为它虽未被意识到却总是对于某事某物的信念。因此,意识状态和意向状态是两类不同的心理状态,二者可以重合,但不等同,一个不能包含在另一个之中。

第三,意向性(Intentionality)和意图(intending, intention)不可相混。意图正如信念、希望、恐惧、欲望等等一样只是意向性的一种形式,并无特殊的地位。并非任何有意向性的心理状态都包含有意图。例如,我对某事某物有一个信念或欲望,但未必有做某事某物的意图。①

意向性表示心理状态与对象、事态的一种关系,塞尔说这就是一种"表现"(representation)的关系。所谓表现,并不是如维特根斯坦所说的那样一种"图像",例如,我们说信念这种心理状态是其所指向、所关涉的对象或事态的表现,只是说它具有一种意向的内容和一种心理的

---

① 以上所述见塞尔:《意向性》,第 1-3 页;参见《心、大脑和科学》,第 16、24 页;玛吉:《思想家》,第 195-196 页。

样态。其他意向状态也是如此。"每一种意向状态都是由处于一种心理样态中的意向内容构成的。"塞尔说,意向内容实即一个命题,对同一命题内容(如"你将离开这个房间"),可有不同的心理样态(如怀疑、相信、希望或害怕你将离开这个房间)。各种心理样态即不同的意向状态就是通过其包含的意向内容而表现对象和事态的。①

3. 主观性

这是心理现象的第三个特征。所谓主观性,就是我觉知我自己和我的内部心理状态,与他人所觉知的自我和心理状态大不相同。我能感觉我的疼痛,你不能感觉我的感觉;我从我的观点看世界,你从你的观点看世界,诸如此类的事实都表明心理现象的主观性。

许多哲学家把心理现象的主观性同关于现实世界的客观概念对立起来,认为心理现象的主观性与科学的客观研究是不相容的。塞尔批评了这种观点,他说:"在我看来,认为关于实在的定义应当排除主观性,是一个错误。如果'科学'是我们对世界所能陈述的客观的系统的真理之集合的名称,那么主观性的存在就像其他任何事实一样是一个客观的科学的事实。如果对世界的科学说明是要描述事物如何的情况,那么这种说明的特征之一就是心理状态的主观性。因为生物进化的一个明显的事实正是:它产生了具有主观特性的某些种类的生物系统,即人和某些动物的大脑。"主观性的存在是一个客观的生物学的事实。如果这个事实违反了关于"科学"的某个定义,那么"我们必须抛弃的是这个定义,而不是这个事实。"②

4. 心理因果性

所谓心理因果性实际是指心理的东西能够作用于物理的东西,引

---

① 塞尔:《意向性》,第4、6、12页。
② 塞尔:《心、大脑和科学》,第25页。

起物理的变化和结果。塞尔说,我们都认为,"我们的思想和情感能给我们的行为方式造成实际的差别,对物理世界实际有某种因果的作用。"例如,我决定要举起我的胳膊,于是我的胳膊就举上去了。但是,问题在于:"如果我们的思想和情感的确是心理的东西,那么它们怎么能作用于任何物理的东西?某种心理的东西怎么能造成一种物理的差异?"[1]

塞尔认为,根据前面关于心身关系的看法,这个问题是不难解决的。心理的东西对物理的东西的因果作用能力可以用两个层次的过程来说明:"当我们有一个思想时,大脑就在实际进行活动。大脑活动通过生理过程引起身体的运动。因为心理状态是大脑的特性,它们具有两个层次的描述,一个是较低层次的生理语词的描述,一个是较高层次的心理语词的描述。我们可以在两者中任何一个层次上描述这个系统的同一因果能力。"例如,我要实施一个举起胳膊的动作,这个有意识的企图引起了胳膊的运动。就较高层次的描述来说,是举起我的胳膊的意图引起了胳膊的运动。就较低层次的描述说,则是一系列神经细胞的活动激发一连串的事件,产生肌肉的收缩,造成了胳膊举起的结果。这两个层次的过程都是有实际因果性的,而较高层次的因果特性则既是由较低层次的元素引起的,又是在这个较低层次的元素的结构中实现的。塞尔说:"总而言之,依我看来,心身是相互作用的,但是它们并不是两个不同的东西,因为心理现象只是大脑的特性。"[2]

塞尔把他关于心的哲学问题的观点称为"生物学自然主义",[3]应当说是很恰切的。如上所见,他对于心理现象的生物学的、生理学的基础以及心身或心脑关系的论述不乏正确的甚至深刻的识见。但是,我

---

[1] 塞尔:《心、大脑和科学》,第17、25页。
[2] 同上书,第25—26页。
[3] 塞尔:《意向性》,第264页。

们也不能不看到,他对心理现象的生物学自然主义观点又恰恰是他的哲学的一大弱点。他的目光始终囿于生物学的范围,他反复强调的只是:"心理状态是由生物学的现象引起的,反过来又引起其他的生物学的现象。"①他不了解,对心理现象的生物学的、生理学的基础的研究不论进行得如何详尽而深入,都不足以彻底说明人的心理现象、人的意识的产生和发展。因为人的意识本质上是社会的产物,人的身体、人的大脑中进行的生物的、生理的过程仅仅提供了意识发生的物质基础和可能性,这种物质的东西之转化为现实的人的意识,最后的决定性的契机则在于人的社会的实践。只是由于社会的实践,人才把自己和自然界区别开来,才使自己和自然界作为主体和客体的关系而相互对待,并在这种关系中形成了对周围世界的意识,如马克思所说:"我对我的环境的关系是我的意识。"人之异于动物者正在于此,"对于动物来说,它对他物的关系不是作为关系存在的"。② 动物不是作为实践的主体而与作为客体的自然界发生关系的,因而也不可能有真正意义上的意识。这就是马克思的实践唯物主义所揭示的意识发生学的秘密,而这个秘密是塞尔的生物学自然主义决然无法打开的。

---

① 塞尔:《意向性》,第 264 页。
② 《马克思恩格斯全集》,第 3 卷,第 34 页。

简论奥斯汀的语言现象学与哲学[*]

奥斯汀是二次大战后英国著名的分析哲学家,是所谓牛津派普通语言哲学的领袖人物,在英美哲学界有极大的影响。但是,奥斯汀的名字,直到上世纪80年代以前,对中国读者来说还是陌生的。近20年来,国内学术界对奥斯汀的思想、著作虽陆续有所译介、述评,但专门的论著迄今仍然少见。我高兴地看到,杨玉成同志致力于奥斯汀哲学研究,积数年之功,撰著《奥斯汀:语言现象学与哲学》一书,为弥补我国学界的这一缺憾做了一件有益的工作。

从书中可见,作者对奥斯汀的全部著作(量虽不可谓巨大,但读懂远非易事)做过很扎实的研究,对奥氏的思想有深入透彻的理解,因而对其哲学能做出相当全面完整的论述和阐释。人们或以为奥斯汀乃至整个普通语言派皆泥于一词一句、一事一例的支离而零碎的分析,似无理论可言,更无系统可寻。作者对这种误解力予澄清,指出奥氏的整个哲学是由具有内在联系和理论创见的三个部分组成的:语言现象学方法、言语行为理论和对传统哲学问题的语言分析。我以为这为读者总体地把握奥斯汀哲学提供了一个极有见地的精要的提示。

奥斯汀和牛津派的普通语言哲学出现后在西方哲学界曾遭致种种的批评,其中以罗素的批评最为尖锐。他指责这种哲学背离了二千多

---

[*] 本文系为杨玉成著《奥斯汀:语言现象学与哲学》(商务印书馆,2002年)所写的序言。

年来哲学家们以理解世界为己任的传统,只讨论各式各样的语言的用法,而不关注世界和人与世界的关系,不涉及"实质性(substantial)的问题"。为了纠正这种偏激的看法,作者在此书中专有一章论语言和世界的问题,为奥斯汀做了辩护。作者认为,奥氏的语言现象学不是纯语言研究,不仅关注语言现象,而且关注语言之外的经验现象或世界。他以语言分析的方法所探究所处理的正是或者说主要是若干重要的传统的哲学问题,如现象、实在、一般、个别、物质事物、感觉材料、知识、真理等等。而且作者对奥斯汀使用的与语言相对照的有关世界的词语(如实在、事物、现象、事实、事件、事态等等)及我们用语言谈论世界的方式(尤其是他独创地提出的言语行为理论)有很细致的介绍和说明,令人信服地指出奥斯汀的语言分析虽然主要是在语言层面上对这些哲学范畴进行意义的分析,而不是对它们做本体论或认识论的"实质的"研究,但绝非与世界了不相关,不过,这里有一个似应论及而作者暂且未予深究的问题,即语言和世界究竟是什么关系?何以可用我们的语言谈论世界?这是一个关乎奥斯汀及牛津派的基本哲学倾向的根本性的问题。也许我们并不能从奥氏著作中直接找到明确的回答,但在他的弟子那里对此却有明白的表述。例如,塞尔说,"世界是按照我们区分它的方式而区分的,而我们区分事物的主要方式是在语言中。我们关于实在的概念是一个语言范畴的问题。"语言并非如实在论者设想的那样是世界的图像或摹本(奥斯汀和所有普通语言派的人都反对这种语言观),相反,我们是"通过语言的范畴来经验世界,这些范畴帮助我们赋予经验本身以形式",诚然世界不是语言创造的(塞尔说"我不是说语言创造实在"),但是世界之具有被我们所经验的形式,世界之成为我们所经验的对象,却是由语言范畴所塑造的。①

---

① 参阅 Magee, *Men of Ideas*, 第183-185页。

在这个意义上,世界作为经验的对象与经验的语言范畴是同时成立的,正如在康德那里作为知识对象的现象世界与知识的诸范畴形式是同时成立的一样,我们用语言谈论世界之所以可能,其秘密即在于此。这或许可以称之为一种现代形式的康德主义。

奥斯汀的哲学被称为普通(或日常)语言哲学,"普通"二字尤为批评者所诟病,其注重普通语言被讥为对语言的"普通用法"的一种盲目"崇拜","把哲学弄成了琐屑不足道的东西"。作者在此书中谈到奥斯汀关于普通语言的看法,指出奥氏并非迷信普通语言,而是也看到普通语言有这样或那样的缺陷,"所以,奥斯汀认为,我们在强调现实语言的事实时,又不能满足于普通语言,不能因发现了'日常用法'而自满",这个评论是公允的。同时作者又指出,奥氏正是通过对普通语言、对语言的普通用法的研究揭示了语言的多功能性,纠正了以往哲学家尤其是所谓理想语言派的分析哲学家们以描述为语言的首要乃至唯一功能的简单化的观点,这确是奥斯汀和普通语言派在哲学上的一大贡献。当然我们似亦不能不承认奥斯汀们对普通语言的强调有其褊狭之处。他们都拳拳服膺维特根斯坦《哲学研究》中的一句箴言:"我们把语词从其形而上学的使用重新带回其日常的使用。"在他们看来,尽管普通语言可以有这样那样的缺陷,但是普通语言的用法对于哲学来说却有一种规约的作用。他们认为,哲学与各门科学不同,后者可以有其专门的术语,这些术语可以有其自己的特定的含义,而哲学则没有也不应该有其专门的术语,哲学的词汇都是从普通语言来的,但是哲学家们赋予它们以不同于普通用法的异常的含义,这就违背了普通语言的使用规则,从而造成了混乱,引起了种种争论不休的哲学问题,如果哲学家们能按照普通语言的用法使用语词,这种种问题似乎就自然消解了。例如奥斯汀讨论"实在"一词,列举了这个词在普通语言中的各种用法,其中绝无哲学家们所谓与现象对立的形而上学的含义,于是实在与现象这一对范畴作为对普通语言的误用而被消解了。这样,奥斯汀实际上是用所谓普通语言限制人们对语言的哲学的使用,也就是限制人们对世界进行更深沉更精湛的探求,使人的认识停留在、局限在日常生活和普通常识的水平。就此而言,他的哲学恐难免贻人以"浅薄"之讥。

迎接科技新发展的哲学挑战[*]

亲爱的同仁和朋友们,女士们,先生们:

我非常高兴有机会能与这么多来自世界各地的哲学家共聚一堂,尤其是在两次战争(伊拉克战争和抗击 SARS 的战争)之后;而且对受托担任以"科学和技术的新进展:伦理的和哲学的挑战"为主题的全会的主席感到很荣幸。现在让我对你们的与会表示最热烈的欢迎,并对 FISP 及其主席 Kucuradi 教授表达衷心的感谢,感谢他们使这次世界哲学大会成为可能并顺利召开。

刚刚过去的世纪是一个在科学和技术方面发生了革命变革的时代。科学和技术所取得的成就也许超出了过去几个世纪所取得的成就的总和。科学和技术的巨大进展不仅极大地改变了我们的实际生活,而且导致了我们概念结构的深刻改变,不论是一般地在哲学方面还是特殊地在伦理学方面。

如所周知,近年来,科学和技术的各个领域产生了许多具有重要哲学意义的结果,对 20 世纪哲学中流行的某些观念提出了挑战。

我只提及一些例子。过去几十年中,物理学发现的亚原子粒子数

---

[*] 2003 年 8 月 15 日在第 21 届世界哲学大会第四次大会(主题为:New Developments in Science and Technology: Ethical and Philosophical Challenges)上的主席致辞。现有题目为译者所加。中译者为关群德。

量的增加表明,存在着所谓宇宙的究极之砖的说法只是一个神话,对这类事物的寻找将会是一个没有尽头的过程,一个恶的无限性,因而恰恰是一个自我否定。物理学中寻找终极粒子的失败对20世纪哲学中的原子论和还原论观点也是一种打击,许多哲学家曾认定这个世纪就是一个分析的时代特征。所有生物及其环境是一个有机的系统这样一种生态学的概念给我们展现出宇宙为一万有大全的宏大的整体论的图景。这被看作是生态学对机械论世界观点的一个严重挑战,而且许多哲学家宣称,到了在生态学的基础上重建或复兴形而上学的时候了,而这将会是对上个世纪哲学中反形而上学的主导倾向的一个强烈的反动。计算机和人工智能的快速发展和神奇应用在过去几十年中,成为哲学家持续增长的兴趣的对象,以及热烈讨论的主题。现在计算机能完成惊人的数字运算,能与人对话,会演奏音乐,会下棋,甚至能打败最优秀的棋手。有些人相信,随着机器人的发展,我们将会有能够做人类所能做的所有事情的机器,而且这种机器和人类没有什么真正的不同,因为人就是一架机器,就像18世纪机械唯物主义者宣称的那样。另一些人则批评这种观点,认为计算机所体现的人工智能不论多么完美和精巧,但从根本上说,它与人的智能是不同的,它没有意识,没有思想,没有感觉,没有意志等等。而且人的大脑不只是一架计算的机器,完全不能通过将思想还原为大脑中的物质状态和系统(物理的、化学的、中枢神经的等等)而穷尽它的本质。

　　对于伦理学来说,科学和技术最近的发展也产生了许多价值和道德问题,于是出现了各种伦理学,如生物伦理学、医学伦理学、环境伦理学、生态伦理学、科学技术伦理学等,并成了20世纪晚期以来持续不断的争论的主题。生物和医学科学及技术的巨大进展产生了许多伦理问题,而且这些问题在过去若干年中不断地被讨论,如堕胎在伦理上是否可接受,安乐死在道德上能否证明其正当性,试管婴儿的亲属关系和遗传关系问题。最近围绕克隆人发生了最热烈的讨论,很多人都参与到了讨论中,从科学家到哲学家,从政治家到宗教领袖。尽管宣称克隆婴儿已经出生或已经"被生产出来了"的说法并不绝对可信,但其可能性及可预见的后果还是在各地都引起了严重的关切。人们非常担心人的克隆将在道德、法律、家庭关系及社会生活的其他方面产生无穷尽的问题和麻烦。在这里我禁不住地想到了中国小说《西游记》中猴王孙悟空的故事。孙悟空拔下自己身上的毛一吹,就变出成千上万与他完全一样的"猴孩",并且带领所克隆的"猴孩"在天宫制造了极大的混乱。克隆人的情况会怎样呢?如果他们被成功地且大量地生产出来,谁能说他们不会给我们的"地宫"造成一场浩劫呢?因此,尽管有些人试图为医学治疗的克隆辩护,但大部分人还是坚决地反对繁殖克隆人,认为这是一件不道德的事情,因为克隆人就意味着,我们进入了生产人类的时代,人的生命变成了像其他产品一样的可技术操控的对象,这样,其尊严和崇高的价值将会降低或丧失。不过,对伦理学的更有力的挑战却是来自于生态学和环境科学。将生态学概念引入伦理学中摧毁了伦理学传统的人类中心的尊位。人类不是世界上唯一的生物,他们总是且必须与各种其他物种生活在一起,还要在统一的生态系统(这是他们的环境)中与各种无生命的物体生活在一起。环境污染、生态危机的严重情况使我们更加认识到,人类不是伦理价值的唯一之源或中心,自然不能仅仅被我们当作物质和工具来使用和控制,相反,自然也有我们应该尊重的权利和内在的价值。在这样一种人和自然的伦理关系中,人类只是其中的一个普通成员,并且应该在生态整体的自然共同体中作为其他存在物的同类与之共存。有些人说,可以在东方古代的思想中,找到这种生态伦理的观念,例如,中国儒家著名的说法:"民吾同胞,物吾与也。"这一说法作为道德格言确实是好的,但我还必须说,它只是"万物与我一体"这个形而上学观念的扩展,所以,它不是建立在任何科学的生态理论之上的,况且,无论在古代中国或在其他东方古国都还没有生态科学。实际上,只是到了近年才可能出现根据生态和环境的考虑重新定义的新伦理学,才允许我们从主要关注人类扩展到关注自然。我们必须承认,这是现代伦理学史中最重要的和全新的发展。

最后,还有一个由科学技术的发展而引起的与科学技术自身有关的重要的伦理问题。科学技术的发展为人类带来了巨大的实际利益,以及更多福利的无限可能性,但也带来了很多负面的和有害的结果,这些结果很多能给人类带来灾难。有些人指责科学本身,按照他们的看法,所有危害的原因都存在于科学的本性之中。他们说科学自从在近代出现之后,就被看作是一种征服和利用自然的力量,就像培根所声称的那样。因此,科学也许从其本性上看,就是一把双刃剑,既带给我们好处,又危害我们。相反,另外一些人坚持认为,科学的本质在于按照自然本来的样子认识自然,其目的是理解和揭示自然的真理。科学在道德上既不善也不恶,而是只有真值(truth-value),如果你喜欢用"价值"(value)一词来谈论它的话。科学自身并不能引起这样或那样有害的结果,引起有害结果的是我们的世界观的基质,亦即我们关于人和自然的关系的看法,我们关于科学作用的看法,以及由此确定的其在技术和工业中应用的方式。科学是征服自然的力量这样一种看法是现代社会典型的观点和态度。我们必须将科学从力量思维的束缚中解放出来,但我们不能否定科学本身,不能像当代的浪漫主义者所鼓吹的那样,拒绝将科学不断地推向前进,这些浪漫主义者期望回归没有现代科学技术、充满诗意的古代田园生活。没有人能将历史的车轮倒转。科学和技术的进展是不可阻挡的,但是,如何能尽可能地使科学走在一条正路上,从而避免负面的后果?当然,这不是一件容易的事情,但是我们没有理由对之悲观,科学技术和所有人类文明都是人类自己创造的,因此,一定能够为人类所控制而不是被误用。问题的关键在于,改变我们的科技观或科技态度。就像维特根斯坦所说的,我们总是想通过科技"改变我们的环境",但"最重要和有效的改变"是"改变我们自己的态度"。① 科学和技术的发展要求我们态度的这种改变,而且这也是今天在哲学和伦理学上必须面对的一个巨大的挑战。

---

① 维特根斯坦:《文化与价值》,第53页。

西方哲学东渐史述

西方哲學東漸史

关于西学东渐的一封信*

小靳：

关于"谁影响了 20 世纪中国人的观念"这个话题，我有以下几点意见。

(1) 清末西方哲学被介绍到中国来，大约可分为两个阶段，19 世纪 90 年代中叶以前和 90 年代中叶以后。90 年代中叶以前，中国人自己撰文介绍或翻译西哲著作是极少的，据我所知，只有王韬的"英人培根"一文（70 年代初）和颜永京译斯宾塞的《肄业要览》(1882，实为 Spencer 的 *On Education* 一书的第一章）和海文（Haven）的《心理学》(*Mental Philosophy*)(1889) 两书。在华的西方人对西方哲学的译介工作比中国人做的更多，涉及的内容也更宽泛（包括古代和近代哲学）。如慕维廉的《培根格致新法》（连载于《格致汇编》1877 年诸期），比较详细地介绍了《新工具》第一卷的内容；韦廉臣的《希利尼原流备考》（连载于《万国公报》1877 年诸期），简略介绍了从泰利士到斯多葛派的希腊哲学；艾约瑟著《西学略述》(1885 年）第 5 卷"理学"（即哲学），极简略地介绍了希腊哲学（伊奥尼亚学派、苏格拉底、柏拉图、亚里士多德、德谟克里

---

* 《哲学译丛》，2001 年，第二期。本文系北京大学哲学系教授陈启伟先生致他的同事靳希平教授的信，现征得作者同意予以发表，文中着重号为编者所加。——《哲学译丛》编者

特、伊壁鸠鲁、斯多葛学派),中世纪经院哲学(托马斯·阿奎那、邓·司各脱),近代哲学(笛卡儿、马尔布朗士、洛克、贝克莱、休谟、莱布尼茨、康德、苏格兰学派)和当代的孔德和斯宾塞哲学;艾约瑟译耶芳斯的《辩学启蒙》(1885),原书系耶芳斯为《科学入门丛书》(Science Primer Series)写的一本小册子《逻辑》(Logic),后来严复亦译此书,即《名学浅说》,(1909);傅兰雅著《理学须知》,是对穆勒《逻辑体系》(System of Logic)一书的简要叙述,虽然出版于90年代末(1898年),但较严复所译《穆勒名学》(穆勒《逻辑体系》前半部分的中译,出版于1905年)要早七、八年,而且介绍了《逻辑体系》全书的内容。我觉得,研究近代以来西方哲学东渐的历史,对在华的某些西方人曾做过的工作,也不应忽视,但以往人们似乎很少提到。

(2)我国自清末以来使用的大量的西方哲学术语的译名来自日本。王国维早在1905年写的"论新学语之输入"一文中就说:"数年以来,形而上学渐入于中国,而又有一日本焉,为之中间之驿骑,于是日本所造译西语之汉文,以混混之势,而侵入我国之文学界。"例如,哲学、理性、悟性、主观、客观、先天、后天、现象、演绎、归纳等等,不胜枚举,都是日本人所造的译名。我觉得在近代西学东渐史上中国和日本的这段学术因缘,是值得探讨一下的。

祝

春节好

陈启伟

2001年1月13日

哲学译名考[*]

一

　　中国之有哲学与西方同古。但是在历史上,中国人并不曾创造出一个可以统括上下古今各家各派哲学的总的哲学名称,不像西方哲学那样远自希腊以来,两千余年间,无论各家各派哲学学说如何不同,也无论各个哲学家对哲学的界说如何歧异,却始终以"哲学"(西方诸文字的"哲学"一词皆源出希腊文 φιλοσοφια,字义为爱智)为其总称或通名。

　　诚然,在中国哲学史上有些名称如"玄学"、"理学"、"道学"等等,其思想内容确属哲学,与西方所谓哲学或哲学的某些方面是相近的。但是,如果说理学与道学或可谓同指而异名,而玄学与理学或道学则迥为两派学说,不可交替互用其名,例如不可称崇尚老庄的魏晋玄学为理学,亦不可称孔孟之道及后世儒家的理学为玄学,所以没有哪一个名称可以被用作,事实上也没有被用作统括一切哲学学说的一般哲学名称。在中国传统哲学中是找不到一个与西方所谓哲学意义全然相当的对等名称的。

　　因此,当西方哲学输入中国的时候,为西文的"哲学"一词寻找一个中文的译名,就势在必行了。是利用中国旧有的名称而赋予西方所谓

---

[*] 原载《哲学译丛》,2001年,第3期。

哲学的涵义呢,还是创造一个更贴切更符合哲学一词本义的崭新的名词呢?这就有了"哲学"一词的翻译及其演变的历史,大致说来,可以分为两个时期:一、明末清初西方哲学初入中国时期,二、清朝末年西方哲学再入中国时期。

下面我们对西方哲学输入中国的这两个时期中各种"哲学"译名的使用及其包含的对哲学的理解和释义做一点历史的追溯和考察。

西方哲学之输入中国,是所谓西学东渐的一个重要的部分、重要的方面。其开端可远溯明末清初,其时一批欧洲天主教耶稣会士漂洋过海,远道来华,在传道布教的同时,也给中国人带来了欧洲的某些世俗文化,有科学、技术,也有哲学。明清年间耶稣会士有关乎哲学或虽属神学而亦言哲学内容的著译数种,主要传入的是欧洲中世纪末期已成为经院哲学正统的托马斯·阿奎那哲学及其奉为哲学先祖和最高权威的希腊亚里士多德哲学。此为西方哲学东渐之始。

利玛窦的《天学实义》(初刻于1595年,后重刻改为《天主实义》)是以中士和西士质疑辩难的问答体写的一部宣讲天主教教义的著作,但颇多哲理的论证。书中最早介绍了亚里士多德关于十范畴("物宗类")、四因("四所以然")、三魂("生魂"、"觉魂"、"灵魂")等学说和托马斯关于上帝存在的几种证明。但是,在《天主实义》中并没有出现"哲学"这个概念及其译名。

哲学最早的译名见于艾儒略的《西学凡》(1623年)。《西学凡》是对中世纪以来欧洲大学所设学科和所授课程的概略介绍。所设学科有六:文科、理科、医科、法科、教科、道科。其中"理科","谓之斐禄所费亚"(书中亦简称为"斐禄所"、"大斐禄之学"),理科之学称为"理学",即"斐禄所费亚之学"。[①] 这里对西文"哲学"一词既有音译("斐禄所费

---

① 《西学凡》,明刻《天学初函》本,第1、3、8页。

亚"),也有意译("理学")。王国维说:"艾儒略《西学凡》有'费禄琐非亚'之语,而未译其义。"①王氏所谓"未译其义"大约是指未将"斐禄所费亚"一词原来字面上的意思(爱智)译出来,但是,艾儒略将"斐禄所费亚"译为"理学"却恰恰是根据他(以及他那个时代的哲学家们)所接受、所理解的这个词的概念内涵来"译其义"的。"理学"这个名称起于南宋,盛行于明代,当时是指宋明儒家围绕着所谓天道性命、理气心性、格物穷理等问题进行探讨和论争的哲学思潮,其内容涉及西方哲学的本体论、宇宙论、人性论、认识论等等,与西方所谓哲学很相近②;尽管它并不足以概括其全部,但是,在艾儒略和其他一些耶稣会士看来,用"理学"译"斐禄所费亚"还是可行的。此所谓理学,其内容已不复局限于宋明理学所讨论的范围,而是扩及西方所谓哲学之各方面或各分支了。

艾儒略是这样界定理学的:"理学者,义理之大学也。人以义理超于万物,而为万物之灵,格物穷理,则于人全而于天近。然物之理藏在物中,如金在沙,如玉在璞,须淘之剖之以斐禄所费亚之学。"③此学有五大分支("立为五家"),各分支又可细分为诸"门类"、"支节"。这五大分支是:一、"落日加"(Logica),即逻辑学,二、"费西加"(Physica),即物理学或自然哲学,三、"默达费西加"(Metaphysica),即形而上学,四、"马得马第加"(Mathematica),即数学,五、"厄第加"(Ethica),今译伦理学,但此处之"厄第加"含义甚广,是所谓"修齐治平之学",实际上是将伦理、经济、政治诸学都包括在内的。④

由此可见,艾儒略所谓理学是一个非常宽泛的概念,几乎囊括了关乎宇宙人生的各个方面的知识(我们今日所谓哲学、自然科学和社会科

---

① 《王国维文集》,中国文史出版社,1997年,第三卷,第3页。
② 王国维甚至说过:"夫哲学者,犹中国所谓理学云尔。"见同上书。
③ 《西学凡》,第3页。
④ 同上书,第3-8页。

学均在其内)。如此广包的哲学观是在欧洲古代和中世纪各门科学尚未从哲学分化出来的历史条件下产生的。①艾儒略在追述西方哲学的沿革时告诉我们,"亚里斯多"(亚里士多德)"其学渊深",他的著作就是于物无所不窥、于理无所不探的包罗众学于一身的"理学"或"大斐禄之学"的不朽的经典:"凡普天之下,有一奇物……必亲为探视,而奇秘无一之不搜,每物见其当然而必索其所以然,因其既明而益觅其所未明,由显入微,从粗及细,排定物类之门,极其广肆,一一钩致而决定其说,各据实理之坚确不破者,以著不刊之典,而凡属人学所论性理,无不曲畅旁通。"②

当然,理学并非无所不包的一切知识的总汇,而是六门学科之一科。不过,理学在各门学科中又确有其特殊的重要地位,与其他诸科有密切而不可分的关系。所以艾儒略才给它以"大斐禄之学"的美称。例如,医学、法学、教学("加诺搦斯",Canones,即教会法典学)诸科的教师必须是"已曾留心斐禄者"、"习惯斐禄之学者"、"曾从学斐禄中来";这三种学问"必曾由此学"(即必须通过"斐禄之学"),而后"乃有凭据,更为精深"。③至于理学和道科的关系尤为深切。道科或道学音译为"陡禄日亚"(Theologia,今译神学),艾儒略亦称"天学"。④道科天学是最

---

① 实际上,在欧洲近代,直至19世纪上半叶,这种哲学观还是很流行的,黑格尔在《哲学史讲演录》中讲到英国哲学时就说过:"实验科学在英国人那里就叫做哲学!数学和物理学就叫牛顿哲学。政治经济学的规律,如有关自由贸易的一些一般原则,现在在他们那里也叫做哲学。化学、物理学、理性国家学,建筑在思维经验上的普遍原则,以及在被表明为有必要的和有用的东西这个范围内的任何知识,在英国人那里,随处都被叫做哲学。"(第四卷,商务印书馆,1978年,第163页)

② 《西学凡》,第8-9页。

③ 同上书,第10、11、12、16-17页。

④ 后来耶稣会士的著作中,不再使用"道学"一名,大约因为在明清之际,道学乃理学之别称,译"陡录日亚"为"道学",易与"理学"相混。傅汎际、李之藻译《名理探》中译"陡录日亚"为"超性学",利类思译《超性学要》(即托马斯的《神学大全》中亦译"超性学",但多译"天学",而无一处译"道学"。

高至上之学,"大西诸国虽古来留心诸学,然而无不以陡禄日亚为极为大",只有修习天学,才能"使人显知万有之始终,人类之本向,生死之大事",否则,其他诸学即使精通,"若不加以天学……他学总为无根",①缺乏终极的根据。理学中的"默达费西加"(形而上学)一支最后也要"论万物之主",但是与天学之论天主不同,后者是根据《圣经》教义"按经典天学而论",而"默达费西加"则是"因物而论究竟,因变化之自然而究其自然之所以然,此所论天主与天神,特据人学之理论之",②艾儒略在这里将理学、形而上学作为"人学"以区别于"天学",这个说法来自托马斯·阿奎那。托马斯认为,哲学与神学虽然都论上帝存在,但前者是借助人的"自然理性之光"(lumine naturalis rationis)来论证的,所以属于"人学"(scientia humana),后者则是从上帝的"神圣启示之光"(lumine divinae revelationis)即超自然超理性之光而获得的真理(《圣经》教义皆来自天启),故为"神圣之学"、"神学"(sacra doctrina, scientia divina),或如艾儒略所说"天学"。③ 不过艾儒略对哲学与神学("人学"与"天学")的关系的看法,与托马斯的略有不同。托马斯认为神学不仅比哲学高贵,不仅绝无谬误,而且由于"它的原则直接得之于上帝的启示而非取自其他诸学",所以神学之立为一学,是"不需要"哲学的,哲学只是用以使人们更易于被引向"超理性的东西"的工具,是供神学役使的"婢女"(ancilla)。④ 艾儒略却从未如是说。他认为,诚然"人学不得天学无以为归宿究竟",但是"天学不得人学无以为入门先资","人学"(哲学)是"天学"(神学)必不可缺的入门向导和准备,"从陡禄日亚之学

---

① 《西学凡》,第12页。
② 同上书,第6页。
③ 见阿奎那:《神学大全》,问题1,第1条,6,参阅利类思译《超性学要》(1654年初版,1930年上海土山湾印书馆刊印本),卷一,第511页。
④ 《神学大全》,问题1,第5条。参阅《超性学要》,卷一,第9页,译"神学的婢女"为"天学役"。

者则断未有离斐禄而径造焉者也"。所以艾儒略强调,"必须二学贯串,学乃有成"。①

其他耶稣会士的著译中对"哲学"一词的翻译,无论音译或者意译,其含意大都不出艾儒略所用"理学"一名表达的中世纪经院哲学家的哲学观。

毕方济口授、徐光启笔录的《灵言蠡勺》(1624)是讲解亚里士多德和托马斯主义的灵魂学说的。毕方济在引言中说:"亚尼玛(译言灵魂:亦言灵性)之学,于费禄苏非亚(译言格物穷理之学)中,为最益,为最尊。"②毕方济在这里也使用了"费禄苏非亚"的音译名而译其义为"格物穷理之学"。这个译名与艾儒略的"理学"应当是同义的。高一志译校、毕拱辰删润的《斐禄答汇》(1635)的书名就用了音译名"斐禄(所费亚)"而且也释义为"格物穷理":"斐禄者何?泰西方言所谓格物穷理是也。全语曰'斐禄所费亚'之省文";此乃西方六门学科之一的"理科":"极西诸邦课士之典分为六科,理科其一,斐禄所费亚是也。"③

傅汎际译义、李之藻达辞的两部译著《寰有诠》(1628,即《亚里士多德〈论天宇〉注解》)和《名理探》(1631,即《亚里士多德〈辩证学〉注解》)中对哲学一词虽然也用过"理学"的译名,例如说:"亚利(亚里士多德)立论,首以察形有(有形的、物质的存在物)之性为理学本业云",④"理学所论皆恒然者,不论其属变者"。⑤ 但,在此两书中,译者又用了另外两个前此未有的译名:性学和爱知学。

"性学"这个译名首见于《寰有诠》,在那里"性天两学"并提,⑥天学

---

① 《西学凡》,第15、17页。
② 《灵言蠡勺》,明刻《天学初函》本,第1页。按:亚尼玛为拉丁文 Anima 之音译。
③ 《斐禄答汇》,北京大学藏本,上卷,第1页。
④ 《寰有诠》,灵竺玄楼刻本,卷二,第2页。
⑤ 《名理探》,三联书店,1959年,第156页。
⑥ 《寰有诠》,卷二,第8页。

是"超性之学",①是关于天主的超自然的知识,即神学;性学是"因性之学",是从自然出发、根据自然而探究天地万物之理、之本原,"可以推上古开辟之元"。②《名理探》将性学又分为二种,一为"形性学"或"因形性学",是"属形之性学","西言斐西加",即物理学或自然哲学;一为"超形性学",是探究"超形之理",即高于、超于有形体的物质世界之"理"的,这就是"默达费西加",即形而上学。③ 因此,"性学"实为包括自然哲学和形而上学在内的哲学的总称。不过,在《寰有诠》和《名理探》中"性学"又都曾被仅仅用作自然哲学的译名。《寰有诠》说:"性学者,形性之学也";④《名理探》说:"举人而论,就其有肉躯,有灵魂,有质(即质料),有模(即形式),则为性学,西言斐西加也"。⑤ 艾儒略著有《性学粗述》(1623)一书,所谓"性学"是讲亚里士多德和托马斯关于灵魂和人性的学说,也非泛指哲学。所以,"性学"作为哲学的译名,在耶稣会士的著译中也并没有被广泛地使用,据笔者所见,明清之际似乎只有利类思在其所译托马斯的《超性学要》(即《神学大全》)中还曾用过这个译名,如第一卷中"天学论"的第一章题为:"性学外尚须有他学否?"⑥此处"性学"即是"哲学"的译名(原文为:utrum sit necessarium praeter philosophicas disciplinas aliam doctrinam haberi?)又如,"性天二学"共论"天主妙有",但方法不同,"性学(philosophicae disciplinae)由本性之明(lumine naturalis rationis,理性的自然之光),而天学(theologia)由超性之明(lumine divinae revelationis,神圣的启示之光)"。⑦

---

① 《寰有诠》,卷一,第21页。
② 同上书,李之藻:《寰有诠》,"序",第2页
③ 《名理探》,第11-14页。
④ 《寰有诠》,卷六,第1页。
⑤ 《名理探》,第191页。
⑥ 《超性学要》,卷一,第2页。参阅《神学大全》,问题1,第1条。
⑦ 同上书,卷一,第5页。参阅《神学大全》,问题1,第1条。

"爱知学"是《名理探》采用的哲学的译名。全书伊始,首论"爱知学原始",说:"爱知学者,西云斐禄琐费亚,乃穷理诸学之总名。译名,则知之嗜;译义,则言知也。"①在另一个地方"释明爱知学为若何"时又说:"译名,则言知之爱;译义,则言探取凡物之所以然,开人洞明物理之识也。"②在这里,"爱知学"是严格按照希腊文的词义译出的,虽然与通用的译法有别,一般是将此词译作"爱(φιλο)智(σοφια)"的,而"智"(或智慧)字所包含的更为深湛的意蕴并不是一个"知"(或知识)字所能道尽的。不过,(σοφια)一词在希腊文中确实有比"智"(智慧)更宽泛的含义,可以指一般所谓的知或智能(不是智慧)。所以译为"爱知学"也并不错,但《名理探》译者之取"爱知学"这个译名,主要是基于他们对哲学的理解。他们认为,哲学就是穷理致知之学,是"穷理诸学之总名"。《名理探》中反复申说:"爱知学之本务,在通物物之性,性性之理",所以"凡就所以然处,推寻确义,贯彻物理,皆为爱知学之属分"。③ 照这个说法,哲学(爱知学)简直就是一切知识之总汇、所有科学之大全了,《名理探》将各种知识称为"诸艺",诸艺属于理智("明悟")的领域,以求真为对象("明悟所向属真者"),④所以也就是"穷理诸学",其范围似乎是无所不包的,而又无不可归诸"爱知学"之"属分"。艾儒略在《西学凡》中列在"理学"名下的诸分支(逻辑学、自然哲学、形而上学、数学、伦理学)固然各是一艺,各是"爱知学"的一个"属分",而且"文科"之学的"文艺"("勒读理加",Rhetorica),"法家(科)"之学的"法学"("勒义斯",Leges),乃至"道科"之学的"陡禄日亚"("道学"、"天学",Theologia,《名

---

① 《名理探》,第7页。
② 同上书,第17页。
③ 同上书,第17页。
④ 同上书,第9页。

理探》译为"超性学"①),亦无不是诸艺之一艺,亦无不是"爱知学"之一"属分";至于《西学凡》中六科之一的"医科"("默第际纳",Medicina)则附属于"形性学"("斐西加",Physica)即自然哲学之内了。② 在《名理探》中哲学("爱知学")不是像《西学凡》中的"理学"那样仅为"六科"之一,而是成了统括一切学科的知识总称。我们也就更明白《名理探》译者何以要说"斐禄琐费亚"一词"译名,则知之嗜;译义,则言知也"。

明清之际来华耶稣会士曾经使用过的几种哲学译名,具如上述。由于耶稣会士著译之书大都为讲经布道和科技历算之类的作品,专述哲学者为数不多,而其输入的西方哲学思想和哲学观虽为极少数皈依其教门者所接受,却不为一般中国士大夫知识阶层所理解和认同,所以他们所用的哲学译名在当时并没有广泛传播而流传下来。有的译名,如"理学",在近代又曾被用来翻译西文的哲学一词,但未必是从昔日耶稣会士那里直接袭取来的。

二

西方哲学再度东来,已经是近代的事情,是在满清帝国的森严壁垒被西方资本主义的船坚炮利轰然打破之后了。

清初(顺治和康熙)对外政策尚较开放,雍乾之后清王朝闭关锁国,对西方的事物深闭固拒,天主教遭禁,以往耶稣会士著译之书,除科技历算类的,皆被斥为"异学"、"异端"、"杂学"、"邪说"等等,几被禁绝,直至清末少有刊刻重印者。所以当西方哲学在近代重新输入中国时,人们已很难觅得耶稣会士著译的有关哲学的书籍,作为自己翻译、介绍西

---

① 《名理探》,第11页。
② 同上书,第11页。

方哲学的借鉴和参考了。清末在介绍和传播西方哲学上做过或多或少工作的学者(包括中国人和西方人)绝少有人注意和提及过去耶稣会士著译西方哲学的成果。一切似乎都是从头做起的:众多重要的哲学词汇都是重新译过,而非沿用耶稣会士的译名,[①]"哲学"一词的译名也不例外。况且清末西方哲学的输入主要是介绍和翻译近代与当代的欧洲哲学,与耶稣会士传来的古希腊哲学和中世纪经院哲学,无论在思想内容上还是在词汇术语上,都有很大的差别,因此人们不可能不自行创造大量新的译名,包括"哲学"一词的译名。

在近代,西方哲学传入中国,主要有两条渠道:一是由曾赴欧美留学或游历考察,通晓西方语言且亲炙西方哲学的中国人(如王韬、颜永京、严复、马君武等)和来华传教的通晓汉语的西方(主要是英美)人直接从原文原著翻译和介绍西方哲学,一是留学或客居日本或虽未去日本而通晓日文的中国人(如梁启超、章太炎、王国维、蔡元培、张相文等)通过日本哲学界对西方哲学的翻译和论著而间接地了解并转而向国人介绍西方哲学,或从日译本转译西方哲学原著。在19世纪90年代末到20世纪初清王朝灭亡前的十几年中,这第二条渠道甚至成了西方哲学更多更快涌入中国的主渠道,不仅直接影响了中国人对西方哲学思潮的选择、接受以及对哲学的理解,而且给中国人带来了日本学界创造的大量西方哲学术语的汉字译名。这些译名大都一直被沿袭使用,成

[①] 略举二、三例:Substantia,Substance(今译实体)《名理探》译为"自立体",傅兰雅《理学须知》(1898)译为"体质",严复《穆勒名学》(1905)译为"物"或"质";Abstractus Nomen,Abstract name(今译抽象名字)《超性学要》译为"脱名",严复《穆勒名学》译为"玄名";Essentia,Essence(今译本质)《超性学要》译为"本体"、"本元"、"本然之有",严复《穆勒名学》译为"在"和"精";Causa,Cause(今译原因)《天主实义》、《名理探》及耶稣会士其他作品中均译为"所以然",颜永京《心灵学》(1889)译为"因感",严复及他人多译为"因"。如此等等,不胜枚举。于此可见,清末学者所用哲学词汇的译名乃系新创,而非取自耶稣会士的旧译。

为我国哲学词汇的重要组成部分。

下面我们就来追踪一下清末西方哲学东渐过程中种种哲学译名的使用及其包含的哲学观的变化。

我国近代最早介绍西方哲学的一篇文字是王韬在19世纪70年代初写的"英人培根",但该文中并无哲学的译名出现。根据笔者查阅的有关资料,近代最早的一个哲学译名见于1873年德国传教士花之安著《德国学校论略》一书。书中介绍德国大学("太学院")内学科的区分和课程的设置:"院内学问分列四种:一经学,二法学,三智学,四医学"。"经学"讲圣经解释和教会史,属于神学;"智学"即是哲学,①在课程设置上"智学"分八课:一课学话(语言文字,语法修辞等),二课性理学(当指形而上学,但"路隙"即逻辑学亦包括在内),三课灵魂说(包括人性论、知识论和心理学的内容),四课格物学(实即各门自然科学:力学、物理、化学、天文、地质、生物等等),五课上帝妙谛("论上帝之理",即对上帝存在等神学信条的哲学论证),六课行为(论人之福、本分和善德的伦理学说),七课如何入妙之法(即论美和美的鉴赏的美学),八课智学名家("论古今来言性理之名家并其所著之书若何",即哲学史和哲学名著研读)。②郑观应在《盛世危言》中也用过"智学"这个译名。他在谈论德国"学校规制"时说,德国"大学院"学分四科:"一经学,二法学,三智学,四医学","经学"是"教中之学(即是耶稣、天主之类)","智学"则是

---

① 康有为在1898年上奏光绪帝的《请开学校折》中赞扬普(普鲁士,即德国)之教育为欧美各国"效法",讲到普国的大学"其教,凡经学、哲学、律学(即法学)、医学四科",明确以"哲学"这个译名代替了"智学"(《戊戌奏稿·请开学校折》,1911年刊本)。梁启超在"论学日文之益"中也谈到"智学"即哲学:"智学(日本谓之哲学)"(《清议报》,第十册,1899年)。

② 《德国学校论略》,载《西政丛书》,慎记书庄·石印本,1897年,第5-7页。

"格物、性理、文字语言之类"。① 由上可见,"智学"这个译名代表一种如艾儒略《西学凡》中的"理学"一样广包的哲学观,甚至比艾氏的"理学"所涉范围更宽,因为《西学凡》中的"文科"之学也被纳入"智学"之内了。

如果说"智学"这个译名意味着各门自然科学("格物学")都隶属于哲学而为其部分或分支,它所反映的还是各门科学尚未从哲学中分化出来的古老时代的那种陈旧的哲学观,那么近代早期介绍西方哲学的人又往往反其道而行之,将西文的 philosophy 译为当时通用的"科学"(Science)的译名"格致学"或"格学",从而使哲学与科学的区别泯没不见了,这或许是为了强调和提高科学,或者是为了在"中学为体、西学为用"的思想律令下借"格致"之名以渗入某些西方哲学思想,因为哲学是"体",只许有"中",不得有"西",而"格致"属"用",是允许学以致用的。例如,1877年《格致汇编》所载英人慕维廉写的"培根格致新法"一文,介绍培根的《新工具》,原书凡言哲学(philosophy)之处,慕氏皆译为"格学"或"学"。随手举几句译文为例:一、"格学一事即分裂于诸谬",原文为:"the same groundwork of philosophy…was torn and split up into such vague and multifarious errors"(哲学的同一基础被撕碎和割裂成如此模糊不清的形形色色的谬误),此处 philosophy 译为"格学";二、"众人会意在亚里斯度得之学",原文为:"in the philosophy of Aristotle there is a great agreement"(对亚里士多德哲学普遍同意),此处 philosophy 译为"学";三、"格学之真末",原文为:"the true and lawful goal of the science"(科学的真正而合法的目标),此处又将 science 译为

---

① 《盛世危言》,第一卷,《学校》篇,1892,载《中国近代教育文选》,人民教育出版社,1984年,第47页。

"格学"①）。哲学、科学,皆曰格学,泯然无别矣。再如,颜永京在其所译《心灵学》（原书名为 Mental Philosophy,确切的翻译应为《心灵（或心理）哲学》,美国约瑟夫·海文著,颜译出版于 1889 年）中将 philosophy, Human knowledge, Natural Seience 都译作"格致学":一、"格致学者,阐明物质与人事之缘由",原文为:"philosophy...denotes the investigation and explanation of the causes of things"（哲学是指对事物原因的研究和说明）;二、"格致学有二:曰格物学,曰格物后学",原文为:"of the grand departments of human knowledge——the science of matter and the science of mind——the former...is known under the general name of physics; the latter...is often designated by the corresponding term,...Metaphysics"（人类知识有两大分科,关于物质的科学和关于心灵的科学,前者通称为物理学,后者则常以一相应的词名之为后物理学,即形而上学）;三、"心灵学不可不谓格致学中之一",原文为:"The science of mind deserves...to be ranked among the natural sciencs"（心灵科学应当列入自然科学）。② 按照颜永京的翻译,哲学、人类知识、自然科学,都叫"格致学",那还有什么区别呢？那不是将哲学与知识、科学视为等同了吗？不过,这种等同并不是像《名理探》那样,把哲学（"爱知学"）作为一切知识的总汇、所有科学的大全,而是使哲学消融于科学,以"格致学"名哲学,实际是说哲学即科学,哲学不在科学之上,也不在科学之外,而是在科学之中,与科学融而为一。这种观念虽然并没有人明白道出,但在清末有一段时间是相当流行的。例如,光绪十五年（1889）李鸿章为上海格致书院春季考课曾拟如下命题:"……西学格致

---

① 慕维廉译文见《格致汇编》,1877 年,第 9 期,第 51 页,培根原话见《新工具》,第 1 卷,第 76 条,第 81 条。

② 颜永京译文见《心灵学》,1889 年益智书会校订本,《心灵学凡例》,第 1 页;原文见 Haven, *Mental Philosophy*,波士顿,1869 年,第 15,16 页。

始于希腊之阿庐力士托德尔(即亚里士多德),至英人贝根(即培根)出,尽变前说,其学始精,逮达文(即达尔文)、施本思(即斯宾塞)二家之书行,其学益备,能详溯其源流欤?"① 此处所举诸人,除达尔文外,无一人是"格致家"(科学家),从亚里士多德直到斯宾塞的所谓"格致"的"源流"实为西方哲学发展的历史,这无异于说哲学史即"格致"史,即科学史,哲学即"格致",即科学。

近代另一重要的哲学译名是"理学"。清末何人首先使用这个译名,待考。王韬在《西学原始考》中曾用"理学"一词,如谓:"梭公(苏格拉底)以理学著名","以去伪存诚为格致之急务,训人主良知良能之说,此为希腊理学一变之始"。② 此处"理学"显指哲学。《西学原始考》收入《西学辑存》,据王韬说《辑存》所收诸书"皆昔年在沪上所得,自志耳闻",③当是他在19世纪50年代至60年代初在上海墨海书馆做编辑时所撰,但《辑存》至光绪十六年(1890)始刊印问世,"理学"一词究系昔年旧稿原有,抑为刊印前润饰所加,似难推定。在王韬《西学辑存》印行前,有英人艾约瑟所撰《西学略述》(1885年)也已使用"理学"这个译名。不过,此书所谓"理学"一词已大不同于艾儒略《西学凡》中的"理学",也不同于花之安《德国学校论略》中的"智学",而是标志着一种已将各门具体科学从自身中分化出去了的哲学观。《西学略述》共分十卷,分别介绍各个学科,如文学(包括修辞、论说、诗歌、戏剧)、史学、经济、教会学、工艺以及格致诸学(包括物理、化学、光学、电学、力学、天文、地质、矿物、动物学、植物学、人体解剖学、生理学、医学、几何、算术、代数等等),皆各成一学,而不再隶属或统括于哲学。④ 理学,即哲学,

---

① 见《格致书院课艺》,上海,富强斋书局石印本,1898年刊本。
② 《西学辑存·西学原始考》,光绪庚寅(1890)刊本,第10页。
③ 《西学辑存》,"自序",光绪庚寅刊本,第2页。
④ 《西学略述》,收入《西学启蒙十六种》,光绪丙申(1896),上海,著易堂书局刊本。

只是各门学科之一而已,理学亦有其若干分支,艾约瑟说:"考理学初创自希腊,分有三类:一曰格致理学,乃明征天地万物形质之理;一曰性理学,乃明征人一身备有伦常之理;一曰论辨理学,乃明征人以言别是非之理。"[①]"格致理学"即自然哲学,是讲究物质自然界的规律的;"论辨理学"即逻辑学,是研究人的思想及其语言表达之正确性的规则的;"性理学"此处仅指伦理学,若果如此,则艾约瑟所谓"理学"中就不会有形而上学这一最重要的哲学分支了,这显然是不合理的,而且他在介绍古希腊以来许多"理学"派别的学说时,所述实即其形而上学的理论(如有的哲学家认为"万物精微"即万物的本质、本体是"无形无体"的,而且是"确不可知者",而万物的变化生成却"皆原于此无形可测之一物"[②]),既不能归于自然哲学、逻辑学,也不能化为伦理学。因此艾氏仅以伦理释"性理学",恐系疏失,未必即作如是观。性理是宋明理学的基本范畴,性理之学就是理学家们讨论天理和人、物之性的形而上学,清末一些中外学者讲性理大都是在这个意义上说的。例如,王韬晚年在刊印原由英人伟烈亚力口译而由他笔述的《西国天学源流》时,有一段后记,谈到有人妄言西方人不知"形而上"之"道",只求"形而下"之"器",说"西人亦只工其下焉者耳",王韬批评他们无知:"不知西儒何尝不讲性理哉",[③]所谓讲性理当然是指讲形而上之道。人性、"伦常之理"是形而上的性理的一部分,而非全部,因此不能等同于伦理学。又如,美国人丁韪良在《性学举隅》(1898)中是在更宽泛的意义上作为整个哲学的译名使用"性理学"一词的。他说:"泰西性理家所论者……自不外天地人三才也",不过,古代性理家"每以形而上者驰骛忘归",其性理学是以

---

① 《西学略述》,收入《西学启蒙十六种》,光绪丙申(1896),上海,著易堂书局刊本,第29页。

② 同上书,第35页。

③ 《西学辑存·西国天学源流》,光绪庚寅(1890)刊本,第29页。

探求究极实在的本体论问题为主的形而上学,近代则主要是"以究察人性为要"的"性学"。"性学"是"性理之大端",是性理学的重要组成部分,就其对象而言,又分为两个方面:一"论灵才"(理智),即认识论,一"论心德"(道德),即伦理学,《性学举隅》上、下两卷就是分别论述这两个方面的。① 显然,伦理学不能等同于"性学"更不能等同于"性理学"。

严复早年的译著中也多用"理学"作为哲学的译名,例如,他在《天演论》(1895)中称希腊哲学家为"希腊理(学)家",②说"天地元始、造化真宰、万物本体"的问题是"理学"探讨的"不可思议之理"。③ 在《穆勒名学》(1905)中"理学"一词也多处使用,但不无混淆之处。有的地方,"理学"是指哲学,例如,在一段按语中,严复说在笛卡儿以前"泰西理学"包括"形气"之学("裴辑",即物理学或自然哲学,physics)和"超夫形气之学"("美台裴辑",即形而上学,Metaphysics),此处"理学"显然是就哲学而言的。④ 但是,有的地方,他又以"理学"仅指形而上学,例如,在"引论"第七节"标明本学界说"中原书(System of Logic,《逻辑体系》)论及 Metaphysics 之处均被译为"理学",而且严复在按语中还特别说明:"理学其西文本名谓之出形气学(如上所见,严又译为'超夫形气之学',西文即 Metaphysics)",然而,有趣的是,严复接着又说,"理学""亦翻为神学、智学、爱智学和日本人谓之哲学。"⑤ 这里说的"神学"大概是指作为形而上学的理学是追求神妙而"不可思议之理",是"神化"之学(参阅张载《正蒙·神化篇》);⑥至于说也可

---

① 《性学举隅》,光绪戊戌(1898)上海,美华书馆刊本,"自序",第 6 页,"总论",第 1-2 页.
② 《严复集》,第五册,中华书局,1986 年,第 1366 页.
③ 同上书,第 1380 页.
④ 《穆勒名学》,商务印书馆,1931 年,甲部,第 34 页.
⑤ 同上书,"引论",第 14 页.
⑥ 同上书,第 34 页.

将"理学"译为"爱智学"和日人所谓"哲学",则似乎在故意制造混乱了。严氏无疑知道"爱智学"和"哲学"都是 philosophy 的译名,例如,他在《天演论》论十八"冥往"一节开头"晚近斐洛苏非"一语下面注明"译言爱智"。① 那么,严复何以要用同一译名既译 philosophy,又译 Metaphysics 呢? 我想道理只有一个,就是严复认为哲学之为理学,实即形而上学,它应当把长期作为各门自然科学之共名的"形气"之学("物理学"、"自然哲学")分出去,它不再囊括各门科学,而恰恰是"与格物诸形气学为对"的。②

现在我们要谈到近代最晚出现的一个哲学译名,即"哲学"这个一经引进很快就取代了其他译名而为学界普遍采纳并一直沿用至今的译名。

"哲学"一词,非我所创,乃取自日人的汉字译名,这是许多人(如上面提到的梁启超、严复等)都讲过的。王国维说:"'哲学'之语实自日本始。日本称自然科学曰'理学',故不译'费禄琐非亚'曰理学,而译曰'哲学。'"③

在日本最初创造"哲学"这个译名的,是明治初期著名的启蒙思想家西周助。西周是日本近代介绍和传播西方哲学的开拓者和倡导者,也是早期大部分西方哲学术语译名的创制者。对西文 philosophy 一词,远在西周之前曾有一个译名,即 18 世纪上半叶高野长英在《闻见漫录》中提出的汉字译名:"学师"④,意为总体之学或至要之学。这个译名后来似无人袭用。西周本人在"哲学"一词定译之前也曾试用其他译

---

① 《严复集》,第五册,第 1373 页。
② 《穆勒名学》,"引论",第 14 页。
③ 《王国维文集》,中国文史出版社,1997 年,第三卷,第 3 页。
④ 桑木严翼:《明治的哲学界》,中央公论社,1942 年,第 12 页。

名,如"希哲学"(意为希求哲智之学)①,"性理之学"②,或以汉字音译为"斐卤苏比"。③ 1870 年西周在其生前未曾发表的由学生笔记的讲演录《百学连环》中最早提出了"哲学"这个译名。他说,philosophy 在希腊文里是"爱贤、希贤"的意思,就是周敦颐《太极图说》中所说的"圣希天,贤希圣,士希贤",所以"亦可直译为希贤学"。但西周此时决定使用"哲学"这个译名,并且将哲学定义为"诸学之上之学"(the science of sciences,即科学的科学),因为"凡事物皆有其统辖之理,万事必受其统辖。所以哲学是诸学的统辖,诸学皆一致归哲学统辖,正如国民之受辖于国王"。④ "哲学"这个译名用于西周公开发表的著作,最早是在《百一新论》(1874)。⑤ "哲学"这个译名也并非立即为学界所通用,当时一些学者仍习用从中国宋明儒家取来的"理学"一词作为哲学的译名,例如,中村正直在《西学一斑》(连载于《明六杂志》1874-1875 年诸期)中凡论西方哲学之处皆用"理学",如讲文艺复兴时期"理学的革正"即哲学的革新,讲甘八涅拉(康帕内拉)、倍根(培根)、第加尔(笛卡儿)等是"理学(哲学)大家"、"理学(哲学)名家"等等。⑥ 实际上,西周本人在提出"哲学"这个译名时也无意排斥"理学"之为哲学的译名,他在《百学连环》和《生性发蕴》中都说过,哲学亦可称"理学或穷理学":由于人们"习

---

① "津田真道著《性理论》跋"(1861),《西周全集》,宗高书房,1980 年,第一卷,第 13 页。
② "致松冈鳞次郎"(1862),《西周全集》,第一卷,第 8 页。
③ "开题门"(1870),《西周全集》,第一卷,第 19 页
④ 《百学连环》,《西周全集》,第四卷,第 145-146 页。
⑤ 参阅桑木严翼:《明治哲学界》,中央公论社,1942 年,第 13 页;《近代日本思想史》,商务印书馆,1965 年,第一卷,第 157 页。
⑥ 《明六杂志》,第 12 号,23 号,载《明治文化全集》,第十八卷(杂志篇),日本评论社,1927 年,第 117,171 页。

用"哲学一语"专指讲理之学",所以也可"直译为理学理论"。① 后来"哲学"这个译名逐渐流行,特别是19世纪80年代初井上哲次郎编撰日本第一部《哲学字汇》时基本上采纳了西周所译的众多西方哲学术语,遂使"哲学"成为日本学界普遍习用的译名,因此,"理学"与哲学全然分家,用以专指各门自然科学了。所以,事情并非如王国维所说,日本人称自然科学为"理学",故不译 philosophy 为"理学"而译曰"哲学",恰恰相反,由于日人已通译 philosophy 为"哲学",故不复以"理学"名 philosophy,而"理学"乃成为自然科学的专称。

"哲学"一词源自日本,那么,其输入中国又始于何时何人呢? 就目前所见者,似以黄遵宪的《日本国志》(1887 年写就,初刻约在 1895 年)为最早。黄氏在该书的《学术志》中介绍东京大学法、理、文三学部的学科设置,其中文学部分为二科,其一即是"哲学(谓讲明道义)、政治学及理财学科"(《日本国志》,上海图书集成印书局,1895 年刻本,卷三十二,页十)。梁启超在这个译名的传播上则有领先之功。戊戌政变失败后他亡命日本,创办《清议报》(1898-1902)和《新民丛报》(1902-1905),发表其本人和他人评介西方哲学及中西思想之比较的文章多篇,使"哲学"一词很快成了报章书刊上习见的词语。值得一提的是,梁启超在1899 年 6 月间曾经参加日本哲学会的一次"会合"(会议),与日本"诸贤哲相见",并在会上向日本哲学家们介绍了康有为"所言哲学之一斑",包括"关于支那者"(中国哲学)和"关于世界者"(西方哲学)。② 这是中国学者第一次与日本学者用共同的哲学译名进行学术交流。另一

---

① 《百学连环》,《西周全集》,第四卷,第 145 页;《生性发蕴》,《西周全集》,第一卷,第 31 页。

② 《清议报》,第二十三册,1899 年 6 月;梁启超在"康南海传"中也讲到康有为 1891 年在广州长兴里万木草堂讲学时所授"义理之学"包括"孔学、佛学、周秦诸子学、宋明学、泰西哲学",见《清议报》,第一百册,1991 年 12 月。

723

位最早引进"哲学"这个译名并大力译介西方哲学的著名人物是蔡元培。他说自己于"丁戊之间，乃治哲学"，①即在 1897-1898 年间开始研究哲学。他阅读并翻译了明治时代日本哲学家井上圆了的一些著作，在 1901 年他根据井上关于哲学的定义，撰写专文"哲学总论"，论述哲学的性质及其与其他各门自然科学的关系。他说，"哲学为统合之学"，这不是说哲学是囊括一切科学的知识总和，而是说哲学是探究整个宇宙的普遍规律的，是"以宇宙全体为目的，举其间万有万物之真理原则而考究之以为学"。② 至于各门自然科学，蔡元培也采用日本学界的名称，谓之"理学"。他说："凡称理学者，施研究于种种之事物，举存于其间之条理而组织之，以构成有系统之学也，例如物理学、化学、生物学、天文学、地质学、生理学等皆是也"，但是"此诸学者，皆不过实究宇内事物之一部分，而考定一部分之规则"，"皆取分类专门之方向……惟知事物一部分之真理而已"，不能把握"宇宙全体之真理"。因此哲学与理学是"统合与部分之别"，蔡元培把它们的关系比之于"中央政府与地方政府之别"。③ 不难看出：这些说法实际上是上面提到的西周所谓哲学是诸学之上之学、哲学统辖诸学犹如国王之统辖臣民的说法的翻版。但是，这种哲学观在我国近代哲学史上却有着重大的影响，流传很广。

最后，我想也许可以讲一段一直不见有人说起的史话来结束这一篇哲学译名考。那是围绕着"哲学"这个名称是否可用、哲学这门学科应否存在的问题掀起的一场风波。1903-1904 年间，以张之洞为首的把持全国教育大权的清廷大老们制订了一个关于各级学堂的学制和课程设置的《学务纲要》，公然删掉了"哲学"之名，禁止大学堂设哲学科。理

---

① "自愿摄影片"(1901)，《蔡元培全集》，第一卷，浙江教育出版社，1997 年，第 313 页。
② "哲学总论"(1901)，《蔡元培全集》，第一卷，第 359 页。
③ "哲学总论"，《蔡元培全集》，第一卷，第 359 页。

由是种种异端邪说,如鼓吹自由、民权之类,都是随哲学而俱来的,也就是说那些哲理之谈都有其令满清封建王朝震恐的现实政治内容,如《学务纲要》所说:"中国今日之剽窃西学者,辄以民权、自由等字实之,变本加厉,流荡忘返",①或如管学大臣张百熙所说:"盖哲学主开发未来,或有骛广志荒之弊",也就是会使人想入非非,离经叛道,所以取消哲学一科,"哲学置之不议者,实亦防士气之浮嚣,杜人心之偏宕"。② 当然,作为"中学"之根本、"中国儒家最精之言"的"理学"(宋明理学)是必须讲的,但不可名之为"哲学",不可像讲(西方)哲学那样"流为高远虚渺之空谈,以防躐等蹈空之弊"。③ 对于张之洞们这种加罪哲学、取缔哲学的谬论,王国维写了"哲学辨惑"(1903)和"奏定经学科大学文学科大学章程书后"(1906)两篇文章力加驳斥,要为哲学"正名"。他说:"我国人士骇于其名,而不察其实,遂以哲学为诟病,则名之不正之过也",于是他反复论证"哲学非有害之学"、"哲学非无益之学"、"中国现时研究哲学之必要"、"研究西洋哲学之必要"④,如此等等。这一场为"哲学"正名,实则为哲学的存在权进行的论争,是我国西方哲学东渐史上一段极具特色、饶有兴味的历史插曲,我们是不该忘却的。由此也可以看到,哲学的译名问题从来不是一个单纯的语词翻译问题,而总是与人们对哲学的各种不同的理解和解释紧密联系在一起的。哲学译名史展示给我们的是哲学观历史演变的轨迹。

---

① 《学务纲要》,载《中国近代学制史料》,第二辑,上册,华东师范大学出版社,1987年,第86,92页。
② 同上书,第86,92页。
③ 《张百熙议奏兴办学堂折》(1903),载《中国近代学制史料》,第二辑,上册,第66页。
④ 《王国维文集》,中国文史出版社,第三卷,第3-5页。

谁是我国近代介绍西方哲学的第一人[*]

蔡元培先生在1921年写的"五十年来中国之哲学"一文中说,我国近代"介绍西洋哲学的,要推侯官严复为第一"[①]。近年有些讲西学东渐的文章仍持蔡氏此说,而以严译《天演论》(1895)诸书为西方哲学在中国传播之滥觞。

如就严氏西学译著之丰、成绩之大、影响之深广而言,在那个时代确无出其右者,在这个意义上,他无疑应被推为近代第一人。但是,如就西方哲学输入之先后而言,则严氏之前却不无其人,此人就是王韬。

王韬(1828—1897)出身洋务派,后主张"变法自强",成为早期改良派的一个重要人物。他早年在上海一书局做编辑多年,后久居香港办报,长期与外国传教士和汉学家交往共事,精通英语,有广博的西学知识,并曾赴英,在牛津大学从事中国古典经籍的英译,并得以亲炙西方学术与文化。晚年回上海主持格致书院,著有《瓮牖余谈》、《弢园文录外编》、《弢园尺牍》等。

王韬认为,中国只有向西方学习,以"西法"进行改革,才能国富民强,"若舍西法一途,天下无足图治者"[②](《杞忧生易言跋》)。他认为,

---

[*] 原载《东岳论丛》,2000年,第4期。
[①] 《蔡元培论哲学》,石家庄,河北人民出版社,1985年,第274页。
[②] 《弢园文录外编》,北京,中华书局,1959年。

"西法"的基础则在其科学("格致")之昌明,所谓船坚炮利,技巧器精,都是科学发达的结果,王韬说:"窃谓近今一切西法无不从格致中出,制造机器皆由格致为之根抵,非格致无以发明其理,而宣泄其阃奥。"①但是,近代西方科学之振兴和发展,追本溯源,乃在于西人提出了一种新的思想方法、研究方法。因此,王韬在大量介绍西方各门科学、技术的同时,着力介绍了在他看来为近代科学的发展"辟其机緘,启其橐龠"的培根的"格物穷理新法"。他在19世纪70年代初写了"英人倍根"一文,非常推崇培根在学术上不泥古盲从而敢于创新的精神,说:"其为学也不敢以古人之言为尽善,而务在自有所发明;其立言也不欲取法于古人,而务极乎一己所独创。其言古来载籍乃糟粕耳,深信胶守则聪明为其所囿,于是澄思渺虑,独察事物以极其理,务期于世有实济,于人有厚益。"培根倡导的"格物穷理新法"(即培根的《新工具》)就是"前此无有人言之"的一种崭新的思想方法论,其要旨"务在实事求是"。所谓"实事求是",就是"必考物以合理,不造理以合物",前者当指培根所提倡的从经验事实出发概括出科学原理、法则的归纳法,后者当指他所反对的中世纪经院哲学家利用亚里士多德逻辑而以先天设定的原理推演事实的三段论法。王韬认为,培根的"格物穷理新法"是西方科学"后二百五十年之洪范",即指导科学的大法,"西国谈格物致知之学者咸奉其书为指归",各门科学之"蒸蒸日上",无不是"勤察事物,购求其理,祖倍根之说,参悟而出"(以上均引自"英人倍根")。②

王韬在此文中对培根哲学思想的基本精神做了言简意赅的评说,但对其具体内容并未述及。我们没有发现他对英国哲学有更进一步的介绍文字或有关的翻译作品。

---

① 《格致书院课艺》,"王韬序",上海,上海富强斋书局石印本,1898年。
② 《瓮牖余谈》,上海,申报馆俱珍斋重印本,1875年。

但是，王韬介绍西方哲学的工作决不止于此。这里我们应当特别提及他在主持上海格致书院期间对西学的传播。格致书院始建于同治十三年(1874)，为英国总领事麦华陀和英人傅兰雅所创，在上海"召集生徒，分班细讲"。王韬在光绪十一年(1885)任书院监院(院长)，并于是年建立了以命题课士的考课制度。《格致书院课艺》一书选辑了历年课试的优秀论文，王韬评论这些论文说："其言多有可取者，其谈洋务或剀切详明，或激昂慷慨。于西学则穷流溯源，由本及末，由粗及精，皆能进探其奥窍。"①例如，光绪十五年(1889)有如下的命题："……西学格致始于希腊之阿庐力士托德尔(亚里士多德)，至英人贝根(培根)出，尽变前说，其学始精，逮达文(达尔文)、施本思(斯宾塞)二家之书行，其学益备，能详溯其源流欤？"从课试诸生对此命题的答卷论文看，对由亚里士多德以迄斯宾塞、达尔文的西方科学和哲学思想的发展基本线索，虽然叙述繁简各异，详略有别，内容则大致相同，显然来自包括王韬在内的书院教席的讲授。由此我们似可以说，王韬主持的格致书院是近代最早在中国传播了西方哲学的一个学术机构。

我们从课试论文可见，格致书院曾向学员介绍了一些希腊哲学的知识，论文中提到的希腊哲学家的名字有毕达哥拉斯(译作毕他哥拉斯)、柏拉图(译作柏类多、巴雷陀、伯拉多)和亚里士多德(阿庐力士托德尔、阿庐力士)。关于毕达哥拉斯和柏拉图的思想，论文中皆仅有寥寥数语。例如，有一篇文章将毕氏与柏氏并提而指出其神秘主义倾向，说他们"以天事与人事相杂，而杂以鬼神之道，后复杂以数学"，大约是指他们的灵魂不死说和数目神秘主义。另一篇文章批评柏拉图据理以推物而不证诸事实的先验主义观点，但也只有概而言之的一句话："柏拉多之论物，凡理所必有而更无疑义者，例可列入于书。"对于亚里士多

---

① 《格致书院课艺》，"王韬序"，光绪庚寅石印本，1890年。

德,书院教席们显然有更具体、详细的介绍,因而课试论文的作者们对亚氏的生平、著述和某些思想有一定的了解。例如,他们谈到亚氏曾师事柏拉图,"初与名士巴雷陀共学者二十年";几篇论文谈到亚氏的著作,皆云其著书146种,惜多散佚,现仅存19种(数字如此一致,无疑是这些学员共同得之于教席的讲授);有的论文还详细地列出了亚氏现存著作的书目:"一、论国政(当指《政治学》),二、论史(或指《雅典政治》,这是亚氏著作中唯一讲历史的一篇),三、论万物之性(指《物理学》或《形而上学》?),四、论生死(《论生成和消灭》),五、论天气(《天象学》),六、论动物(《动物志》和《论动物部分》),七、论灵魂(即原书名),八、论记性(《论记忆》),九、论睡醒(《论睡和醒》),十、论梦(即原书名),十一、论寿夭(《论生命的长短》),十二、论老幼(《论青年和老年》),十三、论呼吸(即原书名),十四、论百体(指《体相学》?),十五、论生物行动(指《论动物运动》或《论动物行进》),十六、论动物生育(《论动物生成》)"(十七、十八、十九书目缺略,不知是原文疏漏抑或印刷有误?)。诸论文作者都盛赞亚里士多德为博学深思的大学问家,"综其平生,无一种学问不为其思虑所到",说他:"可谓格致之大家,西学之始祖"。在他们眼中,所谓希腊哲学主要就是亚里士多德哲学。他们认为希腊哲学"分为三类",实即亚里士多德哲学的三个部分或分支:"一曰格致理学,乃明征天地万物形质之理",即亚氏关于万物由形式与质料两种本原构成的形而上学;"一曰性理学,乃明征人一身备有伦常之理",即亚氏的伦理学;"一曰论辩理学,乃明征人以言别是非之理",即亚氏的逻辑。有的论文称许亚里士多德治学"较其师为尤慎","必信物经目击、考证详明者始敢登载",并说亚氏"解释物性实事求是,务绝虚妄"。这个说法遭到王韬的批评,他对此加一眉批,指出亚氏常囿于成说,"多以前人之说为无可疑,即据之以推新理",也就是偏重从既定之理进行演绎、推理,而非强调首需从经验出发,因此,王韬认为亚氏"其学不及贝氏"(不如后世的培根)。另一论文作者则明白指斥亚里士多德"凭己之思议,著为成书,拟议天地之理,博引见闻之事,辩论纷繁,虽究心微妙,多属推测",例如亚氏的四元素说("其谓天地万物有四行,乃合水火气土而成")就"多所缺漏"。其实,亚里士多德哲学本身就存在着先验思辨和较重经验这两个方面的矛盾。课试论文的作者对亚氏的评论有各执一偏的片面性,然而这似乎又恰好说明书院教席们在讲授亚氏思想时,对其哲学的诸多方面必均有论及,于是学员们乃能对之别择比较而各抒己见(引自王佐才、朱澄叙、钟天纬等人的课试论文)。①

从课试论文中我们看到,王韬及其书院向学员们着重介绍的是英国哲学,而主要是近代培根和当代达尔文、斯宾塞的思想。对于培根,课试诸生像王韬一样,在论文中推崇备至,称赞他的"新法"为"泰西格致"的发展"祛其误而辟其途","尤为格致家所奉为圭臬";他们也都强调培根学说的求实精神,说"其学大旨以格致各事必须有实在凭据者为根基,因而穷极其理,不可先悬一理为的,而考证物性以实之"。有的文章指出培根不仅要求"格致之学由万物中谨慎汇选"经验事实,"去渣滓以存精液",而且尤注重"更实验其所行之事而强识之,辨诬虚而归真实"。有的论文还将培根《新工具》(《格致新理》)一书的内容细分为七类,并指明每类下有若干"条"(章节),我们查对原书,发现有些分类的章节数目相当准确。例如第一类为"天地阐义,凡三十七条","天地阐义"大约是《新工具》副标题"解释自然的真正的指南"的中译,"三十七条"就是《新工具》第一卷第一章第1节到第37节关于人是自然的解释者、知识即是力量以及批评旧逻辑、建立真正归纳法的论述;又如第二类为"方寸意象,凡二十四条","方寸意象"显系培根所谓"扰乱人心的假相"的中译,在《新工具》中是从第38节到第62节讲的,恰恰是二十

---

① 《格致书院课艺》,上海,上海富强斋书局石印本,1898年。

四条之数。其他诸类,如"格物诸理"、"格物差谬"、"格物谬因"等等,分属的章节也可从原书中大致查明(引自朱澄叙、钟天纬、瞿昂来等人的课试论文)。① 由此我们可以推知,王韬及书院曾经向学员相当详细地介绍和讲解,可惜我们迄今未曾发现这些讲授的文字材料。

至于达尔文和斯宾塞,课试论文中所谈及者是我们目前看到的最早的评述文字。② 对于达尔文,论文作者们特别强调他继承了培根的求实精神,说他"才大心细,所著之书,信以传信,疑以传疑,不敢自矜臆断"。达尔文的著作,有的论文明确提到他"一八五九年特著一书,论万物分种类之根源",即《物种起源》,并概述其进化论学说,说,"其大旨谓凡植物动物种类,时有变迁,并非缔造至今一成不变,其动植物之不合宜者,渐渐澌灭;其合宜者,得以永存,此为天道自然之理"。有的论文,进而指出达尔文"论万物之理"不仅讲动植物不断变异,而且认为物种的变异是愈趋完善,"谓创造之始,人物皆粗,历年愈久,则变成灵巧,以动物为植物之所变,而人类又为动物之所变,苟不宜于世,即不能永存。所以上古之物有为今世所无者,即此理也。"论文作者称赞达尔文"此言发前人所未发,近世儒者无不韪之,此亦可为格致绝续之人矣。"这些评述虽极简略,却是在我国对达尔文进化论的最早的介绍,因而是可贵的。这里值得一提的是,有的论文作者认为,达尔文进化论所谓宜者永存或适者生存也就是"论万物强存弱灭之理"。作者做此理解大约也如后来严复一样,欲以此唤起国人奋发自强,救亡图存。但是,就达尔文学说本身而言,并没有这样的含义。因此,王韬在眉批中指出这个说法缺乏根据:"达文谓众物繁生,义者常存,所谓义者宜也,无强存弱灭之

---

① 《格致书院课艺》,上海,上海富强斋书局石印本,1898年。
② 有的课试论文中曾提到斯宾塞的(《肄业要览》)一书近日有人译成华文。我们尚未发现这个译本。但在《格致汇编》光绪七年(1881)冬季刊第 3 册上载有上海约翰书院颜永京译史本守(即斯宾塞)著《肄业要览》,约五千字,实为原书部分章节的撮要介绍。

说,似欠考据"(引自王佐才、钟天纬的课试论文)。[1]

对于斯宾塞,课试论文作者都说他的著作,"多推本达文之说",例如一篇论文说:"至于施本思名赫白德(即赫伯特·斯宾塞),……生平所著之书多推论达文所述之理,使人知生活之理、灵魂之理,其书流传颇广。"这里是说斯宾塞把进化论思想推广于其他科学领域的研究,如:"生活之理"即(生物学原理),"灵魂之理"即(心理学原理),这是对的,但作者未提及斯宾塞关于社会学和伦理学的研究,而且对斯氏如何阐述进化论及其与达尔文学说的区别则尽付阙如,可见当时人们对斯宾塞思想的了解还是很片面很有限的。不过,这篇论文对斯宾塞关于"不可知者"的哲学观点却做了极简要的介绍,说斯氏"将人学而确可知者与确不可知者晰分为二","其所谓确可知者,皆为万物外见之粗质",即现象,而万物的"精微"则是不可知的,"万物之精微则确有不可知者在也"。文章说这"万物精微,本亦一物,而无形无体之可见",但是万物正是由此"化成"的,"皆原于此无形……之物",因此,"此一物为本,而万物为末,明矣"。这里,文章作者将斯氏所谓"不可知者"解释为可知的万物现象的本体,应当说是符合斯氏原意的,而且作者利用中国传统哲学的本末、精粗的范畴去理解本体和现象的关系(姑无论其是否完全恰当),为沟通中西哲学做了最初的尝试,也是很可贵的。但作者对斯宾塞哲学的了解毕竟是粗浅的,有些理解显然是不准确的,例如,他认为,"圣教中之所言上帝,格致学(科学)之所论原质(物质)"都是"不可知者","虽非人思力所能知能测",其存在却为斯宾塞所肯定,"要皆实有,更无疑义"(引自王佐才、钟天纬的课试论文)。[2] 其实,斯氏认为我们不仅不知道上帝的本性如何,而且根本不可能知道其是否存在;至于物

---

[1] 《格致书院课艺》,上海,上海富强斋书局石印本,1898年。
[2] 同上。

质,在斯氏那里属于可知的现象的领域,虽然其本质(即所谓"力")是不可知的,但不能归之于作为世界的究极实在的"不可知者"。

如上所见,王韬及其书院对西方哲学的介绍还是很初步、很粗略、很有限的。但是,无论如何,他们传播西方哲学,筚路蓝缕,有开创之功;他们在我国近代西方哲学东渐的历史上写下了最初的篇章,是值得纪念的。

再谈王韬和格致书院对西方哲学的介绍*

拙文"谁是我国近代介绍西方哲学的第一人"(载《东岳论丛》2000年第4期)对王韬和格致书院在介绍和传播西方哲学方面所做的工作略有所述,兹就笔者查阅有关资料所见,再做一些补充。

一、拙文说,王韬除写有"英人培根"一文外,似无更多论述西方哲学的作品。诚然,我们迄今未发现王氏有论西方哲学的其他专文或专书。但是,笔者从前时所阅资料看到,王韬在其晚年刊印的《西学辑存》中不仅也谈到培根,而且述及自希腊至近代的若干哲学家。《西学辑存》,光绪庚寅(1890)刻本,北京大学图书馆藏,共一函,书凡六种:《西学图说》、《西学原始考》、《泰西著述考》(以上三种为王韬自撰),《西国天学源流》、《重学浅说》及《华英通商事略》(此三种系英人伟烈亚力口述,王韬笔译)。《辑存》初刻于光绪庚寅年(1890),但据王氏《自序》称,《辑存》所收诸书"皆昔年在沪上所得,自志耳闻,……久储敝箧",故其成书当在19世纪50年代至60年代初王韬"橐笔沪上",即在上海做书局编辑之际,就时间说,要早于70年代初写的"英人培根"一文。

《辑存》诸书中,对我们来说,比较重要的是《西学原始考》和《西国天学源流》。前者可说是一本编年体的西方科学简史,后者则是西方天文学沿革述略。两书提及的西方哲学家有古希腊、罗马时代的泰利士、

---

* 原载《东岳论丛》,2001年,第5期。

阿那克西曼德、阿那克萨戈拉、毕达哥拉斯、苏格拉底、柏拉图、亚里士多德、斯多葛学派和欧利根；中世纪哲学中仅提及罗吉尔·培根及其《大著作》(*Opus Maius*)；近代哲学家则有英国的弗朗西斯·培根和法国的笛卡儿。这些哲学家是作为科学史上的人物被提及的，一般只述其科学发现和科学学说，而未言其哲学思想。例如，对泰利士，说他是"希腊天学（天文学）之最创始者"，"始倡言地为球体"，①而没有提到他的水是万物本原的哲学思想；对于笛卡儿，也只讲他在数学上的贡献，如"合代数几何以发明直曲诸线之理"等②，而不曾谈到他的唯理论哲学。

不过，有的哲学家（例如苏格拉底和培根），王韬在讲科学史时讲到他们，显然不是因为他们也像其他一些哲学家那样，兼为科学家，在科学上有所发明创造，而是因为他们在哲学史上能开一代新风而以其哲学思想直接影响了科学的发展。例如，他说，"希腊名贤苏格拉底……以理学著名"，此处"理学"即指哲学。他认为，苏格拉底提出在知识上要以求真为目的（"以去伪存诚为格致之急务"）、在伦理上主张天赋道德说（"训人主良知良能之说"），标志着希腊哲学的一个转折（"此为希腊理学一变之始"）。③ 故无论其对苏格拉底思想的表达是否确当，王韬关于苏格拉底在哲学史上的贡献和影响的这个评价还是很有见地的。关于培根，王韬说："英国备根著《格物穷理新法》（即《新工具》），实事求是，必考物以合理，不造理以合物。"④后来在"英人培根"一文中，王韬又重复斯言，谈培根此书"其言务在实事求是，必考物以合理，不造

---

① 王韬：《西国天学源流》，收在《西学辑存》，光绪庚寅刻本，3。
② 王韬：《西学原始考》，同上书，32。
③ 王韬：《西国天学源流》，收在《西学辑存》，光绪庚寅刻本，32。
④ 王韬：《西学原始考》，收在《西学辑存》，光绪庚寅刻本，10。

理以合物"①。"考物以合理"就是通过对经验事实的考察和研究并概括、抽绎出事物之"理"即规律,也就是培根所提倡的"格物穷理新法"即经验归纳法,其精髓、其要义就是"实事求是"四个字,而这正是近代英国科学所以兴起而蓬勃发展的奥秘之所在。王韬说:"是时英国士人精于考察,讲求实学,以及词章著述,蒸蒸日上,……格物家测验天地功用,万物化生,实事求是,不贵悬揣。"②所谓悬揣,是指从缺乏事实根据、未得经验证实的臆测或假设出发进行演绎推理,而强使事实屈从、契合于此悬揣之理,亦即培根所反对的"造理以合物"。科学史上有些谬误的学说就是这种悬揣的结果,例如,多禄其(托勒密)"善推步,精测候",以"繁重"、"甚巧"之法提出地球"定居天心",日月诸星俱以正圆形轨道绕地而行,"古人俱甚信其说"。但是,这种悬揣之理没有经验证实,终究是站不住脚的。因此,王韬说:"学者当知无确证者,虽立法甚巧,不足凭也。"③他还指出托勒密学派在天文学说上的谬误是导源于他们所信奉的古希腊"士多亚"派(斯多葛派)哲学:"从多禄氏者皆士多亚学中人,好臆说而不知实事求是之学,其善辩论,格致之功缺焉。"④斯多葛学派是亚里士多德之后对古代逻辑学的发展有过很大贡献的一个学派,说他们"善辩论"大约是指他们注重和善于进行逻辑论证,说他们缺乏"格致之功",是指他们没有做过具体的科学的研究,而是像古代大多数哲学家那样只有一些思辨的自然哲学的概念,但是斥之为"好臆说",则恐言之过甚。

　　王韬是否在科学史范围之外注意和谈论过西方哲学?他是否有过这方面的著述呢?确是有的,惜已亡佚,不复可寻了,那就是他的《弢园

---

① 王韬:《瓮牖余谈》,上海,申报馆俱珍斋重印本,1959年,384,卷二,第9页。
② 王韬:《西学原始考》,收在《西学辑存》,光绪庚寅刻本,10。
③ 王韬:《西国天学源流》,收在《西学辑存》,光绪庚寅刻本,31。
④ 同上书,33。

文录内编》。据王韬说,《弢园文录》"本分内外两编"。外编主要谈洋务,议时政,已刊印传出,"内编多言性理学术,辛酉(1861)冬间溺于水中,一字无存"。① 书中所言性理,内容已无从得知,但其书写于1861年前,正值王韬在英人所办墨海书馆任编辑期间,据其日记可见,他与书馆英国同事时有涉及性理的学术谈论,例如咸丰八年(1858)9月27日的日记中详细记录了英人慕维廉(William Muirhead)论基督教与儒、释、老三教殊途同归、"大旨"一致的谈话,实际上是一番哲学的议论,其中他竟将基督教的上帝比附于道家所讲的"道",认为二者都是"浑浑沦沦之真原"。② 我们可以推想,王韬这一时期所写的文录内编中所言之"性理学术",大约就是诸如此类讨论有关中西哲学、形而上学问题的著述。

二、王韬的"英人培根"一文写于19世纪70年代,但此文对培根哲学只论其主旨大要,而无具体的讲述。从目前查阅资料所见,在王韬之后对培根的哲学思想做了比较详细的介绍的,最早是英人慕维廉撰写的《格致新法》,连载于《格致汇编》光绪三年(1877)第3期至第10期,后又连续刊载于光绪四年(1878)《万国公报》,但未具作者名,文字亦略有增减改动。全文共分八节,大略介绍培根《新工具》(译为《格致新机》或《格致新法》)第一卷的内容。第一节为"总论",介绍培根其人及其著作《新工具》产生的历史背景和巨大影响,说培根一扫昔日盲目屈从"亚力斯度德"(亚里士多德)、"溺于无用之辩论、虚空之解说"的学风,创立真正的科学方法("立格学正法")。这种"新法"的"大旨"在于从事实出发以推求事物的基本规律:"推从六合凡有实事,并到一处,推出总理也。"这种方法就是培根所倡导的归纳法(译为"推进之法"或"推

---

① 王韬:"弢园著述总目·自序",《弢园文录外编》,北京,中华书局,1959年,384。
② 《王韬日记》,北京,中华书局,1987年,11。

上之法")。近代科学,例如牛顿("钮敦"),在光学、力学、数学、天文学诸领域所取得的辉煌成果,就是因为他"饱吸倍根格学之法","全遵此法而成"。文中引用《新工具》的第一条箴言("第一公论"):"人乃天地之役,要阐天地之义,惟当观其功而察其理,即能行工明道,逾乎此者,即不能知而不能为耳"(今译为:"人是自然的仆役和解释者,他所能做的和所能了解的,就是而且只是他在事实上或思想上对自然过程所见到的那么多,过此,他既不知道什么,也不能做什么"。今译参照商务印书馆1975年版的《十六—十八世纪西欧各国哲学》一书所载《新工具》的译文,略有改动,下同),作者说,这是培根提出的一切真实知识的基础("实智之基")和总原则("总理")。①

第二节介绍《新工具》第一卷开头三十七条箴言的内容,作者首先引用培根的名言:"智识与操权同然"(此为第三条箴言,今译为:"人的知识和人的力量合而为一",或如人们流行的说法:"知识就是力量"),指出培根的格致新法就是为使人们"实扩识见",真正认识自然的规律,从而对自然行使权力,支配自然,因为"未诚知天地之功用,即不能操其权矣"。培根的新法不同于那种在缺乏充分事实根据的情况下就匆匆推出普遍的究极的公理、原则来的做法,而是从经验出发,逐步上升,首先得出较低的原则,最后达到最高最普遍的原则,这是唯一正确的方法("培根言独一真法,即渐升高,从目睹耳闻其所足用之物,即以最小公论,后升至更高总旨,至成全括终道也",此为第19箴言)。②

第三节简述培根的四假相说(包括第38-61条箴言的内容)。假相,文中译为"心中意象"或"意象",是"大阻我加增识见与得知真理"的大障碍,共有四种:"一万人意象(今译'种族假相'),二各人意象(今译

---

① 《格致汇编》,光绪三年(1877年),第3期。
② 同上书,第4期。

'洞穴假相'),三市井意象(今译'市场假相'),四士学意象(今译'剧场假相')"。培根认为,"此诸象必当永弃之,慧心由此污秽全扫",才能接受真理。因此四假相说在培根哲学中占有极重要的地位,被"奉为至宝,而为甚要"。①

第四节论"伪学数等",即培根对几种错误的哲学的批评(箴言第62-70条):此学分作三等:一刁滑(原文为 Sophisticle,即诡辩的),以"亚力斯度德"(亚里士多德)为代表;二不足据(原文为 Empircal,即经验的),指缺乏理论指导的狭隘的经验论;三从鬼神异端(原文为 Superstitious,即迷信的),指迷信和神学混杂于哲学,如"比他哥拉斯(毕达哥拉斯)与百拉多(柏拉图)二氏之学"。②

第五节论"伪学形迹",即从若干"形迹"(即征象)可以看到哲学和科学发展的状况不良(箴言第71-77条)。自希腊以来"历二千年诸学几止而不行","其学皆属虚浮而无功效",如此种种"形迹"表明"此时所流通之学之理甚不宜乎其为真实"(按原文应为:"流行的各种哲学体系和科学在真实性和健全性上都有不好的征象")。③

第六节论"哲学差谬诸因"(箴言78-91条)。培根认为,哲学和科学之所以产生诸多错误而且这些错误长期存在,原因甚多,最重要的是,人们"非为格学(科学)之故"来"究索"科学,而是将科学作为"别业之役",作为达到其他目的的手段;人们没有认识到科学的真正目的("格学之真末")在于"使人生富足以有用之艺与新制之物"(按原文应为:"科学的真正的合法的目标只是为人类生活提供新的发现和力量");人们即使没有把科学的目标摆错,但是如果没有一种正确的方

---

① 《格致汇编》,光绪三年(1877年),第8期。
② 同上书,第9期。
③ 同上。

法,也不可能得到真理:"吾侪须记,若有不循理之法,则枉费力矣"。①

第七节论"格学振兴希望之基",即科学可望复兴的根据(包括箴言第92-115条的内容)。首先,对过去所犯错误有所认识,就是希望的一大根据;其次,人们在科学上"行正路",则"格学振兴有希望"。这一条科学上的"正路"也就是培根倡导的充分搜集经验材料,以"实事及见闻为基"而推出普遍的原则("大总之理")的"格致新法",正是这种新法使科学的振兴"可有大望"。当然,科学复兴的希望还有其他一些根据。②

第八节为"推论新法略言",概述《新工具》第一卷最后十五条箴言(第116-130条)的内容,指出培根并不是要建立一个新的学派("开新教"),而是要引导人们"入真理殿",如培根"自谓我意欲播真理之种,以益后代",或者如他所说:"我意非是建造京都峻塔,使人荣耀,但期造宇宙之殿于人慧之中也"(今译为:"我并不是要建立一座朱庇特神殿或金字塔以为人们骄宠,而是要按照世界的模型在人类理智中奠定一座神圣殿堂的基础")。③

如上所见,慕维廉的文章实际上只介绍了《新工具》第一卷的内容(计有箴言130条),并未对《新工具》第二卷详细阐述的培根归纳法的内容作任何介绍。不过,慕文毕竟是最早就《新工具》一书比较具体地介绍培根思想的一篇专文,而且从格致书院课试论文对培根思想的评述来看,可以断定此文是书院学员(也是当时更多的渴求西学新知的中国知识分子)了解培根的一个重要的知识来源,因而是值得重视的。

三、笔者在"谁是我国近代介绍西方哲学的第一人"一文中曾提出颜永京译斯宾塞著《肄业要览》一书,当时笔者仅见到在《格致汇编》1881年冬季刊第3册上摘要发表的该书部分章节,而未见全译本。目

---

① 《格致汇编》,光绪三年(1877年),第9期。
② 同上。
③ 同上书,第10期。

再谈王韬和格致书院对西方哲学的介绍

前查阅到该书的三个版本:1882年上海美华书馆本,1897年《质学丛书》本,1897年《西政丛书》本。《质学丛书》本是根据格致书室本重印的。格致书室本迄今未见,可能是该书在《格致汇编》摘要发表后即由格致书院的格致书室刊印发行的最早的版本。此书在清末民初流行甚广,梁启超在《西学书目表》(1896)中曾向读者推荐,谓其"有新理新法"。① 蔡元培早年读过此书,而且在他任嵊县二戴书院院长(1900年)时曾要学生"究心"阅读此书并以《书〈肆业要览〉后》为题作文写出心得体会。② "五四"新文化运动健将吴虞晚年时还读过此书。③

《肆业要览》英文原名为"What Knowledge Is of most Worth?"(《什么是最有价值的知识?》)是斯宾塞在《威斯敏斯特评论》1859年7月号上发表的一篇长篇论文,后来收入他的论文集《论教育》(*On Education*)(1861年出版),是当时在英国和欧美各国有广泛影响的一部关于教育的著作。

斯宾塞在《肆业要览》中主要是批评英国学校教育厚古薄今,注重诵习希腊罗马古典著作和本国"旧文",追求"浮华之学",而不致力研习关于国计民生("关系度命")的"实在之学"、"有用之学"。至于何者为"最有用之学",斯宾塞的回答是:"决唯格致学耳"。④ 又说:"独是格致学较他学为十倍要紧",⑤"格致学为国昌炽之本"。⑥ "格致学"在当时是英文 Science 一词的中译名,泛指西方近代各门自然科学。不过,斯宾塞这里所说的格致学,不仅包括算学(数学)、力学、格物学(物理学)、化学、天文学、地学、活物学(生物学),而且包括斯宾塞本人亦为创造者

---

① 梁启超:《西学书目表》(卷上),质学会重印本。
② 《蔡元培全集》(第1卷),杭州,浙江教育出版社,1997年,第256,258页。
③ 《吴虞日记》(1943年2月20日),成都,四川人民出版社,1989年。
④ 斯宾塞:《肆业要览》,颜永京译,上海,美华书馆,1882年,第52页。
⑤ 同上书,第53页。
⑥ 同上书,第18页。

的社会学,颜永京译作"民景学"(Sociology),这大概是社会学(这个译名是后来从日本引进的)在中国最早的译名。斯宾塞说所有这些种类的知识"皆为格致中之一类",并且对每门科学知识对人类生活的实用价值和重要意义都分别做了说明,我们在这里就不加引述了。

颜永京在译者序中说他译此书的目的是借以针砭中国学术、教育的弊端。在他看来,"我中土学问之弊,固有不类而类者,虽曰以之自镜,未必尽同,然于其剔弊诸法,亦足飨我无穷"。① 这里所谓"中土学问之弊"显然是指有清一代以八股取士的制度,使莘莘学子埋首经籍,拘守古训,唯以记诵词章、工于制艺为能事,无益于国计,无补于民生,当然皆非"实在之学"、"有用之学"。这些弊病与英国教育的弊病虽"未必尽同",但是,我们可以后者为鉴而发现自己之弊。而且更重要的是,我们可以斯宾塞提出的"剔弊"之法来救正中国的学术教育,那就是要大力提倡和发展科学和科学教育,以培养人们"崇实"的科学精神。

四、格致书院所属格致书室曾刊印发行一套格致"须知"的各门科学基本知识丛书约二十种,如《天文须知》、《地理须知》、《算法须知》、《力学须知》、《电气须知》等等[见《格致汇编》光绪十六年(1890年)冬季卷所载各门格致"须知"书目],这些书在1890年时均已出版,或许就是书院曾用作讲义或教本者,而且绝大多数都是关于自然科学方面的。但是,我们发现有一本名为《理学须知》的书,则是关于哲学方面的著作。此书为格致书院创办人傅兰雅所著,光绪二十四年(1898年)格致书室刊行,虽较以上诸书为晚出,但从其书名可知为格致书院的《须知》丛书之一种。

我们在前面已经说过,"理学"一词曾被用作哲学的译名,但是,《理学须知》之所谓理学却仅指逻辑学这一哲学分支,而非泛指哲学。傅兰

---

① 斯宾塞:《肄业要览》,颜永京译,上海,美华书馆,1882年,译者序。

雅说:"理学为格致之一门","此学中各法能为人先导",为人们"考究格致各门之学"提供一种正确进行推论以获得新知("一面能考察新理,一面能求得确据")的方法。① 从其内容看,此书乃是对英国哲学家约翰·穆勒(傅氏译为米勒)的名著《逻辑体系》(System of Logic)一书的虽极简略然而完整的概述。后来(1905年)严复将穆勒的这部著作翻译出版,即《穆勒名学》,惜其所译仅及原书之半,而非全书。

《理学须知》共分六章,基本上是按照穆勒《逻辑体系》的顺序结构分章介绍其内容的。如第一章"略论理学原意",即原书的"导论";第二章"略论名与实事",即原书第一卷"名字与命题"(共分八章),介绍了穆勒关于语言和逻辑的关系、名字和事物的关系及分类、命题("说")的分类及其主谓("题目"与"事功")结构以及定义("解说")等等的论述;第三章"略论求据之法",介绍原书第二卷"论推理"(共六章)前四章关于三段论推理的一般结构(由大小两"设说"即大小前提得"成据"即结论)及其各种格与式的论述;第四章"略论类推之法",包括原书第三卷"论归纳"(共二十五章)和第四卷"归纳的辅助活动"(共八章)论自然齐一性(傅氏译为"事物内事多匀净")为归纳推理("类推")之根据、论自然律("万物公例")、论归纳五法等等的内容;第五章"略论错误之处",即原书第五卷"论谬误",指出人们在进行判断和推论时可能犯的种种错误及其根源;第六章"格物致知之理",即原书第六卷"论精神科学的逻辑"(共十一章)的部分内容,主要介绍了穆勒关于科学分类("列法")的观点及其与孔德的分歧等。

傅兰雅在简述穆勒《逻辑体系》的同时,也介绍了西方哲学史上若干重要的哲学学说和哲学论争。例如,在第二章中提到希腊"著名格致家阿里士多得"(亚里士多德)"将能命名之物分为十类",即亚氏的十范

---

① 傅兰雅:《理学须知》,格致书室,1898年,第3页。

畴:"一体质(即实体)、二数目(应译数量)、三性情(应译性质)、四相关(即关系)、五行动(今译活动或动作)、六安静(此系误译,应为遭受或受动)、七方位(今译位置或状况)、八时候(何时)、九地方(何处)、十有无。"①早在明末,耶稣会士傅汎际译义、李之藻达辞的《名理探》一书中即有亚氏十范畴的译名,《名理探》译为"十伦":自立体、几何、互视、何似、施作、承受、体势、何居、暂久、得有。② 但傅兰雅的《理学须知》则是近代在我国对亚氏范畴论的最早的介绍。又如,作者在第六章中谈到当时(19世纪下半叶)哲学上的一大争论,即"近已有人"主张通过对人体的生理结构(包括五官、肌肉、头颅、脑髓等等)的研究就可以完全揭明人的心理活动、心理现象及其规律("人能从自体内考求心例","例"指法则、规律),因而"心灵学(心理学)可为活学(生物学与生理学)之一门"而不成其为一门独立的学科(孔德即持此看法)。穆勒反对这种观点,反对将心理的东西还原为或消解为生物学的生理学的东西,坚持"心灵学不列入活学之内",而应作为一个单独的科学领域加以"考求"。③ 关于穆勒与孔德在这个问题上的争论,详见穆勒《逻辑体系》第六卷第四章"论心的规律"第1-2节。

傅兰雅的《理学须知》(1898)对穆勒逻辑学和哲学思想的介绍,较之严复译《穆勒名学》(1905)要早七、八年,但是,也许是严译的名气和影响大大掩过了它,此后几不为人注意。笔者所见中外学者近期有关傅兰雅和格致书院的著述,如贝内特(A. A. Bennett)的《傅兰雅译著考略》(英文名:*The Introduction of Western Science and Technology into Nineteenth Century China*, 1967),王尔敏的《上海格致书院志略》(1981),顾长声的《从马礼逊到司徒雷登》(1985)中"傅兰雅"一章,其所

---

① 傅兰雅:《理学须知》,格致书室,1898年,第7页。
② 《名理探》,北京,三联书店,1959年,第214,331页。
③ 傅兰雅:《理学须知》,格致书室,1898年,第39页。

列傅兰雅著译书目中均不见有《理学须知》一书。日人坂出祥伸著《中国近代的思想与科学》(1982)第四章第六节"清末对西欧论理学(逻辑学)的吸收"用很大篇幅谈严复对穆勒逻辑学的翻译、理解及其影响,而对《理学须知》也未提及。对于这个缺漏,笔者以上所述算是"补遗"吧,或可为学者们提供一点有待研究的资料。

西学东渐话自由*

自由这个概念，非中国固有，而是近代由西方输入的"舶来品"。

在西方思想史上，自由这个概念，既是一个哲学的范畴，又是一个社会政治的范畴。作为哲学的范畴，自由是形而上学家和伦理学家长期争论不休的一大问题（如关于自由与必然的对立和统一问题，关于自由意志和决定论或定命论的问题）。作为社会政治的范畴，自由的概念实际是一个权利的概念。近代以来，西方思想家讲人权（Human Rights）和民权（Civil Rights），皆以自由为核心。他们宣扬天赋人权、人生而自由，以为反对封建专制统治（包括政治的和宗教的封建统治）的思想武器；他们提出公民在诸方面的自由权利为资产阶级民主政治及其法制的基本内容。

西方的这种自由概念是中国历史上所没有的。就此意义言自由，诚如梁启超所说："中国数千年来，无自由二字。"[①]但这并不是说，在我们先人的语言中原本就没有"自由"这个词。"自由"二字实则古已有之，是一个普通的用语，意即自己做主，不受约束或限制之意。严复曾谈到在中文中"自繇（同'由'）之义，始不过谓自主而无罣碍者"，"初义

---

* 原载《世界哲学》，2002年增刊。

① 梁启超："致南海夫子大人书"（1900年4月1日），载《梁启超年谱长编》，丁文江、赵丰田编，上海人民出版社版，1983年，第235页。

但云不为外物拘牵而已",并且引了柳宗元的诗为证:"破额山前碧玉流,骚人遥驻木兰舟,东风无限潇湘意,欲采蘋花不自由",严复说,此所谓自由,正是自主而无罣碍、无拘牵之意。① 这个词义的自由,我们随手亦可拾得若干例句,如"寸步东西岂自由,偷生乞死非情愿"(刘商《胡笳十八拍》);"三山虽好在,惜取自由身"(朱熹《即事有怀寄彦辅仲宗二兄》);又如冯梦龙《东周列国志》第一百回中鲁仲连拒受赵王(按应为齐王)封邑与赠金,说"与其富贵而诎于人,宁贫贱而得'自由'也"。但是,自由作为普通语言的语词,在中国历史上其意义从未被任何一个思想家所深入地思考和探究,从未升华和凝结为一个具有哲学意蕴或政治内涵的概念。严复也曾指出:"按政界自由之义,原为我国所不谈。即自唐虞三代至于今时,中国言治之书,浩如烟海,亦未闻有持民得自由即为治道之盛者。"②

西方的自由概念之输入中国,最早尚在鸦片战争前夕,但是中国学者(无论是维新派还是革命派)开始大力介绍和传播自由思想则是19世纪下半叶的事情,是在19世纪末和20世纪初"戊戌变法"前后资产阶级启蒙运动昂扬行进的时期。这是近代西学东渐进入社会政治层面的时期,如梁启超所说,此前人们"咸以为吾中国之所以见弱于西人者,惟是武备之未讲,船械之未精,制造之未习,格致之未娴,而于西人所以立国之本末……则瞠乎未始有见。故西文译华之书数百种,而言政者可屈指算也。"③1894年(甲午)对日一战惨败,打破了满清统治者不思变革、唯以师法西方列强船坚炮利之长以求富国强兵的梦想,在先进知识分子和卓有识见的士大夫中间变法维新的呼声日亟,于是而有对西方近代民主政治的思想和制度的愈来愈深入的介绍和愈来愈广泛的传

---

① 《群己权界论》"译凡例",商务印书馆,1933年,第1-3页。
② 《政治讲义》,《严复集》,第五册,中华书局,1986年,第127页。
③ 《西政丛书》"序",慎记书庄,1897年石印本,第2页。

播,于是而有中国近代史上著名的"百日维新"——戊戌变法之举,而变法的失败也未能遏止而是更激起了愈来愈高涨的要求进行政治改革乃至诉诸革命的思潮。正是在这种社会历史的政治的背景下,自由一词、自由之说,作为西方民主政治的基本要素和精髓,赫然书于报章,授之讲堂,腾诸众口,令封建统治者震惊不安,如严复在1903年所说:"十稔之间,吾国考西政者日益众,于是自繇之说常闻于士大夫,顾竺旧者既惊怖其言,目为洪水猛兽之邪说。"[①]满清统治者曾力图禁绝自由学说但是并未能阻断它的传播。

在作为中国现代史开端的"五四"新文化运动时期,自由是这场以"民主与科学"为旗帜的思想解放运动中一个最响亮的口号,思想自由和个性自由成为这场彻底的反封建斗争中发出的最强音。

马克思主义的传入,既为中国人民争取解放的革命斗争引上了新的途程,也给自由概念注入了新的内涵。回顾百多年来自由概念东渐的历史,似乎很有一些值得反思的东西。

一、自由概念最早的传入和最初的译名

据笔者查阅有关史料所见,最早将西方的自由概念传入中国的是一份名曰《东西洋考每月统记传》的报刊。这是中国境内最早用中文出版的近代期刊(英文名为 *Eastern Western Monthly Magazine*),创刊于道光癸巳年六月(1833年8月),刊行于广州,道光戊戌年(1838年)终刊。编者署名爱汉者,刊内文章作者皆不具名。道光戊戌年(1838年)三月号上有一篇文章,题为"自主之理",这是自由概念的最初的中文译名。文章介绍英(吉利)国君主立宪制"政体"下民主自由的"国政"及其

---

① 《群己权界论》"译者序",商务印书馆,1930年,第1页。

"缘由",说自由("自主之理")是英国立国的根基("英民说道:'我国基为自主之理'")。人是生而自由的:"我本生之时为自主,而不役人也。"但自由并非肆意妄为,"自主之理与纵情自用迥分别矣"。自由是在法治下的自由,"自主之理者,按例任意而行也",例即律例、法律,文章说英国"所设之律例千条万绪,皆以彰副宪体","自帝君至于庶人,各品必凛遵国之律例"。法律面前人人平等,"情不背理,律协乎情。上自国主公侯,下而士民凡庶,不论何人,犯之者一齐治罪,不论男女老幼,尊贵卑贱,从重治罪,稍不宽贷"。所以人们"必须循律办事,而不准恣肆焉",而且无论何人如果违犯法律,损人利己,会失去自己的自由("我若犯律例,就私利损众,必失自主之理矣")。文章说,君主如"擅作威福",剥夺人民的自由权利,"暴其民甚,则身弑国亡,不甚,则身危国削"。反之,人民享有自由的国家则能富强而"大兴":"但各国操自主之理,百姓勤务本业,百计经营,上不畏,下不仇,自主理之人倜傥事务,是以此样之国大兴,贸易运物甚盛,富庶丰亨,文风日旺,岂不美哉!"文章特别注重言论自由和信仰自由的权利,说:"欲守此自主之理,大开言路,任言无碍,各语其意,各著其志",人民对于"国政之法度可以议论慷慨",对于有过失的官员可以"明然谏责,致申训戒警"。在宗教信仰上,文章说,人们虽皆"崇上帝",但"各有各意见",因此"国民若操自主之理",就不能加以禁止,而应该"容诸凡各随所见焉",各人只要"按胸自问心意(信仰)真诚否",即使信异端教派也不应受到惩罚迫害("虽攻异端,然不从严究治其徒也")。文章最后总结道:"由是言之,各项自主之理,大益矣",就是说,使人民享有各方面的自由权利,是大为有益的事情,而且可以说"此是天下之正道,天下之定理矣"。①

《东西洋考每月统记传》论自主之理一文是在鸦片战争前(1838

---

① 以上所引均见《东西洋考每月统记传》,道光戊戌年(1838年)三号,第42—43页。

年)满清帝国的大门尚未被西方列强的炮舰打开的时候发表的。在当时闭关锁国、海禁未开的情况下,《统记传》能以赞扬的态度介绍西方(英国)资本主义民主自由的"国政",诚然是极为难能可贵的,但是,此刊印数极少,传布不广,罕为国人所知,而且在满清的封建统治远未发生动摇之际,它对西方民主政治的介绍没有也不可能引起多少反响。

二、傅兰雅《佐治刍言》中的自由概念

清末论及西方自由概念的文字始见于1885年出版的傅兰雅口译、应祖锡笔述的《佐治刍言》一书。傅兰雅是英国传教士,19世纪60年代初来华,曾任北京同文馆教习,江南制造局译员,是上海格致书院的创办者之一。傅兰雅曾与许多中国学者合作翻译西方科技书籍,并主编科学期刊《格致汇编》,向中国读者介绍西方自然科学和实用技术方面的知识,此外他也译有若干哲学社会科学方面的著作,如《理学须知》、《佐治刍言》、《富国须知》、《公法新论》等。《佐治刍言》为英国出版的"钱伯斯教育课程丛书"之一种,原名 Homely Words to Aid Goverance,全书主要介绍西方国家在政治、经济、法律和国际关系诸方面的原则,以作为治国之辅助。

《佐治刍言》在题为"论人生职分中应得应为之事"的第十章中讲天赋人以自由与平等的权利,而对自由仍如《东西洋考每月统记传》译以"自主"一词。作者说:"天既赋人以生命,又必赋人以材力,使其能求衣食以自保其生命",但是人"若不能自主做事",即没有行为的自由,"则材力仍归无用,大负上天笃生之意矣"。所以,作者说:"无论何国何类何色之人,各有身体,必各能自主,而不能稍让于人,苟其无作奸犯科之事,则虽朝廷官长亦不能夺其自主之本分",即天赋自由的权利是不能

让渡于人,也不能被政府剥夺的。具有自由权利的各人在法律上是完全平等的:"凡国内设立律法,欲令众人皆得益处,则必使国内之人上下一体,始能无弊。故婴儿、丐子之生命必与壮年高贵之人一样慎重。"作者还特别从资本主义的雇佣关系说明人和人的平等关系,雇主和雇工之间是作为"平等人与他人立一合同",即建立一种人格平等的契约关系。在这种关系下面,雇工"虽不得不帮人操作,然其身体仍归自己作主",即仍保持其人身和人格的自由。作者说,国家制定法律正是为了保障人们的自由权利:"是以国家所定律法、章程,俱准人人得以自主,惟不守法者始以刑罚束缚之。"①作者在第十一章"论律法并国内各种章程"专门介绍了英、法等国宪法皆以保护人民的自由为最重要的一条。例如,说"英国律法令各人皆能自主,国家必力加保护",说"法国常设律法,指明各人俱能自主,上下皆为一体,不得以上凌下等弊",又说"法国所立律法,内言百姓必令自主一条最为郑重"。②

《佐治刍言》一书在清末对渴望了解西方国家的政治国情的中国先进知识分子有一定的影响,例如,梁启超就颇推重此书,说"《佐治刍言》言立国之理及人所当为之事。凡国与国相处、人与人相处之道悉备焉。皆用几何公论,探本穷源,论政治最通之书"。③

三、黄遵宪从日人著作引进自由这个汉字译名

近代最早接触西方民主自由学说而且在其著作中最早使用"自由"这个译名的中国人是清末进步政治活动家、外交家和著名诗人黄遵宪。

---

① 《佐治刍言》,光绪乙酉(1885年),江南制造局刊印本,第二章,第九、十节。
② 同上书,第十一章,第九十一、九十二节。
③ 《西学书目表》,光绪丙申(1896年)质学会刊印本,所附《读西学书法》第10页。

黄遵宪于光绪三年(1877年)冬出使日本,[①]任驻日使馆参赞五年有余(至1882年春)。其时正值明治维新后日本国内兴起自由民权运动,有关自由民权的译著和论著大量涌现。法国启蒙思想家孟德斯鸠和卢梭的名著《万法精理》(即《论法的精神》)和《民约论》(即《社会契约论》)以及英国哲学家穆勒的《自由之理》(即《论自由》)等陆续被翻译出版,《民约论》在短短几年内甚至有三个译本出现。而且日本各地要求实行立宪,召开国会,伸张民权的呼声甚为高涨。黄遵宪正是在日本思想界的这种热烈气氛和民运勃起的政治形势下开始接触和了解西方资本主义的民主政治和自由观念。他在使日期间学习了日文,通过研读日本史书及与日本知识界交往,广泛搜集有关资料,写作《日本国志》一书,[②]对明治维新后日本在政治、经济、文化乃至生活方式各方面接受西方资本主义国家的影响、革故取新而发生的变化,做了相当翔实、信而有征的记述。书中多处谈到西学的输入和自由民权学说的传播,例如,在《学术志》中说:"……西学有蒸蒸日上之势,西学既盛,服习其教者渐多,渐染其说者益众。"黄遵宪特别提到天赋自由和权利平等的学说,即:"论义理则谓人受天地之命,以生各有自由自主之道,论权利则谓君臣父子男女各同其权。"黄遵宪在书中对这种学说并未首肯,而是持怀疑和批评的态度,例如他说,这种学说已经成为"浅学"的民众反对封建伦理纲常的武器:"浅学者流,张而恣之,甚有以纲常为束缚,以道德为狭隘者,异论蜂起,倡一和百,其势浸淫而未已。"又说:"天下之不

---

① 黄遵宪出使日本的时间,他本人的说法不一致,在《日本国志·自叙》中所记时间为"丙子之秋",当为1876年,但在《日本杂事诗·自序》中则云:"余于丁丑之冬,奉使随槎",那就是1877年了。我们采用后一说法。

② 光绪八年(1882年)春黄遵宪由驻日参赞调任驻美旧金山总领事,行前赋诗《留别日本诸君子》,有云:"草完明治维新史",即指《日本国志》一书,但此书在他驻日任内并未写完,而是到旧金山后几年才完成,于1887年竣稿,此书在19世纪90年代初开始在倾向维新的中国士大夫中间流传,但直至1997年才正式出版。

能无尊卑、无亲疏、无上下,天理之当然,人情之极则也",主张"君民同权、父子同权"的"尚同之说"是"必欲强不可同不可兼者兼而同之,是启争召乱之道耳"。① 在《国统志》中也说:"近日民心渐染西法,竟有倡民权自由之说者。"明治初年日皇曾下诏有"万机决于公论"的许诺,黄遵宪说,"百姓"竟"执此说(即根据自由民权学说)以要君,遂联名上书,环阙陈诉,请开国会而伸民权",要求实行立宪政治,黄遵宪对于具有群众规模的这种政治运动似乎深感忧虑,他担心日本这个有两千多年历史的"君主之国""自今以往或变而为共主(指所谓君民共主的立宪政体),或竟变为民主,时会所迫,莫知其然,虽有智者,非敢议矣"。② 不过,据黄遵宪自己所说,他在驻日后期对西方的政治制度和卢梭、孟德斯鸠的学说一度颇为向往和钦慕:"当明治十三四年(1880-1881年),初见卢骚、孟德斯鸠之书,辄心醉其说,谓太平世必在民主国无疑也。"③黄遵宪对西方民主政治的热情为时不久,后来完全倾向君主立宪,"守渐进主义",主张改良而反对通过革命建立民主共和政体。

顺便指出,黄遵宪从日人那里引进的西方自由概念(Liberty,Freedom)的汉字译名,即"自由"一词,其始创者为明治启蒙思想家福泽谕吉。福泽在庆应二年(1886年)出版的《西洋事情》(初编)中对"フリートム"(Freedom)和"リベルチ"(Liberty)曾使用两个译名:"自主任意"和"自由",但主要使用"自由"一词。例如,在介绍欧洲政治学家关于"文明政治"的"六条要诀"的第一条中说:"自主任意(即自由的)国法对人的束缚宽大,使各人自行其所好,'士农工商'上下贵贱,各得其

---

① 《日本国志》卷三十二《学术志(一)》,光绪二十四年(1898年),上海图书集成印书局刊印本。
② 《日本国志》卷一《国统志》(一)。
③ 《黄遵宪致梁启超书》,第23号,载《中国哲学》,第8辑,三联书店,1982年。

所,毫不妨碍他人的自由。"① 又在介绍美国历史时附有 1776 年"亚米利加十三州独立檄文"(即美国独立宣言)的译文,其中"Life, Liberty and Pursuit of Happiness"三项天赋予人的不可剥夺的权利("通义"),福泽译为:"保存人自己的生命、自由和对幸福的祈求。"② 后来福泽在明治二年(1869 年)出版的《西洋事情》(二编)中摘要翻译 18 世纪英国法学家布莱克斯通《英国法注解》第一卷"论人权"(福泽译为"人间之通义")第一章"论个人的绝对权利"(译为"人生无系之通义"),其中凡论及 Liberty 之处皆译作"自由"而且对此译名特别做了说明,他认为汉字译名如自主、自专、自得、自若、自主宰、任意、宽容、从容等字都不足以充分表达"原语的意义",而"自由"才是对原语"リベルチ"(Liberty)的"妥当的译字"。③ 福泽采用的"自由"这个译名很快就为日本学术界广泛接受,在明治初年已成定译。例如,中村敬宇译的穆勒的《自由之理》(*On Liberty*,明治四年)、小幡笃次郎译托克维尔的《上木自由论》(*Democracy in America* 一书的第十一章,明治六年)、何礼之从英文本转译孟德斯鸠的《万法精理》(*The Spirit of Law*,明治八年)、服部德译卢梭的《民约论》(*Le Contract Social*,明治十年)、中江兆民节译并注解卢梭《民约论》的《民约译解》(明治十五年)、原田潜译卢梭的《民约论》题为《民约论覆义》(明治十六年)诸书中都采用了"自由"这个译名。清末我国最早出现的孟德斯鸠、卢梭、穆勒上述名著的中译本都是从这些日文本转译的,加之留日、旅日的中国学人借助日人著作大力介绍西方自由民权思想,遂使"自由"一词在我国广为流行。

---

① 《西洋事情》(初编),《福泽全集》,第一卷,时事新报社编,大正十五年(1925),第 304 页。
② 同上书,第 344 页。
③ 《西洋事情》(二编),《福泽全集》,第一卷,第 540 页。

四、严复论自由

虽然黄遵宪最先从日人汉字译名引进"自由"一词,对自由概念略有介绍,虽然清末关于自由的概念和学说主要是通过日本学术界这条渠道输入我国和传播开来的,但是最早在报刊上公开发表文章论及自由者则是严复。严复留学英国,对西方思想文化有直接而深切的了解,曾移译西方名著多种,其著、译作品中所用"自由"一词当是严氏自译,与日人译名不期而合。严复在1895年发表于《直报》上鼓吹变法自强的"论世变之亟"、"原强"等政论中论述西方代议制的民主政治,谓其"命脉"在"屈私以为公",①政府实为人民自订契约的产物,立法"是民各奉其所自主之约,而非率上之制也",宰相以下的官吏"皆由一国所推择",是"民之所设以厘百工"(治理各个方面的事务)而不是供人"尊奉仰戴"的统治者。这种政府是"以公治众",以公治众则"贵自由"。② 自由是西方民主政治的根本精神,民主政治是自由的真实体现,用严复的话说:"盖彼以自由为体,以民主为用。"③自由是天赋的不可剥夺的权利,"彼西人之言曰:唯天生民,各具赋畀,得自由者乃为全受",获有自由权利的人才成其为完全的人。"故人人各得自由,国国各得自由,第务令毋相侵损而已。侵人自由者,斯为逆天理,贼人道。……故侵人自由,虽国君不能,而其刑禁章条,要皆为此设耳",④一切法律都是为保障人民的自由权利而制定的。不难看出,这里暗伏在严复思想深处的是18世纪启蒙运动中流行的社会契约论的政治观念,尤其是卢梭的自

---

① "论世变之亟",《严复集》,中华书局,1986年,第一册,第2页。
② "原强",《严复集》,第一册,第31页。
③ 同上书,第11页。
④ "论世变之亟",《严复集》,第一册,第3页。

由为天赋人权的学说,而且严复也明白意识到这种自由概念及其带来的种种结果是"与中国之理相抗",是与中国政治、伦理的封建宗法等级制度相对立的,例如,"中国最重三纲,而西人首明平等;……中国尊主,而西人隆民;中国贵一道而同风,而西人喜党居而州处;中国多忌讳,而西人众讥评"。①严复虽然委婉地说对于中国与西方的这种差异"吾实未敢遽分其优绌也",②但实则已是在以西方自由民主的观念去批评中国封建制度下不民主、不平等、专制一统而不许民众有"讥评"(言论)自由的政治现状了。

不过,严复的观点后来发生了很大的变化。他受19世纪英国功利主义者约翰·穆勒和进化论者赫胥黎的影响,批判和抛弃了卢梭的社会契约论和天赋自由说。他在1900年左右翻译了穆勒的《论自由》(严氏译为《群己权界论》),在该书中穆勒认为人类在原始野蛮状态中并无自由,在那时人们只能盲目地服从一个统治者,因而毋宁说专制倒是合理合法的;只有在人类文明发展到一定的地步,人们才可能根据功利的要求而获得这样和那样的自由权利,就是说天赋人权是没有的,只有基于功利的自由权利。严复还援引赫胥黎的话以初生婴儿无力自活为证驳斥人生而自由,他说:"往者卢梭《民约论》,其开卷第一语,即云斯民生而自由,此义大为后贤所抨击。赫胥黎氏谓初生之孩非母不活。无思想,无气力,口不能言,足不能行,其生理之微,不殊虫豸,苦乐死生,悉由外力,万物之至不自由者也。其驳之当矣!"③穆勒的《论自由》是讨论在像英国那样已经建立了资产阶级民主制度的国家中公民应当享有的各种自由权利(穆勒着重讨论了思想自由和言论自由)和社会或政府对公民权利可加以干预的性质和限度,就此而言,严复将此书书名题

---

① "论世变之亟",《严复集》,第一册,第3页。
② 同上书,第3页。
③ 《法意》,"按语第八八",《严复集》,第四册,第986页。

为《群己权界论》未始不可。严复说:"学者必明乎己与群之权界,而后自繇(由)之说乃可用耳",①"穆勒此书即为人分别何者必宜自繇,何者不可自繇也"。② 但是严复自己讲"权界"并不是要为"国群"(社会、国家、政府)与"小己"(个人)划一个权利的界限,并不是要论证人们必须有何种自由和不可有何种自由,而是要使"小己"屈从于"国群",为争"国群之自由"而牺牲"小己之自由"。他说:"西士计其民幸福,莫不以自由为唯一无二之宗旨。试读欧洲历史,观数百年百余年暴君之压制,贵族之侵凌,诚非力争自由不可。"但是中国的情况与此不同,"特观吾国今处之形,则小己之自由,尚非所急,而所以祛异族之侵横,求有立于天地之间,斯真刻不容缓之事,故所急者,乃国群自由,非小己自由也。求国群自由,非合通国之群策群力不可。欲合群策群力,又非人人爱国,人人于国家皆有一部分之义务不能"。③ 照此说来,我们中国人在国家危急存亡之秋,各个"小己"就只有爱国尽义务的份儿,而绝不可像近代西方人那样为争取民主自由进行反封建压迫、专制统治的斗争。不特此也,严复在1906年的《政治讲义》中更极力攻击作为西方民主政治的理论根据的社会契约论是"生心害政"之论,"言政治而主民约"是如"言天学而沦于星命,言化学而迷于黄白"一样的迷信。④ 严复甚至妄言"专制之权"与"众治之权"(民主政权)都是"由下及上",依靠民众的扶持而成立的,他说:"旧说谓专制之权,由上及下,众治之权,由下及上。吾所发明,乃谓专制之权,亦系由下而成,使不由下,不能成立",又说:"凡独治之权(独裁政治),未有不赖群扶而克立者",因此,独裁专制和民主政治的区别是没有意义的,"既知一国治权,必本诸下而后有,则

---

① 《群己权界论》,"译者序"。
② 同上书,"译凡例"。
③ 《法意》,"按语第一五八",《严复集》,第四册,第981页。
④ 《政治讲义》,《严复集》,第五册,第1249页。

向所举以为独治众治之区别者,不可用矣"。① 严复并且认为,"政府以专制为常,以众治为变",专制应当成为常规的正统的统治形式,民主政体不过是非常的变例,不足为法,而"凡有政府,则有约束,约束必以压力,无自由者"。② 所以,"自由与政府为反对",我既"受政府之管","则吾不得自由甚明",谁要求自由,要求"完全十足的自由",就是"无政府,即无国家",其结果"且不止君臣伦毁,将父子、夫妇一切之五伦莫不毁"。③ 这已经是在为维护封建的伦理纲常而批判自由了。

五、梁启超论自由

奋力倡言自由,使自由学说在中国广为传播,梁启超当居首功。梁氏在戊戌变法失败后逃往日本,旅日期间在其主办的《清议报》和《新民丛报》上发表了很多他本人及其同仁所写论述和宣传西方民权自由学说(包括孟德斯鸠、卢梭和穆勒的学说)的文章。梁启超一度非常热衷于卢梭的社会契约论思想,倾向民主共和。他认为,社会契约论的"本旨"、"真意"即在保持人的"自由权"。"民约云者,必人人自由,人人平等",结约建国,主权在民,政府乃"受民之委托以施行其公意之一机关",唯有这种"民主之制"才是"合于真理"的政体,君主立宪制"尚不免与自由真义稍有所戾",所以"未得为真善美之政体"。④

梁启超及其同仁撰文多篇高唱天赋人权、人生而自由之说。梁启超说:"民受生于天,天赋之以能力,使之博硕丰大,以遂厥生,于是有民权焉",这种天赋之权是不可剥夺的,"君不能夺之臣,父不能夺之子,兄

---

① 《政治讲义》,《严复集》,第五册,第1311,1310页。
② 同上书,第1315页。
③ 《政治讲义》,《严复集》,第五册,第1287页。
④ "卢梭学案"(1901年),《清议报》,第九十八册,一百册。

不能夺之弟,夫不能夺之妇,是犹水之于鱼,养气之于鸟兽,土壤之于草木",不可须臾离的。① 欧榘甲说:"盖天之生人也,人人赋之以自由之权,独立之性,人人尽其自由之权,独立之性,而不相侵,斯谓能守其职。"②麦孟华说:"权乌乎始? 其殆始于天赋而保于人事乎? 天之生人也,与以脑气,即与以思想之权,与以口舌,即与以言论之权,与以聪明才力,即与以作为举动之权。之数权者,与生俱来,强不能夺之于弱,智不能攫之于愚,勤不能取之于惰,固所谓完全无缺之主权也。"③

梁启超引述卢梭的话说:"保持自由权,是人生一大责任也。凡号称为人,则不可不尽此责任。"若舍弃了自己的自由,就是放弃了自己做人的资格("若脱自由权而弃之,则是我弃我而不自有云尔"),就不成其为人了("是人而非人也")。④ 近代以来欧美的历史就是一部"争自由"的历史,争"政治上之自由",争"宗教上之自由",争"民族上之自由",争"生计(经济)上之自由","数百年来世界之大事,何一非以自由二字为之原动力者耶?"争自由就是摆脱各种的压迫和奴役,"自由者,奴隶之对待也",争自由就是从奴隶的地位和状态中解放出来。梁启超说,自由是"十八九两世纪中欧美诸国民所以立国之本原",也是"天下之公理,人生之要具,无往而不适用者也",因此他断言,"自由之义"同样"适用于今日之中国"。⑤ 欧榘甲更痛言中国已沦为"奴隶之国",中国人已沦为"奴隶之民",其所以至此,就是因为不能发扬其自由独立的精神,"岂其无故哉? 断绝自由之理然耳"。因此他认为:"今日者中国而欲存

---

① "民权篇"(1899年),《清议报》,第二十五册。
② "中国历代革命说略"(1899年),《清议报》,第三十一册。
③ "说权"(1900年),《清议报》,第四十四册。
④ "卢梭学案",《清议报》,第九十八册。这一段话见卢梭《社会契约论》第1卷第4章"论奴役",梁氏转述大致不错。
⑤ "新民说"第九节"论自由"(1902年),《新民丛报》,第七号。

也,则宜养其民独立之气,而养其民独立之气,则宜使之知自由之理。"①

梁启超之醉心于卢梭及其民权自由学说,引起其师康有为的不满和斥责。康氏致梁启超信,谓今日"但当言开民智,不当言兴民权",而"于自由之义"尤"深恶而痛绝之"。梁启超对康氏给他的许多批评表示"皆自省之,愿自改之",唯于自由问题"不服罪",在回信中极力加以辩护。他说自己"始终不欲弃此义(自由之义)",而且坚持认为"于天地之公理与中国之时势,皆非发明此义不为功也"。他特别申明,他之言自由者,乃"对于奴隶性而言之",是为了破除几千年来封建社会对人的奴役,因为"中国数千年之腐败,其祸极于今日,推其大原,皆必自奴隶性来,不除此性,中国万不能立于世界万国之间。而自由云者,正使人自知其本性,而不受箝制于他人。今日非施此药,万不能愈此病"。又说:"言自由者无他,不过使之得全其为人之资格而已。质而论之,即不受三纲之压制而已;不受古人之束缚而已。"这就更确然无疑地挑明了他所鼓吹的自由学说与三纲五常之类的封建宗法制度根本对立的性质。②

梁启超在其一系列论自由的作品中,不仅以极具锋芒的文字提出了争民权争自由的反封建要求,而且对自由概念的含义、与自由相关的若干关系以及诸种自由权利的内容做过比较细致的理论的分析和说明,也是对反自由论者的某些诘难的回答。这无论在清末的维新派还是革命派中都是仅见的。

有人或以为讲自由就是自行其是,任意妄为。这并非自由的真义。梁启超说:"自由之界说,有最重要之一语,曰人人自由,而以不侵人之

---

① "论中国当知自由之理"(1899年),《清议报》,第二十四册。
② "致南海夫子大人书"(1900年4月29日),《梁启超年谱长编》,上海人民出版社,1983年,第二册。

自由为界是矣。而省文言之,则人人自由四字,意义亦已具足。盖若有一人侵人之自由者,则必有一人之被侵者,是则不可谓之人人自由;以此言自由,乃真自由,毫无流弊。"① 对自由的这个界说涉及个人与他人、与群体的关系。梁启超说:"自由云者,团体之自由也,非个人之自由也。"只要个人的自由,不顾他人和群体的自由,是"野蛮人"的自由,其结果不仅使群体丧失自由而且也使个人丢掉自由,因为"使滥用其自由而侵他人之自由焉,而侵团体之自由焉,则其群固已不克自立,而将为他群之奴隶,夫复何自由之能几也";"人不能离团体而自生存,团体不保其自由,则将有他团焉自外而侵之压之夺之,则个人之自由更何有也"。② 不过,梁启超虽然强调个人不能脱离群体,无群体的自由就没有个人的自由,但并不像严复那样主张为"国群"的自由而舍弃"小己"的自由。例如,他很重视个人独立或个性自由的意义和价值,说:"吾以为不患中国不为独立之国,特患中国今无独立之民。故今日欲言独立,当先言个人之独立,乃能言全体之独立"。③

从个人与群体的关系,梁启超进而讨论了自由与法律、自由与服从的关系。自由不是无法无天,不服从任何法律的约制。关键是服从什么法律。他说:"真自由者必能服从。服从者何,服法律也。"这种法律是人民自己制定的,是"我所制定之以保护我自由而亦箝束我自由者也"。④ 他举英国为例说:"英人常自夸谓全国皆治人者,全国皆治于人者,盖公定法律而公守之,即自定法律而自守之也,实则仍受治于己而已。盖法律者,所以保护各人之自由,而不使互侵也。此自由之极则,

---

① "致南海夫子大人书"(1900年4月29日),《梁启超年谱长编》,第二册。
② "新民说"第九节"论自由",《新民丛报》,第七号、第八号。
③ "十种德性相反相成义"(1901年),《清议报》,第八十二册。
④ "新民说"第九节"论自由",《新民丛报》,第七号。

即法律之精意也。"①这也就是卢梭所说的："服从自己制定的法律才是自由。"②在这个意义上，正如梁启超所说："自由与服从二者相反而相成。"③

梁启超论自由涉及诸多方面，而其议论最多且最精彩者是关于思想自由、言论自由的问题。他很赞赏"英国大儒"穆勒《论自由》中对思想和言论自由的论述，说："言自由之学者，必以思想自由为第一义。"④并在许多地方反复申言："盖思想之自由，文明发达之根源也。"⑤"文明之所以进步，其原因不一端，而思想自由，其总因也。"⑥中国社会之所以停滞，思想文化之所以落后，根源就在于封建专制主义禁锢人的思想，压制思想自由。作为封建统治者的"帝王既私天下，则其所以保之者，莫亟于靖人心。事杂言庞，各是所是而非所非，此人所以滋动也。于是靖之术，莫若取学术思想而一之。故凡专制之世，必禁言论思想之自由。"秦皇之焚书坑儒，汉武之罢黜百家，造成了几千年来思想窒蔽、学术摧残的局面，"实中国学界之大不幸也"。⑦他在给康有为的信中也说没有思想言论自由是中国愚弱的主要病根："中国于教学之界则守一先生之言，不敢稍有异想；于政治之界则服一王之制，不敢稍有异言，此实为滋愚滋弱之最大病源。此病不去，百药无效。"所以"必以万钧之力，激励奋迅，决破罗网"，⑧摆脱封建专制的牢笼。梁启超也把这称之为"除心中之奴隶"，⑨在思想学术上就是要树立"一种自由独立不

---

① "致南海夫子大人书"，《梁启超年谱长编》，第二册。
② 卢梭：《社会契约论》，《十八世纪法国哲学》，商务印书馆，1963年，第175页。
③ "致南海夫子大人书"，《梁启超年谱长编》，第二册。
④ "康南海传"(1901年)，《清议报》，第一册。
⑤ "论支那宗教改革"(1899年)，《清议报》，第十九册。
⑥ "保教非所以尊孔论"(1902年)，《新民丛报》，第二号。
⑦ "中国古代思潮"，《饮冰室丛著第五种》，第67页。
⑧ "致南海夫子大人书"，《梁启超年谱长编》，第二册。
⑨ "新民说"第九节"论自由"，《新民丛报》，第八号。

傍门户、不拾唾余的气概"或"精神"。既不做"中国旧学之奴隶",也不做"西人新学之奴隶","我有耳目,我物我格,我有心思,我理我穷"。① 但是,这种自由独立的精神又是与一种博大兼容的精神结合在一起的,在学术上容许各派并存,互相论辩,"辩难愈多,真理愈明",若"滥用强权",压制论敌,排斥异端,那就是"思想自由言论自由之蟊贼"。② 这种入主出奴、唯我独尊的做法是逆乎历史潮流的。梁启超说:"今日深信思想勃兴之时代,终非可以人力阻止某种学派,不使输入我国。苟强阻止之,是又与于顽固之甚者也。况能成一家之言者,必自有其根抵条理。苟能理会其全体而不借口其一端,则不论何学派而皆有裨于群治。且天下之方术多矣,择而从焉,淘而弃焉,岂不在我。"③

梁启超关于民权自由的论说,今日读来犹觉其虎虎有生气,确是清末启蒙运动中极有光彩的篇章。惜乎梁启超后来"锐退如此其疾",竟由其一度"心醉"的民主共和的理想转而鼓吹"开明专制",反过来又攻击在民主共和制下"将不得幸福而得乱亡,将不得自由而得专制"。④ 于是为自由的呐喊在梁氏那里终归于寂灭了。

六、《民报》上革命派论自由

《民报》是孙中山领导的同盟会的机关报,于1905年在日本东京创刊。作为革命派的主要舆论阵地,《民报》上发表了大量宣传民主共和理想和鼓动革命斗争的文章,自由概念是这些政论的核心内容之一。

---

① "近世文明初祖二大家之学说"(1902年),《新民丛报》,第二号。
② "中国古代思潮",《饮冰室从著第五种》,第61页。
③ "加藤博士天则百话"(1902年),《新民丛报》,第二十一号。
④ "政治学大家伯伦知里之学说"(1903年),《新民丛报》,第三十八,三十九号合刊。

革命派的主要理论武器是卢梭的社会契约论及其主权在民的思想。马君武在该报第 2 号上发表"帝民说"一文,说"卢骚著《民约论》倡帝民之说","帝民"即 Sovereign-People,意即人民是元首,是君主,亦即主权在民。马君武认为,1789 年法国大革命的风潮,其源盖出于卢梭的帝民说,由此而"人人倡公众自由(popular freedom)之说,全欧效之,文明世界遂新始出现矣"。① 可以说法国大革命是高举着自由的旗帜开辟了一个新时代。汪精卫"民族的国民"一文中论人民作为国民,就法理而言,"于一方面为构成国家之分子,于他方面有自由独立之人格",有其不可剥夺的权利与应尽的义务,这是在民主共和制下在国法上明确规定了的。在专制国家则不然,在那里人民"无国法上之人格","自个人权利观之,专制必不认人民之自由,故国家对于个人只有权利而无义务,个人对于国家只有义务而无权利",由此看来,"专制国则其国民奴隶而已"。② 胡汉民在一篇评严复贩运斯宾塞国家有机体说的文章中也尖锐批判中国封建制度对个人自由或"小己自由"的压制。他说,中国"二千年来政界沉沉,更无进化,内力荼弱,至为他族陵逼者",主要原因之一就是"不知个人之有自由独立"。正因此故,人民只能如器械一样被人使用,如牛羊一样被人放牧,乃至任人诛杀宰割:"不知个人有自由独立,故饮食教诲惟所命之,其始如器械,惟工者之使用雕琢,其继亦如牛羊,惟牧者之指挥,而意志不能自由也。故以能尽服从奉事之职者为上治之民,反是则如韩愈所谓民不出粟以事其上则诛而已。"胡氏认为,社会愈发展,政府的权力愈缩小,个人或"小己"的自由应当愈发达,这是"文明进化之公例",可是按照国家有机体说,则"有机体生活趋高者,其部分独立之范围趋狭",因而作为国家有机体的部分或分子的个

---

① "帝民说"(1906 年),《民报》,第二号。
② "民族的国民"(1905,1906 年),《民报》,第一,二号。

人或"小己"的自由随着有机体的发达就会愈受限制,愈见缩小,这是"反乎文明进化之公例者"。①

当时许多民主革命家在诗文中都高声赞颂卢梭及其天赋自由之说。他们并不注重对这种学说做理论的论述和说明,而是以慷慨激昂的文字进行鼓动宣传,实际是把卢梭的名字写在他们的战旗上,以自由为战斗的号角,号召人们为推翻满清王朝的封建专制统治而斗争。邹容的《革命军》就是最好的例子。他大声疾呼:"请执卢梭诸大哲之宝幡,以招展于我神州土。"并凛然宣誓:"我同胞今日之革命,当共逐君临我之异种,杀尽专制我之君主,以复我天赋之人权,以立于性天智日之下,以与我同胞熙熙攘攘,游幸于平等自由城郭之中。"②

七、鲁迅论自由

鲁迅的自由观在清末反封建的启蒙运动中是独树一帜的。他比此前任何人(无论是维新派还是革命派)都更明确更尖锐地把自由作为个性解放的要求提出来了。

鲁迅认为,"中国在今,内密既发,四邻竞集而迫拶,情状自不能无所变迁。夫安弱守雌,笃于旧习,固无以争存于天下"。中国在强敌环伺,侵略压迫的危亡情势下,要守旧不思变革是不可能的,但是如何变?鲁迅既反对洋务派那样"竞言武事",欲学西方列强的坚甲利兵,"谓钩爪锯牙,为国家首事",也反对改良派的"制造商估立宪国会之说",即以发展工商业和成立议会实行君主立宪为救国之道的政治主张。鲁迅认为,这些都只看到了"现象之末",而未见"本原"。真正的"根柢在人",

---

① "迷侯严氏最近政见"(1906年),《民报》,第二号。
② 《革命军》,中华书局,1971年,第4、24页。

我们的国家要与西方列强"角逐",自立于世界各国之林,最重要的是培养人,"其首在立人,人立而后凡事举",至于立人之道,"乃必尊个性而张精神"。只有尊个性、发扬个性,才能产生有望"可为将来之柱石"的人才,因为只有具有坚强独立个性的人才可能成为肩负社会重任的人才:"惟有刚毅不挠,虽遇外物而弗为移,始足作社会桢干。"鲁迅相信,"个性张,沙聚之邦,由是转为人国,人国既建,乃始雄厉无前,屹然独见于天下","人既发扬踔厉矣,则邦国亦以兴起"。这种将个性解放作为争取民族独立、国家振兴的途径的思想,在当时无疑具有很大的进步意义。

鲁迅的尊个性即个性解放或个性自由的思想主要来自19世纪末德国哲学家尼采的超人哲学。鲁迅说,尼采是19世纪一派奇特异常("吊诡殊恒")的"重个人"或"个人主义"思潮之"至雄桀者"。这一思潮的代表人物此前尚有德国的斯契纳尔(施蒂纳)、勋宾霍尔(叔本华),丹麦的契开迦尔(克尔凯郭尔),挪威的伊勃生(易卜生)等人。他们强调"人必发挥自性";"凡一个人,其思想行为,必以己为中枢,亦以己为终极:即立我性为绝对之自由者也";"惟发挥个性,为至高之道德"。鲁迅说这一思潮表现了人类的一种觉醒,是人性达到了一种自我意识("尔时人性,入于自识"),认识了自我("趣于我执"),从而"渐悟人类尊严;既知自我,则顿识个性之价值"。鲁迅认为,这种重个人、尊个性的思潮并非这些思想家、著作家"独凭神思构架而然"的,而是作为对法国大革命以来所谓民主平等的政治制度和推重民众压抑个人的社会思潮的反动而兴起的。他说,自从18世纪英美和法国相继发生革命之后,西方社会"扫荡门第,平一尊卑,政治之权,主以百姓,平等自由之念,社会民主之思,弥浸于人心。流风至今,则凡社会政治经济上一切权利,义必悉公诸众人,而风俗习惯道德宗教趣味好尚言语及其他为作,俱欲去上下贤不肖之闲(界限),以大归乎无差别。同是者是,独是者非,以多数临天下而暴(损害)独特者,实十九世纪大潮之一派,且曼衍入今而未有既者也"。这个大潮的结果是造成"伧俗横行,浩不可御,风潮剥蚀,全体以沦于凡庸"。鲁迅认为,唯尼采之所谓超人,特立独行,倜傥不羁,能脱此"凡庸"而为"英哲"。

人们认为鲁迅之摄取尼采超人哲学,高喊"重个人,排众数"是对当时中国污浊的政治现实和周围庸俗者流的憎恶,是对因袭守旧的传统势力的抗争,因而是很激进的革命思想。这是不错的。但是有一种意见以为,鲁迅所谓"排众数"、否定"众治",甚至说"托言众治,压制乃尤烈于暴君",是对西方资产阶级议会民主的虚伪性的揭露和批判,因而鲁迅是一个激进的革命民主主义者。这个说法恐不符合鲁迅的本意。诚然,如上所说,鲁迅提倡个性解放,具有反封建的革命的意义,但是他把个人与群众完全对立起来,把群众一概视为"庸众"、"愚民"。他认为"是非不可公之于众,公之则果不诚;政事不可公之于众,公之则治不郅"。就是说,将是非诉之群众不可能判定真理,把政事交给群众不可能治理得极好。所以尼采对于"以愚民为本位,则恶之不殊蚊蝎",认为"治任多数(由众人当政),则社会元气,一旦可毁",所以"不若用庸众为牺牲,以冀一二天才之出世",这就是"超人","惟超人出,世乃太平"。尼采和鲁迅所批评的"众治"或"治任多数"确实指西方国家的民主政治,例如鲁迅说:"古之临民者,一独夫也;由今之道,且顿变为千万无赖之尤,民不堪命矣。"这显然是在骂资本主义国家议会和政府中的一大帮政客。但是他所谓"众治"不仅指此,而且指"社会民主",即当时一般称为社会民主主义(马克思主义派和修正主义派都包括在内)的国际共产主义运动。鲁迅在"文化偏至论"中几次提到"社会民主之倾向",批评它"夷隆实陷","使天下人人归于一致,荡无高卑",无视甚至会毁灭个性:"于个人特殊之性,视之蔑如,既不加之别分,且欲致之灭绝。"可见鲁迅对于任何民主,无论资产阶级的议会民主,还是社会主义者的社会民主,都是否定的。他之提倡个人自由、个性解放,具有反民主的倾向,是毋庸讳言的。在他看来,自由之为自由,就"在乎个人",任何加诸个人的"外力""无间出于寡人(个人独裁),或出于众庶(民主政治),皆专制也"。① 这种与民主主义相左的自由观在我国近代思想史上是很独特的。

八、封建统治者对自由思想的封禁

西方自由概念和学说广泛传播之际已是满清封建王朝风雨飘摇、气数殆尽的时候。封建统治者对之感到如此之震恐,必欲封杀禁绝、熄之灭之而后甘心。1904年张之洞等清廷主管教育的学部重臣在他们搞的一个《学务纲要》上严词责斥"中国今日之剽窃西学者"、"少年躁妄之徒""妄谈民权自由种种悖谬","变本加厉,流荡忘返",利用此"一二名词,依托附会,簧鼓天下之耳目,势不去人伦无君子不止"。《学务纲要》明令各地学堂"学生不准妄干国政",要守"本分",要谨遵孔子"君子思不出其位"的遗训,绝不可有思想和言论的自由,"空谈妄论","腾为谬说"。② 此前1902年公布的《京师大学堂章程》第三节已明确规定,从老师到学生,"有明倡异说、干犯国宪又与名教纲常显相违背者,查有实据,轻则斥退,重则究办"。③ 一些顽固守旧派主办的报纸也登载文章大肆攻击自由概念和学说,在他们眼中,自由与革命几乎是同义语,密不可分。例如,在上海出版的《益闻录》(即《汇报》)在1907年连续发表文章,有的作者慨叹京师及各省新办各级学堂"行之未久,利未见而

---

① 上引均见"文化偏至论"(1908年),《鲁迅全集》,人民文学出版,1973年。
② 《学务纲要》(1904年),《中国近代学制史料》,第二辑,上册,华东师范大学出版社,1987年,第86-87,88-89页。
③ 《京师大学堂章程》,载《新民丛报》,1902年,第十六号。

弊已潜滋",咒骂学生在国内"已不免躁妄轻狂,非法乱纪,姿意妄为",一旦"遣赴东瀛"留学,"则更倡为排满革命之谬说,自由平权之谰言,甚且暗结匪徒(指'逆犯孙文'及其'匪党'),密谋作乱"。① 有的作者说,兴办学堂后,"起烈烈之风潮","甚至革命之党,自由之说,亦大半出于学堂,而学堂将渐为天下所诟病",因此作者公然主张"变通学堂之制","废学堂变科举",恢复腐败的科举制度。② 更有一位作者撰文洋洋数千言,驳自由之说,胡说服从封建伦理纲常的"理法"才有"真自由","一家自由于理法,则父子老幼各得其序而一家安,一家之自由永保无虞矣;一国人自由于理法,则君臣上下各得其位,一国之自由永保无虞矣!"③

为了批驳自由概念和学说,张之洞们也从日本搬来了理论武器,即伊藤博文的《帝国宪法义解》。伊藤是日本明治维新的功臣、权倾一时的首相,他主持制定了日本帝国宪法,并写了《帝国宪法义解》一书,此书在清末有两个中译本,一为丁德威译,日本秀光社印;一为史绂译,金粟斋铅印本。帝国宪法规定日本天皇有至高无上之权,其权乃神授或天赋,伊藤在义解中就是大讲这个所谓"天赋国权"(亦即君权神授),同时否定启蒙思想家的天赋人权之说,而把臣民的权利说成是天皇或国家赋予的,是所谓"国赋人权",因而这些权利都是在国家规定的"法律范围内"的权利,能尽法律之义务,才能享有这些权利或自由。张之洞们特别欣赏伊藤所谓法律中之自由,用以批驳"今日捡人乱党"关于自由的"谬说",他们说:"夫既守法律范围,则所谓自由者,不过使安分守法之人得享应有之乐利而已,岂任性妄为之谓乎?"④但这不过是要人

---

① "正学篇",《益闻录》,第十二号(1907年2月17日)。
② "中国今日当变通学堂之制议",《益闻录》,第七十一号(1907年9月17日)。
③ "服从理法为真自由说",《益闻录》,第八十八号(1907年11月17日)。
④ 《学务纲要》,《中国近代学制史料》,第二辑,上册,第87-88页。

们在国权强加于他们的法律之下俯首帖耳做安顺良民,怎谈得上真正的自由呢?这样的批驳又如何能动摇、驱除人们对自由的信念和追求呢?

自由概念和学说大概是西方传来的使封建统治者最为头痛而不惜大动干戈予以封禁和剿杀的"邪说"之一。然而,"青山遮不住,毕竟东流去"。自由概念以其顽强的思想的力量冲破了满清封建专制统治的禁锢和阻遏而一直奔流向前,满清王朝崩溃了,它继续奔流,直至汇入"五四"新文化运动"科学与民主"的伟大思潮。

九、自由概念在"五四"新文化运动中

"五四"新文化运动是一场伟大的新的启蒙运动,是在"科学与民主"旗帜下进行的一场思想解放运动。在这场运动中,"自由"是随处可见、随时可闻的一个最响亮的口号。

"五四"时代人们讲自由,主要内容有二,一曰"思想自由"或"思想解放",一曰"个性自由"或"个性解放"。前者是对封建专制主义的否定和批判,后者是对封建宗法等级制度的否定和批判。正是这些批判和否定使"五四"新文化运动获有了前所未有的彻底的反封建的品格。

"五四"时代,新文化运动的许多代表人物都著文、演说倡言思想解放,为思想自由论争。诚如胡适所说:"新文化运动的一件大事业就是思想的解放。我们当日批评孔孟,弹劾程朱,反对孔教,否认上帝,为的是要打倒一尊的门户,解放中国的思想,提倡怀疑的态度和批评的精神。"[①]蔡元培提出有名的"兼容并包,思想自由"的原则,主张"无论为

[①] 胡适:"新文化运动与国民党",《北大传统与近代中国》,中国人事出版社,1998年,第432。

何种学派,苟其言之成理,持之有故,尚不达自然淘汰之运命者,虽彼此相反,而悉听其自由发展"。① 他"素信学术上的派别是相对的,不是绝对的",②任何学派都不可自封为绝对真理,"一己之学说,不得束缚他人,而他人之学说,亦不束缚自己",应当在学术上"任吾人自由讨论"。③ 借助政治的或宗教的权力将某种思想、学说封为独一无二、不容置疑的绝对真理,将一切与之不同和相反的思想、学说皆斥为异端邪说而严加禁锢和诛灭,是中外古今一切专制统治的共同特征。蔡元培在许多地方对秦汉以来历朝历代直至袁世凯、北洋军阀压制思想自由的专制主义暴行做了充分的揭露和有力的批判。陈独秀也强调:"无论何种学派,均不能定于一尊,以阻碍思想文化之自由发展",他认为,"儒术孔道"缺点很多,尤其是其伦理纲常之说"与近世文明社会绝不相容","此不攻破,吾国之政治、法律、社会、道德,俱无由出黑暗而入光明"。④ 李大钊曾连续撰文抨击袁世凯和北洋政府破坏"约法",压制自由,"专横恣肆,禁异强同之气焰",义正词严地为思想自由论辩。他援引穆勒《论自由》的话说:"凡在思想言行之域,以众同而禁一异者,无所往而合于公理。"他认为,真正民主立宪之国,应有"尊重自由之风习","当存非以明是,不当执是以强非;当以反复之讨议求真理,不当以终极之判断用感情",只有在"群制杂陈,众说并进,殊体异态,调和映待之间"才可能得到"真正之理实"。⑤ 因此,他说:"人生第一要义,就是光明与真实。……思想自由与言论自由,都是为保障人生达于光明与真实的境界而设的。"而且他说,事实上思想是禁止不了的,"假使一种学

---

① "答林琴南的诘难",《蔡元培全集》,第3卷,浙江教育出版社,1997年,第576页。
② "我在北京大学的经历",《蔡元培选集》,下卷,浙江教育出版社,1993年,第1330页。
③ "在南开学校三学会联合讲演会上的演说词",《蔡元培全集》,第三卷,第92页。
④ 陈独秀致吴虞书,见《吴虞日记》1917年3月15日。
⑤ 李大钊:"议会之"言论,《北大传统与近代中国》,第129-130页。

说确与情理相合,我们硬要禁他,不许公然传布,那是绝对无效。因为他的原素仍然在情理之中,情理不灭,这种学说也终不灭。假使一种学说确与情理相背,我以为不可禁止,不必禁止,因为大背情理的学说正应该让大家知道,大家才不去信。若是把他隐蔽起来,很有容易被人误信的危险"。① 李大钊在这里从正反利弊两个方面阐明了维护思想自由权利的道理,可谓颇具卓见和胆识,今日重读,对我们也不无教益。

关于个性自由或个性解放,陈独秀在1915年《青年杂志》创刊号上的发刊词"敬告青年"中就发出了警世醒俗的呼声。他说:"等一人也,各有自主之权,绝无奴隶他人之权利,亦绝无以奴自处之义务。……解放云者,脱离夫奴隶之羁绊,以完其自主自由之人格之谓也。……盖自认为独立自主之人格以上,一切操行,一切权利,一切信仰,唯有听命各自固有之智能,断无盲从隶属他人之理。"② 陈独秀之提出个性解放,较之前人(例如鲁迅)大进一步,他已不是仅仅把个性自由作为一种发乎人性的伦理的或政治的要求,而是深入地揭示了其社会的根源。他说,中国几千年来停滞于封建宗法社会,"宗法社会,以家族为本位,而个人无权利,一家之人,听命家长。……宗法社会尊家长,重阶级,故教孝;宗法社会之政治,郊庙典礼,国之大经,国家组织,一如家族,尊元首,重阶级,故教忠。忠孝者,宗法社会封建时代之道德,半开化东洋民族一贯之精神也"。宗法制度造成的"恶果"就是:"一曰损坏个人独立自尊之人格;一曰窒碍个人意思(意志)之自由;一曰剥夺个人法律上平等之权利;一曰养成依赖性,戕贼个人之生产力(创造能力)。"陈独秀说,要改变这种状况,"是在以个人本位主义,易家族本位主义"。③ 也就是要把封建宗法社会改变成近代的西方那样的资本主义社会。在这里我们

---

① "危险思想与言论自由",《李大钊选集》,人民出版社,1959年,第216-217页。
② "敬告青年",《独秀文存》,安徽人民出版社,1996年,第4页。
③ "东西民族根本思想之差异",《独秀文存》,第28-29页。

就看到了"五四"时代的个性解放的口号何以具有彻底的反封建的性质。李大钊也指出,"中国二千年来社会的基础构造",是"中国的大家族制度,就是中国的农业经济组织","一切政治、法律、伦理、道德、学术、思想、风俗、习惯"都是建立在这上面的。因此,"中国的社会是一群集团,个人的个性、权利、自由都束缚禁锢在家族之中,断不许他有表现的机会。所以从前的中国可以说是没有国家、没有个人,只有家族的社会"。李大钊说:"社会上种种解放的运动是打破大家族制度的运动",是打破封建宗法制度的君权、父权、夫权专制的运动。① 个性解放可以说是这场反封建的解放运动中的最强音。

十、马克思主义论自由和我们的反思

"五四"新文化运动是西学东渐的又一个高潮,现代西方的许多新的思想流派,新的主义、学说如潮水般涌来。当时最有影响的是亲自来华讲学的杜威和罗素的哲学和社会政治学说。马克思主义也是这一时期作为一个西方的思想派别传入中国的,但是,很快就以其强大的真理的力量在与其他派别的论争中跃为"五四"新文化运动和整个中国现代文化革命的主流。

在"五四"时期,马克思主义者和杜威、罗素等人在社会政治观点上的分歧已有明显的表现。例如,杜威和罗素对中国的新文化运动、对中国知识分子争取思想自由和个性解放的要求是同情支持的,他们在讲学中对此都有很多的论述,例如,杜威说:"知识思想的自由,是民治(民主)主义所不可少的",是"独裁政治所怕的。人类文明的进步,全赖思

---

① "由经济上解释中国近代思想变动的原因",《李大钊选集》,第 296,300-301 页。

想的自由交通"。① 罗素在一篇被译成中文的文章中纵论"自由原理"，鼓励人们"要拿起思想征服世界，现在就须甘心不再依傍"这个世界，决不可"舒舒服服默认甘从"，而要有思想的独立和自由，要建立一种"无损于个性的群合生活"，即符合于个性之"完整一贯"的发展的社会。② 但是他们都公开批评马克思主义，杜威反对马克思主义对社会问题求"根本解决"即诉诸革命，鼓吹"随时随地去找出具体的方法来应付具体的问题"，他的弟子胡适则提出"多研究些问题，少谈些主义"，宣扬一点一滴的改良。罗素在中国大讲其基尔特社会主义，攻击无产阶级专政妨碍人的自由。对于这些批评，马克思主义者做了回答。例如李大钊写了"再论问题与主义"一文驳复胡适；毛泽东在致新民学会会友的信中反驳罗素，他说："罗素在长沙演说主张共产主义，但反对劳农专政，谓宜用教育的方法使有产阶级觉悟，可不致要妨碍自由，兴起战争，革命流血。……我对于罗素的主张，有两句评语，就是'理论上说得通，事实上做不到'。"③

"五四"时期马克思主义者和杜威、胡适及罗素的分歧，从政治观点来说，就是马克思主义和自由主义的分歧，这个分歧在"五四"以后，在全部现代史即新民主主义革命时期是始终存在的。自由主义者害怕革命，害怕无产阶级专政，因为他们认为革命、专政会妨碍自由。那么马克思主义者究竟是怎样讲自由的呢？

马克思主义的输入，为中国人民带来了一种崭新的自由概念。这种新的自由概念就蕴含在马克思主义者的伟大的共产主义理想之中。马克思主义者认为，只有在未来的共产主义社会中彻底消灭了

---

① 《社会哲学与政治哲学》，《晨报丛书》本，1920年，第120页。
② "我们所能作的"（张申府译），《每周评论》，1919年，第17,18,20,28,29,32,36号。
③ "致蔡和森并在法诸会友"，《新民学会会员通讯集》，第3集。

一切阶级,消灭了一切人剥削人的经济制度,才可能实现人类的完全的解放,获得真正的自由。李大钊说:"经济上的自由,才是真正的自由。"①因为在共产主义的经济制度下,才不复有人对人的"统治与服属的关系","那时事物的管理,代替了人身的统治",原来用以"统治人身"的"政治机关"转化为"只是为全体人民、属于全体人民而由全体人民执行的事务管理的工具"。②李大钊认为,只有在这样的"世界大同"的社会中,"才有自由平等的个人",才能使人的个性得到充分的自由;一切个性"都有他的自由的领域",人和人之间则是一种"自由联合的关系",可以说,"一方面是个性解放,一方面是大同团结",二者相反相成,都是共产主义社会"新生活上新秩序上所不可少的"。③马克思和恩格斯早在《共产党宣言》中就告诉人们,共产党人的理想社会是"这样一个联合体,在那时,每个人的自由发展是一切人的自由发展的条件"。④李大钊在这里对马克思和恩格斯的这个思想做了极好的忠实的阐述。

共产党人就是为实现这个伟大崇高的共产主义理想而斗争。但是,马克思主义认为,这个理想的实现不能通过和平的方式,而必须通过阶级斗争、通过无产阶级革命和无产阶级专政。中国共产党人从一开始就接受和坚持了马克思主义关于革命和专政的这一根本的学说。陈独秀说,无产阶级专政的制度"乃是由完成阶级战争、消灭有产阶级做到废除一切阶级所必经的道路"。⑤因而,人们首先会问:在作为向共产主义过渡时期的国家制度的无产阶级专政下面,如何看待民主自

---

① 《李大钊选集》,第 478 页。
② 同上书,第 426-427 页。
③ 《李大钊选集》,第 416-417,427 页。
④ 《马克思恩格斯选集》,第 1 卷,人民出版社,1966 年,第 260 页。
⑤ "社会主义批评"(1921),《新青年》,第 9 卷,第 3 号。

由的问题？在"五四"运动时期,中国的马克思主义者主要是依据列宁在领导俄国十月革命和建立无产阶级专政的实践过程中有关国家与革命、专政与民主的论述来思考这个问题的。例如,李大钊在其论著中曾反复引述列宁关于在无产阶级专政时期建立无产阶级民主("无产阶级的平民主义"、"无产阶级的平民政治")、无产阶级民主才是真正的民主("真实的平民政治,纯正的平民政治")的思想。① 列宁的这些思想确实是极端重要的。根据马克思主义的国家学说,列宁强调无产阶级专政的职能和使命是镇压资产阶级和一切剥削者,镇压一切阶级敌人,但是,他又曾指出:"无产阶级专政的实质不仅在于暴力,而且主要不在于暴力。"② 又说:"专政固然非有暴力不可,但它不只是暴力,而且是比先前的组织更高级的劳动组织。"③列宁在为俄共(布)起草的党纲草案和一系列文章、讲演中都指出无产阶级专政除了镇压剥削者外,其"基本任务"还包括在经济方面组织社会主义生产、产品分配和流通以及人民生活("组织工作是苏维埃的主要的、根本的和基本的任务"④),在政治方面使广大劳动人民实际参加国家的管理,建立"更高类型的民主制","走向真正的自由"。⑤ 但是列宁在十月革命后几年就去世了,他没有来得及充分而深入地探讨并着手建立一整套在无产阶级专政条件下足以保证无产阶级和广大劳动人民享有各种民主自由权利的制度、法律、机构等等。而且当时俄国的苏维埃政权处境险恶,外受国际帝国主义的包围干涉,内有白匪和各种反动势力的叛乱、破坏,列宁不能不把注

---

① "平民政治工人政治"(1922),《新青年》,第9卷,第6号;"平民主义"(1923),《李大钊选集》,第426页。
② "向匈牙利工人致敬",《列宁选集》,第3卷,人民出版社,1972年,第二版,第857页。
③ "关于用自由平等口号欺骗人民",《列宁选集》,第3卷,第852页。
④ "在国民经济委员会第一次代表大会上的演说",《列宁选集》,第3卷,第570页。
⑤ 同上。

意力更多地或主要地放在无产阶级专政对剥削者和反动派进行暴力镇压的职能方面,往往片面地强调专政,而把民主自由作为资产阶级的口号加以鄙弃。例如在《俄共(布)党纲草案》中说:"在通过无产阶级专政而走向共产主义的道路上,共产党要抛弃民主口号"。[①] 又如列宁在1920年曾接见西班牙社会主义工人党代表团,代表团问列宁:"您认为称作无产阶级专政和过渡时期的现阶段将在何时以何种方式过渡到那个工会、出版和个人都享有完全自由的制度?"列宁说:"我们从来没有谈过自由,我们只说过无产阶级专政;我们把无产阶级专政当成遵循无产阶级利益的政权来实施,因为本来意义上的工人阶级即产业工人阶级在我国占少数,于是专政的实施就是为了这部分少数人的利益,这一专政将一直继续到其他的社会成分全部服从共产主义所要求的经济条件时为止。"所谓"其他的社会成分"指无产阶级之外的一切阶级、阶层,也包括农民。列宁说:"农民的心理同我们的制度是抵触的;他们的思维方式是小资产阶级的;……我们对农民说:要么你们服从我们,要么我们就认为你们是在宣布跟我们打一场国内战争,就认为你们是我们的敌人,这样一来我们就要以国内战争来回答。"[②]列宁有时似乎觉得民主法制的建立并非难事,只要依靠劳动群众的革命意识就可以了,他说:"单就法院来说吧。的确,这个任务比较容易,不需要建立新的机构,因为根据劳动阶级的革命法律意识来裁判是谁都会的。"[③]有时他甚至把无产阶级专政说成是超乎法制的仅凭暴力的政权:"专政是直接凭借暴力而不受任何法律约束的政权。无产阶级的革命专政是由无产

[①] 参阅"俄共党纲草案","第三国际及其在历史上的地位",《列宁选集》,第2卷,第742,810页。

[②] "西班牙社会主义工人党代表团同列宁的谈话"(1920年12月10日),《列宁全集补遗》,人民出版社,2001年,第464页。

[③] "关于党纲报告",《列宁选集》,第3卷,第788页。

阶级对资产阶级采用暴力手段来获得和维持的政权,是不受任何法律约束的政权。"①为了强调社会主义国家在经济和政治上都需要有高度的集中、最严格的纪律和统一的指挥和领导,列宁有时完全不提集体领导的必要性,而只讲"使成百上千人的意志服从于一个人的意志","无条件服从统一的意志","社会主义的民主制与实行个人独裁制之间,绝无任何原则上的矛盾"。② 这些说法没有从与民主和自由辩证统一的关系讲集中和纪律,显然是有片面性的,错误的,而且成为后来的苏联领导人例如斯大林所利用作为实行个人独裁、肆意破坏社会主义法制、践踏人民的自由民主权利的"理论根据",在国际共产主义运动史上留下了惨痛的教训。

马克思主义自由观的一个极其突出的特点和优点是对自由以及与之相联系的平等、民主这样一些社会政治概念进行阶级的分析,反对像资产阶级思想家和政治家那样掩盖这些概念的阶级实质而侈谈"一般的"、"纯粹的"自由、平等、民主等等。马克思和恩格斯曾深刻地阐明了自由、平等的概念在近代是随着资本主义的商品关系而产生的,资本主义"要求有自由的、在行动上不受限制的商品所有者"及其"进行交换"的"平等的权利",③这是近代自由、平等概念的社会阶级的经济的根源,它们反映了新兴资产者摆脱封建桎梏、等级压迫的要求,这种要求通过资产阶级革命以人权和民权的法的形式固定下来,成为资产阶级民主制的核心内容。正如列宁所说:"我们清楚地知道,全世界的资本担负过创造自由的任务,它推翻了封建的奴隶制,创造了资产阶级的自由,我们清楚地知道,这是一个有世界历史意义的进步。"④但是,列宁

---

① 《无产阶级革命和叛徒考茨基》,《列宁选集》,第3卷,第623页。
② "苏维埃政权的当前任务",《列宁选集》,第3卷,第520—521页。
③ 参阅《反杜林论》,人民出版社,1970年,第102页。
④ "关于用自由平等口号欺骗人民",《列宁选集》,第3卷,第833页。

接着就着重指出,资本主义制度下的自由"是写在把私有制法定下来的宪法上的。问题的实质就在这里。"所以尽管资产阶级社会的自由"比起封建制度、中世纪制度、农奴制度来,当然是一个进步",但是这种自由是为了维护而丝毫不能触动资本主义的私有制的,"而我们认为,任何自由,如果它不服从于劳动摆脱资本压迫的利益,那就是骗人的东西"。① 在列宁看来,对于整个资产阶级民主制都可以下此评断,他说:"资产阶级民主同中世纪制度比较起来,在历史上是一个大进步,但始终是而且在资本主义制度下不能不是狭隘的、残缺不全的、虚伪的、骗人的民主。"② 上世纪20年代初,中国共产党人李大钊也曾根据列宁对资产阶级民主的批判指出"中产阶级的平民政治"(资产阶级民主)"不是真正的平民政治"(真正的民主),③"现代欧美号称自由的国家,依然没有达到真正的'平民主义'(民主)的地步","因为'平民主义'(民主)的名词,已为资本主义的时代用烂了,已为卑鄙的使用玷污了",所以"共产主义的政治学者"、"工人政治派"不再说"平民主义"(民主),"避用'平民主义'(民主)一语"。④

在资本主义制度下,自由、平等、民主等等是不是仅仅对于资产阶级具有真实的意义,对于无产阶级和劳动人民仅仅是欺骗?诚然,如上面所指出的,自由、平等、民主的观念是近代资本主义商品关系的产物和反映,它反映了新兴资产阶级反封建的要求,但是商品经济不仅要使资产阶级脱离封建统治和束缚,而且也要把农民从人身依附关系下、把工人从行会束缚中解放出来,所以恩格斯说:"这一要求(平等要求)是为了工业和商业的利益提出的,可是也必须为广大农民要求同样的平

---

① "关于用自由平等口号欺骗人民",《列宁选集》,第3卷,第834页。
② 《无产阶级革命和叛徒考茨基》,《列宁选集》,第3卷,第630页。
③ 《李大钊选集》,第397页。
④ 同上书,第426-427页。

等权利。"①在社会发展过程中,在一定的生产方式、生产关系的基础上才可能形成、产生、发展出来的东西,不必仅仅具有某一特殊阶级的意义,它可以是对各个阶级、对全社会具有普遍意义的东西。况且近代自由、平等的要求固然是资本主义关系的产物,但是它又是千百年来(从奴隶制、封建制社会以来)人类一直在为之斗争、为之奋力以求的东西。通过资产阶级革命赢得的人的自由、平等的权利,在资本主义条件下确乎带有资产阶级的局限性,但是对于广大人民来说,它们毕竟也具有真实的意义和价值。例如列宁说,一切社会主义者都承认,"他们正是利用这种资产阶级社会的自由(这里指集会自由——引者)来教育无产阶级怎样打倒资本主义的压迫的"。②恩格斯在19世纪90年代谈到德国社会民主党"有成效地利用普选权"这一民主权利、为无产阶级提供"一件新的武器"时也说:"原来,在资产阶级借以组织其统治的国家机构中,也有许多东西是工人阶级可能利用来对这些机构本身作斗争的。"③如果没有"这种资产阶级社会的自由",如果在"资产阶级国家机构"内没有"工人可能利用"的"许多东西",社会主义者和工人阶级又怎能利用呢?可见在实行民主制度的资产阶级国家中这种自由对于社会主义者和无产阶级来说是真实存在的(至于他们在享受这种自由权利上还会受到这样那样的限制,则是另一个问题)。只要我们把还有自由民主的资本主义国家与昔日实行公开的恐怖专政的法西斯国家加以对照,就可清楚地看出自由民主对于人类的意义。

---

① 《反杜林论》,第103页。
② "关于用自由平等口号欺骗人民",《列宁选集》,第3卷,第834页。
③ "《法兰西阶级斗争》导言"、《马克思恩格斯全集》,第22卷,第603页。人民出版社,1965年。

西学东渐话自由

列宁说:"自由是一个伟大的字眼"[1],又说:"对于任何革命,无论是社会主义革命或是民主主义革命,自由都是一个非常重要的口号。"[2]回顾一下一百多年来自由概念在我国的输入和传播的历史,重新审视和反思一下我们对"自由"这个"伟大的字眼"和"非常重要的口号"的理解,无疑还会给我们以有益的启迪和教益。

---

[1] 《怎么办》,《列宁选集》,第1卷,第227页。
[2] "关于用自由平等口号欺骗人民",《列宁选集》,第3卷,第832页。

清末法国哲学东渐述略[*]

在我国近代之前,不曾有任何法国哲学家及其思想、著作被介绍进来。

远在十七、八世纪,明末清初之际,来华传教的耶稣会士已将中国儒家的若干经典和宋明理学的哲学思想翻译和介绍到欧洲,对欧洲文化而特别是法国的启蒙运动发生了巨大的影响。十七、八世纪欧洲近代哲学的许多重要人物,如法国的马尔伯朗士、贝尔、伏尔泰、孟德斯鸠、狄德罗,德国的莱布尼茨、沃尔夫等著名哲学家,无不在自己的著作中谈论中国,谈论中国文化和哲学。但是,他们对中国文化西传的反响一直没有被反馈给中国,而他们所代表的欧洲近代的新哲学在此后近二百年也从未输来其间。一个最直接的原因是,当时充当中西文化交流唯一使者的耶稣会士们,在欧洲本土恰恰与反封建统治、反天主教会的启蒙运动的新文化处于对立的地位,他们在文化上、在哲学思想上是保守的、落伍的,他们仍拳拳服膺中世纪天主教的正统经院哲学,因此,从明清之际来华耶稣会士所著译有关哲学的作品可以看到,他们向中国人传播的始终不出圣托马斯及其哲学先祖希腊亚里士多德哲学的樊篱,而于欧洲近代哲学(包括法国哲学)则绝不言及。

我们知道,明清间来华的耶稣会士主要来自意大利、法兰西、葡萄牙、西班牙等天主教国家,他们对意大利文艺复兴和之后欧洲各国的启

---

[*] 原载《外国哲学》,第十五辑,商务印书馆,2003年。

蒙运动无疑是知道的,我们从上海天主教徐家汇藏书楼等处所藏书目中就可发现,清代天主教传教士也曾带来少量欧洲近代哲学家的著作,皆系十七、八世纪刊印的版本,如蒙田的《论说集》(*Essais de Montaigne*,1771年伦敦版),笛卡儿的《哲学原理》(*Principia Philosophiae*,包括《哲学原理》、《方法谈》、《灵魂的情感》、《第一哲学的沉思》并附对第五和第七沉思的反驳等著作,1672年阿姆斯特丹拉丁文版),马尔伯朗士的《关于形而上学、宗教和死的谈话》(*Entretiens sur la Metaphysique, sur la Religion, et sur la Mort*,1732年巴黎版),贝尔的《哲学辞典》(*The Dictionary Historical and Critical of Mr. Peter Bayle*,1735-1738年伦敦版英译本),《伏尔泰全集》(*Collection Complete des Oeuvres de Mr. de Voltaire*,1764-1768年日内瓦版),孔第亚克的《逻辑,或思维术之初步阐述》(*Logique, ou Les Premiers Developpemens de L'Art de Penser*,1788年巴黎版)等等。但是这些书长期尘封在书库中,直至我国近代都不曾有人开卷研读,遑论翻译与绍述。

法国哲学之真正输入中国,是到了清末才开始的。就输入的时间先后而言,略迟于英国哲学。十九世纪七十年代初王韬已撰文介绍英国哲学家培根("英人培根"),七十年代末《格致汇编》上连载"格致新法"一篇长文译介培根的《新工具》一书,八十年代初有颜永京译英国哲学家斯宾塞的《肄业要览》一书。对于法国哲学,则至十九世纪九十年代中叶出版的著作中始见有极简略的文字述及,而较详的介绍和原著的翻译则是二十世纪初年以后的事了。

一、关于笛卡儿

最早被介绍给中国人的法国哲学家是法国近代哲学的开山笛卡儿。第一位在著作中提到笛卡儿的学者是清末早期改良主义思想家王韬。王韬在咸、同间(十九世纪五、六十年代)"橐笔沪上"即在上海英人所办墨海书馆做编辑时著有《西学原始考》,这是一本简明讲述西方科学史的小书,其中讲到笛卡儿(译为代迦德)在数学上的贡献,说:"1637年法兰西代迦德合代数几何以发明直曲诸线之理。"[①](此指笛卡儿在1637年发表的《几何学》一书中用代数方程表示曲线,将代数和几何结合起来,从而创立了近代的坐标几何学,亦即解析几何学。)但是王韬对笛卡儿的哲学思想全未论及,而且《西学原始考》迟至光绪庚寅(1890)年始与王氏其他著、译诸书辑成《西学辑存六种》一函刊刻出版,所以其所述笛卡儿之名并未在其成书时即为国人所周知。

另一较早介绍笛卡儿者,是十九世纪下半叶来华、曾任总税务署司译的英人艾约瑟(Joseph Edkins)。艾氏在十九世纪八十年代初编有西学启蒙书一套,凡十六种。[②] 其中有其自撰的《西学略述》一种十卷,分卷讲述西方文史哲经教(宗教)及各门自然科学("格致")。其第五卷卷目为"理学",即哲学,对自古希腊直至当代的西方哲学有极粗略的介绍。关于近代哲学,艾氏即从笛卡儿讲起,名之曰"近法国之戴加德理学"。他说,笛卡儿(戴加德)"独自澄心静虑,默识潜摩,欲以推明此万物始有之原",但是,笛卡儿所推明的"此万物始有之原"究何所指,艾氏并未明言,不过他紧接着说笛卡儿"久久乃言诸行星绕日,皆如急流中之盘绞"。[③] 此指笛卡儿在《哲学原理》第三卷"论可见的世界"的第30节中所说:"诸行星位于其中的那种天体物质有如以太阳为中心的涡流不断旋转,"艾氏似乎以为笛卡儿就是以其关于天体作旋涡运动的这个

---

① 《西学原始考》,载于《西学辑存》(1890年本),第32页。
② 据艾约瑟在光绪乙酉(1885年冬)为《西学启蒙十六种》写的自序中说,他编辑此书"抵今五载,得脱稿,告成十有六帙",则其编书当始于1881年。但此书直至光绪丙申(1896)才在上海著易堂书局出版。
③ 《西学略述》,《西学启蒙》本,上海,著易堂书局,1896年刊印本,第33页。

宇宙论的假说来说明世界万物的本原("万物始有之原")的,这当然是一种误解。在笛卡儿那里,旋涡运动理论像他提出的其他一些自然哲学的理论一样,属于他的整个哲学体系的第二部分即"物理学",这是他的哲学体系这棵大树的"干",还不是它的"根"。笛卡儿哲学的"根"是他称之为"第一哲学"的形而上学,只有在形而上学中才探讨了事物之究竟至极的最高原理,即笛卡儿关于"我思故我在"的"第一原理",关于上帝存在的证明,关于灵魂与物体的二元论,关于天赋观念和理性直观的唯理论认识论等等,而关于这些,艾氏却无一语道及。

如上所见,王韬和艾约瑟谈笛卡儿,实际并未触及笛卡儿哲学的主旨要义,而且他们的著作虽撰成甚早,但都在十九世纪九十年代后才刊布问世(艾氏的《西学略述》更迟至1896年),所以对笛卡儿哲学思想的输入,他们都难居首倡之功。

真正对笛卡儿哲学思想有所介绍者,当以清末启蒙思想家、著名翻译家严复为最早。严复在许多地方——主要是在《天演论》、《穆勒名学》等译著的按语中——谈到笛卡儿(他用的译名有特嘉德、特嘉尔、特嘉尔德、迪迦尔等)。他首先是在1895年初版的《天演论》的按语中谈论笛卡儿的"尊疑之学"(即普遍怀疑)和"意自在故我自在"(即"我思故我在",严氏亦译为"意恒在故我恒在"、"意住我住")的学说。严复说:"法人特嘉尔者,生于一千五百九十六年……目睹世道晦盲,民智塞野,而束教囿习之士,动以古义相劫持,不察事理之真实。于是倡尊疑之学,著《道术新论》(即《方法谈》),以剽击旧教"[1],打破了亚里士多德和中世纪天主教会的传统思想("悉破前古教宗及亚里大德等沉痼主张之说"[2])。严复指出,笛卡儿从普遍怀疑出发而推知唯有"意"(即"我

---

[1] 《天演论·论九》,载《严复集》,第五册,中华书局,1986年,第1376页。
[2] 《天演论》手稿,载《严复集》,第五册,第145页。

思")是确实无疑的,"意"即是"我","意自在故我自在"(我思故我在)。他引述笛卡儿的话说:"吾生百观,随在皆妄,……果何事焉,必无可疑而可据为实乎? 原始要终,是实非幻者,惟意而已。……疑意为妄者,疑复是意,若曰无意,则亦无疑。故曰唯意无幻,无幻故常住。吾生终始,一意境耳。积意成我,意自在,故我自在。"①这里对笛卡儿关于普遍怀疑和"我思故我在"的论述的表达还是比较准确的。

不过,严复对笛卡儿哲学显然缺乏全面的了解,因而他总是把笛卡儿与中外一些主观唯心论者和不可知论者相比附,而将"我思故我在"解释为主张心外无物的主观唯心论,把笛卡儿的怀疑解释为一种不可知论。例如,他在《穆勒名学》(1905)的一则按语中将"特嘉尔所谓积意成我,意恒住故我恒住"与穆勒所谓"万物固皆意境"(查穆勒《逻辑体系》原文,此语是说"物体的一切属性都是基于我们的感觉或意识状态")相提并论,而且认为将他们二人的说法"合而思之,则知孟子所谓万物皆备于我一言,此为之的解"。② 在另一按语中,他还把笛卡儿的思想比之于《中庸》"不诚无物"的主观唯心论,说"及法兰西硕士特嘉尔出,乃标意不可妄,意住我住之旨,而《中庸》诚者物之终始,不诚无物之义,愈可见矣"。③ 严复不懂得,笛卡儿的"我思故我在"并不是一个独立自足的命题,而是其整个哲学体系的"第一原理",他正是以此为立足点进而推证上帝观念的实在性和上帝的存在,又以上帝之真实无妄为保证从而推证人所感知的世界万物的存在。所以笛卡儿绝不是一切唯我、我外无物的主观唯心论者。严复还将笛卡儿的思想与斯宾塞、赫胥黎等人的不可知论加以类比,说:"自特嘉尔倡尊疑之学,而结果于唯意非幻,于是一切可以对待论者(即一切相对的东西),无往非实,但人心

---

① 《天演论·论九》,《严复集》,第五册,第 1376-1377 页。
② 《穆勒名学》,商务印书馆,1931 年,甲部,第 64、50、53 页。
③ 同上。

有域,于无对者(即绝对的东西)不可思议已耳。此斯宾塞氏言学,所以发端于不可知、可知之分……"①,又说赫胥黎认为"本体必不可知。吾所知者,不逾意识,断断然矣。惟意可知,故惟意非幻。此特嘉尔积意成我之说,所由生也"。② 姑无论严氏对斯宾塞、赫胥黎观点的表述是否确切,他以为笛卡儿讲普遍怀疑,讲"我思故我在",就是以"我思"、我的意识为知识之极限,意识之外的东西,无论称为"无对者",还是名曰"本体",概不可知。这当然是对笛卡儿哲学的一个绝大的误解。严复若曾细读笛卡儿的《方法谈》(严译为《道术新论》),应当注意到他在那里特别申明自己并不是为怀疑而怀疑的怀疑派,而只是要通过怀疑为知识寻求确实无疑的根据:"我对每一件可以使我怀疑,可以使我不相信的事,都特别加以思考,同时把以前潜入我的心灵的一切错误都通统从我心中拔除干净。我这样做并不是模仿那些为怀疑而怀疑并且装作永远犹疑不决的怀疑派,因为正好相反,我的整个计划只是要为自己寻求确信的理由,把浮土和沙子排除,以便找出岩石或黏土来"③。在认识论上,笛卡儿的唯理论对人类的理性能力和认识世界的可能性做了非常乐观而充分的肯定,可以说恰恰是不可知论的对立物。

1898年曾任北京同文馆和京师大学堂总教席的美国人丁韪良(Martin William Alexander Parsons)出版了一本名为《性学举隅》的哲学书。书分上下两卷,上卷"论灵才",讲认识论,下卷"论心德",讲伦理学。上卷第十章"论以思索广实学",讲西方科学家("格物家")研究科学的方法("究察之法")时谈到笛卡儿(译为德嘉)。丁韪良说,研究科学的方法历来有两种:"举源而推流,执本而求末,一也;溯流达源,由末追本。二也。其一则顺流而下,其二则逆流而上"。前者即演绎法,后

---

① 《穆勒名学》,商务印书馆,1931年,甲部,第64、50、53页。
② 《天演论·论九》,载《严复集》,第五册,第1378页。
③ 《方法谈》,载《十六—十八世纪西欧各国哲学》,商务印书馆,1975年,第146页。

者即归纳法。这两种方法虽然"古人业已指明",但到近代才被用以"推广实学",在科学技术的发展上显现其明验大效。这两种方法在近代的"宗师"就是培根和笛卡儿:"推近代格物家之溯而上者(指归纳法),则以培根氏为宗。顺流而下者(指演绎法),则以德嘉氏为宗。"这两种方法虽各不同,但"皆本于因果之理","盖天地万物相系,事出并非无故,格致之学重在由事求故。"丁韪良说,培根的归纳法是"由果求因",笛卡儿主张演绎法,"则谓莫逾于以因求果之尤捷也"。丁氏承认,培根和笛卡儿的方法在推进近代科学的发展上都是有"功"的,但是他更推重培根的归纳法,说在西方近代以培根阐明的"格致之法"为"指南","如法物物格之,积少成多,而格致之学,因以大兴焉",所以他建议"中国欲兴实学",应"亦推培氏是从",以培氏"为宗"①。

值得一提的是当时执掌清政府内政外交大权的洋务派首领李鸿章曾为《性学举隅》一书作序,赞许培根的归纳法和笛卡儿的演绎法都是"实学"的重要方法。他说,在欧洲中世纪,经院学者("欧西各书院"之学者)架空构虚,不务实际,"惟肆力于冥漠虚无之际,而于实学毫无补焉",到了近代才有培根和笛卡儿起而匡正之,"至国初时(清朝初年,即十七世纪上半叶),英人培氏,法人德氏,相继而兴。培氏之求新理也,必沿流以讨源,德氏则先本而后末,要皆课虚于实"。李鸿章认为,西方国家近代以来在科学技术、工业、军事上之所以有"章章如是"的成就,应归功于培根与笛卡儿提出的新理新法,西方人运用这种新理新法,"其于算理之扃奥,形性之繁赜,治理之条分缕析,无不究极乎本末始终广大精微之致,又复研极水火气力五金光电声化之变,以创造舆舟兵械及诸机器之工,骎骎焉日新无穷,驯至今日之泰西,盖由虚理而征诸实效矣"。李鸿章在如此这般的一番议论之后,于其序言的末尾还说了一

---

① 以上所引均见《性学举隅》(上海美华书局1898年刊印本),卷上,第43-46页。

段尤其值得注意、耐人寻味的话,他说:"性理之学始于格致,终于治平,古今之同不同,中外之异不异,无论也,但能推而合于治国平天下者,斯可矣,今古中外何有哉?"①这里所谓"性理之学"相当于西方传统的极宽泛的哲学概念,即不仅指形而上学、认识论、伦理学等等,而且包括了从一般科学("格致")直至经济、政治("治平"之学)等各门知识在内②。李鸿章在这里既然说"性理之学"无论中外,只要"合于治国平天下",都可拿来为我所用,这实际上就背离了洋务派信誓旦旦莫之敢违的"中学为体、西学为用"的至上律令,为引进和吸收西方的哲学和社会政治学说敞开一线门径,尽管他没有也不敢真正这样做。

1902年,清末改良主义运动领袖人物之一,著名政论家、思想家梁启超,在其主编的《新民丛报》第一号和第二号上发表《近世文明初祖二大家之学说》一文,并论培根与笛卡儿,赞美他们是"为数百年来学术界开一新国土"的"圣人"。此文对笛卡儿思想的介绍较此前诸人所述,例如较严复仅在一些按语中随遇而发的议论要更详明确切。梁启超认为,笛卡儿哲学是从普遍怀疑着手的,"谓凡学当以怀疑为首"但是怀疑并不是他的目的,他是要通过怀疑而求得确实可信的真理,"谓于疑中求信,其信乃真"③。怀疑也就是"凡遇事物,自不敢辄下判断",但是"所谓不下判断者,谓不遽下而已,非长此以终古也",笛卡儿以为"于此疑团之中,自含有可以破疑之种子",所以笛卡儿的怀疑被名之曰"故意之怀疑,亦名方法之怀疑",梁启超说,这种怀疑"实为笛卡儿穷理学之

---

① 《性学举隅》,李鸿章序,第1-3页。
② 丁韪良在《性学举隅》中说,"性理家所论者"范围极广,包括"天地人三才",不过古代以讨论"形而上学"为主,"近代则以究察人性为要",即"性学"(包括认识论和伦理学)。
③ "近世文明初祖二大家之学说",载于《梁启超哲学思想论文集》,北京大学出版社,1984年,第88页。

第一步也"①,这就纠正了严复将笛卡儿的怀疑视为不可知论的误解。梁启超说,笛卡儿由"凡遇物皆疑"而求得的"不容疑之一物",就是"我相",就是他所建立的"我能思故,是故有我"(即"我思故我在")这个命题,这是"一切真理之基础",是"天下之最可信凭而为万理鹄者也"。梁启超认为这个命题是强调人的"智慧"有独立不倚的自主精神,对于任何事物都要"运吾之精神以自取舍之",都要"一一加检点,其所见分明者取之,不然者舍之"②,亦即笛卡儿提出的以观念之是否清楚明白为判断其真伪的标准,所以,"非见之极明者,勿下断语"③。至于笛卡儿哲学所用的方法,梁启超说:"分为三段,一曰剖析,二曰综合,三曰计量"④。梁启超特别注重"综合之法",说笛卡儿对此"持论尤精"。所谓综合,实即笛卡儿的理性主义演绎。用梁启超的话说,笛卡儿认为世界万物"其间必有一大理之贯注,而凡百之理,皆归结于是",由作为"统领"的这个"大理"出发,就可推求出其他"附属"的"众理","所谓通其一,万事毕也"⑤。

梁启超说,笛卡儿与培根,作为西方近代文明的两位"初祖",各自开创了一个学派。他称培根学派为英国"格物派"(即经验派),继之者有霍布士,陆克(洛克)、谦谟(休谟);笛卡儿学派为大陆"穷理派"(即理性派),祖述者有斯拼挪莎(斯宾诺莎)、黎菩尼士(莱布尼茨)、倭儿弗(沃尔夫)。他们是哲学上"对峙相争"的"两反对派",梁启超将他们观

---

① "近世文明初祖二大家之学说",载于《梁启超哲学思想论文集》,北京大学出版社,1984年,第89页。
② 同上书,第89—90页。
③ 同上书,第91页。这是笛卡儿在《方法谈》中提出的理性主义方法论原则的第一条。
④ 同上书,第92页。此所谓三段,就是笛卡儿方法论原则的第二、三、四条。
⑤ "近代文明初祖二大家之学说",载于《梁启超哲学、思想论文集》,第92、93、92页。

点的对立概括为:"甲倚于物,乙倚于心;甲以知识为外界经验之所得,乙以知识为精神本来之所有;甲以学术由感觉而生,乙以学术由思想而成"①。这个概括对于两派在知识来源问题(得自经验还是来于精神或理性自身)上的对立的表述是准确的,但是梁启超似乎将经验派与理性派的对立等同于唯物论和唯心论的对立("甲倚于物,乙倚于心"),则又是一种误解了。

梁启超对笛卡儿哲学的了解也是很有限的,正如他自己所说,"笛卡儿所言良智之说,灵魂之说、造化之说、世界庶物之说",即关于天赋观念、心灵实体、上帝和物质事物的学说,"皆博大精深","其义太闳远",目前还"不适于"研究,"故暂阙如,以待来者"②。

二、关于法国启蒙思想家:伏尔泰、孟德斯鸠、卢梭

清末法国哲学的输入,最为国人所瞩目者是十八世纪法国启蒙思想家的社会政治学说的介绍和传播,尤其是他们关于人权、自由、民主的思想,在我国近代反封建的启蒙运动中,无论对资产阶级改良派还是对资产阶级革命派,又无论在理论上还是在实践上,都曾产生深刻而巨大的影响。

1. 伏尔泰

清末有关西学的著述中,谈伏尔泰者不多。就笔者目前所见,有两本历史书中对伏尔泰的生平和思想略有所述。一是美国马恳西著,李提摩太、蔡尔康译述的《泰西新史揽要》(上海广学会1896年刊印),一是日本山泽俊夫编、王师尘译的《西洋文明史之沿革》(上海文明书局

---

① "近代文明初祖二大家之学说",载于《梁启超哲学、思想论文集》,第93页。
② 同上书,第92页。

1903年出版)。前者译伏尔泰为"福禄特尔",后者译为"芙德尔"。前者对伏氏介绍略详,这里简述一二。

《泰西新史揽要》卷一用了六七页的篇幅记述十八世纪法国启蒙运动。关于伏尔泰,作者说:"福禄特尔者,法国名士也,著书立说,通国宗仰","其等身著作力足以入(原文如此!)动人心。"作者特别提到伏尔泰论英国的著作(按:即伏尔泰的《哲学通信》)说:"福禄特尔寓英三年,凡英之朝章良政,一一留心考察,既乃勒为成书,大旨以不服官权、不服教权为主",即以反对封建专制和天主教会教权统治为其主旨。作者认为,伏尔泰主要是一位政治思想家,其"论及国事无不持平",而且对法国国王鲁易第十五(路易十五)也敢作勇敢的抨击,例如他指责:"今王所布诸法令,皆非治国之道",所以国王不能"不有败行";又说:"国政之坏……皆王之任意妄行,不顾天怒人怨也。"《揽要》是历史著作,因而对伏尔泰的哲学思想无所介绍,是情有可原的,但作者竟妄言伏尔泰不是著名哲学家("非道学名流"),显然有背历史的真实[①]。

2. 孟德斯鸠

最早接触孟德斯鸠和卢梭的著作和自由、民主思想的中国人是清末进步政治活动家、外交家和著名诗人黄遵宪。黄氏在光绪三年(1877)出使日本,任驻日使馆参赞。其时正值明治维新后日本国内兴起自由民权运动,有关自由民权的著作大量涌现,法国启蒙思想家孟德斯鸠和卢梭的代表作《法的精神》和《民约论》以及英国哲学家穆勒的《论自由》等陆续被翻译出版,《民约论》在短短几年甚至有三个译本出现。在日本思想界的这种热烈气氛下,黄遵宪当时也曾一度热衷孟德斯鸠、卢梭的思想,正如他在写给梁启超的信中所说:"当明治十三四年(即1880-1881年),初见卢骚、孟德斯鸠之书,辄醉心其说,谓太平世必

---

① 以上所引均见《泰西新史揽要》,上海广学会1896年刊印本,卷一,第2-6页。

在民主国无疑也"。后来黄氏思想转向君主立宪,虽不否定民权自由的思想,但"守渐进主义",反对通过革命建立民主共和政体①。而且黄氏也从未撰文论述孟、卢的社会政治学说。

孟德斯鸠的名字较早见于书刊,大约是前面提到的出版于1896年的《泰西新史揽要》。书中对法国启蒙运动的叙述有很短的一段话讲到孟德斯鸠(译为蒙特斯邱)说:"法国名宦蒙特斯邱新著一书,言英吉利治国规模胜于法国,法人读而羡之,一举一动尽以英制为准则。"②这里所说"新著一书"大约是指《法的精神》,孟氏在此书中盛赞英国的君主立宪政体,认为与古今各种国家体制相比,英国的体制是最好的。

对孟德斯鸠思想的大力介绍和传播是梁启超及其同仁在他们所办的《清议报》和《新民丛报》上进行的。例如,《清议报》在1899年陆续发表的欧阳桀"论中国当知自由之理"、麦孟华"说奴隶"、秦猛"说奴隶"诸文都援引孟德斯鸠的言论以批判封建专制主义和宣扬自由民权思想,梁启超也于是年发表"蒙的斯鸠之学说"一文,这是最早的一篇介绍孟德斯鸠思想的专文,后经增改再发表于《新民丛报》1902年第一、二号上,题为"法理学大家孟德斯鸠之学说"。

梁启超此文主要介绍孟德斯鸠的《万法精理》(此系日人所用的汉文译名,即《法的精神》)关于法的起源,政体区分(专制政体、君主立宪、民主共和)、三权(立法、行政、司法)分立等学说,尤其赞赏其三权分立之说,认为这是孟氏"千古不朽"的"创见",对孟氏对专制政体的批判也极为赞许,说"孟氏论专制之弊……可谓深切著明也矣"③。不过,文中对孟氏也有一些批评。例如,孟德斯鸠认为英国的君主立宪政体"最适于用","实堪为各国模范",所以他讲三权分立,"必欲举行法权归诸累

---

① "黄遵宪致梁启超书"(第23号),载《中国哲学》,第8辑,三联书店,1982年。
② 《泰西新史揽要》,卷一,第5页。
③ "法理学大家孟德斯鸠之学说",载《饮水室丛著》,第八种,第80、74页。

世相承不受谴责之君主,又欲调剂二权,置贵族于君民之间",实际上是建立一种在世袭君主、贵族和人民三者之间进行权力分配的"混合政体",梁启超说这是由于他"心醉英风太甚",不懂得英国之采取如此政体"实为过渡时代不得不然,非政法之极则也"①。值得注意的是,梁启超在此文中更属意民主政体,因而一再批评孟德斯鸠"其所论之旨趣"局限于君主立宪政体,"未知民政(民主政治)之真精神"②,而孟氏不知"民主政治之本旨",则是因为他"未真知""民主国之平等"的真义③,如此等等。梁启超在不久之后同革命派争论时,不仅不赞成民主政体,而且认为君主立宪也应缓行,而主张所谓"开明专制",较之此时的观点无疑是一个很大的倒退。

梁启超对孟德斯鸠的思想并没有作深入的研究,因而他的介绍与孟氏原意不无乖谬之处。例如,孟氏论法的起源,认为人制定的法是以"所谓事物自然之理"即"自然法"或"自然规律"为根据,"循此理而设者"④。孟德斯鸠是一个经验论者,认为人是为了保存自己的存在从感觉经验中认识到那些"自然法"的⑤,梁启超却把这种自然法说成是得自"良知"即先天具有的"至理",并且认为孟氏的全部学说就是"以良知为本旨,以为道德及政术皆以良知所能及之至理为根基",《万法精理》"全书之总纲盖在于是"⑥。显然,这是基于误解的一种任意的解释。

孟德斯鸠著作的翻译最早见于1901年《译书汇编》所载《万法精理》(即《法的精神》)的若干章节,译者不详。嗣后,上海文明书局于1903年出版了中文本《万法精理》单行本[一册五卷],系根据日人何礼

---

① "法理学大家孟德斯鸠之学说",载《饮冰室丛著》,第八种,第81-82页。
② 同上书,第81页。
③ 同上书,第82页。
④ 同上书,第71页。
⑤ 参阅孟德斯鸠《法的精神》第一卷第二章"论自然法"。
⑥ "法理学大家孟德斯鸠之学说",载《饮冰室丛著》,第八种,第70页。

之所译《法的精神》的日文本(译名《万法精理》)转译的,译者为清末民初著名地理学家张相文(晚年号沌谷居士)。译本初版颇多舛误,再版(1906)时译者曾将译稿寄日本请何礼之校正,故再版署名为何礼之、张相文等合译①。今日读之,觉其译笔文从字顺,仍具可读性,若干章节经与孟氏原作查对,译文似亦大体无误,应当肯定为近代西方学术译著中一个较好的译本。严复曾点名批评这个译本,说"观近人所译,如《万法精理》等编,大抵不知而作,屡以己意,误己误人,于斯为极"②,简直贬得一无是处,确乎言之过甚,有失公允。

严复在1900年后数年间根据英文本亦转译《法的精神》绝大部分章节,名曰《法意》,从1904年到1909年分册陆续出版。书中有按语三百余条,内容涉及政治、法律、经济、军事、历史、文化诸多方面,是严译诸书中加按最多的一部。这些按语对孟氏的思想有阐释,有申说,也有批评,而更多的是联系中国的史实和时政,借孟氏言中之义发挥自己的政治见解。

严复特别注重孟德斯鸠对专制政治的批判,在许多按语中反复利用这种批判去揭露和抨击中国自秦以来几千年封建专制的残酷与黑暗,同时对孟氏关于专制的界说做了补充,以消除人们的误解。孟氏说,专制政府"既无法律又无规范,一切都由单独一个人凭一己的意志为所欲为地处置"③(严译为:"夫专制者,以一人而具无限之权力,惟所欲为,莫与忤者也"④)。若拘此说,则人们或许可以否认中国秦王朝为专制,因为秦代是有法律的("秦国有法")。严复说,孟德斯鸠毕竟是十

---

① 《万法精理》再版本后收入张相文《南园丛稿》。参阅《南园丛稿》所附"张沌谷居士年谱"。
② "《法意》按语",载于《严复集》,第四册,第942页。
③ 《法的精神》,第二卷,第一章,载《十八世纪法国哲学》,商务印书馆,1963年,第25页。
④ "《法意》按语",载《严复集》,第四册,第942页。

八世纪法学"开山","故其说多漏义"。以专制为无法即其"漏义"之一。其实专制统治未必无法,例如可谓"专制之尤者"的秦代确亦有法。问题在于其法的性质和君主与法的关系如何,严复说,秦法乃"所以驱迫束缚其庶民"的"刑"具,"而国君则超乎法之上,可以意用法易法,而不为法所拘。夫如是,虽有法,亦适成专制而已矣"①。在政体问题上,严复像孟德斯鸠一样认同君主立宪,说"立宪之国,最重造律之权,有所变更创垂,必经数十百人之详议。议定而后呈之国主,而准驳之。此其法之所以无苟且,而下令常如流水之原也"②。严复的政治理想就是在中国实行君主立宪,但是,他又认为"人心习俗,不可卒变","不可以轻掉""纷更之为"③,要变法,也不必立即民选代表,"遽开议院",而可以先实行"地方自治之制",使地方"及格之民,推举代表",以与朝廷命官"相助为理","和同为治"④。这实际上是要求一种开明专制的政体,与梁启超鼓吹"以开明专制为立宪制之预备"的论调是一致的。

严复对孟德斯鸠的地理环境(主要是气候)决定社会制度、民族特性、国家强弱和进步迟速的社会历史观颇有异议,在按语中一再援引中外正反的事例予以驳正。例如,他认为,一个民族的强弱,"天时、地利、人为,三者皆有一因之用,不宜置而漏之也"⑤,又说,一个民族的强弱,绝不可仅以地理环境一种因素来解释,而是"其故多矣",例如"因于风气,因于宗教,因于种姓,因于体力,因于教育,而最重者,又莫若其国之治制"⑥。严复认为政治制度是决定民族强弱的最重要的因素,这个见解较之孟德斯鸠要高明得多了。对于孟德斯鸠的宗教观,严复在案语

---

① "《法意》按语",载《严复集》,第四册,第 938-939 页。
② 同上书,第 995 页。
③ 同上书,第 1025 页。
④ 同上书,第 982 页。
⑤ 同上书,第 985 页。
⑥ 同上书,第 977 页。

中有很多讨论,其批评尤为尖锐。孟氏认为,宗教的功用,宗教对社会国家有利还是有害与宗教信条是否真理没有关系,符合真理的宗教信仰("至诚极正之教宗")"可以生害",而"所标道妄"、"可谓大谬"的信仰却可"转以利民"。严复反驳说,真伪利害应当是一致的,"必诚而后利,未有伪妄而不害者也。"古今宗教对社会"常有利",是因为其中含有真理("其中莫不有真"),而对社会"未尝不害",则是因为"其中尚有伪也"。严复认为孟氏"谓宗教之利行,不关真伪",这种见解"甚肤",甚至直斥他不懂哲学,"其于哲学,未闻道耳"①。

3. 卢梭

较早在出版物上讲到卢梭的也是1896年问世的《泰西新史揽要》。作者说,卢梭(译为"罗索")在法国启蒙运动中是一位比伏尔泰影响更大的人物,"鼓动民心,较福禄特尔为尤速"。卢梭在"一千七百五十三年曾著一书,名曰《百姓分等之原》(即《人类不平等的起源和基础》),历指法国紊乱君臣之道之所由,又博考乎治国养民之法,侃侃而谈,无些子躲闪语。一时万喙同声,争相购阅,……士子倡于前,常人相率和于后,家弦而户诵者,无非罗索之书也"②。

1901年梁启超在《清议报》第98号、100号上发表《卢梭学案》,专文介绍卢梭生平及其社会契约学说。梁启超高度评价卢梭的《民约论》(或译《社会契约论》),认为卢梭由于这部名著"以双手为政治界开一新天地,何其伟也!"③梁启超说,社会契约论并非卢梭所创,而是首倡于姚伯兰基的《征讨暴君论》(即 *Vindiciae Contra Tyrannos*,严惩暴君,1579),继为霍布斯、洛克所祖述,但到了卢梭,"其说益精密,遂至牢笼

---

① "《法意》按语",载《严复集》,第四册,第1015-1016页。
② 《泰西新史揽要》,第6页。
③ "卢梭学案",载《梁启超哲学思想论文集》,北京大学出版社,1984年,第57页。

一世,别开天地"①。梁启超指出,要了解"卢梭民约之真意",必须明白"卢梭民约之说,非指建邦之实际而言,特以其理不可不如是云尔",这就是说,卢梭讲社会契约,不是讲历史上国家产生的史实,而是讲"立国之理论"、"事理之所当然",如果以历史上从无一国由契约而成为借口攻击卢梭,那是"轻率之甚"的②。梁启超认为,卢梭社会契约论的"本旨"、"真意"在于保持人的"自由权","民约云者,必人人自由,人人平等",决不能如霍布士所主张的,契约一成,众人就当捐弃自己的权利而悉归之于君主,在卢梭看来,"凡弃己之自由权者,即弃其所以为人之具也"③。卢梭认为,人们结约而建立国家,则国家主权当在国民,国民是国家的主人,政府则"不过受民之委托以施行其公意之一机关",唯有这种"民主之制"才是"合于真理"的政体④。因此,卢梭不同于孟德斯鸠,认为英国君主立宪的代议政体未能完全实现主权在民,"尚不免与自由真义稍有所戾",所以"未得为真善美之政体"。⑤ 在此文中,正如在讲孟德斯鸠一文中一样,梁启超对民主共和政体是心向往之的,正如他自己所说,他曾"心醉共和政体也有年",但自1903年以后,主要是由于受了康有为的批评,竟"锐退如此其疾",大力鼓吹起"开明专制"了⑥。

1905年以后,以孙中山为首的革命派在同以梁启超为首的保皇改良派进行论战时,卢梭的社会契约论和"国民总意"说曾经是他们最重要的理论武器之一,他们用社会契约论解释国家的起源和职能,认为国家是将众多个人的"意力"(意志)"萃而为合成意力"或"国民总意"而形成的一种"合成人格",法就是代表"国民之总意"的。只有推翻封建君

---

① "卢梭学案",载《梁启超哲学思想论文集》,北京大学出版社,1984年,第58页。
② "卢梭学案"(1901年),载《梁启超哲学思想论文集》,第58-59页。
③ 同上书,第60页。
④ 同上书,第66-67页。
⑤ 同上书,第67页。
⑥ "政治学大家伯伦知理之学说",《梁启超哲学思想论文集》,第182页。

主专制，才能恢复人生而自由的天赋人权，建立体现"国民总意"的"国法"①。马君武在《民报》第二号（1906）上发表"帝民说"一文，专论卢梭社会契约论的主权在民的思想。所谓"帝民"，马君武所引原文为Sovereign-people，意即人民是元首、君主、最高统治者，亦即主权在民。马君武说："卢骚著《民约论》，倡帝民之说，以为国家之活力当以人民之公意直接运动之而图普社会之公益。帝权者，由人民而后有，人民所不可自放弃者也。帝权即主权也，主权在人民之说，发生虽早，然至卢氏始明白抉出之"。马君武认为，法国大革命和全欧人民争自由的风潮，其源盖出于卢梭的"帝民说"，"其风潮之初起也，为1789年之法兰西大革命，人人倡公众自由（popular freedom）之说，全欧效之，文明世界遂新始出现矣"②。

卢梭著作的翻译，清末有《民约论》和《爱弥儿》两种。《民约论》最早的译本是直接翻印日人中江笃介（中江兆民）的汉文《民约译解》第一卷，1898年上海同文译书局刊印，名《民约通义》。1900-1901年有杨廷栋根据日译本转译的《民约论》，凡四卷，连载于《译书汇编》。1910年在《民报》第26号上又曾全文登载中江笃介的汉文《民约译解》。这些译本水平都不高，诚如马君武所批评的："日译已多错误，杨（廷栋）译更纰缪不能读。"③直到民初马君武才从法文原文全译此书，名为《足本卢骚民约论》，1918年中华书局出版。卢梭另一著作《爱弥儿》有从日文本转译的部分章节，题为《爱美耳钞》，连载于1903年的《教育世界》。译者未具名，不知何人。译文前有序。译文后附有《卢骚略传及〈爱美耳〉评论》，称卢梭"为法国革命之预言者"，《爱美耳》"为近世教育革新之先导"；说卢梭在《爱美耳》中表达的教育思想是"以其哲学上之新世

---

① "驳《新民丛报》最近之非革命说"，载《民报》，1906年，第4号。
② "帝民说"，载《民报》，1906年，第2号。
③ 《足本卢骚民约论》马君武序，中华书局，1918年。

界观为思想之泉源"的。所谓"哲学上之新世界观"就是卢梭在《不平等论》(即《论人间不平等的起源和基础》)和《民约论》中已经提出的人性本善的学说,即认为"人之自然也,莫有不善者也,其恶也则为社会之所染",因此,"救之之道无他,在复其自然耳",教育的目的和任务即在于此。① 我们在1904年的《教育世界》上还看到王国维的一篇简介卢梭生平和著作的短文,指出卢梭的教育思想"大都自洛克而来,而充之以自然主义者"②,但无更多的说明。

三、关于法国唯物主义:狄德罗和拉美特里

十八世纪法国唯物主义是法国启蒙运动的极重要组成部分,在哲学史上占有极重要的地位,为了突出其输入中国的意义和价值,我们特将其与其他启蒙思想家的社会政治学说分开来,单作一节加以介绍。

1902年《大陆报》第二期上载有《唯物论二巨子学说》,简述底得娄(即狄德罗)和拉梅特里(今亦译拉美特里)的哲学思想,这是我国最早介绍法国唯物论的文章,也是这一时期唯一的一篇以鲜明的赞同的态度介绍唯物论哲学的文章。

文章发表时,作者未具名,但据马君武在《社会主义与进化论比较》一文中自诉,得知此文系马氏所著。③ 马君武精通法文,对法国的文化和历史,特别是十八世纪法国革命史,极为倾慕,译有《法国革命史》并撰写介绍十八世纪法国启蒙思想家、革命家、十九世纪法国空想社会主义者的文章多篇。他赞美道:"法兰西为欧洲文明之中心点,为欧洲革命之原动力。"④

---

① "爱美耳钞·序"和《爱美耳钞》附录,载于《教育世界》,1903年,第53、57期。
② "法国教育大家卢骚传",载《教育世界》,1904年,第89节。
③ "社会主义与进化论比较",载《译书汇编》,1902年,第11期。
④ "法语之言",载《新民丛报》,1902年,第10号。

马君武认为，法国革命的发生，启蒙思想家孟德斯鸠、卢梭及其著作《万法精理》（即《法的精神》）、《民约论》固然建有"不朽之伟业"，法国唯物论也有其伟大的功绩，法国革命的事业"无一不自唯物论来也"。只有唯物论才能"破宗教之迂腐，除愚蒙之习见"，才能使人们"见理既真，卓然独行，流万人之血而不顾，犯一世之怒而不恤，唯知有真理真福，而不知其他"。正是由唯物论生发出来的这种"冲决网罗而为所欲为"的大无畏的精神才造成了法国革命，"伟矣哉，唯物论之功乎！"

马君武选择狄德罗和拉美特里作为法国唯物论的两位"巨子"、两位主要代表而加以介绍，是颇有眼光的，可是他的介绍过于简略，不足以使读者窥其思想之全貌。例如，关于狄德罗的哲学思想，马君武说有一个"进步"的过程，"其哲学之识见，因经若干时踌躇而后定也"。狄德罗最初是相信上帝的，"后乃全反之"；最初是相信灵魂不死的，而且认为灵魂是非物质的，"无形质之可见"，后来才"废然自改其前说"。马君武注意到狄德罗在哲学上前后的转变，他对狄德罗似应有比较全面的了解。但是很遗憾，对狄德罗"改其前说""而后定"的唯物论学说的要义，马君武却无所阐述，而只谈到狄氏否定灵魂不死，"以为人身百质，无不死者"，所谓不死或不朽，不过是"掷我身于公群，尽义务，建永世巍巍之大业，使同族后世子孙，记忆我而不能忘，于是而已"。其实，仅就对灵魂实体的批判来说，狄德罗就有许多非常深刻而精彩的论证，马君武对此置而不论，竟以个人建功立业垂美后世之所谓不朽来代替或驳斥灵魂不死之说，可以说是言不及义。

马君武对拉美特里的评价远高于狄德罗。他认为狄德罗的学说"仅发唯物论之端"，到拉美特里出来，才为"唯物论学派放一奇彩"。这显然不符合史实。拉美特里早于狄德罗，说他是十八世纪法国唯物论的"发端"者，才是恰当的；而大大发展了唯物论，使唯物论澎湃于法国哲坛、大放异彩的，则正是以狄德罗为首的百科全书派。马君武由于更推重拉美特里,因而对他的哲学思想的介绍倒是更具体更明晰一些。首先,他介绍拉梅特里对有神论的批判:"拉氏之说曰:唯神论者谬说也。……信上帝之实有者,莫非无根之说,而空虚无效验之事也"。要追求人生的快乐幸福,就必须抛弃上帝信仰,建立无神论的观念:"欲世界之快乐,非无神论建于人人之脑中以后不可"。其次,是拉美特里对灵魂实体和灵魂不死说的批判。拉氏认为,"灵魂之说,幽渺而无据。……灵魂者,空名也,无物可见也"①。人之具有"知觉思想力"并不是因为有所谓灵魂实体,而是由于"有身内之一部司之,即脑是也"。人脑之所以"能别异于禽兽","能有思想知觉力",就是"因体形构造不同,""因人脑组织特异";而人脑之有思想知觉的作用,"如四肢有动筋,遂能司动也。"②拉美特里将灵魂不死说更痛斥为"尤谬说也"。如果说灵魂是人身体的一部分,"则必与其身同死,此无可疑也","人既死矣,何一分能不死而独存乎?"马君武说,拉美特里由此得出了非常重要的道德的结论(他认为狄德罗的唯物论之不足就因为"无伦理以实之",这说明他并不深知狄氏的思想):"形质上之幸福,人生最大之归向在焉"。因此"人当图此身之幸福,而不当图无据灵魂之幸福;当图实际之幸福,不当图虚幻之幸福。舍吾身实能得之幸福,而求诸渺不可知之灵魂,非大愚而何?"在马君武看来,唯物论之所以能唤起人们无所畏惧的革命精神,就是由于这种将目光萦注于现实人生的道德观、幸福观,他说:"知是则人当堂堂正正,独往独来,图全群之幸福,冲一切之网罗,扫一

---

① 拉美特里的原话是:"心灵只是一个毫无意义的空洞的名词。"[见《人是机器》(北京,三联书店,1956年),第53页]马君武这里的转达是比较忠实的。

② 拉美特里的原话是:"心灵的一切作用既然是这样地依赖着脑子和整个身体的组织,那么很显然,这些作用不是别的,就是这个组织本身"。"那么组织便足以说明一切么?是的,我再说一遍,组织足以说明一切。""正像我们的腿有它的用来走路的肌肉一样,我们的脑子也有它的用来思想的肌肉。"《人是机器》,第52、53、56页。

切之蔽障,除一切之罪恶,大丈夫固不当如是乎?"①不难看出,这一番踔厉风发的议论实际上是马君武自己向往革命的心志的自白,而且他确实是把唯物论哲学视为救国救民的真理的,正如他在另一篇文章中所说的:"欲救黄种之厄,非大倡唯物论不可。"②马君武敢为唯物论大力鼓吹,在当时的启蒙运动中真是独树一帜的,只可惜他嗣后的活动并没有为"大倡"做很多的工作。除译介外,他本人从未写过有关唯物论哲学的研究论著。

四、关于法国空想社会主义:圣西门和傅立叶

1902-1903年间马君武写了几篇关于社会主义的文章③,简述托马斯·莫尔(译为"德麻司摩儿")、圣西门、傅立叶(译为"佛礼儿")的社会主义思想,并谈到拉萨尔(译为"拉沙勒")和马克思(译为"马克斯"或"马克司")。这是我国近代对西方社会主义的最早的介绍。马君武是资产阶级革命派,不是社会主义者,在他看来,包括马克思理论在内的一切社会主义学说都是"华严界之类"即乌托邦,但是,他认为:"欧罗巴之世界既有此种奇伟光明之主义,而忍使吾国之人昧昧然而不知其为何物,则亦非以输入文明为己任者之本心也。"④

这里我们介绍一下马君武对十九世纪法国空想社会主义者圣西门和傅立叶思想的评述。

1. 圣西门

马君武说:"圣西门者,即始倡法兰西社会主义之第一人也"。关于

---

① 上引均见"唯物论二巨子学说",载《大陆报》,1902年,第2期。
② "社会主义与进化论比较",载《译书汇编》,1902年,第11期。
③ "社会主义与进化论比较"、"社会主义之鼻祖德麻司摩尔之华严界观"、"圣西门之生活及其学说"(佛礼儿之学说附)。
④ "社会主义与进化论比较"。

803

圣西门的社会主义思想,从马君武极不清晰确切的叙述中我们看到主要有如下两点:其一,圣西门对私有制的批判。马君武说,圣西门认为,"产业为私有之弊"在于,一方面"业主惰废而无所事事",另一方面"雇工以其产业之非己有也,无爱其产业之心,则自无勤于力作之效。夫以世界之公产业,一人窃据以为私有,自论理上言之,固已不合矣,社会乌得有进步乎?"而且在现在私有制下,"以少数之业主制驭多数之雇工,雇工之名虽得自由,其实多穷困饿死者"。所以私有制算不上"善制"。圣西门认为,"欲救斯弊,则莫如废产业嗣续之制",即废除财产继承制。马君武以为这就是要消灭私有制,其实是误解。圣西门的理想社会方案中虽然废除财产继承制,但并不消灭企业家的私人资本和利润。照圣西门的看法,经营产业的资本家也是劳动者,而且是劳动生产的组织者,可谓"工人之首领",正如马君武在文中也提到的:"圣氏犹以为工人之首领有管辖工人之权",后来"社会党主张破除劳动者及资产家之界限",这个要求原非圣西门所有,"圣氏初无之"。其二,圣西门建立人人如兄弟的社会理想。马君武说,圣西门主义者认为,社会的发展不外乎"相敌"和"相亲"两种"精神"或"原理"的斗争和消长。"相亲之精神日盛,则相敌之精神日衰"。圣西门相信,"相亲之精神乃未来社会发达之锁钥也……自今以后,则人群和亲所开拓地球之时代也"。圣西门在《新基督教》一书中说,"和亲"就是基督教所谓"人人相待遇彼此当亲爱如兄弟"的道德原则,未来理想社会就是建立在这个"宗教之单纯元质(纯粹本质)"之上的:"夫社会之人既相平等而如兄弟,则社会之中必不应有贫富悬绝之阶级,盖人相待遇如兄弟,乃世间良社会组织之要素也",马君武说这是圣西门派社会主义的"金科玉律"。[1]

---

[1] 以上所引均见"圣西门之生活及其学说"(佛礼儿之学说附),载于《新民丛报》,1903年,第31号,第3-7页。

2. 傅立叶

马君武说,傅立叶的社会主义与圣西门的社会主义"大不相同",圣西门的社会主义"主中央集权",傅立叶的社会主义"主地方及个人之自由分治"。所谓"自由分治",是指在傅立叶提出的未来社会方案中,社会是由众多叫作"非能曲"(phalange,今译"法朗吉")的自成一体的基本单位组成的。马君武说,"非能曲即千百数人同居共产之意",实际上它是一种生产和消费的联合组织,"非能曲之制以八百人居一方地,成一团体"(按傅立叶所描绘的每个"法朗吉"有一千六百人至二千人,土地面积为一万平方英里左右),人们共同劳动,共享劳动果实,按劳取酬,多劳多得:"合群力以兴农工之业,而享其乐利",人人"尽人之力,从事力作,聚其产物,量人民力作之量而分配之,作困难重要之工者,受上赏,作寻常之工人次之,作轻便适意之工者又次之"。"非能曲"是一个自由的社会群体,其"宗旨"就是使人们"如其所能,从其所欲,而自由发达焉","每一非能曲之人同居一宫,广大美丽,人人安适,无虐政压制之害恶。一般官吏皆由选举……非能曲之男女自由恋爱,自由合并,自由分离"。马君武似乎觉得傅立叶这样讲自由有使人放纵私欲之嫌,所以他批评"佛(礼儿)氏盖全不知人类之有自利性(Egoism,利己主义)也,欲不可纵,而自由必不可无界,徒务纵欲而自由无界,是返人群于草昧之道也,是皆与政治及社会之进步之理不合"。所以他又强调说:"佛礼儿之制度,华严界(utopia)之类也,不可实行也"。不过他认为,傅立叶的空想社会主义学说对于批判专制统治和提倡个人自由还是很有意义的:"读佛礼儿之书者,则必知专制政府之罪恶,而地方及个人之自由不可不发达,此佛氏之为世所重,而后之谈生计学(政治经济学)者皆不可不研究其学说也。"①

---

① 以上所引均见"圣西门之生活及其学说"(佛礼儿之学说附),载于《新民丛报》1903年,第31号,第8—11页。

五、关于孔德实证主义

孔德是实证主义的开创者。实证主义是十九世纪下半叶西方哲学中最有影响的思潮之一,清末被介绍进来的英国哲学家穆勒和斯宾塞都是实证主义的主要代表人物,对他们的思想和著作的评介和翻译,清末学者做的工作很多,但对孔德的思想则述者寥寥,更无一书一文的翻译。兹就笔者所见有限的一点材料略做介绍如下。

最早提及孔德哲学者是英人艾约瑟于1885年撰成、1896年刊印的《西学略述》一书。他在该书讲"理学"一卷的开头一节"理学分类"中说,各派"理学"或以人名名学如"法国之戴加德理学"、"英国之备根(培根)理学",或以地名名学如"约年(爱奥尼亚)理学"、"苏格兰理学","至若弓德(即孔德)所立者则号曰真际理学(即实证哲学)"①。但是,书中并未对所谓"真际理学"做任何说明。

1903年日本山泽俊夫编,王师尘译的《西洋文明史之沿革》第一次对孔德(译为"康德")的思想加以简略的介绍。作者对孔德有极高的评价,说:"创起实验哲学(即实证哲学)一派之系统,于哲学社会出一新机轴,为法国哲学中之巨擘,且为社会学之祖师,压倒一世者,康德是也"。作者提到孔德的《实验哲学》(即《实证哲学讲义》)和《实验政治学》(即《实证政治学》),说观此二书"足以见其思想之一斑"。但作者并未具体讲述孔德实证主义的哲学思想,而只是谈到孔德关于历史进化有三阶段和社会学分为两部分的观点。作者说孔德"所谓历史进化之三大阶级"的说法是他的"历史哲学",这"三大阶级"是:第一阶级(阶段)为人类的"幼稚时代",是"神学"时代,"人以为事物之发见,有缘于鬼神之盛

---

① 《西学略述》,第29页。

德","一切宇内之事物，皆依于鬼神之作用"。第二阶级（阶段）为"心理之阶级"，这时人"始悟鬼神之虚妄"，而对于"凡天下之形形色色（事物和现象），其生其灭，其终其始，莫不推至于不见不闻之处"，知道"人心实有不可及者"。这里实际是指孔德所讲的以追求抽象的本质、实体、究极原因为特征的"形而上学"时代，作者表达得极不确切。第三阶级（阶段）"即达于实验之阶级"，也就是孔德所说的"实证的阶段"。在这个阶段上，"人智自知有制限，唯从于所经验者，采究其事理而已"。这里作者总算大致不错地表达了实证主义的基本观点：人的知识以经验为限界，科学只能描述经验的法则，而不能探求实在的究竟。关于孔德之区分社会学为两部分，作者指出，一部分是"社会静状学"（社会静力学），一部分是"社会动势学"（社会动力学）。前者"解释人类社会自然之状态者，研究其如何组织如何确定者"，后者则"论述人类社会发达进步之情形者也，……推求人类之发达，明社会有进动之力也"。作者认为，孔德全部实证哲学的"归宿"或目的就是改造社会："哲学之归宿"亦即"社会学者之本务"在于"改造道德、教法、组织、政治等"①。

1906年《民报》第8号载有孤鸿的《刚德之学说》一文，对孔德（译为"刚德"）的实证哲学（译为"实用哲学"）有所评述，其简略不下于上书所言者，但有些地方似乎表达得更为确切些，也有个别内容为上书所未述及者。

作者说，"实用哲学"之所谓"实用云者，与虚空悬念诸说为绝对词"意即与虚玄的思辨哲学是截然对立的，"其所凭之理，皆纯自经验得之，故实用之哲理即纯乎经验之哲理也"。这里作者准确地指出了实证主义之为经验派哲学的实质。

此文也谈到孔德关于历史进化三阶段的区分，说孔德认为"自古迄

---

① 以上所引均见《西洋文明史之沿革》，上海文明书局，1903年，第50—54页。

今，人类之意念已经历三时代",即"第一曰神学时代","第二曰任臆时代"(此译亦不当，应为形而上学或玄学时代)，"第三曰验事时代，其学理为实用"(即实证时代)。实证时代是人们通过经验即观察和实验对各个领域的事物和现象进行研究的时代，在实证主义者看来，"除实验外，无至理，除已成之科学外，无所谓学"。

此文介绍了孔德的科学分类：星学(天文学)、物理学、化学、生理学、社会学(群学)。但是，作者认为孔德的这个分类是有缺陷的，因为孔德虽"首倡社会学"，却对于"生计(经济)一大问题置之如遗"，"竟漠置生计学(经济学)，其缺憾也"①。这个批评当然是对的，但孔德的科学分类的缺陷并不止此一端，例如逻辑、心理学、伦理学等学科在他的分类表上都没有自己的一席之地，这是在当时西方哲学家中间就深受批评的。

孔德的实证哲学后来在我国学术界一直少有翔实的介绍和深入的研究，甚至没有一部孔德的重要著作被翻译出版。不过，孔德的名字在我国文化、教育界还是广为人知的，而且有相当的影响。例如，伟大教育家蔡元培1917年在北京创办的一所学校就是以孔德命名的。蔡元培说，孔德学校"用孔德先生的姓作标榜"，并不就是"用他的哲学来教授"学生，而是"取他注重科学精神、研究社会组织的主义，来作为我们教育的宗旨"②。蔡元培是在1919年底说这番话的，他显然是把孔德实证主义之注重科学的精神与"五四"新文化运动所倡导所高扬的科学与民主的伟大精神联系在一起来看的，而且对清末以来整个法国哲学输入的意义我们都可作如是观。正如蔡元培1918年在另外一个地方说过的："中法关系有特别密切之点，……法国革命以前，其思想家常引

---

① 以上所引均见"刚德之学说"，载于《民报》，1906年，第8号，第72-84页。
② "北京孔德学校三周年纪念会演说词"(1919年12月)，载于《蔡元培全集》，第三卷，浙江教育出版社，1997年，第757页。

中国道家、儒家之言,以提倡自由、平等;而中国革命以前,中国学者又译述卢梭、孟德斯鸠等学说,以提倡自由、平等,互相为师"①。自由、平等是民主的精髓,清末启蒙运动中被介绍和传播的卢梭、孟德斯鸠等关于自由、平等的民主思想,不仅在当时具有极大的反封建的作用,而且也是汇入和形成"五四"新文化运动的科学与民主思潮的一道支流。

补遗

据笔者日前查阅有关史料得见,王韬在十九世纪七十年代初撰著、八十年代末重订的《法国志略》一书第五卷"学问日开"一节中对十八世纪法国启蒙运动已有所介绍,提到"窝尔提(伏尔泰)著《路易十四本纪》,孟德才求(孟德斯鸠)著《万法精汇》,备论各国法律得失,罗苏(卢梭)著书专述其生平所独得之创见"(卷五,22页)。

又美国牧师谢卫楼著《万国通鉴》(1882年)卷四第十七章"论从法国所出之文字激励各国人心"一节也谈到法国启蒙思想家法勒他耳(伏尔泰)、曼提库(孟德斯鸠)对"教会道规"和"国家法制"的批判("谆谆议论教会与国家之弊"),和拉搜(卢梭)之倡导民主平等的国家理想("讲国家至善之制即民自主之法度也。国人皆为平等,无上下尊卑之分")(卷四,页60-61),指出他们的思想"于欧洲各国大能激动人心",有极大的影响。

---

① "中法协进会开会词"(1918年10月20日),载《蔡元培全集》,第三卷,第415页。

康德、黑格尔哲学初渐中国述略[*]

在我国近代,西方哲学最初之输入,以英国哲学为最早,法国哲学和德国哲学稍迟。而就当时传播的规模和影响而言,则英法哲学均远超过德国哲学。

在19世纪末和20世纪初,英法哲学已有相当数量的介绍和评述文字,而且有若干原著的翻译,如严复译赫胥黎《天演论》、穆勒《名学》、斯宾塞《群学肄言》、孟德斯鸠《法意》、杨玉栋译卢梭《民约论》、马君武译穆勒《论自由》等。有的著作甚至有不止一种译本。英国哲学中从培根、洛克到穆勒的经验论,达尔文、赫胥黎、斯宾塞的进化论,法国18世纪的启蒙哲学,尤其是孟德斯鸠和卢梭的社会政治学说,在清末改良主义运动和资产阶级革命派的活动中起过很大的作用,产生了深远的影响。德国哲学之输入虽然与当时社会政治的和思想领域的斗争的历史背景也有密切而不可分的联系,但是更多地似乎是反映了中国人对西方哲学的接受和认识逐渐深化的过程。贺麟先生说得很对,清末提倡西学的中国先进知识分子"在哲学方面,他们先是从外表、边缘、实用方面着手,先介绍培根、洛克、赫胥黎、穆勒,然后才慢慢地注意到康德、黑格尔这些古典哲学家"。[①] 无

---

[*] 原载《德国哲学论丛2000》,2001年。
[①] 贺麟:"康德、黑格尔哲学在中国的传播",见《五十年来的中国哲学》,第77-78页,沈阳,辽宁教育出版社、1989年。

论是英国的经验论和实证论,还是法国的启蒙哲学,都不能满足他们更高远更深沉的理论追求。所以章太炎批评"宾丹(即边沁)、斯宾塞尔那一流人崇拜功利",而认为德国唯心论大师"康德、索宾霍尔(即叔本华)诸公"才是"哲学之圣"①;王国维也认为,严复介绍"英吉利之功利论及进化论之哲学"诚然有"一新世人之耳目"的功效,但"其兴味之所存"不在"纯粹哲学",而在"经济、社会等学",所以在他看来,"严氏之学风,非哲学的,而宁科学的也"。王国维说这就是严复"不能感动吾国之思想界"的原因。对18世纪法国启蒙哲学(他称之为"自然主义")的介绍,他也批评那不过是"聊借其枝叶之语以图遂其政治之目的耳"。他认为当时中国学术界在介绍西学上有一种急功近利的倾向,将哲学、文学"惟视为政治教育之手段",很少有人肯潜心于纯粹理论的研究,"肯研究冷淡干燥无益于世之思想问题",这就是"宇宙人生之问题",只有在这种问题的探究上才"能接欧人深邃伟大之思想"。② 这种"深邃伟大之思想"就是他所"酷嗜"的德国哲学家(主要是康德和叔本华)的"伟大之形而上学,高严之伦理学,与纯粹之美学"。③

中国人最初接受德国哲学,一个重要的(甚至是主要的)途径,是通过日本学术界关于德国哲学的著述和翻译。明治维新之后,日本学者大力介绍和吸收西方哲学,明治初年的启蒙运动中主要引进英法近代哲学,明治末年(20世纪初)则转注于德国唯心论,包括康德、黑格尔哲学和晚近的叔本华、尼采哲学,有关的论著和译著大量出版。这一时期对德国哲学有所了解、曾致力于介绍德国哲学的中国人,大都是曾经去

---

① 章太炎:"演说录",载《民报》,1907(6)。
② 王国维:"论近年之学术界"(1905年),见《王国维文集》,第3卷,第37-39页,北京,中国文史出版社,1997年。
③ 王国维:"静庵文集续编·自序(二)"(1907年),见《王国维文集》,第3卷,第473页。

日本学习和活动的著名人物,如梁启超、章太炎、王国维等。例如,章太炎说,他是在"东走日本",后"旁览彼土所译希腊、德意志哲人之书,时有概述",①王国维自云其"从事于哲学"是直接受教于两位日本学者藤田和田冈,他最初接触"汗德(即康德)、叔本华之哲学",即得之于"田冈君之文集"。② 我们应当承认,德国哲学之输入虽晚于英法哲学,但最终吸引了中国人的注意力,受当时日本学术界"德国热"风气的感染,是一个很重要的原因,或者说是一个很重要的外在契机。至于大量德国哲学以至整个西方哲学的重要术语,如主观、客观、理性、悟性、感性、现象、物自体、先天、后天、先验、经验、直观、正反合辩证法等等,乃至哲学一词,都是袭用了日本学界的译名,正如王国维所说:"数年以来,形上之学渐入中国,而又有一日本焉,为之中间之驿骑,于是日本所造译西语之汉文,以混混之势,而侵入我国之文学界。"③当然,总的来说,德国哲学输入初期,中国人对它的了解还是很初浅的,不仅缺少很深入的研究(对英法哲学来说也是如此),而且介绍和翻译的工作也做得不多,迄今为止我们不曾发现那时有任何一本德国哲学原著被翻译过来。④ 在这一点上是大大落后于英法哲学的译介工作的。

下面我们只就康德、黑格尔哲学最初被介绍到中国的一些情况略作评述。

一、康德哲学

据贺麟先生说,在中国最早谈到康德的是康有为。康有为在据其

---

① 章太炎:"自述思想变迁之迹",见《章太炎选集》,第588页,上海人民出版社,1981年。
② 王国维:"静庵文集续编·自序(一)",载《王国维文集》,第3卷,第470-471页。
③ 王国维:"论新学语之输入"(1905年),载《王国维文集》,第3卷,第41页。
④ 就笔者所见,其时仅有王国维译"叔本华氏之遗传说"(1904年)一篇短文。

自云 26 岁即 1886 年所写的《诸天讲》中简略地介绍了康德关于天体形成的星云理论,说"德之韩图(即康德)、法之立拉士(即拉普拉斯)发星云之说"。①《诸天讲》一书长期没有发表,1926 年康有为在上海天游学院讲学时始整理旧稿并做了相当分量的增补(例如书中谈到柏格森、爱因斯坦等 20 世纪人物的哲学观点和科学理论,谈到 1919 年的日食等,显然是后来增补的)。"韩图"这个译名,除此书外,在国内从无他人采用,既不同于清末有些人(如严复、王国维)用过的译名"汗德",更不同于后来通用的译名"康德",看来是康有为在此前尚无人介绍康德的情况下独自采用的,由此亦可推断关于韩图星云说的一段话乃《诸天讲》旧稿所有。不过韩图这个译名似非康有为自创而是有其来源的。笔者查阅有关资料,发现日本哲学家西周助在明治六年(1873 年)写的《生性发蕴》一书中谈到康德关于"卓绝极微纯灵智"(タランスセンデンタールライネンヘルニンフト,即 transzendental reinen Vernünft)的学说,即先验纯粹理性的学说,所用康德的汉字译名就是"韩图"。② 后来在明治八年(1875 年)发表于《明六杂志》第 38 号上的一篇文章中论及德国唯心论时又提到"韩图的绝妙纯然灵智(トランセンデンタライネンフエルニンフト)之说"。③ 这个译名与康有为所用康德的中文译名一般无二,当然不可能出诸偶然的巧合。康有为不通西文,他的西学知识多转由日人的著述得来,最初写《诸天讲》谈康德星云说径直取用日人的译名"韩图"是很自然的事情。

康有为在《诸天讲》中还提到了康德关于上帝存在问题的观点,他

---

① 康有为:《诸天讲》,北京,中华书局,1990 年,第 14 页。参阅贺麟:"康德、黑格尔哲学在中国的传播",见《五十年来的中国哲学》。

② 西周助:《生性发蕴》,见《日本哲学思想全书》,第 2 卷(思索篇),平凡社,昭和三十年(1954 年),第 144 页。

③ 转引自麻生义辉:《近世日本哲学史》,近藤书店,昭和十七年(1941 年),第 65 页。

说:"康德言之,上帝之存在,存在判断也,存在判断起于后天,起于经验,而吾人于经验之中,无固不可知,有亦不敢说,故在存在之说,无验证可求也。"[1]这是对康德关于上帝存在本体论证明批判的一个不尽确切的表述。康德认为,存在不是一个谓词,不可能包含在任何对象的概念中,正如不能从任何对象的概念推出其存在一样,从上帝的概念本身也不可能推出上帝的存在,存在的问题是一个经验事实的问题,须由经验证实。但上帝本不属于经验的领域,所以上帝存在与否的问题,既不能用经验证实,也不能用经验否定。康有为在这里介绍了康德批判哲学的一个重要观点,较之对作为一种科学假说的星云理论的介绍,应当说是更为深刻的。但是,如前所说,《诸天讲》中有些部分或段落并非早年的旧稿所有而是此书出版前增益补写的。上面讲上帝存在问题的一段话,康有为未再使用"韩图"这个早年的译名,而是用了在20年代已为哲学界普遍采用的译名"康德",那么,这段文字是旧稿所无而为康有为后来补加,还是虽系旧稿所有但康氏于《诸天讲》付梓前将原来的译名("韩图")随手改为通用的译名("康德")?康氏旧稿今已不复可见,这个问题似无从判定了。

康有为虽然谈康德最早,但《诸天讲》在其生前未曾发表,长久不为世人所知。在公开发表的文字中述及康德者,则以严复为最早。严复在1895年译的赫胥黎《天演论》论六"佛释"一节中讲西方古今皆有"天道不可知之说"即不可知论学说时首次提到康德,所用译名为"汗德"。他说,近世以来,"西国物理日辟,教祸日销。深识之士,辨物穷微,明揭天道必不可知之说,以戒世人之笃于信古,勇于自信者。远如希腊之波尔仑尼(即庇罗),近如洛克、休蒙(即休谟)、汗德诸家,反复推明,皆此

---

[1] 《诸天讲》,第68页。

志也"。① 这段话虽然在《天演论》译本正文之内,但为赫胥黎原著所无,显系严复所加。严复把洛克也说成如休谟、康德一样的不可知论者,自然不妥,而所谓"天道不可知"的说法也极含混,不足以表达休谟和康德的不可知论的本义。在1900-1903年译、1905年出版的《穆勒名学》甲部篇三第七节讲康德关于"自在世界"(即物自体)和"对待世界"(即相对的领域)、"纽美诺"(即本体)和"斐讷美诺"(即现象)的区分、关于"物之可知者,尽于形表"(英文原文为:"这种表象是我们关于对象所知道的一切")的一段译文后面,严复插叙数语,涉及康德关于知识的质料与形式的学说,他说:"汗德尚谓一切形表色相(即表象、现象)有法实二义,实者吾心之所受,法者吾心之所施。"②此处"法"当指知识形式(包括感性的时空形式和知性的范畴),"实"指知识的感觉材料。严复说"实"是主体被动接受的,"法"是主体主动赋予的,对康德观点的传达还比较准确。严复在1906年写的"述黑格尔唯心论"一文中对康德在近代哲学史上的贡献给予很高的评价。他说,康德是"近代哲学不祧之宗","欧洲之言心性,至迪加尔(即笛卡儿)而一变,至汗德而再变。自是以降,若佛特(即费希特),若鳃林(即谢林),若黑格尔,若寿朋好儿(即叔本华),皆推大汗德所发明者也",他们都继承和发展了康德,"人有增进","各有所主",使"德意志之哲学"在哲学史上占有崇高的地位,"遂与古之希腊,后先竞爽矣"。不过,严复认为,康德之所以成为近代哲学的开创者("不祧之宗"),就是因为他提出了时空先天性的学说,"以澄彻宇(即空间)宙(即时间)二物,为人心之良能"。康德关于时空为先天感性形式的学说固然极为重要而且有很大影响,但是若如严复所说,似乎后康德哲学皆源于此说(例如他说黑格尔就是"本于此说,故

---

① 严复:《天演论》,载《严复集》,第5册,1270页,北京,中华书局,1986年。
② 严复:《穆勒名学》,商务印书馆,1931年,第49页。

唯心之论兴焉"),那显然是不正确的。①

1902年《大陆报》第一期上刊有"德意志六大哲学者列传"一文,作者未具名。文章简述康德、费息特(费希特)、瑞格林(谢林)、黑格尔、寿平好儿(叔本华)、侠特门(即爱德华·冯·哈特曼)等的生平著作,可惜对他们的思想、学说并无具体绍述。不过,"康德"和"黑格尔"这两个后来通用的译名却是在此文中最早出现的。作者对德国哲学赞美备至,认为它已超过西方其他国家,他说:"读近世之哲学史,德意志诚花明柳媚之繁华世界哉,欧美诸国皆莫能及矣。"关于康德,作者说他在德国六大哲学家中"最有名",其"最名(原文如此——引者)之著作即《纯净理性批判》",这是康德《纯粹理性批判》一书在我国最早的译名。

梁启超是最早撰写专文介绍康德的。他在《新民丛报》1902年4月第5号上发表"哲学大家德儒康德"一文,②随即又撰写长文"近世第一大哲康德之学说",陆续刊载于《新民丛报》1903年2月至1904年2月诸号上,比较详细地介绍了康德哲学的一些重要概念和思想内容。

梁启超认为,康德在哲学史上占有崇高的地位,不仅是"德国学界独一无二之代表人",而且是世界性的人物("世界之人也"),不仅是18世纪之人,而且是"百世之人"、"百世之师"。③ 康德的伟大功绩在于,他对"英国(经验)派"和"大陆(理性)派"都能去其偏蔽而取其精华,"集其大成";"远承倍垠笛卡儿两统而去其蔽,近撷谦谟(休谟)黎菩尼士

---

① 上引均见"述黑格尔唯心论"(1906年),载《严复集》,第1册,北京,中华书局,1986年,第216页。

② 有人将梁启超在《新民丛报》1902年10月第18号上发表的"进化论革命者颉德之学说"一文误为介绍康德之作(见《德国哲学论丛》1998年卷所载"20世纪上半叶德国美学东渐大事年表")。颉德(Benjamin Kidd, 1858-1916)是19世纪下半叶英国哲学家,梁启超介绍了他的《泰西文明原理》、《人群进化论》等著作中关于人类进化的一些观点。梁氏从未将颉德作为康德的译名。

③ 梁启超:"近世第一大哲康德之学说"(1903-1904),载《梁启超哲学思想论文选》,第153页,北京,北京大学出版社,1984年。

(莱布尼茨)之精而异其撰",而且承上启下,"下开黑格尔、黑拔特(即赫尔巴特)二派而发其华(二派一主唯心论,一反对唯心论,而皆自谓祖述康德)"。①

梁启超说,康德一方面反对理性主义的独断论("论定派")夸大人的理性能力,"妄扩张吾人智慧所及于过大之域",一方面又反对经验主义的"怀疑派"贬抑人的认识能力,"妄缩减吾人智慧所及于过小之域",而"欲调和此两派之争",就须首先考察人的理性能力的性质、作用和界限,"必当先审求智慧之为物,其体何若,其用何若,然后得凭借以定其所能及之界",这就是康德的"检点派之哲学"即批判哲学。② 梁启超说,康德的"检点哲学"分为两大部分,一为"纯性智慧之检点"(《纯粹理性批判》),一为"实行智慧之检点"(《实践理性批判》),但对康德的《判断力批判》则毫未提及。对于这两个部分,梁启超介绍了康德哲学的一些重要概念和思想,如"现象"和"本相"(指作为本体的物自体,但梁氏从未使用"物自体"或"本体"这两个译名)之分,"现象"是"学术"(知识)之界,"本相"则"终不可得知";理性("智慧")的三种能力或作用:"视听之作用"(即感性)、"考察之作用"(即知性)、"推理之作用"(即理性);时间空间是"智慧"所"自发""以被诸外物","以整顿诸感觉而使之就绪"的"两种形式";理性三个"本原之旨义"(即理念)有三:灵魂("魂")、作为万物之"全体"的世界、神;关于"世界之全体"有四对"不相容之说"(即二律背反);"以良知说本性,以义务说伦理",道德的价值在于"自由之善意"(善良意志),而不计其"有效无效";康德道德学的"极则"是"以他人为目的的",不可"以他人为手段",建设一个"众目的之民主国"(即康德所谓"目的国度"),如此等等。但是,梁启超对康德哲学的解释有很

---

① 梁启超:"近世第一大哲康德之学说"(1903-1904),载《梁启超哲学思想论文选》,第153页,北京,北京大学出版社,1984年。

② 同上书,第154页。

817

多地方是很不确切的。例如,他把康德所说的"现象"等同于感官所能接受的感觉材料("与吾六根相接而呈现于吾前者,举凡吾所触所受之色声香味皆是也"),而认为"本相"是指"吾所触所受之外,彼物别有其固有之性质存"。梁启超对康德哲学的介绍疏漏之处甚多。例如,他完全没有提到"先天综合判断何以可能"这个提挈《纯粹理性批判》全书的总问题;他也完全没有提及先天知性概念或范畴及其先验的演绎,然而却将康德在关于知性综合原理体系中所讲由知觉达到经验统一的经验类推的三条原理("势力不灭之理"即实体永恒性原理,"条理满足之理"即依据因果律时间中继续原理,"庶物调和之理"即依据相互作用或相互共处规律而共存原理)说成是知性("考察作用")所"必赖"而"不可避"的最重要的"三大原理"。

梁启超在文中加了许多按语,以康德哲学与佛学、阳明心学、朱熹理学的某些观点相比较,说明他在研读康德时的确做过认真的思考,而且有些比较是言之成理的,如认为康德与王阳明都是以"良知"或"良心"为道德的根源,"阳明之良知即康德之真我"。但是,有些比较是牵强附会,比拟不伦的。例如,他认为康德所说的"推理力"(即最高的理性能力)"自一理进入他理","以求达于极致之处","能举一切而统属之一本原"(且不说这种表述也不确切),"颇相类"于朱熹讲格物致知,"教人穷理""以求至乎其极",即"一旦豁然贯通"而臻于"众物之表里精粗无不到"的境界。但是我们知道,对朱熹来说,穷理的极致是达到对事物从现象到本质的完满的认识,而康德之所谓理性的"推理力"及其追求的"理念"(梁启超译为"本原之旨义")只有一种消极的规整的作用,不能提供关于物自体的实在的知识。这种不可知论的观点与朱熹的穷理之说大不相类,焉可比附?至于梁启超断言"康氏哲学大近佛学",随处以佛家之说诠释康德,尤多乖违不当之处。例如,梁启超认为,康德研究哲学首先从对理性的能力、性质和界限的批判考察着手,可"与佛教唯识之义相印证","佛氏穷一切理,必先以本识为根抵",然而佛家唯识宗之"以本识为根抵"虽然包含有某种认识论的研究,但主要是主张"万法唯识"、"唯识无境",即心外无物的主观唯心论,而康德对理性的批判的认识论的考察,其宗旨其归宿都决不是这种主观唯心论。①

　　王国维曾尖锐地批评梁启超这篇介绍康德哲学的文章"其纰谬十且八九也"。② 此言或许过苛,但梁文远没有准确、忠实地传达康德的思想,则是不争的事实。

　　王国维本人对康德哲学做过艰苦的研究,据他自己说,从1903年到1907年曾先后研读康德的著作,③并在《教育世界》上陆续发表一系列有关康德生平、著作和思想的文章,就康德哲学的介绍来说,他是这一时期工作做得最多的一位,也是对康德哲学有比较全面、比较深入的了解的一位。

　　王国维认为,康德(王氏采用严复的译名,译为"汗德")在哲学上的地位之所以"超绝于众",在于他能"包容"18世纪启蒙时代各派哲学的思想,如沃尔夫的理性形而上学、休谟的经验论、卢梭的自然主义、牛顿的自然哲学、自托兰德到伏尔泰的理神论(即自然神论)等,都"各占汗德思想之一部分"。④ 康德哲学之有别于以往哲学的"特色"或"特质"在于他"提出知识之问题"而以"批评的"(批判的)方法研究之,康德名之曰"理性的批评",即"就理性之作用,为系统的研究,以立其原则,而检其效力"。康德根据"当时心理学上之分类法",认为"理性现于知、情、意三大形式",因此将其理性批判的哲学分为三部分:"理论的(论知

---

① 梁启超:"近世第一大哲康德之学说"(1903-1904),见《梁启超哲学思想论文集》,第154-167页。
② 王国维:《论近年之学术界》(1905年),见《王国维文集》,第3卷,第37-38页。
③ 王国维:"静庵文集续编自序(一)"(1907年),见《王国维文集》,第3卷,第471页。
④ 王国维:"汗德之哲学说"(1904年),《王国维文集》,第3卷,第297页。

力)",著为《纯粹理性批判》;"实践的(论意志)",著为《实践理性批判》;"审美的(论感情)",著为《判断力批判》。① 对前两个部分,王国维写了"汗德之知识论"和"汗德之伦理学及宗教论"予以介绍,第三个部分即康德的美学思想,王氏未曾著专文论及。

王国维在"汗德的知识论"一文中简要地介绍了《纯粹理性批判》的基本内容。他一下子就抓住了康德批判哲学的总问题,即"先天的综合判断之可能性"问题,说他的"批评论"(批判哲学)是"由'先天的综合判断'之见于三种纯粹科学('数学、纯粹自然科学及形而上学')中之事实出发"对理性进行"检察"的。王国维说,康德所谓"理性能力之性质"可以"综合"二字概括之,而理性的综合分为"三阶段",即感性、悟性、理性("狭义之理性")。感性能力是以先天的时空形式"而结合感觉以成知觉","与人以有普遍性及必然性之知觉"。悟性能力是以先天的概念或范畴"而结合知觉以为自然之经验"。康德关于悟性的学说是王国维此文介绍的重点,他着力阐述了康德关于悟性以先天概念构造经验对象、"与自然界以法则"的思想,认为这是康德哲学的核心。他说,康德"视悟性为有创造性之作用,即由知觉而造思维之对象","谓思维之对象即思维自己之生产物",这是讲"理性之自动性","乃彼之先天观念论(即先验唯心论)之中心也"。而且他认为,《纯粹理性批判》中"最艰涩之部分"就是"悟性之纯粹概念之先天的演绎"篇中"证明范畴如何而造经验之对象之说"。康德"由判断之表(指四类判断)而演绎范畴之表(指十二范畴)"的具体做法,王国维并不满意,认为此表"出于人为,而不尽合于事实",而且"判断与范畴不必有此关系"。王国维说,康德先天的时空形式和悟性范畴只能"应用于一切之经验"即"现象",而"不能超越之","不能及于物之本体",诚然,"本体"的概念在《纯粹理性批判》中

---

① 参见王国维:"汗德之哲学说"(1904年),《王国维文集》,第3卷,第297-308页。

"非有积极的意义",康德自己说它是一个"经验之界限概念",是一个"其实在性不能定其有,又不能遽言其无"的"问题"。但是王国维不赞成19世纪下半叶的新康德派把康德的这些说法引申为对物自体的否定,他力图保持康德哲学的本体与现象二元论的本来面目,强调康德"不拒绝外物之实在性",本体概念"不能视为或然的概念",那种"拒绝本体之实在性"而将一切"皆归于现象"的说法是"无证据之言"。至于理性的第三"阶段"的综合能力即"狭义的理性",是欲"由理念之力而结合经验之判断,以得形而上学之知识",即欲建立关于超乎经验的"可思而不可知"的对象(灵魂、世界及上帝"三种"理念)的形而上学,王国维说康德在《纯种理性批判》的"先天(先验)辩证论"篇中就是"证明不能经验之形而上学,即超感觉之形而上学"是"不可能"的。①

王国维在"汗德之伦理学及宗教论"中说,康德的《纯粹理性批判》"廓清古今之形而上学","尽褫纯粹理性之形而上学的能力",似乎"使人陷入绝对之怀疑论"。但是,这种怀疑论不过是"汗德哲学之枝叶,而非其根本",若"遽谓汗德为怀疑论者"并以此责难康德,就是"全不知其哲学之精神与其批评之本旨"。王国维说,康德哲学的本旨"决非有害于道德上之信仰及其超绝的对象(神)"。道德信仰属于实践理性即意志的领域。康德的"根本思想"是认为"吾人及万物之根本,非理性而意志也"。所以"理性之作用常陷于不可知之矛盾,而使人回惑。至意志则常与信仰同盟,而道德宗教之源皆出于此,且从而保护之",康德从纯粹理性批判转入实践理性批判,就是由"理论上之怀疑变而为实践上之确实",是"以纯粹理性附属于实践理性,故意志之自由、灵魂之不死、上帝之存在吾人始得而确信之也"。不过,王国维此文对康德《实践理性批判》的介绍过于简略,关于伦理学说仅提及康德的意志自由说,即主

---

① 王国维:"汗德之知识论"(1904年),见《王国维文集》,第3卷,第299-308页。

张只有以"良心之命令"为动机的行为才有"道德上之价值"。关于康德的宗教学说，王国维援引其《在理性范围内之宗教》一书，介绍其"欲约宗教于道德中"、"视宗教建设于道德上"的"根本思想"。①

对于康德哲学，王国维有一总的批评，说"汗德之学说，仅破坏的，而非建设的，彼憬然于形而上学之不可能，而欲以知识论易形而上学，故其说仅可谓之哲学之批评，未可谓之真正之哲学也"。②

这一时期对康德哲学有较深切的了解而且在著作中屡屡言及康德者，还有章太炎。章太炎是以孙中山为首的革命派的著名思想家，也是对中西哲学均有很高造诣的杰出学者。他对西方哲学有广博的知识，对康德哲学尤有兴趣，说康德"在世界上被称为哲学之圣"，③但是他并未写过有关的专门论著或介绍文字，而只是在其著作中随处征引，议论评说，对康德的观点或取或舍，借以论证和构筑自己的哲学体系。章太炎最早是在"无神论"一文中谈到康德的。他在该文中从无神论的立场批评了从基督教、吠檀多教到晚近的冯·哈特曼（"赫尔图门"）的各种宗教的哲学的有神论观点，也批评了康德在《纯粹理性批判》中以神之有无为不可知的观点，他说："夫有神之说，其无根据如此，而精如康德，犹曰：'神之有无，超越认识范围之外，故不得执神为有，亦不得拨神为无。'可谓千虑一失矣！"，章太炎认为，神既不像外物那样由"五官所感觉"（"非由现量"而知），也不像自我那样由内省"所证知"（"亦非自证"而知），只能靠逻辑推理来论证它的存在（"直由比量"而知），然而这种推理又必不合乎逻辑，所以神的观念纯属虚构；"凡现量、自证之所无，而比量又不可合于论理者，虚撰其名，是谓无质独影"，神简直是一个有

---

① 王国维："汗德之伦理学及宗教论"（1906年），见《王国维文集》，第3卷，第308-312页。
② 王国维："叔本华之哲学教育学说"（1904年），见《王国维文集》，第3卷，第318页。
③ 章太炎："演说录"，载《民报》，1907（6）。

名无实的幻影,既然"不可执之为有",就"不妨拨之为无"。① 所以,康德以不可知论逃避对神的有无问题作明确的回答,是一个失误。

章太炎在"建立宗教论"一文中把他从佛教唯识宗吸取来的"真如"这个基本哲学概念与康德的"物自体"(译为"物如")相比较。他说:"言哲学创宗教者,无不建立一物以为本体"。佛家的本体是"真如",真如超乎一切名言的一切规定性而自在自为地存在:"在遍计所执之名言中,即无自性;离遍计所执之名言外,实有自性。"康德也"以为必有本体名曰物如(物自体)",而将时空、十二范畴等都视为"空名"而否定其为"物如"所固有:"其果于遮遣空名者,或以我为空,或以十二范畴为空,或以空间、时间为空。"所谓"空",不是说绝然无有,而是指时空、范畴乃生于意识的"幻有"即现象。就此而言,康德的物自体似接近于真如。但是,章太炎认为,康德的物自体还没有达到真如而外一切皆空的境界。因为康德"独于五尘,则不敢毅然谓之为空"。这显然是指康德的物自体概念中还保留有唯物主义的因素,承认"五尘"即色声香味触是物自体刺激而起,不是心主观自生的,当然够不上是"空",也就是章太炎所批评的,康德"不悟离心而外,即不能安立五尘"。所以,康德的物如还不是真如,而只可称之为"色如",即一种物质本体:"物如云者,犹《净名》(即《维摩诘经》)所谓色如耳。"②章太炎后来在1916年刊印的《蓟汉微言》中又谈到康德的物自体,看法已有变化,认为"康德见及物如,几与佛说真如等矣"。对康德的批评只是责备他"终言物如非认识境界,故不可知"。其所以如此,是因为康德"但解以知知之,不解以不知知之也"。"以不知知之",即庄子所说的"以无知知"(《人间世》),"不知之知"(《知北游》),是以一种超乎感觉和逻辑思维的方法即直觉、冥

---

① 章太炎:"无神论"(1906年),载《章太炎全集》(四),上海人民出版社,1985年,第401-402页。

② 上引均见章太炎:"建立宗教论"(1906年),载《章太炎全集》(四),第404-405页。

悟之类去把握绝对的"道"("见独")。章太炎很惋惜康德"卓荦如此,而不窥此法门"![①]

二、黑格尔哲学

就笔者迄今所见,最早介绍黑格尔的就是前已说到的1902年《大陆报》第一期所载"德意志六大哲学者列传"一文,"黑格尔"这个译名即始见于此文。作者只是极简略地提及黑格尔的几本著作,而对其哲学思想并无稍许具体的评述。作者认为黑格尔与费息特(费希特)、瑞格林(谢林)一样,是作为康德的反对者而出现的。他说:"康德之学风大行之后,德意志哲学家起而树反对之论者甚众。若康德以为物即是物(大约是指承认物自体的存在——引者),费息特、瑞格林、黑格尔反其说,以为有我而后有物,物不能自有,倡冥想唯心派。""冥想唯心论"在文中附有英文 speculative idealism,今译思辨唯心论。把费希特、谢林、黑格尔统称之曰"冥想(思辨)唯心派",当然不错,但是,作者又将黑格尔与谢林都说成是如费希特一样"以为有我而后有物,物不自有"的主观唯心论者,则大错特错了。作者指出,黑格尔"早年惟传瑞格林之哲学而已",后来才建立自己的哲学体系,"1801年始获一书名《费息特及瑞格林之哲学异同论》(即《费希特和谢林的哲学体系之差异》),1805年著《心意现象论》(即《精神现象学》),此书实黑氏直抒己见之大著作也"。可惜作者对黑格尔这部已形成自己独立的哲学体系的"大著作"的内容并无只字言及。但是,在谈到黑格尔"1821年著《权利哲学》"(即《法哲学》)时,作者对黑氏的政治观点作了五点概括,即"以为人民代表、出版自由、裁判公开、陪审、地方自治,五者缺一不可"。显然,作

[①] 《菿汉微言》,1916年刊印本(北京大学图书馆藏),第29页。

者对黑格尔《法哲学》中的国家学说缺乏真正的了解，似乎并不知道黑氏的基本政治理想是在君主立宪制下实行一种由土地贵族和工商业市民两个等级组成的等级会议，而不是人民代表制。又如，黑格尔在《法哲学》中并无地方自治之议，而且所谓地方自治也不符合黑格尔关于国家为有机的整体、为普遍性与特殊性之统一的理念。

之后对黑格尔哲学作专文介绍的有马君武的"唯心派巨子黑智儿学说"(1903年)和严复的"述黑格尔唯心论"(1906年)。章太炎在著作中间亦谈及黑格尔，蔡元培在译著《哲学要领》(1903年)中也有涉及。

马君武的文章对黑格尔的生平、著述和哲学思想分节作了介绍。他认为，黑格尔在哲学史上占有很重要的地位，"至黑智儿出，而哲学之面目一变，扫除旧说之误……而自标新义"，他的哲学在哲学界"放大异彩，固自有其真价值在焉"。关于黑格尔的思想，马君武主要介绍了他的绝对唯心论、逻辑学（"论理学"）和历史哲学。马君武正确地指出，黑格尔哲学的基本原理就是他的主观和客观同一的学说："黑智儿之哲学大原理，即谓主观与客观相同而无所别异是也。"马君武说，关于主客同一（思有同一、心物同一）的思想，谢林（"瑞格林"）在黑格尔之前曾提出主客"两相同等，无所别异"，即他的同一哲学，但是与黑格尔的主客同一说是不同的（"其道亦不同也"）。如何不同，马君武未作出明白确切的表述，但是，我们看到，他反复强调，黑格尔之提出主客同一是以万物相反相成的对立统一法则为根据的。他说："夫主观之与客观，迥相别异，何以能同？黑智儿曰：凡物莫不相异，而相同之故，即在于是。"就是说，主观与客观之所以具有同一性恰恰是因为它们是"相异"的。马君武把这种差异的同一或对立的统一亦称为"连合"，说在黑格尔那里，"自连合上言之，（主客）二者虽相反，而实相同也"。因此，黑格尔的主客同一说与以主客为绝对同一的谢林哲学是不同的，而且是"救正瑞格林（谢林）之失的"。不过，马君武又将黑格尔的主客同一说比附于休谟只承认观念而消解心物实体的怀疑论,说"黑智儿之绝对唯心论即朽姆(即休谟)之怀疑论也。朽氏曰:无所谓心无所谓物,唯理想(即观念)而已。黑智儿曰:无所谓主观,无所谓客观,唯连合而已"。这个说法实在大谬不然,表明马君武对黑格尔的主客同一说并未真正理解。

马君武在文中没有提到辩证法一词,但是应当说,他对黑格尔辩证法的核心即对立统一("相反者相同","相异者相同","连合")思想确有一定的认识并且给以很高的评价。马君武说,黑格尔提出"相反者相同"是作为宇宙的普遍规律,他"昌言物即非物,主观同时即客观,客观同时即主观,光即是暗,暗即是光。其言曰:世界万物,决不单行,互相杂和(意指对立统一,但杂和一词失当——引者),是为神律(divine law)",即神圣的宇宙规律。马君武说,黑氏此说并非"新创";而是继承了希腊哲学家黑拉克力太司(即赫拉克利特)的"是即非是"(现通译为"既存在又不存在")的学说,"黑氏之说即以论理法(即逻辑)论黑拉克力太司之说而实之",而且扫除了怀疑否定这个学说的"旧有之陈论",使之成为一个完善的理论,马君武盛赞它:"此诚哲学至美之论。"

对黑格尔的历史哲学,马君武也非常欣赏,甚至说黑格尔的历史哲学《讲义》(即《历史哲学讲演录》)"实黑氏全集中最有味之书也,令后之读者自赞美不止"。马君武首先介绍了黑格尔的历史概念:"黑智儿谓历史者人群理想发达之记录也。"这是对黑格尔关于历史是精神的发展或其理想的实现这一基本观点的虽不确切但不违本义的表述。马君武指出,黑格尔就是从理想发达的不同程度或阶段将古今历史分为四大时期,而所谓理想的发达实即人的自由意识的进展,所以历史的四大时期也就是自由意识发展的不同时期。首先是东方古国发达之期,为理想发达之"婴儿时代","人不知有自由、人权,唯知尊君主";其次是希腊发达之期,为理想发达之"少年时代","人知有自由,然不知人人皆自由";再次是罗马发达之期,为理想发达之"成年时代","主观客观之分别甚为明晰,但政治机关与个人自由皆发达而不相合";最后是条顿人种发达之期,为理想发达之"老年时代","一切人皆自由"。值得指出的是,马君武对黑格尔关于自由的观念情有独钟,认为黑格尔绝对唯心论之"有大功于人世者"就在于他相信"思想者,世界之灵魂","而人之思想可自由发达,抉破一切之网罗,而无所于限制",所以"黑智儿之绝对唯心论实世界之大光明也"。这显然是按照马君武自己要求冲决中国封建制度网罗的愿望来理解和发挥黑格尔的绝对唯心论及其自由观念了。还有一点值得提到的,是马君武在黑格尔的历史哲学中也注意到他的辩证的东西,即否定之否定的观点。马君武说,黑格尔要求在研究历史时"不可不知其三面,一正面,二反面,三反面之反面。经此三面,人群之真事乃可见"。就是说,只有把历史看作一个肯定("正面")、否定("否定")、否定之否定("反面之反面")的发展,才能揭示历史的真实。马君武没有也不可能对黑格尔的这一辩证法思想作更多更深入的阐述,但是他最早对此有所触及、有所理解,已经是难能可贵的了。①

严复的"述黑格尔唯心论"一文内容限于黑格尔的精神哲学(此文有一英文的副标题,即 Hegel's Philosophy of Mind),而且只讲了主观精神("主观心")和客观精神("客观心")两部分,而于绝对精神("无对待心")"则未暇及也"。

关于主观精神,严复所述极为简略。他说:"主观心者,就吾一人而得之者也",即指个体的心或精神。但是,严复没有注意,黑格尔所谓主观精神之为"主观的",非仅就其为个体精神而言,更主要的是因为精神尚处于其"未展开的概念中",尚未展现于法律、道德、社会、国家等"客观的东西"中。严复还试图用达尔文进化论的观点来说明黑格尔所谓

---

① 上引均见马君武:"唯心论巨子黑智儿学说",载《新民丛报》,1930(27)。

精神具有的"知觉"(意识)和"自由"的特性("心之德")之发生,说"万物为天演所弥纶,而人心亦如此,……天演之行既久,其德形焉。心德者,天演之产物也"。这是对黑格尔的一大误解。黑格尔讲绝对理念的辩证发展,从逻辑的理念外化为自然,最后在人的身上达到自我认识,即成为精神。精神只是绝对理念自我发展的结果,并不是自然界进化的产物。

严复文章大部分篇幅是谈客观精神的,对客观精神的三个环节即法(或抽象法)、道德和伦理都有所述及。法或抽象法,严复译为"天直"即固有的法或自然权利。他说:"客观心之发见也,首著于人类之天直",法是客观精神发展的第一个阶段。法又有三个环节:一是所有权,严复译为人人对"其所主之产业"的"天直";一是契约,人与人间"由主物之天直而得通物交易之天直","以契约质剂,为之证书";一是法与不法的对立,个人意见"有所欲为,而所为或与众志忤"即与人们的"普遍意志"相抵牾,"迕之而过,则罪犯形焉",犯罪就是超越了法的范围("越其天直封域"),"故谓之不法"。严复在这里很重视黑格尔的"公道之报复"的思想,即认为刑罚对于罪犯并不是一种"复仇",而是伸张"公道","乃公道之报复",也就是黑格尔说的"刑罚的正义"。

关于客观精神的第二个阶段,即道德,严复没有谈论它的各个环节,而只是概括地指出,道德由法过渡而来,"向之法典,今为民德";道德又过渡到伦理,"道德义利之行于社会,于何而见之?曰:见于伦理也,见于礼俗也"。

对于客观精神的第三个阶段,即伦理,严复则用了大量的笔墨进行评述。黑格尔所谓伦理包括三个环节:家庭、市民社会、国家。严复说:"伦理礼俗基于家,而为一切之基础。……由此而后有社会,亦由此而后有国家。"黑格尔说,市民社会是"特殊性的领域",是受个人的特殊的利益支配的领域,严复把它称为尚未成为国家的社会,"其宗旨在保护小己之利益","以个人之利益为最重"。黑格尔认为,国家则是普遍和特殊的统一,其目的是"包含着特殊利益"的"普遍利益本身",严复把它称为已成为国家的社会,在国家中"将其所以为一二人之私利泯焉,而所祈向之公义立"即确立了普遍利益,这就是"成国与未国之社会之大分也"。在谈到国家制度时,严复对黑格尔之批评民主共和制颇有同感,他说:"自黑氏言,庶建共和之治,非治之极则也。以主其说者,不知群与国之分殊,而视小己之利害过重。"所以自古以来,共和制"恒不可以长久"。因此,对黑格尔之主张君主立宪制,严复更是人同此心,说"君主者,治之正制也",说君主是绝对理念、客观精神的代表("向之皇极上理胜义客观心,乃于此得代表焉"),说君主是绝对理念的体现("大君者,有形之皇极也"),他的伟大意志集中了无数民众的共同意志("会亿兆之公志而为一人之大志者也")。对黑格尔国家学说的"精义"欣赏若此,严复不禁大声赞曰:"呜呼!炎炎大言,黑氏之言皇极与君主也。"①

严复在此文结尾有一段按语,对黑格尔哲学的基本特征及其思想渊源略作说明。他说:"古之言化也,以在内者为神明,以在外者为形气。二者不相谋而相绝者也",即以心物为互相对立、各自独立的二元,而黑格尔则不然,他主张精神就是一切,主观与客观只是精神自身的区别而已,"一切唯心,特主客二观异耳"。在严复看来,黑格尔的主客统一说是克服了笛卡儿和康德割裂心物、主客的二元论并综合吸收了他们的思想而提出来的,"此会汗德、迪迦尔二家之说以为此者也"。不过,严复又特别指出,黑格尔的"唯心之论"之"兴"就是"本于"康德关于时空先天性("为人心之良能"),认为"空间、时间二者,果在内而非由外"的学说,何以如此,严复没有细说,而事实上康德的时空学说对于黑

---

① 严复:"述黑格尔唯心论",见《严复集》,第一册,第210-213页。

格尔绝对唯心论的形成并没有起特殊的作用。

这里我们也要提到章太炎,他在若干地方谈论了黑格尔,可惜多有误解,于此也可见那时中国人对黑格尔的了解的确是很初浅的。例如,章太炎也像严复一样,把黑格尔误解为进化论者,而且说他是近代进化论学说的首创者。他说:"近世言进化论者,盖昉于海格尔(即黑格尔)氏。虽无进化之明文,而所谓世界之发展,即理性之发展者,进化之说,已蘖芽其间矣。"①章太炎不知道,黑格尔的发展论是讲"理性"(绝对理念)按其自身内在矛盾的展开而辩证发展的过程,与进化论者所讲渐进的平滑的进化,其旨趣迥异,甚至恰相反对。② 另一方面,黑格尔在《自然哲学》中又是根本否认物质自然界有任何发展和进化的。在他看来,自然是绝对理念的"他在"或"异化",自然界的全部多样性,包括生物界的一切物种,都只是绝对理念的各个发展环节、各个范畴在空间上的展开,都是同时并列而无时间的进展的,这同黑格尔在世时正在自然科学中酝酿成熟的进化论观念是背道而驰的。至于章太炎说"达尔文、斯宾塞尔辈应用其说(指黑格尔的发展论),一举生物现象为证,一举社会现象为证",③则已近乎无知妄说了。

又如,章太炎像很多人那样,大大误解或曲解了黑格尔的这句名言:"凡是合理的都是现实的,凡是现实的都是合理的"(《法哲学原理》序言)。很多人把这句话理解为并且径直翻译为:"凡是存在的都是合理的。"章太炎亦然,他将此语表述为:"事事皆合理,物物尽善美",而且说"海格尔所谓'事事皆合理,物物尽善美'者"与庄子所说"无物不然,

---

① 章太炎:《俱分进化论》(1906年),见《章太炎全集》(四),第386页。
② 某些进化论者(如达尔文)的思想中包含有辩证法的因素,是另外的问题,并不改变一般进化论的非辩证法的性质。
③ 章太炎:《俱分进化论》(1906年),见《章太炎全集》(四),第386页。

无物不可"(《齐物论》)"词义相同"。① 他还引证布鲁东(即蒲鲁东)"一切强权无不合理"的话,认为"原其立论,实本于海格尔氏",②硬把黑格尔斥为强权政治合理性的辩护士。正如恩格斯在 19 世纪 80 年代指出过的,没有哪一个哲学命题像黑格尔的"凡是合理的都是现实的,凡是现实的都是合理的"这个著名命题那样"引起近视的政府的感激和同样近视的自由派的愤怒",他们都以为这个论题"是把现存的一切神圣化,是在哲学上替专制制度、替警察国家、替王室司法、替书报检查制度祝福"。但是,恩格斯说,"在黑格尔看来,凡是现存的决非无条件地也是现实的。在他看来,现实的属性仅仅属于那同时是必然的东西,……同样,在发展的进程中,以前的一切现实的东西都会成为不现实的,都会丧失自己的必然性、自己存在的权利、自己的合理性。"因此按照黑格尔的辩证法,凡是现实的都是合理的这个论题不仅不是为现存的东西辩护的,相反地恰恰是向人们宣布:"凡是现存的,都是应当灭亡的。"③当然,除非对黑格尔哲学特别是他的辩证法思想有深刻理解的人,是很难领悟他这个论题所蕴含的真义的,因而对章太炎的误解和曲解,我们也不必苛责。④

这一时期对黑格尔略有介绍者,还有蔡元培。他在 1903 年从日文转译了德国科培尔的《哲学要领》。书中讲黑格尔哲学方法为"近日最有

---

① 章太炎:《四惑论》(1908 年),见《章太炎全集》(四),第 449 页。
② 章太炎:《四惑论》(1908 年),见《章太炎全集》(四),第 445 页。
③ 《费尔巴哈和德国古典哲学的终结》,《马克思恩格斯选集》第四卷,1966,第 197-198 页。
④ 章太炎是从日本哲学界对德国哲学的介绍了解黑格尔的。他对黑氏的这个论题的误解是否来自日人,我们暂无直接的证明。但日人著述中确有对此命题作如此误解或曲解者。例如,日本哲学家安位能成在其所著《西洋近世哲学史》(岩波书店,大正六年即 1916 年版)第 303 页讲黑格尔思想时就曾提到"他的有名的'凡是存在的就是合理的'"这个命题,而且附以被他擅自篡改过的德文原文"Alles was ist, ist vernünftig"(黑格尔原文为:"Was wirklich ist, das ist vernüftig")。

名之辩证法",是阐明"吾人总念(概念)之进化"的,而"进化"则是由"正题"而"反题"而达于正反之"结合"。书中还提到"奥费本(Aufheben)"(今译扬弃)一词,说此语是"形容亦保亦废而又结合于进步之义也"。①该书非专论黑格尔之作,故介绍至为简略,但蔡元培的翻译第一次引进了"辩证法"这个极端重要的译名,在德国哲学东渐史上还是值得大书一笔的。

---

① 《蔡元培全集》,第271页,台湾,商务印书馆,1977年。

德国哲学输入我国究竟始于何时？*

贺麟先生认为，德国哲学之介绍于国人，以康有为 1886 年《诸天讲》一书为最早。康氏在该书中曾谈及康德关于天体形成的星云假说和对上帝存在的本体论证明的批判。①

《诸天讲》一书是康有为死后于 1930 年才刊印出版的，此前长久不为世人所知，在近代西学东渐史上不曾发生任何影响，书中对康德思想的介绍，似不足为德国哲学输入之开端。

据笔者目前所见，在康有为写《诸天讲》之前，已有来华的英国传教士艾约瑟（Joseph Edkins）在其所著《西学略述》一书中谈及"德人雷伯尼兹"（莱布尼茨）和"德人干得"（康德）的若干哲学观点和哲学范畴。《西学略述》收入艾氏在十九世纪八十年代初所编《西学启蒙十六种》（包括译著和其本人的撰著）。据他在光绪乙酉（1885）年冬为这一套丛书写的自序中说，他编辑此书"抵今五载，得脱稿，告成十有六帙"②，由是可知其编书时间始于 1881 年。《西学略述》为这套丛书之"第一种"，共十卷，分卷讲述西方哲学、史学、文学、经济学、宗教和

---

* 原载《外国哲学》，第十六辑，商务印书馆，2004 年。
① 贺麟："康德，黑格尔哲学在中国的传播"，载《五十年来的中国哲学》，辽宁教育出版社，1989 年。
② "艾约瑟叙"，《西学启蒙十六种》，光绪丙申（1896 年），上海，著易堂书局刊印本。

各门自然科学("格致")的基本知识。其第五卷卷目为"理学",即哲学,对自古希腊直至十九世纪的西方哲学有极简略的介绍。其中讲到的"各理学家之大著名于世者"就包括"德国之雷伯尼兹理学并干得理学"。

关于"雷伯尼兹"(莱布尼茨),艾约瑟主要介绍了他的单子论和预定和谐说,篇幅极小,且有不确切或讹误之处。莱布尼茨的单子,艾约瑟译为"圆质点"。他说,莱布尼茨认为:"当开辟之初,上帝即于瞬息间造有无数杳然无形、浑然自成之圆质点,而其间能力率各不同,是为化成万物之体"。艾氏在这里正确地指出莱布尼茨所谓单子乃上帝所造(其实莱布尼茨说上帝也是一个单子,最高的单子,一切单子的单子);单子是构成世界万物的实体("化成万物之体");单子有无量数之多;每个单子都是圆满具足的("浑然自成",用莱布尼茨的话说,每个单子都是一个自满自足的"小宇宙",虽无窗口,却反映着整个的宇宙);每个单子都具有"率各不同"的"能力"(莱布尼茨认为,每个单子都具有一种内在的能力,是一个能动的实体,其能力各有不同,因此没有任何两个单子也没有任何两个由单子构成的事物是完全相同的,这个动力学的观点可谓单子论之精髓)。但是,艾氏将单子译为"圆质点"则是用了一个极不恰当乃至错误的译名。莱布尼茨的单子(Monad,原义即单元unit,个体 individual)是一种非形体的(incorporeal)、非物质的(immaterial)东西,亦即精神的实体(spiritual substance),怎么可以说它是"质点"(material particle)而且是"圆"的呢?这显然是把单子误解为一种物质性的东西了。至于艾约瑟又说单子是"杳然无形"的,即某种渺不可见而无定形(invisible and formless)之物,诚然与"圆质点"的说法凿枘不合,但与其将单子视为物质实体的误解并不矛盾,因为物质性的东西(如空气),就其无触目可见的确定形状而言,确亦可说是"杳然无形"的。关于预定和谐,艾约瑟说:"夫物莫不有此某某质点相辅而不相挠,是皆上帝所预定"。这个解说简而不明,"相辅而不相挠"一语远不能确切地表达莱布尼茨所谓预定和谐之为单子及世界万物按上帝预定的安排而合目的性地适应和关联的本义。艾约瑟从预定和谐说又进而推断莱布尼茨主张"世美无加",意即"上帝之创立此世界,要皆已臻至美,更无可加"。艾氏此说无疑更曲解了莱布尼茨。莱布尼茨认为,上帝创造世界有无穷多的可能性,或者说,上帝之创造世界可在无数多的可能世界中进行选择,我们这个现实的世界就是上帝所选择和创造的一切可能世界中最好的世界,因为在这个世界中万汇纷纭,纷繁多样,而又和谐统一。但是,莱布尼茨并不认为这个世界至善至美,止矣尽矣,无以复加矣。他承认这个世界还有缺陷,还有恶,不过,在他看来,缺陷和恶乃是完美与善的陪衬,正所以助成完美与善者,相反相成,故而世界不失为一个和谐的全体。①

关于"干得"(康德),艾约瑟主要介绍他的知识论学说,所谓"三能(三种认识能力)十二思范(十二范畴)说"。艾约瑟说:"德人干得生当中朝之乾隆年间,缘彼有慨于时人之不虚心考稽而多自是(按"自是"当指独断论),或多旁疑也(按"旁疑"当指怀疑论),故其立论,要皆力诋自是之非,而明言有可疑之理,亦有决无可疑之理",正是为了批判独断论和怀疑论,康德提出了他的知识论学说,"爰创三能、十二思范之说"。艾约瑟说,康德的"三能"是指:"一觉能(即感性能力),一识能(即知性能力),一道心能(即理性能力)也"。"觉能"不仅为思维提供感性知觉材料("觉者,入自耳目,为思之质"),而且赋予感性知觉材料以空间("处")和时间("时")的形式("夫耳目所觉之质,皆必有其处其时");"识能"提供"出自心意"(用康德自己的说法是源于先天自我意识)的

---

① 以上引文均见《西学启蒙十六种》之"第一种"《西学略述》卷五"理学",第33-34页。

"思之范"即思维范畴或知性范畴。这些范畴"要可分为十二,而复以四类统之"。艾约瑟将这十二范畴及其分类一一列之如下:第一类为"几何之类"即量的范畴,包括"一独数(单一性),二众数(复多性),三全数(全体性)";第二类为"若何之类"即质的范畴,包括"四实(实在性),五不实(否定性),六界限(限制性)";第三类为"彼此之类"即关系范畴,包括"七本末(实体和偶性的关系),八体用(原因和结果的关系),九推抵二力(能动者与受动者交互作用的关系)";第四类为"情形之类"即模态范畴,包括"十能(可能性),十一有(存在性),十二不获已(必然性)"。这些范畴的译名,有的欠妥或不当(如译因果关系为"体用",译必然性为"不获已"),但总的来看,并无大谬。距今一百多年前,在最早介绍康德哲学时,就能给出这样一个完整无缺而大体不乖本义的十二范畴译名表,是值得称道的(后来王国维在1904年《汗德之知识论》一文中亦列叙十二范畴,主要抄自日人的汉字译名)。至于"道心能"即理性能力,在康德那里指对超验的东西的追求,而非一种积极的认识能力,因为超验的东西是不可知的。艾约瑟对所谓"道心"的说明,殊不可解,说"道心"是"永自清明,浑然天理,是保是存,凝而为一",不知何义?"凝而为一"或许是指"道心能"所追求者是作为总体、作为统一体的超验的东西,在康德那里,就是理性欲以三个"理念"去把握的超验的对象,即作为精神实体的灵魂(艾氏说:"如以己体言,即为灵魂"),作为一切现象或万物之总体的世界(艾氏说:"以外象言,即为万物",此言不当,在康德那里,万物皆为经验现象,作为万物总体的世界才是一个超验对象的理念),作为包含一切存在之可能性的最高条件、具有绝对至上完美性的上帝(艾氏说:"以善之元长美实无极言,即为上帝")。①

---

① 以上引文均见《西学启蒙十六种》之"第一种"《西学略述》卷五"理学",第34页。

德国哲学输入我国究竟始于何时?

艾约瑟对德国哲学的介绍虽然早在十九世纪八十年代初,但其所编《西学启蒙十六种》丛书迟至九十年代中期才刊刻出版(1896年上海著易堂书局印行)。那么,此前在公开发行的书刊中是否有人谈到德国哲学呢?

笔者在"康德、黑格尔哲学初渐中国述略"(《德国哲学论丛2000》)一文中曾说:"在公开发表的文字中述及康德者,则以严复为最早。严复在1895年译的赫胥黎《天演论》论六'佛释'一节中讲西方古今皆有'天道不可知之说'即不可知论学说时首次提到康德(译为'汗德')"。但据目前所见文献资料,我们发现在严氏之前已有人在正式出版的译著中"述及"康德和其他德国哲学家(如谢林),这就是1889年上海益智书会刊印的颜永京所译《心灵学》一书。译者颜永京,我们尚不详悉其生平,只知他曾留学美国,回国后任教于上海圣约翰学院(圣约翰大学前身),并从事西方哲学著作的翻译,发表的译著除《心灵学》外,还有斯宾塞(译为史本守)的《肄业要览》(1882年上海美华书馆刊印)。这两本书,尤其是后者,在清末中国先进的知识分子中间拥有读者,颇有影响。《心灵学》是美国哲学家海文(J. Haven)的一部哲学著作,原书名 Mental Philosophy(《心灵(或心理)哲学》),1869年波士顿出版。此书在当时似乎很流行,日本明治时期著名启蒙思想家西周助也曾将其译为日文出版。Mental Philosophy 共分三卷,第一卷讲理智能力,第二卷讲情感,第三卷讲意志。颜永京的《心灵学》实际只译了此书的第一卷,他译为"论智"。这一卷书又分为四篇(译为"题"),第一篇论"呈才"(呈现或感觉的能力),第二篇论"复呈才"(再现或表象的能力),第三篇论"思索"(反思的能力),第四篇论"理才"(直观的能力)。第四篇在论述"原意绪"或"原有之意绪"(即先天直观的观念)和"艳丽之意绪"(即美的观念)时谈到了康德(译为"干剔"或"干铁")和谢林(译为"歇灵")。作者认为,"原意绪"是心灵本来自有的,既非通过反思得来("非思索以得之"),也非通过感觉经验得来("亦非达以知之","达知""是五官达到外物",即感觉),而是"我所原有","乃原然有之",所以"原意绪"就是先天的观念或概念。但是,最初这些先天原有的"意绪"(观念)只是潜伏在人的心灵中,"隐而不显",须待一定的感觉经验作为诱因才能在心中引发出来,显现于意识("惟于衷内发显,因凭经历而发","待有所达知,而始发显"),而使之得以"发显"者则是一种既不同于感觉和记忆,也不同于反思的心灵的能力或作用,所谓"理才",即直观的能力("心灵之能发此者,是谓理才","理才是心灵直达以知","确系心灵之别一用,而非达知、记与思索,明矣")。作者说,由"理才"使之"发显"的"原意绪"即先天直观的观念有五种,"即所谓是非、艳丽(美)、空处(空间)、时候(时间)、因感(原因或因果)等是也。"① 关于"空处"(空间)的"意绪"(观念),作者讨论颇详。"空处"(空间)观念是先天直观的观念,在这一点上作者似接近于康德,但是他不赞成把空间本身就看作仅仅是人心中的观念。他问道:"空处"(空间)"是真有抑无有而仅我衷内之意绪(我的意识内的观念)"?对这个问题,康德及其学派是主张后者的,"干剔与其同门之人曰:'空处是意绪,是我衷内所想出,并非实有'"。作者反对康德派否认空间为客观存在的这种观点,说康德所"执意见似属太偏"。他认为,物质是客观的存在,空间也是客观的存在:"予以物既真有,则空处亦必真有"。物质和空间不可分,物质具有广延性("撑叠"),广延性必占有空间,因此物质离开空间是不可想象的:"假如我想一有质之物,我必兼想其撑叠,而且想其居于空处;若不想其撑叠,不想其居于空处,则我万不可想其物"。空间虽非物质("虽非有质之物"),但为具有广延的物质的存在所必须("为有质有撑叠之物所必须"),因而

---

① 以上所引均见《心灵学》(1889年上海益智书会校订本)第四题"理才",第1—2页。

空间"系实有者,我不可视为衷内所想出之意绪"。如果像康德那样把空间看作主观意识的产物,那么,没有人和人的意识,也就没有了空间和只能存在于空间的物质世界:"设使空处是想出之意绪,无其人则无想念,无想念则无空处,无空处则无物可撑叠,无物可运动于内,若无撑叠运动则无物"。在作者看来,康德派的空间为主观观念的学说必然导致物亦只是主观观念的唯心论的结论:"若空处是意绪,则物亦是意绪"。①

《心灵学》论"理才"部分有一章专门论述美("艳丽")和美的鉴赏("识知艳丽")。作者讨论了西方古今哲学家的美学观点,其中提到了康德("干铁")和谢林("歙灵")对美的看法。作者在批评美即有用("艳丽是在物之有用")说时援引康德关于美和美感是非功利的观点说:"干铁云:凡有用之物及艳丽之物,确皆能令我喜悦,惟我何以而喜悦则不同。我喜悦其先者,因物有益于我之故,我喜悦其后者,因物自己之故。先者之喜,有私心在后,后者之喜,于利害无关,是一高贵之情,二者有霄壤之不同"。② 对于谢林的美是精神在万物中的体现的观点,作者尤表赞同。作者认为,美不是主观的东西,不是"具于我而非具于外"的东西,但是美也不是物质的事物所具有的某种性状(如新奇性,多样性的统一、整齐匀称等等),而是如谢林所说:"艳丽固具于物,然不可视物为块质之物(物质的东西),当视为灵质之物(精神的东西)。物之艳丽是物之灵气在块质透显(精神之体现、显现于物质的事物)"。对谢林的这个观点,作者说:"予以为然",并认为这是各种美学观点中最正确的:"予以歙灵之说最为近是",因为不论对何种事物之美,不论是有生物还是无生物,不论是"天然物"还是"雅艺"(艺术品),我们都可以用谢林的

---

① 以上所引均见《心灵学》第四题"理才",第 5 页。
② 《心灵学》第四题"理才",第 18-19 页。

这个观点去说明它们的美:"盖不论人或禽兽或植物或无肢体之物(即无生物或无机物),其各有之艳丽,均可用此说以释之"。①

《心灵学》作者对康德和谢林的哲学和美学观点的表述当然未必十分确切,译者颜永京的译文更非佳品,可訾议之处甚多,但是,这毕竟是德国哲学和美学思想最早在公开印行的书籍中被介绍到中国来,在西方哲学东渐史上应该书上一笔的。

---

① 同上书,第20-22页。

实用主义在中国[*]

实用主义传入中国已有 70 多年了，它极大地影响了当代中国的哲学和文化，并且经历了一个充满了极其重要事件的过程。在本文中，我只能勾勒一下这一历史的一些重要方面。

一、西方思潮涌入中国

中国人是在 19 世纪晚期接触到西方文化，包括接触西方哲学的。改良和革命的进步知识分子都急切地寻找拯救自己的国家，并把它从封建制度改造成现代国家的思想武器。他们都认为唯一的道路就是向西方学习。

最早被引入中国的是英国的哲学：赫胥黎的进化论学说，穆勒的逻辑学和经验主义，斯宾塞的社会学。然后是法国的启蒙哲学和德国的唯心主义，尤其是叔本华和尼采。

1919 年 5 月 4 日爆发了北京大学领导的学生运动。这一运动首先是反对卖国政府的爱国主义运动，不过，它也是一个反对封建传统的新文化运动。这一新文化运动的口号是"科学和民主"，或"欢迎赛先生和

---

[*] 此文是 1990 年 3 月在推进美国哲学学会年会（布法罗）上宣读的论文。原题为 Pragmatism in China。中译者为关群德。

德先生"。五四运动时期,20世纪初的几乎所有重要的西方思潮都传入中国了。

在哲学上,最重要的是马克思主义和实用主义,它们都得到了广泛的传播,并发生了深远的影响。从某种意义上看,在新文化运动早期,实用主义似乎更有感召力和更有影响。

二、胡适对实用主义的解释和宣传

胡适是杜威在哥伦比亚大学的学生,并且是其哲学的忠实追随者。

胡适1917年一回到中国,就被聘为北京大学教授,并且成了新文化运动的领导者。他从1917年到20年代,写了许多关于实用主义的文章。他在其1919年出版的《中国哲学史大纲》中,使用实用主义的方法来分析和解读中国古代哲学。他还用实用主义的方法研究和解释中国古典文学。在这两个领域,他都取得了很大的成功。

胡适教授不是一个有独创性的哲学家,而是实用主义的一个重要的推广者。他的哲学观念基本上是杜威哲学的中国化,其重要点如下:

1. 实用主义根本上是一个方法,是一个科学的方法。这一方法有三个基本特征。首先,它是一个"实验的态度"。各种观念和命题的意义在于能够从这些观念和命题推导出的结果。如果不能推导出结果,就没有意义。每种学说、理论都是要接受实验或实践的检验和验证的假设。胡适教授常常将实用主义方法的本质概括为:"大胆假设,小心求证。"其次,它是一个"发生的和历史的态度"。这是将进化论观念应用于哲学的结果。实用主义的方法是发生的,因为它追溯每一个事物和观念到其起源处,并解释它们如何到达了现在的状态。再次,它是一个"评判的态度"。胡适说尼采的"重估一切价值"是这一态度的最佳说明。实用主义的方法可以说是批判主义最重要和最严厉的武器。实用主义就是要重新检视每一个传统的观念、体系、习惯等等,并且追问它们是否仍然有存在下去的理由,它们现在是否为真,它们今天是否仍是可信的,或是否应该被其他更好的、更合理的和更有用的观念、体系、习惯所代替。

2. 实用主义提出了一个新的经验观念。它认为经验是生活,是主动回应自然的行为,而不是被动的感受性。自然是最狡猾的怪物;你只能打击它,强迫它说出真理。经验不是感觉材料的片断的集合,而是自身包含了各种关联。经验不是主观的或心灵的,而是属于(或存在于)客观的世界。经验不是描述过去,而是回应未来、预断未来,并且将过去、现在和未来联系在一起。

3. 按照实用主义,真理不是事物的摹写,而是人类的工具。真理不是从天上掉下来的,也不是从母腹中受胎而来的。真理是由人类所创造的,并且是为了人类的。真理之所以有这样一个好的名字,恰恰是因为它像其他工具一样,是非常有用的。真理的有用性意味着它有实际的结果,类如物理学实验中预期的结果。詹姆士将个人的满足当作宗教真理的明证之时是误用了实用主义的方法。

4. 实用主义不承认独立于人的实在。实在总是被我们所重塑的。实在中包含无数的人造的因素。实在就像是一个任人打扮的女孩一样。

三、杜威对中国的访问

杜威是20世纪第一个访问中国的西方哲学家。他受北京大学和尚志学会(北京的一个学术团体)的邀请访问中国。他于1919年5月初到达北京。在其访问中国的两年当中,杜威在北京大学、北京的其他大学,以及其他城市发表了多次演讲。他演讲的主题非常广泛,包括社会和政治哲学、教育哲学、哲学史、实验逻辑等。

在其关于社会和政治哲学的演讲中,杜威讨论了各种社会主义,尤其是批评了马克思主义,而马克思主义当时对许多学生和青年学者有很强的吸引力。他认为,各种社会和政治问题不可能得到一劳永逸的解决,也就是不能通过革命得到解决,而应通过渐进的过程而得到解决,不同的情况要使用不同的具体方法。因此,一些自称为激进的学生将他称为保守主义者就毫不奇怪了,这些激进学生"欢迎在中国社会出现一个革命的年代,并为之做准备"。

杜威的教育哲学容易地被接受了。他的一些中国追随者试图应用其哲学原则,也就是说,教育成了他们教育实践的生命,他们后来甚至创建学校来实验他的教育理论。

就像胡适所说的那样,杜威没有给中国受众提供一个解决各种具体问题的具体方法。杜威只是给予了他们一个哲学的方法,即实用主义,借助这一方法,他们可以解决自己特有的问题。

四、实用主义和马克思主义的论战

1. 实用主义和马克思主义在中国首次相遇是在1919年夏。当时胡适发表了"多研究些问题,少谈些主义"的文章,并立即激起了讨论,中国著名的马克思主义者,中国共产党的创始人之一(也为北京大学教授)的李大钊参与到了这一讨论之中。

胡适说,每一种学说或主义,最初都是在特定的条件下解决某些社会问题的工具。不存在可用于任何事物、任何时间、任何地点的普遍真理。机械地搬运国外的"各种主义",将之用于解决中国的现实问题是行不通的。马克思主义也不例外。最好是将"各种主义"从我们的头脑中消除掉,具体地考虑一个又一个的问题,并且找出解决它们的办法。

如果我们满足于并且确信,当我们手中有了一些"主义"的时候,就找到了"彻底解决"所有问题的方法,那是非常危险的。

马克思主义者李大钊教授则强调说,问题和主义之间有着不可分割的联系。当我们研究实际的问题的时候,我们也必须将各种主义当作我们的理想来宣传。所有的主义本质上都是普遍的。从根本上说,民主的理想在不同的国家是一样的,社会主义也是如此。当然,民主或社会主义在不同的国家和不同的时间被运用于实际的政治的时候,有其不同的特性。我们必须反对不顾我们周围的实际情况空谈"各种主义",但我们不能将主义当作空洞的语词而抛弃掉。李大钊公开宣称自己相信马克思主义是普遍的真理。按照马克思主义,解决社会和政治问题的唯一道路是重建经济制度,而经济制度是所有社会的基础,经济问题的解决是根本的解决,没有经济问题的解决,任何具体问题都不能得到真正的解决。

2. 四年后的1923年,胡适再次与马克思主义的观点发生了冲突。这次他的对手是北京大学文学院前院长,后来为中国共产党总书记的陈独秀教授。

争论涉及的是历史的概念。陈独秀说,马克思主义相信社会的变化和历史的发展只能用"客观的原因"来解释。历史的客观原因的首要因素是经济,亦即生产方式。这就是"唯物的历史观"。它不否认精神现象,如宗教、政治、道德、文化、教育等的存在,也不低估它们的作用,而是将它们看作经济基础的结果和上层建筑。在这个意义上,它是一元论的。相反,就像胡适所说的,实用主义的历史观念是多元论的或"秃头的"(baldheaded),也即是说,历史发展的原因有很多种,经济只是其中之一,宗教、政治、文化、教育等在历史中扮演了与经济同样重要的角色。没有决定其他因素的唯一因素。因此,经济地解释历史至多能解释社会的大部分真理,但不能解释社会的所有真理。

3. 在1930年代,胡适教授写了一篇文章,解释其哲学方法、人生观、其对于中国文学、中国传统文化的看法,以及他对于东西方文明的比较研究。他批评说,马克思主义的辩证法是一种形而上学的方法,其基本的原则是对立统一。马克思主义者依据辩证法鼓吹阶级斗争,认为通过阶级斗争,共产主义能够一举而实现,并将永存而不变。胡适说这种方法完全是教条的,而且与达尔文的进化论相对立,而实用主义则是出自达尔文主义的一种科学的方法,这种方法承认真正的和确定的进化只是一点一滴的不断改进。一些马克思主义者和准马克思主义者迅速地回应了这次攻击。他们认为辩证法是科学的理论,表现着自然和社会的普遍规律,辩证法和达尔文的进化论并不是不相容的。辩证法承认进化是事物发展中重要的链条或因素,但它认为事物在量上的进化最终必定导致质的突变或跃进。在生物中,物种的多样性是在长期的进化中所形成的;在社会中,旧制度被新制度所代替是通过革命来完成的,而革命则是社会生产的进化和阶级斗争的必然结果。因此,实用主义的没有激烈改变的渐进概念是不真实的和不科学的。进一步地,中国很多马克思主义者在苏联哲学家的影响下,完全拒绝实用主义,并且攻击说,实用主义是"市侩哲学"或"金元帝国主义社会的商业哲学",他们还说实用主义尽管表面看来似乎是最进步、最科学和最民主的,但其核心则是最迷信的和最反动的。

有意思的是,中国的一些主要的马克思主义者并不接受对实用主义的这种激烈的批评。如陈独秀从没说过实用主义没有任何价值。他甚至说过实用主义和辩证法是现代两个最重要的思想方法,并且希望这两个方法能够相互合作联成一个阵线;另一个后来在中国很有名的马克思主义哲学家艾思奇在论述中国当代哲学思潮的文章中说道,虽然实用主义是一种错误思想方法,但它来自于科学,而且其方法在某种意义上是与传统迷信直接对立的。因此,实用主义被看作是中国新文化运动的先驱。

五、"科学与玄学"之争中的实用主义

1923年中国发生了所谓的"科学与玄学或人生观"的激烈争论。这是如下双方之间的一场激烈的争战:一方面是"科学"派,包括马赫主义者、实用主义者及罗素的追随者;另一方面是"玄学"派,主要由生命哲学的鼓吹者,尤其是柏格森的直觉主义和杜里舒的活力论的鼓吹者所组成。实际上,我们可以将这一争论看作是西方现代哲学中科学主义与人本主义的冲突在中国的重演。

玄学派主张生命的动力是自由意志;生命不服从任何因果律;生命是一不间断的连续性,因此是不能被分析的,而只能被直觉综合地作为一个整体来把握。生命从来不受科学的支配,人生观必须超越科学。

反之,科学派大声地警告人们不要被"玄学鬼"引入歧途,并且要人们对"玄学鬼"发起攻击。它断定不存在不能被科学探究的领域;科学方法肯定可以应用于人生的问题;精神现象可以被分析,它们的因果联系可以被检验。实用主义者的胡适教授实际上是科学派的精神领袖。他将自己科学的人生观称作自然主义的人生观。胡适的自然主义人生观毫无疑问来自于杜威,但又并不与杜威的自然主义全然一致。在我看来,胡适的自然主义具有实证主义的味道,或者说被实证主义化了。按照他的观点,人类只是自然的一小部分,只是进化的结果;人类与其他动物的差别只是程度上的,而非种类上的;人类及其整个生命是受自然规律支配的;虽然人类的自由非常有限,但人类却在宇宙中占有非常重要的位置,并且有很重要的价值。人类能够利用其双手和大脑制造工具、创造文化,人类能探究自然规律,并且利用自然规律来控制自然的进程。用杜威的话说,这是人类创造性的理智。人类社会、社会的制

度、习俗、道德观念、伦理规则等不是不可改变的;它们在历史中永恒地变化着。但是,在人生领域没有任何神秘的东西。科学的各种方法都可以应用于人生,就像它们应用于其他自然现象那样。

六、实用主义在中国的衰落

实用主义1920年代在中国流行了大约10年的时间,但从30年代早期,它就衰落了。我认为其原因不止一端:

首先,实用主义的领袖胡适教授的政治保守主义使其在知识界丧失了威信。胡适对军阀政府抱有幻想,认为它能变成"好人政府"。因此,甚至是国民党右翼领导人胡汉民也曾批评他,说他成了军阀的附庸,将实用主义败坏成了机会主义。

其次,中国的实用主义者没有人精于哲学本身,没有人写出深刻的和有创见的书。

第三,尽管胡适写了一本中国哲学史的书,并且试图用实用主义的方法重新检视中国传统哲学的概念和范畴,但他并没有建立一个将实用主义和中国哲学融为一体的体系。就像中国著名的哲学家金岳霖讽刺地评论的那样,人们在读《中国哲学史大纲》的时候,可能会觉得它是一个美国人所写的。确实,任何一种外国哲学在引入另一个国家的时候,如果不与这个国家自身的哲学相结合,就不会有长久的生命力。

第四,除了马克思主义,许多其他倾向的哲学家也批评实用主义,尤其批评了它的主观主义的实在观和真理观。如果允许,我会说在30年代,中国哲学中有一个客观主义的或实在论的转向。实在论逐渐代替实用主义、实证主义、柏格森主义等,在哲学界流行起来。实在论最著名的代表是清华大学的金岳霖教授和冯友兰教授。金岳霖和冯友兰本世纪初在美国学习,对西方哲学和中国传统哲学都有深入的了解。

他们各自建立了一个宏大的哲学体系,中国传统的实在论(宋明理学)和西方的实在论(罗素和穆尔早期的柏拉图实在论或美国的新实在论)在其中汇合融贯在一起。面对着他们在哲学上的这些鸿篇巨制,胡适教授及其实用主义不能不黯然失色了。

实用主义在中国从30年代的衰落表明,它丧失了其作为哲学思潮的优势地位,但是这并不意味着实用主义及其影响就消失了。实际上,在中国知识界的许多领域,实用主义的影响仍然存在,以至于在1949年中华人民共和国成立后,它必然地成了意识形态批判的首要对象。

七、50年代对胡适思想的批判

50年代在中国思想文化界发动了一场对"胡适思想"的广泛的批判运动。胡适及其实用主义由于其对中国知识分子的影响而被看作是马克思主义的头号敌人。这一批判是一场真正的群众运动。整个中国知识界都卷入了进去。批判的范围极其广泛:哲学、历史、教育、心理学、道德、政治学,甚至自然科学。总之,任何能够发现胡适的思想或影响的东西都必须受到批判。

在哲学上,这一批判不仅攻击胡适,而且也批判作为胡适老师的美国实用主义者,尤其是杜威和詹姆士。批判断定实用主义是帝国主义的哲学,反映着垄断资产阶级反动的要求和利益;实用主义的真理理论和实在理论是与辩证唯物主义相对立的主观唯心主义;实用主义的进化论是与唯物辩证法相对立的庸俗进化论;实用主义的实践概念是个体适应环境的生物行为的概念,与马克思主义的改变世界的社会革命活动的实践概念是完全对立的,如此等等。总之,批判声称在实用主义那里没有任何合理的成分和积极的因素,因此,必须完全彻底地将它抛弃掉。

毫无疑问,这一批判运动是马克思主义的一个胜利,并且建立了马克思主义在中国意识形态领域的主导地位。但是,我们应该认识到,这一批判运动留下了一个负面的影响,导致了在很长时间里完全拒绝当代西方哲学的极左倾向。

八、近年对实用主义的研究和重新评价

1966-1976年的文化大革命对于中国来说是一场浩劫。如所周知,它既不是文化的,也不是革命的;它并没有建立任何新的文化,而且在传统文化的任何领域都没有创新。它只是否定一切,但它在摧毁中国文化上确实是"伟大"的,甚至是最伟大的。当然,文化大革命的出现不是偶然的,它是上面提及的极左路线推至极端的必然结果。

幸运的是,文化大革命在1976年毛泽东去世后不久结束了。中国从那时起开始了经济和政治的改革,并且有了很大的进展,在过去的10多年中越来越开放。文化大革命当中"万马齐喑"的气氛消失了。文化和知识的各个领域,包括哲学,都非常活跃和繁荣。许多被尊为正统的观点受到了质疑。马克思主义仍然是意识形态领域的领导原则和主导因素,但是人们已经深刻地认识到,马克思主义不能像以前那样静止僵化了;马克思主义为了自己的发展,应该吸收西方思想及我国文化遗产中有价值的因素。

正是在这样一种意识形态背景下,当代西方哲学研究的复兴和进展才成为可能。

许多人,尤其是青年学者和学生对西方哲学感兴趣。首先,萨特的哲学由于其浓重的苦难感及对于自由的渴望而在他们中间激起了强烈的情感共鸣;然后,弗洛伊德的精神分析由其似乎能揭示人类最内在的世界而吸引了他们;再后,当他们思考中国传统文化,并试图改造它时,

尼采的意志主义和其著名的"重估一切价值"受到了他们的赞赏;最近,他们的兴趣再次转向了实用主义,尽管一些人的兴趣可能来自于对实用主义的误解,例如认为实用主义就是看重物质的好处和自我的利益。

作为这一兴趣转向的证据,1987年12月至1988年1月对北京大学、中山大学和深圳大学的学生的调查表明,实用主义是对他们最有影响的哲学之一,仅次于马克思主义。学生和其他人的兴趣反过来给了进一步研究实用主义以动力。实际上,已经有很多关于实用主义的文章发表了,美国实用主义著作的一些新译本出现了,詹姆士和杜威的许多著作的旧译也重印了。

应该提及的是,去年5月25日至30日,在四川成都召开了一个关于实用主义的研讨会。这是中国学者首次专门就实用主义而召开的研讨会。与会者有60余人,提交的论文有近40篇。会议讨论的主题是正确地理解和重新评价实用主义。许多学者指出,将实用主义当作帝国主义的哲学是不对的;实用主义代表着美利坚民族的实践精神和创新精神;有些学者说科学和民主是实用主义的两个主要的特征,另一些学者坚持认为,实用主义最重要的特征是对实践和结果的强调,尽管他们并不想否认实用主义中有科学和民主的精神。我在此不能详尽地谈论这次会议的情况,但我相信这次会议在推进中国学者进一步完整地研究实用主义方面是成功的。我期待着他们的研究会结出更丰硕的成果,我相信这是可能的。

讨论与论说

北亞縣史

唯物主义一词是何时出现的?*
——读书札记

唯物主义这个词是从西方翻译过来的,非中国哲学所固有,但在西方哲学中,唯物主义一词也非古已有之,而是很晚才出现的。

在哲学史上,常常是先有了某种学说、理论、观点,经过或长或短时间的流行和传播,而后它们才获得这种主义或那种主义的名称。例如,在西方哲学中泛神论的思想可以追溯到古希腊时代的色诺芬尼,在中世纪为反正统的异端思想中极重要的一支而屡遭谴责,在近代则有布鲁诺、斯宾诺莎这样的大哲学家为其代表。但是,泛神论这个词即使在斯宾诺莎在世之际也还未出现,而是到18世纪初才由英国哲学家托兰德提出来的。又如,不可知论的思想古希腊的怀疑派即已有之,近代最著名的代表有休谟、康德等人,但是,一直到19世纪下半叶英国人赫胥黎才开始使用"不可知论"这个词。唯物主义一词的情况也是如此。唯物主义思想只是在经历了长时间的发展之后才被赋以"唯物主义"这个名称。

唯物主义的思想诚然是由来已久的,西方哲学就是以第一个希腊哲学家泰利士的唯物主义学说为其开端的。在古希腊罗马时代,有过各种各样的唯物主义学说,如以水或气或火为万物本原的唯物主义学

---

* 原载《学习与探索》,1985年,第5期。

说,恩培多克勒的"四根说",阿那克萨戈拉的"种子说",德谟克里特、伊壁鸠鲁、卢克莱修的"原子论",等等。在欧洲中世纪,由于宗教神学的绝对统治,唯物主义不能公开存在,然而在某些异端思想(如泛神论)或非正统经院哲学家的思想(如唯名论、拉丁阿维洛依主义)中仍有其表现。但是,从目前可能查阅的哲学文献来看,终上古中古之世的二千年间,却不见有唯物主义一词出现。

如何解释唯物主义思想早已存在而直迄中世纪之末竟无唯物主义之名这个现象呢?

为了说明这个问题,我们不妨先从语源学上说几句话。在西方各种文字中,唯物主义(亦可译作"物质主义")一词(materialism, materialisme, Materialismus, материализм)都是从拉丁文的"物质"(materia)、"物质的"(materialis)这个词根来的,而拉丁文的 materia 则是从希腊文的 Hyle(物质、质料、材料)翻译过来的(亚里士多德著作中的 Hyle 一词在拉丁文中均译为 materia)。但是,在历史上并没有出现过以 Hyle 为词根的唯物主义一词(如以此为词根,则唯物主义一词当作 Hyloism 或 Hylism)。唯物主义这个词非希腊人所创,这可算是一个佐证。当然,我们要问,既然在古希腊已经出现物质这个词,为什么没有产生唯物主义这个词呢?我想,这既与古代唯物主义思想的发展水平有关,也与物质这一概念的涵义有关。如恩格斯所说,古代唯物主义是一种"原始的自发的唯物主义",它"在某个一定的有形体的东西中,在一个特殊的东西中去寻找"万物统一的本原。[①] 古代的唯物主义者中没有一人提出过物质这个一般的概念,因而也不可能把自己的哲学称为唯物主义。有趣的是,在哲学史上最早提出物质这个概念的却是唯心主义者,首先是亚里士多德。而为亚里士多德的物质概念做了

---

① 恩格斯:《自然辩证法》,1955年,第151页。

准备的则是柏拉图。柏拉图在《蒂迈欧篇》中讲神造世界不仅须有据以仿造万物的"模型"即理念或形式,而且须有用以构做万物的材料,他称之为"空间"。"空间"是不可见的,它本身无任何形式,但能接受一切形式,它是"承受者",在神秘的方式下从创造者那里接受各种形式而形成各种具体事物。① 亚里士多德继承柏拉图的思想、明确提出了"物质"(或译"质料")这个概念。他所说的物质也是缺乏一切形式(原初物质)或缺乏某种形式(某种物质)的材料、质料,是一种"潜能",只有在接受了形式之后才成为某种事物,成为"现实"。不过,亚里士多德的"物质"或"质料"与柏拉图的"空间"似有一点区别。柏拉图的"空间"只是构做自然事物或物体的材料,因而"空间"不仅是与形式相对,而且是与精神相对的。亚里士多德所说的"物质"或"质料"则是与形式相对而言,而不是在与精神或意识相对立的意义上使用的。在这样相对的意义上,亚里士多德不仅把自然哲学家们所说的那些"有形体、有体积的东西"称为"物质"或"质料",②而且认为无形体的、精神的东西也有形式与物质或质料之分。例如,在思维的推论中,前提对于结论来说就是物质或质料;在认识上,感性灵魂(被动理性)对于理智灵魂(能动理性)来说也是物质或质料。这样的物质概念既然可以把有形体的非精神的东西和无形体的精神的东西都包括在内,那么用唯物主义(或物质主义)一词显然就不足以确切表达仅仅承认"有形体、有体积"的物质本原的那些自然哲学的主旨和要义了。正是因此,亚里士多德虽然提出物质的概念,却没有用唯物主义一词去概括希腊早期的那些唯物主义者的学说,而仍只称他们为自然哲学家。例如,他在《形而上学》中把从泰利士到德谟克里特的唯物主义者都称为"自然哲学家",③说他们"假定了一个

---

① 《柏拉图对话集》,焦威特英译本《蒂迈欧篇》,第49—51页。
② 亚里士多德:《形而上学》,商务印书馆,1959年,第20页。
③ 同上书,第14页。

物质的本原（因为水、火之类的东西都是物体），他们有的认为只有一个物质的本原，有的认为不止一个，但是他们都把这些本原归于一类，即物质的本原"。① 当然，亚里士多德使用自然哲学一词，并不仅指以物质的东西为万物本原的唯物主义学说，而是把他自己讲宇宙各种自然事物及其运动的理论（包括《物理学》、《论天》等著作）也称为"自然哲学"。② 但是，自然哲学并非其哲学的主要部分，因为他认为还有高于自然、高于物质的东西，即非物质的不变的实体，只有以此为研究对象的"形而上学"才是最高的"第一哲学"。③ 所以，亚里士多德虽有自己的自然哲学，但是，他绝不自称为自然哲学家，别人也不这样称呼他。在古代希腊，当人们提到"自然哲学家"的时候，通常总是指那些讲物质本原的唯物主义者们的。例如亚里士多德的弟子德奥弗拉斯特在《论自然哲学家的意见》一书中谈到"为亚里士多德恰当地称作自然哲学家的人"时说，他们中间有些人认为水是始基，如泰利士和希波，并且说希波"似乎曾经是无神论者"。④

亚里士多德以后直到中世纪（包括文艺复兴），哲学家们使用的物质一词主要从亚里士多德来的，基本上没有跳出亚里士多德物质概念的窠臼，就是说，所谓物质一词主要还是在与形式相对的意义上使用的，还是被看作一种缺乏形式因而可以接受形式的质料，一种缺乏现实因而可以变成现实的潜能。在这个意义上，不仅有形体的东西、物体的实体有其所从来的物质或质料——有形体的物质或质料，而且无形体的东西、精神的实体也有其所从来的物质或质料——精神性的物质或质料。著名的经院哲学家波那文图拉强调物质只是一种潜能，"物质就

---

① 亚里士多德：《形而上学》，商务印书馆，1959 年，第 15 页。
② 同上书，第 21 页。
③ 同上书，第 120 页。
④ 《古希腊罗马哲学》，商务印书馆，1982 年，第 5 页。

其自身来看既不是精神的,也不是有形体的"。① 这当然不是说物质或质料是非心非物的中立的东西(这是现代唯心主义者的概念,古人是没有的),而只是说作为潜能的物质或质料既可以是有形体的,也可以是精神性的。在中世纪也有人不赞成这样的物质概念,例如,托马斯·阿奎那虽然是亚里士多德主义的最大代表,却反对把物质和潜能等同。他认为,除了上帝这种不包含任何潜能而是绝对现实的精神实体之外,其他一切被创造的精神实体虽然都可以说有从潜能到现实的变化,但是不能说精神实体也有物质与形式之分,不能承认有精神的物质或质料。他说:"除了在哲学家们所谓物质的有形体的事物之外,是找不到物质的。"②唯名论者威廉·奥卡姆则把物质与广延性联系起来,认为:"不可能有没有广延的原初物质……物质是广延的、有数量的、可量度的(有大小的)。"③阿奎那和奥卡姆的哲学立场不同,但是他们用物质一词仅指有形体的东西则是一致的。物质概念涵义的这个变化值得注意。但是,如阿奎那曾经指出的,在中世纪,物质仅被看作可以接受形式的潜能,却是它的"正式的和普遍承认的意义"。④ 物质作为潜能既可以指有形体的事物,也可以指精神的事物,因此,在中世纪也没有人用唯物主义这个词去称谓例如古代那些以有形体之物为万物本原的唯物主义学说,阿奎那自己在提到古代那些唯物主义哲学家时也仍然像亚里士多德一样,只称他们为"自然哲学家"。

  从古希腊到中世纪一直没有唯物主义一词出现,我以为主要原因

---

① 参阅考波斯顿:《哲学史》,第二卷,第28章,第1节。
② 托马斯·阿奎那:《论精神的创造物》,英文本,马尔奎特大学出版社,1969年,第23页。
③ 特拉赫坦贝尔:《西欧中世纪哲学史纲》,上海人民出版社,1960年版,第222页(译文略有改动)。
④ 托马斯·阿奎那:《论精神的创造物》,英文本,马尔奎特大学出版社,1969年,第21页。

即在于此。

从现有的史料来看,似可确定,唯物主义一词是在近代机械唯物主义产生以后才出现的。而近代唯物主义的产生则与近代自然科学发展的成果有密切的联系。恩格斯在谈到近代唯物主义产生的自然科学前提时曾经指出:"随着中等阶级的兴起,科学也大大地复兴了,天文学、机械学、物理学、解剖学和生理学的研究又重新进行起来。资产阶级为了发展它的工业生产,需要有探察自然物体的物理特性和自然力的活动方式的科学。"[1]正是由于对"自然物体的物理特性和自然力的活动方式"的"探察",近代的机械唯物主义者才有可能一方面摆脱古代唯物主义的朴素性,用一般的物质概念去代替古代唯物主义者以某种个别的物质形态为万物本原的概念,另一方面又对亚里士多德以来把物质作为质料和潜能的空泛的概念进行改造,而以自然物体的某种物理特性(如广延性、凝固性等等)去规定和充实物质的概念,从而使物质这一概念获得了标示与精神或意识相对的客观实在的确定的涵义。这时,只有这时,人们才有可能用唯物主义这个名称去概括和代表一切以物质为世界万物的基础和本原的唯物主义学说。

但是,唯物主义一词的使用在近代究竟始于何时,出于何人,史无明文,似难定论。有的文章说,迟至18世纪中叶法国哲学家拉美特利在《心灵的自然史》一书中才第一个提出唯物主义这个名称,而且是在唯物主义者根据世界物质统一性的认识首先提出了唯物主义一词之后,唯心主义者才逐渐跟踵而用这个名称。[2] 这个说法,颇为可疑。目前查阅了一些有关的材料,不仅发现唯物主义一词的出现大大早于拉美特利的《心灵的自然史》(1745年),而且发现唯物主义一词,正如物

---

[1] 《马克思恩格斯选集》,第三卷,第390页。
[2] 参阅"唯物主义名称的由来与实质的揭示",《北京大学学报》,1983年,第2期。

质一词一样,也不是唯物主义者而是他们的对手唯心主义者首先使用的。

例如:1705年贝克莱在其哲学札记中说:"唯物主义者必定承认地球实际上受由空中降落的第一块石头的引力的推动,以及其他诸如此类的谬论。"①

1686年,莱布尼茨在《形而上学谈》第20节中说:"在柏拉图的《费多篇》中有一段值得注意的文字是反对那些极端唯物主义的哲学家的",并说这段文字与他本人的意见完全吻合,"好像就是对我们现在这些极端唯物主义的哲学家而发的"。②

1678年,英国剑桥柏拉图派的卡德沃思在《真正理性的宇宙》体系中批评唯物主义时,用了两个不同的词:一是 materialist(唯物主义者或物质主义者),例如说,"古代无神论的 materialists";另一是 corporealist(唯物主义者或物体主义者),例如说:"所有的无神论者都是纯粹的 corporealists"。③

1668年,剑桥柏拉图派的另一哲学家亨利·莫尔在《神学家的对话》中曾提到"一个年轻、机智、很有教养的唯物主义者"。④

由上可见,唯物主义一词的出现无论如何不晚于17世纪下半叶。但是,唯物主义这个名称究竟在何时由何人所创?我查阅的材料有限,还没有找到确然无疑的答案。在17世纪上半叶有没有人用过唯物主义一词?不能否认这个可能性。但是,有一点似乎可以肯定,即17世纪的唯物主义哲学家仍然并无一人曾自称为唯物主义者。因为唯物主

---

① 《贝克莱全集》,弗雷塞编,第1卷,第17页。
② 莱布尼兹:《形而上学谈》,蒙哥马利英译本,芝加哥,1902年,第35-36页。
③ 《剑桥柏拉图派》,帕特里兹编,剑桥大学出版社,1969年,第26页;并参阅《牛津词典》"唯物主义者"条。
④ 参阅《牛津词典》"唯物主义者"条。

义通常总是和无神论联系着的,虽然并非一切唯物主义者都能达到无神论的高度,但是无神论却是唯物主义贯彻到底的必然结论。[①] 17世纪的唯物主义者一般都没有与神学完全决裂,他们的学说大都带有某种神学的不彻底性,或者公开批评无神论(培根),或者披着泛神论的外衣(斯宾诺莎),或者接近自然神论(洛克)。即使像霍布斯这样的比较彻底的唯物主义者和无神论者也没有把自己的哲学称为唯物主义,尽管他经常被神学家和唯心主义者指名为唯物主义者和无神论者而大张挞伐。须知在那个时代唯物主义和无神论乃是一大罪名,事实上只有到了18世纪像法国的那样一些战斗的唯物主义者才敢于毫不掩饰地宣明自己是唯物主义者和无神论者。因此,从现有的材料看,我觉得,唯物主义一词并非如有的同志所说是唯物主义者根据世界物质统一性的认识首先提出,而毋宁说最早是唯心主义者从神学和唯心主义同唯物主义对立的角度,根据唯物主义学说之贯彻必然否定神、否定非物质的精神实体的反神学、反唯心主义的实质来总括其思想而名之曰唯物主义。

[①] 剑桥柏拉图派的卡德沃思在攻击唯物主义时曾说:"虽然并非一切唯物主义者都必然是无神论者,但无神论者却普遍地都是唯物主义者。"见《剑桥柏拉图派》,帕特里兹编,第26页。

唯心主义者是这样反对唯物主义的吗?[*]

光武同志：

尊作"唯物主义名称的由来与实质的揭示"[①]一文说："唯心主义与宗教神学一般是采用歪曲唯物主义实质的办法来攻击唯物主义的。"

这个说法恐不能令人信服。诚然，唯心主义者常常用歪曲和诬蔑来攻击唯物主义，如"揭示"所指出的，"说什么唯物主义是主张大吃大喝追求物质享受的庸俗理论"，"声称唯物主义缺乏理想，倾向于利己主义，不能应用于科学艺术道德等领域"，如此等等，但是，难道这就是唯心主义反对唯物主义的主要内容和主要手段吗？

恩格斯在《费尔巴哈论》中驳斥那种诬蔑唯物主义为追求声色货利的谬论时说这是"庸人"对唯物主义的"理解"。但是，恩格斯没有说，唯心主义者都是这样的"庸人"，而事实也非如此。

唯心主义和唯物主义是哲学上两条对立的路线，两个对立的营垒。在哲学史的各个阶段上，唯心主义和唯物主义总是围绕着若干重大的问题展开针锋相对的斗争。像进行认真的严肃的斗争的任何对立双方都不能不认真地严肃地考虑自己对手的真实本性和特点一样，无论唯物主义还是唯心主义，也都不可能不认真地严肃地对待对方，不可能不

---

[*] 这是写给赵光武同志(北京大学哲学系教授)的一封学术通信。
[①] 载《北京大学学报(人文社会科学版)》，1983年，第2期。

去抓对方理论的"实质",以便击中要害,战而胜之。

那么,唯物主义的实质究竟是什么呢?恩格斯在《费尔巴哈论》中下过一个言简意赅的定义:"凡是认为自然界是本原的,则属于唯物主义的各种学派。""揭示"说,这个话"意思是说,认为物质是第一性、精神是第二性的,物质是万物的本原,世界按其本质来说是物质的,是唯物主义的实质。"现在就让我们来看一看哲学史上一些唯心主义者是怎样看待唯物主义和唯心主义的对立,怎样理解唯物主义的实质的。

苏格拉底把希腊早期的那些唯物主义学说称为"对自然的研究"。他本人早年信奉过这种学说,后来一转而大反唯物主义,攻击唯物主义者"完全抛弃了心灵或任何其他关于秩序的原则,而是求援于空气、以太、水以及别的稀奇古怪的东西"①,就是说,唯物主义是以物质的东西而不是以"心灵"或精神为万物的本原。苏格拉底在这里显然并无歪曲,他所攻击的正是唯物主义的"实质"。

柏拉图在《智者篇》中曾经谈到两种对立的理论:一种是唯物主义的自然哲学家们所主张的,他们"把一切事物从天上和冥界拉到地上",坚持说只有为我们所见、所触的物体才是存在或本质。另一种理论就是他自己的理念论,认为真正的本质是某种"理智的和无形体的理念"。柏拉图说:"两者在这个问题上经常地进行着无休止的冲突斗争。"②应当说,这是哲学史上对唯物主义和唯心主义两条路线斗争的实质所做的最早的表述。在这里显然也不存在对唯物主义的歪曲。

托马斯·阿奎那对各种异端思想疾视如仇,有时会破口大骂,但是,对那些带有唯物主义倾向的思想的实质,他的认识是很清醒的。例如他如实而无歪曲地指出泛神论者阿维采布隆"主张一切物体中物质

---

① 《古希腊罗马哲学》,三联书店,1957年,第173-174页。
② 《柏拉图对话集》,焦威特英译本,《智者篇》,246。

的统一性"。① 对另一具有唯物主义倾向的泛神论者大卫·迪南把物质与上帝等同的观点,阿奎那痛斥说:"大卫·迪南的胡说八道是讨厌透顶的,他竟敢断言上帝和原初物质是同一个东西。"②这位"天使博士"完全懂得对基督教神学教条的真正威胁就在于这种把物质作为万物基础和本原的唯物主义的基本观点,因此,在痛骂之余他总是一本正经地用一连串烦琐的论证去驳斥这种观点,"证明"物质和世界万物都是上帝的创造,而上帝乃是非物质的纯粹精神的最高实体。

剑桥柏拉图派的唯心主义者们在反对无神论的时候总是着力攻击唯物主义的学说,因为他们认为:"虽然并非所有的唯物主义者都必然是无神论者,但是无神论者却普遍地是唯物主义者","无神论的基础"就在于唯物主义,即认为"一切存在都是物体","不承认在物体或物质之外有任何别的实体","疯狂地溺爱物质,虔诚地崇拜物质,把物质作为唯一本体"的学说。无神论者或唯物主义者"从作为第一本原的无感觉的物质引出一切事物,否认有任何独立自在或不被创造的有意识有理智的东西",与此相反,有神论者则"肯定有一个永恒独立自在的、完全有意识有理智的东西或精神为一切其他事物的原因"。③ 剑桥的柏拉图派说无神论者或唯物主义者"溺爱物质"、"崇拜物质",当然也可以说是一种歪曲,但是,我们不能不承认,他们认为无神论或唯物主义就是"把物质作为唯一本体"的说法确实抓住了唯物主义的实质。

主观唯心主义者贝克莱对唯物主义的攻击是大家比较熟悉的。这位主教以反对唯物主义和无神论为终身职志,在他看来,无神论"是一切罪行中对公众危害最大的罪行",④而无神论的根据就是唯物主义关

---

① 《托马斯·阿奎那主要著作集》,第一卷,皮吉斯编,第483页。
② 《托马斯·阿奎那著作选》,达尔西编,第103页。
③ 上引均见帕特里兹编:《剑桥柏拉图派》,第25—26页。
④ 《贝克莱全集》,费雷塞编,第4卷,第503页。

于物质存在的学说,因此,他认为要打倒无神论和唯物主义就必须集中攻击物质这个概念,"把这块基石一移掉",无神论和唯物主义的"全部结构只有垮台"。①贝克莱自从事哲学活动之日起就殚精竭虑地在这个要害处与唯物主义作战,在许多著作中提出一系列的论证"驳斥"物质这个概念,要把物质化为"虚无"、"证明"一切可感事物的"存在就是被感知"。②对于贝克莱的那些论证,我们可以斥为谬误,但是绝不能否认他所攻击的正是唯物主义的实质之所在。

最后我们再看一看黑格尔对唯物主义的批评。如列宁所说,在《哲学史讲演录》中,"黑格尔完全象后母那样对待"唯物主义者,许多地方都可以看到他"对唯物主义的诽谤","歪曲和诽谤唯物主义"③等等。但是,什么是唯物主义?黑格尔对它的实质却有极准确的认识,他说:"唯物论以物质的本身为真实的客观世界。……抽象的物质观念却被认作一切感官事物的基础,——被认作普遍的感官世界,绝对的个体化,亦即互相外在的个体世界的基础。"④一句话,唯物主义就是承认物质世界的客观存在,以物质为世界万物的基础。这里显然无歪曲也无诽谤。何以故呢?就是因为唯心主义者也不会不明白,不按照唯物主义的本义或实质去反对唯物主义,他的攻击是不可能切中要害的。所以,黑格尔也极力攻击唯物主义的物质概念,说什么"物质本身已经是一个抽象的东西,物质之为物质是无法感觉的。所以我们可以说,没有物质这个东西,因为就物质之有存在言,必永是一确定的具体事物"。⑤黑格尔的这个论证当然是站不住脚的,但是,他紧紧抓住了实质问题与

---

① 贝克莱:《人类知识原理》,关文运译,商务印书馆,1973年,第62页。
② 同上书,第21页。
③ 《哲学笔记》,北京,人民出版社,1960年,第294、323、326页。
④ 黑格尔:《小逻辑》,贺麟译,1957年,第126页。
⑤ 同上。

唯心主义者是这样反对唯物主义的吗？

唯物主义论战，则是无疑的。

总之，从哲学史的事实来看，唯心主义者对唯物主义尽管可以有这样或那样的歪曲乃至诽谤，但是，他们一般都不是采用歪曲唯物主义实质的办法来攻击唯物主义的。全部哲学的基本问题是思维对存在或精神对物质的关系问题。哲学家们就按照他们对这个问题的不同回答而分为唯物主义和唯心主义两大阵营。如果唯心主义者不是如实地按照唯物主义的实质，即不按照唯物主义对思维和存在关系的回答来了解唯物主义，并根据这种了解去反对唯物主义，那么，又怎么谈得上唯心主义和唯物主义在哲学基本问题上的对垒和争斗呢？如果唯心主义反对唯物主义的斗争主要是采取歪曲唯物主义实质的手段，那么，这种斗争岂不成了一场庸俗的诽谤战，而不复是一种严肃的思想上理论上的斗争吗？这样去看待唯心主义及其反对唯物主义的斗争，恐怕只能使人们对充满丰富而深刻内容的全部哲学史产生一种十分简单的漫画式的理解。

话说得太多了，不当之处，请指评指正。

陈启伟

1984年3月20日

经验论[*]

一种认识论的观点、理论或学说,不仅认为经验是人的一切知识或知识的一切观念的唯一来源(仅仅承认这一点并不就是经验论),而且片面地强调经验或感性认识的作用和确实性,往往以这样那样的方式,在或大或小的程度上贬低、轻视乃至否定了理性认识、理论思维的作用和确实性。

经验一词有时用得很宽泛,例如,把根据经验做出的规律性的总结称为经验,把某种心理体验、生活阅历或修养称为经验,等等。但是,作为一个认识论的概念,经验一词则只是指与理性认识相区别、相对立的一个认识阶段、认识形式,即感性的直接的认识。

有些哲学家认为,经验可分为两种:外的经验即感觉和内的经验即反省(或内省),一切知识都是从这两种经验得来的。有些哲学家则否认反省经验,认为只有感觉经验,感觉经验是知识的唯一来源。这种经验论又被称为感觉论。

人们常常把哲学史上的经验论哲学家统称之为"经验派"。但是,就哲学基本立场来说,经验论者之间是有原则分歧的。他们不是一个统一的哲学派别,而是分成唯物主义和唯心主义两个对立的派别。分歧的关键是对于经验的解释。一切经验论者都承认认识来于经验,但

---

[*] 原载《中国大百科全书》哲学卷,1987年。个别地方有删改。

是,经验又是从哪里来的呢?经验与外间世界的关系如何呢?唯物的经验论者认为,经验是认识的最初的出发点,没有也不可能有比经验更基本、更原始的认识形式。但是,这并不是说,经验本身是无因之果,无缘而生,它也有自己的来源,不过这来源不在意识之内而在意识之外,即独立于意识或经验而存在的客观实在。感觉经验是外间事物作用于人的感官而引起的,是其作用的结果,同时又是对外间事物的反映,是外间事物的感性的映象。唯心的经验论者则或者否认经验的客观来源,认为经验是主观自生的或上帝赋予的,或者拒绝回答经验的来源问题,宣布经验究竟从何而来是不可知的。一切唯心的经验论者都断然否定经验是外间事物的反映。

经验论者在哲学基本立场上虽有唯物唯心之分,但是,在贯彻经验论的原则上,他们是一致的,并且与唯理论或先验论相对立,在哲学史上曾反复进行针锋相对的论争。

关于知识的来源。唯理论者、先验论者认为并非任何知识、观念都由经验得来,而承认有所谓与生俱来的天赋观念和天赋知识或虽非生而有之但决不依赖任何经验的先天概念、范畴和先天知识。经验论者则力主经验是知识的来源,坚持"凡是在理智中的没有不是早已在感觉中的"这一基本原则。不过,对所谓来源问题,经验论者的看法不尽相同,大体可分为两类:一类看法认为,一切知识,包括作为知识的成分、元素的各种观念、概念和构成知识的各种命题,都是从经验来的,都可以追溯其经验的起源;不仅没有任何天赋的或先天的观念,而且也没有任何天赋的或先天的命题。这种观点可以说是一种彻底的经验论。另一类看法则认为,一切知识的成分即各种观念、概念是起源于经验的,但是,并非所有由这些来自经验的观念、概念组成的知识的命题都是从经验来的。应当承认有两类命题或两类知识,即经验的命题或经验的知识和先天的命题或先天的知识。先天的命题主要是逻辑和数学的命题。这类命题的高度抽象性使经验论者感到困惑,无从寻觅其经验的源头,于是而跳到了另一个极端,承认有所谓先天的知识。这种观点在经验论内部导入了一个非经验论的因素,向唯理论做了让步,可以说是一种不彻底的或调和的经验论。然而,从经验论的发展来看,这种观点却是占上风的,而特别是在现代已经成为经验论的典型的形式。

关于感性认识和理性认识的关系。唯理论者片面强调理性。认为可以不依赖感觉经验而仅靠理性直观和推论去得到具有普遍性、必然性、确实可靠的知识。他们虽然也给予感性认识一定的地位,但是总认为感觉经验是模糊不清的,不确切的,引人致误的,不可能从感觉经验达到普遍必然性和确实性。经验论者一般是偏重感觉经验而轻视理性思维的。他们相信感觉经验所提供的关于个别事物的直接的认识可以成为知识的真实基础,或者认为感觉本身不会骗人,错误是出在判断和推论,或者认为单纯的感觉虽未尽可靠,但可以某种方法(如实验)加以校正和补充而获得可靠的经验材料。他们认为,理性认识是抽象的间接的认识,思想愈抽象则愈空虚,愈不可靠,愈远离真理。有些经验论者持极端唯名论的观点,索性否认抽象,否认有普遍概念和普遍命题。有些经验论者并不否认理性的作用,甚至提出感性必须与理性相结合,而且认为理性可以从经验概括出关于规律、关于因果必然性的认识,但是,他们或者觉得这种认识的可靠程度较感性认识为低,或者认为理性认识毕竟只是感觉的量的结合,因而归根结底否认了理性与感性的质的差别。有些经验论者承认理性在某些知识领域(如逻辑和数学)有其作用,可以得到普遍必然的、确实可靠的知识,但是,认为这种知识仅仅涉及观念间的关系或语词的意义,是先天的知识,与经验事实无关,对事实的认识只有靠感觉经验,理性是无能为力的。

关于认识的方法。唯理论者偏重演绎和综合,他们认为,全部知识都应当像几何学那样从直观"自明"的普遍的概念、定义和公理出发,通过推理而演绎出来,这种演绎把概念联系成一个具有必然的逻辑次序的系统,从而能够在总体上综合地把握真理。经验论者一般都强调归纳和分析。但是,对于所谓归纳,经验论者是有不同看法的。有的认为,归纳是从个别到一般,从关于个别事物的感觉经验中抽引出普遍必然的结论,有的认为,归纳所得的结论只有或大或小的或然性;有的认为,归纳推论根本不是从个别概括出一般,而从个别到个别,从许多个别的事例推而及于更多的事例。经验论者并不完全否定演绎,但是,他们或者把演绎放到次要的地位,或者认为演绎只在"非经验"的科学(主要是逻辑和数学)中才具有重要的作用。对于经验论者来说,归纳也就是分析的过程。分析就是把对象(包括事物和知识)分解为其组成的部分或元素,他们认为这些元素是究竟至极、不可再分的(原子、微粒、原子感觉、原子命题等等),而且认为各个组成部分或元素是固定不变、彼此孤立、互相外在的,所谓整体不过是各个部分、元素的机械的量的结合。因而,他们所谓分析是一种形而上学的思想方法。

关于真理的标准。唯理论、先验论者认为真理的标准即在真理自身而无假外求。他们或者认为真理是自明的,它的清楚明白的性质就是其区别于谬误的可靠标志,或者认为知识的真理性就在于其自相融贯而无矛盾。经验论者认为,判定认识的真假须诉诸经验的检验和证实。有的经验论者(唯物的经验论者)承认真理有客观的标准,它的确立是由于实践(实验)的证明,但一般经验论者(包括某些唯物的经验论者)都认为知识的真理性是由个人的感觉或集体的感觉或知识的实用价值来证实的。

历史和现状。在西方哲学中,经验论的思想是源远流长的。经验论作为认识论上一个大的思潮和派别虽然是在近代形成的,但其最初的出现却可以上溯到古希腊时代。最早提出经验论思想的是昔勒尼派哲学家。他们认为,只有感觉是可以把握而且不会使人迷误的。感觉是真理的标准。不过,感觉的原因是什么,却是不可知的。昔勒尼派并没有详细阐述他们的认识论观点,而主要是利用感觉论的原则来论证其以感官快乐为善的准则的伦理学说。明确而较为详细地提出经验论的认识论原则的首先是伊壁鸠鲁。伊壁鸠鲁是唯物的经验论者,他认为感觉是由外物流出的"影像"进入人的感官引起的,因而也是常真的。认识上的错误不在于感觉,而在于判断和意见。他并不否认理性的认识,而且强调自然科学要"确切地发现最基本的事实的原因",但是,他认为概念只是被感觉的东西在记忆中印下的深刻印象所产生的,一切推理都要依照感觉这种直接认识,感觉是一切推理的基础而且是"最可靠的确信的根据"。经验论的思想在早期斯多葛派的认识论中也有明显的表现。他们认为,一切知识都必然来于对个别事物的知觉。人初生时灵魂犹如一张白纸或一块白板,它只能从对外间对象的感觉取得自己的内容。一切科学研究所预先假定的那些"共同概念"也是从知觉材料推论而得的。知觉同时就是认识的真理性的标准。在古希腊,有的哲学家,如亚里士多德,在认识论上虽非经验论者,但是他对感觉经验给予相当的重视和肯定,他的某些观点对后来经验论思想的发展有极大的影响。亚里士多德认为,感觉经验虽然不能告诉我们以事物的原因("为什么"),但是能提供关于个别事物的最权威的知识。感觉是外物作用于感官而引起的,是知识的来源,"谁不感觉,谁就什么也不认识,什么也不理解"。亚里士多德反对柏拉图的灵魂回忆说,否认有天赋观念,他实际是哲学史上第一个提出"白板说"的人,认为"理性就像一本书,书页上实际什么都没有写"。这个学说在后来经验论反对唯理论、先验论的斗争中起过十分重要的作用。

在中世纪,占统治地位的宗教神学把信仰放在首位,在本质上是既反对理性亦反对经验的,但是,经验论的思想并未因而断绝。这一时期经验论的倾向主要是与经院哲学中的唯名论思潮联系着的。唯名论的主要阵地在英国,其主要代表为罗吉尔·培根、邓·司各脱和威廉·奥卡姆。他们的思想是近代英国经验论的重要来源。在本体论上,唯名论者强调个别,认为客观存在着的只有个别,没有一般或共相,因而在认识论上强调从关于个别事物的感觉经验出发。他们的经验论带有唯物主义倾向,认为经验来于感官对外间事物的感觉。他们的经验论也包含着神学唯心主义的因素,罗·培根承认有来自"神圣灵感"的经验,奥卡姆承认有直接由上帝超自然地产生的感性"直观知识"。他们一般都承认人的一切观念是从感觉经验来的,但不承认所有的知识都源于经验。培根认为:"对数学真理的理解似乎是天赋的";司各脱认为,虽然对任何命题的词项的知识只能从感觉得来,但是,有些命题(如"全体大于部分"、"三角之和等于两直角")仅就其词项的关系而无须诉诸感觉就可知其为真,因而是"自明的"真理。这样,他们就滑到先验论上去了。至于中世纪的实在论者,应当指出,他们对感觉经验的态度也是有区别的,并不一律全然否定感觉经验的认识作用。例如,温和的实在论者托马斯·阿奎那在讨论人的认识时,就比较重视经验,可以说有某种经验论的思想因素。他反复引证亚里士多德关于理智犹如白板(tabula rasa)的观点来批评天赋观念说,他认为人的观念(无论感性的"影像"还是知性的"影像")都是从感觉经验获得的。对自然事物的认识固然来于经验,关于上帝存在的知识也不是先天自明的,而是从后天的论证得到的。当然,整个说来,阿奎那并不是经验论者,他不仅承认有"自明的"真理,即:"宾词包含在主词之内"的那些命题(例如数学的命题和证明),而且认为"基督教的真理"、最高的神学信条是来自"信仰的光亮",来自天启。

到了近代,随着科学的复兴,经验论的思想得到了充分的发展,与以几何学、数学为楷模而片面强调理性认识的唯理论相对立,形成为偏重实验科学而片面强调感觉经验的一个认识论的思潮和派别。

文艺复兴时期一些具有唯物主义倾向的科学家和自然哲学家强调经验和实验的思想是近代经验论的直接的前导。例如，达·芬奇认为："我们的一切知识都来源于我们的知觉"，因而，研究自然绝不能靠抽象思辨和抄袭前人，而必须以经验为依据，必须采取实验的方法。不过达·芬奇并不忽视理性认识的作用，他强调在取得经验材料之后还要进行理性的推论，把自然事物加以分析，找出构成事物的元素和因果联系，从而建立"精确确定的基本原理"。自然哲学家特莱肖也强调一切知识都从经验而来，像数学和逻辑这样以理性演绎为主要方法的科学也不例外。他倾向于把理性认识也归结为感觉，认为感觉是最可靠的，提出"不靠理性靠感觉"的口号，突出表现了经验论的狭隘性。

近代经验论真正重大的发展是在17和18世纪由英国和法国的一批哲学家做出的。他们把经验论作为认识论和方法论的原则进行了深入而系统的探讨和论证。

17世纪经验论的主要代表是英国的培根、霍布斯、洛克和法国的伽森狄。他们都是唯物的经验论者，肯定感觉经验有其客观的来源，是外间对象作用于人的感官而引起的。不过，他们并不是全都彻底地坚持了反映论。例如，霍布斯虽然坚信一切感觉都来于外间刺激，但是认为感觉的内容主要是表现主体感官本身的反应而非外物的性质。洛克承认"第一性质"的观念是外物性质的"肖像"，但是认为"第二性质"的观念与外物性质"根本不相似"，只是上帝指定给我们作为区分事物的一种"记号"，虽与外物性质"对应"，但并不反映它们。洛克还提出有两种经验即感觉与反省，认为灵魂反观自省而产生的观念也是知识的一个来源，这种观点是二元论在洛克哲学中的表现，也离开了唯物主义。

17世纪经验论的最大功绩是深入地研究和论证了观念的来源，建立了知识的发生学，从而有力地批判了天赋观念论。他们坚决断定感觉经验是知识的来源。培根说："关于自然的一切知识都必须从感觉中去寻求";霍布斯说,思想的"原本"是感觉,"人心中的概念没有一个最初不是完全或部分地产生于感官的";洛克大力发挥"白板说",认为心灵"是一张白纸,上面没有任何记号,没有任何观念","理性和知识的全部材料"都是从经验来的;伽森狄着重论证"在理智中的没有不是早已在感觉中的"这个经验论的公式,肯定"我们的全部知识似乎都来源于感官"。不过,他们对经验论原则的贯彻并不都那么彻底。例如,培根还承认有所谓"靠神圣启示的灵感"而来的信仰的"真理"。洛克否认有任何与生俱来的天赋观念和天赋命题,而且说过即使那些普遍的伦理原则也是在人们"把从前的认识集合起来,对特殊的事例加以反省"才"归结为普遍命题"的,但是,他又承认有只就观念(尽管它们都是从经验来的)间一致或不一致的关系就可一见自明的"直观的知识"(如白不是黑、圆不是三角形、3 大于 2、3＝2＋1,以及关于自我存在的知识)和以直观知识为根据的"推证的知识"(如数学、道德和关于上帝存在的知识),这些知识仅与观念有关,而无赖于经验事实。在这里洛克已经转到唯理论的观点去了。

关于感性和理性的关系问题,17 世纪经验论者的看法比较复杂,难以简单论定。伽森狄继承伊壁鸠鲁的观点,相信感觉决无虚假或错误,错误是出在判断上面。培根则认为直接的感官经验是有缺陷的、不完善的,甚至能给人以"虚妄的报导",只有经过实验的校正和补充而得的感性经验才是知识的可靠基础。但是,培根并不一味崇尚经验,蔑视理性,而是主张经验必须与理性"联姻"。他所了解的理性活动主要就是通过对经验的归纳分析找出事物的简单元素和"形式"或规律,逐步地引申出由低到高的"公理"。当然,培根不了解理性和感性的质的差异,认为"最低的公理和赤裸裸的经验只有很少的区别",他不了解感性向理性的飞跃,提出"决不能给理智加上翅膀,而毋宁给它挂上重物,使它不会跳跃和飞翔",因而他对理性演绎的作用是轻视的。霍布斯对理性认识的作用比培根更为重视。他相信理性可以从感性现象进而把握事物的因果必然性,而且他认为,人的认识既要从结果到原因,又要从原因到结果,因而他与培根之片面强调归纳不同,认为既需要归纳分析即从感觉经验得出普遍原则,也需要演绎综合即从普遍原则推出特殊的结论。霍布斯似乎更重演绎,企图从一个最普遍的原则(这个原则还是从经验来的)推导出他的全部哲学体系。霍布斯虽然赋予理性以如此重大的作用,但是他对理性的看法也未超出经验论的狭隘眼界。他认为理性活动或推理是一种"计算",只是把得自经验的概念加加减减而已,实际上认为理性和感性只有一种量的差别。洛克对感性和理性的关系的看法同样表现了经验论的狭隘性。他承认理智从经验得到知识的材料以后可以展开积极的活动,主要是抽象活动,但是,他认为抽象的作用不过是把来于感觉或反省的简单观念加以量的结合、联结或分离,由此形成的一般观念并不能揭示事物的"实在的本质"。因而,与培根、霍布斯不同,洛克认为通过对经验事实的归纳分析不足以把握事物的本质和因果必然性,只能获得程度不同的或然性而永远达不到普遍的确实性。另一方面,洛克又深受笛卡儿唯理论的影响,认为只有那些不靠经验而直观自明的知识和以此为根据的演绎的或推证的知识才具有绝对的普遍必然性和确实性。这样,洛克就把感性认识和理性认识截然割裂了。

17世纪的经验论者从唯物主义立场出发,一般都肯定了真理的客观性。培根说知识是"存在的映象",知识之真理性的标准不在于合乎逻辑,也不在于感觉观察,而在于客观的实践,主要是实验。他说:"真理之被发现和确立是由于实践的证明而不是由于逻辑的证明,甚至也不是由于观察的证明。"洛克给真理下过一个唯物主义的定义:"真理只是指各种符号(观念或语词)的结合与分离(亦即所谓命题)同它们所表示的事物之一致或不一致是一样的。"但是,洛克始终未能找到一个客观的真理标准。他认为,直观知识、推证知识的普遍命题仅与观念有关,因而其真理性的尺度只在于命题所包含的观念是否融贯一致。至于涉及经验事实的特殊命题,洛克认为判定它们与事实相符的标准就在于感觉本身,这自然也是一个主观的标准。

如果说17世纪及其以前的经验论思想一般是与唯物主义的哲学倾向联系着的,那么,到了18世纪,在经验论哲学家中间则出现了唯物主义和唯心主义两个派别,他们从经验论的共同原则出发却走向了两条根本对立的哲学路线。因此,在18世纪不仅有经验论与唯理论在知识来源、感性与理性关系问题上的继续论争,而且有经验论中唯物唯心两派以经验的来源、经验与外物的关系问题为焦点展开的斗争。

18世纪唯物主义经验论的主要代表是法国的一批唯物主义者(拉美特利、狄德罗、霍尔色赫、爱尔维修等)和英国自然神论者中一些具有唯物主义倾向的哲学家(哈特利、普列斯特利等)。他们继承并发展了培根和洛克的经验论,克服了他们思想中的某些唯心主义因素,更彻底地坚持了唯物主义。他们都抛弃了洛克关于两种经验的说法,而采取了感觉论形式的经验论。他们否认有所谓反省经验,认为感觉是知识的唯一来源,人的一切观念包括各种抽象的甚至虚幻的观念都是由感觉形成的。他们利用当时自然科学的成就,对感觉的生理基础、感觉反映外物的生理心理过程进行了较前远为深入的研究,并根据这些研究结果竭力论证感觉是物质对象对感官的作用或刺激产生的,没有物质对象的刺激就不会有感觉和观念。他们认为,感觉作为外间刺激产生的结果同时就是外间对象的映象,这种映象同被反映的对象具有相似性。他们即以此为论据对唯心主义经验论者否认或怀疑物质存在的谬论做了有力的驳斥和批判。关于感性和理性的关系,18世纪的唯物主义经验论者比17世纪的经验论者似乎更加强调感觉经验的确实性,更倾向于把理性认识归结为感觉的机械的结合。拉美特利说,一切理智能力本身"都一齐包括在感觉能力之中",认为经验是"唯一的向导",理性则"不是很可靠的向导"。爱尔维修说:"精神的一切活动都归结到感觉",判断就是感觉,认为"应当跟在经验后面前进,决不能走在经验前面"。哈特利提出联想说,认为一切观念和人的全部理智活动都不过是感觉的联合。狄德罗比较重视理性的作用,反对把理性认识归结为感觉。他继承培根的思想,强调感觉与思考相结合,强调从感觉经验得出"抽象而一般的结论","上升到秩序的本质本身"。但是,狄德罗也未能正确理解感性和理性的质的差异,他也说过:"思想、意念、知觉、感觉、意识、表象、概念——所有这些词似乎是同义的",有的地方甚至从极端唯名论的观点否认了抽象,说"根本就没有什么抽象","所有的抽象都不过是一个没有观念的记号"。狄德罗还曾接受莱布尼茨关于两种真理的区分,把科学分为两类:必然的科学(包括数学、形而上学、逻辑学、道德学等等)和偶然的科学(包括物理学等自然科学)。必然的科学的对象是永恒的必然的真理,这种科学只靠演绎的证明,其"第一原理"和公理不是从经验归纳而来的。偶然的科学则是建立在归纳和类比之上的,而归纳只能提供给我们一种或大或小的或然性而不能达到必然的真理。可见狄德罗归根结底还是割裂了感性和理性。

18世纪唯心主义经验论的主要代表是英国哲学家贝克莱和休谟。他们的经验论思想也是继承了17世纪的经验论,但又是对其唯物主义的一个反动。贝克莱认为,人的观念都是从感觉和反省而来的,人类知识的对象就是观念,观念只能与观念相似,不能与观念之外的东西相似,即使没有外物存在,心灵同样可以感觉其所有的一切观念。因此贝克莱认为,观念既不以外物为原因也不是外物的反映,反之,外物乃是观念的集合,其存在即在于被感知。不过,贝克莱也承认心灵虽可虚构观念,但其具有真实的感觉观念则非随意而是被动的,因而他不得不给感觉找出一个外在的原因,这就是上帝。休谟承认人的一切观念,无论如何复杂、高超玄远,归根结底都是从感觉或原始印象引申出来的。他也否认感觉是外物的映象,但是他并不断然否定外物的存在,对感觉产生的原因持存疑的态度,说感觉印象"最初是由不知道的原因"产生的。巴克莱和休谟都是极端的唯名论者,不仅否认客观上有一般,而且否认有一般概念,否认抽象思维,并据此驳斥唯物主义的物质概念,认为物质只是一个不代表任何观念的没有意义的词。休谟提出了一个意义的标准,即一个哲学名词如果不能归源于任何感觉印象,就是没有任何意义的。不过,休谟虽然认为一切观念都来源于感觉印象,却并不主张任何知识都是来于经验、关乎经验的。他提出两类知识说,一类是关于"观念的关系"的知识,如几何、代数、算术,这种知识具有直观的或证明的确实性,不必依据宇宙间任何地方存在的任何东西,仅靠思想的活动就可以发现;另一类是关于"事实"的知识,这类知识不是从先天的推论,而完全是从经验得来的,它建立在因果关系上,而因果关系只是一种习惯性联想、或然的推论,没有普遍必然性。休谟关于意义标准和两类知识的学说对现代经验论有极大的影响。

19世纪,除了个别的哲学家(如德国的费尔巴哈和毕希纳)属于唯物的经验论之外,西方各国哲学中的经验论思想一般都是沿着贝克莱唯心主义和休谟不可知论的路线发展的。其主要代表有英国的约翰·穆勒、斯宾塞、法国实证主义者孔德以及德奥诸国的经验批判主义者如马赫、阿芬那留斯等人。他们的经验论着重探讨的仍然是知识的起源问题,特别是被唯理论者作为先天知识的样板而许多经验论者也承认其不依赖于经验的逻辑和数学的起源问题。例如,穆勒认为,逻辑和数学的命题也是从经验来的,其所以为真也只是因为它们在经验中总被发现是这样的,因而它们并不是严格意义上的必然的真理,而是可能为将来的经验所修正的。斯宾塞企图从进化论的观点对认识的逻辑形式、逻辑规律做经验论的解释,他认为,就个人来说,人的心灵初生时不是一块白板,而是赋有一些理解世界的先天的形式,但是这些形式虽非个人经验的产物,却是无数世代人类遗传下来的种族经验的结果,因而在个人为先天固有者,在人类仍为后天获得。19世纪的这些唯心主义经验论者都是现象论者,他们否认可以通过对经验现象的研究进而揭示事物的本质和规律,在他们看来,感觉经验是知识的起点,也是知识的极限,经验以外的一切都是不可知的。穆勒是唯归纳论者,他认为一切真正的推论都是归纳性质的,归纳并不是从个别事例推出一般法则,而是从个别事例推及个别事例。他认为三段式推理的大前提即是从个别事例归纳来的,因而这种推论也是从个别到个别,而不是从一般到个别。总之,一般的东西、规律的东西是认识不到的。实证主义者和经验批判主义都提出所谓"反形而上学"的口号,拒绝研究经验之外的客观实在,认为理性和科学的任务只是描述而不能解释经验现象。马赫认为,一切科学法则、理论都不过是对经验的"经济"的表述,逻辑和数学公式只是这种"经济"表述的工具,而且不如感觉那样具有确实性。

20世纪的经验论思想主要表现在实用主义、新实在论、批判实在论、逻辑实证主义,语言分析哲学等哲学流派中,其中以实用主义和逻辑实证主义影响最大,为现代经验论的两个主要的形态。它们都是贝克莱和休谟的唯心主义经验论在现代条件下的继续,但并非简单的翻版,而是带有若干新的特征。以詹姆士和杜威为主要代表的实用主义是一种贝克莱式的主观唯心主义,他们把经验看作无所不包的唯一的存在。但是正如他们自己所宣称的,他们对传统的经验概念做了某种"改造"或修正,他们不赞成过去经验论者把经验看作被动的感受的东西,而认为经验首先是一种"行"或"做",是有机体在适应环境过程中行动和遭遇之间交互作用的联系。经验并不是一个认识的范畴,是一个属于"直接的刺激反应"的生物学的范畴。感觉不是任何认识的一部分,不是真正的认识要素,不具有辨认的作用,所谓感觉是认识的开端只是说感觉是使有机体行动以适应环境的一种"必要的刺激"或"诱导"。实用主义者也不赞成过去经验论对感觉经验的原子式的看法,他们认为像洛克和休谟所讲的那种一个个孤立的感觉根本不存在,存在的只有在有机体行动的适应过程中永远联系在一起的整个的经验或者说"意识之流"。因此,詹姆士和杜威都否定分析和抽象,认为抽象是从经验中砍下一个片断,使活生生的整体贫乏化。抽象和概括并不能把握本质和规律,其实只是把一先行经验的结果转移推广去说明一个新的经验,这是一种没有保证的"冒险","在黑暗中的跃进"。实用主义者把人的全部认识都归结为或消解于适应环境的行动(也就是他们之所谓实践),因此,他们认为一切知识、理论都是工具性的,其效准就在于而且仅仅在于它们给行动带来的成功或效果,真理之为真理就是因为而且仅仅因为它们对人有用,实用主义者常常喜欢讲经验证实,其含义即在于此。逻辑实证主义(以维也纳学派为代表)继承了休谟和19世纪实证主义、马赫主义的传统。这派哲学的经验论也是"反形而上学"的,不过他们不说经验之外的东西不可知,而是认为关于经验之外的问题是没有意义的。逻辑实证主义继承了休谟的两类知识说,并吸取了康德哲学的术语,把全部知识的命题分为"分析的"和"综合的"。分析命题都是先天的、必然的,其真假即决定于命题所含词项的意义,这类命题对事实无所陈述,只是一种同语反复。逻辑和数学都属于这类知识。综合命题则是经验的、或然的,其真假决定于经验的证实。各门自然科学都属于这类知识。凡是既非同语反复的分析的命题又非原则上可由经验证实的综合命题的语句就都是无意义的、似是而非的命题。据说传统哲学中讨论的问题即"形而上学"的问题就属于此类。逻辑实证主义区别于古典经验论的一个突出特点在于它不是对知识的来源做历史的或心理的发生学的说明。而是要对知识做逻辑的分析。逻辑实证主义者把数理逻辑的分析方法导入认识论,把全部经验科学的命题作为关于直接经验或直接观察的基本命题的真值函项而构造为一个逻辑的系统。维也纳学派把这种基本命题的语句叫作"记录语句",它们是整个知识大厦的基础。哲学的任务就是通过逻辑分析把科学的各种命题"翻译"或"还原"为直接经验或直接观察的命题,从而确定其意义。这也就是逻辑实证主义者所说的"证实原则"。逻辑分析与经验证实的结合乃是逻辑实证主义者的逻辑的经验论的全部精髓之所在。逻辑实证主义兴起于20年代,30年代以后其影响驾乎实用主义之上,50年代以前是英美哲学中占主导地位的思潮,逻辑实证主义差不多成了现代经验论的同义语。近三十多年来经验论思想的一个值得注意的发展是以蒯因为代表的一些美国哲学家把逻辑实证主义与实用主义相结合,提出所谓分析的实用主义或新实用主义。他们主要批评逻辑实证论的"两个教条":一是批评分析命题和综合命题之分,认为承认有先天的分析命题是"经验论者的一个非经验的教条,一个形而上学的信条";二是批评逻辑实证主义的证实原则和还原论,认为全部知识是作为一个整体而不是分解为一个个单独的命题去接受经验的检验,即使像逻辑规律(如排中律)这样似乎与经验相距遥远的命题作为知识整体的组成部分归根结底也要与整体一起接受经验的检验而有可能被修正或否弃。不过,蒯因认为,面对经验的检验所做的这种修正或否弃是根据实用和方便的原则进行的一种"自由选择"的活动。因此,他在克服了逻辑实证主义的非经验论的因素而建立的"没有教条的经验论"本质上是实用主义的。

最近二十年来,西方有许多哲学家(如波普尔、费耶阿本德、汉森、波兰尼等人)对现代经验论提出种种批评,根本否认有作为知识基础的纯粹的感觉经验,有些哲学家(如乔姆斯基和法国结构主义者)根据语言学、心理学、社会学的研究重新提出天赋观念和先天结构的说法。在这些挑战面前,现代经验论者中虽然有人做过一些回答,但是,在理论上并没有对经验论做出新的显著的发展。

中文词"人学"的由来和演变[*]

自上世纪末我国学术界兴起人学研究以来,"人学"一词已逐渐为人们所接受和熟悉了。当然,究竟何谓人学,人学的定义、对象、范围及其与其他科学的关系如何,它是单独一门科学还是若干关乎人的科学的总名或统称,凡此种种,人们还会有这样那样的歧见和争议,此处不做讨论。本文要谈的只是一个小小的问题,即关于"人学"这个中文词的由来及其词义后来变化的一些情况。

一、人们或以为"人学"一词乃晚近的产物,而且是国人自创的,其实不然。"人学"一词的出现距今已近五百年,时在明季末叶,而且是由一位洋人、名曰艾儒略(Aleni, Giulio)的来华耶稣会士创制的。艾儒略于1623年用中文写了一本题名《西学凡》的小册子,介绍欧洲天主教大学中学科分类和课程设置的概况。艾儒略在谈到大学所设六大学科(文科、理科、医科、法科、教科、道科)中理科和道科的关系时指出,理科之学即"理学",西文为"斐禄所费亚"(Philosophia)亦即哲学,包括逻辑学、自然哲学、形而上学、数学和伦理学五个分支;道科之学即"道学",西文为"陡禄日亚"(Theologia),亦即神学,艾儒略又称"天学"。道学是关于天主的至上至善之学,"乃超生出死之学","使人显知万有之始终,

---

[*] 原载《学习与探索》,2008年,第4期。

人类之本向,生死之大事"。① 道学之高于他学,超乎他学,在于它是"按经典天学而论"即根据神圣的《圣经》教义阐述、论证的。理学中的形而上学虽亦"论天神诸若(Angels,即天使),终论万物之主(天主、上帝)",但与道学不同,是"特据人学之理论之",即根据"人学"来研究、讨论的。② 此所谓"人学",并非是仅仅关乎人的科学,而是指关于宇宙万物的一切"义理"、"性理"之学,实即包括了"理学"(哲学)的各个分支学科,它们都在"人学所论性理"之列。然而,理学(哲学)何以被称为"人学"呢?"人学"之论与"天学"或"经典天学"之论区别何在呢?艾儒略在《西学凡》中对此未做进一步的说明,对这个问题的解答,我们须到被艾儒略和耶稣会士们奉为天主教神学与哲学之大宗师的"大圣多玛斯"(托马斯·阿奎那)的著作《神学大全》中去寻找。此书在1652年清顺治十一年有耶稣会士利类思的节译本印行,译名《超性学要》。在此书中,利类思将哲学译为"性学",将神学译为"天学"或"超性学"。按照托马斯的观点,"天学"与"性学"的区别,并不在于前者论天主存在问题,而后者则否,实则"性天二学非不共论天主妙有",但"其所以知天主之妙有者固各不同",也就是说二者的知识来源和途径是不同的:"性学"来自"本性之明"(Lumine naturalis rationis),即人的自然理性之光,"天学"则得之于"超性之明"(Lumine divinae revelations),即超自然的神圣启示之光。③ 上面艾儒略所云"道学""按经典天学之论"就是指《圣经》所宣示的神学的真理是授之于"天",由天主启示的,如托马斯在《神学大全》(《超性学要》)中反复指出的:"天学本于天主示照","天学

---

① 《西学凡》,明刻《天学初函》本,第12页。
② 同上书,第6页。
③ "大学所以知物之诸端,非由人学,而由天主知"(《超性学要》,上海,土山湾印书馆刊印本,卷一,1930年,第11页)拉丁文原文为 sacra doctrina non supponit sua principia ab aliqua scientia humnana, sed a scientia divina(神学的原理不是取自人的知识,而是取自神的知识)(《神学大全》,问题1,第1条,6)。

之理,非由他学,而由天主之亲示","天学之知,但由天主之默启","天主之所默照"被天主教的圣徒们记录下来,"出之于册"就是"所谓圣经"。① 托马斯将由天主启示所得的天学称为"天主知",拉丁文原文为scientia divina,即神的知识,与之相对的则是由人们的自然理性所得的知识,托马斯称为"人学",拉丁文原文为 scientia humana,即人的知识。② 在托马斯那里,"人学"(人的知识)并非仅指哲学("理学"、"性学"),而是泛指神学("道学"、"天学")之外来自人的自然理性的各种知识、各门学科,例如,利类思在《超性学要》一书的译者"自序"中开宗明义就说"泰西之学凡六科"(即艾儒略所说的文科、理科、医科、法科、教科、道科),"惟道科为最贵且要,盖诸科**人学**,而道科**天学**也"。③ "人学"(scientia humana)一词成为代表与神学有别的各门知识学科的总称。至于"人学"和"天学"的关系,艾儒略和利类思都强调:"人学"是"天学"的先导、入门的知识准备,"天学不得人学,无以为入门先资";"天学"是"人学"的归宿、一切知识追求的终极目标,"人学不得天学,无以为归宿究竟",没有"天学","他学总为无根"。④

二、如上所述,明末清初来华的耶稣会士们是站在基督教信仰的立场上,就知识来源的不同将神学和其他学科断然二分为来自天启的"天学"和来自人智的"人学",以彰显神学至高无上的地位和神圣的权威。这对中国士大夫知识分子来说,是很难接受的,因此,"人学"一词不仅当时不曾在中国知识界广泛流行,甚至此后二百余年间在中国思想文化领域都不曾为人提及。就笔者所见,直至清末,在近代洋务派启蒙学者郑观应所著《盛世危言》(1892年)中始有"人学"一词再现。郑

---

① 《超性学要》,卷一,第7、9、12页。
② 同上书,第11页。
③ 同上书,利类思"自序",第三页。
④ 《西学凡》,第12页,15页,《超性学要》,利类思"自序",第三页。

观应在该书论"西学"一章中谓西学有三大学科:天学、地学、人学。此所谓"天学"非如耶稣会士之义同神学的"天学",而是"以天文为纲,而一切算法、历法、电学、光学诸艺,皆由天学以推至其极者也","地学"是"以地舆为纲,而一切测量、经纬、种植、车舟、兵阵诸艺,皆由地学以推至其极者也。"大致说来,天、地二学包括了中国人那时知道的西方从天文、历算、地理、声光化电之学到农业生产和工业建造诸方面的科学技术知识。至于"人学",郑观应说:"以方言文字为纲,而一切政教、刑法、食货、制造、商贾、工技诸艺,皆人学以推至其极者也。"①"人学",主要包括语言、政治、法律、教育、经济诸学,当属今日所谓人文科学、社会科学,用西文表示或可写作 The Humanities,但工技、制造之类亦涵盖其中,则"人学"与作为自然科学和技术学科的"天""地"二学又相交叉而缺乏明确的界限了,但无论如何,"人学"是作为与"天学""地学"鼎足而立的一个学科分类的名称使用的。其所以名曰"人学",郑观应未做解释,或许是因为在他看来人学"诸艺"都与人事相关,都涉及人的实践活动所从事、所处理的对象,而非关于天地间自然现象的吧? 严复在1895年发表的"原强"一文中也曾提到"天地人三学",但并非作为全部学术的学科分类,而是仅指"数学、名学(指逻辑)、力学、质学(严氏指'所谓化学')"等"格致之学"之外的三种"学",而且他也未说明天、地二学究何所指,至于"人学",他说又可"析而为二":"生学"(生物学)和"心学"(心理学)。"生学"是"论人类长养孳乳之大法"(人类作为生物生长发育的规律)的,"心学"则是"言斯民知行感应之秘机"(人类思想行为的心理机制和动机)的。严复认为,这两门"人学"是"群学(社会学)入德之门",因为"群"(社会)是"积人而成"的,研究了"生学"和"心学"这两门"人学"才能进入"群学"(社会学)的领域,在他看来,"群学"乃是

---

① 《盛世危言·西学》。

"人学"的归趋、"人学"的极致,是最高的"人学"。因此我们可以说,严复所谓"人学"是指从生物学、心理学和社会学诸方面对于人的研究。①

三、郑观应提出的西学"天、地、人"三分法在中国近代文化教育史上从未被采纳为学科分类的基本模式,他所谓的"人学"这个名称也始终被弃置而不为学界所袭用。据笔者查阅文献,只是在上世纪30年代商务印书馆出版的一本译著中才又见到"人学"一词。此书名《宗教本质讲演录》,费尔巴赫(现通译费尔巴哈)著,林伊儿从德文原著译出。费氏在该书第三讲中概括他对宗教本质的看法说,宗教的本质实即人的本质,"宗教的对象,即我们用希腊文称为 Theos,用德文称为 Gott 的东西,所表现的,不是别的,正是人的本质,或者说,人的神不是别的,正是被神化了的人的本质",因此,他说:"我的这个学说,总括一句话说,就是:神学就是人学。"②这句话的德文原文为 die Theologie ist Anthropologie。"人学"是 Anthropologie 的译名。费尔巴哈在早期著作《基督教本质》、《未来哲学原理》中即已提出神学的秘密在于人学的观点,而且将人学(Anthropologie)作为其全部哲学的基础与核心学说,在他看来,不仅宗教本质问题,而且一切哲学问题,都可以而且必须通过对人的本质的真实理解而得到解释和解决。费尔巴哈有时就称自己的哲学为 Anthropologie。不过,在林伊儿译《宗教本质讲演录》之后,费尔巴哈著作的中译本中似已无人再用"人学"的译名,而是几乎一律改做"人本学"了,③应当说,"人本学"确实比"人学"一词更明确地表达了费尔巴哈哲学"以人为本"的基本特征,是一个更好的译名。

四、新中国成立后,上世纪50年代初,"人学"一词又曾出现于一本论述苏联文学理论的著作中。1953年上海平明出版社出版、查良铮

---

① 《严复集》,第一卷,中华书局,1986年,第一版,第6-7页。
② 《宗教本质讲演录》,林伊儿译,中山文化教育馆编辑,商务印书馆发行。
③ 参阅《费尔巴哈哲学著作选集》上、下卷,三联书店,1959年,1962年版。

译苏联季靡菲耶夫著《文学原理》一书,在讲到高尔基的文学观点时说,高尔基和许多古典作家一样,都强调人和人生是文学艺术的基本对象和内容,并且说高尔基曾"提议把文学叫作'人学'"。①

1957年上海钱谷融先生在一篇文章中将季靡菲耶夫表述的高尔基的这个观点直接概括为一个言简意赅的文学命题或文学口号:"文学是人学"("论'文学是人学'",《文艺月报》,1957年,第5期),当时被认为是鼓吹资产阶级人性论和人道主义的修正主义的文学理论,由是而引发了一场持续数年的争论和批判;而"人学"则成为一个仅仅具有负面意义的词语,在此后长时间里除供批判用外绝少为人们所提及。"文革"过后,文学界才有人重议此题,同时对"文学是人学"一语是否出自高尔基的原话以及对高尔基所谓"人学"究竟如何理解,人们却又发生了分歧和争论。有的学者根据高尔基谈及"人学"的几篇文章明确否定此话出自高尔基之口。而且认为此话也不符合高尔基的本意(刘保端:"高尔基如是说——'文学即人学'考",《文学评论》,1983年,第5期)。应当说,这个看法是有道理的。高尔基说过他的"主要工作"、"毕生的工作"是"人学",②没有说过"文学是人学"。"人学"显然是一个比文学更为宽广的概念。文学与人学的关系,是如高尔基所说的:文学是"'人种志学'(нородоведения,亦译民族志学)——人学(челавековедения)的极好的资源(Источник)"。③ 这是说,文学为研究人种或民族乃至一般地研究人提供了非常有用的文献材料。这里"人学"是一个不仅比文学而且比"人种志学"或"民族志学"更深更广的概念,意即关于人的研究、关于人的科学。当然,高尔基本人并没有做出这样明确的界定。

---

① 《文学原理》,平明出版社,1953年初版,1955年修订版,第22页。
② 《高尔基著作选集》,苏联国家艺术文学出版社,莫斯科,1953年,第24卷,第373页。
③ 《高尔基论文学》,苏联国家艺术文学出版社,莫斯科,1961年,第251页。

五、以上就是笔者所见以往"人学"一词出现和使用的一些情况。由之可见,就汉语而言,它是一个 equivocation(同形异义词或同名异义词),词虽同,而义迥异。耶稣会士的"人学"是指有别于神的启示的人的知识(scientia humana),郑观应的"人学"是指与科学技术学科不同的略相当于 The Humanities 的一个学科分类,费尔巴哈的"人学"是指他的人本学哲学学说,所有这些用法,与今日我国学术界研究、讨论的"人学"(尽管学者们的观点仍有分歧),都不是一码事,不可混同。高尔基的"人学"概念笼统地说或许可以认为接近于我们今日所谓人学,但其确切内容我们已无从知晓了。

"事实"何时始被用为哲学的范畴？*

事实这个词，无论在中国还是在西方，原来都是普通日用的词语，即使出现在哲学家的笔下，也不必有特定的哲学的涵义。事实成为哲学的概念或范畴，在中国和西方都是相当晚出的事情。在中国是在宋、明之际，在西方则是在近代以后了。

在中国传统哲学中，基本概念或范畴多以单字词表达，如道、器、理、气、心、物、有、无、知、行等等，"事实"这个概念也取一个单字词："事"。"事"字远在先秦典籍中即已出现，不过此后千余年间它始终属于日常语言的词汇，而不曾进入哲学的疆域。《战国策·齐策四》有"事有必至，理有固然"一语，似颇具哲理。"理"字在庄、荀诸子书中已多有出现，且有明显的哲学的涵义（法则、规律、形式等），但"事"字在当时及后来长久的时间里却并未被哲学家所论及。（双字词"事实"虽亦古已有之，但极少使用，更未作为哲学范畴使用过。）"事"是一个多义词，做动词用有做、从事、治理、侍奉、役使等词义，做名词用有事情、事实、事业、工作、事故、物件等词义。在事情、事实的涵义上使用的"事"字只是到了宋元明清时期方为哲学家们所瞩目，而就事与理（理在事中，抑理在事外或事上），事与物（事、物同一抑事别于物），事与心（事在心外抑心外无事）的关系做哲学的思考和论辩。于是"事"成了与理、物、心等

---

* 2005年10月的一则读书笔记。

同一序列的哲学范畴。

西方古代希腊哲学及文史著作中表示"事实"的词多用 πραγμα。πραγμα 也是一个多义词,有行动、事情、事实、事物、情况、政事、问题、麻烦等词义。在古罗马时代和中世纪,欧洲普遍使用的拉丁语中表示"事实"的词有二:res 和 factum。res 主要指事物、东西,亦指事实、情况等;factum 是动词 facere 的过去分词作名词用,意为被做的事情(行为、事业、成就)、已然的事、事实。从古希腊直至中世纪,无论 πραγμα 还是 res 或 factum 从未在其表示事实的词义上成为哲学探讨、议论的话题。不过,近代以后欧洲许多民族语言中的"事实"一词都是以 factum 为词源的,如英语的 fact,法语的 fait,意大利语的 fatto,俄语的 φακτ 等等,都是由 factum 派生出来的;而这些语言中的"事实"一词之被作为表示事实的哲学概念的词语来使用,则是迟至 17、18 世纪才出现的。据笔者所见,最早是莱布尼茨将事实与理性对举,提出两种真理说,一种是理性的真理(les verite's de raison)或推理的真理(les verite's de resonnement),一种是事实的真理(les verite's de fait)。① 休谟接受了莱布尼茨的这个观点,把人类理智的对象分为两类:观念的关系(relations of ideas)和事实(matters of fact)。关于前者的知识是先天的、必然的,关于后者的知识是经验的、或然的。② 这就是在近现代哲学史上有着重要影响的两类知识学说。狄德罗在谈到科学知识的方法和途径时说:"我们有三种主要的方法:对自然的观察、思考和实验"。对自然的观察是科学研究的第一步,其职能在于"搜集事实"(recueille les faits);又说:"搜集事实和联结事实"(recueillir et lier les faits)是科

---

① 见莱布尼茨:《人类理智新论》(1704),第四卷,第二章,并见《单子论》(1714),第33节。莱氏原著为法文,故"事实"一词初用"fait",后出的英译本、德译本则用"fact"、"Tatsache"。

② 休谟:《人性论》,第二卷,第一章,第十节,《人类理智研究》,第四章,第一节。

学研究的两件互有分工的工作；对于事实，在科学和哲学研究上的地位和意义，狄德罗说:"事实，无论其性质如何，乃是哲学家的真正的财富。"①由上可见，在18世纪，事实已成为哲学认识论和科学方法论的重要概念。

19世纪以后至20世纪，关于事实的问题一直是许多哲学派别（如新旧实证主义，实用主义，分析哲学各派、现象学、科学实在论等等）所关注和讨论的对象，而且其范围遍及本体论、认识论、科学哲学、语言哲学乃至伦理学等诸多方面。但在中国现代哲学中，对事实问题除了金岳霖先生生其巨著《知识论》有专章做细致的论述外，其他哲学家的著作，包括多年来我们的哲学教本，都绝少论及。近来虽有论事实的文章载诸报刊，但仍极少见。

事实，作为一个哲学范畴，值得做更多更深入的探讨，其丰富的内容非一篇文字所能尽述，容后或做长文论之。

---

① 狄德罗：《对自然的解释》，第15、20、21节。

法国革命口号"博爱"的涵义*

一

"博爱"是18世纪法国革命的三大口号(自由、平等、博爱)之一,是法文原文fraternité(英文为fraternity,德文为Brüderlichkeit)的中文译名。

fraternité源自拉丁文fraternitas,词根为frater,意为"兄弟",故其本义为兄弟关系、兄弟情谊或如兄弟一般的关系、情谊、友爱、亲睦。作为日常语言的用语,fraternité可泛指各类人们之间的如兄弟般的关系,例如,欧洲中世纪天主教修士彼此以"兄弟"相称,他们的关系就被称为fraternité。fraternité也被用作以兄弟情谊相标榜的宗教团体和其他社会团体的名称(为"兄弟会"、"小兄弟会"、"共济会"之类)。只是在18世纪的法国革命中,fraternité才超乎日常语言的范畴,与liberé(自由)和egalité(平等)一起成为具有特定政治涵义的三大革命口号。

fraternité作为法国革命的口号之一被介绍和翻译为中文词,是在19世纪末20世纪初的清朝末年,其时国内书刊上论及法国革命的文字有的译作"同胞",例如上海作新社译著《万国史纲》说:"在法国人民信仰者,曰自由、曰平等、曰同胞。"[①]有的译作"兄弟",例如一位名为

---

* 原载《博览群书》,2009年,第12期。
① 《万国史纲》,上海作新社,1902年,第218页。

"侯声"的作者在一篇政论文章中说:"法兰西之革命也,其主义之三大纲曰:平等、自由、兄弟。"①有的译作"友爱",例如,郑自强在"革命之剑"一文中说"西儒尝谓独立、自由、平等、友爱四者为革命之剑"。②有的译作"博爱",例如,康有为在"法国大革命记"中说:"且夫彼革命之政论甚高,揭博爱以为名。"③又如,孙中山在《同盟会宣言》中反复谈到"自由、平等、博爱的思想"、"自由、平等、博爱之精神"。④"博爱"一词,后来为国人通用,流行至今,似已成为法国革命口号 fraternité 的定译。

就翻译而言,"友爱"或"博爱"这个译名较之"兄弟"或"同胞"更为确切。fraternité 不是"兄弟","同胞"(此乃其词根 frater 之义),而是指兄弟间的(或如兄弟般的)关系、情谊、友爱。它所表示的这种友爱情谊的关系范围可大可小,小可仅指两人间亲如手足的情谊,大可囊括全世界全人类,用中国成语言之,就是"四海之内皆兄弟也",法国革命中高唱的 fraternité,如我们在后面将看到的,也是在"人人是兄弟"这个极广泛的意义上讲法国人民和世界各国各民族人民之间的一种普遍的博大的如兄弟般亲密友爱的情谊,现在一般译为"博爱",是可以理解的,也是可行的。

二

人们常常只从伦理价值的角度理解和解释法国革命的"博爱"口号,将其类比于中国儒家讲的"仁者爱人"、"博施济众",墨家讲的"兼相爱、交相利",乃至佛家讲的"普度众生",基督教讲的"爱人如己"那样的

---

① "博爱主义",载《南报》第 3 期(1910 年 11 月)。
② "革命之剑"载《开智录》1900 年改良第 1 期。
③ "法国大革命记"(1906),《康有为政论集》,中华书局,1981 年,第 590 页。
④ 《同盟会宣言》(1905),载《中国国民党文献选编》,中共中央党校科研办公室发行,1986 年。

法国革命口号"博爱"的涵义

人道主义的道德观念和思想情怀,而忽略了或忘记了此所谓"博爱",并非仅仅是一条道德箴言或律令(尽管它也具有一种崇高的道德的意义),而是像自由和平等一样,乃是一个具有特定的深刻的社会政治内容和涵义的革命口号。

我们翻阅一下法国革命的历史就会发现,博爱与自由、平等虽同为法国革命的口号,但其提出则晚于其他二者。自由、平等作为反对波旁封建王朝专制统治和等级压迫的最强音,从革命伊始就以极鲜明的文字重笔写在1789年的第一个人权宣言和1791年的宪法上,而博爱作为一个极重要的政治理念、政治诉求被提出则要迟到1792-1793年,其时法国革命深入发展,已由初起建立的君主立宪政体转为共和制,即雅各宾派当政时期。

在1792-1793年间,"博爱"(fraternité)之见于共和政权的重要文献者有:1792年11月19日,国民公会向法兰西共和国军队在击退奥地利侵略后所及之处的各地人民发布的第一号宣传令说:"国民公会以法兰西民族的名义宣布,它保证给予所有希望恢复其自由的人民以博爱和援助。"1792年12月15日国民公会发布第2号宣传令要求法兰西共和国军军队向所到之处的人民宣布,将给他们"带来和平、援助、博爱、自由和平等",此宣传令并附有法国人民致各地人民书,说"你们是兄弟和朋友","在权利上都是平等的","法兰西共和国的代表将与你们相商,以便确保你们的福祉和我们之间的博爱"。1793年1月23日国民公会告法国人民书说:"国民公会和法国人民现在唯一的心愿、唯一的情怀就是自由和公民的博爱。"[①]不过这一时期论及博爱的一份最重要的历史文献是雅各宾派领袖罗伯斯庇尔1793年4月26日在国民公会(法

---

① 上引均见 J. H. Stewart:《法国革命文化概览》,纽约,麦克米伦公司,1963年,第381、382、384、392页。

国革命共和制时期最高立法机关),讨论新宪法草案的"人权宣言"时发表的一篇演说,从这篇演说我们可对作为法国革命的一个基本政治原则、政治口号的博爱之要义有一简明确实的了解。

从罗伯斯庇尔的演说,我们可以看到,博爱是一个极重要的革命概念,如他所说,博爱是"各族人民反对专制君主的永久联盟的基础",[①]也就是说,博爱是法国人民进行的这场反封建革命的一个根本性的原则。不过,博爱与自由、平等不同,自由和平等是法国人民通过革命争取的神圣的"权利"、"天赋的人权"(deroits naturels de l'homme),博爱则是一种"义务"或"使命"(devoir),革命所赋有的一种神圣的"义务"或"使命",就是"把一切人和一切民族联合(unir,或译团结)起来";当然在这种义务中也包含着一种权利,即一切人和一切民族"互相帮助(mutuelle assistance)的权利"。[②] 因此,博爱作为法国革命的一大政治原则和政治口号,其完整的涵义可表述为:一切人和一切民族的联合与互助。罗伯斯庇尔在演说中还特就博爱之为兄弟关系、兄弟情谊的本义加以阐释说:"一切国家的人都是兄弟(Les homme de tous les pays sont fréres),各个民族应当像同一国家的所有公民一样,尽其所能,彼此互助(s'entr aider)。"[③]反之,凡是背弃博爱的原则进行民族压迫、民族侵略的行为,就是与全人类、与所有的民族为敌,罗伯斯庇尔说:"任何压迫一个民族的人就表明他是一切民族的敌人",又说:"为了阻止自由的发展和消灭人权而对一个民族进行战争的那些人应当作为杀人犯和叛匪而不是寻常的敌人为全人类所追捕共击之。"[④]罗伯斯庇尔的这几段话同样写进了他向国民公会提交的新宪法草案的《人权和公民权

---

① 《罗伯斯庇尔选集》,第2卷(1792-1793年),巴黎,社会出版社,1973年,第135页。
② 同上。
③ 同上书,第136页。
④ 同上书,第135页。

宣言》。① 而且在1793年6月24日通过的《法兰西共和国宪法》关于"法兰西共和国与外国之关系"一项下面正是根据上述这种博爱的精神写下了如下两个条款:"法兰西人民是一切自由民族的朋友和天然伙伴";"法兰西人民决不干涉其他国家的政府,但也不允许自己为其他国家所干涉。"②

罗伯斯庇尔的这些话以及前面所引法兰西共和政权谈及博爱的那些文告,再清楚不过地告诉我们,在法国革命中博爱这个口号首先和主要是就法国人民和世界各国各民族人民的关系提出来的,是呼唤和激励法国人民和全世界人民以兄弟友爱般的情谊联合起来,团结互助,共同斗争的一个崇高的革命的政治的原则。

这就是作为法国革命口号的博爱的原本的真正的涵义。这个意义的博爱不是一般的道德观念或伦理范畴,尤其与古今中外各种各样(不论是道德的还是宗教的)泛爱主义的观点和学说迥然有别,不可类比或混同。诚然,博爱确实具有一种道德的意义和价值,那就是将人们个人之间兄弟友爱的道德情谊提高、扩大或升华为一种涵盖了一切国家、一切民族人民之间关系的具有普遍意义和普遍价值的原则,用马克思的话说,是"使私人关系间应该遵循的那种简单的道德和正义的准则成为各民族之间的关系中的至高无上的准则"。③ 博爱之所以是一个既具政治号召力又携道德感召力的伟大的革命原则和革命口号,就在于此。

---

① 《罗伯斯庇尔选集》,第2卷(1792-1793年),巴黎,社会出版社,1973年,第140页。

② Stewart 编:《法国革命文件概览》,纽约,麦克米伦公司,1963年,第467页。

③ 《国际工人协会成立宣言》,《马克思恩格斯选集》,第2卷,人民出版社,1966年版,第244页。马克思是在讲"各国工人间应当存在的兄弟团结"时说这番话的(第243-244页)。"兄弟团结"的德文原文为"Band der Brüderlichkeit"(《马克思恩格斯选集》,第16卷,柏林,狄茨出版社,1962年,第12页),更确切的翻译应为"兄弟友爱的联系",也可译为"博爱的联系",盖 Brüderlichkeit,即法文之 fraternité,亦即博爱。

儒家、民主和人道主义*

儒家是中国传统文化的主流。从汉代(公元前206-公元220年)到清代(1644-1911年)的漫长时间里,儒家被中国大多数封建王朝尊为正统的意识形态。因而,不论过去和现在,都有一些人怀疑或者否认儒家能有任何民主精神的观念。

确实,儒家有许多受到现代中国民主革命先驱激烈抨击的封建观念。不过,我们也可以毫不犹豫地指出,儒家中有许多富有民主精神的观念,而且这些观念在过去曾深刻地影响了中国的文化、政治和社会生活。20世纪早期中国民主革命的领导者孙中山先生承认,儒家的民主观念是其自己的民主观念的重要思想来源,而且他明确地说,儒家的创始者孔子和孔子最著名的学生孟子"两千多年前……便主张民权",不过"当时只是见之于言论,没有形之于事实"。①

这是说,民主在儒家那里只是一个崇高的理想,在中国历史上,却从来没有变成一个真正的政治制度,尽管如此,儒家的民主观念并不因此丧失其光彩,按照英国著名的中国科学和技术史学家李约瑟(Needham)先生的说法:"虽然在中国的传统中,从来没有过西方代议

---

* 原文题为 Confucianism, Democracy and Humanism, 原载于 *Philosophy and Democracy in Asia*, The Asia-Pacific Philosophy Education Network for Democracy, UNESCO, 1996. 中译者为关群德。

① 孙中山:《三民主义》,第二部分,"民权主义",第一讲。

制的政府那样的民主体制,……但我仍然深信在整个中国传统中有很多强有力的民主成分。"[1]除了《论语》和《孟子》,我们还利用被称为儒家"五经"的《诗经》、《尚书》、《礼记》、《周易》、《春秋》,作为儒家学派民主观念的资源。尽管这些著作不是孔子本人所写(据说有些是他所辑),但仍常常被儒家的信奉者当作权威来引用,以支持和强化它们的观念和论证。

现在我们就来考察一下儒家主要的民主观念,及其伦理基础——人道主义。

天下为公

儒家的民主观念最明显的表达是孔子著名的话:"天下为公"。在中文中,"天下"从字面上意味着"天下所有的东西",因此,西方学者将之翻译为"整个世界"或"整个帝国",不过,也有人将之译为"最高的权力";"为公"的意思是"是公众的"、"是公共的"或"属于所有人民"。所以,这句话可以译为"整个世界属于所有的人民"。

按照中国经典著作之一《礼记》的说法,孔子有一天与他的一个门生谈论其社会理想,他将这种理想称为"大同"的状态,不过,他也将这一状态描述为一个历史事实,认为在中国的远古时代曾有过这样一种状态,传说中的三个圣贤的君主尧、舜和禹的治下就是这样一种状态,那也许是五千多年前的时候了。孔子抱憾地叹道,他没能幸运地生活在那个"大道"遍行的"大同"时代,而这一直是他"非常向往"的。

什么是"大道"? 大道就是上面所说的"天下为公"。大道运行于社

---

[1] J. Needham, *Within the Four Seas*, *The Dialogue of East and West*, quoted and translated from a Chinese version of this book, 54.

会的所有领域,包括政治领域和经济领域。就像《礼记》中所说的,大道之下没有私有财产,没有阶级的区别,没有世袭的君主。这就是孔子所谓的"大同"状态。① 我们今天知道,这只不过是原始氏族社会以及人类史前时代确实存在的原始共产主义和原始民主的一种理想化状态而已。

当大道运行于政治上,就意味着最高的政治权力属于所有的人民。诚然,儒家学派从来没有想到过一个没有君主的国家存在的可能性,甚至是圣贤的统治者尧和舜的朝代也是一种君主制。但是这种君主制是建立在原初的民主之上的,因为君主并不是由于世袭,而是通过人民的推荐和选择登上大位的。君主不能将大位当作自己私有的东西,也不能将之传给自己的儿子,而是要"选贤与能"来接替他。② 据《尚书》说,尧拒绝任命他的儿子为其继承人,而是选择了被推荐为有高尚品格和杰出才能但出身贫贱的舜,并且最后将大位禅让给了他;舜后来又将大位禅让给了大禹,据说大禹曾在治理河流、控制洪水方面有很大的贡献,因而在民众中有很高的威望。

孔子及其门徒总是称赞尧和舜是伟大的圣人,并且认为他们的朝代是远古过去的黄金时代。但不幸的是,这一黄金时代没有存在太长时间,在大禹将其权力传给其儿子之后,就永远消失了。孔子说,从那时起,"大道既隐,天下为家"③。但是孔子和其门徒并没有放弃其民主的政治理想。孔子和孟子游历了许多国家,试图说服当时的君主追随古代的圣贤君主,按照"大道",也即"天下为公"来治理他们的国家。当然,他们非常失望地失败了。

孔子和孟子之后,仍然有一些儒者坚定地持有"大道"所表达的儒家的民主理想。例如,伟大的诗人和儒者白居易(772-846 年)曾说:"古

---

① 《礼记·礼运》。
② 同上。
③ 同上。

人有言,天下者,非是一人之天下。"①另一个伟大的作家和儒者苏轼(1037-1101年)曾说:"天下非君有也,天下使君主之耳。"②另外,有一些儒家学者更是大胆地揭露自从秦始皇(公元前221-前210年在位)以来专制君主变本加厉的自私特征。例如,明末著名的学者黄宗羲(1610-1695年)称赞古代贤君的无私:"凡君之所毕世经营者,为天下也","不以一己之利为利,而使天下受其利,不以一己之害为害,而使天下释其害"。相反,他激烈地抨击那些"视天下为莫大之产业,传之子孙,享受无穷",并"以我之大私为天下之大公"的专制君主。黄宗羲在《明夷待访录》的"原君"中愤怒地宣称:"天下之大害者,君而已矣。"黄宗羲对君主专制的批评极大地影响了中国19世纪晚期的改良主义运动,他的政治著作秘密地刊行,并成了改革者争取民主,反对清朝封建专制的武器。

我们都知道,现代民主的基本理念是人民主权的原则。法国《人权宣言》(1793年)给了我们这样一个典型的表达:"主权属于人民"(第25条)。很明显,儒家的"天下为公"的"大道"确实是伟大的民主理想,并且与现代民主的基本理念相一致,尽管在中国古代封建社会,它没有也不可能发展成一个政治制度。就像孙中山先生说的那样,它只是一个美丽的梦想,好像外国人说的乌托邦,从未实现的。③

民维邦本,民重于君

君主和民众的关系问题在儒家的政治思想中占有一个非常重要的地位,并且具体地反映着儒家的民主精神。

---

① 《新乐府·二王后》。
② 《御试制科策》。
③ 孙中山:《三民主义》,第二部分,"民权主义",第一讲。

按照儒家学派,政治权威像其他事物一样,其终极的源泉在最高的存在那里,他们将这一最高的存在称为"天"或"上帝"。君主从天获得其权威。天拥有最高的权威,并且任命有道德和智慧的人为人民的君主。天所任命的君主被称为"天子"或"元子"(参见《尚书》)。君主是"天的第一个儿子""元子",因为所有的人民都是天的儿子,而君主则是人民的首领("元首"),就像《尚书》所说的"王司敬民,国非无胤"(君主要敬民,因为没有一个人不是天的儿子)。①

虽然君主从一个神圣的来源那里得到了其权威,而且是政治秩序中最高的首领,但儒家学派仍然认为君主在政治权威方面是位于人民之后的。"天不言",天不直接给出命令。天的命令仅仅通过人民的意志和愿望表达出来。"天佑下民,天矜令于民,民之所欲,天必从之。"②在儒家的经典中,人民常常被比作天的眼睛和耳朵,如孟子曾引证《尚书》说:"天视自我民视,天听自我民听。"③因而,在儒家那里,人民实际上是天在世间的代表,人民的意志体现着天的意志和命令,而君主则是天的意志的执行者,也就是说,人民意志的执行者。《尚书》又说,"民非后,罔克胥匡以生,后非民,罔以辟四方"(没有君主,人民不可能相助以生,没有人民,君主不可能开拓疆土,统治四方)。④因此,人民是国家的关键因素,没有人民的支持,就没有君主的权力。这样一个光辉的民主观念表达在下面这个著名的说法中:"民惟邦本,本固邦宁。"⑤在这个意义上,人民是高于君主的,就像孟子在下面这个激进的说法中所说的:"民为贵,社稷次之,君为轻。"⑥

---

① 《尚书·高宗肜日》。
② 《尚书·泰誓上》。
③ 《孟子·万章上》。
④ 《尚书·太甲中》。
⑤ 《尚书·五子之歌》。
⑥ 《孟子·尽心下》。

因此，按照儒家的说法，君主的存在和其统治的长久最终依赖于人民的意志和支持，就像《大学》（最初是《礼记》的一部分）所说的："道得众则得国，失众则失国。"①孟子也劝告他与之谈话的统治者要通过赢得民心而赢得人民的支持："得天下有道：得其民，斯得天下矣。得其民有道：得其心，斯得民矣。得其心有道：所欲与之聚之，所恶勿施尔也。"②相反，如果一个君主由于失民心而失去人民的支持，他必定要丧失其国家权力。

儒家认为君主及其政府是天为保护人民和促进人民的福祉而创造出来的。如果君主恰当地履行了其职责，并且得到了人民的支持，从而完成了天的命令，他的君主地位就是合法的和稳定的。如果他粗暴、无德性、不善良，如果他不为民众的福祉而工作，而是给民众造成苦难和痛苦，他就丧失了民心而违反了天的意志，他在天的面前就是一个邪恶的人。这样一来，他的君主的地位就是非法的了，他受之于天去进行统治的任命很可能就要被取消，而且他将会受到天的惩罚。在这种情况下，大臣和人民首先应该劝告和批评他们的君主；如果君主仍然不悔改，大臣和人民就应该剥夺君主的皇位，改换政府。孟子曾说："君有过则谏，反覆之而不听，则去"③；因为"惟仁者宜在高位。不仁而在高位，是播其恶与众也"④。在这里孟子公开地鼓吹革命的权利，也就是人民推翻邪恶的统治者的权利。这种权利被儒家当作天赋的权利，并且是与天的命令相一致的。例如，商代第一个君主汤领导的推翻邪恶的暴君、夏朝最后一个君主桀的统治的革命和周武王领导的推翻商朝末代暴君殷纣王的革命被儒家赞扬为历史上划时代的伟大事件："汤武革

---

① 《大学》第十一章。
② 《孟子·离娄上》。
③ 《孟子·万章下》。
④ 《孟子·离娄上》。

命,顺乎天而应乎人。革之时,大矣哉。"①

因此,儒家宣称拿起武器反对暴君的行为不是叛乱,反而是执行上天的意志的正义行为,杀死暴君的行为不是谋杀,反而是让人民高兴的事件。有人曾问孟子,人民将其君主处死的行为是否合法,如周朝第一个君主武王领导的推翻商朝最后一个君主、暴君纣的革命,孟子为这种革命的合法性进行了辩护:"贼仁者谓之贼,贼义者谓之残,残贼之人谓之一夫。闻诛一夫纣矣,未闻弑君也。"②如果"暴其民甚,则身弑国亡"将是不可避免的。③ 在这一点上,孟子的学说是如此地激进和明确,以至于在他去世很多世纪后,明朝的第一个皇帝(1368-1398年在位)仍然对他的这些反对独裁君主的话很愤怒。作为一个专制的统治者,这位皇帝认为这些说法是不适当的,因而命令将孟子从儒家祭祀的殿堂驱逐出去。尽管这一命令由于儒家知识分子的反对,很快被收回了,他仍然命令一些高级官员编了一个删节本的《孟子》,所有表达民主精神的段落都被删改,因为它们被认为对皇帝的专制统治是有害的。

儒家将革命当作合法的和正义的事业的思想是其民主观念最光辉的一章,我认为它也是对世界政治思想史的一个贡献。就像大家知道的那样,人民起来反抗暴君和残暴的政府的合法性是西方现代民主观念的主要原则之一,并且在西方国家的近代革命中发挥了重要的作用。但是直到13世纪托马斯·阿奎那为人民反抗暴君的权利进行辩护之前,没有人提出这一观念。西方提出这一观念比早期儒家晚了近两千年。

---

① 《易经·下经革》。
② 《孟子·梁惠王下》。
③ 《孟子·离娄上》。

选贤与能

孔子及其门徒总是强调地指出,为了在政府中建立一个明智的领导,必须选择合适的人担任公职。我们决定一个人是否合适的唯一标准是其品德和能力,因此,孔子给出了挑选合适的人的原则:"选贤与能。"[1]

孔子和孟子极力地向当时的君主推荐这一原则,并且期待他们将其付诸实践。按照孔子的说法,政府最重要的任务之一恰恰就是"举贤才"。[2] 孟子认为是否采取这一原则关系到国家的兴亡:"尊贤使能,俊杰在位,则天下之士皆悦而愿立于其朝矣",[3] 如果"不信仁贤,则国空虚"。[4] 孟子在另一个地方更加严肃地说道:一个国家"不用贤则亡。"[5]

儒家没有给出挑选官员的纲要,但是他们提出了一些规则和实践方法,过去许多好的君主曾运用过这些规则和方法。在这里我将讨论它们之中我认为具有民主政治特征的三点。

首先,在挑选时要最大限度地保持公正。任何贤能之人,不论属何种阶级、团体,不论他是贵族还是平民,是富人还是穷人,都有同等的机会在政府部门居于高位。孔子高度地赞扬了周朝初年,当时宫廷中有很多贤能之士,因为武王是按照人们的功德才能,而不是按照他们的亲戚宗族关系任命官员的。就像武王自己说的那样:"虽有周亲,不如仁人。"[6] 据说,武王的父亲文王发现了一个有雄才大略的年长渔民,这位

---

[1] 《礼记·礼运》。
[2] 《论语·子语》。
[3] 《孟子·公孙丑上》。
[4] 《孟子·尽心下》。
[5] 《孟子·告子下》。
[6] 《论语·尧曰》。

渔民很快就被提升至军师的地位,并在后来武王领导的推翻商朝的暴君纣的革命中立了大功。

当然,保持公正不是容易的事。如果君主按照人们的贤能挑选政府官员,而不考虑他们的家庭背景、社会地位,以及与皇家的关系,如孟子所说的,这"将使卑逾尊,疏逾戚"①。因此,可能会遇到贵族和皇室的反对。君主诚然要懂得谨慎以待,但是为了"进贤",却不得不如此,"如不得已"。② 事实上,满足人民愿望的唯一方式就是公正地做所有的事情,就像孔子所说的:"公则说(悦)。"③

其次,君主在挑选合适的人选时必须咨询大臣的意见,让大臣们讨论备选人员的品质。儒家经典《礼记》描述了周朝的挑选规则:"凡官民材,必先论之,论辨然后使之,任事然后爵之,位定然后禄之。"④但是,按照儒家的看法,咨询大臣的意见,得到他们的赞同虽然是必须的,但还不是挑选工作的结束。还有另外一件事要做。

第三且最重要的是,听从公众的意见。在谈论挑选贤能之人担任公职的时候,孟子对一个国王说:"左右皆曰贤,未可也。诸大夫皆曰贤,未可也,国人皆曰贤,然后察之;见贤焉,然后用之。"当撤换一个不称职的人时,也要听从公众的意见。孟子说:"左右皆曰不可,勿听。诸大夫皆曰不可,勿听。国人皆曰不可,然后察之;见不可焉,然后去之。"⑤

这里所描述的挑选政府官员的过程与现代的选举制度还有很大的距离,但是,当儒家将人民和公众的意见放在首要的地位的时候,我们

---

① 《孟子·梁惠王下》。
② 同上。
③ 《论语·尧曰》。
④ 《礼记·王制》。
⑤ 《孟子·梁惠王下》。

就必须承认,他们的观念与现代的民主观念已非常相近了。

人道主义——儒家民主观念的终极基础

就如我们上面所说的那样,在提出其民主观念的时候,儒家也许从古代的原初民主传说,以及夏商兴衰的历史经验中找到了一些启发,但是,我们必须说,这些观念的终极基础在于他们的人道主义。人道主义是整个儒家体系的理论核心。我想在此讨论与儒家的政治观念,即人性、人道和人权关系极其密切的几点:

1. 人性善

在中国古代有多种人性理论。有些人坚持说人性既不善也不恶,有些人认为人性恶,有些人认为人性是善恶混合的;儒家的基本主张则是人性本善。

就像孟子所指出的那样,人性本善的观念在孔子之前很长时间就已经出现了。我们可以看一下周朝初期的一首诗中的话:"天生烝民,有物有则,民之秉彝,好是懿德。"①这是说,所有的人都从天那里得到了善的本性。按照孟子的说法,孔子很赞赏这首诗,说"为此诗者,其知道乎"(这个作者是很懂道理的)。② 孔子说"人之生也直"③也暗示了人性是善的。不过,总的来说,孟子是中国第一个明确地宣称"人性善"的哲学家。仁义礼智等美德"非由外铄我也,我固有之也,弗思耳矣"④。

---

① 《诗经·大雅》。孟子在《告子上》引用了此诗。
② 《孟子·告子上》。
③ 《论语·雍也》。
④ 《孟子·告子上》。

正是从他们的人性本善的理论出发,孔子及其门徒发展出了一个人道主义的学说,他们的"仁政"的政治哲学及其民主理想就建立在这一学说之上。

2. 仁和仁政

在儒家的人道主义中,人的存在占据着中心的位置。他们说:"天地之性,人为贵。"① 由于人性是善的,因此爱就是一种天赋的道德品质。爱人是仁之德。孔子说过,仁就是"爱人"。② 孟子也说:"仁者爱人"。③ 因此,儒家认为仁是一种利他的本能,是一种无私的道德情感。从肯定的方面说,仁之人会像对待自己那样对待他人,就像孔子所说的"夫仁者,己欲立而立人,己欲达而达人";④从否定的方面说,仁之人不会将自己不喜欢的东西强加给他人,就像孔子常常重复地说的那样,"**己所不欲,勿施于人**"。⑤ 孔子还进一步将这一格言浓缩为一个词:"恕"。按照孔子及其门徒,仁的原则不仅是个体的道德准则,而且也应该作为进行统治的指导原则应用到政治事务上。他们提倡"仁政"。如果一个君主"博施于民而能济众",他就必然是一个仁君,甚至如孔子所说,"必也圣乎"(可以称他为"圣君")。因为,即使古代按照"大道"统治其帝国的贤君尧和舜在为人民的福祉服务方面,也不必然是完美无缺的("尧舜其犹病诸")。⑥ 因此,在儒家那里,民主的政治原则("天下为公")与仁的伦理原则是一致的,我们甚至可以说前者是建立在后者之上的。

很有意思的是,我们可以注意到,儒家的人道主义对 18 世纪法国

---

① 《孝经·圣治》。
② 《论语·颜渊》。
③ 《孟子·离娄下》。
④ 《论语·雍也》。
⑤ 《论语·颜渊》,《论语·卫灵公》。
⑥ 《论语·雍也》。

启蒙运动有很大的影响。儒家利他主义的格言("己所不欲,勿施于人")甚至被当作公民自由的道德基础,写进了1793年的《人权宣言》中,其文如下:"自由是每个人在不侵害他人权利的条件下行为的权利。……其道德的限制表达于这句格言:己所不欲,勿施于人。"①

因此,仁的原则是直接与人权概念相关联的。儒家认为,上天创造君主和政府是为了"佑下民"。② 君主应该保护的必然是人民的权利,尽管就我所知,儒家没有使用"权利"一词。那么,按照儒家的仁的原则,什么权利是应该得到保护的?

3. 儒家所说的人权

儒家没有给出仁的政府应该保护的权利的清单,但他们的经典著作中还是给出了一些需要保护的权利。

首先,儒家总是把人民的生命权放在首要的位置上。他们不断地强调说,仁的政府应该珍视和保护人民的生命。孟子说过:"杀一无罪,非仁也";③"行一不义,杀一不辜而得天下"④的人非仁君。这些话似乎意味着,在儒家那里,人民的生命权甚至高于国家权力的获得。生命的权利是上天赋给人民的。生命的最初要求是:有足够的食物。因此,按照孔子的说法,政府的首要任务就是"足食"。⑤ 后来一个儒者说过:"王者以民为天,而民以食为天。"⑥这也意味着获得食物和保存生命是人民的神圣权利。

其次,在儒家那里,平等是人的自然权利。就像孟子所说的,由于人性原初为善,所有的人就都是平等的。一个普通的人并不比像尧舜

---

① 1793年《人权宣言》第6条。
② 《尚书·泰誓上》。
③ 《孟子·尽心上》。
④ 《孟子·公孙丑上》。
⑤ 《论语·颜渊》。
⑥ 《汉书·郦食其传》。

这样的圣人低,因为他们是同类的,就像孟子所说的:"凡同类者,举相似也,何独至于人而疑之? 圣人与我同类者。"①如果我们内在的善的本性能够充分地发展,"人皆可以为尧舜"。② 因此,儒家宣扬所有的人都有平等地接受教育的权利。孔子说:"有教无类。"③孔子建立了第一个非官方的学校,这个学校向所有人开放,不论其地位高低。就像我们上面已经说过的那样,在政治上,儒家坚持认为,每个人都有平等地担任公职的权利,而这只是凭其贤与能。而且儒家进一步给予人的平等以最高的形而上学的根据,亦即,所有的人都是平等的,因为他们都是上天的儿子,就像我们前面已经提及的那样。因此,孔子的一个门徒公开地宣称:"四海之内皆兄弟。"④

再次,在儒家那里,言论或言论的权利被看作是对人有根本重要性的东西。我们在儒家经典之一《春秋穀梁传》(僖公二十二年)中读到:"人之所以为人者,言也;人而不能言,何以为人?"儒家总是告诉君主,要保护人民言论的自由。儒家经典之一的《诗经·大序》中说,"言之者无罪,闻之者足以戒。"尊重人民言论自由的权利反映的是君主宽容的美德。用《尚书》的话说,就是"有容,德乃大"。⑤ 宽容的精神主要反映为允许批评统治者和政府。君主必须倾听和容忍人民所说的:"有言逆于汝心,必求诸道。有言逊于汝志,必求诸非道。"⑥宽容的精神是真正的民主精神。我敢说,当代的政治领导人并不都能以此精神来管理国家的事务。

最后,我必须说我不是儒家。我只是把儒家学说当作中国文化的

---

① 《孟子·告子上》。
② 同上。
③ 《论语·卫灵公》。
④ 《论语·颜渊》。
⑤ 《尚书·君陈》。
⑥ 《尚书·太甲》。

遗产。我并不是在所有方面都赞同儒家的观点,但我相信儒家学说之中包含着一些非常有价值的观念,如本文所阐述的民主的和人道的观念,而且我认为它们在今天仍然是有意义的。如果古代中国文化中有什么可贡献于世界,儒家的民主和人道观念必定可为其中之一。

关于儒家思想与商品经济的一封信[*]

智弟如握:

在济南时我看了你讲儒家学说与市场经济的文章("儒家的经济思想及其特点"、"儒家义利新诠"、"儒家与市场经济"等,载于《孔子研究》、《东岳论丛》等刊物),觉得你的思路很好,可继续做深入的思考和研究。"市场经济"一语似过于现代化,在古代还是讲"商品经济"为好。当然那时已有"市场",但就其规模、范围、影响来说,还不足以构成一种"市场经济"。

商品交换、商品经济的发生和发展对人类历史的发展具有极其重大的意义,对人类思想史、认识史的发展也有极其深刻的影响。我觉得,商品生产和交换的活动对人类抽象思维能力的发展尤其起过巨大的推动作用。商品交换价值和货币的形成可以说是在人类生产经济活动中默默进行的一种实践的抽象(可参阅马克思《资本论》开头论商品二重性的部分)。这种实践的抽象之影响于人类思维极突出地表现在希腊最早的自然哲学家力图从某种特殊形态的物质(水、气、火等)寻求万物的统一性。例如,赫拉克利克特认为万物的本原是火,一切都生于火复还原为火,火与万物的交换犹如黄金(货币)与货物的交换:"一切事物都换成火,火也换成一切事物,正像货物换成黄金,黄金换成货物

---

[*] 这是我写给舍弟陈启智(山东社科院儒学研究所)的一封学术通信。——作者注

一样。"(《古希腊罗马哲学》,三联书店,1957年,第27页)

至于近代,如恩格斯所说,平等、自由等概念都是封建社会解体后商品经济普遍化所孕育、生发出来的(参阅《反杜林论》论平等一节)。马克思、恩格斯都强调资产阶级革命时期曾利用古罗马时代的法的概念,例如法国大革命后法国人就是根据罗马法而"创造像法兰西民法典这样典型的资产阶级社会的法典"。民法是"社会生活的经济条件在法律上的表现",而罗马法是"商品生产者社会的头一个世界性法权",所以法国资产阶级有可能利用它作为资产阶级法权的基础,"对于单纯商品所有者的一切重要法权关系加以极端精确的规定"(《费尔巴哈和德国古典哲学的终结》第四节)。

那么,为什么法国1793年的《人权宣言》中能够把中国儒家的恕道即"己所不欲,勿施于人"作为公民自由的道德基础呢？我想那也是因为儒家的恕道乃是商品经济的契约关系所产生和形成的一种道德价值观念。商品所有者彼此以一种平等的人格相互对待而在一种(或者言明或者默认的)契约关系中进行交换或贸易,这种关系的要害就是所谓的公平交易,互惠互利,亦即"己所不欲,勿施于人。"儒家将这种由商品经济发生出来的道德要求提升为一种普遍性的人道的伦理的准则,而法国人在大革命时代则将其升华为伟大的自由原则,1793年《人权宣言》中说:"Freedom is the right of everybody to act without aggression upon other's right…It's moral restriction is expressed in this maxim：Do not do to others what you do not want them to do to you. (自由是每个人在不侵犯他人权利的条件下去行为的权利。……其道德的制约表达于下面这条格言中:己所不欲,勿施于人。)"

以上所说,供你参考。

兄启伟手草
2002年11月7日

"普世价值"并非源于宗教[*]

吴江先生告诉我们（见 2010 年 1 月 8 日《文汇读书周报》载"'普世价值'索解"一文），经过一番勤搜苦寻，他终于查明了"普世价值"一词的由来。据说那本是一个"宗教界的用语"，其源乃出于二次大战后英美基督教新教发起的一个号召全世界基督教教派大联合的所谓"普世教会运动"。

吴老对一词之微不吝下大气力做钩沉探源的功夫，令人敬佩。但是对于先生由是索得之"解"或结论，笔者则未敢遽尔苟同，而疑其未必无误。盖"普世教会运动"之所谓"普世"与我国学界迩来一度热议的"普世价值"之所谓"普世"，词虽同而义实异。此"普世"非彼"普世"，不可强为攀扯，混作一谈。

据查，"普世教会运动"英文名为"Oecumenical（亦作 Ecumenical）Movement"。Oecumenical（中译为"普世"）源自希腊文的 οικουμευη，意为"人所寓居的世界"，最初仅指希腊人居住的地域，后来词义扩大，兼指希腊人和非希腊人居住的地域，到罗马时代，则成为罗马帝国所辖广大疆域乃至全球全世界的代名词。该词之用于宗教语，时亦甚早，例如，公元 5 世纪位于君士坦丁堡的东正教（基督教东派教会）尊其宗主教或教宗为 Oecumenical Patriarch，今译为"普世牧首"，亦称 Oecumenical Judge

---

[*] 原载《社会学家茶座》，2011 年，第 4 辑。

"普世价值"并非源于宗教

("普世法官"),意为有权管辖普天下(其时实指罗马帝国的势力范围)一切基督教会的最高主宰,以与自命为统辖万方、全体大公的罗马天主教会的教皇(Pope)相抗衡(罗马天主教会即 Roman Catholic Church,意为普天下所有基督教徒共尊共有的教会)。近代 oecumenical 之用于宗教语,其著名者就是吴老提及的 Oecumenical Movement("普世教会运动")。这个运动始于19世纪,至20世纪而大盛,其宗旨就是倡导和实现基督教新教各派教会(后来又扩及天主教、东正教的各派教会)的联合与统一。所谓"普世"(oecumenical),则纯然是一个地理范围的概念,不过极言其囊括之广、地域之大,普天之下,寰宇之内,概莫能外。

"普世价值"一词,如同"普世教会运动"一样,也非中文所固有,而是从西文翻译过来的一个中文译名。二者虽皆曰"普世",但若究其所由来的西文原词,则立见其迥然有别。如上所述,"普世教会运动"的"普世"之原文为 oecumenical,"普世价值"的"普世"的西文原词(此处仅以英文为例)则决非如是,而是另有一词,即 universal,"普世价值"即 universal value。① Universal 以往我们学界通译为"普遍",译 universal value 为"普遍价值",笔者以为,用此译名或可避免以"普世"兼译 oecumenical 与 universal 而造成的混淆。

"普遍价值"的"普遍"不是一个地域的概念,不是就地理范围之广大(世界各地,无处不在)言"价值"。"普遍价值"是一个具有哲学和社会人文内涵的概念,通常主要是对某些最基本最重要的道德范畴和政治理念来讲的,是就其社会意义、功效、作用、重要性而言的,意指这些

---

① 前些年西方文化学者亨廷顿倡文明冲突之说,认为民主、人权、自由是西方文明传统所独具,而为东方文明(尤其是伊斯兰文明)所拒斥,并不具有普遍适用的意义,因而引起了学界极大的争议。有的学者批评这种观点是"一大错误","经不起历史的考验",并力主"民主是一种普世价值"[Amartya Sen:"Democracy as a Universal Value", *Journal of Democracy*, 10(3),1999],这里"普世价值"的"普世"(亦译"普遍")的英文原词就是 universal。

范畴和理念(例如,自由、平等、博爱、民主、正义、人权等等)不仅对于个别的国家、民族、阶级,而且对于一切的国家、民族、阶级,对于一切人都是适用的、有效的、极其宝贵和至为重要的。这样的理念和范畴可能是一些古老的概念(例如,民主的概念在古希腊时代就已有之,而且在雅典城邦中还建立过民主制的政体),但是其获得普遍价值的品格,成为具有普遍意义和价值的思想精华,则是近代的事情,是随着西方近代资本主义的发展在17、18世纪蓬勃兴起的反封建的启蒙运动和资产阶级革命的时代出现的。例如,18世纪的美国革命和法国革命都以浓墨重笔将人权、自由、平等、民主(主权在民)作为一切人自然固有而不可剥夺、不可让渡的神圣权利写进自己的宣言(1776年美国独立宣言,1789年法国人权和公民权宣言),实际上就是向世界庄严昭告这些理念对于全人类具有普遍意义和普遍价值。1791年,曾积极参加北美独立战争后又投身法国革命的英国著名启蒙思想家和政治活动家托马斯·潘恩就极其明确地宣称:美国革命和法国革命所遵循和奉行的这些理念是"普遍的原则",他说:"我们现在从美国和法国革命看到的是……一个像真理和人的存在一样普遍的原则的体系,它把道德与政治幸福和民族昌盛结合在一起了。"①"像真理和人的存在一样普遍"(as universal as truth and the existence of man),这是何等伟大而崇高的普遍价值啊!

至于吴老说20世纪以来基督教新教教派也在讲"自由、民主、人权、公义"等具有"所谓普世价值的东西",并由此断言"'普世性'、'普世价值'等皆源于基督教新教。"恕我再直言一句:先生此言差矣!大家知道,基督教新教或称抗议教(Protestantism)是在16世纪作为旧教即在

---

① 潘恩:《人的权利》,引自《关于法国革命的争论(1789-1800)》,A. 柯班编,伦敦,尼古拉斯·凯出版公司,1950年,第202-203页。

"普世价值"并非源于宗教

中世纪居于绝对正统的罗马天主教的对立物兴起的,主要是反对罗马教廷对各国教会的任意干涉和霸权统治,反对天主教会的等级森严的教阶制,反对教会(神父、教士)对教徒个人内心信仰的控制,主张个人与上帝直接相交通,因而也反对天主教会的许多繁文缛节的圣典礼仪。欧洲各国新教教派(路德宗、加尔文宗、安利甘宗等等)所进行的宗教改革运动在近代反封建斗争中起过重大的作用,无疑具有深刻的政治意义,但是新教改革的思想内容毕竟属于宗教的领域,新教改革家们不曾提出甚至未必全然接受如启蒙思想家和革命思想家们所首创、倡导和宣扬的那些具有"普遍价值"的政治原则和政治观念,如果说今日的基督教新教也讲"自由、民主、人权、公义"等等,那显然不是也不可能是从其先辈那里承袭而来,更不可能是这些政治理念之获有"普遍价值"之源。

中国人的卫生观念及其人文内涵[*]

一

"卫生"二字,是我们日常熟闻习见而且常用的一个词。但究其原始,它又是一个相当久远、古已有之的词。

有的书上说,卫生一词早在我国先秦时期即已出现,而且始见于战国之际我国最早的医学理论著作《黄帝内经》的《灵枢》部分。例如《灵枢》第十八篇题曰:"营卫生会"。这里卫生二字确是有的,但若谓"卫生"一词即肇端于斯,则恐是望文生义,实乃大谬不然。盖此处"卫"与"生"二字虽紧相毗邻,却非一词。"营卫"在中医学中系指人体的两种"气",营亦作荣,指血的循环;卫指气的周流。"营在脉中,卫在脉外",二"气"散布全身,内外贯通,运行不已,对人体起着滋养护卫的作用,这里营、卫并提,"生会"是讲这两种"气"的产生和相互会合。因此,"卫"与"生"切不可断取,连缀做一词——"卫生",是不待言而自明的。

不过,卫生一词远在我国古代即已载于典籍,则是不争的事实。就目前所见,最早使用"卫生"一词的是《庄子》一书,其杂篇《庚桑楚》中有南荣趎者问道于老子,说:"趎愿闻卫生之经。"老子说:"卫生之经,能抱

---

[*] 原载《江苏社会科学》,2007年,第1期。

一乎？"卫生之经，即卫生之道，卫生之规，卫生之法则。后来"卫生"一词屡见于一些诗人的作品中，如陶渊明有："存生不可言，卫生每苦拙"（《影答形》），谢灵运有："卫生自有经"（《还旧园作，见颜范二中书》）的诗句。唐宋以后，"卫生"一词与"养生"、"摄生"、"保生"、"全生"等词交替互用，似已成为通俗流行的用语。许多脍炙人口、传诵至今的医疗保健歌诀就名之曰《卫生歌》，如唐代大医学家孙思邈的《孙真人卫生歌》、宋代真德秀的《续卫生歌》（或名《真西山卫生歌》），以及其他佚名作者的《卫生歌》、《卫生三字诀》之类。自宋朝至清朝，更有多种以"卫生"之名编纂的医学著作，如《卫生家宝产科备要》（宋，朱端章撰，刊于淳熙十一年，1184年）；《卫生宝鉴》（元，罗天益撰，刊于至元十八年，1281年）；《卫生产科方》（元，沈虞卿撰）；《卫生易简方》（明，胡濙撰，永乐二十一年，1423年）；《卫生真诀》（明，罗洪先撰）；《卫生编》（清，石文灏选编，刊于乾隆二年，1773年）；《卫生要术》（清，徐明峰撰，刊于咸丰八年，1858年）；《中外卫生要旨》（清，郑观应撰，刊于光绪十六年，1890年）等等。

如上所述，卫生一词，其由来也尚矣。然而人们也许要问，古人之所谓卫生与现代的卫生观念是不是一回事？我们知道，有些词古今共用，但其意思不同，例如，"民主"一词，《尚书》中已曾多处用之："民主罔与厥成功"（《商书·咸有一德》）；"天惟时求民主"，"乃惟成汤，代夏作民主"（《周书·多方》）。这里的"民主"意为民之主宰，与今日所谓政治的民主，字词虽同，而意义迥异，甚至相反。但卫生一词的情形决非如此。古人的卫生观念与现代的卫生观念，其内容的深浅广狭固有很大的差别，但其基本含义并无二致，就是能够防治疾病，维护人的生命健康。我们今日所说的卫生所涉极广，医疗、防疫、保健、康复、优生优育，乃至保护和改善人的生存环境，等等，无不包括在内，这一切都可以说是卫生这一主旨在理论和实践上的丰富和发展。

《庄子》中的"卫生"一词,晋代李颐的注解为:"防卫其生,令合道也。"防是防御、防止,指防御和治疗疾病;卫是保卫、护卫,指增进健康,维护生命,我们通常专就此义使用"卫生"一词,即卫生保健。这个注把我国古人所谓卫生的正负两面的含义言简意赅地表达出来了,卫生既是防病治病,又是卫生保健。从历代流传的卫生歌诀和各种医学卫生著作中我们随处可见对这种卫生观念的讲述和宣传。人的自然生命是有限的,但其修短寿夭、康强病弱并非全由天定,而是有赖于人类自身卫生的活动或修为,所谓"盈缩之期,不但在天,养怡之福,可得永年"(曹操《龟虽寿》),"寿夭休论命,修行本在人"(孙思邈《养生铭》)。伤病疾患是人的生命健康的大敌,中国传统医学有一个基本的信念,就是相信病可治而且须治。宋代思想家邵雍说"一身为一国,有病当求医",有病"肯服药,诸病可却"《慎疾病》。《黄帝内经》中说:"圣人杂合以治,各得其所宜,故治所以异而病皆愈者,得病之情,知治之大体也"(《素问·异法方宜论》)。就是说,高超的医生给人治病,能掌握治病大法,洞悉病情,兼用诸般疗法,因人施宜,就能治愈各种不同的病。《内经》还特别警告人们,切勿迷信天命鬼神,忌医不治,否则病就无救了:"拘于鬼神者,不可与言至德,恶于针石者,不可与言至巧,病不许治者,病必不治,治之无功矣"(《素问·五脏别论》)。尤为重要的是,中国传统医学强调病不仅可治,而且可防,防更重于治。早在《黄帝内经》的《素问·四气调神大论》中就已经提出:"圣人不治已病治未病,不治已乱治未乱。""夫病已成而后药之,乱已成而后治之。譬犹渴而穿井,斗而铸锥,不亦晚乎!"这一思想为后世学者医家反复宣传,每每吟诸歌诀以鼓吹之,几乎成为中国人众所周知的一个卫生观念,如宋代邵雍的《防病诀》:"知君病后能服药,不若病前能自防。"清代田锦淮的《养生诗》:"与其病后能求药,不若病前知自防。"这种防重于治,或如今日所说,预防为主的思想,无疑是我国古代卫生观念的精华,是中国人在世界医学史、卫生史上的一大贡献。防重于治、预防为主则是我们一切保健卫生活动的思想前提,讲究保健卫生正是为了防病于未然,防病之道端在保健卫生。保健卫生,这大概是中国古代卫生观念和卫生活动中内容最丰富的方面。包括有关健身养生的理论和不胜枚举的种种健身养生的方法和衣食住行的卫生习惯、卫生设施、卫生制度等等,可以说不胜枚举,此处无须赘述。

西方有的学者说,古代东方民族(例如,菲律宾人、婆罗洲人和中国人)的医疗卫生保健观念是起于对疾病和死亡的恐惧,"对死亡和疾病的恐惧始终是一种特别严重的恐惧。"其却病延年之法是诉诸魔法、巫术的迷信手段。而现代的(当然是他们西方的)卫生保健的观念和实践,则"本质上是科学的",是"基于事实而非幻想",是"根据真理而非恐惧或偏见",是要达到使人具有"强健的体力、充沛的活力和完满的生命"的"理想"。① 这番话充满了西方人对东方古老民族的傲慢与偏见,也暴露了他们的无知。其实,从任何民族的历史来看,医疗保健卫生的起源都决不仅是对生老病死的恐惧,而是来自人类为保卫、维护生命而同各种自然力(包括疾病)进行的积极的斗争,医学知识和医术的获得与积累,卫生习惯、保健方法的形成和发展,医药和医疗手段的发现、发明和制造等等,皆源于此,体现着我们的祖先敢于同自然命运抗争的勇气和智慧,岂是恐惧二字所能了得!至于说东方古老民族是依靠魔法、巫术以驱邪却病也是无视历史的妄言。诚然,在远古时代,巫在人类生活中起过相当大的作用,巫执掌奉祀天帝鬼神、占卜、星历诸事,其职能兼及医事活动,而主要以迷信的神秘的方式(祈祷、降神、禁咒等)为人祈福禳灾。例如:在我国的殷商时期,"殷人尊神,率民以事神,先鬼而后礼"(《礼记·表记》)。统治者凡事都要求神问卜,祈求鬼神和祖先亡

---

① J. F. Williams, *Hygiene and Sanitation*(《卫生与保健》),1931年,第17-18页。

灵的保佑,对疾病也不例外,但是,真正的医疗卫生活动却是在人类改造自然的生产劳动斗争中产生发展起来的,而且是在更为遥远的原始社会时期就开始了的。例如,上古传说中所云:"伏羲氏……乃尝味百药而制九针,以拯夭枉焉"(《帝王世纪》)。"神农尝百草之滋味,水泉之甘苦,令民知所避就。一日而遇七十毒"(《淮南子·修务训》)。"黄帝使岐伯尝味草木,典主医病经方,本草素问之书咸出焉"(《帝王世纪》)。这都表明我们的祖先并不是靠巫术和幻想,而是通过难以想象的艰难险阻和无数次的尝试和探索向大自然索取医人治病的药物药方的。从医学史来看,反对巫医的斗争更是我们祖国医学的一个极其悠久的优良传统。例如,早在春秋时期,名医扁鹊就明确提出"病有六不治",其中一条就是"信巫不信医",不治(《史记·扁鹊仓公列传》)。明代医家万全总结历代医疗卫生实践经验也指出"信巫不信医"是"养生者"的一大失误(《万氏养生四要》)。医与巫是势不两立的。上引《素问·五脏别论》就提出:"拘于鬼神者,不可与言至德。"卫生歌诀《病家十要》中力劝病人求良医,不要信邪魔歪道,这是生死攸关的原则:"一择良医,于病有裨,不可不慎,生死相随。……九莫信邪,信之必差(差错),异端诳诱,惑乱人家"(明,龚廷贤《万病回春》)。中国历史上有些朝代订有严禁和惩罚巫医的律条。在一定意义上,我们可以说,正是在同巫医迷信的斗争中,中国人的卫生观念、医疗卫生的理论与实践才形成为一个独立的具有民族文化特色的优越的医学体系。

当然,这并不是说我们古代的卫生观念和整个医疗保健卫生事业已经是具有科学形态的东西了。其实西方人的卫生观念和卫生活动也只是随着近代科学的兴起和发展而逐渐科学化了的,而西方近代卫生观念之传入中国则在鸦片战争的炮火打开满清帝国的国门之后了。

二

以中国固有的"卫生"一词译西文的 Hygiene 或 Health（一般认为这个翻译最初是出于日人之手[①]），是个好得不能再好的翻译，甚至是比西文原词更为精当的译名。西文 Hygiene 和 Health 原来的词义就是健康或保健。Hygiene 即是由希腊神话中健康女神 Hygia 的名字派生而来。如前所说，卫生一词则兼有防治疾病和保健卫生两方面的含义。不特此也，更可贵的是这里明白标一个"生"字：卫生者，保卫生命之谓也。"卫生"的究竟至极的意义由是而豁然在目。我们认为，卫生决不仅仅是一个医学的概念、保健学的概念、生理病理学的概念，而是一个具有深刻的社会人文内涵的概念，就是因为卫生观念自古泊今的发展，从来都离不开各个时代人们对于人及其生命的价值和意义的关注和理解。

中国古代的卫生观念就是以人及其生命的宝贵和尊严为其根底和第一要义的。《黄帝内经》中说："天覆地载，万物悉备，莫贵于人"（《素问·定命全形论》）。孙思邈的《卫生歌》开宗明义就说："天地之间人为贵，头象天兮足象地，父母遗（wei 给予）体宜宝之，箕裘五福寿为最。"真德秀的《续卫生歌》开头一句话也是："万物唯人为最贵。"人为贵的思想在中国历史上可说源远流长，儒家经典《孝经》上说："天地之性，人为贵。"《列子·天瑞》上说："天地万物，唯人为贵。"王充《论衡·量知》说："人含天地之性，最为贵。"曹操《度关山》也说："天地间，人为贵。"生命是人的禀赋、人之所有中至大至尊的东西，孔子

[①] 中文"卫生"一词最早是何时传入日本的，待考。但至迟在 18 世纪末日人医学著作已有以"卫生"为书名者，如井子承：《秘传卫生论》(1795 年)。

就说过:"死生亦大矣!"(据《庄子·德充符》)。北魏源贺说:"人之所宝,莫宝于生命"(《北史·源贺列传》)。俚语说部中也有"人命大如天"(《水浒传》第22回)之类的话。所以,保护、救治人的生命是最重大的事情。孙思邈说:"人命至重,有贵千金,一方济之,德逾于此"(《千金要方·自序》)。明代医学家孙志宏说:"医系人之安危死生,岂非天地间最重大事哉?"(《简明医彀·业医须知》)清代医学家沈金鳌说:"盖以人之生至重,必知其重而有以尊之,庶不致草菅人命也"(《沈氏尊生书》)。

诗经有云:"天生蒸民"(《大雅·蒸民》)。汉代思想家董仲舒说:"天者万物之祖,万物非天不生"(《春秋繁露·顺命》),"人之为人,本于天,天亦人之曾祖父也"(《春秋繁露·为人者天地》)。人及其生命乃至天之所生,天之所赐,这是中国人给人及其生命的价值找到的最终的形而上学的根据。但是天生、天赐的具体的人间的形态则是自然的亲子关系,即人及其生命乃"父母遗体",是父母所给予的,于是,在中国封建社会的漫长历史行程中,卫生,即对生命的保卫、维护,从其形而上学的根据化而为一种宗法的伦理的至上律令:"身体发肤受之父母,不敢毁伤,孝之始也"(《孝经·开宗明义章》)。

人为贵或可看作一种原始的朴素的人本思想,但它毕竟尚未达到以人自身为其价值的本位和主体的思想高度。我们看到,我们的先人对人及其生命价值的肯定,不论如何崇高、尊贵,毕竟诉之于一种较之人及其生命更崇高、更尊贵的来源——天或天地(尽管在中国传统思想中未必皆具有宗教的神秘的意义)。正如在西方中世纪,天主教之肯定人的生命具有神圣的价值,是因为人是上帝按照其自身的形象创造的。因而,人和人的生命的价值是由一种异己的、外在的、超人的力量所赋予的,而不是人所内在固有的。这是近代前卫生观念(无论中国的还是西方的)的形而上学根据(又不论是宗教的抑非宗教的)

的共同特征。

近代的卫生观念之区别于此前的卫生观念就在于此。世界历史之进入近代始于西方,从15、16世纪的文艺复兴人文主义运动到17、18世纪的启蒙运动,在某种意义上可以说是一场伟大的人的解放运动,把人从中世纪至高无上神权的统治下和封建宗法的束缚中解放出来,人成为独立自主、自在自为的存在,人及其生命的价值就在人的自身,而不复诉之于任何外在的权威和来源。启蒙时代的这个人本主义观念(Humanism)最精粹地表达于德国大哲学家康德的这句经典的名言:"人是目的本身。"因而康德认为:"我们本身的人性对我们自己来说必然是神圣的"(康德《实践理性批判》第一部第二卷第二章第五节:"上帝存在作为纯粹实践理性的一个公设")。人作为自身的目的"不是仅仅具有一种相对的价值,而是具有一种内在的价值,亦即一种尊严性(Würde)"(康德《道德形而上学原理》第二章:"由通俗道德哲学转为道德形而上学")。人的这种内在的价值在近代又从道德的范畴升华为一种法的观念,即人权。人的价值直接体现为人与生俱来的各种不可让渡、不可剥夺的自然权利(天赋人权),而生命权则居其首。例如,1776年美国独立宣言称:"生命,自由和追求幸福"是人的"不可剥夺的权利"。这种人权、生命权的观念是近现代卫生观念的核心和法的依据。健康是完满的生命的标志,生命权即包含着健康权。1948年成立的世界卫生组织(WHO)在其宪章中曾郑重宣布:"享有可能达到的最高标准的健康,是不分种族、宗教、政治信仰、经济状况或社会地位的所有人的基本权利之一。"

中国人接受和引进西方近代卫生观念和卫生活动,最初主要是在医疗的科学技术层面上进行的,对于西方近代卫生观念的人本主义背景和根据则似尚未触及。清末许多爱国志士在反对帝国主义列强侵略的斗争中号召国人注重卫生,强身健体,以求国富民强,避免亡国灭种之祸,甚至认为卫生之"关系强种保国,超出于各科学之上"。① 这里揭示了卫生的爱国主义的政治意义,是极为可贵、极应嘉许的。(我们在20世纪50年代抗美援朝时不是还曾提出开展"爱国卫生运动"的号召吗?)不过,这还只是从我们对国家民族负有的责任或义务谈卫生。就笔者所见,最早谈及近代人权生命权者大约是清末民主革命宣传家邹容,他在被誉为中国近代"人权宣言"的《革命军》(1903)中大声宣布:"各人不可夺之权利,皆由天授",生命、自由及一切利益之事,皆属天赋之权利,必须保护"。之后,蔡元培先生在《中学修身教科书》(1912年)中说,卫生是一种首要的道德修养("以康强其身为第一义"),也是一种社会责任("吾身之康强与否,即关于本务之尽否。故人之一身,对于家族若社会若国家,皆有善自摄卫之责。")。但更重要的是,生命权是一种最基本的人权:"人之生命,为其一切义务权利之基本",伤害人的生命,"是即举其一切之权利义务而悉破坏之,罪莫大焉"。② 现今在世界许多国家,保护人的生命健康的权利都以法的形式固定下来,这是近代人本主义真谛之化为现实,是现代卫生观念和卫生活动的最重要、最基本的特征。

中国传统卫生观念的人文内涵还在于它所包含的人道主义(humanitarianism)的义蕴或精神。所谓"医者仁术也",就是说,医疗卫生事业是人道主义的事业,这也说明中国医学的人道主义传统乃渊源于儒家的"仁"的思想。"仁"是儒家学说的核心。孔子讲"仁者爱人"(《论语·颜渊》),讲"博施于民而能济众",讲"夫仁者,己欲立而立人,己欲达而达人"(《论语·雍也》);孟子也讲"仁者爱人",讲"君子以仁存心","思天下有溺者由己溺之也,思天下有饥者由己饥之也"(《孟子·

---

① 丁福保:《实验卫生学讲本》,1909年。
② 《蔡元培选集》,下卷,杭州,浙江教育出版社,1993年,第822—823页。

离娄下》);韩愈讲:"博爱之谓仁"(《原道》);范仲淹将仁("古仁人之心")的精髓凝铸为古今传诵的名言:"先天下之忧而忧,后天下之乐而乐"(《岳阳楼记》)。仁,作为中国传统的人道主义理念,是中国知识分子历来向往和追求的普遍的伦理价值和崇高的精神境界。他们要以仁人之心用世,可出而为卿相,治国安民,可退而为布衣,行医济世。古人有云:"不为良相,则为良医"(此语亦出自范仲淹)。清代医家李鹏飞说:"医之为道虽小,而济世与良相同功,古人岂欺我哉?"(《一得集·叙》)行医与从政同一旨义,都是发之于一种深厚的仁心,一种利他主义的、博爱主义的,亦即人道主义的精神。在中国医学史上,这种基于"仁"的理念的人道主义,为历代医家所传承和阐扬,成为广大医者道德修养的准则和律己律人的医德规范。

　　医疗卫生之为人道主义的事业,首先就在于医者须有这种"仁人之心",以"博施济众"、"济世救人"为职志。例如:医学家龚廷贤所举"医家十要"开首第一条就是:"存仁心"(《万病回春》);孙志宏在"业医须知"中说:"业医者,当时时刻刻兢兢业业,以救人为德","是必其德仁厚,其学淹通谙练,而后能起疴回生"(《简明医彀》);龚信的"明医箴"说,"明医"(德业双馨的医者)"心存仁义","惟期博济"(《古今医鉴》);孙思邈的医学名篇《大医精诚》中有一段尤为感人的文字表达了医疗卫生事业的人道主义宗旨,他说:"凡大医(品德高尚、医术精湛的医生)治病,必当安神定志,无欲无求,先发大慈恻隐之心,誓愿普救含灵(即人类)之苦。"对他人的病痛疾苦要有己饥己溺、感同身受之情,"见彼苦恼,若己有之,深心凄怆",即使对于"有患疮痍、下痢,臭秽不可瞻视,人所恶见者",也应"发惭愧凄怜忧恤之意,不得起一念蒂芥之心(不能有丝毫嫌弃厌恶的念头)",唯其如此,方能不"自虑吉凶,护惜身命","勿避崄巇、昼夜、寒暑、饥渴、疲劳,一心赴救,……如此可为苍生大医,反此则是含灵巨贼"。因此,医者的仁人之心就是一种大诚无私,毫不利己的精神,而以医术为邀名逐利的手段则是医德医道所不容的可耻行为。孙思邈痛斥那些"于性命之上"(在关乎人命生死的事情上)竟挟其医术以"邀射名誉"的医者是"甚不仁矣";更谆谆告诫:"医人不得恃己所长,专心经略财物,但作救苦之心"(《千金要方·大医精诚》)。孙志宏也殷切叮嘱医者"每临病,务以济人自矢,勿重财利",否则就是"重利鄙夫,忍心害理之所为"(《简明医彀·业医须知》)。赵学敏严厉批评有些医者唯一己之富贵是求,"率以医为行业,谓求富贵者莫如医之一途"(《串雅》内编)。今日在市场经济大潮袭来时,医界见利忘义,为医不仁的败行,随处有闻,不时可见,人道主义精神的大失落,令人叹惋,往日医学先贤的这些仁者之言,现在读来倍感亲切,对我们仍有极大的警训作用和教育意义。

医疗卫生之为人道主义的事业,尤其在于它所体现的一种普遍平等的精神。中国医学传统一向提倡,病患面前,人人平等,人有类别,医无等差。孙思邈说:"若有疾厄来求救者,不得问其贵贱贫富,长幼妍媸,怨亲善友,华夷愚智,普同一等,皆如至亲之想"(《大医精诚》)。对于一切病患者,不管等级高低,不论贫寒富有,不计亲疏怨友,甚至不分中外华夷,一律视如至亲,同等对待,悉心救治,这是何等博大仁爱的人道主义的胸怀啊!而且医疗卫生活动的对象或者说它的"受众"不止是病患者(他们得到医治),而是也包括远更广大的非病患者(他们得到疾病预防和卫生保健)在内的所有的人。"非典"、禽流感、艾滋病一来,举世关注,无分种族,无分国界,无分阶级,无分行业,"普同一等",一齐行动,全力防治。医疗卫生真正是惠及亿万民众、泽被天下苍生的全人类的事业,伟大的人道主义的事业。我们有过一个很流行的说法,叫作"救死扶伤,实行革命人道主义"。然而,遗憾的是,在昔日极"左"路线统治下,人道主义每每被所谓"革命"所湮没。大家记忆犹新,在"文化大革命"的年代,一切"以阶级斗争为纲",人们不仅在政治上被划分为左与右、红与黑、革命与反革命,而且在医疗卫生方面也要按此"分类"而被区别对待。凡属"革命对象",地、富、反、坏、右不必说了,就连那些被斥为"反动学术权威"的老专家学者,那些被打成"走资派"、"反革命修正主义分子"的大批老革命干部,乃至开国元勋、党国领袖一类的人物,也免不了在"实行革命人道主义"的某些医疗机构和医护人员面前饱受远非人道主义的待遇。诸如此类令人痛心、不堪回首的往事实在多得不可胜数。痛定思痛,我们今天在谈论卫生的时候,难道不应该把它的真正的人道主义的内涵揭示给人们吗?

"存在的就是合理的"不是黑格尔的命题[*]

不知从什么时候起,"存在的就是合理的"这个话成了一句流行语,在日常谈话中,在新闻媒体上,在电视剧里,都有人如是说。

"存在的就是合理的"这个话虽然也可以像寻常民谚熟语那样被人们当作口头禅轻易随口道来,但是,不论说者是否意识到,它并不是一句普普通通的话语,而是一个赋有极重要的意涵的哲学命题,而且在我们看来也是一个极谬误的哲学命题。如果将其奉为人生哲学的信条、社会政治的准则,行为处事的指南,那是很危险的,可以说,害莫大焉。

俗话说,"事出有因",无缘无故的事是没有的。任何事物都有其发生的原因、出现的条件、存在的理由或根据,但是这不等于说凡是存在的东西就是合理的、应该的、正当的。否则,我们对一切现存的事物、一切既成的事实、一切已然实施的行为、乃至一切已然萌动的思想情欲,就可以不论是非,无分善恶,莫辨美丑,罔计荣辱,完全无条件地予以肯定、认同、许可和接受了。照此逻辑,例如,当年日寇法西斯制造的南京大屠杀,既然发生和存在了,岂不就是"合理的",而无须否定,无须被刻在永无可赎的历史罪行录上吗?又如,给中国人民造成十年浩劫的"文化大革命"既然发生和存在了,岂不就是"合理的",而无须否定,无须"拨乱反正"了吗?

---

[*] 原载《读书》,2009年,第1期。

"存在的就是合理的"不是黑格尔的命题

人们常常把"存在的就是合理的"这个话当作某个哲学家的名言加以引用或转述,而且总是指名道姓地归之于19世纪德国大哲黑格尔。然而,这是一个历史的误会。其源盖出于对黑格尔哲学的误解或曲解。黑格尔曾提出一个非常有名的哲学命题:"凡是现实的都是合理的,凡是合理的都是现实的"("Was wirklich ist, das ist vernünftig, und was vernünftig ist, das ist wirklich"),[①]在当时的德国,在保守派和激进派两个方面都引起了强烈的反响,前者赞赏,后者反对,但是他们对这个命题的理解却是一致的。他们都认为此所谓"现实"意即"存在"、"现存",所以如恩格斯指出的,他们认定这个命题"显然是把现存的一切神圣化,是在哲学上替专制制度,替警察国家,替王室司法,替书报检查制度祝福"。[②] 黑格尔自己也知道,他的这个命题"曾引起许多人的诧异和反对",因此他曾一再提醒人们"注意"他"用(现实)这个词的意义",注意他对"现实"和"存在"所做的"确切的区别"。诚然,现实的东西都是存在的,但是并非一切存在者都是现实的。黑格尔说:"在日常生活中,任何幻想、错误、罪恶以及一切坏东西,一切腐败幻灭的存在,虽常有人随便叫做现实,但是,即在平常的感觉里,也会觉得一个偶然的存在,不配享受现实的美名。"[③]现实不是"偶然的存在",而是具有必然性的东西:"发展了的现实性就是必然性。"[④]恩格斯对黑格尔的这个观点特别加以阐释说:"在黑格尔看来,凡是现存的决非无条件地也是现实的。在他看来,现实的属性仅仅属于那同时是必然的东西;'现实性在其展开过程中表明为必然性',所以他决不承认政府的任何一个措施都已经

[①] 黑格尔:《法哲学原理》,"序言",第12页。
[②] 恩格斯:《费尔巴哈和德国古典哲学的终结》,《马克思恩格斯选集》,第4卷,人民出版社,1966年,第211页。
[③] 黑格尔:《小逻辑》,贺麟译,商务印书馆,第6节。
[④] 同上,第147节。

无条件地是现实的。但是必然的东西归根到底会表明自己也是合理的。"[1]也就是说,并非任何存在的、现存的东西,而是只有适应历史必然性、顺乎世界进步潮流、符合社会发展规律(用黑格尔唯心主义哲学的说法,是"绝对理念"自身的辩证发展)的东西才具有现实性,因而才是合理的。

但是,遗憾的是,从19世纪以来,对黑格尔这个命题的误解或曲解一直持续下来了,有的哲学家,例如罗素,虽然承认黑格尔所谓"现实"并非指"经验主义者"通常所说的东西(存在的事实),但是认为:"无论如何,(黑格尔)将现实的与合理的相等同,必不可免地会导致某种与'凡是存在的都是正当的'(what is, is right)这种信念分不开的欣然自足的心境。"[2]有些哲学家在谈论这个命题时则索性径直改为"凡是存在的就是合理的",以假乱真,广为流传,我们可以把它称为"伪黑格尔命题"。例如,日本哲学家安位能成著《西洋近世哲学史》(岩波书店)在讲述黑格尔哲学时就明白地把他的那个"有名的"命题称之为"凡是存在的就是合理的,"而且附以被他擅自改过的德文句子"Alles was ist, ist vernünftig"(意即"凡是存在的就是合理的";如上所引,黑格尔的原文则是 Was wirklich ist, das ist venünftig)。中国哲学家中最早论及黑格尔(译名海格尔)这个命题者是章太炎,他的表述是:"事事皆合理,物物尽善美。"[3]其后另一位中国哲学家冯友兰在《新理学》(1939年)一书中也谈道:"海格尔说,凡存在者都是合理的。"章太炎对"海格尔所谓'事事皆合理,物物尽善美'",还做了一个精辟的解释和尖锐的批判,认为它与中国庄子所说"无物不然,无物不可"(《齐物论》)的"词义相同",

---

[1] 恩格斯:《费尔巴哈和德国古典哲学的终结》,《马克思恩格斯选集》,第4卷,人民出版社,1966,第211页。
[2] 罗素:《西方哲学史》。
[3] 章太炎:《四惑论》,《章太炎全集》(四),第449页。

可以用来为一切荒谬反动的社会秩序和政治制度进行辩护。例如,章太炎说,布鲁东(今译蒲鲁东)的"一切强权无不合理"的谬论,"原其立论,实本于海格尔氏"。[1]

如上所见,"存在的就是合理的"(或"凡是存在的就是合理的")是对黑格尔原命题("凡是现实的就是合理的")的篡改,而且含义迥然有别,然而它却假黑格尔之名而久传不息。这在中外哲学史上恐怕是一个奇特而仅见的现象。对于这个以讹传讹的"伪黑格尔命题",我们固然要究其由来,返"本"还"真",但更重要的是要像章太炎那样,揭示它的思想实质,批其谬以杜其害。

---

[1] 章太炎:《四惑论》《章太火全集》(四),第445页。

也谈毛泽东推荐给刘少奇的两本外国书*

1967年1月,刘少奇在"文革"中被"打倒"之前,曾与毛泽东见过最后一面,毛泽东在谈话中要刘少奇"好好学习",并推荐他读几本书,其中有两本外国书是西方哲学的著作,一是"海格尔的《机械唯物主义》",一是"狄德罗的《机械人》"。刘少奇当时曾要身边的工作人员查找这两本书,但未找到。"文革"结束后,人们从毛泽东的"菊香书屋"到北京各大图书馆到处搜寻,亦终无所得。

没有人怀疑这两本书的真实存在,但是,既然遍觅不见,就不能不令人怀疑或许二书的书名有误(刘少奇自己也说"可能书名不对")。因此,我们不可再循此名以求其书,而是要问:被误加此名的书究竟是两本什么书?

近阅本刊《中国图书评论》本年第1期载"毛泽东推荐给刘少奇的几本书"一文,作者散木对毛泽东所荐的二本西方著作究指何书,提出自己的看法,笔者对其有赞同,也有质疑。

关于所谓"海格尔的《机械唯物主义》",散木先生论之略详而考定其实为德国科学家和哲学家恩斯特·海克尔著《宇宙之谜》一书的误称。言之有据,其说颇可置信,也正是笔者所支持的。(至于文中引述德国人克劳斯·梅奈特的说法,认为毛泽东发动"文化大革命"的理论

---

* 原载《中国图书评论》,2010年,第5期。

根据"不断革命论"与海克尔的哲学观点有某种深刻的思想渊源,则恐怕是一种随意的推想,过度的发挥,并不足取。不过,对此自当另论,此处恕不多议。)

关于另一本书,"狄德罗的《机械人》",不知何故,散木先生思路忽变,似又觉得此书久寻未获,罪不在其书名有误,而是人们查找的功夫没做到极致,未曾将狄氏著作搜求彻底无余。他告诉我们:"狄德罗的著作,今有商务印书馆'汉译世界学术名著丛书'中的《狄德罗哲学选集》以及其《哲学原理》等"(按:狄德罗的著作中并无《哲学原理》一书,散木先生恐系误记。又,狄氏著作之译为中文者尚有其未提到的收入商务印书馆《十八世纪法国哲学》的若干作品)。"至于《机械人》",他又设想或非成卷成册的论著,而"似为其中的单篇文章的另名,或出于其'哲学思想录'、'对自然的解释'、'关于物质和运动的哲学原理'等"。我们照此提示,反复逐篇逐句逐字翻阅了目前已有中译的狄德罗全部著作。很遗憾,结果竟未发现任何一篇"单篇文章"题有"另名"(哪怕是一个副标题)曰"机械人"者,而且在不下二、三十万字的译文中,我们也决然不见有"机械人"一词。实际上,在整个18世纪西方各种语言词汇中都还没有这个词。"机械人"(或译"机器人",英文为Robot)是现代科技的发明,其最初的设想大概发源于19世纪上半叶的英国。据说,一个精于制造最巧妙机器的英国发明家"想利用人工方法来制造一个人",而且真的造出了一个"完全能像一个人那样举止动作"的"机器人","除了一个灵魂之外其他什么都不缺少"。①

在狄德罗那个时代,人们虽然还没有"机器人"的概念,但机器和人的关系却已成为哲学家们所关注和议论的重大话题。恩格斯说,18世

---

① 参阅海涅:《论德国宗教和哲学的历史》,商务印书馆,1972年,第98页。

纪的唯物主义"主要是机械的唯物主义"。唯物主义哲学家力图用力学的规律、机械的作用解释一切领域的自然现象,无论是无机界的还是有机界的,包括生物学、生理学乃至心理学的对象都不例外。这种机械论观念的极端贯彻莫过于用纯粹力学的尺度来衡量动植物有机体的活动和过程,将动物和人都看作一种非人工所及的天然生成的机械构造、一架无比精巧的机器。也如恩格斯所说,那时"生物学尚在襁褓中;对植物和动物的机体只作过极浅的研究,并且用纯粹机械的原因加以解释;正如在笛卡儿看来动物是机器一样,在十八世纪的唯物主义者看来,人是机器"。① 法国哲学家笛卡儿在17世纪就提出"动物是机器",但否认人是机器,因为人有灵魂,有一种精神实体,人的一切精神活动都源于灵魂,受灵魂的支配,而不是其肉体(生物有机体)内机械运动的结果。到了18世纪中叶有一位与狄德罗同时而略早于他的法国哲学家则进而更大胆地提出了"人是机器"的思想,这位哲学家就是十八世纪法国唯物主义第一人拉美特里。拉美特里在1748年发表了一本震撼哲坛的著作,书名就是《人是机器》(*L'homme machine*)。他否定有所谓独立自在的灵魂实体,认为精神是随着人的机体的生长和发展而产生和发展起来的,是人体机械作用的产物;也就是说:"人是一架如此复杂的机器","人体是一架会自己发动自己的机器,一架永动机的活生生的模型。"②

《人是机器》一书在上世纪30年代曾有一中译本(任白戈译,辛垦书店印行),印数极少,鲜为人知。解放后,又有一新译本(译者顾寿观,三联书店,1956年出版)。笔者推测毛泽东可能在上个世纪50年代读过这个译本,不过,由于时过时久,老人家在"文革"中与刘少奇谈话时,

---

① 恩格斯:《路德维希·费尔巴哈和德国古典哲学的终结》,《马克思恩格斯选集》,第4卷,人民出版社,1966年,第209页。
② 拉美特里:《人是机器》,三联书店,1956年,第17,20页。

已不能确记其名,故尔误为"狄德罗的《机械人》"。至于毛泽东何以在刘少奇即将惨遭灭顶之际向他推荐《人是机器》、《宇宙之谜》等几本书,奥秘安在,笔者实在百思不得其解,古人云:"天意从来高难问",其斯之谓欤?

"学至乎没而后止"
——陈启伟教授访谈录*

韩林合

问：就我的观察，您是你们这代人中西方哲学方面造诣最深的人之一。您可否谈一下您是怎么走上西方哲学研究道路的？

搞西方哲学并不是我的夙愿，在走上这条学术道路之前我从未有过要以此为业的想法。后来我终于走上了这条路，那完全是始料未及的一些情况造成的。

我是1952年考入北京大学哲学系哲学专业的（那时还有一个心理学专业）。全班20人，分三个组：自然科学组、社会科学组、逻辑组。我在社会科学组。大学期间，我最喜欢的课是中国哲学史，这是一门长达三个学期的重头课，我学得也很认真，课后阅读了很多中国哲学的古典著作。对西方哲学史我当时并未发生什么兴趣。那门课是一个苏联专家讲的，此公于西方哲学学无根柢，课上只是拿了一份从苏联带来的讲稿照本宣科，"宣"了几次之后懒得再"宣"了，就让一个中国教员代他念事先译好的讲稿。那个讲稿把内容丰富的西方哲学史弄成了一大堆既乏资料也无阐释的干巴巴的教条汇编，听来逆耳，读来乏味，没有给我留下多少深刻的印象。

---

* 原载《学术思想评论》第二辑（1997年）。

但是到了大学四年级要毕业那一年,有一件事情却使我从此与西方哲学结下了不解之缘,事实上决定了我后来的学术道路和生活道路。大四第一学期开学后,系里向我们布置毕业论文事宜,发了20个论文题目,全班20人各选一题。我原来对中国哲学史有兴趣,可是关于中国哲学史以及马克思主义哲学原理方面的题目很快被同学们选走了,最后剩下了三个西方哲学史的题目:休谟、康德和黑格尔。就我个人的气质来说,我比较喜欢黑格尔那样的思辨(说真的,我对黑格尔的兴趣至今犹存,而且在我读过的西方哲学家的著作中仍以黑格尔的书为最多),但是葛树先同学(现在南开大学哲学系)选了这个题目,康德则被叶秀山同学(现在中国社科院哲学所)选去了,于是我就做休谟的文章了。这虽非我之所愿,但是我却因此而有幸长期受教于一位杰出学者的门下,那就是洪谦先生。根据系里的安排,洪先生担任我的论文指导教师。经过洪先生的悉心指导,我写出了"休谟不可知论批判"的毕业论文,大概还算差强人意吧,所以在1956年我毕业前夕举行的北京大学第一次学生科学报告会上获得一等奖。不过,即在这时我仍无意此后专致于西方哲学的研究或教学工作。在填写毕业分配志愿时,我的第一志愿是去当时的中国哲学社会科学学部(今社科院)哲学研究所,而且是想去搞中国哲学史或马克思主义哲学理论(特别是历史唯物论)的。但事与愿违。1956年中央提出"向科学进军"的口号,北大决定招收第一批副博士研究生,生源大半来自由各系推荐的应届毕业生。哲学系从我们毕业班里推荐了六名同学:逻辑学、中国哲学史、西方哲学史各两名。显然由于我写了关于休谟的毕业论文而且洪谦先生也还满意,哲学系就把我推荐给洪先生做西方哲学史的研究生,研究方向仍为休谟哲学,从此以后一切似乎就笃定了。我做了四年研究生,毕业后留校任教至今,一直从事西方哲学的教学和研究工作。说来多简单,我就是这样走上了搞西方哲学的道路,如上所说,这不是夙愿得偿,而是当时的情势有以使然。不过,既然走上了这条路,我还是非常投入的,也可以说,我是把西方哲学研究作为自己生死以之的事业对待的,我唯一的希求就是如荀子所说:"真积力久则入,学至乎没而后止。"

问:您是洪谦先生的学生,您从洪先生那里学到的最重要的东西是什么?

洪谦先生是我的老师。从1955年他指导我写大学毕业论文到1992年他与世长辞,洪先生始终是我的老师。我不仅做过他的研究生,而且后来一直在他的领导下工作(先是在北大哲学系西方哲学史教研室,后在北大外国哲学研究所),在这几近四十年的漫长岁月中我比任何人都有更多的机会亲聆他的教诲,得到他的指导、培养和帮助。无论是为学还是为人,我都从他那里学了很多很多。要说最重要的东西,我想是两点:

一是他的严谨踏实的学风。洪先生治学极其严谨,对学生要求也极严格。他总强调做学问要一丝不苟,研究问题要在一个"细"字上下功夫,知识基础要像铁板钉钉一样打得扎扎实实。我做研究生时,他多次教育我要"沉下心"读书,1956年11月16日我根据他的谈话在日记中有如下一则记录:"读书应沉浸于其中,深知其当然及所以然之故。切勿先存成见。为批判而寻章摘句,必不能沉下心读书也。"洪先生还一再告诫我"不要为发表热所驱,汲取于敷衍成文",写一篇文章一定要有充分的准备、翔实的资料和深入的思考,在上面同一天日记中也有一则他这方面教导的记录:"学有根柢始发为文章,内蕴丰厚而外现宏阔伟大——这是一切学问家所经历的途径。"洪先生的严谨学风还表现在他在学术上的谦虚态度,尤其对非其所长、非其所专的问题从不随便发表议论,以自炫博学。但事实上他的知识之广博有时使我感到惊讶。记得80年代初,有一次我到他家去,他刚好写完了给朱光潜先生的一封回信,他把这封信和朱先生的来信都给我看了。原来朱先生的信是问20世纪初一位德国学者(似乎并不十分知名,至少我从无所闻)写的一篇关于美学或艺术的文章发表在什么杂志,内容如何。我没有想到洪先生对几十年前德国美学界的情况如此熟悉,言之凿凿地一一回答了朱先生的问题。我因而也很敬佩潜老特具慧眼,深知大学问之所在,所以不求诸他人,而独请教于洪公。惜乎二老都已仙逝,不知其来往书信是否保存。以上记忆细节或有不确,当由我负责。

二是他那真实无伪的人格。在我师从洪先生的几十年中,我所看到的始终是同一个十足本色的洪谦。无论是风雨如晦的年月,还是阳光灿烂的日子,出现在人们面前的永远是他那毫无伪饰的真实的自我。他从不戴面具,从不挂脸谱。他从不因迫于某种政治压力或为迎合某种政治需要而违心地说话,违心地著文。他很鄙蔑那种跟着权势走,随着风向转的所谓"应时主义"。作为一位爱国主义者,他真诚地拥护社会主义,拥护共产党的领导,但是在哲学观点上,他始终没有接受马克思主义,虽然他很尊重马克思主义,从不批评马克思主义。1958年"双反"运动时,他在一次教研室的会上坦诚地说,他仍然相信维也纳学派哲学,而且甚至曾考虑将早已停刊多年的维也纳学派的《认识》杂志复刊在中国出版。对洪先生的这种哲学立场你可以不赞成,但是对他的这种坦诚,对这种坦诚所显示的与一切假冒伪劣(包括假冒伪劣的"马克思主义者")对立的真实无伪的崇高品格,你不能不肃然起敬。

问:分析哲学作为一种哲学倾向,主要盛行于英语国家。它与欧洲哲学的主流倾向似乎有很大的不同。您是如何看待它们之间的关系的?

这是一个很大的问题,需要深入研究的问题,我看在西方似乎也还没有人把它说得很透彻很清楚。我当然也没有弄得很清楚。

人们常常讲"英美分析哲学"和"欧陆哲学"。这样很容易使人误解,以为这是两个不同地域的哲学的区分。事实显然不是这样。分析哲学最早的奠基者弗雷格不在英美,而在德国;分析哲学中历时最久、影响最大的以维也纳学派为代表的逻辑实证论是在奥地利形成和发展起来的,后来才传播到英美。就人物而言,很多著名的分析哲学家,包括维特根斯坦、卡尔那普、莱辛巴赫、魏斯曼、亨佩尔、波普尔、费格尔、弗朗克等一批人,都来自德奥。

但是,应当承认,在本世纪中,分析哲学先在英国,后来又在美国以及其他英语国家和斯堪的那维亚半岛诸国,成为居于主导或支配地位的哲学思潮,而在欧洲大陆,主要是德法两国,先后盛行而为其主流思想者则是直觉主义、生命哲学、现象学、存在主义、解释学、社会批判理论、结构主义、解构主义等等。为了说话简便,我们姑且还是用分析哲学和"欧陆哲学"这两个词。

分析哲学和作为欧陆思想主流的各派哲学确实(而不是似乎)有很大的不同。二者的哲学观、哲学方法、关注的哲学问题、使用的哲学概念,以及各自的哲学风格,都大有区别,甚至对立。凡是对双方的哲学著作有所接触,对其哲学思想有所了解的人就不难看到它们的区别或对立。但是,问题在于人们往往把分析哲学和所谓欧陆哲学的区别或对立看得太极端,仿佛双峰对峙,二水分流,彼此没有任何交叉和交融。这种看法我想是不符合事实的。

首先回顾一下分析哲学在 19 世纪末 20 世纪初形成之际的历史背景,我们就可以看到,它与欧陆哲学处于一种错综复杂的关系之中,而不是壁垒分明地断然与之相对。过去有一种流行的看法,认为分析哲学一方面是作为德国思辨唯心论(包括黑格尔的绝对唯心论和康德的先验唯心论)的反动;另一方面是作为英国经验论的继承而产生的。这种看法有它的道理。分析哲学在英国的两位开创者罗素和穆尔确是在对德国唯心论(特别是新黑格尔派的绝对唯心论)的反叛中闯出自己的新路来的;分析哲学后来的发展,主要是罗素在 1914 年以后的逻辑原子论和维也纳学派的逻辑实证论，与古典经验论的传统，尤其是休谟的哲学，确有密切的思想渊源。但是，我觉得，分析哲学，就其产生来说，同这两个哲学传统的关系绝不是这样直线式否定和肯定、排斥和继承的关系。分析哲学固然是在反对德国思辨唯心论（英国新黑格尔派就哲学而言自然属于欧陆的传统）的斗争中兴起的，但是它从思辨哲学那里接受、吸取了很多东西。首先是莱布尼茨。弗雷格和罗素都非常尊崇莱布尼茨。他们对数理逻辑的创立都来源于莱布尼茨关于普遍符号语言的设想，而莱布尼茨关于概念和命题的分析或"还原"的方法比英国经验论者从简单观念到复杂观念的那种意识发生学的认识论分析远更接近、远更深刻地影响了他们从数理逻辑引入并提升为哲学方法的逻辑分析方法。其次是康德。弗雷格之创立数理逻辑的符号语言或"概念文字"，很重要的一个理论依据就是康德关于知识的形式和质料的区分，关于概念为知识的纯形式的学说。"概念文字"就是只涉及知识的形式完全符合于概念的逻辑关系的符号语言。其三，罗素和穆尔在反新黑格尔派的同时又受其影响（主要是布莱德雷）而特别关注逻辑，并吸取了新黑格尔派批判英国经验论和心理主义的思想。这样我们就要谈到问题的另一个方面，即分析哲学与英国经验论的关系。我认为可以肯定地说，分析哲学在其出世伊始与经验论不仅没有直接的联系，而且是批判经验论的，主要表现在对约翰·穆勒关于逻辑和数学的极端经验论和心理主义观点的批判。

上面我们说的主要是分析哲学初起之际与古典的欧陆哲学即德国思辨唯心论的关系。那么它与20世纪初几乎同时出现而后来成为欧陆哲学之主流的哲学思潮例如现象学的关系如何呢？这里我们看到一个非常有趣的现象，即分析哲学和现象学这两大思潮的形成都与奥地利的布伦塔诺-迈农学派有直接的关系，罗素和穆尔早年的逻辑实在论和胡塞尔最初的现象学实在论都来自布伦塔诺学派的实在论，在这一点上,我们可以说它们是同源的。不仅如此。分析哲学和现象学的兴起都曾以心理主义为其极重要的批判对象而同时进行过反心理主义的斗争,在这一点上,我们又可以说它们曾经是合流的。

那么,分析哲学而后的发展如何呢?是否与欧陆哲学再无交会之点了呢?当然不是。但是,我不想援引如早期的维特根斯坦那样的例子以为佐证,因为他本来就是在分析哲学和欧陆哲学之间"两栖"的人物。我想最好的例子可能是卡尔那普。在分析哲学家中大概没有人比高举反形而上学大旗的维也纳学派对欧陆哲学如黑格尔哲学和海德格尔哲学的批评更尖刻更苛酷的了。但是我们发现他在《世界的逻辑构造》一书中大量引征了包括新康德主义、尼采哲学、柏格森哲学、生命哲学、现象学在内的众多欧陆哲学派别的观点。而且在许多地方明确表示与他们的某些观点有相近或一致之处。例如谈及生机论者杜里舒的地方多达11处,仅次于对罗素的引征(23处)。卡尔那普认为他在该书中主张的"方法论的唯我论"已由杜里舒做过详细的阐述;他还指出他的概念构造系统同杜里舒把实在还原到"所予"的概念系统"在某些点上有一致之处"。

我讲了上面这些只是要强调对分析哲学和所谓欧陆哲学不能像刀切斧砍那样断然两分,这么做连分析哲学如何产生都说明不了,至于分析哲学各派与欧陆哲学各派之间究竟有哪些交融会合之点,那是需要做认真缜密的比较研究的。近年来有些西方学者在做这种比较工作,出了一些书,如维特根斯坦与海德格尔,维特根斯坦与弗洛伊德,维特根斯坦与德里达,等等。英美分析哲学家和欧陆哲学家彼此之间也有一些直接的交往和对话,例如塞尔和德里达关于奥斯汀言语行为理论的争论。在西方也有人提出"哲学的统一"(Unification),展望英美分析哲学与欧陆哲学的融合,这是一个值得注意的趋向。不过,我想即使真的有了这种统一或融合,那也必然是一种对立的统一,必然是各派哲学以其相异的特质而形成的一种多样性的统一,而不是由于它们之间可以找到这样或那样的相同或一致之点。

问:时下国内学术界研究分析哲学者寥寥无几,而对"欧陆哲学"尤其是一些非理性主义流派很感兴趣者大有人在,而且似乎还有愈来愈甚的趋势,您如何看待这种现象?

我在很长时间里并没有特别注意这个现象,更没有感到是一个什么问题。只是90年代初以来才逐渐深切感到这个现象是一个值得注意的问题。

记得80年代中(可能是1986年左右),有一次一位在北大哲学系讲学的加拿大学者到外哲所来找我,在谈话中他问了我一个问题:为什么中国现在有许多人喜欢存在主义和现象学?据说他在南京和上海都待过,可能了解一点什么情况。但是他向我提出这个问题,我当时觉得有点突兀。我告诉他我对别的地方的情况不了解,至于我们外哲所,自70年代末以来招收的研究生的确大部分是搞海德格尔的,那只是因为我们的熊伟先生是海德格尔哲学专家,而且乐于培育弟子,扶掖后学,他带的研究生数量多而且质量高,因此留所工作的人也最多。这是一个实际情况,但并不意味着我们在学术研究上有所偏向。我们所的研究工作一直是以分析哲学思潮和现象学思潮为两个主要方向,兼容并包,无分轩轾。目前这两个方面的研究人员在比例上略有不均(前者少而后者多)是会调整的。那位加拿大学者对我的回答大概并不满意,而我则在很长时间里也没有再去想过他的问题。但是后来情况的发展使我感到他那时的观察是对的。从外哲所来说,两个研究方向的人员比例失调的状况,由于种种原因始终未得调整。直到1993年之前至少十年左右的时间里给研究生讲分析哲学的课就是我一个人在那里唱独角戏。更为重要的一个情况是近十年来我们招收的硕士研究生不仅以"欧陆哲学"为研究方向者仍居多数,而且最近三年几乎无人报考英美分析哲学方向。再看看学术界的情况。近年来人们对现代西方哲学的研究更深入了，但目前出版的译著和论著绝大多数是欧陆哲学方面的，相比之下分析哲学显得非常冷落。我觉得这是我们的学术领域中有点"生态失衡"的现象，应该引起人们的重视，否则对我们的西方哲学研究以至整个哲学研究都可能有不利的影响。

这种现象的发生，我想不是偶然的，而是有深刻的思想方面的原因和社会历史的原因。

思想方面的原因，我想有两点可说。第一，过去人们常常把分析哲学和欧陆哲学作为科学主义和人本主义（或人文主义）两种思潮的对立而加以划分。这个划分并不恰切。比如维特根斯坦就从来也不是科学主义者。早期他提出那个超验的不可说的"神秘的东西"的领域就是因为他觉得科学回答不了人生问题；后期他对于许多文化现象或人文问题如宗教、伦理、艺术等等都有非常深沉的反思和卓越的洞见。但是，应当承认，一般地说，分析哲学家们专心致志于对科学语言和日常语言的逻辑分析或概念分析，远不若欧陆人本主义思潮各派那样萦注于人和人生问题，社会、历史、政治、伦理、美学等人文方面的问题；分析哲学家诚然注重思想的明晰、论证的严密、语言的畅达，然而他们的作品往往不免失之枯燥，似过浅露而少深意可寻（所谓"水至清则无鱼"吧），远不若人本主义思潮尤其非理性主义流派的作品那样似乎饶有诗意、美感、史见，而且就连它们的晦涩，它们的模糊，它们的朦胧，似乎都别具一种浪漫的情趣和蕴藉的意味（尽管尼采也批评过传统形而上学家"把水搅混以显示其深刻"）。王国维曾把哲学分为两类。一类"可信而不可爱"，他是指19世纪的实证论，也就是那个时代的科学主义思潮。实证论崇拜科学，旨在求真，故曰"可信"，但王国维说自己"知其可信而不能爱"；另一类"可爱而不可信"，他是指康德和叔本华哲学，它们不崇尚科学，不以真理为目标，所以"不可信"，但是它们有"伟大之形而上学，高严之伦理学,与纯粹之美学",王国维说:"此吾人所酷嗜也",故曰"可爱"。王氏所谓"可信"与"可爱"大概就是老子说的"信言不美,美言不信"的矛盾,我们这里毋庸深论。但其所谓"可爱"的哲学之所以"可爱",显然因为它们具有人本主义的特征,现在欧陆哲学各派在中国学术界和广大读者群中较之分析哲学远更具有吸引力,原因显然也在这里。第二,许多人觉得分析哲学与中国哲学传统相去甚远,而欧陆哲学的人本主义、非理性主义则与之颇多相通之处。我不赞成有些人(包括外国人)认为中国人是不讲分析的说法,我认为儒家讲"格物致和","慎思明辨"就是分析,但是这种分析没有经过科学的陶冶淬砺,在中国哲学中没有形成一个强有力的分析的传统,与现代西方的分析哲学确实缺乏可比性;反之,许多学者都通过自己的研究力图证明,例如海德格尔的哲学与中国的老子、庄子及后世道家乃至陶渊明的诗都有默然相契的地方,有待我们去阐幽发微。与中国哲学传统的这种思想关联无疑使欧陆哲学更易为众多的中国人所接受。

关于社会历史的原因,我的意思是说,近二十年来,在现代西方哲学的介绍和研究上欧陆人本主义思潮之为中国人特别瞩目,从根本上说,乃是对十年浩劫的"文化大革命"的一个反动,乃是对"四人帮"的禁锢人的思想的文化专制主义、摧毁人的意志的绝对盲从主义、蹂躏人的情感的伪善禁欲主义的一种批判。人们觉得在欧陆人本主义思潮的哲学家们那里可以看到对人类命运的关注,对人性秘密和人生真谛的探索,对人的独立人格和自主精神的赞颂和激扬。就此而言,欧陆人本主义思潮的介绍和研究对于"文革"后我们的思想解放是有积极作用的。当然不是一切都好。对于被介绍进来的东西我们还需要采取分析、批判的态度,以引导人们正确地对待,但那是另外一个问题,此处无须多说。

在现代西方哲学的介绍和研究上,我们对分析哲学和欧陆哲学有畸轻畸重的现象,上面我说了两个方面的原因。但是,一种现象存在的原因并不是其存在的合理性的理由。我认为,这种畸轻畸重的现象长此以往对学术发展是不利的。如果就个人来说,我们的兴趣可有偏爱,我们的研究可有侧重,但是就整个学术研究来说,我们对西方各种重大的哲学思潮,各个极有影响的哲学流派则应"统筹兼顾",合理安排,力求在研究上适当地平衡地发展。拿分析哲学来说,这是20世纪西方最大的哲学运动之一,迄今仍是英美世界最有势力的占统治地位的思潮,而且在旧中国哲学界也有相当的影响,如金岳霖、张申府、洪谦都是国际知名的中国分析哲学家,金先生的巨著《知识论》堪与西方分析哲学的名著相媲美。但是解放后,很长时间我们对分析哲学的研究几乎断绝,对主要由分析哲学家开拓和探讨的领域:语言哲学、逻辑哲学、科学哲学近几十年的发展几乎毫无所知。80年代以来,这种状况虽大有改善,但分析哲学至今仍然是我们现代西方哲学研究中的一个最薄弱的环节,亟待加强。而且我觉得分析哲学对意义问题的重视,对概念明确、思想清晰的强调,对科学精神的追求,正是中国哲学应向西方哲学更多地学习和借鉴的东西。也许有人说,我们现在最需要的是人本主义或人文主义的东西,君不见近年许多人在惊呼"人文精神的失落"吗?但是,请允许我反问一下:难道人文精神不应该包括科学精神吗?而且在我们这里难道没有"科学精神的失落"吗?

问:国人从事西方哲学研究,一般说来,总不免有这样困惑:似乎只能做一些译介方面的工作,很难与西方哲学家进行实质性的对话,更不用说有所创新了。您有过这样的困惑吗?

这里我首先要为译介工作说几句话。我要说西方哲学的译介工作是非常重要的。译介是研究的先导,研究的前提。不翻译人家的书,不介绍人家的思想,怎么开展研究?所以,必须是"译介在先"。而且译介本身其实就是一种研究,你不对维特根斯坦的《逻辑哲学论》或海德格尔的《存在与时间》做一番研究,有所理解,你怎么翻译得出,怎么介绍得来呢?翻译需要技术性的技巧,更需要对原文的透彻的领悟。海德格尔说,"翻译是解释",在这个意义上,我们可以说翻译是一种再创造。翻译一部难度很大的哲学名著,译者付出的精神劳动,尝受的苦辛,往往并不小于或少于自己写一部论著,有时或竟犹有过之。

当然我们不能只做译介的工作,更不是"只能"做译介的工作。我们必须而且事实上已经对西方哲学(包括现代哲学和古典哲学)展开深入的探讨和研究。应当说,近年来许多同志特别是一些年轻的同志在这方面已做出了很好的成绩,发表了那么多的书和文章,有些作品依我看还是颇有见地或有一定深度的。我不是说我们的水平已经很高了。不是的。我认为,我们的西方哲学研究,就总体的水平来说,目前还没有超出评介的阶段。不过,我相信,再假以若干年月,我们的学者们会迈出更大的步伐,登上一个更高的台阶的。

至于说在同西方哲学家的交流往还中,我们有没有能力同他们进行"实质性的对话"?我的回答是肯定的。我个人从 80 年代以来曾多次出国参加国际学术会议,也曾到一些大学讲学,在同西方学者的对话中,不仅有各自情况的交流,而且有彼此观点的交锋。讨论和论辩,所谈的问题都是非常"实质性的"。老实讲,人家也不允许你不做"实质性的对话"。你是在人家的大学讲坛上,在国际学术会议桌上,怎么可能避实就虚,用非实质性的清谈去应付人家呢!

问:现在,"终极关怀"(ultimate concern)这个词很流行,按照您的理解,哲学的"终极关怀"应是什么?

如果把哲学的"终极关怀"问题作为哲学的研究对象问题来谈,这个问题就太大了,那就要大谈特谈一通我们的全部哲学观,而那是足可写成几万字的大块文章的,也不是我们在这里能谈得了的。

如果我们只在"关怀"的普通含义上来谈哲学的"终极关怀",那就是问我们从事哲学研究所关心的究竟是什么？这个问题我想可以立地做答，而且答案只有一个字：人。

哲学家的思，范围无比广大，天地万物，往古来今，无所不包。用司马迁的话说是："究天人之际，通古今之变"，或如程明道的诗所云："心通天地有形外，思入风云变态中"。但是，不论哲学家的所思所言如何精微渊深，高超玄远，归根结底还是要落回到人。这不仅是说一切研究归根结底是为了人，而且是说一切哲学问题的解决归根结底有赖于对人的问题的解决。人是哲学的归宿，也是哲学的出发点。在这个意义上，可以说哲学是真正的人学。

人们或许要问：你说的人是什么？我的回答是：我说的人就是马克思说的社会地实践着的人。马克思说："我们的出发点是从事实际活动的人，而且从他们的现实生活过程中我们还可以揭示出这一生活过程在意识形态上的反射和回声的发展。"一切哲学的问题，一切哲学理论之谜，最后都要从对于人及其实践的理解中得到合理的解释和解决，而对于一切哲学问题的解释和解决根本说来还是为了人及其实践，也就是马克思说的，我们不仅是解释世界，"问题在于改变世界"。

问：一段时间以来，中西哲学（乃至文化）比较这个话题颇为时髦。不过您从未涉入这个潮流之中。那么，您是如何看待这种比较的？

80年代初有过所谓"比较哲学"的说法，好像通过中西哲学的比较可以搞出一个"比较哲学"来。我对这个说法有怀疑。我觉得可以有哲学的比较，但是没有比较的哲学。我看见有一本几十年前出版的外国人写的"比较哲学"（Comparative Philosophy）的书，讲的不外乎是为何比较，如何比较，比较什么之类的方法论的问题，我想可称之为"哲学比较方法论"或"哲学比较学"，但不是"比较哲学"。诚然你可以通过对不同哲学的比较，折衷诸家，博采众说，提出一种哲学，但那必是某一种的哲学，而不是什么比较的哲学。

对自然的征服,中国人强调人和自然的和谐统一,讲"天人合一",讲"同天",讲"与天地参",如此等等。这些说法是否妥当?中国人的哲学思维还有哪些特征?这些特征是如何形成的?这些问题都还需要做进一步的深入研究,希望有更多更好的研究成果出来,我将继续饶有兴趣地阅读和学习。

问:西方哲学自古以来给人的印象是"江山代有才人出";而中国哲学除先秦外,似缺乏不断创造的精神,特别是近代以后,独创性的哲学家更是少见。您认为这种现象的根源何在?

能不能像您这样说,恐怕还要听听搞中国哲学史的同志的意见。我对中国哲学史虽有兴趣,但那毕竟非我所专,而且我确也没有形成什么深思熟虑的看法。不过有一点我想是可以讲的,即我们的古代哲学家,比如先秦诸子,无论在玄学思辨方面,还是在逻辑思维方面,水平都是很高的,绝不低于古代希腊,我甚至觉得像老子关于道的概念,关于有、无的概念较之柏拉图和亚里士多德的形而上学更"玄",更"形而上",其抽象思辨的水平要高于他们。先秦之后中国哲学也是有发展的,也提出了许多非常深湛而有光辉的思想。但是,我们不能不承认,由于封建社会的长期停滞,中国的传统哲学始终处于比较朴素的阶段,其发展没有超出近代前的形态。西方哲学的情况就不同了。正如西方社会曾经过了从奴隶制到封建制到资本主义各种社会形态的最充分最完全的发展,西方哲学也展现了世界哲学史上最为丰富多彩的一幅历史画图。我们应该记得黑格尔的一句话:"哲学是时代的产儿。"一种哲学绝不是某个哲学家个人头脑的天才的创造,而是他所处的那个时代的产物,是那个时代的精神、民族的特质和阶级的意向的反映和结晶。没有近代欧洲各国资本主义的兴起和发展,没有近代欧洲各国反封建的斗争和革命,没有近代科学的诞生和发展,就不会在古代(包括中世纪)哲学之后形成一个新的近代形态的西方哲学,就不可能在柏拉图、关于比较，我认为应当不仅是对中西哲学的比较，而且是对一切不同民族的哲学的比较（如中印哲学的比较，如西方哲学中英、法、德哲学之比较），而且是对各个不同时代的哲学的比较（如西方现代经验论与古典经验论之比较，如作为理性主义旗帜的近代法国哲学与以非理性主义为主流的现代法国哲学的比较）。通过对不同民族、不同时代的哲学的比较，既见其所异亦见其所同，既见其所长亦见其所短，如是方可更深刻更具体地把握它们，如是方知如何推进不同哲学之交融会通，兼容互补。

我们中国人当然首先关心中西哲学的比较。现在许多同志都有兴趣做这个工作。我觉得一定要在中西哲学两个方面都有很高的修养和很深的造诣才能做出有说服力的精到的比较。我个人在这两个方面都不够格，所以未敢就此问题妄谈己见。就我看到的一些文章（包括外国人写的比较中西哲学的文章）来说，有些是写得好的，但也有一些值得注意的情况。有些所谓比较并没有对其比较的中西哲学的思想内涵进行深刻的分析，而是从某种表面现象上做肤浅的类比或比附，或者是凭着个人的体味或神悟而做的推想和发挥。有些文章着力探讨中西思维方式的差异，这是很有意义的。不同民族的哲学体现着各自民族的特质，而这种民族特质又是在本民族的特殊的历史发展过程中形成的。恩格斯曾经在不止一个地方就英、法、德三国历史发展的特点对比地谈论这三者的民族特性和近代哲学思维的特征。他说，德国人代表"唯灵论的准则"；法国人代表"唯物主义的准则"；英国人的民族特性在本质上和德国人、法国人的都不相同，它所固有的特点是"完全听从经验"，经验主义成为了英国人的"民族倾向"。我们中国人的哲学思维有些什么区别于西方人的特征呢？人们（包括外国人）历来有种种说法，例如说西方人重分析和推理，中国人重直觉和了悟；西方人着眼于同中之异，中国人注意异中求同；西方人分裂人和自然，讲人和自然的对立，人